U0556392

歌者传记

ONCE UPON A TIME

The Lives of Bob Dylan

曾几何时

鲍勃·迪伦传

【英】伊恩·贝尔（Ian Bell）著

修佳明 吴少骊 等 译

中国人民大学出版社

·北京·

他的音乐之美已达到最崇高的地位。他重新赋予诗歌以高昂的姿态，这是自浪漫主义时代之后便已失去的风格：不为歌颂永恒，只在叙述我们的日常，好似德尔斐的神谕正向我们播报着晚间新闻。众神不写作，他们跳舞，他们歌唱。

——瑞典皇家学院致鲍勃·迪伦的诺贝尔文学奖颁奖词

贝尔的文学风格就是他的力量。他为迪伦的诗句带来新鲜的洞见。

——《苏格兰周日报》

大多数中国人不知道鲍勃·迪伦，我们错过的不是一个人，而是一个传奇，一种文化，一种思维方式，一个时代。

——凤凰网

鲍勃·迪伦做出了“激发国家良心的贡献”。

——比尔·克林顿

鲍勃·迪伦的文字能将所有执迷的灵魂唤醒。再过几百年，你那些不朽的诗句依然会在风中飘荡。

——汪峰

曾经激越、投入，诗性的深刻到骨髓的歌。

——田沁鑫

目　录

CONTENTS

1

一系列梦想

刚刚有人喊出了犹大这个名字。一声呐喊，只有一声，随即消失在黑暗的掩护之中，这是在英国的一座音乐厅，很久——很久——以前的事了。

这声呐喊，两个拉长的元音，本意是表达听众的抗议和控诉。结果却恰恰相反，它混淆了风格与本质、真诚与艺术、过去与现在，甚至更糟。一个宽宏大量的人可以把它当成一种维护正义的过激反应，无论这种正义是真实的还是想象的。但是没有人会误以为这是智慧。

这句谩骂显得出奇的古板和神经质，仿佛出自主日学校。即使在一个名义上的基督教国家，把一个演艺明星比作出卖全人类救世主的叛徒也太愚蠢了。这似乎是歌手本人的观点。

不过事情就这样发生了，然后闹得沸沸扬扬：犹大！害死基督的凶手。但是这一次，新奇之处在于叛徒杀死的神正是他自己。毫不费力。在一场流行音乐会上。这件事注定会成为传奇。

这声呐喊，这种情绪的爆发，似乎有点难以自圆其说。这个态度激烈的质问者，跟所有为他的愤怒鼓掌叫好的人一样，都是付了很多钱来被激怒的。而且这本应在意料之中：被质疑的亵渎者——让我们把他奉为小恺撒——早已昭告天下了。这个恶棍在全世界巡回演出，侮辱他的听众。报纸上早就报道了，英国是他的最后一站。但实际上有两点事实。

首先，被指控的人从未对他背叛的东西宣誓过忠诚。他不是围绕着他的名字建立起来的狂热崇拜的信徒，而且他非常坚持这一点。他不感兴趣。

其次，他有自己的历史。抛开别的不论，他是个犹太人。中世纪已经过去了，除了在英国，在哪儿还会有人骂一个犹太人是犹大？

毫无疑问，被指控的人惊呆了——很多人愿意相信是这样——受到责难，身处自己艺术风暴的冷焰中心，他立场鲜明地对这种攻击做出了回应。几乎完全是言语上的。

他说："我不相信你。"

他又接着补充道："你是个骗子。"

然后他转向乐队，用几乎听不见的声音说："大声点儿演奏。"

不管怎样，这事关艺术。过去的过去，未来即将开始。事情一件接一件发生，直到现在。

* * *

接下来的噪音就像冲击波的声浪，这种音乐过去几十年里都是"地下录音"，被廉价音响粗劣地复制，被神化、被歪曲，被否定、被接受又被否定。音乐和言语中也饱含愤怒，歌手仿佛在质疑重力的同时却被它向下拖，一寸一寸地，沉入愤怒的听众之中，这些人正如他歌曲中所描写的一样。而他们自己却浑然不觉。那又怎么样？

在另一个晚上，另一种气氛中，或许他会看到其中的幽默，但是现在他已经筋疲力尽。在成为歌手将近五年后，他已经从一个阿谀奉承的模仿者、一个为病态心灵发声的坏精灵、一个从历史和其他人的歌曲中偷窃的年轻天才，成长为一个找不到明显先例的艺人。他被赞扬，也被误解（这很有趣），受到祝贺，也受到指摘。许多人相信他是独特而"普世"的，一个走在时尚前沿的颠覆者，同时至少对他们来说又无比可靠。最重要的是，他是一个领袖。

谁的领袖？他们表现得好像他们拥有他一样，特别是当他歌唱自由时。他们说他是全新的。但他似乎完全了解维系事物的旧传统，他必须去打破，坚决彻底地打破这种不合情理的传统，使用一切据称是传统的武器。

但这还不是事情的全部。这个晚上，这场演出，见证了一切从哪里来。所谓的创造力，是一种重新看到、听到原本熟悉的事物的能力。事实上，这种让一部分冷嘲热讽的英国听众感到困惑的音乐，就像从皮肤之下直通心脏的血管一样有迹可循。有时候他说的很多，有时候他做总结发言。在他的职业生涯中，时不时地会故弄玄虚地谈论他音乐背后的“数学”逻辑。这些数量庞大、感情炽烈的歌曲之中，存在着一个基于某种基本原则的演进过程——倒不一定是进步。

这个穿着紧身上衣、头发蓬乱、眼睛发光的瘦削年轻人并没有发明摇滚、说唱、布鲁斯，或其他任何流行歌曲形式。电吉他拾音器制造的幻觉早就被更好的歌手探索过了。小乐队成员进行分工，“节奏吉他”和“主音吉他”的诞生更多的是出于经济上的考虑，而不是革命性的发明创造。表面上看来，这种噪音除了偶尔制造出让人忍不住皱眉的声响外，没有什么新鲜之处。

除此之外，在这些事情发生之前数年，精明的唱片业资本宣布“流行乐队”的全盛时期已经过去，他们的繁荣只是昙花一现。这可能正是这个雄心勃勃的表演者选择作为“民谣”歌手出道的原因。进入 20 世纪 60 年代，摇滚的火焰似乎正在渐渐熄灭。留下的只有玩世不恭的老人制作的“无害”的音乐，空洞乏味，尽是模仿的痕迹。这些都是“赝品”。因此，对民谣偶像的顶礼膜拜一时间蔚然成风。即使对他来说，在一开始，老歌也是新浪潮，是“地下音乐”。

现在许多人感到愤愤不平，甚至怒不可遏，因为歌手似乎摒弃了——应该怎么说好呢？——民谣歌曲应有的严肃性和“文学性”的音乐风格。尤其是，他们坚持用起源于西班牙的空心吉他对着立式麦克风弹奏才是好的、正宗的、真正的民谣。实心的乐器、插头和效果器是唯利是图、空洞无物的象征，只能代表金钱和廉价而俗丽的惊悚。这是一种冒渎。一种背叛。他们说他出卖了宝贵的忠诚。他们给他贴上三十枚银币的标签*（后来还有其他一些）。黑暗中的怒火就是这样产生的。

但是对有些人来说，攻击是好事，丑闻更佳：当时在流行音乐的小世界中，这似乎是不二法则。一场声名狼藉的演唱会对唱片销量有益无害。这或许是有些人愿意为自己讨厌的东西付钱的原因之一：即使是令人胆寒的疯子也有崇拜者。只有一些人，很少的人，真正喜欢这种新

---

* 《圣经》中犹大为三十枚银币出卖了耶稣。——译者注

音乐。

无论如何，歌手在英国的这个晚上崭露头角，尽管对他的评价褒贬不一。他不喜欢被侮辱，但是为了捍卫创作自己选择的音乐的权利，他可以对抗任何人。他不必忍受辱骂，但是仍然我行我素。他被逼到角落，但是没有退却。鲍勃·迪伦生性顽固，但不是个傻瓜。

还有。在那些日子里，仿佛出于难以名状的本能，他感到如果想要更进一步，就有必要将他的听众重新打散，向他们发出刺激和挑战。正如他让美国流行音乐的熟悉元素在他手上千变万化一样，他希望听众也能放弃先入之见。或者嘘他。正如他有时候对乐队说的：如果人们花了真金白银买票，那他们想嘘什么就可以嘘什么。[1] 这是他们的权利。他们听得懂，或者听不懂。这个时代就是这样。

那是 1966 年 5 月 17 日，地点是曼彻斯特，英格兰西北部一座单调的工业城市。迪伦和五位乐队成员在八个月里进行世界巡演，几乎马不停蹄。这是一趟艰辛的旅程。丑闻——的确有人这样认为——从前一年的 7 月，罗德岛新港（Newport）的民谣和布鲁斯音乐节开始渐渐发酵。那次音乐节上使用大功率拾音器演出的三首歌，在旅途最后的每一站都激起了一片冷嘲热讽（同时也成了便利的宣传手段）。听众们被巡演第一幕中的“不插电”曲目安抚，为之鼓掌喝彩。他们理所当然地认为乐器的选择本身就是民谣音乐的保证，只有极少数人会背叛信仰，尽管这种信仰是他们不知道从哪里借鉴来的。但是如果他们没有抓住重点，那是因为他们根本就没有兴趣去寻找重点。他们知道自己喜欢什么。

事实上，不仅仅是歌词的问题，这些独奏段落，伴随着无休止的迷幻般的口琴伴奏，比你能够听到的任何一把芬达 Telecaster 电吉他的演奏都要惊人。《乔安娜的幻象》（Visions of Johanna）、《一切都结束了，

---

1 1965 年 12 月，在圣弗朗西斯科的一次记者会上，迪伦谈到了听众对他“新音乐”的第一反应，他说：“我可以告诉你，他们当然嘘了我。你走到哪儿都听得见。我不知道他们是谁……他们似乎无处不在……我是说，他们一定很有钱，能够到处去嘘我。我想，如果我是他们，肯定早就破产了。”

忧伤的年轻人》(It's All Over Now, Baby Blue)、《荒凉的街巷》(Desolation Row)等歌曲中充满了游离的意象、黑暗的预兆,"意义"缺失,却充满迷幻色彩。怀疑者说它们没有任何意义。他们说这些歌曲只是青少年为赋新词的无病呻吟。去读读那些歌词吧,他们说。他们不厌其烦地这样说。然后他们把矛头转向歌手的嗓音。

但是这些歌曲就像古老的民谣布鲁斯一样,是从心灵深处诞生的。它们打破形象、隐喻和意义之间的熟悉链接,与超自然的神秘力量和万事万物的基本真理共享同一种古老的感官。它们既古老又现代,既神秘又熟悉。无论是不是他的歌迷,都不会说它们奇怪。这绝非偶然。但这些不是观众期待中的民谣歌曲,人们更乐于知道迪伦是一个和平队志愿者。

拜迪伦对吉他的选择所赐,还差几天过 25 岁生日的歌手在曼彻斯特的演出中看到一半人中途退场。在这种情况下,观众们隐藏起内心的困惑和挫败。很多人甚至准备好按照既定路线发表评论:无论如何,《铃鼓先生》(Mr Tambourine Man)的旋律极其引人入胜。这首歌讲了什么?这正是有意思的地方。那些不在乎嗓音的人永远无法说明他们为什么喜欢这首歌,究竟是什么打动了他们。一些人有自己的理论,即使在曼彻斯特,只要不是听起来太"商业",或者实在太吵,人们也是能够接受新鲜事物的。但是他们还没有为整个歌曲创作艺术的解构与重建做好准备。

在曼彻斯特,第一幕进展顺利。然后是幕间休息。然后,仿佛回应一声超自然的犬吠或一个邪恶的秘密和弦,随之而来的是地狱般的爆发。历史迎来了新的篇章。

一代人之后,当晚的录音向更广大的公众揭晓,一个传说终结,另一个随之诞生。前者不太重要:正如许多人早就知道或者猜测的一样,地下录音搞错了。盗版来自多年前的伦敦皇家阿尔伯特音乐厅——即所谓的"阿尔伯特音乐厅演唱会"——而不是曼彻斯特有百年历史的自由贸易大厅,查尔斯·狄更斯的戏剧曾在那里演出。但是在 5 月 17 日西北部的演唱会中,披头士乐队并没有坐在观众席上,鼓励迪伦反驳没有鉴赏力的观众。这就是第二个传说。1998 年,哥伦比亚唱片公司发行了

《私录卡带系列第4卷：1966年现场演唱会》（*The Bootleg Series Volume 4：Live 1966*），精美的包装盒上用红墨水写着："迪伦闪光的斗争史"——"改变摇滚乐的演出"——以及"永远"。这些言辞部分属实。

唱片封套上说，虽然"有人鼓掌"，但是另一些人向乐队喝倒彩，或者"干脆起身离开"。在通常的故事版本中，不存在这种泾渭分明的观点：观众讨厌这种音乐。究竟是怎么回事？如果在英国和全世界，大多数人的反应都是如此强烈的厌恶，那么按理说他的职业生涯应该已经终结了，为什么直到21世纪仍然有人在谈论鲍勃·迪伦？如果人们全都如此讨厌1966年的下半场演唱会，那么根本就不会有人记得那个歌手或那场演唱会，没有人会关心。当你没能让顾客满意，你的生意就失败了。一定有人足够喜欢那场演出，把那场演唱会和那个歌手奉为永恒的传奇，赋予其非凡的声誉。或者是因为他运气太糟，那一年买票的全都是傻瓜？

1998年《私录卡带系列》的发行是一场造神运动。它称其为空前绝后的历史时刻。其中有革命性的姿态，有对抗，定义了迪伦和他的艺术在他那个时代的地位。这场演唱会需要带着造就了它的那种紧迫感去聆听、去理解。但是留存下来的地下唱片却反映了不同的事实。之前一晚在谢菲尔德名不见经传的高蒙音乐厅的演出同样精彩绝伦——事实上，有人认为那才是最精彩的演唱会——14日在利物浦音乐厅的演出也相当出色。曼彻斯特只是漫长巡演中的一站，曲目选择跟其他站都是一样的——以迪伦后来的标准看，1966年的选曲非常严格。让这个时间、地点和这场演唱会录音与众不同的，并不完全是音乐。这就是"犹大"专辑的故事。

还有一件事。哪些曲目本来是可以接受的，哪些是后来所谓的电声异端？区别在哪里？仅仅是噪音吗？根据1966年通常的标准，迪伦的开场曲目跟他传统民谣歌手、民权斗士的形象差之千里。这些歌曲一点也不好听，口琴声像濒死动物的号叫，节奏乱七八糟，每一个词都扭曲变调，而且每一首歌都长得没完没了。听众就这么默默地照单全收？录音证据似乎是这样的。

1966年，“反文化”这个词还没诞生[1]，但曼彻斯特的传奇在很大程度上源于对艺术的自以为是的假设。所有真正的艺术都必须是创新性、挑战性、颠覆性、超凡脱俗的，而且最重要的，总是不为世人所理解，不是吗？重点在于传统派永远不会理解。（看起来）这样世界才能进步。所以，那一年迪伦与观众和电声音乐之间的麻烦非常具有象征意义，无论他是否喜欢，都是一种更宏观的对立的体现。如果能够选择，他可能更喜欢掌声和喝彩。

显然，在曼彻斯特，愤怒超过了赞美。但事实上迪伦笑到了最后，他的星途没有就此黯淡，他的唱片销量与日俱增。早在自由贸易大厅的风波之前一年，他在与黑暗中的质疑者交锋后、在风口浪尖上演唱的那首歌曲就已经成为他的第一首排行榜前五名金曲——所以谁会真的感到震惊？

不过演唱会录音显示，尽管已经预先得到警告，但是大多数听众真的被那些架子鼓、键盘和吉他的噪音激怒了。如果说他们知道什么，那就是鲍勃·迪伦是音乐界最有天赋的歌手，而且正如所有评论家都认同的那样，他值得被认真对待。但是当他和他的乐队选择插电，在曼彻斯特和其他许多地方，大部分受过良好教育的反传统人士都失去了理智，而且不是在一种积极的意义上。

或许听众都是不堪忍受糟糕的音响系统的发烧友。或许他们闻所未闻的巨大噪音让他们失去了理智。或许他们就是想挑起战局。

还有一些左派民谣歌手前辈（以及少数后辈）哀悼他们失去的迪伦，说他迷失在流行文化战争中，碌碌无为。曾经有过短短几年，他对他们极其重要。不仅仅是改变世界之类的事情，或者是他决定用说出真理的天赋交换文字游戏、排行榜前40名金曲和时髦的靴子。还要更深刻。他们的迪伦是对抗性的。在他创造力的第一波浪潮中，他拒绝音乐产业一

1　西奥多·罗斯扎克（Theodore Roszak）在《反文化的诞生：反思技术社会及其年轻人的反叛》（*The Making of a Counter Culture: Reflections on the Technocratic Society and its Youthful Opposition*，1969）一书中将这一术语投入普遍使用。《韦氏词典》将其首次出现追溯到1968年。

切斯骗性的资本主义游戏，以及它所代表的失去人性的社会群体。这是一个信条。他的艺术是多元的，属于“我们”，为“我们”所用。抗议歌曲之所以被创作出来，恰恰是因为有很多东西需要抗议。在很长一段时间里，他的情况正是如此。

同样是这群人当中，很快有人开始质疑，当越南战争演变为大屠杀，或者美国总统密谋违反宪法，为什么迪伦缄默不语。随着时间的推移，歌手的无动于衷和漠不关心（从本来的意义上说）成了一种美德。他时不时地会表现出他的社会良知，但往往是在他相信与政治无关的情况下。他对政治表现出深深的厌恶。

1966 年，忠实信徒和失望的歌迷——通常是同一个人——高声质问，伍迪·格思里（Woody Guthrie）面对门徒们的请求会作何反应？摇滚？自动机器人猫王，他那些愚蠢的电影和更愚蠢的旋律就是摇滚时代逝去回忆的残像。流行乐队？披头士狂热——青春期前的歇斯底里和你几乎听不清楚的陈词滥调——就是 1966 年那个季度的最高水平。[1] 这些未老先衰的听众渴望一场战斗也就不足为奇了。

或许迪伦正希望他们这样想。时至今日回头去看，他似乎是在有意识地稀释他的听众，为一种新的音乐选择一批新的听众，他要创作的是一种从未被定义过的音乐，愚蠢的记者只能称其为“摇滚”。他想以自己的方式创作。你可以猜想，他想摒弃那些会喊出“犹大!”的人，而那些六弦琴原教旨主义者刚好乐于遵从。5 月 19 日在格拉斯哥音乐厅，以及 5 月 20 日在爱丁堡的 ABC 剧院（两处都是电影院），迪伦都遭遇了嘘声和退场，这样的结果是意料之中的，因为苏格兰共产党郑重决定要对歌手的公然背叛做出惩罚。[2] “让我们教训教训这个叛徒，”警惕的马克思主义思想家总结道，“通过给他付钱的方式。”这个故事太有可能是真的了。当迪伦在曼彻斯特演唱会的三年之后第一次见到这位作家时，仍然

1 《橡胶灵魂》（*Rubber Soul*）在之前的 12 月刚刚发布。布莱恩·威尔逊（Brian Wilson）的《宠物之声》（*Pet Sounds*）则是在曼彻斯特演唱会的前一天发布的。

2 CP Lee，*Like the Night*（1998）and *Like the Night (Revisited)*（2004）. 在两个版本中，李都对 1966 年的“通往曼彻斯特之路”做出了精确的描述。任何与过去的苏格兰共产党略有接触的人都听说过这件事。

有很多迂腐的老家伙坚持说，他自从《放任自流的鲍勃·迪伦》（*The Freewheelin' Bob Dylan*）之后就一直在走下坡路。那是他的第二张专辑，是他 21 岁那年录制的。

回顾 1966 年事件，还会发现一个奇怪的事实。喝倒彩并不是普遍现象。据说，在有些地方演唱会进行得十分顺利，没有麻烦，掌声雷动。没有嘘声。有些人认为最近的迪伦令人生厌，而就在几十英里之外，另一些人认为他简直妙不可言，是这样吗？这没有道理。不过若干年后，这使得明智的评论家有理由相信，至少在一定程度上，其中一些异议实际上源自共产党对英国民谣艺术的影响，是一种有组织、有计划的“政治”报复。这种影响是显而易见的事实，整场闹剧完全是品位的问题。他们基于政治原则对一个人做出惩罚，因为他显然失去了他的政治品位。然后他拾起了错误的乐器：亵渎者。在所有可堪利用的傻瓜当中，那些更喜欢“老一套”的人也加入进来。你到底有多布尔乔亚？[1]

伴随着这些侮辱环游世界，迪伦收获了一种更广阔的视野。5 月 17 日，曼彻斯特的观众似乎为他从新港开始在世界各地所遭遇的责难做了总结。那些退场的人、喝倒彩的人都是他不想要也不需要的——任何一个脑筋正常的人都会这样想——并且他永远不必去说服他们。

他们也不会改变他的道路。1966 年他身边的人，特别是音乐人，都可以证明迪伦对于他选择的道路从未表现出自我怀疑的迹象。他知道自己在做什么。更准确地说，他知道自己为什么要这样做。静下心来重新考虑，左派民谣歌手中的一些反对者就会想到一个当时流行的戏剧术语：间离效果。

这并不意味着《像一块滚石》（Like a Rolling Stone）跟那一晚的恶意攻击没有关系，实际上它是对那句带有宗教性质的恶毒咒骂的最好回

1　在 2010/2011 年 12/1 月的《今日社会主义》（*Socialism Today*）杂志上，昔日（现已不再参与活动）的西兰开夏工党活动家弗兰克·莱利（Frank Riley）参考李的著作，发表了一篇题为《我们生活在一个政治世界：鲍勃·迪伦与共产党》（We Live in a Political World: Bob Dylan and the Communist Party）的文章。莱利写道：“毫无疑问，有些人在 1965—1966 年巡演事件中带头捣乱，基于对‘社会主义文化’的一种斯大林主义的曲解，加上危险的民族主义。”

击。这也不意味着迪伦就不生气：他在有一次谈到这首歌曲的创作时曾说，这是一首复仇之歌。如果说他的反应是戏剧化的，那么另一方面，这也是一出完美的戏剧。但是无论支持者还是反对者，以前都从未听过这样的音乐。这个晚上，有人听懂了，有人没有。

* * *

《像一块滚石》：五个残酷的字眼描述了一位“寂寞小姐”的一生，过去和未来。若干年来，公众视野中的许多女人都可以成为这首歌曲中的主人公，但这只是文字游戏。每一小节歌词内部的韵律，明显不押韵的句尾，比歌曲可能的原型人物名单有趣得多，这份名单已经有 20 页那么长了。得益于他所选择的媒介，迪伦掌握了大部分 20 世纪美国诗歌缺乏的技巧，将日常语言按照特定的结构张弛有度地组织起来。他从事件、灵感或情绪中创造出一种电影化的戏剧，用 36 行歌词（副歌更少）塑造出与《天路历程》（*Pilgrim's Progress*）相反的谜之人物。他说过一首流行歌曲想要多长就可以有多长。（这首歌长达 6 分钟，或者可以永远唱下去。[1]）他把童话故事写成了一出道德剧，就像费里尼（Fellini）《甜蜜的生活》（*La Dolce Vita*）的现实版，一半是悲剧，一半是闹剧。他已经证明了青少年的媒介能够做些什么（至少对他自己来说）。这首歌是他的突破口。

你可以通过一个简单的测试来判断：流行音乐中其他一切都是之前发生的事情的结果，或多或少可以预期（至少可以事后分析）。音乐风格几乎是有机成长的，通过影响、模仿和无耻的剽窃，循序渐进地发展。但是这首歌，无论其更深刻的根源在哪里，无论它应该感谢谁，都是无法预期的。实际上是无法想象的。

而且，《像一块滚石》满足了艺术的一般需要：它提供了特定的普遍性。也就是副歌部分。你会记得那个问题：“这感觉如何？”这是第一次，歌曲中的主人公必须如此扪心自问，很少有人这样做。这句歌词的天才之处在于，“这”几乎可以是任何事：成功、落魄、赞美、痛苦、骄傲、损失、背叛、默默无闻、自我的最终投降。全部是人生的常态。迪伦在

1　不过在广播金曲 40 首中，这首歌被一分为二——没有音乐产业做不出来的事。

未来几十年里都会感觉到听众的狂喜，向他高喊这个问题——他们当中从来没有一位寂寞小姐，真是个善意的讽刺。这对于争论的任何一方还有意义吗？2012 年春天，他的个人网站宣布——谁又真的知道呢？——这位 70 岁的歌手已经在演唱会上唱过 1 939 次《像一块滚石》了。这首歌曲一直传唱不衰。这感觉如何？

数不清的歌曲都在讲故事。来自布鲁斯梦幻时代的《法兰基与阿尔伯特》（Frankie and Albert）一遍又一遍地讲述它的故事。伍迪·格思里讲述了汤姆·约德（Tom Joad）、“俊小子”弗洛伊德（Pretty Boy Floyd）和无数其他人的故事。英伦诸岛的乐队讲述的故事更接近神话。奥蒂斯小姐（Miss Otis）从未停止为她的爱情故事感到悔恨。每一首歌曲都有这样或那样的故事：人类渴望讲故事，即使没有哪个故事比人们耳熟能详的关于浪漫爱情和巨额遗产的古老故事更高明，普罗旺斯的游吟诗人在艺术上是无与伦比的。“很久很久以前……”

所有这些都是《像一块滚石》背后的暗流。区别在于许多老歌的歌词扣人心弦。在某种意义上，它们仍然遵守约定俗成的规范。而这首歌即使在当面向寂寞小姐揭示她的命运时也显得变幻莫测。有一个原因：在这首歌最著名的版本中，1965 年夏天的一场暴风雨中，在纽约的一间录音室里，歌手撩拨空气，像一阵下意识的痉挛。这首歌，这首苦涩的复仇之歌，充满了欢乐。

喜欢这首歌的人在探究歌词内容之前就喜欢上了它——如果他们还会去探究的话。它拥有流行音乐所缺少的伟大，只消一次录音，就是正确的、决定性的、充满生命力，不可能更好了。这种感觉难以言喻。但这并不是歌词的初衷：它的本意在于伤害。

迪伦的表现是矛盾的。他享受寂寞小姐的人生被摧毁，发泄怒火的每一秒钟都令他狂喜。他彻底摧毁了她，并且为自己拥有这种能力感到愉快。我们能够从中得出结论吗？在曼彻斯特演唱《像一块滚石》是一个人对世界的猛烈抨击，歌词内容同样适用。录音室原版格外恶毒。尽管我们不知道也不在乎她是谁，但是迪伦的演唱带着极度的轻蔑，可以看着一个人的脸孔在他眼前扭曲而面不改色。而且他喜欢这样。仇恨和愤怒给了这首歌超越所有其他流行歌曲的巨大能量。这告诉我们什么？

在《像一块滚石》中，迪伦（或者那个假想的讲述者，别忘了这种可能性）从来没有怀疑过他评判一个人、打垮她、摧毁她的权利。他把自己置于道德制高点。他不可能是不公正的，也不可能犯错误。想象一下，如果这些冷酷无情的歌词不是出自一首突破性的摇滚歌曲，迪伦的表演会不会被打上 17 世纪清教徒驱逐堕落女性的标签？

谁给了他权利像这样厌恶一个女人？他自己。谁说他是撒谎者中唯一说出真相的人？他自己。这种道德说教和权利意识一直贯穿迪伦的整个职业生涯。这是 60 年代他经常被拿来跟同样冷酷无情、无与伦比、不可抗拒的法国诗人阿蒂尔·兰波（Arthur Rimbaud）相比较的原因之一。你可以说这是直指人心的诚实——为什么不呢？——但你也可以说这是纯粹的自以为是。一个（表面上）没有原罪的人投出了第一块滚石，仿佛一个隐喻。他将继续保持这个习惯：人们本来只能听到 70 年代末为选定的救世主创作的宗教“赞美诗”，现在却听到了《像一块滚石》的绞刑判决。他似乎错过了关于仁慈和宽恕的课程。

这首歌如此恶毒，以至于你都忘了问：她究竟做了什么，要落得如此下场？不生青苔，没能建立起持久的关系，还是落入了背信弃义的圈套？就因为这样，迪伦就像对那些军火贩子一样对她恶语相向？

在曼彻斯特，《像一块滚石》引起的反响截然不同，因为它将迪伦投入敌意的海洋，令他孤军奋战。[1] 这首“反驳”之歌、这种耐心的报复行动，使他成为英雄。那些人对他做出评判。他们使他的愤怒有了正当理由。简言之，他们活该。

是谁干的？

* * *

还有一个问题：为什么有人真正关注这次著名的曼彻斯特“冲突”？这只是一场小小的口头战争。又没有人死去。流行歌曲和歌手像蜉蝣一

1　传统派的歌迷应该注意到，对方阵营内部出现了裂痕。2002 年，鼓手米基·琼斯（Mickey Jones）拍摄了一部枯燥乏味的电影《鲍勃·迪伦——1966 年世界巡演：家庭录影带》（*Bob Dylan-World Tour 1966：The Home Movies*）（“这就是白金汉宫！”），并亲自担任旁白，否定了这段传奇。琼斯说迪伦从未说过“大声点儿演奏！”。这位当事人说，乐队的其他成员也说没有这回事。琼斯认为这种说法来自一个不知名的乐队搬运工。可能吧。

样层出不穷，他们本来就是这样。为什么人们感觉这个歌手如此重要，或者说应该如此重要？为什么无论好坏，这些歌曲都如此与众不同？关于这一点，人们倒是达成了共识。说真的，即使在潮湿的兰开夏郡，在那个以自我为中心的时代，在一个糟糕透顶的晚上，为什么听众中会有人如此愤怒？今天我们乐于称之为一种艺术形式，这个人的愤怒又是如何成为这种艺术形式的诞生神话的一部分的？

每个人都可以做出猜测，形成自己的理论。可以说，1966 年他身上有某种神秘的东西，某种跟他的直觉和智慧有关的东西。他似乎能够与他不可能知道的人物、事件和地点产生联系。他似乎相信，社会的公共形象并不代表其更古老、更深刻的神秘本质。他的天赋像庞大的根系，他的个性像避雷针。他能够在一个句子中轻松地穿行于个体和群体之间。他的智慧能将你生吞活剥。让-雅克·卢梭在最好的日子里都管不住这个野孩子，他的天赋就像身体里长着罗盘的指针。他横空出世，对于他所从事的艺术已经有了完全成型的观点。这种信念从何而来？

其他人也创作和演唱过社会抗议歌曲。其他人也提出过诗歌或者诗歌的手法与隐喻、可以用于流行音乐的观点。许多人都感到过描写爱情与失去、仇恨与死亡的需要。歌词体裁上的折中主义也没有什么新鲜的：这是美国的方式。艺术家可以体现和代表他的民族共同体的观点，跟必要的创造性革命一样，都是老调重弹。为什么是迪伦？这是个好问题。

时至今日，他漫长的职业生涯宛如梦幻。他喜欢（或者需要）表现得捉摸不定，但这不能解释全部。多年以来，一些曾经的朋友被弃若敝屣，他们对迪伦可没有什么正面评价。他们说——他们从 60 年代初就开始这样说了——他根本就不在乎。这似乎也不重要。如果艺术家因为行为举止惹人生厌就没有资格参与文化竞赛，那么没有几个人能站在起跑线上。或许这就是乐迷们抱持某种略显荒谬的观点的原因，他们认为真正的创作者必须是个冷血的混蛋——比如兰波。天才，你能怎样做？

迪伦的创作量惊人，不是随随便便就能达到的。其他人的职业生涯也很持久，也累积了大量荣誉，发行过许多白金和黄金唱片，几十年来始终有忠实的歌迷愿意付钱。迪伦不一样。大部分“长寿”歌手专注于自己最擅长的东西，年复一年。他们开辟自己的领域，然后坚守阵地。迪伦发表过无数声明，做完一件事情就转向下一件。有时候他的努力一无所获，但是同样多的时候他挖到了宝，以至于人们无法判断是否应该将他的成功归因于运气。

鲍勃·迪伦为什么这么特殊？你可以用普利策奖或格莱美奖的极简风格来总结：一个极具天赋的词曲作者，拥有漫长而辉煌的职业生涯和巨大的影响力，等等。你也可以设计一段荣誉学位的颁奖词，别忘了引用一两首歌名：一代人的声音……每一代人的声音……触动我们所有人……在风中飘扬，时代在变，等等。

美国流行音乐的所有支流都在迪伦身上汇合，只有爵士[1]例外。一直追溯到惠特曼和马克·吐温（再往前存在争议），美国文学关注的重点在他的作品中得到融合。沿着乡间小路、战场和城市街道，美国历史在他的歌曲中流淌。他凭借令人芒刺在背的旋律成为锡盘巷[*]的宠儿，别小看这件事。他拾起娱乐业的一件副产品——流行歌曲，把它变成一种文学形式。他是缓慢消逝的美国世纪最重要的诗人——这一文学形式的定义已经积满灰尘——以及他这个时代最杰出的词曲作者。

在 21 世纪秀场风格的宽边牛仔帽下，还有必要提到欧洲的影响，包括英国的民谣运动、法国象征主义的觉醒，以及欧洲犹太人对于连续与间断、美德与原罪的认识。这使他在传统意义上彻头彻尾地美国化，但是绝不狭隘。

当他还是纽约格林威治村的那个年轻人时，每个人，包括他挚爱的女友，都叫他“海绵”。他们说他仿佛能从空气中汲取思想和影响力。还有人长篇大论地说，他是一个剽窃者，一个手段高明的窃贼。多年来这两种性格描述一直存在。有一次被要求解释他的“影响力”时，他回答说，你只需要睁开眼睛、张开耳朵去接受影响。他极具包容性。更重要的是，他从未停止去接受、去吸收。与此同时，迪伦创作了值得被铭记的作品，在没有地图的领域无止境地探索，这意味着

1 《如果狗儿自由奔跑》(If Dogs Run Free)（*New Morning*，1970）不算。

* Tin Pan Alley，原为纽约市音乐出版业的集中地，今泛指音乐出版界。——译者注

真正在这个星球上生活。

他既是道德艺术家，也是流氓艺术家；既是精神作家，也是感官作家；是与政治无关的政治动物；是虔诚的怀疑论者和抱持怀疑的信徒；既是即兴创作者，也是能工巧匠。他开过许多场演唱会，取悦过许多人。迪伦是一个保持自我的公共艺术家，社会、美国和世界都把假想的现实投射到他身上。然后他唱歌，忽略这一切。

* * *

曼彻斯特是一个决定性的时刻。从此以后，它塑造了迪伦的事业生涯。从此以后，他的一言一行都被放在聚光灯下，人们似乎希望通过某种神奇的算法使整体大于部分之和。他的名气——恶名、天才、名望、没有实质意义的全球影响力——使得他私人和公共生活中的每一个时刻都要被拿来分析有什么意义。任何人都会觉得这很奇怪。随口说出的话被当成宣言。自由贸易厅“插电”演出的盗版录音像圣物一样在信徒中流传。糟糕的表演与精彩的表演受到同样的重视——它们预示着什么？关于他的出生、童年和青少年时期，他的学业、习惯、爱情和信仰的一切都被连篇累牍地描写（是的，我知道）。不久以后，一切细节都被挖掘殆尽了。每一张新专辑都被当成一次文化事件和通往他内心生活的指南。非常愚蠢，但当时就是那样。

这时常令他不知所措。绝望、无助，他一次又一次地说，他想做的只不过是写歌和唱歌。这种否认也被拿来分析。他的许多崇拜者从中看不到一丁点儿有趣的地方。他的名字就像磁石一样吸引着各式各样的评论——精神的、政治的、文学的、哲学的、历史的、社会学的——他的歌迷对此全神贯注。很快，著作开始出版。圣徒、总统和历史上最臭名昭著的恶棍也比不上他在书架上占据的空间。最后，围绕他的成名现象和神奇魅力，会再出一两本书。真是讽刺。

* * *

通过 1966 年的演出，他表演了一种“打了就跑”的现代主义过渡仪式，为了赢得新观众疏远了老观众。这种行为可能是本能的，出于愤怒和难以承受的压力，包括公共的和私人的，但它不是不计后果的。无论是不是嗑了药，迪伦知道自己是怎么回事。[1] 他也很清楚他迄今为止最忠实的歌迷是怎么回事——他们非常非常愤怒。

曼彻斯特演出的三天前，在利物浦音乐厅也有过一段不愉快的插曲，观众席中传来咒骂声。“那儿有一个阿拉伯农民要寻找救世主，”迪伦慢吞吞地说，“救世主在后台，我们有一张他的照片。”后来的《瘦人民谣》(Ballad of a Thin Man) 对此（和其他一些事情）做出了解释。已经足够了。

这种否定的姿态是必需的。每件事都来得很紧迫。曼彻斯特将成为他的军械库展（Armory Show）*、他的《春之祭》（*Rite of Spring*）**、他的《伤心旅馆》(Heartbreak Hotel)***：这种比较毫不奇怪。1966 年，仿佛是他移动得太快，以至于相机快门定格下一系列虚焦、模糊的图像。究竟哪一个是他？然后，许多个名为鲍勃·迪伦的自我向内崩塌，一个叠在另一个上面。这一切让他筋疲力尽、四分五裂。

* * *

曼彻斯特几乎终结了他。这件事发生时，他刚刚在四个月里完成了 43 站演出，漫长的巡演接近尾声，第二天，迪伦回到纽约州威彻斯特县中心的白原市，6 月 16 日他就是从这里出发的。至此，他已经环游世界一周。他曾一度认为这趟旅途永远没有尽头。然后他就消失了：他不在那儿。在接下来的七年里，他只有五次公开演出。

1974 年初，当他和乐队同意在一次为期 40 天的全美巡演中再次面对观众并且赚上一大笔钱时，变化已经很明显地发生了。那个抱着吉他

1　在 1966 年的录音中，他讲话和唱歌的声音存在惊人的差异。无论是否存在毒品的作用，他表现出惊人的恢复力，而且总是非常及时。他发表了一些精心准备的演讲。不过，为马丁·斯科塞斯（Martin Scorsese）的纪录片《迷途之家》（*No Direction Home*）拍摄的电影片段不能当成确凿无疑的证据。海洛因的可能性仍然存在，并且在几十年后得到“确认”。

*　1913 年在纽约第 69 团军械库举办的国际现代艺术展，马塞尔·杜尚的《下楼梯的裸女》在这次展览上引起轰动。——译者注

**　美籍俄罗斯作曲家斯特拉文斯基创作的芭蕾舞剧，首演时曾引起巨大争议。——译者注

***　猫王的经典歌曲。——译者注

和口琴、从格林威治村走出来的男孩，已经成了一个小丑和笑话，以及观众们的幻想和茶余饭后的谈资。1974 年，他没有浪费时间去说什么客套话。他的表情开始变得坚毅。

1966 年 2—6 月，是迪伦曝光率最高的一段时间。这是他职业生涯的一部分。132 天里，他走遍了美国、加拿大、澳大利亚、瑞典、丹麦、爱尔兰、英格兰、苏格兰和法国，以一种艰难的方式了解到赞美和奉承如何变成占有欲和轻蔑，了解到艺术必须为了生存而斗争。或许这对迪伦 90 年代恢复大规模巡演有所帮助，但是在曼彻斯特，事情糟糕透顶。无论如何这都是一段地狱般的旅程。一道过去的阴影。圣弗朗西斯科诗人王红公（Kenneth Rexroth）这样写道：

> 我最后一次见到迪伦时，他的自毁还没有超出理性的界限。他表现出无机质的可怕惯性。跟他在一起就像被一大堆滚石碾过。[1]

这个比喻非常恰当。又有一点不可思议，因为王红公是在 1957 年写下这段话的，而且他写的是威尔士人迪伦*。1966 年，同名的歌手也超越了理性的界限。他也被碾过了。如果说他跟另一位同名者有什么共同之处，那么至少在这一点上是共同的：诗歌艺术需要代价，他们付出了代价。

他是一个诗人吗？这种争论持续了很长时间。或许你可以从一个简单的问题开始。如果鲍勃·迪伦不是一个诗人，那他究竟是什么？

* * *

三年里他的名声不断遭到质疑：污点、精神错乱。他没有指望这些。他转过身时他们出卖他的灵魂。他们将王国的钥匙递到他手上。他们给了他想要的一切，作为回报，又索要他所拥有的一切，然后是更多。这是一次突然袭击。现在他在自己的影子面前颤抖。

所以，大声点儿演奏。

---

1 “Disengagement: The Art of the Beat Generation”，首次发表于 *New World Writing* No. 11，1957。

* 即迪伦·托马斯（Dylan Thomas），威尔士诗人。——译者注

2

我不在那儿，我已离开

一张画——买一次，麻烦 40 年。但是一首歌——你唱出来，进入人们的耳朵，人们跳起来，和你一起唱，等你停下来，不再唱了，它就走了，然后你重又找到一份工作，再把它唱出来。

——伍迪·格思里，《奔向光荣》(Bound for Glory)

1961 年 11 月末，在纽约哥伦比亚唱片公司的录音室里，一个衣着邋遢的年轻人正在努力录制一张密纹唱片，这个 20 岁的大学辍学生立志书写自己的传奇。为此，他成了朋友和竞争对手嫉妒的对象。在格林威治村——民谣运动中许多重要的事件都在这里决定——一些人在公开质疑伟大的约翰·哈蒙德（John Hammond）为什么要把这样一个无与伦比的机会赐予迪伦，这家伙只是咖啡馆里的一个新手，“几乎不会弹琴”，自己都说自己是个笑话。实力强大的哥伦比亚唱片公司的高管中也有人在考虑同样的问题。一份五年合约？

哈蒙德年近 51 岁，身材高大，一头短发，颇具贵族气派。他们说他什么都见过，而且几乎什么都做过。他富有同理心、品位和天赋，有时候还有先见之明。他是富有的纽约大亨范德比尔特（Vanderbilt）的重孙；他是 20 年代第一个听贝西·史密斯（Bessie Smith）演唱的人，后来主持了她的最后一场录音；1936 年，他敦促本尼·古德曼（Benny Goodman）在白人乐队中招入一个名叫莱昂奈尔·汉普顿的黑人颤音琴演奏家。他刚刚说服哥伦比亚唱片公司重新出版罗伯特·约翰逊（Robert Johnson）失传已久的杰作《三角洲布鲁斯之王》（King of the Delta

Blues Singers)，在公司其他高管看来，这就像一场毫无必要的返场演出。从贝西伯爵（Count Basie）到比莉·荷莉戴（Billie Holiday），从大比利·布伦齐（Big Bill Broonzy）到艾瑞莎·富兰克林（Aretha Franklin），每个人——在某些情况下每件事——都要感谢约翰·H. 哈蒙德二世。[1]

他的非凡能力一部分来自漫长职业生涯中获得的大量知识，另一部分来自持久的热情。在黑人音乐的问题上，哈蒙德听懂了，他一直能够听懂。他为反对业内的种族歧视做了很多工作，比任何一个常春藤盟校毕业的白人做的都要多。哈蒙德了解布鲁斯。但是他现在所做的事，却是城里任何一家对民谣或布鲁斯哪怕有一丁点儿兴趣的唱片公司都不会做的，而且看起来，他这样做似乎只是因为报纸上的一篇评论文章。这个年轻人的表现非常糟糕。

原始的天赋是一回事。制作人的工作是从原石中寻找、切割和打磨出钻石。那么，宝石在哪里？两个月前罗伯特·谢尔顿（Robert Shelton）在《纽约时报》上发表的一篇文章成了催化剂——也在格林威治村引起了嫉妒的闲话——文章说西四街上的“歌厅”热尔德民谣城（Gerde's Folk City）的舞台上来了“一张令人愉快的新面孔”。这位记者写道，这个纤瘦的年轻人“戴着一顶哈克·费恩式的黑灯芯绒帽子”，“融合了唱诗班男孩和垮掉派两种气质”，对于自己的师承“含糊其辞”，或者满口谎言。谢尔顿也承认“迪伦先生的嗓音一点也不好听”。

可以想见，歌手“有意识地试图重新捕捉南方黑人音乐中那种狂野之美”。或许是因为想得太多，有时候，年轻人“几乎无法理解的号叫”和“高度个人化的民谣创作方法”几乎“成了一种矫揉造作”。但是无论如何，他身上有“创造性和灵感的标志”，不管现在表现为什么样子。《纽约时报》的大标题用了“与众不同的独特风格”这个词，配有一张迪

1　参见 Dunstan Prial's *The Producer*: *John Hammond and the Soul of American Music* (2006)。作者说，哈蒙德“早年间就感觉到这种音乐富于强烈的感情是有原因的。这是独一无二的美国音乐，由那些真正了解现实生活之艰辛的人创作和表演，这些人由于肤色被永久地压抑在美国社会的底层，这是属于他们的音乐。聆听这些音乐，帮助哈蒙德认识到将他和地下室里的仆人分隔开来的巨大的阶级差异。”

伦还带着婴儿肥的单栏黑白照片。没有什么后续报道。

事实上，在第七大道的录音室里，情况还要更糟。迪伦甚至拒绝遵守录音过程的基本规则。哈蒙德后来回忆说，这个年轻人唱到每一个“p”都爆音，每一个“s”都嘶嘶作响。他会走得离麦克风太远。时间就是金钱，节奏就是音乐。他到底想不想录制唱片？他甚至没兴趣重录。最糟糕的是，迪伦拒绝接受那些比他懂得多的人的指导，实际上是拒绝任何人的指导。哥伦比亚唱片公司的高管说他是“哈蒙德的蠢货”，他们可能没说错。

那么，约翰·哈蒙德到底听到了什么？

* * *

事实上，他已经听过迪伦唱歌了，虽然只有一点儿，第一次是 9 月在一间公寓的彩排时，然后是谢尔顿的评论文章发表之后，有一天在录音室为新秀歌手卡罗琳·赫斯特（Carolyn Hester）录制第三张专辑时。感谢赫斯特的强烈要求、格林威治村的前辈莱姆·克兰西（Liam Clancy）的建议，以及制作人十几岁的儿子小约翰的热情，年轻人为在座的人表演了一段口琴。根据传说，一次匆忙的试音，加上这个年轻人准备创作自己的歌曲的新闻，促使哈蒙德当即给了他一份工作，并且口头上答应跟他签约。

许多年后，谢尔顿在他延宕已久的迪伦传记[1]中讲述了自己关于那个星期五晚上的回忆，《纽约时报》的评论面世后，吸引了大批好奇的观众来到民谣城。

> 那天晚上晚些时候，迪伦把我叫到角落里，说：“你谁也别告诉，我今天下午见到了老约翰·哈蒙德，他要给我一份哥伦比亚的五年合约！不过伙计，千万别声张，周一以前还不能确定。我是今天在卡罗琳的聚会上见到他的。我右手跟他握手，左手把你的评论递给他。他甚至都没听过我唱歌就要跟我签约！不过别告诉任何人，一个字也不许说！哥伦比亚高层的某个家伙也许会搅局，不过我真

---

1 *No Direction Home: The Life and Music of Bob Dylan* (1986), p. 113.

的相信事情能成。哥伦比亚的五年合约！你觉得怎么样？”

类似的事情肯定发生过。不过另一方面，传记作家和自传作者似乎忘记了，当他们变魔术般地逐字逐句回忆起当时的对话时，人们会相信这些话，就像相信一份标准的唱片合约一样。或者相信迪伦讲的故事。这无疑使叙述更加生动，但是混入了虚构的成分。谢尔顿真的记得每一个字吗？他真的说过“你在说什么？他都没听过你唱歌”吗？

此后，关于迪伦的重要突破一直众说纷纭。哈蒙德一听到他还没听过这个年轻人唱歌就提出签约的说法就不耐烦。后来他似乎回忆起那次试音的经过。迪伦却从没说过这回事——尽管这并不重要。哈蒙德也不承认他受到谢尔顿评论文章的影响：根据他的回忆，跟这位新人签约的决定是在《纽约时报》的评论文章发表之前做出的。虽然制作人的记忆有些“模糊”，但他还记得那个年轻人的吉他弹得“很初级”，口琴也只是“勉强过得去”，但是与此同时，他相信“鲍勃是个诗人，能够与他的时代对话”。[1] 1961年秋末，在这份著名的合约签订之时，两种描述都不恰当。迪伦无法成为一般意义上的艺术大师，却是一个完全能够胜任俱乐部演出的音乐人。但是诗人？不，还不是。

* * *

不过事情是这样的：在这个行业里，小插曲会被聚焦、放大、反复讲述。迪伦本人也成了传说。他生命中的每一个事件都成为一种寓言，每个寓言都有自己的索引和数不清的脚注。很快他们就会开始寻找奇迹和圣痕。很快——太快了——这个年轻人说的每一句话都会被研究。很快他们就会去翻他的垃圾，包括字面意义和比喻意义上的。对他的行为发表评论将成为一项小小的产业。

很少有人发觉这很奇怪，或者停下来考虑制造了这种现象的摩登时代究竟是怎么回事。到最后，这个虚构人物的职业生涯只是一堆精心虚构出来的碎片。即使这些碎片本身是真实的，即使这些真实的碎片构成了讲故事的人物。每一个字都是完美的后见之明。

---

1 Shelton, *No Direction Home* (1986), pp. 114-5.

在 1961 年，他想要成为一个歌手。很快他会想要创作很多歌曲。这还不够。跟哈蒙德一样，虔诚的信徒——这种说法与事实相去不远——谈论诗歌，却想不起来他们上一次关心一个美国诗人是什么时候的事。在一个崇拜名人的时代，“鲍勃·迪伦”不可能只与艺术有关。无数文章和书籍试图解释他生活的意义，包括正在发生的事情，并且将一个人的生活投射到许多人的生活中去。他是如何从罗伯特·艾伦·齐默曼，一个来自美国中部某不知名小镇的年轻人变成鲍勃·迪伦的，必定会成为焦点。在这种情况下，他还能创作出作品，其中一些作品还风靡一时，这才是真正的奇迹。

1961 年 11 月，在 A 录音室，身边是挚爱的女友，20 岁的迪伦花了好几个小时唱完了一连串歌曲，这时候一切都还没发生。他想不到——没人能想到——以后会怎样。但是纵使岁月流转，录音凝固了时间。它使我们捕捉到一颗新星诞生时的光芒。现在没有人能像它第一次被听到时那样，聆听《鲍勃·迪伦》这张专辑。不过，无论哈蒙德在那第一个下午听到了什么，都还不是一个诗人。

* * *

或许这位制作人只是凭本能行动，或者更有可能的是，依据那些他信任的人的推荐：星探和制作人需要承担这样的风险。而且，“哥伦比亚的五年合约!”并不准确，歌手很快就会发现这个事实并为之大伤脑筋。迪伦没有犹豫就签了约，也没有关心他的近视眼前浮动的小字，他所得到的只是任何新演出都得到了哥伦比亚的授权。“五年”意味着只保证发行一张专辑，另外四张哥伦比亚享有“选择权”。

这时的迪伦有多少歌迷是几乎未知的。或者说，他的歌迷数量已知，因此无法得到信任。他在格林威治村俱乐部的追随者很忠实，但是人数有限。他的朋友支持他，但是有偏袒。当然，他有点口碑，但是传播不广。格林威治村还有一大群怀疑者，因为哈蒙德的慷慨和谢尔顿的赞美而啧啧称奇。

对于这种“嫉妒、蔑视和嘲笑”，喜欢抠字眼儿的记者应该是可靠的见证人。后来他发现，“很少有音乐人喜欢”他在《纽约时报》上发表的评论。事实上，有些人说他需要去配个助听器。作家和吉他演奏家、织工乐队（Weavers）的弗雷德·海勒曼（Fred Hellerman）在街上拦住谢尔顿，问他："你怎么能说他有多么了不起？他不会唱歌，他也几乎不会弹琴，他对音乐一无所知。"我们从中可以推断出：年轻的迪伦很坚强。当民谣警察到处指手画脚时，他必须坚强。

但是，纽约一年中最好的时光过去之后，似乎看不出来他要往哪里去，他似乎哪儿也去不了。哈蒙德认为他"有某种东西"。但是许多民谣歌手和准民谣歌手都有。他们中的一些人还拥有知识和技术专长，以及有用的社会经验和清晰的头脑。他们中大多数人至少都会表现得不那么令人担忧。迪伦则全凭直觉行事。

那么问题又来了：他为什么想做一个民谣歌手？

* * *

43 年后，迪伦走到哥伦比亚唱片公司录音室的麦克风前，在《编年史》中讲述自己的故事，这是他回忆录的第一卷。这本书 2004 年出版后便毁誉参半，有时候还是在同一篇评论中。公认这是一部迷人的作品。但是——总会有"但是"——还是那个问题。这是关于迪伦的全部事实吗？一些评论家根据有案可查的记录指出作者的诸多错误、笔误、遗漏和演绎，好像在批改迟交的家庭作业。显然，他们对他的了解比他自己还要多。他们中大多数人都缺少苏西·罗托洛（Suze Rotolo）的朴素智慧，她便是当年纽约那个前女友。2008 年出版自己的回忆录《放任自由流的时光》（*A Freewheelin' Time*）时，罗托洛说，她书写的"可能不是确凿的事实，但都是真实的"。[1] 对于迪伦来说，那些是发生在 43 年前的事，不是昨天。

他的回忆是这样的。哈蒙德"只听了我的两首原创歌曲"。当时，"民谣总被认为是蹩脚的、二流的，只有小厂牌才会出版"。大公司"严格地对精英开放，发行那些经过消毒净化处理的音乐"。如果哈蒙德不是"非常之人"，"没有时间来浪费"，迪伦永远没有机会登上奥林匹斯山。

1　2011 年 2 月 24 日，本书写到这一段时，"封面女郎"苏西·罗托洛经历了与病魔的漫长斗争，正在走向生命的尽头，时年 67 岁。无论与迪伦的关系对罗托洛女士意味着什么，她都是当代文学史上最重要的缪斯之一。她死于肺癌。

而我们也永远没有机会去理解鲍勃·迪伦。

这段话在回忆录的开头部分，简短而意味深长。有趣的是，它没说出来的跟说出来的一样多。要么是迪伦故意编造了错误的回忆，让我们认为一个“非常之人”发现了一种新的风格，要么他说的就是他所理解的事实——你永远不会知道。

二流的民谣只由小厂牌出版？这些小厂牌——伊莱克托、民谣之路、传统、先锋等——全都拒绝了他。[1]“除非事属非常”，他没有机会接近哥伦比亚？什么叫事属非常？就是一个有品位的人听他弹琴，表演了几首模仿作品？

对于这段美国民谣艺术的传奇，迪伦做了他本来不屑去做的事，帮助缔造了这段传奇，或者至少是任其流传——他有这个天赋。哈蒙德渴望出名吗？当然，但这显然不是事情的全部。这是不是一次唱片工业的常规签约，大公司面向新人普遍撒网，在一个未经考验的天才身上下注？所有大唱片公司都必须这样做。还是命运早有定数？

哈蒙德对将来很有信心：根据是什么？从当时留存下来的录音中，包括业余的和专业的，迪伦最近的未来只有惊鸿一瞥。“信心”和“远见”只能归结为毫无新意的猜测。你只能再一次怀疑，关于这次签约仪式约翰·哈蒙德到底说了什么。奇迹般的相见恨晚只是纯粹的神话。哈蒙德真的认为迪伦是民谣传统天生的继承者，还是仅仅在恭维他的年轻艺术家？让他相信刚刚崭露头角的迪伦拥有能够媲美罗伯特·约翰逊的天赋的，是不是有意识的“远见卓识”？

要么是迪伦的回忆屈从于他的自我，要么这一切都是真的。自我仍然是主导，这是他陈述的事件版本。哈蒙德的确跟他签了约，而且看起来没怎么犹豫。是不是这位制作人慧眼识珠，正如《编年史》的作者所说的那样？作者希望你相信这一点。

1　1978 年，民谣之路的创始人莫斯·阿施（Moses Asch）说：“这不是真的。鲍勃·迪伦立刻就去了哥伦比亚唱片公司。皮特·西格（Pete Seeger）和约翰·哈蒙德把他招入哥伦比亚，他从来没有找过我。我从来没有为了拒绝他而拒绝他。”不过，没有其他人说过西格跟迪伦加入哥伦比亚有关。

无论如何，他给了年轻人一份合约，尽管在金钱上没有付出太高成本。[1] 这部分事实不存在争议。行业巨头哈蒙德和哥伦比亚跟迪伦签了约。为什么？仅仅是因为民谣音乐开始流行？这可能是部分原因。那时候的唱片业不理解，也不会利用创作自主权。大家都按套路行事，几乎没有例外。如果年轻人热衷于民谣，那么你就找几个乐手，让可靠的制作人照顾他们，由他来把真真假假的乡村旋律改造成合格的产品。“真实性”是好的，但是只有在卖得出去时才是。在格林威治村以外，有时候在村子里也是，年轻的迪伦并不畅销。

事实上，70 年代中期，约翰·哈蒙德指控哥伦比亚一开始甚至拒绝批准这份合约。这个版本的故事中，“鲍勃·迪伦”几乎不会存在。制作人回忆说：“哈蒙德的蠢货。哥伦比亚唱片公司副总裁这样说——这是他有生以来听过的最可怕的东西。哈蒙德的蠢货……但我还是签了他。”[2] 高层对于迪伦的起步没有起到多大推动作用。

另一方面，苏西·罗托洛也讲述了哥伦比亚的第一次录音，她的版本似乎更加不偏不倚、令人信服。毕竟她当时也在场。谢尔顿曾说迪伦拿她的口红盒当吉他拨片，在否认了这个传说之后（她不涂口红），罗托洛写道：

> 录音过程中，约翰·哈蒙德没有打断过鲍勃，只是在一旁看和听，让鲍勃想怎么做就怎么做。哥伦比亚计划在两个月内让他的专辑上架，相信迪伦会成为下一个大热门。鲍勃唱歌时我就在旁边看着，我看到他对这件事、对自己正在创作的艺术有多么专注、多么忠诚。鲍勃很紧张，对自己的表现既确定又不确定。结束后他一直问我：你觉得怎么样？怎么样？[3]

---

1 根据哈蒙德不太严谨的回忆，迪伦第一张专辑的全部录制成本“大约是”402 美元。多年来一直流传着一种说法，结束录音是因为“他们没有带子了”。不过，克林顿·海林（*Dylan: Behind Closed Doors—The Recording Sessions, 1960－1994*）引用哥伦比亚唱片公司的文件证明，事实上存在两段长达三小时的录音。

2 根据 John McDonough of National Public Radio，“John Hammond: The Ear of an Oracle”，NPR website，December 2010。

3 *A Freewheelin' Time*，p. 159.

下一个大热门能够“想怎么做就怎么做”？他“既确定又不确定”？哥伦比亚远没有实现两个月内上架的目标——他们几乎用了四个月——而且哈蒙德在这个新人把所有的“p”都唱爆音时只是稳稳当当地坐着，似乎令人难以置信。更有可能的是，他太有个性也太精明了，一板一眼的做派不适合他。当艺人表演时，这位制作人通常在录音室里什么也不做，有时候翻翻报纸杂志。但是罗托洛表达了一个基本观点：无论是不是新人，这是迪伦的录音，所有曲目都是他的选择。

所以，你觉得怎么样？怎么样？

* * *

他的第一张专辑《鲍勃·迪伦》在几个小时内录制完成，遭遇了彻头彻尾的失败。大多数人相信第一年的销量不超过 5 000 张；当时哥伦比亚 A&R 部门的主管米奇·米勒（Mitch Miller）估计销量只有这个数字的一半。当时，一些知道这些歌唱的是什么的人说这张专辑虽然有一定的价值，但是不能代表歌手的全部实力，更不用说他的天赋和潜能了。听过他俱乐部作品的人说这不是他们认识的迪伦。其他人则根本不在乎。

半个世纪后，21 世纪的听众可以这样说：约翰·哈蒙德是个中高手。在这张险些流产的专辑中，有着依赖任何软件都无法实现的清晰直观。如果说迪伦搞砸了，如果说他因为用力过猛、选择太谨慎而没能表现自己的实力，那么约翰挽救了局面。相反，在他的回忆录中，这位似乎什么都没做的制作人劝说年轻人尊重麦克风，并且挑选了有保存价值的曲目。在后来所有的录音经历中，迪伦发现他很难重新找回这场笨拙的处子秀中的朴素之美，有人说他不可能找到了。我会说这花了他三十多年的时间。[1]

在某种意义上我们现在听到的作品都是原始的，歌曲主要都是民

1　一直到 1992 年的《像我一样对你好》（*Good As I Been to You*）和 1993 年的《走向错误的世界》（*World Gone Wrong*）两张专辑。这是他的第 28 张和第 29 张录音室精选集，非常“原始”，只使用传统素材。当时这被认为是一种堕落的姿态，或者迪伦已经江郎才尽的证明。但实际上，老歌带来了新的灵感爆发。为什么说它们是原始的？据说在录制《走向错误的世界》时，迪伦按照完全老派的作风，在几天里录完了 14 首歌，甚至没有为吉他调过一次弦。

谣。在录音中，夹杂着一个紧张的年轻人的诸多失误，那些民谣和布鲁斯不时让人进入忘我的境界。这张专辑是匆忙录制的——即使以1961年的标准来衡量，迪伦也缺乏耐心——但是最后的成品在闪电刚刚划过天际时把它捕捉到了瓶子里。没有录音室的影响，没有技巧和花招，只有人声、吉他和口琴。简单造就了纯粹，这就是今天它的吸引人之处。这是哈蒙德开门见山的录音室技巧的一个范例，在今天的数字化世界中这种技巧早已失传了。时至今日这张专辑听起来仍然很不错。你会说歌手需要的只是更好的歌曲。

并不是因为他缺乏准备。他女友的姐姐卡拉·罗托洛（Carla Rotolo）说："他大部分时间都用来听唱片，没日没夜地听。他听过民谣之路的《美国民谣音乐选》（*Anthology of American Folk Music*）、尤安·麦考尔（Ewan MacColl）和A. L. 劳埃德（A. L. Lloyd）的演唱、兔子布朗（Rabbit Brown）的吉他，当然还有格思里，以及布鲁斯……他的录音在准备阶段。我们都很关心迪伦会选择哪些歌。我清楚地记得我们曾经谈论过。"或许谈论的太多了一点。

在某些地方，迪伦听起来如此真实，但事实并非如此。为了让一个平凡的人多少显得有趣，新人必须编造自己的人生故事——关于街头生活、俱乐部生活、已故的父母——坦白说这些故事是荒谬的。这不仅仅是娱乐圈的策略——他总在撒谎，即使在不必要的时候也会习惯性甚至强迫性地撒谎。这个人物是矛盾的，一种内在的矛盾。

他的嗓音很奇妙，可以说好也可以说坏。如果你对他知之甚少，或者忘了看一眼专辑封面上奇怪地印反了的照片——他已经很久没刮脸了，或者刮了但没有刮干净——你可能会误以为他是一个来自西弗吉尼亚山脉的老家伙。你甚至可能误以为他是个黑人——他可能会喜欢这样。事实上，他只不过是又一个抱着吉他从大学辍学的年轻人，关于生活，他所知道的一切大多是从老歌中搜罗来的，他专辑中的两首"原创歌曲"完全是衍生作品。

这算不上犯罪。1961年，格林威治村挤满了装模作样的人。这是纽约的方式，也是格林威治村的方式。几十年来，这里聚集了迷失的灵魂、骗子、幻想家、疯子和神童。如果说年轻的迪伦是在扮演，那么至少他演得不错。有绝对的证据表明他是个真诚的骗子。

当他获得成功，演唱《把我的坟墓打扫干净》(See That My Grave Is Kept Clean) 这样的歌曲时——对于一个20岁的年轻人来说，这就是死亡的真谛——他不是瞎子莱蒙·杰弗逊 (Blind Lemon Jefferson)，一点也不像，但他完全沉浸在这首歌的冰冷宇宙之中。他就像演员在扮演一个角色。或者说，他莫名其妙地使你以为他是别人歌曲的真正作者。在别人把布鲁斯奉为殿堂级的珍品时，迪伦自始至终都在寻找感情上的冲动。这定义了他以后唱歌、创作和表演的方法。这或许正是哈蒙德在他身上看到的“某种东西”。

这个年轻人是如何做到的？你无法就迪伦选择的艺术进行训练。你可以学习笔记和吉他谱，研究和模仿老唱片——这是民谣领域通行的做法，他就是这样做的。但是在格林威治村，有无数从舒适家庭走出来的白人年轻人热切渴望被误认为是牛仔、山民或流浪汉。他们都想成为真实的人——他们想象中的真实——他们都像在用非母语唱歌一样。而迪伦的扮演几乎不着痕迹。因此，结论是明确的，歌曲中的人物形象就是他想要成为的样子。他在表演，但是不开玩笑。要用这种方式假装真实，你必须在某种程度上相信幻想。事实上，他是谁这个问题有那么重要吗？

专辑中的两首半原创歌曲中规中矩，但也不乏闪光点。无须猜测，如果1961年末，这个年轻人能够成为世界上的任何人，他会选择伍迪·格思里，真正的民主歌曲先锋——如果你相信他的每一句话。所以迪伦创作了模仿格思里风格的《说唱纽约》(Talkin' New York)，包括讽刺性、喉音和沙哑的嗓音。为了向他的英雄致敬，他还演唱了《献给伍迪的歌》(Song to Woody)，模仿是一种忠诚，是对自由之路的赞美。这些歌曲算不上伟大，但足以传世。历史会证明这一点。

事实上，如果你想要寻找最初零散的、公开的录音证据，来见证天才的诞生，这就是你要找的东西。无论如何，不是在旋律中（它们更像是伍迪“自己的”旋律），甚至也不是在情绪中。但是这种有意识的扮演中有一种艰难的自我认知。迪伦直接把自己置于格思里的传奇中，“走别人没走过的路”。他看到世界上的饥饿和疾病，崇拜伍迪的同志们，出世的游吟诗人西斯科·休斯顿 (Cisco Houston)、萨尼·特里 (Sonny Terry）和“铅肚”（Lead Belly），他说：“我想做的最后一件事/就是说我也曾走过坎坷旅途。”这一次，这个学徒是诚实的。这一次，他短暂地卸下防备，承认自己没有经历过坎坷。有些人喜欢那样说他。

* * *

谢尔顿像斯泰西·威廉姆斯（Stacey Williams）那样赌翻倍，为这第一张专辑撰写了封面文字，明确断言：这个20岁的年轻人“对音乐一无所知”，但他是“有史以来最令人着迷的白人布鲁斯歌手”。这的确是事实。神秘之处在于为什么，以及这怎么可能是事实。

专辑一共录制了17首歌，有五首歌只录了一次，其中四首是在录音快要结束时毫不费力地连续完成的。[1] 那又怎么样？这就是1961年的工作方式。伍迪和西斯科曾经有一次为民谣之路录制“四五十首歌”，在24小时开放的工作室直接录在黑胶唱片上。[2] 但是这次不同。正如听过那一时期众多家庭翻录的地下唱片的人们所知道的那样，这不是迪伦已经证明的全部实力，而且相去甚远。这些歌曲中只有不到一半公开演出过。这既不是学习速度、演奏技巧和创作渴望的证明，也不是茫然和迷惑。

这些到底是谁的歌？从一开始，迪伦就一头扎进关于民谣传统、艺术归属、原创性、热爱与剽窃的泥沼之中。他漫不经心、无知无畏，或者冷酷无情，或者三者兼具。他剽窃了好友戴夫·范·容克（Dave Van Ronk）《旭日之屋》（House of the Rising Sun）的编曲，尽管范·容克明确告诉他别去碰它。他声称《终日悲伤的男人》（Man of Constant Sorrow）、《福音之犁》（Gospel Plow），以及复古风格的苏格兰民歌《菲维姑娘》和《可爱的佩吉欧》是自己“编曲”的。实际上，在这张专辑的一个质量低劣的早期CD版本中，《我弥留之际》（In My Time of Dyin'）（又名《上帝为我准备好临终的卧床》）的作者只有“鲍勃·迪伦”一个人，对于博采众长的约什·怀特（Josh White）和得克萨斯滑奏吉他天

1 Heylin, *Behind Closed Doors* (1995), pp. 7-8.

2 Jim Capaldi, “Conversations With Mr Folkways: Moe Asch”, *Folk Scene magazine*, May-June 1978.

才瞎子威利・约翰逊（Blind Willie Johnson）的歌迷来说，这种巧合一定是个大新闻。年复一年，这样令人不快的错误一再发生。

更重要的是，从此以后迪伦被贴上了“民谣”的标签，而这张处女作真正的成功之处在于布鲁斯。这似乎是自然的，但是显然并不自然。更重要的事实是，他以闪电般的速度达到这样权威的位置。抛开所有无伤大雅的小小谎言，1961 年 11 月他还只有 20 岁。仅仅两年前，他还说自己只是个喜欢摇滚、会弹钢琴的乡下年轻人，热情远远超过能力。1959 年夏天从小镇的高中毕业时，他是小理查德（Little Richard）——这是谁？——的忠实崇拜者，而不是布卡・怀特（Bukka White）。

在布鲁斯中，他有想法、热情、本能和侵略性。如果这些都是假的——除此以外，还有什么其他解释？——那么在某种意义上，它们比真实的东西还要重要得多。查理・帕顿（Charley Patton）从德尔塔的森弗劳尔县发出咆哮，震惊了每一位听众，即便他 40 多岁就去世了，仍然留下了不可磨灭的印记。他的音乐是黑人的音乐，是由种族造成的深刻创痛来定义的，这种伤害从未得到过正确的道歉。一个白皮肤的犹太人来装腔作势？你可以偷走布鲁斯，也可以靠布鲁斯谋生。这个年轻人虽然真真假假、反复无常，但他的音乐是有生命的。尽管如此，哈蒙德的录音带停转之后，迪伦一直极力否认自己的努力。他对那份合约的兴奋劲儿还没来得及平息，就不得不一口气吞下失望的苦果，并努力表现得好像那次录音根本不存在一样。他对自己非常诚实，近乎残忍。这一刻，他是录音室中的新人，磕磕绊绊地努力把握住一生一次的重要机会；下一刻，他非常确定这张宝贵的处女作远远不够好。这不是他追求的东西。所以他转身告别这张专辑，以及制作这张专辑的人。他没有回头看。

* * *

这也没什么不好。这张专辑不会带来名声和财富。它本身也不能证明哈蒙德的信念。在格林威治村的小世界之外，它没有引起多少关注。最重要的是，它不畅销。年轻的歌手担心他可能已经错过了机会——因为他很快就搞清楚了那份著名合约的含义——他不会就此屈服。他的野心很大，这放大了 1961 年和 1962 年他拥有的小小天赋。在后来的人生中，迪伦对名声表现出不同的态度，好像他不得不接受，享誉全球的名声和财富是他为了追求理想所必须付出的代价。如果你愿意，可以相信他。年轻的迪伦非常渴望成名，无论付出什么代价，无论这意味着什么。他想要成为不同的人、做出不同的东西。他所出身的那种生活没有意义。若干年后，1978 年，他对《花花公子》的记者说："我出生和长大的那个地方完全不同，你只有亲眼看到才能想象。"现实是虚假的。

* * *

罗伯特·谢尔顿[1]的评论文章并没有违背《纽约时报》的行业传统。这篇文章的不同寻常之处在于，它对一个仅仅在热尔德为格林布雷尔男孩（Greenbriar Boys）做过热场演出的歌手不吝溢美之词。原本平凡无奇的咆哮——由一个歌手来演唱可能值几个钱，由新人来演唱则更少——读起来就像跨越文化藩篱的宣言。它采用了当时高端的媒体语言，显得有点儿居高临下，自命公平地对待年轻的民谣歌手和他们的热情，又受到对年轻人和文化阶层一般传统观念的禁锢。自成一派的民谣歌手是否被严肃的人们严肃地对待了？

谢尔顿在某种意义上是一个先锋，他的文章尽最大努力表现出他发现在格林威治村和大学城，正在发生某些有趣的、或许是重要的事情。《纽约时报》的自由主义文人当然像任何人一样了解当代政治史。谢尔顿比谁都清楚这一点。

他曾经是《纽约时报》的新闻记者。1955 年，他被参议院内部安全小组委员会传唤，在大陪审团面前就他自己以及他可能听说过的任何人与美国共产党的"可能联系"作证。谢尔顿和 33 位同事事先得到了《纽约时报》内部律师的警告，如果他们不恰当地使用宪法权利，援引《第五修正案》拒绝申辩，他们的雇佣关系马上就会终止。1955 年，纽约的自由主义堡垒有些岌岌可危。

谢尔顿拒绝回答问题。他也拒绝告发莱诺排字机操作员、美国共产党员、工会活动家玛蒂尔达·兰兹曼（Matilda Landsman）。谢尔顿因藐视法庭罪被判处六个月监禁。这一判决因为"技术细节"而被驳回，大

1　罗伯特·谢尔顿（原名夏皮罗）1926 年出生于芝加哥，1995 年在英国的布莱顿海岸遇害身亡，凶手始终没有抓到。

陪审团重新提出了指控。作家再一次被定罪和判刑。他再一次逃脱了处罚。法庭交锋一直持续到60年代中期，政府放弃了这个案子。但它在50年代中期的影响是直接的。谢尔顿不再是新闻记者。他被流放到“艺术和娱乐”的西伯利亚，对那些“有话要说”的幸运年轻人发表评论——他有充分的理由对政治和民谣音乐感兴趣。罗伯特·谢尔顿对抗议歌曲的支持有其个人原因。

民谣本身曾经游走在流行音乐主流的边缘，在50年代的政治迫害和黑名单中成为怀疑的对象。重要人物、民主的受害者一个接一个地被禁止登上全国舞台。在这样的背景下，民谣开始流行，对年轻人产生吸引力，是有理由的。这种美国音乐（有时候）也是颠覆音乐、红色音乐。场景是波西米亚和政治抗议的。文学也是。有些表演者和支持者甚至称之为一场运动。老歌成了前卫的东西。

历史快照显示，摇滚迷失了方向。这值得思考。那个时代这种音乐形式无处不在，被当成理所当然的东西，以至于忘记了它可能并不会持久。正当迪伦开始在格林威治村寻找位置时，四个利物浦人被告知“吉他组合即将过时”。[1] 唱片业那些精于世故的中年人说，摇滚偏离了正轨，只是年轻人短暂的狂热。猫王埃尔维斯·普雷斯利（Elvis Presley）去服兵役了；巴迪·霍利（Buddy Holly）死了；排行榜上净是穿着漂亮毛衣、干净秀气的男孩，表面上咄咄逼人，实际上人畜无害。任何有一半头脑的年轻人都不会在这些东西上浪费时间。特别是在大学校园，民谣在大声疾呼。它不是哑巴，不是骗子，它要求讽刺和严肃的理论，它的语言不是陈词滥调，对于一个有着原子弹、抵制和游行的时代再合适不过了。

品位是会变化的。现在有很多人（也许是选择性地）谈论50年代末60年代初披头士之前的流行音乐。与此相反，这些年来民谣似乎仍然在等待复兴。每一次新浪潮都是一种破坏性的尝试，试图定义和包含这种音乐形式。这样的尝试仍然在继续，今天，这个词指的不仅仅是环境氛围、特定的主题、乐器的选择和编曲。这些正是有些人批评民谣自说自

1 1962年元旦，迪卡唱片公司一次糟糕试音的结果。

话的原因，这种批评并非全无道理。

这是迪伦成为唱片歌手的讽刺之一。当他跃跃欲试时，民谣正日渐式微。格林威治村的俱乐部已经成为旅游胜地，很少能找到真正的民谣。真正的劳动人民的品位通常经不起纽约雄辩的空谈家的苛责。评论家经常混淆传统和音乐上的保守主义、保守主义和党派路线，这种倾向在迪伦录下第一张唱片之前就存在了。这让他听起来如此新鲜，如此“天然”，至少对有些人来说如此。但是民谣的暗流从来都不是深藏不露的，迪伦过去和现在都热爱这种音乐，所以学得很快。

不过，还存在着一种相反的音乐，无论其形式如何。批评可能很含蓄，来自对立面的召唤仅仅是一种暗示。但是“民谣”有几点原则。首先，它不能按照要求制造。其次，即使被冲淡了，它仍然保有对起源的回忆。第三，它不能屈从于流行音乐抒情的传统，不能使用那些好像在维多利亚时代的画室里听到的呆板比喻。最后，民谣强调过去的感觉，有时候称为“传统”，它是对当下，尤其是对政治的逃离。

当你长大成人，你会发现市面上的流行音乐都是谎言，然后进一步注意到你的前辈们既顽固守旧，又恨不能摧毁整个世界，民谣似乎是合理的选择。如果你野心勃勃，在既定的人生道路上感到窒息、不得安宁，渴望某种叫不上名字来的经历和天赋，音乐之路似乎就是唯一的选择。至少在一段时间内是。

* * *

1962 年 3 月，专辑《鲍勃·迪伦》出版发行，同名歌手却在努力忘记它的存在。一方面，到那个 3 月他在音乐道路上又走了很远，正准备制作一张像样的原创（或多或少）作品合集。他认识到一种可能性。现在他疯狂地创作，而且开始摸到了门道。关于这门艺术他已经学到：为了成功必须勇于失败。1962 年，他以极快的速度创作出大量歌曲，但是其中很多几乎毫无价值。尽管如此，量变引发质变。每首歌都是一次尝试。

在《编年史》中，迪伦的回忆在涉及他最初的艺术创作时卡了壳。或者是他故意有所保留，只是含糊地说：“我说不出是什么时候开始写歌的。”其他人无疑都会记得，或者至少会在几十年后说服自己，相信关于职业生涯的开端有那么一段模糊的回忆。迪伦却没有这样说。他承认："有时你只是想以你自己的方式做事，想让你自己看看那神秘的窗帘后面是什么。这可不像是你看见歌曲向你走来，你请它们进来。没这么简单。"

无论简单与否，在神秘的窗帘打开，让同名歌手看看后面是什么之前，《鲍勃·迪伦》在货架上积了三个星期的灰。有人出来对其中的歌曲主张权利，然后失败了。曲调（一首老的灵歌[1]）可能让人第一次听到时感到熟悉。迪伦用稳定的步调演奏的旋律本身是音乐性的保证。无论被热爱还是被厌恶，被嘲笑还是被赞美，《答案在风中飘荡》（Blowin' in the Wind）改变了一切。它所代表的解放的意义超越了歌曲本身，而歌曲本身究竟说了些什么？

据说迪伦写这首歌只用了十分钟，4 月 16 日，在热尔德的一小群观众面前表演了一个半成品版本，它让迪伦看到歌词不仅仅是代代相传的宝藏。你可以真正"用自己的方法做事情"，无论结果怎样。这首歌只回答了一个问题：创作的意义是什么？写歌不再是难易的问题，而是一种必然。从这一刻起，那个假装成"鲍勃·迪伦"的男孩不可逆转地成了"鲍勃·迪伦"。他得到了自己想要的东西。但是他真正想要的是什么还不清楚，也从来不会显而易见。

很久以后，这首神谕一般的歌曲在各种各样的场合被频繁引用，一个顽固的《滚石》杂志记者无意中表达了自己的观点："天才不可能仅仅凭借直觉而成为天才。"只有这一次，迪伦回击挑战，给出了直接的答案。"我不同意，"他说，"我相信天才之所以成为天才就是凭借直觉。"[2]

那么，直觉从何而来呢？

1　在随《私录卡带系列 1～3 卷（珍稀及未发行）1961—1991》［*The Bootleg Series Volumes 1 - 3*（*Rare & Unreleased*）*1961 - 1991*，1991］发行的小册子中，已故的约翰·鲍尔迪（John Bauldie）认为这段旋律是皮特·西格自灵歌《再也没有拍卖台》（No More Auction Block）/《逝者万千》（Many Thousands Gone）改编而来的。歌手本人改变了说法，坦率地承认了其中的联系，或许是因为从欣赏的角度，所有的借鉴都进行了良好的伪装。

2　采访者 Jonathan Cott，November 1978。

3

超越地平线

我的童年已经远去……我甚至想不起自己还是个孩子的时候了。我觉得那个孩子是其他人。你没这么想过吗？我不能确定昨天发生在我身上的事情是不是真的。

——《滚石》杂志采访，1978 年

鲍勃·迪伦，即罗伯特·艾伦·齐默曼，亦即沙卜泰·齐塞尔·本·亚伯拉罕（Shabtai Zisel ben Avraham），他出生时，半个世界正在打仗，另外半个正在走向亨弗莱·鲍嘉在《卡萨布兰卡》中的时刻。这是 1941 年 5 月 24 日[1]，明尼苏达州的德卢斯市，这是横穿苏必利尔湖航线上的一座港口城市，有时候冬天仿佛永无止境，冰原沿湖岸延伸 20 公里，三个月不化。

迪伦说这座城市有两个季节：潮湿季和寒冷季。德卢斯被戏称为“天顶之城”，撕开火山带的边缘探入水中。“铁轨连绵不断，”这个当地的孩子注意到，“这是一座旧工业时代的城市。”或者说它过去是。一位旅人回忆说：“德卢斯仿佛坐落在无尽蔚蓝的边缘。”[2]

孩子在圣玛丽医院降生六年后，艾布拉姆和比阿特丽斯·“比蒂”·齐默曼（Abram and Beatrice “Beatty” Zimmerman）夫妇带着他们的长子

1　奇怪的是，随《私录卡带系列 1～3 卷（珍稀及未发行）1961—1991》［*The Bootleg Series Volumes 1 - 3*（*Rare & Unreleased*）*1961 - 1991*，1991］发行的小册子刊登了据说是迪伦的护照，1974 年颁发，1979 年过期。上面写着：棕发、蓝眼、身高 5 英尺 11 英寸——这里是这样写的。以及出生日期：1941 年 5 月 11 日。

2　William Least Heat-Moon，*Blue Highways*：*A Journey into America*（1983）.

搬到北面 70 英里外的希宾，这是一座矿业城市，其黄金时代已经成为褪色的回忆，采矿带来的财富渐渐消失，成为深埋在据说是地球上最大的人工洞穴深处的纪念物。希宾，更准确地说是南希宾，距离任何人、任何东西都很遥远。应该说是距离任何有价值的人，以及一个人可能想要的任何东西都很遥远。但是，跟其他人一样，亚伯需要工作。

希宾的口号是“我们不止是矿石”，这是一座小城，而且从那以后变得越来越小。[1] 城市地域广阔，但是到 2009 年，人口减少到 16 237 人，比 2000 年人口普查时下降了 4.9%。一个世纪前，梅萨比岭的露天矿场刚刚形成规模，催生了美国钢铁行业，新兴的城市约有 20 000 人口。他们的后代仍然靠从土地中挖东西谋生。最近的城市统计数据显示，近 20%的当地人从事采矿、采石或石油天然气提取行业。另外 10%从事建筑业。妇女通常从事医疗或教育行业。

当地人口主要是白人（97%），是德国、挪威、爱尔兰、瑞典、芬兰、塞尔维亚、克罗地亚和意大利移民的后裔。他们也是教徒：半数人是罗马天主教徒，1/5 属于美国福音路德教会。家庭收入只有明尼苏达中位数的 2/3，没有多少富人，11.7%的人生活在贫困线以下，但是犯罪率低于平均水平。他们通常都是明尼苏达民主农民劳工党的支持者。2008 年，艾恩兰奇（Iron Range）的每一个县都投票给巴拉克·奥巴马。

明尼阿波利斯是附近唯一真正的大城市，距离这片荒芜之地 170 英里；芝加哥有 464 英里远。冬天，气候非常恶劣，经常达到零下 40 度，苏必利尔湖腹地每年的降雪量达到 100 英寸。与此同时，赫尔-拉斯特-马霍宁露天矿场的巨坑如今已经成为旅游胜地。地方统计数据有些夸张。这处 3.5 英里长、2 英里宽、535 英尺深的大坑是十亿吨铁矿石被挖走的证明，自 1966 年起被列为美国国家历史地标。

迪伦童年记忆中的北希宾成了一座鬼城，为了矿石被榨干和废弃，留下的废墟仿佛一个可怕的寓言。1919—1921 年间，200 座建筑——住宅、商店、旅馆，还有一些被一分为二用作两种用途——被迫拆除，为

1 这座城市是 1893 年由一个叫弗兰克的德国人建立的，他称自己为希宾的理由已经不可考。希宾与下萨克森的瓦尔斯罗德是姊妹城市。

奥利弗矿业公司让路，搬迁的车辆像超现实的嘉年华彩车，挤满了第一大道高速公路。在后来几十年里，搬迁一直在缓慢地持续着。歌手在《编年史》中回忆说，当他还是个好奇的孩子时，曾在遗留的废墟中四处闲逛。

一片神奇的土地。回忆录作家和口述历史学家斯塔兹·特克尔（Studs Turkel）在1980年出版的《美国梦：失与得》（*American Dreams: Lost and Found*）中记录了与81岁的明尼苏达老人安迪·约翰逊（Andy Johnson）的一段谈话。约翰逊先生理解这种神奇。1906年，还是个孩子的他被从“故乡”芬兰带到矿区，他还记得在这里伐木、建造房屋和采矿的经过。

> 你的美国梦？地上那个可怕的大坑就是我们曾经生活过的地方。里面都是水，财富已经从地里挖走了。我不知道这里有什么好。另一方面，人们住在粉刷一新的漂亮房子里。有工作的人总能找到工作，还有很多人只能接受救济。
>
> 我能看到人类的美好未来，或者是人类的末日。

从照片、电影片段和回忆录中看，北希宾留存下来的姊妹社区跟沃尔玛席卷美国腹地之前的主流街区没有什么不同。冰雪覆盖的季节里，它看起来就像贝德福德瀑布*，等待着吉米·斯图尔特再次进入梦乡。

《编年史》的作者描绘了一幅迷人的图画，可能是模仿诺曼·洛克威尔（Norman Rockwell）丢掉的一幅作品。街上跑满了雪橇车，装饰了天使的圣诞树，唱圣诞歌的人，以及商店前的花环。希宾仿佛冻在时间与积雪中。回想起冬日的小镇，作者可能是在为鲍勃·迪伦的节日专辑做笔记，在2004年没有人会怀疑这种奇怪的可能性。在他的乡愁中——或者在他关于乡愁代价的玩笑中——他写道，自己相信圣诞贺卡是一种全球性的经历。只差“圣诞快乐，祝大家晚安”了。重点在于，迪伦非常

---

* 弗兰克·卡普拉导演、詹姆斯·斯图尔特主演的电影《生活多美好》中故事的发生地。——译者注

了解这些。

在这幅生动的画面中，犹太人在哪儿？事实上，如果是圣诞夜，齐默曼一家可能正在当地的罗马天主教堂参加子夜弥撒。鲍勃的母亲在1985年的一次采访中说，光明节时基督徒邻居经常被邀请来吃土豆煎饼；到了基督教节日，对方也经常投桃报李。这样做都是为了融入当地社会，尽可能地成为其中一员——毕竟，比蒂的两个兄弟都跟非犹太人结了婚。希宾的犹太人靠商誉做生意，他们的孩子总是跟非犹太人一起上学，他们知道自己需要什么。

迪伦的父亲和叔叔也是如此，他们是开电器商店的。他母亲的娘家斯通家是卖衣服的。如果说迪伦小时候希宾还有点名气，也只是还没有彻底被遗忘而已。在某种程度上，它似乎与一切地方、一切事物都没有联系。

事实并不尽然：在产量最高峰时，全美国80%的钢铁都来自北郡(North Country)。虽然生活在边远地区，但迪伦是在工业化的场景中长大的，即使自然近在咫尺。周围的一切形成鲜明的对比：平凡与卓越，野性与驯化，大背景中的小城镇。他的希宾是一个不普通环境中的普通地方，仿佛迷失在一片复杂的领域中。可以想象，这会在一个人的想象中留下印记。“鲍勃·迪伦”起源于哪里？不好说。

尽管如此，那里的人们还是和其他地方的人们一样。在迪伦的童年，大部分美国人依靠送奶工送奶。很少人穿人造纤维的衣服。邮件一天派送两次。每个人——8 500万人——每周都去看电影。人们抽烟，既不觉得羞耻也不感到恐惧，喝啤酒需要退瓶。他们不去购物中心。每家只有一个浴室，如果他们有自来水的话。每个人都听广播——4 400万人——但是只有城市才有基站；其他地方只能依靠远距离50 000瓦特“无干扰信道”信号传送器，在天气条件允许的情况下收听转播。那个时候人们很少坐飞机，四车道高速公路也很少。没有真正意义上的福利机构，每座城市的电话都要通过接线员转接。长途电话非常昂贵。

骄傲地矗立在世界的废墟之上，那时候的美国似乎很满足，或者很自满。战争结束前，钱都用来买了一件武器，一件最大的武器——原子弹。这东西本来是要确保美国人安全的，却令他们有点儿害怕。他们看到了新闻纪录片。迪伦幼年时发生过的血腥冲突提醒着人们，国界以外是一个危险的世界。如果是他们的敌人得到了能吞噬整个城市的原子弹，会怎么样？最近的联合国已经开始显露敌对色彩。美国曾经是移民的避难所，只关心自己后院的事情，眼下似乎很难再独善其身。人们赢得了一场战争，但在他们内心深处，却感觉必须为下一场战争做好准备。

民主党人哈里·S. 杜鲁门当时还是白宫的主人，但是当年轻的鲍勃开始习惯希宾的生活，他的时代正在衰落。有句笑话说："杜鲁门难免犯错误。"* 种族主义、性别歧视，以及除了共产主义之外其他大部分"主义"，全都盛极一时。过去欧洲的激进派信条让一些人失望、另一些人愤怒，还有一些人因为仇恨陷入疯狂。这不是第一次，也不是最后一次，美国的信念成为争论的中心。

战争结束时，800 万张狩猎许可证被授予已经拿惯了枪的人们。统计数据称离婚率下降，出生率上升，大部分女性的结婚年龄在 21.5 岁。3/4 的母亲是全职家庭主妇。男性人均寿命是 65.6 岁，一条面包卖 14 美分。整整一半的工人没有加入工会。

谁还记得这些？在一个似乎陷入爱国战争和保家卫国的熟悉循环的国家，谁还记得那个美国已经成为过去了？迪伦过去 20 年一直在调查这种陈词滥调，或许更久。他晚年猛烈抨击"摩登时代"的罪恶和盲目——根据他的心情，要么是道德上的原罪，要么是数码录音技术——但是两件事情都需要理解。

首先，他所成长的那个世界在方方面面都已远去。那是一个截然不同的美国，那里的人们连思考方式都跟现在的人们不一样。其次，迪伦背负了革命者的命运。当他成为代表今天和明天的时代之声时，他就成了以往的唱片、广播中所有幽灵之声的回音。这在某种程度上影响了他的形象。

与此同时，希宾的公共图书馆前伫立着一尊纸质雕像，纪念离家已久的当地孩子，仿佛时间和空间在此凝固，供沉默的游人观赏。每年 5

---

* To err is Truman，与谚语"To err is human"谐音，意为"人非圣贤，孰能无过"。——译者注

月是这座小城的“迪伦日”，据说非常有趣。每年 5 月，属于鲍勃·迪伦自己的希宾时光都飘向更遥远的过去。

* * *

选择了“鲍勃·迪伦”这个名字的男孩从一出生就面临着错位和无序。首先从地理上：北郡在地图上仿佛是艾恩兰奇无节制的延伸，是地图绘制者对加拿大的无礼冒犯。在这里长大，又离开已久，歌手有时候会幻想寒冷土地中的铁矿石和看不见的磁力会对人们的头脑产生奇妙的影响。

其次，“迪伦”撇开了他的遗传标记：在希宾大多数人是斯堪的纳维亚—芬兰—德国—爱尔兰后裔，他的犹太家庭祖先来自立陶宛、拉脱维亚和乌克兰，属于少数派。[1] 1937 年，285 名犹太人住在这座城市，到 1948 年人数为 268 人。[2] 他们在霍华德街和第一大道周围建立了一个中等规模的商业区，但他们的社区小而分散。比蒂的娘家埃德尔斯坦家拥有几家电影院——其中一家建于 1947 年，是用比蒂的祖母吕芭的名字命名的。其他犹太人则卖保险、开杂货店、百货商店或药房。亚伯的两个兄弟莫里斯和保罗经营米卡电器商店，他们正努力将业务范围扩展到所有节约劳动力的新设备上，这股新产品的浪潮席卷了所有有钱可花的美国人。

综上所述，这个社区不足以支撑一个全职的拉比，至少他们是这样说的，这些小业主也没有表现得那么虔诚。他们“刮掉了胡子”，迪伦回忆说，“而且我想，他们星期六也工作”。现实中，这些犹太人无法按照传统的方法来过安息日，因为他们没有其他现实的选择。如果星期六关门，他们的生意就做不下去了。但他们的传统还是正宗的，比如犹太教堂，比如迪伦的养育。

这对他产生了怎样的影响？或者说，希宾这座遥远的小城给了他怎

1　齐默曼这个名字最早出现在中世纪的普鲁士，通常见于德裔犹太人中，词根源于中古高地德语，意思是“木匠”。

2　根据 Andrew Muchin，“Dylan's Jewish Pilgrimage”，JewishJournal. com（March 2005），引述 *The American Jewish Yearbook*。

样的身份和忠诚?《编年史》没有回答这个问题，作者对这些疑问没有给出多少耐心。在整本书中，迪伦像所有喜欢探索的摇滚明星一样思维跳跃，一会儿接受耶稣，一会儿又向哈西迪的哈巴德-卢巴维奇（Hasidic Chabad-Lubavitch）运动靠拢，但是宣称《旧约》和《新约》同样“有根据”。他通常很高兴与固定的宗教信仰和地方主义撇清关系。他总是置身事外。不管怎样，这是希宾留下的印记吗?这是他的故事，很久很久以前的事了。

现在没有人可供评判了。除了极少数，希宾的犹太人已经从矿区的每一个角落消失了，仿佛当年带他们来到这里的移民浪潮又把他们带走了。鲍比·齐默曼和他的父母所知的犹太教堂在一代人之前就被废弃了。除了回忆，他断绝了与那里的一切联系，但是他所出生的那个关系紧密的社区已经完全消失了。这不是鲍比·齐默曼的错，他没有让旧世界消失。总之，到了21世纪，除了作为鲍勃·迪伦“文化观光”线路上的一站，这里没有什么重要的东西留下来了。

1965年在英国，一位来自《犹太纪事报》的记者直截了当地问他：“你是犹太人吗?”迪伦回答：“不，我不是，但我有一些最好的朋友是。”1978年，《花花公子》的一位记者问他，在他的成长过程中对犹太人的身份有没有想过很多。他回答说：“不，我没有。我从来没有感觉自己是个犹太人。我没有把自己当成犹太人或者非犹太人。我的犹太背景并不强。”在另一次采访中，他被直接问到童年时是否“意识到反犹太主义”的存在。

> 没有。除了学习一首新歌、一段新的和弦，或者找一个新的演出地点，其他事情对我都不重要，你明白吗?多年以后，当我录制过很多张专辑，我才开始考虑“鲍勃·迪伦是个犹太人”之类的事情。我说：“上帝啊，我都不知道这回事。”但是他们喋喋不休，好像这样说对他们来说很重要——就像他们说“一个独腿的街头歌手”那样。所以一段时间以后，我想：“好吧，也许我也应该想一想。”[1]

---

1 采访者 Kurt Loder，*Rolling Stone*，June 1984。

在迪伦的童年里，尽管历经沧桑，齐默曼一家还是实现了他们的美国梦——爸爸开商店，妈妈在厨房忙碌——没有遭遇明显的偏见。比蒂本人至少有一次明确表示，他们家没有跟非犹太邻居有过麻烦。虽然罗伯特·谢尔顿曾经引用"希宾高中一位教师"的话说："芬兰人恨波西米亚人，波西米亚人恨芬兰人。几乎每个人都恨犹太人。"还有人说亚伯·齐默曼热衷于打高尔夫球，却被当地"准入制"的梅萨比乡村俱乐部拒之门外。当年在明尼苏达，事情远不是这么回事。

当迪伦还是个孩子时，这个州的名声不好。1946 年，后来成为《民族》（*The Nation*）编辑的作家凯里·麦克威廉姆斯（Carey McWilliams）说明尼苏达是"美国反犹太主义的首都"。1948 年，一项由时任市长、后来的总统候选人休伯特·汉弗莱（Hubert Humphrey）发起的调查显示，63%的当地企业没有雇用犹太人、黑人或日裔美国人。30 年代末，亚伯和比蒂登记结婚时，明尼苏达的招聘广告上还明确写着"非犹太人优先"。1938 年，埃尔默·本森（Elmer Benson）在与弗洛伊德·B. 奥尔森（Floyd B. Olson）竞争明尼苏达州农工党领袖时明显胜出，但他面临着反犹太主义的恶毒攻击，他的敌人说，这个党已经"被犹太人控制了"。根据《明尼阿波利斯日报》（*Minneapolis Journal*）进行的一项大规模调查，在大萧条期间，威廉·杜德利·佩利（William Dudley Pelley）法西斯主义的"银衫团"（Silver Shirts）在该州招募了 6 000 名穿紧身裤、戴突击队员帽、着奇装异服的成员。

所以当有人说，"上帝啊，我都不知道这回事？"他在否认的同时，也在讽刺。他知道在一座美国中部小城作为一个犹太人是怎么回事，但是拒绝承认这很重要。任何人在考虑迪伦对犹太主义和他明尼苏达出身的矛盾心理时，都应该记住这一点。音乐家兼记者托尼·格洛弗（Tony Glover）在 60 年代初是迪伦在明尼阿波利斯的好友，他后来说鲍比·齐默曼把名字改成迪伦是"激进之举"，是对反犹太主义可能性的回击。[1]

说来有趣，战后随着改革的实施，歧视在明尼苏达变得"谨慎"。即

1 是对斯科塞斯《迷途之家》的贡献。

使在小小的希宾，你也能感受到犹太人很少对这种谨慎做出反应。他们像往常一样不与人来往，只管好他们自己的事，这样做是合情合理的。无论犹太主义对迪伦真正意味着什么，它在当时的美国大城市都是一股文化力量，但是犹太人不会忘记大屠杀和逃亡的历史。迪伦父亲的祖父是那一幕的亲历者。1907 年，齐格曼·（齐塞尔）·齐默曼［Zigman (Zisel) Zimmerman］从乌克兰的敖德萨来到埃利斯岛，一年前那里发生了臭名昭著的基什尼奥夫（Kishinev）大屠杀，成百上千的犹太人被驱逐和杀害。

美国这片乐土也没能免受荼毒，自南北战争以来，反犹太主义就是美国政治煽动家的一张安全牌。1860 年的人口普查显示，美国有 3 140 万人口，其中有 400 万奴隶，但是据估计当时犹太人的数量只有几万人。美国和欧洲的情况类似，内战前夕，约 20 万德裔犹太人的到来成为大规模移民的开始。1882—1914 年间，迪伦的祖先来到美国腹地，共有 400 万他们的同胞跨越了大西洋。偏见自那时起就根深蒂固，在有些地方几乎是受到推崇的。

亚伯和比蒂准备结婚时，“电台牧师”查尔斯·考夫林（Charles Coughlin）正从芝加哥向数以百万计的听众大肆宣扬反犹太主义。考夫林和他的同党公开谴责当德裔美国人同盟高举卐字旗在纽约街头游行时，富兰克林·罗斯福与华尔街的“犹太银行家”们沆瀣一气。不仅是在明尼苏达，各地犹太人都很难加入某些俱乐部、从事某些职业，或者到某些地方度假。战争结束时，似乎是为了给这一切画上句号，可怕的消息再一次从欧洲传来。无论是否做好了准备，小罗伯特出生了，从一开始大家就叫他鲍勃。他被归为北城的“异类”。从世纪初，40 个民族就在艾恩兰奇聚居，但是对有些人来说，犹太人始终是犹太人。

这样的现实成为第三件事情的预兆。一方面，迪伦曾经努力解释过，希宾从来都不是令他有归属感的地方。或许最有说服力的是 2005 年由马丁·斯科塞斯监制的电视纪录片《迷途之家》。他们说，他爱他的母亲，1968 年他为父亲的去世哭泣，但是“家”似乎总在别处。毫无疑问，电影的名字就在描述他与他的出身之间的复杂关系。另一方面，他的人生和漫长、颠沛流离的职业生涯似乎证明了这一点。“我的出生地离我本该出生的地方非常遥远，”他对着镜头说，“所以我是在回家。”

多年以来，迪伦有时候听起来几乎是在怀念那个遥远的、被冰雪包围的——永远被冰雪包围的——故乡，极光划过地平线，无边无际的森林中树木在窃窃私语，人们靠从地底下挖掘铁矿石谋生，但他总是马上把思绪拉回当时所在的地方。2009 年 10 月，他跟作家兼播音员比尔·弗兰纳根（Bill Flanagan）坐在一起，应北美街头报纸协会之邀谈论一张圣诞专辑。他们谈到了怀旧、思乡和那个闯荡纽约的年轻人。迪伦没有这种感觉。他说：“当我来到纽约时，我的过去没有跟着我。那里的一切对我要去的地方一点用处也没有。”所以他是在回家。

在美国这片瞬息万变的土地上，可能有数以百万计的人说过类似的话。去大城市闯荡是人生的必经之路，旅行的象征意义如此明显，以至于根本用不着讨论。前往新起点的旅行，这就是美国。那么，如果你永不停止地旅行意味着什么？老西部片喜欢这个主题，荷马也是。在迪伦的描述中，希宾是一个几乎毫无特色的城市，被一片空白包围（“你可能在地图上都找不到它”），它的存在似乎就是为了把年轻人和野心统统赶走。但是他的反应是近乎形而上学的，他的感觉永远无法磨灭。

1963 年 4 月，他写了题为《被偷窃时刻里的人生》（My Life in a Stolen Moment）一诗，作为他即将在纽约市政厅举行的演唱会的演出介绍。这一次他没有否认希宾和他的父母，但他也没有说出事实真相。很明显，在故乡度过的那些年对他的影响是缺失的。

希宾有全世界最大的露天铁矿
希宾有学校、教堂、杂货店和监狱
有高中足球比赛和电影院
希宾有马力十足的汽车，在星期五的晚上飞驰而过
希宾有波尔卡乐队和街角的酒吧
你可以站在希宾的一条主要街道尽头，一眼看到城市的另一头
希宾是个美好的城市
我 10 岁、12 岁、13 岁、15 岁、15 岁半、17 岁和 18 岁时离开

了它

每一次我都被抓了回去，只有一次例外

我的第一首歌是写给我母亲的，名字就叫《给母亲的歌》

我五年级时写了这首歌，老师给了我 B+

我 11 岁开始抽烟，只有为了喘口气才停下来

据报道，今天迪伦拥有很多所漂亮的房子，美国人称之为“家”。他甚至在苏格兰高地小城内希桥附近还有一座宅邸。[1] 但是一个家？他没说过，你可以相信他。事实上，这一切都可以完美地填进一个耳熟能详的古老神话——《原野奇侠》（*Shane*）；哈克·费恩说“在其他人逃跑之前，我得准备先逃走”；瞎子布莱克（Blind Blake）唱着：“收拾行装，我要离开这座城市”——这不是巧合。迪伦已经很多次得到这种评价了。美国的开拓者早已远去，“公路”成了传说，但是那种不安定始终无法治愈。故事就这样发生。无论他如何评价自己的音乐生涯，在四分之一个世纪里他一直在不间断地旅行。他从不逗留，或者是不能逗留。正如罗伯特·路易斯·史蒂文森（Robert Louis Stevenson）曾经预言的那样：“最棒的事情就是前进。”自从他记事起，迪伦就是这样想的。

还有，别忘了这个。彼得·格罗尼克（Peter Guralnick）的佳作《迷失高速公路：美国音乐家之旅》（*Lost Highway: Journeys and Arrivals of American Musicians*，1979）的序言题目就叫“努力回家”。这本书的前几页充分证明了迪伦身体力行的信条：真正的音乐家总是在旅行。但是格罗尼克更有启发性——他从未提到过鲍勃·迪伦。比如：

对于像欧内斯特·塔伯（Ernest Tubb）这样的人来说，公路是

1　即奥特摩尔大宅，一座爱德华时代的漂亮建筑，有 10 个卧室，坐落在凯恩戈姆山国家公园的 25 英亩林地中。据报道，2006 年年底，迪伦和他的兄弟戴维花 220 万英镑买下了它。房产中介说这座房子有露台、草坪、两座瞭望台和一个岩洞。房子建于 19 世纪与 20 世纪之交，主人是一位苏格兰企业家，因为拥有十月革命前俄罗斯最大的百货商店而致富。当地人说现在里面有很多录音设备。

一种逃避，给他提供了一个避难所，让他远离家中所有困扰他的恼人问题……他的一位长期合作者说："我觉得欧内斯特会死在那辆该死的巴士后座上。"

又比如：

鲍比·布兰德（Bobby Bland）也是这样，公路是他的避难所，让他与"街头"的一切干扰绝缘，给他一种光环，掩盖他的恐惧和不安全感，实际上他在面对世界上朝九晚五的人们司空见惯的问题时感到茫然无助。[1]

在另一个世界，迪伦的世界，不考虑他为斯科塞斯的制片人提供的诗意现实，没有回家的路，他也并不真正渴望这样一个地方。他没有沉迷于自己的传奇，至少没有完全沉迷：归根结底，那是关于反抗的。多年以来，他经常回到明尼苏达（他在那里有一座农场，是他许多个"家"之一）。他可以在他喜欢的任何地方生活，他也确实是这样做的。始终存在的深深的错位感是一回事，但他不会被定型，即使是被他自己说过的话。所以当人们，包括记者和歌迷，没完没了地谈论"无尽之旅"时，他被激怒了。[2] 这又是关于迪伦流传甚广的一件逸事、一种美好的想象，以至于我们不想去验证其真伪。他自己曾在 1997 年对《纽约时报》的乔·帕瑞勒斯（Jon Pareles）说：

许多人不喜欢公路，但是公路对我就像呼吸一样自然。我上

1　塔伯 1984 年在纳什维尔去世，享年 70 岁。在 1982 年因肺气肿和其他问题不得不离开公路之前，他每年进行 200 场常规演出，后来在那辆"该死的巴士"上一直带着氧气罐。鲍比·（布鲁斯）·布兰德最后一次露面是 2011 年夏天，当时他 81 岁，在底特律的伯特爵士乐市场演出。

2　他在《走向错误的世界》（1993）的唱片封套上坚决地表明，无尽之旅在 1991 年就结束了。然后他又进行了一系列独立的巡演，每一次的名字都不同，他说这些巡演全都"有自己的特点和设计"。这也能说明迪伦对公路的"沉迷"为什么从来不妨碍他享受假期。

路是因为我被驱使着这样做，我既不爱它也不恨它。我在舞台上感到窘迫，但那也是唯一令我感到快乐的地方。只有在舞台上，你才能成为自己想要的人。你不想做每天日常生活中那个人。我不在乎你是谁，你在日常生活中一定感到失望。但是登上舞台是所有人的万能药，这就是表演者为什么要这样做。但是说这些话时，我不想戴上名人的面具。我只想做好自己的工作，把它当成一项交易。

无论如何，格罗尼克为塔伯、布兰德等人写的祷文除了解释了一些事情之外，至少会让你思考那些从未走过的路。迪伦在旅行时，在买下一个又一个“家”时，除了保全他的财富之外，是不是也在寻找他的家？[1] 还是他明白对于像他这样的人来说，无论个人还是艺术都没有终点，在这个意义上公路也是他的避难所，直到最后？他是怎样的人？他长大的地方是怎样的地方？答案是：美国的，既是神话的，也是现实的。

* * *

1941 年，健康可爱的小齐默曼刚刚出生时，28 岁的平民主义歌手从俄勒冈的邦纳维尔电力局得到了一份为期一个月的有偿工作，并且深感庆幸。伍德罗·“伍迪”·格思里录过几段录音，上过几次广播，但是这份职业似乎看不到什么起色。他有一大群金发的孩子要养活，所以抓住了这个机会，为介绍哥伦比亚河的水坝和电力管理机制的电影纪录片担任旁白。纪录片的拍摄并不顺利，他的角色很快被神经过敏的制片人删减掉了，但是在这 30 天里格思里迎来了自己的上升期。

传说他在一个月里创作了 26 首风格各异的歌曲，在艺术性和通俗性之间达到了巧妙的平衡，这些歌曲放在一起，构成了一组任何摄像机都无法捕捉到的清晰感人的蒙太奇。当然，政治上可能是（联邦政府工作人员和忧心忡忡的制片人猜测）红色的——虽然格思里从来没有出面澄清过这些细节——但是本质上仍然是美国式的。当苏维埃宣扬革命能够

1　传记作家霍华德·桑恩思（Howard Sounes）援引迪伦的前好友维克多·梅穆迪斯（Victor Maymudes）1998 年提起的一宗诉讼案称，仅在美国，迪伦就有 17 处“房产”。

征服自然，艰难跋涉的民主主义者正在树立他们自己的纪念碑，并朝着他们自己的美丽新世界缓慢前进。

至少格思里是这样认为的。他每天沿着狂野之河的岸边行走，观察、讨论、创作。总是在创作。他捕捉到声音，又创造出声音。每天晚上回到波特兰，他就润色这些作品。他完全着迷了。

二十年后，一个痴迷格思里的男孩凭想象把他的英雄塑造成了一个神话，说他内心的水坝决堤了，歌曲自然地流淌而出。用俄克拉何马农民的话说，他对格思里“敲骨吸髓”，然后他把这份遗产消化吸收了。他吞食了他的全部。1961 年那个寒冷的 1 月，“鲍勃·迪伦”搭便车去纽约，然后又乘巴士前往新泽西的灰石公园医院，为伍迪演唱伍迪的歌曲——因为他会“200 首他的歌”——很快他没费多大力气就超越了这位老人。而其他人甚至都没有费力气的机会。

亨廷顿舞蹈症是一种遗传性退行性疾病[1]，在迪伦认识格思里之前，这种病已经毁掉了他的身体。尽管有药物治疗，但抽搐、痉挛和颤抖几乎无法控制，原本坚定、沙哑的嗓音已经完全听不出来了。格思里的传记作家[2]后来说，在格思里和迪伦之间建立起了一种“真正的紧密关系”。据说格思里热切地盼望着“那个男孩”的来访，接力棒也传到了继任者手中：“那个男孩有一副好嗓子……他能唱歌。”其他人直截了当，有时候甚至有些粗鲁地说，病到这个分上，格思里连他的老朋友都认不出来，无法清晰地表达自己的意思，更不用说赐福给另一个弹吉他的小子了。霍华德·桑恩思在描绘他的迪伦画像时引用皮特·西格和伍迪的经纪人哈罗德·利文斯（Harold Leventhal）的话说：他们没有发现任何特殊的联系。关于这种说法还有各种各样的版本。普遍流传但未经证实的说法是——维基百科的格思里词条就是这样说的——伍迪一开始很喜欢迪伦，但是后来在他“糟糕的日子里”，又严厉地斥责这个年轻人。最

1　一种“常染色体显性遗传性神经退行性疾病”。病因是一种基因缺陷。该病的症状表现为从暴躁易怒到幻觉和精神错乱，伴随不自主动作——“舞蹈症”。亨廷顿舞蹈症遵循一条铁律：如果父母中任意一方为感染者，子女有 50% 的概率获得致病基因。该病至今仍然无法治愈。格思里的母亲是舞蹈症患者。

2　Joe Klein, *Woody Guthrie: A Life* (1980).

后，他已经认不出这个年轻的闯入者是谁了。

那么，究竟是怎么一回事？一段对迪伦的传奇有重要意义的紧密关系，还是没什么大不了的东西？考虑到亨廷顿舞蹈症的性质，答案可能介于二者之间。在伍迪·格思里档案的研究笔记中，托马斯·H. 康纳（Thomas H. Conner）多次提到歌手毫无理由的“愤怒”，这是他疾病的早期症状。[1] 长期以来，格思里的暴力行为被误诊为酒精中毒或精神分裂，这导致他的第二任妻子玛乔丽（Marjorie）早在 1952 年就为她的孩子们的安全感到担忧。斥责迪伦或其他人就更不在话下了。

随着伍迪的身体状况不断恶化，他有时会陷入“一种恍惚状态，没人能叫醒他”。[2] 他对周围事物的意识非常不清楚。同时，他有许多年轻的访客，他们都唱着伍迪·格思里的歌：只要有可能，病人就让他们这样做。没有明显的迹象表明，他的赞美或责骂是针对其中某一个年轻人的。毫无疑问，迪伦也分到了自己的一份。

但是迪伦对他的英雄的忠诚从未动摇，21 世纪的采访仍然能够证明这一点。相应地，你也可以说他对自己的青春的忠诚从未动摇。那个在伍迪的歌里找到历史传统、被神化的孤独者、仗义执言的力量、幽默和真实性的男孩，通过模仿找到了自己的声音和身份认同。所以长大了的迪伦忠于那个男孩，他也忠于已经达成的交易：他在创作时始终忠于音乐，忠于格思里音乐中描述的美国精神。如果迪伦一直是小理查德的歌迷，事情可能要简单得多。

当然，以他自己的方式，伍迪也是个冒牌货、高明的骗子，完全不负责任。首先，他不是在穷人家长大的。在 20 年代家道中落之前，他的父亲查理是一个活跃的房地产投机客，政治上也野心勃勃——讽刺的是，他是一个坚定的反共产主义者——名下有 30 处房产出租，是俄克拉何马的俄克马镇第一个拥有汽车的人。伍迪在他的“自传”《奔向光荣》中讲述了这一切，但是让这一切都显得跟自己无关。对他来说，他更愿

1 “Tracking Woody's HD: From Instinct to Institution” (2000)，可在以下网址找到：woodyguthrie. org/archives/trackingwoodysHD. htm。

2 Klein, Ch. 12.

意扮演一个朴素的歌唱的哲学家：在他 30 年代末选择的领域，这是一个非常传统的形象。毫无疑问，很快他的愤怒和同情就变得非常认真。但是，跟“鲍勃·迪伦”一样，“伍迪·格思里”是一个精心设计的形象。[1]

当然，伍迪长途跋涉，跟工人们站在一起。他了解他们的生活，理解他们的希望和恐惧，他的歌曲就是最好的证明。格思里有过自己的艰难时期，至少经历过一次“黑色风暴”。但他并不真是“坐着堆满行李的二手卡车一路向西迁徙的俄克拉何马人和阿肯色人”中的一员[2]，不是一个随风而来的无产阶级自耕农。跟这些难民不同，伍迪 1936 年选择前往加利福尼亚——抛弃了年轻的妻子和家庭——就因为他想要这样做。离开得克萨斯后不到一年，他成为洛杉矶的广播明星，凭借人们对新兴的“牛仔”歌手的狂热和自己的俄克拉何马口音一举成名。

在伍迪·格思里的时代，他是一位才华横溢的作家和歌手，一位有良知的专业艺人。但是当迪伦出生时，格思里创作了迪伦生来就想创作的音乐。没有人怀疑这一点。

* * *

在迪伦还不会走路时，美国加入了消灭轴心国力量的行动。随着希特勒入侵苏联，格思里和其他留在后方的和平主义者、不干预主义者、工会组织者改变了他们的论调，至少是改变了他们的歌曲。1941 年 12 月 7 日，星期天晚上，珍珠港成为一片燃烧的废墟，美国太平洋舰队遭受重创，他们开始为伍迪所谓的“新形势”寻找新的歌曲。他的吉他上贴着著名的标语：“这是扫除法西斯的武器”。突然间，孤独者的歌词变成了国家政策。鲍勃·迪伦人生中的第一位总统是富兰克林·德兰诺·罗斯福。

在这个孩子长大成人之前，1 210 万美国人穿上了军装。关于战争的新闻铺天盖地，但是在明尼苏达，战争本身是一件遥远的事，只不过它让采矿业非常忙碌。1945 年战争结束时，欧洲变成了瓦砾堆，日本留下

---

1 参见 Ed Cray's *Ramblin' Man：The Life and Times of Woody Guthrie*（2004）。

2 Klein，Ch. 2.

了触目惊心的伤口，苏联有 2 400 万人死去，相比之下，美国有理由感到满意。当时美国有 1.4 亿人口，工资比 1939 年几乎翻了一倍。[1] 由于战时消费品供应短缺，储蓄额高达 300 亿美元。前所未有的大繁荣时代即将到来。经济学家预计，这种繁荣将持续到 1973 年。这是美国的世纪，不害臊地说，也是“美国的生活方式”。

这时候，迪伦已经能数到十了，也许他曾经停下来去操心谁会成为罗斯福的继任者入主白宫。迪伦在《编年史》中讲到一个“七八岁的”孩子，听了杜鲁门在德卢斯的演讲。他的同胞明尼苏达人，当时“不太支持共和党”。他们的世界拥护“农工党、社会民主党、社会主义、共产主义。他们是很难讨好的人……”1960 年大选即将结束时，民主党和共和党在明尼苏达的票数非常接近。最后，约翰・F. 肯尼迪靠 50.6%的票数以微弱优势胜出。

到这个时代，迪伦是一个更广阔的国家的公民了，在这里大概有一半人口认为，“自由”是仅次于“红色”第二糟糕的事，政府救助崩溃的银行系统被贴上“社会主义”的标签，白人的上帝的敌人在到处策划着阴谋诡计。在这个世界上最强大的国家中，人们对针对美国的巨大阴谋充满恐惧，“9・11”恐怖袭击证明了这种担忧不无道理。诚然，一个黑人最终入主白宫，但是迪伦童年的世界，那个罗斯福、格思里、激进分子和“社会民主党人”的世界成了一个被遗忘的梦。在民意调查中，歌手同时代的美国人中有 40%坚决地表示自己是道德上、社会上和政治上的“保守主义者”。时代已经变了。这又一次说明迪伦的故乡已经远去，他来到一个完全陌生的美国，完全迷失在 21 世纪的美国人当中。他的思想、他的反应和他的传统像老电影胶片一样脆弱。他为之狂喜并精心保护的旧时代的音乐，曾经是他人生的一部分。在某种意义上，他也是个保守主义者。

事实上，他对那个年代的反应总体而言是保守的。格林威治村的进步人士和他们的继承者仍然在时不时地哀悼迪伦从意识形态前沿的缺席，尽管是迪伦自己愿意这样做的。他们从来不能理解这一点。在大多

---

1 William L. O'Neill, *American High* (1986).

数问题上，他都是那蒙上帝宠爱的40%。

年轻人，你站在哪一边？这是伍迪喜欢的问题。一个东拼西凑的答案不会让今天自命的自由主义者感到惊讶。迪伦不关心摩登时代，即使没有其他选择，特别是因为没有其他选择。《编年史》的第二章题为“失落之地”绝非偶然。

* * *

在他出生前，他的父母已经结婚六年，整个国家仍在努力从大萧条的废墟中爬出来。显然，这两个事实是相互联系的。当亚伯和比蒂来到比蒂的故乡希宾时，格思里的俄克拉何马农民仍然在黑色风暴的驱赶下，从风沙侵蚀区一路向西迁往加利福尼亚。后来他们又搬到亚伯的出生地德卢斯，在他母亲忙碌的家中开始婚姻生活。迪伦的父亲的第一份工作是在稳步崛起的标准石油公司做信差。儿子出生时，亚伯在公司的职位说好听点儿叫“高级”经理，换一种说法就是仓储部门的负责人。这不是一条能够发家致富的道路。不过，齐默曼一家在一定程度上似乎是安全的，这当然不坏，也很重要。

每当天才出现，人们总是试图从父母身上寻找孩子的身影，或者试图解释血统不能说明任何问题的事实。亚伯身上有鲍比的影子吗？父亲是个坚定的人，一个勤奋的工人（从七岁就开始工作），（一家公司的）工会活动家，个子不高，偶尔抽烟，言辞谨慎，无论从哪方面看都有条不紊。他还是个卫道士，不是空谈理论的教条主义者，而是对他所知道的对与错无比忠诚和坚定。对他的长子被家人和朋友奉为早熟的天才——奔向光荣之路，用谢尔顿的话说——亚伯并不买账。他送给儿子最大的礼物就是他没有过多地去妨碍鲍比。

孩子喜欢表演，亚伯不是。他自己小时候在一个小小的家庭乐团学过一点小提琴，但是没有证据表明他是否鼓励过他的儿子。不过，以40年代美国的标准衡量，他和比蒂做了一切正确的事，但是从未炫耀。希宾并不在他们的计划之内，那里的街头仍然充满老一代移民的声音，这对夫妇始终保持谨慎和坚守常识，在环境和亚伯的职业允许之前，并不急于建立一个家庭。他们等了六年才拥有他们的第一个家和第一个孩子，又等了五年才迎来他们的第二个孩子，戴维·本杰明·齐默曼

(David Benjamin Zimmerman)。他们还不知道接下来会发生什么，考验在等待着他们。

戴维出生于1946年2月。恰在这前后，亚伯失去了标准石油公司的工作。那一年，一种恶性传染病在当地蔓延，迪伦的父亲不幸染病，完全变了一个人。小儿麻痹症这种可怕的疾病通常感染儿童和青少年，导致跛足、麻痹，甚至死亡。发病非常突然，通常没有任何先兆，病毒一旦进入血液和中枢神经系统，对运动神经元的破坏是非常迅速的。1946年，亚伯患上了这种病，这改变了他的生活，也改变了迪伦的生活，九年后乔纳斯·索尔克（Jonas Salk）发明了疫苗，老齐默曼是幸运者之一。仔细想来，他的孩子们也是。那一年美国有25 000例小儿麻痹症病例，到1952年，这个数字上升到58 000例，那个古老的、不一样的美国举国进入紧急状态。一位当时在场的医生回忆说：

> 我回到明尼苏达家中的第一个夏天，小儿麻痹症就在流行……那些孩子来看病时表现为脖子僵硬或者发烧，两三个小时后他们可能就死了……发病率极高，明尼苏达人吓坏了，餐馆里都没有人。马路上没有人，商店里也没有人。出门暴露在公共场合几乎被认为是一种壮举。许多人打点行装，搬往其他城市……[1]

据我们所知，鲍比不记得这一切了，但是我们所知有限。1978年，迪伦已经活过了亚伯在遭遇这场危机时的年纪，他对法国《快报》(*L'Express*) 的一位记者说："我的父亲是个非常活跃的人，但他很早就罹患小儿麻痹症。"——亚伯当时35岁——"我相信，这种疾病终结了他所有的梦想。他几乎不能走路。"迪伦还说他的父亲"一生经历了许多苦难。我直到很久以后才理解这些，这对他来说一定非常不容易"。[2]

不管怎样，在《编年史》中有一段略显奇怪的描述。迪伦说"我的父亲患有小儿麻痹症，这让他远离战争……"这种疾病在20世纪上半叶

---

1 Richard Aldrich MD，见1998年的电视纪录片 *A Paralyzing Fear*。

2 采访者 Cameron Crowe，*Biograph* booklet（1985）。

并不罕见，但是根据《时代周刊》杂志记载，1946 年美国遭遇了“三十年来最严重的小儿麻痹症爆发”。战争期间的发病率远没有这么高。菲利普·罗斯（Philip Roth）的小说《复仇女神》（*Nemesis*，2010）描写了 1944 年新泽西纽马克一场想象的、隐喻性的传染病大爆发。但是罗斯选择这个年份恰恰是因为那一年没有大爆发。或许迪伦的童年记忆错了，或许他是在用他的想象来回答这个问题：为什么当“我的叔叔们都去参战而且都生还了”，他的父亲却没有入伍。谢尔顿采访过老齐默曼，特别谈到 1946 年这个糟糕的年份，亚伯只能“像猴子一样爬上前门的台阶”。珍珠港被轰炸时他刚 30 岁零几个月。这个“非常活跃的人”为什么没有参军？

1946 年他很快出院，表面上看来几乎安然无恙，但是在家康复六个月后，他仍然有轻微的跛足——没人会说他“几乎不能走路”——他重新得到标准石油公司的职位或者另外找一份工作的机会都很渺茫。为了他的家庭，他别无选择，只能回到希宾。

* * *

米卡电器商店于 1947 年夏天开业。莫里斯和保罗让兄弟亚伯来当“财务主管”——实际上就是看店的。但这座城市的未来忽然间显得飘忽不定。事后回顾，遥远的希宾，这座移民的熔炉，那时候可以视为美国的世纪的一个小小隐喻。这是一个胜利的国家、富裕的国家，但是突然间，令人难以置信地，铁矿似乎要枯竭了。谁会想到这种事？梅萨比岭——在奥吉布瓦语中意思是“巨大的”——是一条绵延 110 英里的铁矿床，一英里到三英里宽，有些地方深达 500 英尺。不管怎样，几十年的开采将其挖掘殆尽。财富，即使是美国的财富，也不是无限的。留给希宾的是脆弱的矿主，这些人多年以来一直在设法使自己的税负“最小化”。矿工们躁动不安，罢工接踵而至，这座城市不止一次面临经济上的窘境。

朋友们，围过来
我给你们讲讲当年
红铁矿源源不绝时的故事

但是现在窗户都蒙上了硬纸板
老人们坐在长椅上
告诉你整座城市已经空空荡荡

《北方乡村布鲁斯》(North Country Blues)收录在迪伦1963年录制的第三张专辑《时代在变》(*The Times They Are a-Changin*)中，是他与希宾这座"离我本该出生的地方非常遥远"的城市无法割舍的联系。巴里·费恩斯坦(Barry Feinstein)为专辑封面拍摄了歌手的黑白肖像，蓬乱的头发、破旧的工装让他看起来像个饱受压迫的矿工(他不会接受那种命运)，或者一个从《现在让我们赞美名人》(*Let Us Now Praise Famous Men*)中跑出来的佃农。无论如何，这一次迪伦扮演的是一个矿工的寡妇妻子，带着三个孩子。这是民谣传统还是一种伪装？在1963年走上明星之路时，他没有完全逃避或掩饰他的明尼苏达出身。当时和后来，他都没有对中西部偏北地区的原生民谣音乐表示过关注，但是这首歌源于生活，《北方乡村布鲁斯》中夹杂着关于故乡的真相。

寡妇讲述了关闭的矿山("你的铁矿石不值得挖掘")和死去的丈夫约翰·托马斯的故事。这是希宾的故事，至少是在不受欢迎的铁燧岩被开采，挽救了这个行业之前的故事。[1] 但是最后几行歌词做了总结："我的孩子们会离开/当他们长大成人/这里没有什么值得他们留恋。"这是迪伦的故事。

* * *

起初这里有着童年的梦幻时光。但是对于大多数人，它已经失落、分崩离析，从天堂般的纯真，越来越快地走向不安定和不可避免的叛逆。迪伦比大多数人走得还要远。他在希宾的岁月，现在从他的歌曲和零散的评论中看来，像是关于美国的一切的一个寓言：爱，失去，很久以前，一个走向错误的世界。当然，现实可能是另一回事，即便迪伦现在讲述

1 铁燧岩是一种低品位的铁矿石，曾经被当成废弃的岩石。随着高品位自然铁矿石供给的减少，采矿业开始重新认识铁燧岩。这种岩石被穿凿，由巨大的挖掘机和自卸卡车铲取，用磁铁碾碎和分离，在黏土中翻滚并压制成球状。整个过程都很不美好。

了他早年间的故事。

起初，齐默曼一家跟比蒂的母亲弗洛伦斯·斯通（Florence Stone）一起住在东方大道3号。鲍勃的母亲重新出去工作，在费尔德曼百货商店当售货员，他的父亲开始在第五大道的电器商店就职。很快，鲍比开始在店里晃，帮忙打扫卫生或者跟着他的叔叔们去布线。一年后，亚伯带着家人搬进第七大道2425号一间有三个卧室的房子，离高中、商业区和许多亲戚都很近，在希宾，这些就是出门能够找到的一切。

在由不同的人描绘的肖像中，这个孩子很害羞，有点敏感，与世无争。正如他后来发现的那样，在他的故乡，没有人明显地比其他人更好，或者更糟；采矿带来的财富跟铁矿石本身一样，被运走了。鲍比仍然有很多朋友。他在德卢斯上幼儿园；在希宾，他上的是全日制的埃利斯小学[1]，偶尔有人会拿他古怪、复杂的名字开玩笑来试探他。他仿佛有一种像海绵一样、近乎无限的记忆力：总是睁大双眼，侧耳倾听。

他看到的、听到的，现在看来都是那么古怪、离奇。在《编年史》中，迪伦回忆起在学校里学到当空袭警报响起时要躲到书桌底下。人们认为这样做能救孩子们的命，从俄国人以及他们的炮弹底下救下全美国孩子的命。他们还被告知俄国人随时都可能从飞机上跳伞降落到我们所在的城镇。这些俄国人就是几年前和他的叔叔们一起战斗的俄国人。很少人去怀疑这一切。孩子世界的另一部分就是火车以及它们轰隆隆的声响，铁轨有时穿过乡间的道路，有时和它们平行。远处传来的火车声多多少少会让他有在家的感觉，就像是什么也没丢，就像坐在某个平坦的地方，从未碰到什么真正的危险，而且一切都很和谐。

《卧倒，找掩护》（*Duck and Cover*），乌龟伯特（Bert the Turtle）这样说，这是1951年拍摄的一部民防宣传动画片，给美国儿童灌输了一种可以挺过核战争的幻想。政府的官方宣传手册说，“你能幸存”，用同样的方式培养无知无畏和乐观主义。与迪伦同龄的孩子们被鼓励佩戴身份标牌，以方便辨认尸体——当然宣传时不会说出真相——如果政府的信心是一种错误的话。1949年8月，苏联在哈萨克斯坦发射了第一颗原子

1　现在这个地方是一座停车场——他们给天堂抹上了水泥。

弹，为一场战争加上脚注，同时准备迎接下一场。即使在北郡，矿工们每天都要炸开跟地球一样古老的岩石，在几十年里仍然能够感觉到政治上的余震。没有哪个美国儿童能够幸免。与此同时，满载铁矿石的火车，由巨大的黄石火车头牵引，驶过德卢斯、梅萨比和艾恩兰奇的铁道，这是希宾的生命线和存在的理由。火车的声音一直在那个孩子的记忆中隆隆作响。

他过得不错。他在森林中和小山般的废石堆上玩耍。他聆听永不停歇的火车驶过原野的声音。他参加过童子军，但是时间不长。他十岁或十一岁时曾经尝试为母亲节写诗——谢尔顿这样说，撷取自比蒂骄傲的回忆。这种想法一直保留下来。在适当的时候，“鲍勃·迪伦”成为一种声音，一种文字的形式。

* * *

一个乖巧、普通的白人犹太男孩，由正派、慈爱的父母养大。事情大致如此。在50年代初一座略显偏僻的小城，他的信仰稍微有点离经叛道，关于那个时代，美国的现实已经跟电影神话和怀旧情绪混在一起分不清了。不过这也没什么。你可以通过细节拼凑出全貌。1952年，齐默曼一家买了一台电视机看新闻，成为较早迎接新时代的一员，虽然信号时断时续。1953年，一对叫艾瑟尔和朱利叶斯·罗森伯格（Ethel and Julius Rosenberg）的犹太夫妇因为向苏联出售核秘密被起诉。1954年，一位名叫约瑟夫·麦卡锡（Joseph McCarthy）的美国参议员最终因为反美活动遭到谴责，这些活动都是针对他所认为的反美活动的；同年，一种新的核武器——氢弹，将无辜的太平洋珊瑚礁变成了一堆熔渣。1955年，一部叫作《荒野大镖客》（*Gunsmoke*）的西部片引起轰动，新电视机上播出了大量新的牛仔影视剧；在亚拉巴马州的蒙哥马利，黑人被禁止在公交车上自由选择座位。

1955年，在新奥尔良的J&M录音室，一位沮丧的前跳跃布鲁斯歌手、22岁的理查德·佩尼曼（Richard Penniman）开始在钢琴上乱弹一气，用一首自己的老歌碰碰运气，这首有点伤风败俗的歌曲叫作《百果糖》(Tutti Frutti)。

1955年，在纳什维尔，来自路易斯安那的20岁钢琴师刘易斯交到了好运。他是个漂亮的魔鬼，因为在上帝的箴言中加入布吉伍吉（boogie-woogie），被主日学校赶了出来。唱片公司的家伙说他应该改弹吉他。

1955年，查尔斯·哈丁·霍利（Charles Hardin Holley），他的朋友们叫他巴迪，在他的家乡得克萨斯州的卢博克市被选为一场演出的开场表演者，观众席中有一位留心的代理人，即将为他带来一份唱片合约。

1955年10月15日，在19岁的巴迪·霍利之后，另一个20岁的年轻人，有时候叫作“孟菲斯闪电”（Memphis Flash），有时候叫作“乡村猫”（Hillbilly Cat），登上舞台，他的表演似乎刺激了十几岁的男孩子和大部分成年人。在得克萨斯州的奥德萨市，还有一个19岁的年轻人罗伊·奥比森（Roy Orbison）正准备驱车355英里前往达拉斯，只是为了看一看、听一听霍利看到和听到的一切。不过，在明尼苏达的希宾还什么都看不到。

半生时间过去，在那个走向错误的世界里，“鲍勃·迪伦”和鲍比·齐默曼再一次合为一体。他们一起说：“当我第一次听到猫王的声音时，我就知道我不会为任何人工作；没有人能当我的老板……第一次听到他的歌声，感觉就像越狱。”[1] 摇滚让一切看起来简单。在年轻的齐默曼心中，一种双重的信念正在成型，日复一日，年复一年。它渐渐变成一种确信。他是一个错误的人，出现在一个错误的地方。

---

1 *Us Weekly* 杂志，August 1987。

4

青春永驻

故事始于明尼苏达，但早在故事开始之前一切就已开始。

——接受斯塔兹·特克尔采访，芝加哥音乐之声电台，1963年

1954年5月，这一天是他13岁生日前的安息日，亚伯·齐默曼和比蒂·齐默曼的长子接收受戒礼，成为诫命之子。仪式上公开朗诵《摩西五经》，从宗教意义上讲，这标志着他成年生活的开始，他是到了这个年龄。当年在希宾像他一样信仰虔诚的年轻人还真不多见。做父母的倍感自豪，从德卢斯及更远的地方召集400多位亲戚朋友，齐聚东霍华德街富丽堂皇的安德罗伊区酒店来庆祝这一喜事。当然，必不可少的是还要请来一位正统的长者拉比，他不辞辛劳从纽约赶来为孩子做准备。正如迪伦1985年在*Spin*杂志上所言：

> 突然来了一位拉比，不知何故，他仅待了一年。那时正值隆冬，他和妻子从公共汽车上走了下来。他是一个老头儿，来自布鲁克林，胡子花白，身着黑衣黑帽。他被安置到楼上，那儿正是我过去常逛的地方。
>
> 我每天都会上楼去学一些东西，有时是放学之后，有时是饭后。跟着他学上一个小时左右，然后下楼跳会儿布吉舞……
>
> 拉比教我必须要掌握的知识，然后在主持完这次受戒礼之后，他就消失不见了。人们并不待见他，他同人们想象的拉比不一样，他的存在会使人尴尬。我认为，当时这儿所有的犹太人都刮胡子，

周六都要工作。后来我再也没有见过他，如同鬼魅，来去无踪。[1]

不管采取什么办法，都还是需要掌握和记住大量的希伯来语。据罗伯特·谢尔顿的研究，鲍比对语音模仿非常敏感。不仅如此，这位年轻人已开始在自己的房间里花时间写诗——或者说在他母亲的印象里，他写的是诗——不管自觉或不自觉，也不管自愿与不自愿，他都需要沉浸于宗教语言和想象之中了。凡有经历，必留印迹。1954 年位于第二大道的 Agudath Achim 犹太教堂现在够不够正统还有待讨论，但当时那位不远千里而来的神秘拉比则肯定属此一类[2]。与此同时，有足够的证据表明，犹太人的教育与亚伯坚定不移的道德标准共同塑造了鲍勃·迪伦特定的性格，也可以说塑造了他特定的心智。

值得一提的是，1966 年他歌中唱道“要成为非法之徒，你必须诚实”，歌词可能从电影台词改编而成，他的众多其他歌曲也有类似的做法[3]。毋庸讳言，这是对刑事司法和人格道德的评论，也是对社会管理和诚实守信的批判。但在犹太教中，这一刻受戒礼也在精神上使那些小大人“屈服于法律威严”之下。

1954 年，他行为乖巧，静若处子，腼腆害羞，微微有点儿气喘。他从不惹事，在学校里成绩很好——虽然对某些科目有莫名的反感，比如历史——但像所有美国孩子那样痴迷于保龄球、电影和电视牛仔节目。他也喜欢音乐，毋宁说，他喜欢音乐的表达方式。

根据谢尔顿的说法——可能源自鲍比家人之口——首先，家里有一台钢琴，还有“家庭舞蹈唱片”。钢琴是古尔布兰森小钢琴样式。根据购

---

1 JewishJournal. com 网站的安德鲁·木青（Andrew Muchin）说，迪伦描述的是“鲁文·迈尔（Reuven Maier）牧师，可能是一个未接受过任命的宗教工作者。他住在霍华德街，当时的 L&B 咖啡馆上面”。木青补充说，与歌手所言恰恰相反，“据 1956 年的希宾城市指南记载，迈尔至少在希宾又住了两年”。

2 Agudath Achim 犹太教堂在 20 世纪 80 年代解散了。2011 年 5 月，寺庙作为期房被抛售，标价 109 000 美元。

3 在《竖琴师》（*Harper*）2007 年的一篇文章里，小说家和散文家乔纳森·勒瑟姆（Jonathan Lethem）推荐了埃里·瓦拉赫（Eli Wallach）1958 年的一部黑帮电影，名为《阵容》（*The Lineup*）。里面有这句：“如果成为非法之徒，你必须消除不诚实。”

买指南，这种钢琴“不推荐给钢琴专业学生使用”。钢琴摆放在齐默曼家的前厅里，表姐用这台钢琴只给他上过一次课。这次课让他很恼火，从此这架钢琴就开始遭到嫌弃与鄙视。后来各种各样的铜管乐器也进入家门，他还尝试了各式长号短号，这些乐器的命运不外乎先受蹂躏再遭抛弃。至于留声机唱片，谢尔顿提到演员比尔·丹尼尔斯（Billy Daniels），一位表演当时老式卡巴莱歌舞的老戏骨，他带来了《古老的黑魔法》（That Old Black Magic）。

或许是命中注定，他幸运地第一次引起了哥伦比亚唱片公司的关注，[1] 那家公司不知何故，在 20 世纪 50 年代总是“成功”地错过一切摇滚乐。1984 年回首那段往事时，迪伦说：

> 你知道，于我而言，怀旧之情并不在摇滚乐上，因为我年少时，所听的音乐是法兰基·雷恩（Frankie Laine）、罗丝玛丽·克鲁尼（Rosemary Clooney）、丹尼斯……是叫丹尼斯·戴（Dennis Day）吗？呃，多萝西·柯林斯（Dorothy Collins）……米尔斯兄弟组合（the Mills Brothers），诸如此类，相比摇滚之类的音乐，听这类音乐更能够触动我的心弦。[2]

他那一代的美国白人，初期都是如此。他们习以为常的看法是，50 年代可以一分为二，世界在排山倒海之力下，像原子一样劈裂开来（承诺核心家庭会有核能动力，同时也带来核毁灭）。对劫后余生的人来说，音乐是简单直接的表达方式：要么这样，要么那样。人们谈论了十多年——通过电影、书本、歌曲及小说等——似乎亘古至今只有昨天和明天，至于今天只是一个模糊的概念。事后人们会说他们讲话幼稚可笑，认为这类人信口开河。

大西洋两岸与迪伦同时代的大多数人都感同身受。他们仿佛为了透

1　接受 Bert Kleinman 和 Artie Mogull 采访，Westwood One Radio，1984。

2　“当约翰听歌时，他一定要听的一类流行乐是约翰尼·雷（Johnnie Ray）和法兰基·雷恩的。但我没有过多地注意到他们。”Hunter Davies，*The Beatles*，Ch. 2.

口气，从战后年代涌现出来。后帝国时代的英国破败不堪，带着特有的单调感，但争议都是一样的。对那代人来说，发育期和青春期与一段神奇的变化不期而遇：世界本身改变了。他们其中一位名叫约翰·列侬（John Lennon），他说："我15岁的时候，发生这么多事，摇滚乐是唯一能打动我的事。摇滚是真的，其他都是假的。"[1] 人们记得的历史是这样的：过去怎么样，后来怎么样，一切都不会重现。甚至用来描述"破茧成蝶"（指发生大的变化）的语言，竟也在大洋彼岸得以回响。因此，仅比迪伦小几岁的基斯·理查兹（Keith Richards），2010年在其自传《生活》（*Life*）中写道：

> 如同夜晚的一声惊雷，我听到《伤心旅馆》，一下子脑洞大开，此时本该熟睡入梦，我却守着小收音机收听卢森堡音乐之声节目。真是妙不可言，之前从未听过这首歌，或者说类似的歌曲也不曾听过。以前从未听说过埃尔维斯，好像我一直在等待它到来。第二天一觉睡醒，如同脱胎换骨。[2]

但是，回忆是不完美的，常常带有欺骗性。鲍比很快会找一个理由回到齐默曼前厅古尔布兰森小钢琴旁，这一事实不容置疑。谢尔顿描述孩子折磨铜管乐器的部分听起来似乎也足够真实。但是，迪伦试遍乐器，乐器放弃抵抗乖乖就范，在这一点上大家有小小的不同意见，传记作家、证人、个人回忆将这种"月朦胧鸟朦胧"变成趣闻逸事之艺术。所以，迪伦所言就成了千真万确的事实。事件与经历融为一体。但童年的记忆就是这样的，有谁还记得他们购买的第二张唱片？

所以，1984年，《滚石》杂志的作者昆特·罗德尔（Kurt Loder）确信鲍比·齐默曼第一次听到汉克·威廉姆斯（Hank Williams）的歌曲是"在他去世前的一两年"。

---

1 列侬（生于1940年）在接受詹·威纳（Jann Wenner）采访时所说。

2 Richards, Ch. 2.

可以说，就这样把自己引入了吉他的世界。一旦拥有吉他，再也没有问题，其他一切也都不成问题。

汉克·威廉姆斯，现在看来仍是乡村音乐独领风骚的人物，29岁时死于心脏病发作——伴随着酒精、吗啡和其他东西[1]——那是1953年的新年，当时迪伦11岁。因此，他被“介绍”给吉他与他真正弹出曲调之间到底经过了多长时间？如果一个中年人（或年纪更大一点）说不准他童年每件大事的日期，有那么重要吗？在他早期的一次采访中，迪伦声称他是在听到威廉姆斯之后受到了启发，第一次尝试词曲创作艺术，但没有说在什么时候。

故事讲述每次都会有所不同。有时候感觉就像是迪伦在挑选特定时刻他认为合适的版本。

2005年，他面对斯科塞斯的镜头，声称他在十岁时就已经“找到”了他的第一把吉他，“就在我父亲的房间里”。此外，他还道出了“神秘的弦外之音”，解释说，“一天”他打开了一台老红木留声机的盖子，发现一张78转/分的唱片放在转台上。迪伦还说，有一首福音歌曲（创作于20世纪20年代），曲名为《漂离海岸太远》（Drifting Too Far From the Shore）。这可能是梦露兄弟（Monroe Brothers）（1936）或罗伊·阿卡夫（Roy Acuff）（1939）的，但它肯定是命运的安排，至少在他讲述的故事中是这样的。几年后，迪伦甚至发现在他的歌曲标题中有了它的用武之地。

歌声使我感到我不再是我，而成为他人，呃，甚至于可能是投错胎，或是……

耶稣在上，为什么单单一支曲子就使你怀疑自己的出身？提这个问

1　汉克唱过“我永远不会活着离开这个世界”，完全合乎情理。然而，五年内11个唱片销量冠军（1948—1953）仍然显示出其重要性。2011年的《汉克·威廉姆斯丢失的笔记本》（*The Lost Notebooks of Hank Williams*）是一部旧事新说集，之前忽略了歌词，迪伦在其中的指导作用，是另一个例证。

题并非毫无意义。甚至在迪伦读大学期间，他就是一个声名在外的——说好听点——寓言家（善于编造故事的人）。早年在格林威治村，他总是撒着弥天大谎，有时候是出于“职业”原因；有时候，好像只是因为他有这个本事；有时候，更像是出于莫名的冲动去掩盖什么，但常常无伤大雅。奇闻怪事本身无足轻重，但有些神话是神圣的，甚至对神话的创作者来说也是神圣的。一方面，如果你的整个成年是在“笔名”之下生活，前传故事就显得尤为必要，当然，要是你只是负责自己解释自己就好了。另一方面，心理学家们不遗余力去关注那些他们所称的“虚构症患者”。人们一次又一次追问迪伦关于他第一次接触音乐和吉他的事。第一次引领鲍比·齐默曼走上音乐之路的唱片——真的是约翰尼·雷[1]和汉克·威廉姆斯吗？——那些唱片促使他尝试新的乐器，这部分回答了一个根本性问题：鲍勃·迪伦从何而来？1978 年，他对来访者说：[2]

> 我并没有创造鲍勃·迪伦，鲍勃·迪伦一直在这儿……过去也一直在这儿。当我还是小孩子的时候，就有鲍勃·迪伦；在我出生之前，也有鲍勃·迪伦。

这倒是真的，甚至有些诗情画意，“他”在大洪水之前就必须存在，他与音乐合拍，并已经在弹奏了。甚至在其他人知道大洪水到来之前，他已做好准备，整装待发。那么，谁会是这个了不起的孩子？在 20 世纪 50 年代初，没人会给出完整的答案。但是，要说摇滚让鲍比·齐默曼猝不及防，并毫无征兆地颠覆了他的整个世界，这样的判断未免太缺乏想象力了。鲍勃·迪伦一直在这儿……所以，吉他艺术的启蒙要概而论之，那经历的瞬间要一笔带过：

---

1 迪伦对《富豪哭泣》（Nabob of Sob）的执着追求几近偏执。雷和声名显赫的四个老友以歇斯底里的（几乎完全是）“哭喊”，在 1951 年末的音乐排行榜上位居榜首。迪伦反复讲述了这对十岁的自己的影响。

2 Jonathan Cott，*Rolling Stone*.

> 首先，我买了一本尼克·曼诺洛夫（Nick Manoloff）的书。[1] 我认为这本入门书不可绕过不读。我从西尔斯店购得一把银音（Silvertone）吉他。那时，一把吉他要花上30～40美元，购买的话，只需先付5美元定金，这样，就有了我的第一把电吉他。[2]

正如人们事后所言，这是一种顿悟。鲍比·齐默曼不需要——或者不想要——其他任何东西。如果有人在希宾举行反犹太主义活动，他视而不见；如果说他在家有点离群索居，或者他的学业止步不前，他满不在乎。早年在他十几岁的时候，他是一个模范学生，经常高居希宾中学的“荣誉榜”。进入摇滚音乐之后，这样出人头地的事变得少之又少。毫无疑问，结果是他与父亲的关系令人担忧。“吉他在手，别无所求”。对成千上万的同龄人来说，这只是一时狂热、暂时痴迷。但对迪伦来说，他对吉他的瘾，带着传奇色彩，一开始就不随波逐流。他的瘾无可救药。

* * *

一位历史学家总结迪伦青春期所处的艾森豪威尔时代有着“全民性的安逸和慵懒”。这种概括言简意赅，可是，如同对大多数历史做出的判断，这取决于所选事实和观察的角度。从白宫渗透出来令人昏昏欲睡的保守主义当然最适合这个欣欣向荣的国家。总统自己称之为“安宁”政治。另一方面，这一时期长大的人们总是声称他们记忆中的时代是一个既神经兮兮又墨守成规的时代——“愚昧无知的50年代”——这个时代，想象力得不到重视；这个时代，大企业掌控政府，整齐划一成为

---

1 《曼诺洛夫的西班牙吉他入门手册》（据谢尔顿所说）。果真如此，那么迪伦找到了好的教材。在2004年的采访中，B. B. 金（B. B. King）在成就学院的就职典礼中，说他在从西尔斯商品目录中订购曼诺洛夫指南后学会了吉他调音。同时，查克·贝里（Chuck Berry）在2003年告诉《纽约时报》，多亏了曼诺洛夫的这本和弦书，他第一次掌握了四弦吉他，这把吉他是他之前借来的。

神秘的曼诺洛夫显然是一个钢棒（lap steel）吉他专家，从20世纪30年代起，他创作了许多弦乐器指南，在酒吧出售，并创立了品牌。可以说，他的方法深受人们怀念，整整一代的美国吉他手通过他的方法学会了演奏吉他。曼诺洛夫还因创立诸多电影配乐标准而被誉为“曲作家”。其令人瞩目的成就是1936年用钢棒吉他改编的俄罗斯民歌《黑眼睛》。

2 Kurt Loder, *Rolling Stone*, 1984.

美德。

当这种萎靡之风盛行之时，有人站出来表示担忧。阿德莱·史蒂文森（Adlai Stevenson）面对伟大自由主义希望的丧失，曾经拷问："超市取代教堂，商业赞歌取代连祷，我们还有可能拿美国崇高理想和生活方式这些无法抗拒的愿景来激励世界吗?"在欧洲看来，美国当时的情形和眼下差不多，如同讽刺漫画中所刻画的那样，富有而愚钝、超级强大却狭隘无知。外国学者嘲笑的事，美国人却引以为豪。面对冷嘲热讽，沉迷于金钱关系与商业主义的美国佬不温不火，不像史蒂文森那样奔走疾呼。人们只得静观其变。但是，事物的表面常常具有欺骗性，如果表面现象被搅得乌烟瘴气的话，即使那些专注观察的人也会迷了双眼。

学术圈流传着一个笑话，40 年代末 50 年代初，艾森豪威尔担任哥伦比亚大学校长，但人们认为他不太可能成为总统*。他们说，不要送给将军太多的文书，否则会累坏他的嘴唇。然而，投下原子弹的是诡计多端的民主党人杜鲁门。是杜鲁门带领美国加入了"联合国"战争，50 年代伊始，朝鲜战争爆发。同样还是杜鲁门，在所谓的"第二红色恐慌"初期，首次狂热地掀起反共浪潮。成千上万的美国人只是或因口无遮拦或因思想自由，就受到怀疑，遭到骚扰和迫害——怀疑无穷无尽，自圆其说，几近极权主义——怀疑你背党叛国，阴谋篡权。不少受害者是因为与左翼联盟、工会运动或民歌创作有关。

在迪伦的童年时期，电视和"赞美商业"构成了生活的一部分，现实政治构成了另一部分，明尼苏达的希宾生活构成了第三部分。无论在纽约、好莱坞或其他任何地方，许多遭到搜捕和列入黑名单的受害者常常是犹太人，据称当时有令人信服的证据，众议院的非美活动调查委员会在反犹太主义时不需要遮遮掩掩。然而，来自威斯康星州的年轻参议员约瑟夫·麦卡锡拿出 205 个所谓"持卡"正式共产分子的名单混入国务院，当时小鲍比·齐默曼还生活在一个有雪有林、催人入眠、静谧安逸的世外桃源。他沉迷于音乐之中，远离那些莫名其妙的烦恼。当大城市中的同龄人生活在麦卡锡主义阴影之下时，他却有幸逃此一劫。

---

* 英语中校长与总统都是 president。——译者注

希宾是不是真有共产分子在兜售红色革命的理念？多年来，铁矿工会有自己的激进分子，鉴于钢铁大亨们贪得无厌，激进分子出现也在所难免。北欧工人，尤其是东欧工人，他们选出代表，通过了社会党的党章，后来发展成为共产党。20 世纪 20 年代，明尼苏达“三 K 党”新生党羽企图阻止“外国人”尤其是天主教徒进入工会，但这批意志坚定的党员与之进行了不屈不挠的斗争。大萧条期间，希宾的工会大厅成为左派“突击队员”的堡垒。格斯・霍尔（Gus Hall）原名阿沃・库斯塔・哈尔伯格（Arvo Kustaa Halberg），生于小山村，父母是共产党员。后来他成为美国共产党总书记，四度成为总统候选人，还曾非常有望当选美国总统。

尽管如此，大部分梅萨比矿工经过了几近半个世纪的斗争，直到 1943 年才与美国钢铁公司达成协议。他们主张的是集体主义的政治文化，很难称得上“颠覆性”。在《编年史》中，迪伦试图描述北郡对天下大事的超然洒脱——毫无疑问，不经意间——妄议了政治。在声称那样的庇护所在明尼苏达自己的那个地方很罕见之后，他否认了艾恩兰奇反共妄想症的存在。根据迪伦所说，根本就没有什么“红色威胁”，并怀疑这样的威胁是否真的存在过。相反，共产主义的象征符号是外部空间入侵者。矿主是更大的威胁所在，也是更大的敌人。

这真是颠覆认知：深刻严肃的电影学者始终认为，电影中外星人是红色威胁的象征。但迪伦也承认，明尼苏达也对这个时代感到恐惧了，因为一些喜剧片把拍摄轰炸防空洞作为其身份地位的象征，而艾恩兰奇对“这种事”不屑一顾。在学校那会儿，迪伦曾同其他同学东躲西藏，寻求掩护。并非“人们不关注蘑菇云——不关注才怪”。在他的描述中，人们只是因为没有卡车不能伙同推销员宣传而感到焦虑罢了。这种情况同样适用于红色恐慌。

亚伯・齐默曼不做矿工，也不倾向于激进政治。一方面，他代表电器商店负责收回矿工家属拖欠未能付款的货物。另一方面，希宾地处偏远，远离国家大事、权力中心。事实上，如果说政治生活塑造了希宾这个孩子或其他孩子的未来，这种观点严格来说是荒谬至极的。但是，这就是迪伦的美国，这就是他从这儿走出来的美国。

* * *

1954 年春天，在另一个完全不同的世界里，伍迪·格思里贫病交迫，烂醉如泥，蓬头垢面，作为演员的他已经穷途末路。在格林威治村，很多演员和民谣歌手由于上了黑名单，都找不到工作。同很多事情一样，这不再是伍迪的问题。那年夏天，他还在试图扒火车，只是同伙很难寻找。流浪汉锐减，人们不再把他当作什么英雄。病情诊断结果是：亨廷顿舞蹈症。这种无情的疾病曾把他的母亲送进疯人院，并结束了她的生命，现在他也面临同样的命运。

格思里曾签订合同写一本书，报酬是 500 美元——事出偶然，但很有趣——这一年鲍勃·迪伦出生。《奔向光荣》这部鸿篇巨制一经删减，就成就了伍迪的传奇。《编年史》关于他的记载并不总是与事实相符，有时候甚至与事实相去甚远，但在纽约左派的乡村音乐人中，有谁去质疑这位俄克拉何马人从心底发出的自由之声？

这本书于 1943 年出版，《纽约客》（这是要求人手一册的杂志）认为伍迪是国家财产，正如黄石公园、约赛米蒂国家公园那样。而在俄克拉何马，情况正好相反，伍迪的表兄起诉了他，认为该回忆录有诽谤成分。据称，某些信息的确与作者的生平略有不符。尽管如此，格思里成了曼哈顿的名流。之后不久，政府及他的战友西斯科·休斯顿都规劝格思里入伍，同法西斯作战需要的可不仅仅是几场劳军联合组织的巡演。格思里和西斯科之前加入过商船队，格思里作为一名亲共者声名大噪——他其实从未加入过共产党——他在临近战争结束时才参军。

后来，伍迪在科尼岛上快活了几年，收获颇丰，又养了一群孩子，但他的好运也就此结束。到了 40 年代末，人们不知到底是什么原因，伍迪行为失控了，他的行为别人从来无法预知。医生诊断结论：有的说是酒精中毒，有的说是精神分裂（想象力过于丰富的无知者甚至指责他患上梅毒，并到了晚期）。之后，他的一只胳膊在一次篝火晚会上意外致残。1954 年，伍迪娶了第三任妻子，返回纽约。但是，鲍勃·迪伦后来用吉他弹奏抗击法西斯的灵感不复存在。

* * *

不久以后，鲍比·齐默曼开始收听外面的信息。当时电视是家中的贵重物品，但是，像镇上其他人家一样，这件贵重电器很不稳定，当然这并不是米卡电器商店的过错。每晚在希宾，电视机要花上几个小时接收信号，时断时续，显示出的影像如雪花飘舞：这可应了那句“北郡人民需要时常看看雪”。到了 1954 年，大城市中一些富人不知发了什么神经，甘愿花费 1 000 美元买台首批生产的彩色电视机（可以算作微型机）。但是在艾恩兰奇，很长一段时间内，拥有一台黑白电视机仍是一件体面的事，接收信号全凭运气和天气，而无线电广播则另当别论。

电视热风靡全国。1949—1959 年这十年间，美国拥有电视机的家庭从 94 万户增长到 4 400 万户。正如一位历史学家所言，“随着电视业蓬勃发展，电视机已变得司空见惯。”电视一诞生，就“成为一个成功的行业，一项失败的艺术”[1]，因为它受控于广告赞助商那保守狭隘的本能和义无反顾的愚笨——正如迪伦所揭示的那样。人们似乎对此并不在乎，很快，电视上播放的内容就被认为是再正常不过的了。无论节目里提倡什么或禁止什么，人们都开始去模仿追捧，用后来的话就是要“志存高远”，成为闪闪发光、完美无缺的行尸走肉。角落里的电视，不厌其烦地展开说教，有时偷偷摸摸，有时明目张胆。如果说 50 年代美国以昏昏欲睡、墨守成规而声名在外，这十年值得人们去反抗斗争，那么电视屏幕上的人也可以微笑谢幕了。广播节目虽已风光不再，但事实上仍占有一席之地，这并不是胡言乱语。

对此迪伦当然记得。迪伦的音乐主题秀给他的晚年生活带来愉悦，也给收听此电台的听众带来了愉悦，这绝非巧合。[2] 迪伦在主题秀里讲述自己曾经的梦想，比如，你在五花八门的电台频道中搜索节目，终于碰到一首有名或无名的音乐，还有歌曲——这个笑话不知你懂了没有——歌曲的“主题”滑稽可笑，让人摸不着边际，非知音无法解读其主题意义。1900 年，范·莫里森（Van Morrison）的《没有摇滚的日子》

---

1 O'Neill，*American High*，Ch. 3.

2 “Abernathy Building”为完全的线上音乐城，那里播出上百场各种流派的音乐会，音乐秀上播放的歌曲大家都耳熟能详，2006 年 5 月—2009 年 4 月，迪伦恰巧居住在 Abernathy Building 所在的城市。虚构的电话和电子邮件对音乐“主题”发挥了巨大的作用。主持人乐此不疲地讲荤段子。

(In the Days Before Rock and Roll) 歌词同样写得别出心裁：无线电波、节目放送、魔力无限、灵感源泉，电波划过苍穹拯救那些身处困境的人们。一个不争的事实是，没有广播，摇滚乐也将不复存在，它可能只是一种区域性的“奇珍异品”，一种民乐而已。

话虽如此，20 世纪 50 年代，电台搜索技巧还是一门学问。虽然一马平川的密西西比河平原几乎对电波毫无阻拦，任其从南到北如同潮水涌来，但是，要收听远方的电台，你需要小心翼翼地旋动调频，还要对搜索的节目略知一二。一方面你聆听到约翰尼·雷及他“奇妙的咒语”，另一方面，你被大奥普里剧场*的汉克·威廉姆斯所震撼——后来他因为酗酒被剧院开除。[1] 在迪伦出生前，纳什维尔庄严的剧场每周都会转播演出实况，50 000 瓦功率的中波信号不受干扰，清晰地将音乐电波传送到美国各地。在迪伦十二三岁时，全美都可以从 NBC 电台收听奥普里剧场的音乐。但是，那些矫激奇诡、危险另类的音乐，是否来自黑人音乐？

> 深夜，我经常收听什里夫波特（Shreveport）电台的《岁月回响》（“blastin”），沉醉在穆迪·沃特斯（Muddy Waters）、约翰·李·胡克（John Lee Hooker）、吉米·里德（Jimmy Reed）、咆哮之狼（Howlin' Wolf）等人的音乐之中。音乐播放通宵达旦，我经常熬夜听歌到凌晨两三点。所有的歌都听，然后细细揣摩，还开始弹给自己听。

1984 年流传着这样一件有趣的事[2]，说是来自切斯（Chess）或 Vee-Jay 唱片公司发行的布鲁斯音乐激励了这位年轻人。至少还使一位

---

* 田纳西州纳什维尔的剧院素有乡村音乐灵魂的美誉，乡村歌手以登上大奥普里的演出舞台为荣。——译者注

1 1952 年，在汉克·威廉姆斯去世之前，尽管不甚合适，但迪伦还是讲述了他的一些故事。

2 To Kurt Loder，of *Rolling Stone*.

热切的传记作者[1]坚定地认为："鲍勃先于查克·贝里、小理查德、猫王埃尔维斯·普雷斯利误打误撞发现了美国流行乐的基本形式。汉克·威廉姆斯的乡村歌曲和令人心碎的歌词促使鲍勃深思，吉米·里德和咆哮之狼的音乐中淫词艳曲的重复乐段激发了他的灵感。"事情就是这样。

罗伯特·谢尔顿鼓励迪伦首次尝试吉他弹奏——"听起来有点儿像音乐"——在他"大约 14 岁时"，那是 1955 年的夏天。据克林顿·海林回忆，到 1957 年[2]，迪伦的吉他弹奏就有模有样了。但是，从另一位传记作者那里，我们听到的是胡编乱造的神话：一个叫迪伦的人，在普雷斯利之前，甚至在听说普雷斯利之前，或在他越狱之前，就先一步"偶然发现"柏拉图式的美国音乐。正是迪伦——迪伦在 43 岁时说——使我们对此深信不疑。在这样的梦幻之中，他就不再像其他千千万万的孩子，仅仅来自穷乡僻壤，也不像其他千千万万的孩子，仅仅是受到摇滚音乐浪潮的裹挟。记忆这种东西，可不仅仅是用来捉弄人的。

迪伦告诉谢尔顿："《亨丽埃塔》(*Henriett*)是我听到的第一张摇滚乐唱片。"虽然迪伦多次提到——在他的音乐专辑小册里，或在其他地方——但这种情况似乎不太可能。这倒不是因为年轻人没有机会聆听来自圣安东尼奥（San Antonio）的吉米·迪（Jimmy Dee）的音乐，他的演唱风格有点像小理查德，（吉米·迪的"The Offbeat"跟小理查德的"Just A Bit"听起来是有点像）。这位来自得克萨斯的歌手曾出现在迪克·克拉克（Dick Clark）主持的"美国舞台"电视演唱节目中，那首声音略带沙哑的《亨丽埃塔》在音乐排行榜 50 强中位居第 47 名，这首歌曲有相当高的曝光率。

到了 1958 年，情况才发生真正的转变，那年鲍比·齐默曼 16 岁，也许正是唱摇滚乐的最理想年龄。《亨丽埃塔》中唱道："你的爱这么美好/亨丽埃塔/你爱我的方式/你总是在改变/给出这样一条线"——歌词当然会使得年轻人想入非非。然而，任何一个美国少年，在美国的任何地方，如果不事先听几首其他的典型摇滚乐就出现 1958 年那种情况，这

1 Sounes, *Down the Highway*, Ch. 1.

2 *Bob Dylan: Behind the Shades Revisited* (2003).

真的可能吗？

在迪伦自己的版本中——至少在一个版本中——电台音乐使他“呆若木鸡”，他指的是在希宾的时候听的电台。据悉，他还说，当第一次听摇滚乐时，他认为“这与我之前一直在听的乡村音乐很相似”。别的不说，对于两种音乐形式之间关系的认识，他与普雷斯利的看法不谋而合。

无论鲍勃·迪伦想到《鲍勃·迪伦》这一专辑，想到神话和创作，他都不只是在花园里培育几株花（在自己的音乐世界里默默耕耘），仿佛仍在试图维护一个乡下孩子的幻想。从某种意义上讲，这很感人，它证明了音乐对于一个人有着怎样的重要意义——如果他能深入音乐灵魂深处、并在其深处发现自己。需求欲望根植于心底（需求如静水流深），这一命题有其合理的一面。他始终“想要”相信以前的那个鲍勃·迪伦“一直”存在。

当然，具有讽刺意味的是，他确实听过什里夫波特电台的《岁月回响》栏目播放的布鲁斯音乐，不过是时间早晚的问题，之前，他已懂得那些能俘获心灵的音乐都有自己的历史故事。虽然如此，一开始他不得不像全国其他少年一样，被地下运动点燃激情，地下运动不久以后就露出了本来面目。一个显而易见的重要事实是鲍比·齐默曼当时生活在明尼苏达的希宾，当摇滚音乐开始流行时，没有其他什么能够激荡人心的东西。那种对音乐饕餮盛宴的消费冲动还有什么理由不爆发呢？

1968—1969年年初，一位叫托比·汤普森（Toby Thompson）的年轻作家在纪实小说（当时的一种体裁）中记录了对迪伦家乡背景的有关调查。这位作家没有采访迪伦本人，只是采访了其他人，其中B. J. 罗福森（B. J. Rolfzen）是迪伦的11年级英语老师。汤普森对其访谈的描述如下：

> 说到罗伯特，罗伯特是个安静的孩子，显得有点孤高，坐在班里前排靠左的位置。不说话，仅仅是听，分数不错，B+……生活认真，自己经常一个人，肯定是在构思写作——虽然罗福森从没有见到罗伯特的任何作品。他有许多摩托车，50年代中期，一个人拥有摩托车算不得疯狂，也算不上什么小混混，他衣着时髦，但你也

许会认为他的穿着古里古怪。[1]

实际上，“B. J.”——Boniface——罗福森为年轻的齐默曼打下了良好的英美文学功底，其所就读的高中校园广阔、装饰华丽，由矿业公司出资修建。[2] 2004年举办的体验音乐项目展示——“鲍勃·迪伦的美国之旅”，除了迪伦1956—1966年十年间的音乐外，还有1958年作为学生的他就斯坦贝克的《愤怒的葡萄》所写的随笔。厄科·赫尔斯托姆（Echo Helstrom）是迪伦在希宾最为有名的女友，她回忆说，“鲍勃经常阅读斯坦贝克的书籍”，并“对大萧条时期的俄克佬怀有强烈的情感”。她还想起她的男友读迪伦·托马斯和其他诗人的作品。

读书这种事——你可以——其他人也可以自学成才。[3] 但是，如果我们谈起一个人，本身没有斯坦贝克的天赋异禀，却作为词曲作者才华横溢，那么，他带给人们的就不仅仅是惊喜。作家斯坦贝克在20世纪50年代后期声名鹊起，他的小说一时成为人们的必读书。有多少个聪明伶俐的青少年没有读过《愤怒的葡萄》并且吸收它的精髓呢？罗福森认为，迪伦对文学的兴趣异乎寻常，并毫不犹豫、竭尽所能地发展他的兴趣。有人对他中学所读书目做过研究，但没发现有什么特别之处。

迪伦在希宾有一位挚友叫约翰·巴克伦（John Bucklen），来自工人阶级家庭，比迪伦小一岁，但就音乐而言，他同迪伦一样有着本能的好奇心。不知何故，这些年轻人知道“外面的世界”有着无限风光。50年代末，在希宾高中最后一两年中，他们有时和别人一起，有时两人结伴，搭便车去双子城、明尼阿波利斯和圣保罗追寻音乐之梦。鲍比有亲属住在德卢斯和苏必利尔，也能去拜访一下。在夏令营一个朋友的帮助下，鲍比甚至结识了黑人。无须赘言，他们沿着61号公路长途跋涉。61号

---

1 *Positively Main Street: Boy Dylan's Minnesota* (1971, rev. ed. 2008).

2 是对驱赶北方希宾社区的部分补偿。

3 参见“Hibbing High School and ‘The Mystery of Democracy’” by Greil Marcus，描述作者参观神殿之旅——我的话，不是他的——出版于：*Highway 61 Revisited: Bob Dylan's Road from Minnesota to the World*, ed. Colleen J. Sheehy and Thomas Swiss (2009)。“多学科文集”是2007年在明尼苏达大学的会议成果，内容是有关以前一位临时学生的。

公路，美国的动脉通道，沿新奥尔良绵延 1 400 英里直到加拿大边境。

有谁知道布鲁斯音乐的生命线在无尽的美国公路上绵延穿越？没有人想到把它变成一张专辑名称；66 号专辑所带来的刺激赋予了它更好的韵律感。毫无疑问，齐默曼和巴克伦隐约感觉此番旅途会给他们带来怎样的前程。那些日子里，在他们看来，61 号是一个开始，某项新事物的开端。一切展于面前，又遥不可及。但是，此时认为鲍比已经掌握吸收所有其需要的重要音乐知识，这种想法未免异想天开。

90 年代接受迪伦粉丝杂志的采访时，巴克伦回忆说，“也许那是 1959 年的夏天”，他们收听深夜电台，听来自阿肯色州小石城 KTHS 的音乐之声，听“斯坦摇滚乐唱片店的 Brother Gatemouth”，还看了一场演出，名字叫《无名杰夫》（*No Name Jive*）。所有这一切都名不虚传，货真价实，音乐则不管是查克・贝里、雷・查尔斯（Ray Charles）还是莱克林・霍普金斯（Lightnin' Hopkins）的都有。这俩年轻人“从斯坦摇滚乐唱片商店订购了许多唱片”。他们还在明尼苏达和弗吉尼亚发现了 DJ 音乐，歌手名叫吉姆・丹迪（Jim Dandy），他的嗓音苍凉悲壮，每晚演唱 R & B 一个小时左右。约翰和鲍比追寻这位黑人——“50 英里之内独此一位黑人”——给他们的这次指点弥足珍贵。谈到布鲁斯音乐，如果你怀疑迪伦自己的主题节目有一个守护神，那么守护神非这位独行者大师莫属。

但是，守护神有点姗姗来迟，那是谁捷足先登了呢？肯定不是《亨丽埃塔》。天生最不可能成为摇滚歌手的比尔・哈利（Bill Haley）1951 年夏天翻唱了艾克・特纳（Ike Turner）的《火箭 88》（Rocket 88），但不管对迪伦神话的出现还是对大多数人而言，它还为时过早。之前西方为快节奏爵士乐设计的那种造型——披头散发、咧嘴狂笑——在 1954 年上演“Shake，Rattle and Roll”时得以重现，这首歌荣登 R&B 音乐排行榜首位。另一方面，《昼夜摇滚》（Rock Around the Clock）成为电影《黑板丛林》（*Blackboard Jungle*）的主题插曲，唱片 B 面专辑在 1955 年 5 月重新发行。《昼夜摇滚》极有可能成为最重要的唱片，此时鲍勃・迪伦粉墨登场，因为他“一直都在那里”。这不是什么引以为荣的事——哈利，“三十而立之年”，很快使青少年大跌眼镜，他被认为是最差劲的模仿者——这评价恰如其分。那年夏天，唱片发行惨淡，但歌曲仍传遍四野，深入人心。很难相信刚满 14 岁的鲍比·齐默曼会有什么与众不同。

查克·贝里的《美宝莲》（Maybellene）在当年 9 月荣登畅销音乐排行榜第五位。小理查德 10 月发行了《百果糖》。RCA Victor 唱片公司用 40 000 美元买断了普雷斯利这棵摇钱树，不久之后再度发行普雷斯利曾在 Sun 公司发行的唱片。《伤心旅馆》——之后作品如滔滔江水滚滚而来——时间是在 1956 年的 1 月。

1968 年的春天，在鲍勃的父亲去世之前，谢尔顿到他家里采访了他的父母，他参观了第七东大道的 2425 号地下娱乐室[1]。这位记者说道："成堆的 78 转（当时的唱片转速型号）和 45 转的各式唱片堆在角落，散发着霉味，整个 50 年代的唱片都有"——这就是他的青春生活。当然躺在地上的有《伤心旅馆》、《蓝色羊皮鞋》（Blue Suede Shoes）。还有幸存下来的《百果糖》、霍利的"Slippin' and Slidin'"、吉恩·文森特（Gene Vincent）、约翰尼·埃斯（Johnny Ace）、鲍比·维（Bobby Vee）、哈利、The Clovers 乐队和帕特·布恩（Pat Boone）。还有 honky- tonkin' Webb Pierce、"许多汉克·威廉姆斯孤寂的布鲁斯音乐"以及专辑《汉克·斯诺唱吉米·罗杰斯的歌》（*Hank Snow Sings Jimmie Rodgers*）。

1997 年，迪伦仍能说得出专辑中歌曲的名字，并记得他是"被它们的力量所吸引"。这个说法有点怪异。《汉克·斯诺致敬吉米·罗杰斯》（*Hank Snow Salutes Jimmie Rodgers*）包含了《我的蓝眼睛的简》（My Blue-Eyed Jane），这首歌早在 1953 年就已问世，后来迪伦在一部纪念专辑中进行了翻唱。《汉克·斯诺唱吉米·罗杰斯的歌》直到 1960 年才得以出版发行，当时的"鲍勃·迪伦"已不再是希宾的常客。要么是他早期吸收了斯诺和罗杰斯的歌曲精髓，要么他正在迎头赶上。

迪伦自己也许不能说出什么时间诞生了摇滚音乐或什么是摇滚音乐。不过，似乎在 1955 年末或 1956 年初，他对放置在齐默曼前厅的古

1　它是一座木质结构的"地中海式现代风格"的两层房子，据报道，2001 年在易趣拍卖网站上以 94 600 美元售出，交易中使用了斯路易夫这个名字。情有可原，当时居住者不想受到打扰。

尔布兰森钢琴陡生敬意。他甚至可能已经意识到，“紧凑型”的乐器既然不能为玩家的膝盖提供足够的空间，那么不妨站起来演奏。另外，如果缺乏技巧，就不妨把乐器弹得震天响。

* * *

在希宾，黑人音乐远道而来，进入白人世界。在美国其他地方，事情并不那么简单：一方面“种族”的融合正在改变着流行文化，另一方面“种族”又被隔离开来，有时是不明禁令，有时是法律条文，有时则是纯粹的野蛮暴力。摇滚革命不容置疑的事实就是它的社会背景：肤色和对肤色的态度是一个重要的问题。在此背景下，普雷斯利是违法之徒，胆大妄为；小理查德是危险分子，寻衅闹事。“种族”意味着冲突和麻烦；对黑人来说，“种族”一词及其内涵一方面意味着痛苦，另一方面意味着自豪。当迪伦是个孩子时，联邦的 17 个州在学校里强制实行种族隔离政策。甚至在所谓的文明国家，许多白人认为这是一个既明智又负责的政策，特别是当他们随心所欲地实行“既隔离又平等”这一政策的时候。

但是，到了 1954 年，经过人们长期不懈的努力，美国最高法院决定履行职责，保护宪法。在“布朗诉托皮卡教育局案”中，法院解释了第 14 条修正案，认为那种“平等”牛头不对马嘴：隔离对黑人青少年是有害的，而且违背了宪法。种族主义可能具有“科学性”基础的想法被摒弃。

在堪萨斯州的托皮卡，这一法案起了作用。然而，在美国南部，种族主义者顽固坚守隔离主义长达十年之久，甚至对孩子也不放过。1955 年 12 月 1 日，在亚拉巴马州蒙哥马利一辆拥挤的公共汽车上，一位名叫罗莎·帕克斯（Rosa Parks）的黑人女裁缝拒绝给一个白人男子让座。这一自发的——自发但也是故意的——反叛行为的结果是，帕克斯夫人因违反隔离法而被捕。

这并非个案，也不是最糟糕的情况。那年 8 月，在密西西比，一名来自芝加哥的 14 岁但“长相像成年人”的埃米特·迪尔（Emmett Till）犯下错误——跟一位白人妇女调情——据称，这使她惊恐不已。几个晚上之后，卡罗琳·布莱恩特（Carolyn Bryant）的丈夫罗伊和他同父异母的兄弟把小伙子带到谷仓，对他进行毒打，剜掉他的一只眼睛并向他的头部开枪。三天后，埃米特的尸体在塔拉哈奇河被发现，他的颈上缠绕着带刺的铁丝网。

大概六年后，一位差不多还是新手的年轻作曲家，从朋友那儿“借了”[1] 一个旋律把这场谋杀编成了民谣，讲述了谋杀的过程、荒唐的私刑和对凶手的审判结果。他意在提醒他的同伴“如今这种事仍存活在身着鬼袍的三K党人心中”。它算不上一首歌，甚至连练习曲都算不上，鲍勃·迪伦很快否认了这一点。但是民权运动在帕克斯太太表明立场、埃米特死亡之后孕育了其现代形式，这些构成了鲍比·齐默曼童年和青年时期又一个不可忽视的时代背景。鲍勃·迪伦喜欢的音乐，以及年轻时制作的音乐，都被丑陋的美国国人心态所摧残。或者像巴里·尚克（Barry Shank）所说：

> 迪伦早期的音乐品位、愿望和追求深深地与美国种族关系历史融合在一起。通过对流行音乐的学习，鲍勃洞察了种族关系。[2]

* * *

知识同样源于集体记忆。有些东西难以忘记，美国生活中一些长期丑陋的事实并不符合普通漫画形象。一种更为方便的漫画形式显示种族歧视是“南方人的事”。大多数人对此心知肚明。

比如，1920 年 6 月，8 岁的亚伯·齐默曼在德卢斯的时候，一家马戏团来到镇上。有天晚上，两位当地的年轻人，19 岁的艾琳·塔斯肯（Irene Tusken）和 18 岁的詹姆斯·苏利文（James Sullivan）决定躲在马戏棚后面，看黑人工人拆卸帐篷并装载四轮马车。悲剧发生了——没有人十分确定当时的情况——但后来年轻的苏利文声称他和那个女孩受到

1　准确地说，应该是“窃取”了一个旋律。正如迪伦在 1962 年接受电台采访时坦承的，曲子是从他在格林威治村的朋友兼同事、非裔民谣歌手莱恩·钱德勒那儿“顺”来的。最后的结果是《埃米特·迪尔的死亡》(The Death of Emmett Till)。迪伦在《编年史》中记载，“莱恩看起来并不在意”。我们有迪伦的话为证。

2　“That Wild Mercury Sound：Bob Dylan and the Illusion of American Culture”. 发表于：*boundary 2*（Spring 2002）。

袭击，被人用枪指着。据说，女孩被五六个强壮的黑人轮奸。

随后艾琳的私人医生给她做了检查，没有实际证据能证明这项罪行，但这并不重要。六名黑人工人被捕。有媒体报道以及传言称女孩死了，激怒的暴徒闯进市监狱——警察没有抵抗——他们闯进去抓住了其中三人，把他们打到毫无知觉，极刑处死。

明信片记载了这件事情的后果，这张明信片的尺寸为 3.5 英寸乘 5.5 英寸，显示了一群满不在乎的白人在三具黑人尸体旁招摇炫耀，每具尸体的衣服都剥至腰间。据描述，受害者被悬挂在第一大街和第二东街街角处的一根杆子上[1]，这个地点离“臭名昭著的南方”要多远有多远。卡片上有题词——尽管日期是错误的，上面写道：“三名黑人因强奸罪被私刑处死，地点：明尼苏达州德卢斯，1919 年 10 月下院议员。”

在第一次世界大战之后的数年间，这样的明信片在美国非常普遍。詹姆斯·艾伦（James Allen）花费了 25 年时间收集和记录证据，他在网站“withoutsanctuary.org”[2] 上尖刻地评论，这些明信片“普通廉价，薄薄的纪念品配以花纹，气派非凡，对种族屠杀仪式和其他疯狂的公民行动表示支持”。艾伦认为，这些保存下来的明信片是“成千上万张照片中最独到的一部分”。

1919 年私刑处死和“暴乱”至少已在美国 25 个城市发生。在遥远北方的德卢斯，此类事情会发生吗？那里新来的欧洲人善于压迫他人，无视各国之间战争留下的后遗症。明尼苏达州历史协会发现，1920 年“正在崛起”的城市有十万人口，但根据当年的人口普查显示，其中只有 495 个是黑人。他们做最普通的工作——“搬运工、服务员、看门人或工厂工人”——待遇也最普通。根据历史协会 6 月 15 号对私刑的报告，“有些餐馆不接待黑人，市中心的影院强迫黑人在露台就座，美国钢铁公司的黑人工人报酬极低，不允许住在摩根公园——田园般的‘模范城市’……许多人只能住在附近的加里，这个地方的住房条件很差。”

---

1 幼年时期亚伯一家住在西一街，但在谋杀事件之前搬到了北湖大道。

2 这个网站引人注目，但是——提醒你注意——骇人听闻。艾伦的著作 *Without Sanctuary: Lynching Photography in America* 于 2000 年出版。

这次事件过后，许多人都被私刑所激怒，也有一些人漠不关心。从德卢斯跨越海湾，就是威斯康星州的苏必利尔，警局代理局长声称，“我们要把所有懒惰的黑人遣出苏必利尔，不让他们待在这里”。历史协会无法判断这一威胁是否得以执行。然而，众所周知的是，“苏必利尔狂欢节雇用的黑人全都被解雇，被逼迫离开这座城市。”有人认为种族主义只是南方的顽疾，这一观念已经破灭，只要人们想到德卢斯的暴徒——这个城市中 1 000～10 000 名“正直的”公民——他们对伊莱亚斯·克莱顿（Elias Clayton）、埃尔默·杰克逊（Elmer Jackson）和艾萨克·麦吉（Isaac McGhie）[1] 痛下毒手。

亚伯对这些杀戮有多少了解呢？如果了解，他又记得什么？如果记得，后来他又说了些什么？当地年长的老百姓，无论是白人还是黑人，仍记得德卢斯私刑处死的事件，他们将会听到一个当地孩子为民权发声。但还有一点，詹姆斯·艾伦直到 1965 年才开始他的研究，当时迪伦出生的城市还没有任何记忆，明尼苏达州历史协会还没开始工作。然而，到了 1965 年：

> 他们把护照涂成棕色
> 他们在出售死刑的明信片
> 华丽的客厅挤满了水手
> 马戏团在镇上表演
> 瞎眼专员走过来
> 他们催他入眠
> 一只手绑在走钢丝者身上
> 另一只手插入裤衫
> 防爆队走来走去
> 是什么让他们不安
> 在今晚荒凉的街道上

1　三座七英尺高的铜像雕刻着逝者，铜像于 2003 年建成，俯瞰德卢斯广场的纪念馆。

女士要小心安全

* * *

夏季训练营在美国是司空见惯的一个活动，主要是为那些热爱电影的青少年提供渠道。虽然比蒂认为儿子应该享有参加夏令营的权利，但是据说鲍比并不热衷于此。位于韦伯斯特和威斯康星州这两个地方的赫茨尔（Herzl）夏令营提供非比寻常的林中冒险活动以培养孩子的性格。从1953年开始，迪伦在赫茨尔的夏令营度过了整整四个暑假。

明尼苏达州圣保罗的哈里和罗斯·罗森塔尔（Rose Rosenthal）夫妇在1946年创建了赫茨尔。它过去乃至现今都致力于犹太复国主义教育。西奥多·赫茨尔（Theodor Herzl）堪称这一运动之父，在他的倡导下，夏令营的主要招收对象是美国中西部青少年。“他们中许多学员来自小型社区。那儿的犹太儿童几乎没有可以学习的榜样，也没有参加什么文化活动的条件。在赫茨尔，他们知道了生为犹太人意味着什么，也了解了犹太人的文化和宗教传统，接触到了拥有相同信仰的人。在那里，他们作为犹太人活着。”正如这个夏令营记载的：

> 在第一本宣传册上，赫茨尔夏令营的宗旨是“让孩子走近犹太人及他们的生活……让孩子吸取现代巴勒斯坦的内涵与价值观……激发孩子的兴趣并帮助建立犹太人自己的精神家园”。

此外，参加夏令营的人是选拔出来的。“选拔基于以下标准：成绩、品格、犹太背景，**领导才能**（黑体为本书作者所加）和兴趣爱好”。1953年夏天，鲍比·齐默曼第一次去赫茨尔。如果在这之前他没有身份的归属感，那么第一次去了以后，情况就大为不同了。就如夏令营当前的文学思潮一样：这里有“我们自己的耶和华[1]，让以色列人和犹太教徒处在培养、接受、了解自己的愉悦环境之中……”

1　耶和华的灵，希伯来人对上帝的一个称呼。在希伯来《圣经》里，上帝意味着“风、呼吸、理智和精神”。也指拥有理性、意志和良心的生活。

1954 年，在新领导人拉比兹维・德肖维茨（Rabbi Zvi Dershowitz）的带领下，夏令营发展迅速。当年的夏季有 250～300 名青年参加。中产阶级的犹太父母明显颇具野心——对比蒂而言，她的愿望是让儿子遇到优秀的犹太女孩——她认为这个地方对孩子们而言发生这件事再适宜不过，夏令营不该只是季节性的娱乐活动。

> 夏令营有划船、露营以及建造集体农场等活动。学员可能得半夜拉练，完成一些模仿巴勒斯坦快速建立犹太人社区的任务。学员将先到达一个地点，一些人坐卡车，另一些步行或坐船。他们需要搭建露营营地、炉灶和休息区。这一切都在协作中完成。其间他们还会唱以色列歌曲。[1]

夏令营也有游泳、网球、独木舟和野炊等活动。通常，夏令营里多是充满正能量的常规活动。但是从一开始，赫茨尔的宗旨就是为年轻的参与者提供纯粹的犹太复国主义教育。他们在餐厅里必须“说希伯来语[2]，说起建筑物时必须用希伯来语，而且必须在安息日身着白色服饰。”你大概不会相信，有人提及他的犹太身份时，以上所有这些在鲍勃・迪伦脑海里都多少有些模糊了。真相到底是怎样的，大概要到几十年之后才知道了——比如 1971 年造访以色列时，以及 1983 年专辑《异教徒》（*Infidels*）中《横行霸道》（Neighborhood Bully）这首歌流行时——即便这些时刻，他也拒绝直面他的历史。这种做法并不恰当，至少对一个重获新生的基督教徒来说不合适。抑或大多数时间，他也不想“合适”。但实际上他每年 8 月份都会参加夏令营，一直到 1958 年。

据说，现今赫茨尔仍旧十分红火，奉行它最初的使命：作为“一个包容的、独立的夏令营，青年人在这儿变得自立。赫茨尔创造了犹太人

1　内容来自赫茨尔夏令营网站。

2　Dave Engel，*Just Like Bob Zimmerman's Blues : Dylan in Minnesota*（1997）。这是由威斯康星州的记者和历史学家共同完成的一份非常宝贵的记录——这些迪伦早年的记录的确是无价之宝。不可思议的是这本书很长时间也没有出版，但是却能在网上高价买到。

之间持久的友谊，培养了犹太教徒、以色列人之间的责任与爱。赫茨尔夏令营为未来领袖创造了一个充满活力的犹太社区”。从其中一个“未来领袖”刻意的回避中看出，这个地方可能从不存在。

然而，鲍比·齐默曼在这儿交到了朋友，甚至还领悟到一些犹太民族的精神。1954 年的 8 月，他第二次来到这儿时，开始把注意力放到接待室[1]的钢琴上。一个来自圣保罗名叫拉里·基根（Larry Kegan）的 12 岁男孩询问他是如何学到（大概如此）布鲁斯的，据说是鲍比提到了一个广播电台，然后话题由此转向音乐。从此，拉里艰辛的人生便和音乐有了不解之缘。

霍华德·鲁特曼（Howard Rutman）也来自圣保罗。他是赫茨尔的另一个忠实支持者。他的音乐品位与年轻的齐默曼对音乐的严谨态度比较相符。于是这三个人就组了三重唱。1956 年平安夜，他们打算在唱片店购买属于自己的录音设备。当时这种设备令众多年轻人着迷。鼓捣了几分钟之后，一个作品出炉了——这的确是人们所知他们最早的录音——但却并不是特别认真创作出来的。主要因为鲍比当时还是一个稚嫩的钢琴手，远不及日后优秀。他为朋友们所信赖——他的另一个朋友路易斯·肯普（Louis Kemp）——德卢斯一个做渔业生意的老板家的阔少——情况也大同小异。迪伦出名前结交的朋友要比之后认识的走运。迪伦没有将明尼苏达完全抛诸脑后。基根、鲁特曼和肯普和其他很多人都可以见证这一点。

赫茨尔夏令营那时也接收女生，她们一如既往地热情似火，好奇心强，痴心多情，不遗余力给你留下深刻印象。当然，有些优秀的犹太女孩儿也像比蒂期待的那样美丽，比如哈里特·奇松（Harriet Zisson）、朱迪·鲁宾（Judy Rubin）等都在几年间逐渐陷入与鲍比的感情旋涡，或许还有其他女孩。几次往返于夏令营之后，他有了更多的经历。他的“摇滚”钢琴演奏给其他人留下深刻印象。1957 年，他又试图用他的文学天赋震惊整个夏令营。

他写了一首向小狗致敬的 11 行诗，叫《小伙伴》（Little Bud-

1　历史上，这是耶路撒冷圣殿的接待室。赫茨尔的教育工作者一向不遗余力地宣传。

dy）——“之后他留了蓬松的毛发/但是小狗却死啦”——“这首诗”投到了夏令营主办的《赫茨尔报》，并在发表后被保存了几十年之久。这个小文豪是多么出名啊！

2009年，署名的手迹出现在一个迪伦纪念品的拍卖会上。其收益归入夏令营800万美元基金募集项目，并经过了作者的许可。（那就是说，“随便你怎么处理都行”。）但在奥斯陆拍卖会上的“专家”认为，这一宝贝能换1.5万美元。

一位发言人告诉美联社：“这是迪伦才华的最早体现。他的才华来自内心非常有趣的想法……这些想法渗透进他的大脑。”每日艺术网（Artdaily.org）笃定地称“这首诗揭示了多产的歌手与词作家惊人的才华，迪伦被认为是20世纪最有影响力的人物之一……”这为他讲故事的天赋做了铺垫。《小伙伴》“是一首黑暗忧郁的诗，是一首关于一个小男孩的狗被谋杀的诗……”

这挺有趣的，但是还远不及迪伦在Expecting Rain网站上的即时回复有意思——网站上众多关注者的提问真称得上刨根问底——那些人比他本人还了解自己。真相是：这好像是在预演其绵延半生的坏习惯。鲍比只不过是抄了汉克·斯诺的一首歌——既不是第一次也不是最后一次[1]——连蹩脚的韵律和可怕的情绪也照搬了，冒充成自己的。这当然是非常久远的事了。这些事正在一件件被披露出来。

为了能够更加公正地看待这一点，有必要说明比蒂·齐默曼本人以迪伦的博览群书为荣。当时和后来都是如此。她告诉谢尔顿，迪伦在图书馆里花了大量时间。在家的时候他永远都在写写画画。妈妈坚定地认为即便是看漫画时，他看的也是“《漫画经典名著》（*Illustrated Classics*）这样的书”。

不过还好，在“漫画大惊恐”的阴影下，整个美国（还有英国）的

1　1993年，迪伦的粉丝杂志《伊希斯》（*Isis*）发表了写在歌手手上的诗歌，其中一首诗记载的日期是1952年5月，这也是汉克·斯诺的一首歌——《醉汉之歌》（The Drunkard's Song），这首歌可能是抄袭吉米·罗杰斯的《醉汉之子》（A Drunkard's Child）这个作品。也许它只是年轻的齐默曼的备忘录。但是“影响”的形成是一个奇怪的过程，习惯的形成也是如此。

父母坚信恐怖小说和超级英雄故事可能会带来不良风气。一个善于自我宣传而受人尊重的名叫弗雷德里克·沃瑟姆（Fredric Wertham）精神病医生于1954年出版了名为《诱惑无辜》（*Seduction of the Innocent*）的畅销书来“证明”：超人是一个“法西斯主义者”（很明显），而神奇女侠是一个令人不齿的明目张胆的女同性恋者（同上）。沃瑟姆医生称，令人觉得讽刺的是，“我认为希特勒是漫画创作的原型”。

在公众对不入流的故事风潮的一致声讨下，国会开始展开调查。数百名艺术家和作家被解雇。针对廉价小说和青少年违法犯罪之间的联系，很多人在有影响力的报刊上刊登了针砭时弊的社论。

仅在美国，各类漫画一度多达625个独立篇章，总销量达每周一亿册。沃瑟姆反对彻底的漫画书禁令。他建议，未经父母同意，未成年人不得阅读此种低级趣味的读物。就像之前好莱坞的电影分级制度一样，漫画业也应被漫画管理局管理，以对其中荒诞的情节和想象进行审查。漫画的高销量应声而落。[1]

由于儿子的“高级”趣味，比蒂在这方面没有太多顾虑。不过说起漫画，她大概会把《漫画经典名著》和《经典名著漫画》（*Classics Illustrated*）混淆。后者是1941—1962年的一个系列故事，而且正如名字一样，删减了（或者说大刀阔斧地删除了）伟大的西方文学名著里的情节。《鲁滨逊漂流记》《雾都孤儿》《三剑客》和《悲惨世界》都被以一次15美分的代价转换成这种四色印刷读物，而每一个标题都经过仔细斟酌，以向父母保证孩子们读后会对外界诱惑免疫。《经典名著漫画》是一种“文化快餐”，是作为低级趣味读物的替代品出现的。沃瑟姆谴责了一对父母对标题的无视。

以上表明，迪伦可能已经对“有意义”的故事有所了解，但是美国却被一种奇怪的情绪所包围。最奇怪的是几乎没有人注意到这一点。甚

---

1 参见 David Hajdu's *The Ten-Cent Plague*：*The Great Comic-Book Scare and How It Changed America*（2008）。哈尔杜（Hajdu）也是以下作品的作者：*Positively 4th Street*：*The Lives and Times of Joan Baez*，*Bob Dylan*，*Mimi Baez Fariña and Richard Fariña*（2001，2nd ed. 2011）。这些都是治疗英雄崇拜的方法。

至连孩子也被认定为是对社会秩序的一种威胁，青少年的幻想也要符合审查制度和管控。20 世纪 60 年代兴起的反文化理论忽略了成年人试图远离漫画的时代记忆。20 世纪 50 年代初期，这个国家似乎都笼罩在核弹的阴影下，整个国家陷于痛苦和恐惧中。甚至有一位爱国的超人来拯救他们都被禁止。有些东西终究会出现，该来的终会来的。

* * *

20 世纪 50 年代，美国处在“安逸和慵懒”中。有许多理由让人不安。首先，如果你的诗歌不符合罗伯特·弗罗斯特的民俗风格，想要发表就十分困难。例如，1957 年 3 月 25 日，美国海关查封了 520 本淫秽荒诞的图书。这些书在英国印刷，并且卖给了旧金山的城市之光书店。作者起名叫《号叫》（*Howl*）。

艾伦·金斯伯格（Allen Ginsberg）29 岁，来自新泽西州帕特森。1955 年 10 月 7 日，他喝了酒之后，双臂微张，眼神迷离，爬起来，到六画廊第一次朗诵了自己写的诗。这引起了轰动，随之而来的却是海关的调查和行为猥亵的指控。随着对威廉·卡洛斯·威廉姆斯（William Carlos Williams）、沃尔特·惠特曼、威廉·布莱克和克里斯托弗·斯玛特（Christopher Smart）等人长诗热情的消退，《号叫》很快就成为鲍勃·迪伦第一首诗的灵感源泉。鲍勃·迪伦一接触到《号叫》，就受到了很深的影响。但与此同时，还有很多其他年轻人也受到了这一影响。

金斯伯格从不缺乏解释诗歌艺术的理论。那些坚持韵律规范性的人们认为其中大多数是空话和自说自话，但这没什么影响。威廉·卡洛斯·威廉姆斯之前着手对“可变音步”进行争论。这来自于他的理念：通俗的美国语言蕴含着独有的韵律。这与欧洲渊源甚少，几近于无。《号叫》之后，金斯伯格又想出了“呼吸单元”的后续概念，并解释说他说话或演讲的时候总是大喘气，所以诗作总是很长，“都是游戏”。因此，每个单元都有一个“固定基准”。他的诗里面没有形式主义的令人生厌，也没有谎言的积重难返。他的诗是真正的诗，是关于人性的，通俗易懂，情真意切，即使它看起来有点“纸上谈兵”。为了解释他的理论，金斯伯格使用了他最熟知的爵士乐中的“波普叠句”。

如果说他有什么强烈的政治理念的话，那就是：美国正在自我毁灭，正在把“最好的思想”变成愚昧，而思想是他们最后且唯一的避难所。诗歌创作的源泉被腐朽体制所损害，从而禁锢了伍迪·格思里。金斯伯格在文化里发现了腐蚀性和麻痹性的东西，而文化的影响被削弱。这是对人生、正能量、传统、梦想中美国的背弃。所以他将所有都呈现出来：军国主义、资本主义、帝国主义以及消费主义等。所有这些“主义”都是时代的思潮：

> 摩洛神！孤独！污秽！丑陋！阴暗的生活和得不到的金钱！
> 孩子们在楼梯下尖叫！男孩在军队里啜泣！
> 老年人在公园里悲叹！

尽管这首诗最终因《第一修正案》得以“言论自由”——并且其“弥补的艺术价值”获得了法庭的认可——《号叫》是真正的（而且完全令人满意的）丑闻的成功：违法的性行为（兽奸在任何州都是违法的），禁药的使用和毫无掩饰的嗑药经历，以及“氢弹带来的世界末日”。这就是在平行宇宙中的《百果糖》：这张删除了同性恋号叫的唱片在金斯伯格诗惊四座后几天内就发行了。与此同时，原本平静的50年代突然有了新的文学和流行音乐类型，可以启发和吸引人们，鼓舞年轻人。

人们称这些作家为“垮掉的一代”。这个词似乎包含以下含义：幸福快乐、着装奇特、蒸蒸日上、游手好闲、怦然心动、击打有律、碾压破碎等。早在1952年冬，《纽约时报》便把Beats作为标题，当成“这一代人”的简称。这要归功于文章的作者约翰·克列农·霍尔姆斯（John Clellon Holmes）。26岁的他也成了时代的弄潮儿。[1]

> “beat”一词的来源模糊不清，但是它的意义对大多数美国人来说再明确不过。其中并不是单纯的消沉。它暗含了音乐被演奏和未经加工时的感觉。这里面富含了赤裸的思想和灵魂，以及回归到最

1 同样也是1952年“Beat”小说*GO*的作者。他的作品出版五年后，他最亲密的朋友凯鲁亚克才出版了《在路上》这本书。简单讲，它预言了杰克、尼尔和艾伦的生活。

> 初意识的感觉。总之，它意味着与自我壁垒的抗衡。当一个人铤而走险且孤注一掷，他就被称作“垮掉的一代”；年轻的一代已经那样做了，并且从他们很小时就开始这么做了。

相比摇滚，“垮掉的一代”的践行者往往更青睐波普爵士。而不管你有没有意识到，垮掉的一代和摇滚都有许多相通之处：放飞灵魂，拒绝时代和生活的虚假。

迪伦对此做出了回应。不久，他就开始以那种风格纸上谈“诗”——有些人甚至称他为“垮掉的一代”的代表人物——并且将会在不久后遇到金斯伯格。新的曲风也给他的创作带来灵感。他莫名地变得文思泉涌，并且以惊人的速度创作了大量作品。他的艺术从来都不仅仅是靠直觉和天赋的。

刚到纽约，迪伦就对凯鲁亚克的《在路上》当中描述的场面失去了兴趣，而这种兴趣曾一度被放大。尽管不再痴迷，他却仍然热爱那种从杰克笔端流出的令人窒息的、动感十足的波普爵士音乐。但现在书中的莫里亚蒂一角的设定既不恰当，也无意义——更像是为了突出这个角色的愚蠢而存在。而凯鲁亚克一生坎坷，始终背负重担。迪伦看穿了这一切。

* * *

十六七岁的时候，迪伦潜心演奏钢琴。相比从广播和唱片中“扒曲子”而言，他对乐器的掌控并不得心应手。他剪了头发、摆正态度，开始重新塑造自己。斗转星移，迎来了1956年。这一年是鲍比·齐默曼的奇迹之年，也是人们记忆中最混乱的一年。那一年鲍比·齐默曼开始准备组建乐队。新的音乐与录音棚实操的经验技巧无关，而只是传播一种理念。20年来，这一理念始终为朋克族一再探求：任何人都能玩音乐。普雷斯利算什么？——难道没有人这样问过吗？——他是一个真正的音乐家。那又如何？

当历史学家深入研究摇滚的时候，他们会发现摇滚在很早以前就萌芽了，至少在战争结束、繁荣到来之际就有了。就连穷困潦倒、生活悲惨的约翰尼·雷都被奉为先驱。那个时候人们不去谈论太多；那个时代，人们说摇滚是原始的、天然的、伴随着危险诞生的、而且——最重要的一点——是黑人的音乐。然而令人不解的是，他们又说“丛林音乐”是一种时尚，一种像呼啦圈一样的东西。然而年长的人却有所警觉，意识到这是来自底层的音乐，却打破了阶级界限传播上来。它不像百万家庭里的电视节目那样如蜜糖般甜美，有些歌词十分污秽，想要把里面低俗的东西清除干净着实不易。

即使有严格的道德约束，这些公然的色情行为和声音也能渗入社会的方方面面。更糟的是，每一位新生的美国青少年观众都是潜在的少年犯。

美国惯于否认等级制度的存在，一些人甚至宣称承认等级制度的存在即是否定民主的正确性。一说到等级，美国人就顾名思义，想到复辟。但关于摇滚还有另一件事显而易见：来自穷人。社会学家和音乐理论家会立即指出它的影响和形成：摇滚可能源自南部移民到这个城市的黑人；反对种族隔离的电台；贫困山区的白人迁徙带来的民间音乐；通过电波变化而来的布鲁斯；福音音乐创立的世俗曲风；乡村音乐音律的急切改变；乡村音乐变为山地摇滚的原因；爵士乐渗透美国音乐并吸收布吉伍吉舞曲特点的方式；因舞蹈而需要形成的强拍。综上，穷人为了联系彼此创造了摇滚，无论肤色，始终如此。

无视肤色人种，表达由衷的崇敬之情和体现文化冲突是普雷斯利的本能，是一种中庸之道。但是正如 21 世纪所言：摇滚乐是底层人民对美好生活的一种愿景。青少年不喜欢它的哪些地方？成年人、官员、20 世纪 50 年代的美国种族主义者又推崇它的哪个方面呢？

然而无须人教，那些不安分的青年人就都知道摇滚代表的是一种心灵感应，一种令人心悸的陌生感和超凡的思想。你觉得搞笑也好，严肃也罢，1959 年的高中年刊条目还是证明了这一点。亚伯和比蒂家的这个老大也不会例外。迪伦最想从生活中得到什么？他用文字写出了他的野心：加入小理查德的团队。[1]

1　这样传奇性的声明一出，年刊的其他内容都被大家忽略了。年刊上写着：“拉丁俱乐部 2；社会研究俱乐部 4。”鲍勃·齐默曼和同学很有首创精神，这加深了对罗马生活风俗的研究。(*Poeta nascitur*，*non fit*.)

* * *

鲍勃有时候会捉弄别人，有时候又一本正经。大多数人不知道他是在拿他那耀眼的电吉他开涮呢，还是在调侃音乐上的事。他在希宾的生活又怎样呢？希宾寒冷异常，使人寸步难行，呼呼的北风把人吹得晕头转向。除此之外，他再也不知道其他值得说的事情了。他会说在音乐中听到什么，但是谁又不会呢？对此他有自己的答案。在他看来，很少有人能理解自己在说什么，特别是在说唱片表现什么的时候。他有时候一直在说，大家却理解不了。什么原因呢？或许只要有音乐，他就会以这种方式思考。

还有些事情比较奇怪，比如说，他想知道他是谁，为什么会想到这样的事情。迪伦说过，在希宾没有贫富之分。其实严格来讲，这样说不准确。居民没有特别富有的，但还是有条件不错的，只不过比其他地区要少。齐默曼家在欧洲属中产阶级，经济状况还算可以，但是厄科·斯塔·赫尔斯托姆是个白人，满头金发，有着芬兰血统，家在城市的郊区，是个穷人。

她说自己是《北国姑娘》(Girl From the North Country）的女主角，但是颇受争议。其他有望参与迪伦歌曲录制的主角都会受到争议。她在希宾一家名为“吉米”的食物艺术公司拍有写真，该公司坐落在霍华德街上。厄科与迪伦这段青少年时期的爱情短暂又奇特，但她无疑是迪伦在希宾结交时间最长的女友，迪伦对她的方式太“迪伦”了——她很爱迪伦，但迪伦却辜负了她。音乐把他们带到了一起。这个穿牛仔裤、皮夹克的女孩，和迪伦一起住在哈利街45号，但他们之间却没能长久（应该有人写首歌让他们在一起，这听起来有些不可能）。

如果你看了电影《迷途之家》，相信了迪伦这种眉来眼去的爱情故事，你就错了。因为厄科·赫尔斯托姆不是迪伦的第一个女朋友。“在和这个姑娘恋爱之前，我爱上过另外一个姑娘。我给她写过一首情诗，但诗歌是可以开玩笑的，对吧？”

> 第一个对我萌生爱意的姑娘叫葛劳瑞·斯特瑞（Gloria Story），对，葛劳瑞·斯特瑞，这是她真实的名字。

这就是迪伦的故事。看起来他和厄科两人在1957年首次见面的时候是很合拍的。赫尔斯托姆和一个朋友前往L&B咖啡厅的时候，看见迪伦独自站在一个角落里，弹着吉他，声音断断续续。然后鲍勃和他的高中好友约翰·巴克伦就一起来到了她们身边。鲍勃和约翰·巴克伦会时不时地一起玩音乐（有时还录些音乐），他们的审美品位都差不多。鲍勃他们开始和女孩聊天，厄科一边喝着饮料，一边赢得了他的心，那一幕一直萦绕在他的脑海中。她不但对摇滚很是了解，而且还对《美宝莲》大加赞扬。面对这样一个高挑丰满的金发女郎，鲍勃又怎么抗拒得了？

有些作家试图证明年轻的迪伦总与那些家境比较贫困的人在一起，比如厄科、约翰·巴克伦，还有其他人。值得一提的是，虽然在迪伦长大的城镇住的全是白人，但是，在肆意的制度化种族主义时代，他总是不假思索地与黑人成为朋友。对于迪伦，像普雷斯利这样的人只是普通人。事实上，他的这种区分更多是因为音乐。这可能听起来很荒谬，但年轻的齐默曼根本没有把当时的阶级和种族之分放在眼里，尽管当时国内有不少人都认为这些“问题”是社会最敏感的部分。要想对抗种族歧视，一定先要感同身受，产生共鸣。

可以进一步推测：在他生活的小镇里，犹太人几乎和黑人一样罕见，而他就像个局外人。更重要的是，他虽感觉到自己是个局外人，但很享受这种感觉。厄科讲述到尽管齐默曼家族在经济和社会地位上都高于赫尔斯托姆家族，但是鲍勃并没有很多钱，因为迪伦的父亲为人苛刻——两人的关系也在迅速恶化——之后买热狗的钱都是她出的。后来迪伦承认他已经和她的朋友发生了关系，她也厌倦了驾车旅行的生活和掺杂其中的所有怪诞行为。厄科还回忆了与迪伦好几次伤心的通话。

但是吝啬归吝啬，亚伯还是给儿子买了一辆哈雷。据报道，鲍勃·齐默曼在乐行购买乐谱和唱片的费用都记在了父亲的账上，连车都是父亲买的（尽管传言中车的品牌和颜色各不相同）。他想看电影的时候就会看电影，还从西尔斯百货买回了一把便宜的电吉他，号称用的是自己的零花钱，但谢尔顿说他没有零花钱。他穿衣服十分讲究，也从不缺烟吸，从这一点来看，说亚伯·齐默曼在物质方面不大方似乎不太合情理。当时他儿子在商店里赚的钱好像还买不起夹克和烟，更别说吉他了。有段时间，亚伯每天都会强迫鲍比在米卡电器商店待上几个小时，这件事带来了一个有趣的结果，那就是巨星迪伦直到60多岁声音中还夹杂着青少年的愤世嫉俗。

> 我的第一份工作是在商店打扫卫生，目的是让我学会努力工作，以及认识到就业的好处。

有关迪伦的逸事或陈词不论是真是假，有一点是毫无疑问的：迪伦很小的时候就开始沉浸在自己的世界中，有些事会令他着迷，也有些事会令他害怕。至于他为什么与父母甚至与原来的自己渐行渐远——没有明显或明确的理由。音乐深深地吸引了他，从他明白父母对自己期望的那一刻开始，他就一直在伪造身份，拒绝接受自己犹太家庭的遗产。为了伪造自己的身份，他撒了很多谎，并以最快的速度离开了希宾。在他早期的职业生涯中，最大的谎言是他对外宣称的离家出走的时间比真实的时间要早很多。

显然，他倒是希望自己真是那么早离开了家。奇怪的是，不知为何，人们并不怪他撒谎。当人们问，“鲍勃·迪伦究竟来自哪里？他想要哪些礼物？”那个早已不是从前少年的他回答得斩钉截铁：肯定不是来自明尼苏达的希宾。他不想在那里。后来，有一段时间，他都不愿意承认他曾经去过那里。迪伦的青少年时期像是一个童话故事，而他就是故事中那个不耐烦地等待着电影开始的小男孩。

然而，电影的剧本却出了点差错。迪伦疏远了他的父母；他慢慢地变得不服管教，在校园里游荡；他和父亲的想法不一致；他否认他的信仰和他的出身……这些事在迪伦身上都逐一发生了。他尽快离开了城镇，那时希宾的矿产资源开始枯竭，当地经济陷入了挣扎的局面，很多人也都做出了同样的选择。

但是后来情节越来越离谱了。迪伦正式改了自己的名字，并且假装他的父母已经去世了（多年来表现如此）。他否认自己是犹太人，尽管他曾加入过犹太复国主义性质的夏令营，最后却赫然重生为基督教徒。同时，不论是曾经成长其间的小镇，还是自己的祖先，他都拒绝与之有任何联系。他年复一年地编造不合情理的谎言。最后，到了做祖父的年纪，他变成了一个有着满腹怨恨的老人。

你只能揣测一下。谢尔顿认为亚伯直到 1968 年在有些事上还略显不成熟，比如他不想看到儿子生活中与“这些朋友”或者“那个女孩”来往。据称，亚伯和比蒂告诉他们的长子，厄科配不上他。但是根据迪伦的说法，他的父亲警告他，如果他继续不听劝告，他们就跟他断绝关系。而且，1991 年杰克·尼科尔森（Jack Nicholson）为他颁发格莱美“终身成就奖”时，他母亲也在现场。迪伦说道：

> 其实，我的父亲并没有给我留下什么，他是个十分简单的人。但我的父亲的确说过：“儿子（当一些观众欲笑又止时，迪伦停顿了一下，好像陷入了沉思），你要知道，人在这个世界上是很有可能变得很差劲的，到那时，你的亲生父母就会抛弃你。不过，如果你真的走上歧途了，上帝永远相信你会改过自新。”

几年后，Expecting Rain 网站——迪伦的粉丝网站——的创建者解释说，迪伦引用了参孙·拉斐尔·赫希（Samson Raphael Hirsch）拉比的话。他是 19 世纪德国正统派犹太教的领军人物。在圣诗中，拉比曾写道：“即使我堕落到父母都离我而去，但上帝仍会收留我，相信我会改过自新。”这样看来，迪伦引用的父亲亚伯的话是出自一个已逝学者。还是他只是借老人的嘴来解释我们所处的这个时代？不管怎么说，他对于父亲要将他扫地出门的态度还是有些许印象的。

厄科很穷，金发碧眼，可惜是个犹太人。戴维·齐默曼肯定是告诉了谢尔顿，迪伦的父母认为他的三个朋友中有两个都糟透了。那所有的矛盾都是来源于这些事实吗？1959 年迪伦到达明尼苏达州的时候，他就告诉新朋友自己多么憎恨父亲，暗示他厌恶父亲的一些观点。另一方面，厄科早已不再是他心中唯一的女孩了。另外，很多人也都想离开希宾。

无论事实是怎样的，相对微不足道的职业生涯会被影响力更大的事件所改变。无论从哪方面，迪伦的疏远都符合广告的宣传，这太完美了。但是，采访者仍会问到迪伦有关希宾、他为什么改名，或者他对犹太人身份的看法之类的问题，此时得到的往往是闪烁其词或是前后矛盾的答案。有时，甚至连客套的话也含混不清，可见迪伦对此仍旧耿耿于怀。

> 我问迪伦，他是否介意人们参观希宾、德卢斯或者明尼阿波利斯，探访他天赋的根源。"一点都不，"他吃惊地说，"我长大的小镇没有太大的变化，小镇的一切都还是原来的样子。我有时从加拿大回来路过那里，还会停在那里四处转转。"[1]

在他年轻的时候，有一阵子美国也有实实在在的电影，有其他形式的美国艺术，还有不错的奇幻小说。这些都给他提供了素材、知识和灵感。好莱坞也及时适应了当时年轻一代的需求。1955 年底迪伦从詹姆斯·迪恩（James Dean）及其主演的电影《无因的反叛》（*Rebel Without a Cause*）中看到了自己的影子。

鲍比的一个朋友说，那部电影的海报他至少看了四遍，然后继续过着失意又"复杂"的乡村生活，情况就像电影里描绘的那般。但他买了影片中的红夹克，希望在现实中能多少融入点电影里生活的影子，后来很多人也买了那种夹克。当时青少年叛逆的题材经过加工，又投入到青少年的市场。青少年叛逆现象在当时已经是娱乐产业的副产品了。1955 年 9 月，詹姆斯·迪恩在加利福尼亚 466 公路上砸了自己的保时捷 550 Spyder（保时捷最经典的一款车）。这件事刚好发生在海报公布之前，是对电影的绝佳宣传。电影里他也是这样。要吸引那些不善表达的年轻人，还有什么比塑造一个不善言辞或备受误解的英雄形象更有效呢？如果以"代沟"为题材拍电影，也能得到一定的收视率。吉姆这个人物在电影里说思想叛逆不羁是情有可原的，但这一点没有必要或根本没法向老一辈人解释。受这种观点的影响，接下来的十年，社会出现了很多天马行空、不切实际的言论。

鲍比·齐默曼后来改变了这种观念，花了几乎十年的时间意识到这种观念不应该主导任何一代人。而迪恩却根本不会有机会意识到这一

1　采访者 Douglas Brinkley，*Rolling Stone*，2009。

点。这种事情可能会要了你的命，或者更糟，你会被世人误解。

* * *

首先，他要刻苦地学习一些东西。他有两个朋友同样来自赫茨尔夏令营，他们是拉里·基根和霍华德·鲁特曼。他们称自己为“段子手”，这确实也是名副其实。然后他们成立了“四大名王”乐队[1]，虽然这个乐队昙花一现。但他们借此结识了更多的朋友，同所掌握的演唱技巧相比，他们拥有更多的是创作的热情，在此期间鲍比一直在担任键盘手。就这样，这个乐队在一场学校音乐会上一炮而红，齐默曼在希宾高中的盛斯坦威大赛上也一鸣惊人。他的事迹被反复传颂：例如迪伦在舞台上边演奏边哭喊，站起来弹钢琴，或是让孩子们震惊（或是大笑）。值得一提的是，这个在小乐队中表现得个性洒脱的小明星，其实是大家公认的容易害羞的男孩，但他最终变得非常勇敢。1957 年春天，迪伦顺利跨过了表演者的第一道坎，好坏都是他自己的选择。

然后，他们又组建了车库乐队，当时这个乐队不怎么出名。他们称自己为“金色和弦”。就像冥冥中注定的那样，那时小理查德退出了摇滚乐，而鲍比、勒罗伊·霍卡拉（LeRoy Hoikkala）（鼓手）、蒙特·爱德华森（Monte Edwardson）（吉他手）在学校的一个午后活动上，又有了第二次展示的机会。

那是 1958 年的 2 月初，“金色和弦”乐队——一个音乐界的传奇，正在冉冉升起。有一次，大家情绪高涨，鲍比又在钢琴上安了几个麦克风用来扩音。结果，这个乐队口碑变得更糟糕了：有报纸说他踏着脚踏板，大声号唱着《摇滚乐永世长流》（Rock and Roll Is Here to Stay），十分忘我。其实并非如此。同样，无论迪伦做什么，无论某些传记作者怎么说，他都并非放纵的浪子。但是校长为了学校里的青年学生，为了良好的校园秩序，命令禁止这种喧闹的音乐。虽然没有人公然反抗，但大家都渴望着那种激情。

但这三人小组并不知道自己做的事意味着什么，也没想过要放弃。在中学引起轩然大波后的一个月，“金色和弦”事实上得到了一份工作，

1　根据 Dave Engel。

他们在国家机械警备库举行的活动“年轻人的摇滚梦”中担任中场表演嘉宾。后来，他们又参加了“冬季狂欢选秀”节目，位居第二，第一名是一名踢踏舞舞者。一家位于德卢斯名为“波尔卡小时”的电视台播出了这次选秀。据说这不是他们最辉煌的时刻，但却是乐队最后一次集体演出。

鲍比的伙伴们表示，他们厌倦了他总是苛求完美，并迫切希望能找到没有鲍比掩盖他们光环的地方，最后就分道扬镳了。几十年过去了，鲍比还是对此事耿耿于怀，他的乐队成员都被某些人的金钱收买走了，据他说，真得感谢能和他们一起演奏。这显然很不公平。大家都认为勒罗伊和蒙特不会想离开当时的齐默曼，还有那个出名的乐队。

鲍比后来和一个堂兄重新开始组队，但是辉煌早已不复往昔。人们关注的只是文化历史书上记录的半个多世纪后摇滚有多么名声大振，有关的电影和产品等都有多么炙手可热，而有关鲍比那时的辉煌就不大会有人关注了。事实上摇滚音乐的第一股热潮是有真正的革命性意义的，可惜只是昙花一现。其实你可以认为白人音乐史就是从那时开始的，任何辉煌都只是承接了当年的意义。

1957 年 10 月，在澳大利亚，小理查德将一个价值 8 000 美元的戒指扔在了悉尼港，宣布自己是同性恋，承认是一个七日耶稣再生论者，并退出摇滚乐坛。

就在 1957 年圣诞前，埃尔维斯·普雷斯利接到了征兵通知。约翰·列依随后表示这将是摇滚乐的终结。但在《伤心旅馆》发行之后的两年里，埃尔维斯就沉迷于参演一些无聊的电影，演唱的一些情歌也不太火，几乎近十年里，他都在白白浪费自己的天赋。1958 年 3 月，他应征入伍。美国无线电公司在随后的两年里大力推广新曲，但没有一首是普雷斯利的歌。

1958 年 5 月，杰瑞·李·刘易斯（Jerry Lee Lewis）不该带着他第三任妻子玛拉·盖尔·布朗（Myra Gale Brown）游英国。当时他 22 岁，但看起来很老成。他的妻子是他的小表妹，年仅 13 岁。虽然他的经纪人向英国媒体发誓称玛拉有 15 岁了，但也于事无补。旅行被取消了，李也被列入美国广播电台的黑名单。他再次登台演出的时候，酬金由之前的

1 万美元降至 250 美元。

1959 年 2 月，巴迪·霍利要进行一场名为“冬季舞会之旅”的中西部巡演，不幸的是他乘坐的飞机坠毁了。而同年 1 月 31 号，年仅 17 岁的鲍比·齐默曼赶上了这场秀。

> 是的，在他离世前的两三个晚上，我在德卢斯的军械库里还看见了他。他和林克·沃瑞（Link Wray）在那里演奏，印象里波普（Bopper）没有在场。也许在我进去的时候，他已经离开了。但我看见了里奇·瓦伦斯（Richie Valens），还有巴迪·霍利！他太棒了，简直不可思议，我永远都忘不了他站在舞台上的样子。他都离世一个星期了，我还是不敢相信这一事实。[1]

1998 年，因《很久以前》这首歌曲，迪伦被授予三项格莱美奖。那时，他站在人前讲述他自己还有他的音乐，但也是唯一的一次。他说：

> 我只想说，十六七岁的时候，我去德卢斯国家警卫队军械库观看了巴迪·霍利的排练，当时我离他就三英尺远……他也看见了我。我不知道为什么，就是觉得他一直和我们在一起，见证我们拿了这些奖。

霍利的小型包机在艾奥瓦州的梅森城附近坠毁，那是 1959 年 3 月 3 日的凌晨，这是值得人们铭记的一天。正如唐·麦克林（Don McLean）哀悼的那样：“音乐”已死。很快查克·贝里入狱，因为种族歧视，他强奸了一个 14 岁的阿帕切族（美洲印第安部族）女服务员，那时他刚被圣路易斯俱乐部解雇。不久，多才多艺的埃迪·科克伦（Eddie Cochran）从明尼苏达州（美国中北部）的一个小镇乘出租车，撞上了一个灯柱，不幸遇难，年仅 21 岁。这个行业的人都一致认为，“音乐”看来确实注定要消亡了。

1　采访者 Kurt Loder，*Rolling Stone*，1984。

但乐坛还有一些人，比如，帕特·布恩，忙着把黑人音乐转变为无聊吸金的东西；里其·内尔森（Ricky Nelson），倒是还可以勉强接受；恰比·却克（Chubby Checker），脸上一直挂着微笑；还有马蒂·罗宾斯（Marty Robbins）、保罗·安卡（Paul Anka）、约翰尼·马蒂斯（Johnny Mathis）、布伦达·李（Brenda Lee）。1960 年，还在服兵役的普雷斯利发布大热歌曲，《勿失良机》（It's Now or Never）比《黄色圆点花纹的比基尼》（Itsy Bitsy Teenie Weenie Yellow Polka Dot Bikini）在《钱柜》（*Cash Box*）杂志年底音乐排行榜上的排名还要靠前一点。但是年轻一代想要成为"小理查德"的梦想突然就偏离了，因为流行音乐不是通往梦想的途径。

当然，这种观点还有待商榷。迈克尔·格雷（Michael Gray）曾经就想在他的鲍勃·迪伦百科还有《歌舞爷爷（第三部）》（*Song and Dance Man Ⅲ*）中解释，一种摇滚乐的消亡是另一摇滚乐的兴起。格雷的观点也是有说服力的，他相信"音乐没有消亡的那一天"，20 世纪 60 年代不是音乐萧条的时代。言下之意是我们没有必要让当时年轻的齐默曼变成"鲍勃·迪伦"，或是把他的 Supro Ozark 复古吉他换成马丁 00－17。

格雷的观点也是反映了一些事实的。1960 年《钱柜》上前 50 首单曲都充满着悲伤的气息。但也有像埃弗利兄弟（Everly Brothers）、罗伊·奥比森、山姆·库克（Sam Cooke）、杰基·威尔逊（Jackie Wilson）、杜安·艾迪（Duane Eddy）和投机者乐团（The Ventures）这样的歌手，给我们带来一丝安慰。除此之外，20 世纪 60 年代初，黑人音乐有了很大的发展，出现了像雷·查尔斯，詹姆斯·布朗（James Brown）这样的黑人歌手，还有位于底特律的两大唱片公司——塔姆拉（Tamla）和摩城唱片（Motown）。迪伦当时非常专注于自己的研究，他的才华好像没有在这段时期显现出来。其实更确切地说，他根本没有兴致去创作，他完全沉浸在研究小理查德的世界里。

1959—1960 年，乐坛没有什么进展。年轻的齐默曼全神贯注于摇滚音乐，但像以往一样，要不了多久，他就会追求新的目标。其实，鲍勃将小理查德视为自己的偶像也只是恰逢其时而已。然而，正如迪伦当初强烈地想离开希宾一样，如今他也清楚必须遵循自己的本心，不论结果是什么。为了艺术，他要赶紧回归，一直驻足原地不会有进步。在此情况下，最好就是相信自己，相信自己的记忆。

1961年头几个月，他在格林威治村，站在Wha？咖啡馆的厨房里，无所事事地听着广播里放着里基·内尔森（Ricky Nelson）的歌。正如《编年史》中所说，迪伦一直是里基的超级粉丝，现在仍然很喜欢他。但那种音乐已经过时了，没有机会再传播思想了，是没有未来的。真是大大的遗憾。在Wha？咖啡馆的厨房里，年轻的民谣歌手作出了一个不容争议的判断：流行本身就是大大的理由。

据说迪伦从来就不认为自己做了不明智的决定。为了事业和创作，他放弃了一种音乐而追寻另一种音乐。这个时候，他甚至没有再认真考虑过写歌，也没有想过民俗音乐会给自己带来怎样的成就。但是他预见了未来，未来不会是流行音乐的天下。要知道，1997年迪伦告诉《明镜周刊》，“我认为此时的摇滚音乐对于我的工作一点重要性都没有”。

严格说来，这绝对是真实的。摇滚，这一最真实、最原始的艺术，鲍勃很少提及。像《像一块滚石》《金发女郎》或是1966年的音乐会都没有普雷斯利、查克·贝里或杰瑞·李的影子。最后，当迪伦开始插上他的扩音器时，一种完全不同的声音开始出现了。

迪伦59岁时开始粗略地尝试没有扩音器的吉他，感受插电吉他的魅力。他也许已经听到一些说法了：人们觉得他现在尝试这种新的音乐，就像当年摇滚给人带来的最初感觉一样，很莫名其妙，让人费解。迪伦自己经常会提到欧蒂塔（Odetta），她的音乐一直给人以神秘感，就像是一件礼物，超越了布鲁斯甚至是铅肚的专辑。事实上，他对民俗音乐知之甚少，但是凭着自己的音乐天赋，他开始了自己的创作。不论是迪伦自己还是认识他的人，都对这位音乐天才非常自信。

* * *

1959年，美国人在思考要不要选一个天主教徒做总统：国家心照不宣的理想人选还是白人——盎格鲁-撒克逊人和新教徒。而那些信奉天主教的选民们都质疑这个总统候选人能否忠于国家和天主教。这种成见在国家成立之时就存在了。

美国也在思考，这个42岁面带微笑的男人当总统是不是太年轻了。

总统一般给人的印象都是上了年纪的严父形象、战争英雄，或是形形色色肥胖的傀儡模样。年轻人在西方世界不是很受尊重，更不用说怎样去实现自己的价值了。杰克·肯尼迪是马萨诸塞州的参议员，他也得注意自己的言行，塑造完美的形象。《纽约时报》的一位专栏作家说他是一位非常可靠的总统候选人。[1] 但是最终他只是以微弱的优势胜出了。1959年，肯尼迪还是民主党冷门的候选人，下注的人也认为这个充满激情的年轻人不过是贫穷的演说家。十年后，美国还是不明白自己想要什么，仍是一片迷茫。

* * *

> 那儿的空气是那么清新，有流淌的河流、茂密的森林、原始的景色。天空依然是蔚蓝的，一切都没有失去它原有的光泽。依旧是原始的模样。但我从没有回去过。[2]

迪伦如是说，一位68岁的老人在2009年挥别了这个古板黯淡的世界，距今快50个年头了。迪伦常常这样说起，仿佛从未真正道别过。每当他以这样的方式一遍又一遍地描述时，明尼苏达这片土地的养育之情总能让他思绪纷飞，回想起那些电视出现以前的时光，那些摇滚乐出现以前的时光。在同样的一次采访中，他那时远离美国，他说："那段生活更加单纯。想象力就是你的财富，或许也是全部的财富。"

我们应该理解他内心的这份真挚的感情，那些孩子少小离家，遗失信仰，远离亲人，仅仅靠着成功的驱使就决心在除了明尼苏达之外的任何地方闯荡。这个故事没有什么新意，但是如果你用心倾听，个中缘由不仅仅是为了去哪儿，不只是这样。或许他只是需要离开，来让自己明白自己抛弃的是什么：那种离家的冲动与生俱来。或许是他在明白之后才能长大。又或许他和父亲的矛盾远比别人（之前和现在）所知的还要

1 James Reston，引自 Robert Dallek's *John F. Kennedy: An Unfinished Life 1917 - 1963* (2003)，Ch. 7。

2 采访者 Douglas Brinkley，*Rolling Stone*。

深得多。然而，有一个简单的事实是：他和同龄的孩子没有什么不同。大部分希宾的年轻人离开家，只不过是因为家里没有什么值得留恋的。

《花花公子》在准备 1966 年 3 月刊的时候采访了迪伦。而迪伦依然陈述了这样简单的事实（甚至还在佯装他“在 10～18 岁期间离家出走了 6 次”）。他说：

> 明尼苏达的希宾，不适合我生活。我也没办法在那生存。那儿什么都没有。我最多也就是当个矿工，但就连这种工作也越来越少了。居住在那里的人都是好样的。自打离开那儿以后，我就满世界转。可他们还“坚守岗位”杵在那儿，好歹是个念想。矿要完蛋了，一切都要完蛋了。但那绝不是他们的错。像我这么大的孩子都离开了。但这一点都不浪漫。人们离开时没有再三思量，也不是因为有什么天分，当然也不会有什么自豪感。我并没有逃离希宾，我只是抛弃了它，因为在那儿我什么也得不到。感觉一切都是徒劳，所以离开也丝毫没有留恋。待下去的话，生活会更艰难。我不想死在那儿。但是现在想想，那儿其实也未尝不是一个养老的好地方。或许除了纽约之外，再没有哪个地方可以像希宾一样，让我感觉那么亲近，让我感觉自己也是它的一部分。但我却并非纽约客，我是中西部地区的明尼苏达—北达科他州人。我有着和那里人一样的肤色，操一口那里的方言。我来自一个叫艾恩兰奇的地方，那里赋予了我生命，我的一切灵魂和情感皆生于此处。

这里我们又有了另一种可能的真相，比其他的版本要好。想象力——“或许也是全部的财富”——是创造力的源泉，是发明的动力，是纯粹自主的思想。而毕加索又在诚实上撕开了一道裂缝：“艺术就是反映现实的谎言”。这个年轻人心中所向最终还是很快得到了回应。

然而在另一个传奇故事中，鲍比·齐默曼变身成鲍勃·迪伦好似只需打一个响指而已，其人也仿佛成了某种超自然力量的转世。这并非是真的，但也够了，不是吗？

5

无须多虑

狗摇着它们的尾巴和你再见而罗宾汉从一面污迹斑斑的玻璃后面看着你……歌剧演唱者将唱到你的森林和你的城市而你则独自站在那里远离这个仪式……

——《毒蜘蛛》(*Tarantula*)

在20世纪50年代的美国，繁荣从未普遍存在，这也算是一个神话了。虽然平均收入在稳步上升，但这段时期也经历了两次萧条，而且失业率飙升到7%以上。在这个年代的中段，经济增长停滞不前，而日本、西欧和不敬神的苏联帝国看起来却一往无前。在1960年美国总统大选临近之时，民意调查显示，认为美国的声望正在提高的外国人只占22%。

在国内，流传着一个关于“导弹差距”的恐怖言论，这后来当然被发现是谬论，但当时的人们就是相信了，美国如果遭受苏联的偷袭，将不堪一击。英俊的约翰·肯尼迪和那些将军们坚持不懈地散播这个谎言，一遍又一遍，直到它变成了一个有用的真相。害怕家国毁灭的恐惧感如同一团凛冽的寒雾，从冷战的前线弥漫至明亮的新郊区。

与此同时，富裕常常更像是表面的，而并非真实的——到这个年代末，“所有美国人的贫困率为22.4%，或者说有3 900万人。”[1] 没人会把这当作成就。而特定宗教群体和民族社群的需求也同样惹人注目。原

1 National Poverty Center, University of Michigan.

来，自满还没有成为一种普世的思想习惯。

1956 年由名为普雷斯利的一个人引起的火爆，怎么看也不像是死气沉沉的症状。而那个醉酒的乔·麦卡锡，虽然在社会的每个角落追捕着“红色危险分子”，可绝不能说他没有热情。在那个年代，少年迪伦深爱着狂怒的詹姆斯·迪恩，他的电影死死地迷住了年轻人。同样是 1956 年，就在埃尔维斯·普雷斯利火爆的同时，艾伦·金斯伯格的《号叫》却在向所有的美国人发出质问；而杰克·凯鲁亚克的《在路上》则将在下一年问世，并成为迷惘的清教徒的指导手册。摇滚风潮一卷而过，来得快，去得也快，与此同时，民谣的复兴则在要求一场听证会，前提是在“赤色迫害者”允许的条件下。如果中心区域的生活让机灵的美国年轻人感觉陈腐守旧和致命的乏味，那是因为他们知道在别处正在发生一些事情。而要诀就是赶到那些事情刚好发生的地方。

这正在变得容易起来。于 1953 年当选的艾森豪威尔既不是个野心家，也不是一个有能量的总统。人们常说，他推行的尝试寥寥无几，而达成的就更少了。甚至当麦卡锡开始不受控制地杀人时，他似乎也一直置身事外。人们还说——他相当厌恨这些诋毁——这位领导人“尸位素餐”。而真相的另一面是，艾森豪威尔把自己定义为一个中立、诚实的人，拼尽全力远离冲突和袖手旁观，相比于意识形态，他更喜欢讨论上帝和祈祷。虽然这一事实常常被人忽视，但带来的结果是，他也许一直都能维持住一位看上去没什么作为却备受欢迎的领导者形象。

消极也好，自满也罢，不管这些形容是不是真的，这位超然的总统还是用自己的立法行为为美国带来了永久的改变。你完全可以这么说：1956 年颁布的《国家州际及国防公路法案》对鲍勃·迪伦职业生涯的塑造，可能不比任何一位电影明星、诗人或音乐前辈的影响小。

这些新的公路把记忆和想象割成了两半，把古老的记忆中的国家与它的现代继承者分离开来。它们在把城市连接起来的同时，也在大地上划出了深深的分界线。虽然缓慢却实实在在，铺展的柏油路永远地改变了美国的**感觉**。忽然之间，人们在这个国家里看到的东西，除了当年的汽车型号展开的尾鳍之外，几乎已经不剩什么了。观念变了，生活也变了。

对于一个从遥远未来回顾的少年而言，这份经验很难说有什么特别之处，但这次立法让华盛顿投入了一个 250 亿美元[1]的公路修建项目，几乎让火车发动机孤寂的哀鸣彻底静默，而终于把机动车放在了美国生活的核心，摧毁了很多曾经独一无二的地方性，加速了迁徙和移居（尤其是黑人的迁徙），并顺带把过去的世界埋葬在城郊、购物中心、汽车旅馆、卫星城和城市扩建的脚下。社区被放逐到走不通的后路之上，乡村音乐大规模撤退。记忆也似乎消逝在水泥和沥青之下。不久之后，这个事实会让迪伦住进一个心中的美国，并为之守望。那是“真实”的美国，却已不再是现实的美国。它还将把民谣音乐变成一座活着的博物馆。

20 世纪 50 年代晚期，美国忽然之间开始了一场从未经历过的移动，而与此同时，边疆——或者说是曾经对边疆无限的想象——也终于成为了过去，永远消失了。那些老土的电视西部片之所以能获得那么高的流行度，大概也是一种对现实的一种集体无意识反应。不论如何，在十年的时间里，公路上机动车的数量翻了一倍，达到 8 000 万辆。甚至汽车型号的名字也开始怀念起自由的神话：道奇的西拉、别克的路霸、迪索托的冒险家、奥兹莫比尔的假日以及雷鸟。爱车的美国人可以到达他们想去的任何地方，但是还剩下哪里，还剩下什么呢？凯鲁亚克的《在路上》正是由这个问题引发而成。萨尔·帕拉迪斯（Sal Paradise）和迪恩·莫里亚蒂（Dean Moriarty）踏上寻找美国之路，在女巫狩猎和冷战的妄想之间像弹球一样横冲直撞——从纽约到新奥尔良，到墨西哥城，到丹佛，到旧金山，再回到芝加哥和纽约——全速前进，却哪里都没有到达。加速。安非他命提供了一个关于目的地的幻觉。

> 是的！你和我，萨尔，我要开着这辆车踏遍全世界，因为，朋友，这条公路最终一定通向全世界。它没法通向其他地方——不是吗？[2]

1　这个项目持续了 35 年，最终共计花费 1 140 亿美元。

2　*On the Road*，Part Three，Ch. 9.

这个切要的剪影告诉我们，“垮掉的一代”把感觉的地位置于理性之上。[1] 对于“莫里亚蒂”［尼尔·卡萨迪（Neal Cassady）］，这条路把他引向1968年在某条铁轨上的暴尸死亡。而“帕拉迪斯”（凯鲁亚克）抵达自己的终点，只略晚了一年。就在伍德斯托克的“水瓶座之展示”鼓吹着关于无尽可能性的新梦想时，酒精来收走了尾款。他小说中那种理想化的自由——“我们去哪儿，朋友？”“我不知道，但我们得走起来”——结果变得和格思里的流浪汉传说一样，令人费解又问题多多。这个传奇故事勉强算是对艾森豪威尔年代道德败坏的一个回应，但远称不上是一种回答。“垮掉的一代”真正完成的旅行是心理上和情绪上的，深陷于脑海之中。这种拓荒者传统，认为自由的精华蕴含于一个人加挡踩油门前进的权利之中，但随着州际公路的不断扩建，这种传统的回音却逐渐消散。汽车和柏油路带来了一种新的神话，内燃机则开创了一种新的拜物教，尤以没有耐心的青少年为甚。迪伦将来至少会完成一次传奇的公路漫游旅行。但在那段历史发生之前，真正的自由和对无边无际的大陆的基本信任还荒废在尘土之中。美国充满能量，美国又在萎缩。每个人真正能做到的，只有重返古老的61号高速公路，梦想飘移而下1 400英里，从德卢斯直达新奥尔良。如果不是这样，那就只能去迪斯尼乐园了，那片1955年诞生的娱乐胜地。

不论如何，反正迪伦是上钩了；很多人也和他一样，把生活作为公路电影，把逃跑当作自主独立。还是个少年时，他就满心只想着**出走**。或者说得更恰当一点，消失。而直到已经成为一个饱经沧桑的老年人，他还是没有能够，或者说还是不愿意，放弃这种思维的习惯，或者，无休无止地旅行的习惯。不管怎么说，对于50年代每一个满眼都是蜡封老旧腐皮——成为陈词滥调的陈词滥调——的美国人而来，凯鲁亚克小说的震撼登场为他们提供了一个线索。在“舒适的死气沉沉”之下，能量正在聚集。正如迪恩或白兰度所说，壶盖就要被顶起来了。而迪伦也加入了这股美国本性的力量。

---

1 凯鲁亚克说，《在路上》“其实是讲述两个天主教兄弟漫游国家寻找上帝的故事。而我们找到了他”。

1985 年，在接受一场为配合《传记》（*Biograph*）盒装版出版的采访时，迪伦从后知之明的完美视角出发，对此进行了一番不逊色于任何人的解释——或者说一番理想美化。甚至早在 1959 年进入明尼苏达大学之前，甚至早在他真正起步迈入“地下”民谣音乐之前，他“已经认定，眼前的社会是一片虚伪，而我不想成为那一部分……”

> 同时，这个国家还在隐藏着很多动荡不安的因素。你可以感觉到它，那些大量的绝望感，有点像暴风雨前的沉静，山雨欲来风满楼，一切都在战栗之中。

迪伦接着说道：

> 美国依然很“正统”，还是“战后”的样子，流行着黑色法兰绒西装一类的东西。麦卡锡、共产党、清教徒、幽闭恐惧症，曾经有任何价值的事物都在远离价值，或者藏在视线之外，直到多年之后才由媒体认出并掐住脖子，令其回归愚蠢的本色。

不管怎么说，当面临着即将到来的核弹毁灭的威胁时，一个人不可能保持住那种理想化的死气沉沉。那种事是会对人产生影响的。在那个时代，教室和公共场所反复进行着毫无意义的生存演习，而在自家后院开辟的避弹所和几近现实的科幻电影也在不安地等待着变成恐怖的三维现实。用自满这个词来形容这个时代显然是不恰当的。有关核弹交火后的可能伤亡的讨论正在公开场合频繁地展开，并以成百上千万人为单位计算。而“不可避免的相互摧毁”（当然，这简直疯狂）则成为一个正在等待点睛一笔的黑色幽默。电影制作人和低俗科幻小说作家让一切看起来几乎无可避免。在这种前提下，年轻的迪伦和每个美国人一样，也是在蘑菇云的阴影中成长起来的，等待着暴雨降临的那一天。“我们的现实，”迪伦说，“是一种恐惧，害怕那片黑色的云会随时爆炸，然后所有人都会死。”

在今人的记忆里，美国已经参加过两次主要的战争，而他们相信，第三场战争也极有可能发生。很多人都说，在某种意义上，从那些阴影中开拔，战争已经打响，冷，但是正在渐热起来。最常用来描述这场战争的词，不带有一点儿讽刺意味，是取自《圣经》的“哈米吉多顿”*。阿尔伯特·爱因斯坦沉重地开玩笑说，第三次世界大战将以核武器作为武器，但第四次将使用石块与木棍。美国那位笑容满面的军人总统，看上去最渴望的就是一种安宁的生活，但与此同时，甚至连他也在担忧被他称为“军事工业复合体”的出现。那是一种对金钱、杀戮机器、沙文主义、经济教条和政治结成联盟的礼貌描述，而他们的福音书是由殖民话语写成的。到 20 世纪 50 年代中期，在美国政府的开支清单上已经列有 4 万个军事承包商。在美国的事务中仍然贯穿着一种顽固的孤立主义倾向，但外面的世界却让所有人感到担忧。这是一种奇怪的懈怠感。噩梦寄生在穿灰色天鹅绒的共和党睡客脑中。

这既不是第一次，也不是最后一次，一个国家视自己为天选之国的信念变成了一种宗教。拜比利·格雷厄姆（Billy Graham）和其他救世军所赐，一场全面的基督教复兴正在酝酿起来。除此之外，一个围绕着教堂和州府隔离而制定宪法的国家，已经为其政体对宗教狂热的屈服开了绿灯。“上帝保佑”（Under God）于 1954 年植入《效忠宣言》，赢得民众的喝彩，而艾森豪威尔本人也在 1953 年 2 月接受了迟到的受洗，那离他第一次就任总统不过几个月的时间。美国的政客们和他们钟爱的传道士学会了一套规定动作，把美国的民主和信仰认同化一，并将此设置为对“不敬神的共产主义”在逻辑和基础上的对立面。冷战的教义被宗教的教义进一步加固起来。

在这种语境中，身处 20 世纪 50 年代希宾市的年轻迪伦——无论他自己“察觉”与否——作为犹太人被孤立和歧视的程度，如何夸大都不为过。基督教是主导的，基督教是正常的。学校里的基督教祈祷者不会卷入任何真正的争端：他们的对手很明显，不是古怪分子，就是颠覆分子。美国是一个被基督教上帝选中的国家，这一说法被认作理所当然。想尝试理解后来重生的迪伦，对这一美国的认识是必不可少的。它**有信**

* Armageddon，是《圣经》中世界末日的善恶大决战。——译者注

仰。而信仰，在一个由来自世界各个角落移民共建的国家里，既是民主的，也是例外的。美国的信仰解释了“美国例外论”，也解释了它对自己的认知和对世界的态度。然而，正统的信仰并没有消释这个国家的所有噩梦。

其中一个噩梦是真的，不是理论上或者想象中的，也和外国势力没有关系。那就是州际之间战争的馈赠，那些记忆渗透到了美国文化的每个角落之中。早在 20 世纪 50 年代，就有人把那种委婉的说法视为一种镇静剂，并称其为一个“问题”。这本来可以是一个关于自由或者关于正义的问题，但他们却管它叫“黑人的问题”。

根据这一历史真相，或许还是美国生活中最大的一个真相，我们可以大胆地做出一个判断：鲍勃·迪伦也许是在这个国家的边境之地出生的，但一定成长于一个种族歧视的社会。在成长过程中，他很少与黑人打交道，但关于种族的假定是共通的，即使在极北之地，即使在那些认为自己是自由之民的人之间。三 K 党在明尼苏达曾一度备受支持。对 20 世纪 50 年代带有希望色彩的描述，总会援引民权斗争为证（并假定它取得了胜利），而对无处不在的种族主义闭口不言。而这种用尖牙、利爪、棍棒、强制、法律和共识保卫自己的种族主义，却是一种顽强持久的生活现实。南部的参议员以干扰拖延国会的方式让改革立法胎死腹中，而罗斯福在民主党的继承者哈里·杜鲁门完全没能阻止这一切的发生。基本权利，简单权利——甚至置办一个家的权利——都按部就班地被从美国黑人身上剥夺下来。他们大多数人不得不起身反抗——以非暴力的方式，这在今天回想起来仍然令人震惊——甚至只是为了争取投票的权利。种族隔离，他们的种族隔离，污染了大片的共和区域。这则灰暗阴冷的故事在艾森豪威尔入主白宫后仍在继续，并将在之后很多年内继续上演。

在《编年史》中，带着不可避免的后见之明，迪伦会把 50 年代看成走向坠落的文化。在当时并不真的如此。公正地说，他把接下来充满巨变的十年处理成没有伟大成果的十年，说出的关于鲍勃·迪伦的东西比他那个时代都多。他可能把民谣歌曲当成信仰，可能相信自己比社会上其他人群更深入事实真相，但是，艺术并不能征服一切真相。

日期的处理总归是有点随意任性的。50 年代变成了 60 年代，但是这两个年代并非格格不入。而它们也不能被视作地位平等而对立的两种心灵状态。没有什么改变是一夜之间发生的。反文化，不管它以什么名目行世，都是缓缓而至的。比如对兰尼·布鲁斯（Lenny Bruce）的审判，从 60 年代初开始，直到 1966 年才以这位喜剧演员的死亡告终。1961 年，约翰·埃德加·胡佛正忙着把他的联邦调查局变成一个美国的斯塔西*。他既险恶又滑稽地公开宣称，“披头族”（beatniks）是对国家三个**最大的威胁**之一。那一年，杰克·凯鲁亚克和一位退役军官一起喝多了，这位朋友对他说：“凯鲁亚克，你为什么要跟那些激进分子跑到一起呢？你可是个美国人，跟你那些该死的犹太朋友们不一样。”[1] 那场反共产党的女巫狩猎已经告一段落，年轻的“自由派”总统入主了白宫，但是 60 年代早期，对一个刚刚开启激进民谣歌手职业生涯的犹太男孩来说，怎么也算不上最好的时机。那时还没有人扬言过，时代在变。

迪伦在一个年代结束的时候开始打造自己的未来，而和很多其他人一样，他也是在狂听那些已逝的人们做的歌之后，才启程的。这就是现代世界：在每一个转折点，不论是怀乡病还是恐惧症，不论是牛仔剧还是政治保守主义，人们都在偷偷地回头窥视。沉迷于一个已经失去的过去，美国学会了为未来担忧。

对迪伦而言，这也同样是他一生遵循的模式：首先拥抱新生事物，然后回到古老的传统。反复循环。首先是汉克·威廉姆斯和吉米·罗杰斯，然后回到摇滚；接下来是古老的民谣，然后回到《像一块滚石》；接下来是一个装满古怪噪音和田园牧歌的地下室演出名录，然后回到宗教时尚与一个油滑的超级明星的堕落与沦陷；接下来是向最古老的布鲁斯的转向，如同深浸于一条冰冷的溪流，却又引向了一次——也许是最后一次——概括汇总。

---

* Stasi，民主德国国家安全部，曾为世界上闻名的情报机构。——译者注

1 Gerald Nicosia, *Memory Babe: A Critical Biography of Jack Kerouac* (1983), Ch. 12.

你可以相当轻易地把握住这一进程的特征，在歌曲中也表现得足够直白，就是一种在复杂性与浅白的简单性之间的来回摇摆，从《困在车里》（Stuck Inside of Mobile）摇到《我梦到我看见了圣奥古斯丁》（I Dreamed I Saw St Augustine），从《今夜我将陪在你身边》（Tonight I'll Be Staying Here With You）摆到《白痴的风》（Idiot Wind）。这与深奥，或者说深奥性的欠缺，没有什么关系。简单并不一定意味着愚蠢，而复杂也不一定代表聪明，不管多么错综纠缠都没有用。但是当一个十几岁的年轻人为了追求某些老调却迷人之物（这刚好又是一种新生事物）而把摇滚抛在身后时，他已经开创了属于自己的先例。这么说吧，鲍勃·迪伦是一位先锋派保守主义者。

* * *

1959 年 6 月，罗伯特·艾伦·齐默曼从希宾市高中毕业，并在那里巨大宏伟的音乐厅里表演了自己的最后一场青春演唱会——没有造成什么损害。他的学习成绩足够好，可以升入明尼苏达大学，但是他的热情显然不够。带着所有的年少轻狂，他已经认定，正规的教育无法满足他的需求。但他还是出现在了校园里，至少看上去如此。这一方面是因为，上大学乃众望所归；另一方面则是因为，如果让亚伯——他其实比儿子眼中看到的要宽容许多——听到诸如把"诗歌"或者类似无谓的东西拿来和一桩正经工作相提并论的想法，大概非闹得天翻地覆不可。年轻的齐默曼没有更好的想法。

当时，上大学是比现在更了不得的一件事。在那个年代，只有不到一半的美国人读完了高中，其中不到 10%的人继续拿到了大学学位。教育是通往自由的一场船票，如果亚伯和比蒂基于他们对自由的理解固持这一观点，那他们是有自己的道理的。放弃这一切可不是一件小事。另外，和以往一样，亚伯是付账单的那个人。他辛苦赚来的钱看起来都要打水漂了，连一点尊重都不剩。

尽管如此，还是放这孩子一马吧：那时候的大学和现在一样，充斥着做正确而合理的事情的人。让这个年轻人感兴趣的东西，是没人教的，或者说，在一个大学课堂里是没法教的。那么他该怎么做呢？你可以这么说，音乐亲口告诉这个年轻人，歌曲可以带来让他产生共鸣的心灵和情绪的解放，同时还呈上了一份待他认可的智慧。这种说法其实一点儿都不算异想天开。那是一种有力的东西。绝不是虚假之物。

真实（和谎言）将占据鲍勃·迪伦的全副心神。但对于一个基本上还是个孩子的年轻人而言，耸耸肩膀就干脆将成年人的建议、父母的期许和普遍的常识全部弃之不顾，还是需要相当大的实实在在的勇气。在他父亲的讲述中，他们当时达成了一份协议：鲍比可以“信马由缰”地去做一名民谣歌手，可以做一段时间，但仅仅是为了把这份奇怪的热情从他的身体里打发掉而已。亚伯告诉谢尔顿：

> 他想成为一个民谣歌手、一个娱乐家。我们是不能理解的，但我们觉得他有权利得到一次尝试的机会。毕竟这是他的人生，我们不想成为绊脚石。所以我们达成了一项协议，他可以有一年的时间来做他喜欢做的事，如果在那一年结束的时候，我们对他的进展不满意，他就得回学校念书……

我们是不能理解的：谁能为此责怪两个一心为孩子好的父母呢？不论从身世背景还是人生经验上说，鲍比·齐默曼都不像是能在娱乐行业里开辟一席之地的人，更别说做一位“民谣”——那到底是什么东西？——歌手了。这位幼稚无知的业余摇滚青年连一份简历都凑不出来，也没人把这个男孩当作天纵奇才捧在手心。你一定还很纳闷，这对父母究竟怎么理解那种迷惑了他们儿子的音乐。流行音乐虽然可能不受待见，但至少是说得通的：人们可以推出大卖的唱片，以此赚钱。但是民谣？这与他们的传统格格不入。那些奇怪的晦涩的歌曲，从未在他们的祖辈中传唱过。亚伯和比蒂心中所想的“发展”，不论如何，都与他们那顽固的儿子预想的道路大相径庭。诗歌没有未来？那么它也同样不需要过去。因为一个诗人正忙着降生。

* * *

最先上演的两个戏码相当奇妙，而最奇妙之处在于——考虑到这些虚构故事的主角已经开始编织的传说——它们**很可能**真的发生过。铅肚的音乐似乎早已如晴天霹雳一般，震彻了鲍比·齐默曼的心，但直到1959年夏天，他还远没有确信，民谣音乐将代表他的未来。一方面，他对此几乎还没什么了解。而另一方面，他想成为一个名人，成为完全另一个**种类**的人，摆脱命运在艾恩兰奇小镇一角为他随机安排的身份，摆脱那个他在自己的精神宇宙中难以安放的家庭。而这也同样已经由上天注定了。

至少可以这么说，他在艺术上是兼收并蓄的。他的口味仍然在形成之中。一种理想的艺术选择尚未现身。所以为什么不弹着中意的C调钢琴，做一个四处走穴的一首歌歌星呢？鲍比·维——原名威尔莱恩(Velline)，谁没改过名字呢？——并不只有小理查德。而鲍比·齐默曼也没有做太久的“埃尔斯顿·冈”(Elston Gunn)。在有关迪伦这个名字的选择上，已经有太多冗长而乏味的讨论，但与此同时，人们却忘了某些小小的确幸。比如埃尔斯顿·冈。

事情是这样的。高中结束了——他“在毕业当天就离开了”——年轻的罗伯特在北达科他州的法戈拜访几位亲戚，并同时在一家当地名为“红苹果”的咖啡馆打工。某一天，在一家唱片商店里，他设法结识了一位比自己年长的老大哥，吉他手比尔·威尔莱恩，并在他面前信誓旦旦地宣称，自己是一个超一流的钢琴手，一直负责为——比尔听说过这人吗？——康威·崔提（Conway Twitty）伴奏。

来自法戈本地的小伙子比尔·威尔莱恩和他的兄弟刚刚录完他们第一张获得小小成功的唱片《苏西宝贝》（*Suzie Baby*），在这个行业里混的时间还不长（鲍比的艺名几乎比迪伦还晚出现两年）。他们能在那一年走红，完全得益于早些时候巴迪·霍利的去世，这让一场当地演唱会的安排——不可避免而又永久地——出现了一个空缺。他们相信了迪伦的鬼话。在鲍比·维重复过太多遍的故事版本中，这位埃尔斯顿·冈甚至在超出需求之前，已经在一两场小型演出中登台表演过了。因为缺少一架钢琴——那个乐队买不起/不愿意买/不屑于买——他这一段可能的生涯早早地断送了。

维还称那位“埃尔斯顿”选择在拼写他的姓氏时多加一个字母n：拼成**刚**（Gunnn）。他是一个“干净的小伙子”。兄弟们给他买了一件合身的衬衫，付给他“每晚 15 美元”的酬劳，并想办法接受了这位顶尖的钢琴家连一架属于自己的沃立舍钢琴都没有的事实。鲍比·维后来说，这一切都是“一场噩运”。这位歌手还会说，“传说中是我炒了他的鱿鱼，但事实显然并非如此。”[1] 相反，这支乐队从来都没有决定聘用过他。事实和传说之间是有差别的，但是事实显然对埃尔斯顿·**刚**（Elston Gunnn）更不友好。[2]

据约翰·巴克伦称，在这段信不信由你的传说中，关键的拐点是，当迪伦回到希宾市时，他并没有仅限于吹嘘自己曾和维一起表演，而是声称自己**就是**那个青少年的偶像。他说，他是在用化名“录音”。而斯科塞斯的《迷途之家》进一步暗示出，当时甚至真的有人相信了他。

博眼球的青少年们还做过更糟的事。对声名的渴求足以招致各种各样的愚蠢。但围绕着这个注脚事件，有三个细节值得关注。首先，直到 1959 年，迪伦还没有以一名吉他手的身份行世。第二，他从来不会对演奏的乐器过分挑剔，甚至对《苏西宝贝》中那些平庸而圣母般的乐器也能容忍。所以让我们来做一个反事实的推问：如果当时威尔莱恩们筹到了一小笔钱并买下了一架便宜的钢琴，那么我们这位民谣歌手、抵抗歌手、原创歌手和“摇滚歌手”，又将成为怎样的一副样子呢？

最后，相比于真相，人们总有一种愿意相信幻想的冲动。这个故事已经被编织得如此生动，你不得不猜想，迪伦自己是不是也有一半相信了这一套“鲍比·维”的胡说。又或者，愚弄那些爱上当的人，对他而言是一种乐趣——另一种他保持了一生的习惯——但如果真是这样，这也属于一类足够奇怪的复杂玩笑了。当真正的鲍比·维来德卢斯演唱时，他该怎么替自己解释呢？

当然，这些之后都将作为迪伦的琐事载入史册，卷帙浩繁。但这其中也存在着一个严重的问题。很明显，在 1959 年，年轻的迪伦对现实的

---

1 *Goldmine* 杂志，1999。

2 《彼得·冈》（*Peter Gunn*）是一部热播的电视侦探剧。多亏《布鲁斯兄弟》（*The Blues Brothers*）这部电影，它对亨利·曼奇尼（Henry Mancini）的《彼得·冈主旋律》（Peter Gunn Theme）产生了根本性的影响。

把握是完全不可靠的。4 年后，真正的名声会把他自己与他在余下的人生中为人共知的现实分裂开来。而如果这位歌手的艺术是“关于”某些事的，那么便是关于穿透现实的本质，关于超越人类共享的存在。看起来他能够做到这一点，因为他从未频繁地或者长时间地深陷于平凡生活的泥沼。他总能置身事外。那则奇怪的关于埃尔斯顿·冈（刚）和鲍比·维的小插曲正暗示出，他或许一直都是如此，而他的谎言也绝不仅限于为了职业生涯发展而执行的一个策略。直率地说，迪伦从一开始就是个怪咖。

在那年夏天上演的第二场奇妙戏码也许更有意义。那与其说是记录在案的事实，不如说更像是传记作家们争论的真相。你可以叫它“红翼传说”或者“囚鸟故事”。在多年之后，迪伦据说告诉了来自纽约的记者阿尔·阿罗诺维茨（Al Aronowitz）（并非一个理想的证人），自己曾在红翼劳教所服刑，那是明尼阿波利斯南部一座由花岗岩墙壁包围起来的“矫正机构”，仿佛是为他 1963 年的《红翼之墙》（Walls of Red Wing）[1] 这首歌量身打造。很快，又过了几年，人们纷纷跳出来称自己是当年和迪伦一起服刑的人，或者——更要脸一点——声称自己认识和他共患过难的狱友，并聆听过他在漫漫黑夜中孤寂的吉他演奏。然而，他们都没有解释清楚，为什么他在歌里对现实的红翼监狱每个物理细节的描述都是错误的。

再然后，又会有人指出，不对，迪伦这一段迷失的时间——再也找不回来——是在宾夕法尼亚州附近一所隐秘的安全性不高的“寄宿学校”设施处度过的。据称，一位心理治疗师（没有提到过名字）甚至担保迪伦曾经住过那里。不管是哪一种说法，都没有提出任何记录证据，证明真的存在过这样一段禁闭的时期，也没有任何人能够拿出一段传奇的故事，来填补这段时间上的空白：**他到底做过什么，值得遭遇如此的对待**？是对他的伙伴们太过冒犯？还是逃学太过频繁？当然，至于犯罪记录，不管是在传说中还是在文件里，都没有留下一个字儿的证据。即

1　斯柯兹马上就认出了这首“迪伦”编曲的旋律，是那首新年之夜的主打产品：The Road and the Miles to Dundee。

便那是一个青少年犯罪被视作一种流行病的年代，所有的说法也都不足为信。迪伦和他父亲的关系一度闹得很僵，这毫无疑问，但如果要说比蒂·齐默曼赞同把自己的儿子关起来，还需要更多的检验才够。这有点儿接近于削足适履，为了营造一段传奇而生造传说的做法。

比蒂告诉谢尔顿，迪伦那年夏天是在科罗拉多州的丹佛市森特瑞尔城度过的。迪伦后来称自己曾被森特瑞尔城内一个叫镶金吊带酒馆* 的脱衣舞酒吧开除，而他后来也似乎令人满意地向他的追随者们证明，他的确熟悉这个地方。但是不管这到底是在 1959 年夏天还是 1960 年夏天，我们仍然不能确定他是何时才对"民谣歌曲"有了更好的把握。比蒂和迪伦对时间的描述是不一致的。蒙特·爱德华森曾提醒说，他同样曾经在某个夏天到那家前身为"金色合唱"的酒馆里待过几周的时间，目的是探索丹佛那里的音乐。他似乎在那里遇到了杰西·富勒（Jesse Fuller），后者是一个大器晚成的单人乐队，当场教会了那个年轻人如何演奏搭在架上的口琴。他还遇到了一个年轻的天才，名叫朱迪·柯林斯（Judy Collins）。然而，接下来——故事就是这样发展下去的——迪伦因为从酒馆老板那里偷钱，被赶出了森特瑞尔城，在没有得到主人的许可下卷走了一笔永久性贷款，并为此在丹佛留下了不良记录。他当然很可能对于做这样的事情已经上瘾，但同样可能的是，他也许从来没有跟这座城里逃亡俱乐部的管理层谈拢过。他曾说，这家店是丹佛市内唯一一家此种类型的店铺，在民谣圈颇有声望，但并不愿意给他提供一份工作。他们那时候又知道些什么呢？另外，大学还在等着他。那可是虽然平凡乏味却颠扑不破的事实。

在面对年轻迪伦的谎言和传说时，你似乎永远都只能做一件事，就是随自己的心意挑选真相：要么是这一年在丹佛，要么是下一年。正如他自己的传说总好像在跟随自己的情绪发展一样，他的仰慕者和诋毁者也在这本成长小说中选择着自己的戏码——劳改学校、寄宿学校或者潜逃——照顾着各自的心意。而永远消失在画面之外的，是一个没怎么见

---

* 原文为 Golden Garter。在后文提到这家酒馆时，又作 Gilded Carter。此处疑似笔误。——译者注

过世面也没做过什么出格事的年轻人在这一年里度过的简单生活。所有这些刻意的遗落，都是他想要以最快的速度修正的经历：这才是每一个传说真正的意义所在。

* * *

1959年夏天，鲍比·齐默曼前往位于明尼阿波利斯双子城和圣保罗之间的明尼苏达大学报到，就在此时，他的国家正处于冷战时期被一股来自异国势力封锁的状态，而另一种来自异国之物，电影那一类的东西，也伴随着每一出午后剧纷纷从天而降。在他所在的这个富有的国度里，白色的那一部分正陷于与受剥削的黑色那一部分围绕着仇恨与尊严的缠斗不休。白色的部分中富有的那一部分，正陷于争夺政府高位的日常性自相残杀之中，而这个国家的一些年轻人则困惑不解，不知道所有那一切——原子弹、种族主义、高阶政治和反共癔症——和他们到底有什么关系。

然后，就在那时，这位来自北国的犹太白人小伙子，唱上了布鲁斯歌曲。这又是怎么一回事儿?

> 我和从德卢斯来的表兄弟还参加过另一支乐队。我玩的是摇滚，你懂的，就是节奏布鲁斯。后来到我高中最后一年的时候，基本上已经散了。
>
> 在那之后，我记得我听到了一张唱片——我想也许是金斯顿三重唱（Kingston Trio）、欧蒂塔或者类似的某个人——然后我就有点迷上民谣音乐了。摇滚基本上告一段落。然后我拿自己的东西换了一把他们已经停售的马丁吉他，大概是一个0018号，棕色的。那是我拥有的第一把有声的吉他。很棒的吉他。然后，不是在明尼阿波利斯就是圣保罗，我听到了伍迪·格思里的歌。而当我听到伍迪·格思里的时候，我知道就是他了，一切都结束了。[1]

1958年的金斯顿三重唱是一个绕不过的话题。他们的单曲《汤姆·杜利》（Tom Dooley）于8月发行，是绝大多数民谣歌手从未听过的一首

1　接受 *Rolling Stone* 采访，June 1984。

少年唱诗班民谣，在当年结束前就达到 100 万的销量。但这组三重唱即使对迪伦有影响，也很快就消失了。而欧蒂塔，欧蒂塔·福尔摩斯（Odetta Holmes），则完全是另外一回事。作为一个有歌剧训练基础和戏剧表演经验的黑人女明星，她从这个年代之初就一直在唱民谣歌曲。1956 年发行的《欧蒂塔唱歌谣与布鲁斯》（*Odetta Sings Ballads and Blues*）是她独立署名推出的第一张唱片，而里面收录的几首传统老歌将为迪伦最早的歌曲库奠定基础。正如他在 1978 年告诉《花花公子》的那样，欧蒂塔代表了“某些关键性的、个人性的东西。我从那张唱片上学到了所有的歌。”她是在民谣方面对他产生重要影响的第一个人。但同样不能忘记的是，她对很多人都产生过重要的影响。

* * *

他给自己定名为鲍勃·迪伦。在这个已经被讨论到烂掉的论题上，哪一种理论最为恰当呢？是威尔士诗人、某个中西部橄榄球明星、牛仔电视剧里的一个人物、“俄克拉何马州的一个小镇”一个家喻户晓的当地名字和地址，还是关于某个名为迪利恩的叔叔的陈旧谎言？2004 年 12 月，在出版《编年史》时，他在哥伦比亚广播电台（CBS）的《60 分钟》节目中，告诉采访他的艾德·布拉德利（Ed Bradley）说，迪伦这个名字是一个“天意”。

> 有些人……你了解，生来就伴随着错误的名字、错误的父母。我的意思是，这是常常发生的事。你可以叫自己任何你想叫的名字。这才是自由的国度。

于是：那么，正确答案就是关于“自我憎恨的犹太人”的理论喽？他的大学同学声称他总是回避同教派人士，而这种理论正与他们的记忆完美契合。同时，这个理论也符合他坚称自己对反犹太主义毫无“察觉”的否认，尽管他曾有好几个夏天都在赫茨尔夏令营度过，却明摆着主动选择了失忆。另外，这个理论也符合这名受过诫礼的男孩所有深刻在记忆中的座右铭以及——让我们不要忽视这么明显的事实——他每一首歌中的话语。他是在“摆出一个伟大的姿态，否认他是他父亲的儿子”吗？[1] 这也许有点儿道理，根据朋友们的说法，在记忆中，鲍比和亚伯之间关系紧张，有一种相互的不理解。但是迪伦对于他的来源的态度，以及对“鲍勃·迪伦”的态度，太过纠缠，已经可以算是一种特殊的心理状态了。这种状态之所以错综复杂，是因为他让它变得复杂，因为看起来本来并不存在什么复杂性。所有关于一位流行明星“再造自我”的蹩脚臆测都忽视了一个对于人类古老而根本的关于身份的议题。这个人是谁？

另一个为全体美国人发明了一种新奇人格的人，是伟大的马克·吐温。安德鲁·霍夫曼（Andrew Hoffman）在 1997 年为他所写的传记中指出，萨缪尔·兰亨·克莱门（Samuel Langhorne Clemens）终有一天还是恨上了他自己精心创造的这个真实/非真实的人格。霍夫曼为这场受人尊敬的双簧表演提供了一种解释：

> 对这个人的传统解释是，克莱门的人格太过广大，为了能承载它，他需要另外一副面具。在我看来，这一前提从根本上来说就是错误的。不管是在舞台上还是在一场晚宴里，凡是有过任何表演经验的人都知道，维持一张虚假的面具会给一个人的自我带来巨大的压力。这个自我越大，就越难维持这种创造。要想作为另一个人生活，完全适应另一个自我，本生的自我必须几乎没有自我，或者至少受困于深深的不安全感从而残缺不全，还不如没有。[2]

这是一种理论。如果你讨论的对象“有过任何表演经验”，也是一种有效的理论。这也许能帮我们解释，为什么迪伦似乎能在不同的身份间如此驾轻就熟地转换，以及他为什么总是被描述成一个在本质上是害羞的人，缺乏自我。也有足够的证据证明他是一个“受困于深深的不安全感而残缺不全”的个体。你只需要补充一句，说马克·吐温充满艰辛的

---

1 Heylin, *Bob Dylan: Behind the Shades Revisited*, Ch. 2.

2 *Inventing Mark Twain: The Lives of Samuel Langhorne Clemens*, Prologue.

成长过程也没给他留下多少强壮的根基。

然而，你同样也可以满足于一些平常的答案。比如在那个时候，迪伦还不知道“他是谁”：这对于青少年而言是很常见的。尽管如此，他还是通过某种方式明白，舞台、银幕和广播上的明星，一定要戴上一副比现实更好的**面具**。后来，为了他个人的隐私——而且因为他一直都受到生命中各种秘密的吸引——他开始对神秘本身产生喜爱，并以其作为一种武器。但问题在于，一个尊重真实的艺术家，不论深奥的真实也好，显白的真实也罢，他从一开始就鄙弃“虚伪”，并将创造的全部生命之血都献给了情感的真诚，却从来没有在最普通的意义上在自己的身份上说过实话。要想回答一个古老的问题——鲍勃·迪伦是从哪个石头里蹦出来的？——你必须先尝试回答另一个问题。

一个已经到了耳顺之年的男人，仍然在大谈自己的出生伴随着“错误的名字、错误的父母”，这到底是怎么一回事儿？在一个孩子的脑子里究竟发生了什么，才能让他几乎从产生自我意识的第一刻起，就相信这种事实？而且为什么偏偏是这个想法，或者说这个幻想，力量如此之大，竟能贯穿一生而不削减？这些诘问是自有其道理的。鲍勃·迪伦并没有戴着一张面具。面具如今已经成为了这个人，而原来那个人——**戴着面具，默默无闻**——有时候还会把自己叫成杰克·弗罗斯特，仅仅是为了让事情保持新鲜有趣。

名声摧毁人格，这已经是一句老生常谈了。当你成为一个公共的奇观，不停地表演，就会失去自己，远离自己曾经做过的那个人。对于这个论题，有一位普雷斯利和一位约翰·列侬已经为我们提供了足够充分的身后证词。但问题在于，迪伦早在有人对于他身上是否具有一盎司的天分表示出任何关注之前，就已经是一个自我异化的个体了——否定他的家庭、他的宗教和他的故乡。一个青少年“加入小理查德”的幻想和兰波式的意志行为是截然不同的，后者志在将一种主张转化为一种事实并实现另一句陈词滥调：“我是另一个。”然而，归根结底，“我”根本就不曾存在。

当一个正在读大学的孩子声称自己的名字——谁没为此笑过呢？——是**迪伦**时，一种奇妙的感觉也随之产生，就是这世界上根本就没有鲍勃·迪伦这个人，他甚至对于鲍勃·迪伦本人而言都是完全陌生的。他为了这个虚构的人物糟蹋了自己的一生，这已经超越了奇怪的范畴。人创造了艺术，但艺术是没有人格的。于是，作者的身份便受到了挑战，这是另一个议题。于是，这种艺术招致无数关于“借用”、抄袭和盗窃的指控。然后，这种作品便成为从他人生命中提取的精华。而最大的反讽之处在于，迪伦在自己的写作和表演过程中，变成了每一个吹毛求疵的民谣纯化论者心中所期望达到的那种无名的去个性化的状态。而他又一次接一次地重复着，像蜕皮一样脱掉自己的每一个身份——而不仅仅是角色。

因此，托德·海因斯（Todd Haynes）在2007年放映的名为《我不在那儿》（*I'm Not There*）的电影中，表达出一种完美的扭曲而反讽的“后现代”意味。他招募了6名演员——包括有名的和无名的、男性和女性、黑人和白人——来分别扮演和刻画“鲍勃·迪伦”，或者存在于这个虚拟的“鲍勃·迪伦”想象中的“伍迪·格思里”以及“阿瑟·兰波”。在这部电影里，还嵌入一部专门为这部电影打造的影片，而电影中有些演员所扮演的，正是假装扮演可能是扮演那部影片中迪伦的演员的人。叙事套路相当浮夸，可谁在乎呢？所有的幻想、视觉、音乐和隐喻，当被发觉时，都会给人带来快乐。但是最后，正是由于反讽的缘故，你还是会陷入一个未解的问题之中：为什么？这场游戏的目的何在？

迪伦自己在他1978年拍摄的电影《雷纳多和克拉拉》（*Renaldo and Clara*）中也实验过类似的主题。在这部对马赛尔·卡尔内（Marcel Carné）的《天堂儿女》（*Les Enfants du Paradis*）冗长而不连贯的颠覆作品中，迪伦扮演了男主角，乐队的老顾问罗尼·霍金斯（Ronnie Hawkins）则扮演了“鲍勃·迪伦”（虽然听起来有一点像罗尼·霍金斯）。萨拉·迪伦扮演了克拉拉，歌手瑞妮·布拉克利（Ronee Blakley）则被指派为“迪伦夫人”。大家都戴上了帽子和面具。迪伦挂着一张白脸出镜。戴维·布鲁（David Blue）谈了很多关于过去的事。虚构和“纪录片”穿插交错。电影中的音乐相当不错，其中的一束花变得尤为重要。

在当时，同很多将要搞砸的好主意一样，这种做法看起来一定非常聪明、有效，又很有**迪伦的风格**。考虑到他在这个项目中投入的时间、金钱和努力，迪伦的真诚——在银幕上要相当费力才能勉强看出来——是毋庸置疑的。但他在处理有关身份的问题上的尝试，尤其是涉及他自己的身份时，似乎最终又成为另一套精心编织的遁词。在一场不可避免的《滚石》采访中[1]，这导致了一场有点令人捧腹的对话交战。那位记者首先发难：

> "所以鲍勃·迪伦，"我推测说，"也许在电影里出现了，也许没有出现。"
>
> "完全没错。"
>
> "但是鲍勃·迪伦拍了这部电影。"
>
> "鲍勃·迪伦没有拍。是**我**拍的。"

你也许不禁会问，这又有什么大不了的呢？如果你根本不希望也不打算说出自己到底是谁，坚持说拍这部电影的人是"我"，又有什么意义呢？无论是迪伦还是任何其他人都有理由承认，他生命中的那些大起大伏，尤其是名气和声誉的腐蚀效应，已经让他对身份形成了一种流动不定的感觉。"鲍勃·迪伦"一定常常想不明白自己到底是谁。于是又出现了《蒙面与匿名》(*Masked and Anonymous*，2003)，这是另一部专门为重复这一点而设计的电影，用自己形而上的喜剧困境与观众对质。迪伦怀疑自己；我们都应该怀疑关于自己的现实。但一个压倒性的事实是，迪伦**从一开始**就是这样的。

有个人写了一些歌，又唱了这些歌。他有一个物理的外观，一个你可以贴上标签的身体，和一段你可以描述的职业生涯。但也许，这个长长的现象学论述起点只是某个平凡之物。把时间拉回 1958 年或 1959 年，也许在那个时候，鲍比·齐默曼只是简单地认定，如果你永远都是来自明尼苏达州小小的希宾市——那到底是什么鬼地方？——的鲍比·齐默曼，那么你不可能成为一个明星。

厄科·赫尔斯托姆会言之凿凿地把这个时刻钉在 1958 年的春天，并

1 采访者 Jonathan Cott，January 1978。

像口技表演一样模仿年轻人的声音说："我现在知道我的名字是什么了。"并且她还会特别强调（虽然她的故事版本一直在变）拼写。据说他在宣布这条新闻的时候，甚至胳膊下还夹着这位诗人的诗集。这就是听起来有点太完美了。而另一方面，约翰·巴克伦依然坚称，迪伦是在 1959 年的圣诞节盗用了那个威尔士作家的名字，连拼写都丝毫没有改动。

在 20 世纪 50 年代的美国，死去的迪伦·托马斯是一个不容忽视的人物，这主要不是因为他那些过分夸张的半谐音，而是因为他辞世的方式：在格林威治村的自杀式酗酒是波西米亚风格的最后一声宣言，更是他自己的最后一次发声。如果说他仅仅因为肺炎而死，当然就没那么有魅力了，但是在 1953 年 11 月去世的托马斯，为每一个持有文学抱负的摇滚明星树立了一个典范。他声明的结束也同样以一种闹剧的方式成为一个象征，被用来谴责那个顽固保守的时代。放纵生活，及时行乐，但是——没人记得补充这一句——小心别留下一具苍白水肿的尸体。

在 1978 年《花花公子》的采访中，这个问题又一次被提上桌面："当你到达纽约的时候，你已经把自己的名字从罗伯特·齐默曼换成了鲍勃·迪伦。是因为迪伦·托马斯吗?"回答是：

> 不是，我没怎么读过迪伦·托马斯……事实并不是我读着他的诗，然后"啊哈"一声，我就把自己的名字改成迪伦了。如果我觉得他有那么伟大的话，我就会演唱他的诗了，而且更可能把自己的名字改成托马斯……我就是选中了那个名字而已，然后就守着它不放了。
>
> 说回到迪伦·托马斯，并不是这样的——我读到他的一些诗，受到启发，"啊哈!"然后把名字改成"迪伦"——不是这样的。我如果认为他那么伟大，会把他的诗唱出来，也会同样容易地把名字改成"托马斯"。

托马斯对每个时代的青少年都具有吸引力，也许因为他在每一行诗里都倾注了一种自命不凡的自尊感。年轻的约翰·列侬曾是他的粉丝，无疑就是因为这个原因。这个威尔士人从来没有**听起来**不够深奥过。然而，如果尝试在另一个迪伦的写作中寻找他的影响，会在看到第一眼或者说听到第一声的时候，就遇到困难。这位如此容易而且乐意接受各种影响的年轻人，并不觉得托马斯有“那么伟大”。在他后来的写作中，也没有任何可以暗示他有其他想法的内容。

然后问题又来了，为什么他不愿意利用一位诗人的著名商标呢？如果要讲故事的话，这个说法不比任何其他一种说法更差。关于**迪伦**，有一点是明白无误的：这个名字不能更不像一个犹太人了。（名字的起源当然是威尔士，可能指的是一片海，或者掌管一片海域或潮汐的神）。希宾市最早的创立者是一个叫迪利恩的人，至今还有一条当地的街道以此命名。不管是有意识还是无意识，这可能在迪伦的脑海中留下过印象。但无论如何，想让鲍比·齐默曼变成鲍勃·摩曼是绝不可能的。

其实在 20 世纪 50 年代末到 60 年代初那段时间里，你用不着非得憎恨自己的身份就能发现，除了喜剧演员之外，几乎没有哪个娱乐明星以他们出生时的犹太名字行世。而哪怕事实并非如此，齐默曼本身也不是个朗朗上口的名字。托尼·柯蒂斯（Tony Curtis）的原名是伯尼·施瓦茨（Bernie Schwartz）：他为什么要改自己的名字，我们有想过这个问题吗？伍迪·艾伦（Woody Allen）的本名不是伍迪·艾伦。兰尼·布鲁斯出生的时候叫作莱昂纳德·施耐德（Leonard Schneider）。只比迪伦小 5 个月的保罗·西蒙（Paul Simon）在 2003 年时透露出，哥伦比亚公司在 1964 年决定把“汤姆和杰瑞乐队”（Tom & Jerry）以西蒙和加芬克尔（Simon & Garfunkel）的名义介绍给公众，是流行乐手在演出时被允许——这一次是被鼓励——宣布他们真实身份的第一份样例。而艾瑟尔·摩曼（Ethel Merman）（竟然）真的也姓齐默曼，他有一次开了一个圈内的玩笑，问要想把**那个**姓氏点亮，需要多少瓦特的能量。

不管怎么说，正如这个在音乐和电影熏陶下长大的少年所意识到的一样，“鲍勃·迪伦”是个相当不错的选择。至少叫这个名字的人，没有遭受到娱乐界里让别人给自己挑选一个身份的轻侮。迪伦反对以任何形式对自己的定义，不管是用名字还是用宗教，而对名字的选择也许只不过是他的一次实践而已。

另外，改换名字对于移民的后裔而言本来就算不上什么新鲜的举动。迪伦的外祖父曾叫自己本·斯通（Ben Stone），但是他的父姓却是索罗莫维茨（Solmovitz）。“斯通”和“迪伦”相比，在对本姓的弃绝上有任何程度上的差异吗？还是说，这根本就不是一次和过往身份的告别？对于一个要成为明星的人而言，追求一点迷人的魅力，同时回避盲从与偏执，等同于实用主义和野心。

这里更重要的是时间连接点。它们如下运行。当他还是个少年的时候，迪伦拒绝并否认了他的父母、姓名、家乡和父辈的信仰。通过主动的意志行为，他直白而显见地完成了一次变形，进入到黑人传统和民谣文化的继承者行列之中，而这些完全根植于一份共享的美国基督教记忆。他摧毁了一个身份，又创造或借用了另一个。他这么做不带一点反讽的意味，是对一个他认为“虚假”的社会做出的回应。如果把这种自我牺牲的行为描述成一种自我的重新发明，那就太过肤浅油滑了。这真的不是什么职业生涯中可爱的一步妙棋，而对伍迪·格思里的“假扮”则离这种描述距离更远。这从来都不仅仅是一个选择舞台花名的问题，也不仅仅是因为他喜欢“鲍勃·迪伦”非犹太人的发音。鲍比·齐默曼和沙卜泰·齐塞尔·本·亚伯拉罕这些名字之所以被彻底排除，完全是因为鲍勃·迪伦这个名字的缘故。

但是，当他和世界共同来到2004年，见证《编年史》的问世时，那个名头之外的名字再次同对他扑朔迷离的身份感到困惑的人们开起了玩笑。另一个故事也随之编织起来。又是个不错的故事。

后来知道，离家时的一刻他曾想叫自己罗伯特·艾伦，因为——他相信自己，至少有一半，是这个人。他还觉得它听起来像个苏格兰国王。后来他在一份名为《强拍》（*Downbeat*）的杂志上读到一篇文章，讲的是一个西海岸的萨克斯风演奏手，名叫戴维·艾仑（David Allyn）。他怀疑这位音乐家是把艾伦（Allen）的拼写改成了艾仑（Allyn），好让它看起来更有吸引力。所以，鲍比·齐默曼认为，罗伯特·艾伦（Robert Allen）不如罗伯特·艾仑（Robert Allyn）。

就是像这样。戴维·艾仑其实是20世纪40年代出道的一位爵士乐歌手，他的名字似乎是从德利拉（DeLella）改过来的，而且他甚至还在1975年出过一张名为《不要回头看》（*Don't Look Back*）的唱片。但这些可能并不会对这个故事带来什么显著的影响。迪伦在向前滚动，于是，在这里，多年之后，终于出现了一位诗人的身影。

到最后，这一点偶然地得到了承认，他说他碰巧看到了几首迪伦·托马斯写的诗。迪伦（Dylan）和艾仑（Allyn）听起来很相似。罗伯特·迪伦。罗伯特·艾仑。这难以抉择——D这个字母显得更强势。但是罗伯特·迪伦无论看起来还是听起来都不如罗伯特·艾仑那么好。在他看来，承受痛苦来做出决定是值得的。

与此同时，四下里出现了太多叫鲍比的人。鲍勃·艾仑（Bob Allyn）“听起来像一个二手车推销员”。所以在双子城，当有人问起他的名字时，他“连想都没想，本能而不自觉地脱口而出，‘鲍勃·迪伦’”。在一个名字上花了那么多心思，然后突然之间，连想都不想了？至于鲍比·齐默曼这个人，他会“把这个名字直接告诉你，你可以自己去查查看。”**那个**鲍比，原来是圣贝纳迪诺地狱天使团伙的早期头目，在自己手下团伙上演惯常的白痴行为时，被撞倒害死了。“那个人已经死了。那就是他的终结。”另一个人已归尘土。**这是真实的故事**。

在现有的记录中，还没能抓住迪伦咯咯窃笑的实证。但他总归清楚，不管喜欢与否，人们就是想为这个毫无意义而又云遮雾绕的自造谜团找到起源。甚至连承认自己曾将罗伯特·艾伦认作“我的身份”，也只是在给这场没完没了的游戏打个补丁而已。在法律上，他在1962年已经正式成为鲍勃·迪伦——或者根据一份旧护照，应该是罗伯特·迪伦。而他依然在一个简单的事实上故弄玄虚，他第一时间就淘汰了罗伯特·艾伦·齐默曼这个名字，但始终不能或不肯讲出原因。关于这次重要的身份转换，最令人惊讶的是一句简单的陈述，即“在刚刚离开家的时候”。当一扇门刚刚在他身后关上时，他已经是另一个人了。

同时，清醒的评论家们曾不止一次地指出，从历史的角度看，迪伦的选择平淡无奇。他们会举出美国“黑脸吟游诗人”的古老传统作为例证。白人演奏者假装黑人，并盗取他们的文化，在很长一段时间里造成了一种令人毛骨悚然的效果。而当一个白人犹太男孩决定唱起布鲁斯的时候，到底发生了什么？在2002年发表的一篇随笔中，巴里·尚克指出：

> 这种……人格转换，即一个年轻白人男性试图通过表演黑人音乐来重塑自己，是美国一种伟大的黑脸吟游诗人传统。19 世纪 30 年代，T. D. 莱斯（TD Rice）在观察了一个奴隶的舞蹈后，创造了轰动世界的《跳吧，吉姆·克劳》(Jump Jim Crow)。最晚从那个时候起，美国流行音乐就已经开始形成一种重要的文化基础，黑人和白人的意义经历了反复的再造、讨论和更新。[1]

对于美国人而言，这个古老的故事具有深刻而复杂的含义。甚至在英国，20 世纪 60 年代早期的布鲁斯热，也在某些听者心中引起了一种特定的反胃般的惊奇感。如果看到并听到美国白人在艺术上冒充黑人而蒙混过关是一种很奇怪的感觉，那么当来自英国萨里郡的埃里克·克莱普顿（Eric Clapton）或来自肯特郡的基斯·理查兹在芝加哥和三角洲（The Delta）谋得音乐家的身份，并在此过程中（和他们的偶像不同）赚得盆丰钵满时，又该有多么的奇怪——而令人不安？

而在迪伦这里，事情不完全是这个样子的。与他自己歌里唱的不同，他在那个时代可不仅仅是一个流浪吟游的男孩或一个阿尔·乔尔森（Al Jolson)，即使在隐喻的层面上也不算是。而且不管他对布鲁斯音乐有多么热爱，他其实从来没有真正全心全意地投入到这种音乐之中。早期“鲍勃·迪伦”的音乐，还同时从爱尔兰、苏格兰、英格兰以及很多其他音乐传统中有所借鉴。最重要的是，一段牵连复杂的跨文化历史并不足以解释他单纯的追求。如果接受布鲁斯音乐就意味着戴上一张黑人的面具，那么完全可以说那就是他所做的事情。为什么？为什么这种足够寻常的身份转换，却与一种销毁身份的冲动紧紧联系了起来？

但有趣的事实是，这种身份转换成功了。他的选择是明智的，这已经得到了上千次的证明。而秘密就藏在冲动和代价之中。我认为，“鲍勃·迪伦”是一个孤独的所在。到了今天，他会时而开玩笑说，自己被当年在十字路口签下的那份古老、糟糕而又不可避免的协议捆住了。他

---

1 “That Wild Mercury Sound: Bob Dylan and the Illusion of American Culture”, *boundary 2* (Spring 2002).

告诉艾德·布拉德利："这要追溯到命运那种东西上面去。我的意思是，你知道，在很久以前，我和命运达成了一笔交易。然后我就一直履行着自己这方面的承诺……这才走到了我今天到达的地方。"

如以往一样，细节仍然像魔鬼般不可把握。*

* * *

迪伦甚至在没去大学报到之前就已经是个辍学生了。虽然是被录取到"文科"就读——而音乐正是他的专业——看起来他也从来没有打算过让学业阻碍他的野心。他的父母抱着很高的期望，几近天真地期待着他们一手养大的天才能很快在学业中脱颖而出，有所斩获。他们知道得太少了——他连一节课都没上过。2005 年，迪伦直白地表示："我就是不爱上学。"与之相比，他自己的计划已经在私密的梦中酝酿多时。在双子城，这个男孩被还算是波西米亚的东西深深地吸引住了，就像信鸽找到了回家的路。当这些在后来很快被称为"另类"的东西刚开始流行的时候，迪伦是最早的接受者之一。

> 我是一个音乐探险者。我没有过去可说，没有回头的路，也没有依靠的人。[1]

当讨论到文学问题时，我们应该记住一点，这位美国诗人并没有接受过配得上这个头衔的更高的教育。这种学派、那种学派、各种批评理论以及**不管什么形式**的批判，对于作为作家的他而言，都从来没有产生过任何引导或影响。他的作品会得到广泛的阅读，程度令人震惊——这位诗人懂得他的诗，而且对一些诗有从里到外的透彻了解——但人们读他的诗，并不是因为能从中汲取智慧。从本质上说，他从一开始就是个自学成才的人，在听和读的过程中成长，并努力自己写作。迪伦创造了

---

* 原文为：The devil, as he always was, is in the detail. 这是化用了一个常见短语：The devil is in the detail. 本意是"细节是最容易出错之处，或决定成败的关键"。——译者注

1 *No Direction Home* (film).

这个迪伦，并找到了属于他自己的景观。这意味着，那些想定义或贬低他作为诗人的天赋的人，在各自的术语和假设上可要费上一大番工夫了。

本来事情还可以有另一种发展的方向。1959 年秋天，在明尼苏达大学为学生提供的福利中，增加了诗人约翰·贝里曼（John Berryman）讲授的课程。大多数人都认可，他是个非常出色的教师，还有些人会说他有点儿疯狂，但所有的人在后来都达成了这样一种共识，那就是，在他无休无止的自残和用之不竭的自负面前，没有人——至少没有一个清醒的人——能点亮一支蜡烛。贝里曼是个疯子，也是个天才。但迪伦从来都不知道。抱着学校百无一用的信念和慵懒的作风，这位年轻人错过了一次启蒙。二人乘坐的小船在夜里擦肩而过，而其中一个已经醉倒了。尽管如此，奇妙的共鸣依然没有停止。克里斯托弗·瑞克斯（Christopher Ricks）在自己 2003 年出版的《迪伦对罪恶的见解》（*Dylan's Visions of Sin*）一书中，一笔带过了这个错过的巧合，但在美国诗歌史的脉络下，这场错过感觉反而更像是一种同步。

在贝里曼的《77 首梦中的歌曲》（*77 Dream Songs*，1964）中，我们能找到很多和迪伦在 20 世纪 60 年代中期的歌中使用过的那些句法技巧和诡怪用词类似的东西。这位年长的诗人在语调之间突兀地转换，从高扬的白话喜剧突降到莎士比亚式的矫情做作，常能让人想起《毒蜘蛛》来。崇尚布鲁斯的贝里曼频繁地发现上帝并遗失上帝，用变换的自我代自己发声，把他破碎的十四行组诗改装成一场吟游诗人的表演，那些演员都是戴着黑人面具的白人一类，有“伯恩斯（骨头）先生亨利”（Henry Mr. Bones）、一个名为“朋友”的常驻角色和一个以“毁灭”之名出场之人。他仿佛毫无距离感地把握住了“黑脸吟游诗人”的复杂性。在 20 世纪 60 年代的一段时期里，贝里曼曾是美国诗歌中一个最重量级的存在。而随着那些拥有终身职位的雇佣文人们开始昙花一现，他的声望浪潮也自此渐退。

引证学家在《瘦人民谣》和贝里曼之间发现了相似性。琼斯先生（Mr. Jones）和伯恩斯先生（Mr. Bones）面目难辨。而迪伦的歌词“该有一条法律/反对你的到来”与贝里曼第四首梦的歌曲（“该有一条反对亨利的法律”）也存在一点通感。当然，在那首歌里出现了“教授们”，让人不免联想到明尼苏达本地的F. 斯科特·菲茨杰拉德。更重要的是，迪伦在此对那些手中拿着铅笔的老师们贬低一通，他们对此却百思而不得其解。

上述发现的相关性可能微乎其微。但重要的是，《77首梦中的歌曲》里每一页上的贝里曼，都是一位狂野的声音大师，既神圣又亵渎，但古怪的是，他的知识语调和诗人身份却完全是美国式的。与惠特曼一样，与威廉·卡洛斯·威廉姆斯一样，与金斯曼一样——虽然几人之间除此之外再没有什么共同点——贝里曼用美国自己的语言发现了美国。迪伦在大学里错过了他，但我想，在必要的时候，他又补上了这一课。有位批评家用听起来更熟悉的语言把贝里曼的模式进行了总结，但并非表扬。

> 《77首梦中的歌曲》有一种不易错认而又迷人的忧郁风格——那些插科打诨与&符号、大片的孩童式儿语、吟游诗人式谈吐、俚语、高超的雄辩力与引语、立体派的句法折叠、廉价的商店还有"亨利"那张易碎的面具——受到了追捧和模仿，甚至形成了一种狂热崇拜小群体，它成了贝里曼的"贝里曼性"。[1]

"迪伦式"的命运可能更糟。但还有一个问题值得思考。和所有的课程一样，迪伦在大学期间完全错过了这位诗人。而迪伦在后来对这位诗人的补习，有没有可能并没有对他的写作产生影响，甚至连"垮掉的一代"那种修辞的力量也并非贝里曼所赐？根据记录显示，《77首梦中的歌曲》于1964年面世，而那位抵抗歌手也正是在同时开始称自己为一名诗人。

1969年，贝里曼正在举行一次朗读巡演。在那个时候，他难以抑制的酒精成瘾、各式各样的狂躁症状以及对一位父亲自杀的耿耿于怀，像三驾马车一样载着他迅速朝终点奔去。1972年1月里的某天，终点终于来临，仿佛一个被屡次三番拖延的冲动终于实现，这位诗人第一次从明尼苏达的华盛顿大道大桥跳了下去，当然也是最后一次。而在1969年，他曾来到西雅图，亲自向那里的学术主持人们讨说法。他们说，贝里曼

1 Robert Pinsky, *New York Times* book review (1977).

很爱叫嚷。有一天晚上，他又叫嚷着说：

> 他永远也不会原谅那个“年轻的暴发户”鲍勃·迪伦盗取自己朋友的名字，迪伦。噢，鲍勃·迪伦当然是个实打实的诗人。他现在唯一需要做的，就是学会怎么唱歌。[1]

* * *

1940 年，在纽约“第六大道和 43 街交汇处一家廉价肮脏的旅馆里”，[2] 伍迪·格思里写下了“这片国土是你的国土”这个标题。他已经受够了，也厌倦了听欧文·柏林（Irving Berlin）的“上帝保佑美国”，于是在这个标题下草草地写下了 6 行诗，然后又强忍着重复了一遍，“上帝为了我而保佑美国”。在手稿上，日期标注着 2 月 23 日——那时欧洲的战争还很遥远，而大多数美国人都对“新形势”毫无把握——“伍迪·G”又加了一句，“你只能写下你看到的东西。”但在这之后，按照其传记作者的说法，“他完全忘记了这首歌，在随后的五年里，在这首歌身上什么都没做。”[3]

与此同时，格思里出发前往华盛顿，来到内政部的一家录音室里。在接下来的三天，他为时任国会图书馆民歌档案馆馆长助理的民俗音乐

---

1 Paul L. Mariani，*Dream Song：The Life of John Berryman*（1990），p. 445. 在一项题目为《20 世纪文学》(*Twentieth Century Literature*，1976）的调查中，查尔斯·莫尔斯华兹（Charles Molesworth）报告说：“艾德里安娜·里奇（Adrienne Rich）（那位女诗人）曾提出，在那个时代，只有两个人真正了解美国的语言是什么、清楚它的完满和不纯，他们就是鲍勃·迪伦和约翰·贝里曼。”

2 Klein，*Woody Guthrie*，Ch. 5.

3 同上。事实上，到格思里录制这首歌时，已过了四年。就在同一天，他还为民谣之路的创始人莫斯·阿施录了其他 75 首歌。《这片国土》在几年里又增加和减少了很多诗节。在格思里最初的草稿中，第四节谈论到“一面巨大的高墙试图阻止我/墙上刷着一句标示：私人领地/但在墙的另一面什么都没写”。当 1944 年进行录制时，这节歌似乎被认为政治色彩过浓而没有收入。

同样，在 1945 年发表这首歌时，又有两种诗节“变体”被删掉了。其中一节是这样的：“没有一个活着的人可以阻止我/当我走上那条自由的公路/没有一个活着的人可以让我回头/这片土地属于你和我。”等到 1961 年 4 月，当迪伦在纽约卡耐基音乐大厅演唱这首歌时，这一节歌词被保留了下来。

家艾伦·洛马克斯（Alan Lomax）录制了自己的歌曲和掌故。这次录制的成果直到1/4个世纪之后才得以公开，但这些内容，也是他第一批严肃的录音，仍然被视为伍迪的“发迹”。这是一个乡野之子、一个天生之才、一个真实的类型和一个“民谣”的标准模板。

洛马克斯的父亲约翰（John）那时已经70多岁了，曾经也是一位传奇性的民谣歌手，一位收集民谣的先驱。他以自己的儿子/徒弟作为帮手，在20世纪30年代早期，以图书馆的名义在南部展开了一段录音旅行。[1] 这段经历（而不是他的父亲）让阿伦对政治产生了兴趣。他面对面地接触到了美国穷人的现实存在，尤其是穷困的黑人，而特别是南方监狱里那些黑人囚犯。1933年，在臭名昭著的“安哥拉”监狱农场（官方名称为路易斯安纳州立监狱），这对父子遇到了一位名叫哈迪·莱德贝特（Huddie Ledbetter）的十二弦吉他手，并帮他录了音，他在后来更广为人知的名字是铅肚。

紧接着，老洛马克斯把这位歌手以司机的名义雇了下来，并在很短的一段时间里尝试帮他打理他的职业生涯。但足够反讽的是，他们后来在关于金钱和控制权的问题上吵翻了，这一段关系很快宣告结束。铅肚——如果你在肚子上中了一枪之后还能活下来，你也可以叫这个名字——曾管那个父亲叫“大老板”，管儿子叫“小老板”。不管是仰慕哪位洛马克斯的人，都很难解释这个细节。铅肚随后通过起诉，要求解除他的管理合同，但是仅靠自己的力量，他在一开始没能取得多大的成功。直到1939年，在又一次入狱服刑之后，他才开始在民谣界取得了一些声望，加入了格思里、皮特·西格（Pete Seeger）、萨尼·特里和布朗尼·麦基（Brownie McGhee）的队伍。

---

1 克莱恩（Klein）在《伍迪·格思里》（*Woody Guthrie*）的第五章解释说，两位洛马克斯都在民谣学术界遭受了非议，艾伦是因为他的政治倾向，而老洛马克斯则是因为他的方式。虽然约翰·洛马克斯于1910年出版的歌集《牛仔歌曲和其他边疆民谣》（*Cowboy Songs and Other Frontier Ballads*）挽救并捧红了诸多民歌，如《杰西·詹姆斯》（Jesse James）、《来自派克的可爱贝茜》（Sweet Betsy from Pike）以及最著名的《牧场是我家》（Home on the Range）等，但这位收集者只编纂自己“最偏爱”版本的习惯，还是引起了不少争议。另一方面，他在书中把提供大多数著名歌曲的功劳全部归给了那被遗忘的种族，即黑色的牛仔。创作《牧场是我家》的未必是一个黑人，但唱这首歌的一定是黑人。

与此同时，伍迪已经和年鉴歌手（Almanac Singers）联合在一起。那是格林威治村一个充满煽动性和宣传性的民谣团队，专攻“时事”题材，常唱工会歌曲，为人民阵线服务，松散地联合了左翼和左翼自由派的意见。格思里在草草写下《这片国土是你的国土》之后，旋即结识了西格，又被先后介绍给米勒德·兰佩尔（Millard Lampell）、李·海斯（Lee Hays）和一间他们称为“年鉴之家”的公寓。最开始，这只是一件偶然的波西米亚式韵事，但其宗旨还是包括了音乐和政治两个方面。这在后来成为为人熟知的“民谣的复兴”，从最初就充满了政治意味。

年鉴歌手们——有时还会加入诸如约什·怀特、伯尔·艾夫斯（Burl Ives）或西斯科·休斯顿等人——穿着打扮很随性，言辞激烈地唱着有关社会主义、种族主义、军国主义和劳动者权利的歌曲。他们甚至被认为还曾冒失地嘲讽过罗斯福，主要是因为他在美国尚处于和平时期时提出了一份战争草案。他们的第一张唱片，《给约翰·道的歌》（*Songs for John Doe*）于1941年春天推出，想当然地认为欧洲的战争是“虚伪的”，只不过是另一场大型的商业阴谋。忘记了从西班牙内战中吸取的教训，这个音乐团队跟在共产党身后，要求置身事外，不予介入。他们虽然在主动提供着政治上的答案，但同时自己也陷入深深的迷惘之中。然而，最后还是战争让他们成了民谣英雄，也把他们从荒谬中拯救出来。

但所谓民谣英雄，到底是什么呢？当迪伦后来改变了自己的创作风格，并开始受到背叛的指控时，他的艰苦岁月一直没能得到正确的评价。人们惯常的说法是，“纯粹主义者”同他翻脸交恶，但这个词却用错了，是将音乐命题与政治议点混为一谈。以一种真正的纯粹主义观点来评价，年鉴歌手们从来都不算是民谣音乐家：格思里写他自己的歌；他、西格以及其他几人在“借用”和改编时都有相当自由的发挥。他们不认为这有任何不妥之处。然而，在所有的字典条目下，民谣音乐都被解释为“在民间传统中流传下来”，或者“表达一个社群生活的传统或典型的无名音乐”。很多民谣学者都把这一点陈述得相当直白：“一首真正的民谣歌曲没有已知的作者。”年鉴歌手们常常被赋予作者的身份，他们有时还会为此拿到报酬。很明显，他们是职业的表演家。他们把歌曲或旋律线随手拿过来就用，并借口说这是一种“传统的”习惯。

在年鉴歌手的巅峰期，他们几乎无人不知，无人不晓；大多数都写过几首歌，或者很多歌；伍迪写了几百首歌。他们之所以算是“民谣”，只是因为他们强调自己和“人民”的联系。这是政治的说法。但是，为了人民**发声**而创作的音乐，并无法满足民谣对佚名的要求。当盛名袭来时，人们对迪伦真正的抱怨还是来自于政治：他背弃了路线，而与资本主义的魔鬼共进晚餐。这并不是说年鉴歌手或者织工乐队会拒绝制作热卖唱片的机会：他们也是流行明星，是里面较差的一类。这同样也不是在说，真正的民谣纯粹主义者，在坚持传统、社群和没有署名作者的歌曲的同时，没有将**那**定义为政治。民谣的复兴引出一系列观点，其中大多无法取得一致。而迪伦则挥剑斩断了每一个戈尔迪之结。

* * *

约翰·巴克伦回忆说，鲍比在1959年收到一份高中毕业礼物，是铅肚的一张78转黑胶唱片。不出意料，这份来自魔鬼的馈赠，其来源——据巴克伦称，是“他的一个亲戚”；据谢尔顿称，是“陌生人的礼物”；据霍华德·桑恩思称，是“鲍勃的一位叔叔”——至今没有定论。也许这些歌曲只不过是他在一次大派对（鲍比参加过的一次由青少年抵抗者组织的日常聚会）之后，在餐厅的桌子上发现的。毕竟，无论是在希宾还是德卢斯，无论是齐默曼家还是斯通家又或者是家人的朋友，到底谁会觉得，对于一个整天沉迷于无稽的摇滚之中的青年，哈迪·莱德贝特会是一件理想的礼物呢？

这位“十二弦吉他之王”——还享有很多其他的名号——已经于1949年逝世。准确地说，他本人并不是一个热门歌曲的制作者。我们也无从知晓为迪伦指点迷津的那几首歌的标题。也许这份礼物是一份订金。克林顿·海林转录了一段某本发烧友杂志对巴克伦的采访：

> 在他刚刚离开高中，但还没有去明尼苏达的时候，他给我打了一个电话，在这之前他也给我打过很多次电话。那一次他说，“我发现了很棒的东西！你必须得过来一下！”……他的一个亲戚送给他一些稀有的铅肚唱片，都是老式的78转的唱片，而他被这些歌惊得目

瞪口呆……他觉得，那简直太棒了。我觉得，那也没有那么好——只是还可以罢了。

更早些时候，谢尔顿匆匆记下了几乎同样的故事：

巴克伦："鲍勃几乎在电话里大喊了起来：'我发现了很棒的东西！你必须得过来一下！'（他们一起听了唱片，而鲍勃被惊得目瞪口呆。）'就是它了，就是它了。'他反复说道。铅肚子皮（Leadbel-ly）（原文如此）在 1959 年的时候对我来说显得太简单了。这又是一个鲍勃总是走在我们前面的事例。"

就是它了。一份从天而降的礼物，来源神秘，不知是由谁赠送于他，而这能为鲍勃·迪伦、民谣布鲁斯、原创歌手、诺贝尔奖提名和一段 50 年的职业生涯提供最终的解释吗？反过来问，又为什么不能呢？

他在某个地方听到了某种东西，这些都是清晰的事实。如果用一个单词古老而未被充分利用的含义来形容，他是被启迪了。当然，在这一点上，他并没有独特之处：全美国，全世界，在挤满吉他手的咖啡馆和俱乐部如雨后春笋一样兴起时，所有的年轻人都在体验着同样的激情，其中大多数都是泛泛之辈，但所有人都对一种"有意义的"音乐充满了渴望。这种音乐到底是什么意思呢？

在 1959 年，当迪伦被明尼苏达大学录取时，基斯·理查兹正在伦敦的一所小型艺术学校上学，刚开始用"一把借来的 f 型开口德国吉他"学习布鲁斯。他找到一个方法，可以让这种音乐"直接从心里流向指尖"。这位未来的滚石乐队成员同样也不是什么独特的现象。然而即便如此，他还是作为目击证人目睹了一个事实，那就是，被摇滚震撼生命的一代，已经开始寻找通往这种音乐水源的地图。

不论如何，在传说中，鲍比·齐默曼——看起来比真实年龄显得更小，带着婴儿肥，比后来任何时候都胖一些——还是提前获得了飓风来临的警示。在一个小城大学的波西米亚小群体里，他不会仅仅是随手便挑选出了布鲁斯，也不可能一下子就形成对民谣传统的初级认知。真是那样的话，一切就太简单了。

＊＊＊

最初，他像一个正经的新生一样，住在“西格玛·阿尔法·缪”兄弟会网的边沿居民区，一座犹太房子里。但并没有持续太久，当时发生了一场争执，大概是关于拖欠会费的事，但其实从一开始，那里的人似乎就已经意识到，这个招摇而古怪的年轻人根本就不是一个适合兄弟会生活的男孩。他当即头也不回地退出了这个“SAM”兄弟会。虽然他和父母有过约定，但求学的想法也没能坚持太久。有人说，鲍勃在一段很短的时间里曾经读过书——迪伦的说法不同——但是很快就投入吉他和放任自流的生活之中了。有一种说法称，他在放弃了学业后，“夜以继日地创作”，虽然成果“相当幼稚”。但至少，如果年轻的齐默曼从亚伯那里获得了通行证，那么他一定是没有浪费。

在校园所属的区域以外，有一个地方叫丁基顿（Dinkytown），这个名字在被创造出来的时候，可能就是为了描述这片区域作为一个波西米亚“归零地”的局限性。* 迪伦当时并不知道。丁基顿位于明尼阿波利斯的闹市区，挤在 14 号东南大道和 4 号东南街的交汇处，包括几家书店、一家药店、一家电影院和一家咖啡馆。咖啡馆是新开的“十点钟学者”。你在那里可以找到音乐、艺术、新风格和新想法，还能遇到新鲜的令人印象深刻的人。迪伦对这一类事情了解得也不太多。丁基顿不是左岸，这没错，但相比于希宾市，它已经是最接近穹顶餐厅** 鸡尾酒时光的地方了。

> 我当时所在的地方，人们背着喇叭、吉他、行李箱以及各种各样的东西来回穿梭，真的，就像你听到的那些故事一样，自由的爱情、酒精、诗歌，反正人人都身无分文。那里有很多诗人和画家、

---

* Dinkytown 这个地名可拆成两个英文单词，分别是 dinky（小的、微不足道的）和 town（小镇）。作者在此处利用了这两个单词的本意。——译者注

** 穹顶餐厅（La Coupole）是巴黎著名的文化餐厅之一，曾是萨特、波伏娃、海明威、阿拉贡等诸多文人、艺术家的常聚之地。——译者注

流浪者，还有挣脱了朝九晚五规律生活的学者和某些事物的专家。在大部分的时间里，那里还会办很多乡间聚会。它们通常都是在阁楼、仓库之类的地方，有时候在公园和巷子里，反正哪里有地方，就在哪里办，而且总是挤满了人，没空下脚，没法呼吸。还总会有人朗诵很多的诗歌……差不多是就这个样子吧，差不多就是这样让我觉醒……[1]

摇滚在这一带并不太受重视。摇滚受重视的时代已经过了。不管它曾经意味着什么，都已经结束了。甚至还在希宾市的时候，迪伦和巴克伦就已经开始对埃尔维斯·普雷斯利产生怀疑了——巴克伦是这么说的——当大惊小怪变得太强烈的时候。但是在大学里，读惯了诗歌的群众对普雷斯利和他那一类人提供的廉价、做作、工业化的产品持有一种特别的轻蔑。在摇滚界贿赂丑闻持续发酵时，甚至连流行歌曲这种想法都可能被认为是虚伪的作风。那些忙着给丁基顿增添风情格调的人，对青少年的音乐毫无兴趣，更别说这种音乐当时还没有和艺术产生任何联系，而且看起来热潮已经消退了。寻求"实质"的学生们转向了爵士乐，也有越来越多的人转向了民谣和布鲁斯。摇滚变成了微不足道的小事，"没什么好说的"。

让迪伦转向民谣音乐的因素有很多，但是从某种意义上讲，他其实没有选择的余地。要想融入丁基顿的圈子，如果这个小世界真的存在过的话，这是最低的门槛。迪伦也许在刚到的时候已经以某种方式做好了准备，但他很快就真正地完成了"觉醒"。你不免会怀疑，他早年谈论音乐和音乐工业虚伪性的修辞术，很多都是他在明尼阿波利斯人群中接受的那些智慧的回音。尽管如此，在 1963 年付印的诗歌《被偷窃时刻里的人生》中，他生命中的这一时刻渗透了迪伦幻想的滤网：

我后来在明尼苏达大学里依靠我从未获得的虚假奖学金上学
我坐在科学课堂上因为拒绝观看一只兔子死亡而没有及格

1 采访者 Cameron Crowe，*Biograph* booklet（1985）。

我被逐出英文课堂是因为我在文章里用四字经形容英文老师

我在交流课堂上也没能过关是因为我每天都打电话请假不来

我在西班牙语课堂上表现得不错但我之前早就懂西班牙语了

我在一所属于兄弟会的房子里住着边打发时间边自己找乐子

我住在那里是因为他们让我住下但当他们让我加入我就走了

我搬到了一间两居室和两个从南达科他州来的姑娘住了两天

我过桥住到十四街卖臭汉堡篮球衫和斗牛犬雕像的书店楼上

我深深迷上一个女演员而她狠狠给我一脚然后我流落到密西西比河东岸跟十个朋友住进了七弯角南侧华盛顿大道大桥下的违建房屋

我的大学生活基本上就是这么一个模样

当然，这其中有一两个女孩。而且和以往一样，人们开始尝试把这个女孩或那个女孩与迪伦的这首歌或那首歌联系起来。如果她们看起来有什么共同点，那么作为最低的要求，应该就是和迪伦对音乐的口味相配。有些女人会追忆一系列笨手笨脚的典型迪伦形象，那可以激发出人们想要保护他的本能。其中一个女孩和迪伦的关系尤其亲密，名叫邦尼·比彻（Bonnie Beecher）。她记得曾给迪伦买了他的第一支口琴架，而那时他还没能纯熟地掌握这个乐器。不管从哪个方面来看，他都是一个正处于制作过程中的作品。

“十点钟学者”咖啡馆——“一个傻瓜，一美元，一位十点钟学者”——是当时盛行于美国的众多新兴咖啡馆中的一家，和其他咖啡馆没什么不同。共享过那一段早已失去的青春的人，记忆中都会出现这家咖啡馆提供的廉价三明治、体面的咖啡、棋盘和音乐，而它的顾客则是由学生、辍学生和各种各样的“波西米亚人”组成的。这虽然不是伏尔泰咖啡馆，但迪伦刚到这个城市没多久就开始迷上了这个地方。他也从这里开始赢得一种声望。

多年以来，与迪伦同时生活在明尼阿波利斯的人们贡献了无数的访谈和回忆录，但从中常常很难捕捉到对他表示喜爱的论调。事实上，似乎只有少数人曾经喜欢过他。那些真正抽出时间和迪伦在一起的人，还会发现迪伦的不安，甚至是迷惘。他后面的职业生涯——谁能否认这一点？——在人们的后见之明中掺入了尊敬的成分，但还是到处弥漫着一种不愿意相信的谨慎态度。反复出现的主题是一种挥之不去的惊奇，而时不时还会混入一种几乎隐藏不住的残留的怨念，好像他们始终难以相信，**他**，竟然是他，最后成功了。很多人都足够坦诚大度地承认，自己从来没有想象过这会发生。在当年，迪伦并不是明尼阿波利斯最好的民谣音乐家。在最开始的时候，他也不是学者咖啡馆里最好的乐手，甚至在极度无聊的夜晚里，他也难以拔尖出彩。但是他的韧性是令人敬畏的。人们常说——而且这个词在他到达格林威治村之后再次出现——这个“迪伦”是一只杀不死的害虫。

他还是一个装腔作势的人，而表现又往往很幼稚。人们记得相当清楚：有关这名少年的每一件事看起来都是一种表演。当他的同龄人在宽容的卧室镜子面前拿着一把想象出来的吉他假装演奏的时候，他却把自己引人注目的行为搬到了公共场合。他一点儿也不怕丢脸，并从内心深处的某个地方汲取到大量的自信。也许他是想向他的父母证明某些东西。也许他真的感觉到一种追随音乐的冲动。也许他只是在实现自己梦想中的生活。可以肯定的是，他需要得到关注。当身边所有人都觉得他是个笑话的时候，他却下定决心要取得成功。他拒绝被人拒绝。

学者咖啡馆里的常客大多比迪伦年长几岁，其中有一位捕捉到了这种持续不散的“怀疑”论调。这位斯坦・戈特利布（Stan Gotlieb）后来成为常驻墨西哥瓦哈卡（Oaxaca）的一位作家，他回忆说，在 1959 年，“一个相当难缠的大学二年级生开始频繁出现，他叫鲍比・齐默曼。我们大多数人都不怎么待见他，很可能是因为他对自己作为吉他手和诗人所持的禀赋自视甚高，让人想打压一下这种自我膨胀。”[1]

在学者咖啡馆里，似乎“有一种普遍存在的看法，一致认为（迪伦）绝对是个二流货色”。戈特利布还记得，“我们有时候会在他表演的时候起哄嘲笑他”。迪伦在运气最好的时候，一场表演也只能赚到 2 美元，而其他人的要价都是整整 5 美元。于是，当这个无望之人“认

---

1 “An Inappropriate Life”, realoaxaca. com.

定自己已经准备好在大苹果城（纽约）大显身手时，和他认识的几乎所有人一样，我告诉他别胡思乱想了，他没有那份天赋……”时至今日，戈特利布至少愿意承认，那“是我这一生中犯下的无数荒谬可耻的错误之一”。

在持不同说法的人中，有一位前美国海军陆战队队员“蜘蛛约翰”——约翰·科尔纳（John Koerner）。他告诉谢尔顿，自己不记得迪伦说过有关“做一番大事”的话。“我们当时都只对眼前的事情更感兴趣，”这位吉他手回忆说，“就是写歌。”科尔纳自然也属被认作超级天才之流的行列，一直在不遗余力地把后来的迪伦和他在学者咖啡馆结识的那个孩子联系起来。

不论如何，人们一般都相信，在1960年1月，这个初来乍到的家伙在圣保罗一家叫紫洋葱比萨店的地方获得了他的第一次出场机会。在接下来的一个月里，他开始和科尔纳一起在学者咖啡馆表演。蜘蛛约翰后来会说，迪伦“正在写一些歌曲”，是“当时流行的那种民谣灵歌”。他再次提及迪伦在当时对欧蒂塔的热爱，同时还称这个年轻的少年拥有“一副美妙动听的歌喉，和后来变成的样子大不相同”。

这个孩子开始养成一种不论走到哪里都随身携带一个笔记本的习惯。还有目击者看到这个并非学生的人身上揣着“一本法国象征诗派的书”。迪伦盘桓在人们脑海中的记忆是一个热切、好斗、扰人并可能受过愚弄的形象。如果把这些评价与他在丁基顿短暂逗留的时期缝合在一起，就会发现，这里几乎没有一点儿那种能让人跟他保持亲近的青年感觉。而他与他身边的人对这种“民谣”音乐本来的样子到底了解多少，也很难说清楚。事情到此为止还没有形成一个可以集中的面貌。人们在回忆的时候，会谈到欧蒂塔、约什·怀特和格思里。但你有时会不自觉地怀疑：在他们的心目中，民谣，随便哪一方面都好，到底意味着什么呢？难道只是某种不算是愚蠢流行乐的东西吗？

如果你能办到的话，试着按照20世纪50年代美国主流文化对民谣音乐的理解方式来听一听民谣。很多以先锋形象在今天受到尊敬的人，在当时看上去，或者从录音里听起来，都像是在为一场可怕的教会社交活动服务。而货真价实的民谣音乐家则兴起于另一个时代——来自另一个世界——埋藏在一个早已消逝的时空里。人们手头可用的选择，简言之，就只剩下一些净化过的卡巴莱民歌、哈里·史密斯（Harry Smith）在《美国民谣音乐选》中网罗的幽灵般歌声，或者在城市之外那些遗失的土地上最近“发现”的音乐家。在某种意义上，对民谣的狂热是可以理解的。在一个充斥着消费主义和伪道学的虚假世界里寻找一种具有根本性和真实性的东西，是一种理性的渴望。对于大众文化之欲望的担忧，困扰着整个时代。但是在丁基顿，为此付出的代价是对摇滚的全盘否决，而就在几个月之前，迪伦还沉迷于这种音乐之中，不能自拔。

谢尔顿在 1966 年采访了一位迪伦的同代人，哈维·艾布拉姆斯（Harvey Abrams）。他记得鲍勃·**迪利恩**——“他在这里所有的音乐表演名单上都被拼成鲍勃·迪利恩”——但他同时还说，他的老朋友在涉及民谣时是个“纯粹主义者中的纯粹主义者”，一直都执意追寻最原始的录音或歌曲。“如果那时候有人给他放一张披头士或滚石的唱片听，”艾布拉姆斯说，“他很可能会把那张唱片踩碎。”

在迪伦进入大学之前，已经有民谣类型的歌曲跻身几种排行榜榜单之上了。甚至连自我标榜为纯粹主义的人，也开始逐渐适应起人们的选择和流行风尚的安排。但是先听听铅肚唱《晚安，艾琳》（Goodnight, Irene），再听听织工乐队唱他们那首在 1950 年冲上排行榜榜首的主打歌。后者在面对黑名单的威胁时所展示出的勇气，远远没有得到应有的认可。但在另一方面，他们对这种音乐的滥用，至今也没有受到惩罚：它之所以被称为“民谣”，仅仅是因为那些热心的白人说它是。而 21 世纪的听众则会感到纳闷，不明白他们为什么从最开始就非得演唱一位黑人作者写的音乐？如果埃尔维斯被指控为剽窃，那这又算什么呢？甚至在民谣群体里最激进的那些人也习惯于——这是一种不过脑子的自满自得的习惯——以优越的姿态关照黑人文化。只有把它按白人的样子表达，才有市场。有谁这么以为？每个人。

而且，到底谁才是“货真价实”的呢？究竟是哪一条标准规定了，乡村民谣总归是在文化上更纯粹的，因为——我们不用拐弯抹角——他们鬼都不懂？把美国的农民阶级作为遗失的部落进行看待的习惯，简直太自欺欺人了。你不得不相信，这些人从来没有看过一场电影，没有翻过一本杂志，没有在军队服过役，没有想象过大城市和明亮的灯光，是一种在世外桃源默默耕作的乡野存在。这当然是不可能的，而且很多民谣复兴运动中稍微聪明一点儿的先驱们，几乎从一开始就都对此再了解不过了。

史密斯影响甚大的《歌集》（*Anthology*）也许听起来好像时间初生之时的音乐，但事实上那里面收集到的最老的歌也不过上溯到 1926 年，比《时代周刊》和《新闻周刊》发现格林威治村的时间早了 30 年多一点，而比纽约经历其第一次“民谣繁荣”仅仅早了 20 年。对版权态度暧昧的史密斯攒成的那张 78 转唱片，不论如何都属于现代性的产物。在某些歌词和旋律中，可以拉出相当绵长的谱系，但是史密斯在 1952 年通过民谣之路唱片公司发布的六张密纹唱片，仅仅是**前一个**录音高峰期的证明。他自己也表达得足够明白：编纂《歌集》的目的是纪念一个时刻，那时“电子化录音让音乐的精确复制成为可能”，同时“商业化的民谣音乐”还没有被经济大萧条的飓风吹散。如果“兔子”理查德·布朗或者巴斯康·拉玛·朗斯福德（Bascom Lamar Lunsford）在村子里那些人的耳中听起来像天外之音，那更有可能是因为美国集体记忆的失灵，而不是因为缺乏无产阶级的纯粹性。那些声音在它们的时代都曾经是流行歌曲。

因此，称年轻的迪伦据持有纯粹主义立场，就很有趣了。哈维·艾布拉姆斯说，他追查一首歌的踪迹时，会一直追到国会图书馆收藏的原始录音。然而正如他自己反复承认的那样，当他初到明尼阿波利斯时，对民谣知识的掌握少之又少。摇滚唱片在希宾市已经很难求得，民谣音乐简直堪称稀有。难道仅仅因为是学者咖啡馆的时髦风尚，他就几乎在一夜之间摇身一变，成为一个纯粹主义者了吗？话又说回来，他并不是一个**标准**意义上的纯粹主义者。寻找歌曲的源头当然对他而言至关紧要；但对于什么是合法或不合法的以及什么是允许的或不允许的这类争论，他没有丝毫的兴趣。

然而还有一件事很奇怪，就是他没有经过任何铺垫，几乎直接成为一股中坚力量。而更奇怪的是，他在初入大学时，就已经宣称自己是个民谣歌手了。显然，他前往丹佛的那次旅程终究并非一无所获。不管怎么说，最后的结论一定是，在认定了自己的路线之后——以及在几周之内放弃了自己的课业之后——他对音乐展开了一段集中而高强度的学习和钻研。他不得不去**了解**。

* * *

在人们的记忆中，他通常是安静、“害羞”的，但总是热切地希望表演。有些人最初很喜欢他的演唱和演奏，但很快就厌倦起来。没有一场聚会能少了“迪伦”。他也在为自己的角色打扮，搭配出一套不久便让全世界都能认出来是他的特色服装：“李维斯牛仔裤，平底鞋或靴子，以及一件蓝色工人衫；在冬天，是一件老旧的粗花呢运动夹克，和一条厚厚的围巾。总是戴着一顶古怪的圆顶帽或鸭嘴帽。”他还习惯在嘴边挂上一句口头禅——“远在它风行以前”——说学校与生活毫无关系。考虑到他对生活的了解之少，这足可算是一句冒失而武断的宣言了。这便是他为世人展现的画面，一幅画像，不知他如何做到，但就是既害羞又令人难以忍受，既缺乏指导又充满自信。他搭便车去了一趟丹佛，回来就开始像俄克拉何马的农夫移民一样说话。他从信任他的人那里偷走唱片。而这也成为他获得教育的一部分。于是，那本规模虽小但颇具影响力的《小沙评论》（*Little Sandy Review*）杂志编辑乔恩·潘卡克（Jon Pankake）和保罗·尼尔森（Paul Nelson）很快就发现，他们收藏的几张珍贵的英国制作的唱片不翼而飞了，那是一个名叫杰克·埃利奥特（Jack Elliott）的格思里模仿者录制的。在传说中，为了索回这些唱片，威胁、恐吓（和挥动的保龄球瓶）全都披挂上阵了。

与此同时，迪伦正在阅读金斯伯格和凯鲁亚克的作品，并在短时间内又读了很多其他人的书，这并不是因为阅读成了他的一个自然发展而成的习惯，而——恰恰相反，或者据称——还是因为他需要了解。当一个名叫戴夫·惠特克（David Whitaker）的朋友在1960年9月左右借给他一本《奔向光荣》之后，被震惊到的迪伦立刻开始表现得这仿佛是他自己的发现，而格思里也成为他个人的所属。然后，他开始抢占伍迪的音乐，一首歌接着一首歌。他找到了自己一直在寻找的那些东西中的一个。

到此时为止，如果你相信他妈妈的话和那些传记作家兼跟踪者的说法，把拜访的时间定在 1959 年或 1960 年，那么迪伦做过的事就包括一次到科罗拉多州的搭车旅行、一段在森特瑞尔城（Central City）名为“镶金吊带”的脱衣舞酒馆里演出的生涯、和一位表演家同台演唱的经历以及实际上因为盗窃而被逐出小城的事迹。当几年后重返这条路时，根据在场人的证词，迪伦显然展现出对森特瑞尔城的了如指掌。但另一方面，怎么会有人愿意在两眼一抹黑的情况下，给一个从 750 英里外来的不知底细的少年黑键钢琴手提供一份工作呢？据称，是一个无名的脱衣舞娘帮他争取到了演出的机会，估计是因为当地没有任何其他人会弹琴了。在 20 世纪 70 年代末的一次采访中，迪伦声称他曾在两场主要的脱衣舞秀间隙，表演过诸如《骡贩子布鲁斯》（Muleskinner Blues）这样的歌曲。在一家脱衣舞酒馆里唱一首古老的布鲁斯约德尔？他之后肯定是表演过这首歌，而且在 1962 年夏天还在蒙特利尔演唱过一次。但是在这里，只不过是那众多故事中的一个罢了：即便这里掺入了任何事实，一并当作虚构看待也并无不可。

当明尼阿波利斯的秋天来临时，我们将听到那个时期“迪伦”的真正声音。虽然格思里在这时已经对他产生了重大的影响，但蜘蛛约翰的记忆还是准确的：这还是一个雏形，一个仍在测试一种新风格各种可能性的嗓音。排开偷录的不算，在斯科塞斯的《迷途之家》的“原声带”里，我们还能在《漫步的赌徒》（Rambler，Gambler）中再次听到这种声音。事实上，根据那份磁带的录音判断，迪伦还不怎么样。

* * *

在美国和在其他地方一样，20 世纪的西方生活形成了一个固定的套路，一种喋喋不休的挑剔想法认为，现代性的存在都是不真实的、虚假的和不可靠的。是英国的浪漫主义运动推广了这一观点，即便普通大众正陷入对工业革命完全真实的恐惧之中。但与此同时，浪漫主义的理想也呐喊着诞生了，成为对那场革命的回应。在大约一个世纪之后，T. S. 艾略特还在为伦敦那座“不真实”的城市的胜景担忧。又过了两三代，一种自我描述为反文化的运动思潮在逃向公社的嬉皮士身上找到自己的一个表征，把一切千禧年派、犹太复国主义或斯大林集体主义下的前人抛在脑后。理念是完全一致的：这个现代化的世界，只懂得索取与挥霍，是一个虚假的、不自然的状态。迪伦在那次《传记》（*Biograph*）的采访中，仍然在使用那个词——永远是他最爱的词汇之一——“虚伪”。

历史上曾发生一件诡异的事：美国刚刚达成一部分的繁荣，也刚刚变成这个星球有史以来见过的最富有和最强大的国家，它的气运便开始遭到深深的怀疑。有时候似乎完全可以这么说：那些熬过了大萧条和希特勒战争的人，他们养大的孩子除了抱怨他们的命运之外，什么也不会做。那些在战后大量涌现的自制**主义**和过去所谓的意识形态没有任何明显的关系。时髦的年轻人抱怨着**物质主义**、**商业主义**或**消费主义**。他们嘲笑新式的城郊天堂。出版的书籍都冠以会意式的犬儒标题，比如《孤独的群众》（*The Lonely Crowd*）、《权力精英》（*The Power Elite*）、《组织人》（*The Organization Man*）和《富裕的社会》（*The Affluent Society*）。社会学家、歌手、讽刺小说家和心理医生们都在据理力争地指出，在美国的心灵中，有某些东西空了。

而那些质朴、诚实、敬畏上帝的人民如何能容忍这一切呢？他们竭尽全力地去做正确的事情。他们为他们的国家而战，努力工作。他们**喜欢**他们的城郊生活、超市、家用电器和电视晚餐。一道代沟演化成深深的敌意。到1960年大选之日，90%的家庭都拥有一台电视机，13%的家庭拥有两台。这些方盒子轻声耳语着鼓励的声音，叫喊着确认，倾倒着最近有关消费奇观的新闻，同时为了体面修正现实。收视率可以证明，这些就是人民想要的东西吗？当人民每天以一种令其他民主国家倍感奇怪的方式重复着对美国的效忠宣誓时，他们对自己口中念出的每一个字都是当真的。

在朝鲜战争之后，国会在这份誓言中插入了“上帝保佑”（Under God）几个字。法律规定，钱币表面要刻有“我们信仰上帝”（In God We Trust）的字样。一场致力于创建国家宗教的运动被一种更高的权力喊停了，那就是神圣的《宪法》。至少在这一点上，立法者们理解他们的人民：在迪伦的童年和青少年时期，这个国家返回了——或者说不如说被成群地赶回了——信仰之地。认为美国从建立之初就与宗教信仰紧密联姻这种想法只是一个现代神话。潮落，潮涨。20世纪50年代，上帝杀回来了。

1940 年，教会的成员数量停滞在 6 450 万人，而到了 1960 年，这个数字涨到了 1.145 亿。可以用一种更形象的方式来解释数字上的这种差别，那就是，在战争爆发前，有一半美国人都觉得没有加入教会的需要。等到迪伦 19 岁时，正准备动身前往纽约，而那里也将迎来对盲目信仰的后果展开戏弄嘲讽的曲调。但在当时，只有 37%的人还拒绝加入有组织的宗教，他们的数量也在稳步下降。这一方面是因为某种普遍的模糊的信仰感觉正在社会和政治的作用下合并进来，另一方面是因为一个看似简单的逻辑。

美国是受到祝福的，证据无处不在。美国是所有国家中唯一的例外，只要向外面的世界望一眼便可知晓。那么，祝福是由谁赐予的，又为了什么样的目的呢？这个问题的答案指向一个太过明显的结论，为一直延续到今天的美国政治之火接上一条引线。生为犹太人的迪伦，看上去就像是一个不可知论者——虽然没有一首歌的任何一句歌词提过类似的事情——总有一天，也会轮到他被吸引到这个热潮之中。

在他的童年和青年时代，新教伦理承担了美德的定义。那么，物质主义到底是如何做到与基督对贫穷的认可相安无事的呢？如果你熟悉诺曼·文森特·皮尔（Norman Vincent Peale），就会对那个时代产生一种清晰的感觉。这位新教的牧师在 1952 年出版了《积极思考的力量》（*The Power of Positive Thinking*）一书。某位历史学家曾这样解释说："根据皮尔所言，《圣经》传达的消息是，上帝想让你向前进。"[1] 有时候，看起来不管美国想要什么或者认为自己想要什么，万能的上帝都欣然同意。甚至连发动战争也可以——像某人很快就会唱的那样——"上帝与我们同在"。不管怎么样，皮尔的书，同他每一本以乐观的话语对基督圣意进行厚颜无耻的曲解的作品一样，大卖特卖。耶稣可不是个"共党分子"。鲍比·齐默曼不是在一个感染了颠覆心态的国度里发明出鲍勃·迪伦的，而是在一个充盈着信仰的国家。他后来也会把自己同那种信仰调和在一起，只不过要等很久才会有人发觉。上帝一直就在那里，

1 O'Neill, *American High*, p. 212.

在各种各样的伪装之下，自始至终。它曾经是，直到现在也是，一种属于美国的东西。

* * *

> 就是在某一天早上，我起了床，就离开了。我没有花太多时间思考，也不能再多想了。不管下雪还是不下雪，到了我该走的时候了。我交了很多朋友，我猜也树了不少敌人，但是我现在管不了他们了。我已经尽我所能地学会了最多的东西，也用光了自己所有的选项。这一切都变得太老了，这一切都发生得太快了。我刚到明尼阿波利斯的时候，它看上去像是个大城市，或者是个大城镇。当我离开它的时候，它就像是某个乡间村落，就是你只能坐在火车上路过时看到一次的那种。我迎着暴风雪驶上公路，相信这个世界是仁慈的，径直向东奔去。[1]

正如迪伦自己艺术化的表述，他抛弃了明尼阿波利斯，是因为那里已经没有什么理由值得留恋了。他将自己的决定编织成一段民间传说——行李箱、吉他、落雪和一个敞开怀抱等待他投入的大世界——但这个故事或多或少就是真的。那个第一眼看上去如此之大的城市很快就萎缩了。这显然是属于他的风格：渴望着更多的经历、消费着知识与人情，而这都出于他的贪婪，展现着他内心深处痛苦的需求。丁基顿已经是个死胡同了。

如果，万一，民谣音乐真是他所求之物，那么可去的地方只有一处。这至少能保证让“寻找伍迪·格思里”看起来不是一个那么蠢的主意。**奔向光荣**，那场伟大的发现之旅，无疑让迪伦深信，漫步到纽约，绝对是他的偶像会选择去做的事，而且确实**已经**以自己的方式做过了。

至于伍迪会不会也同样选择一个寒冬腊月作为自己旅行的季节，我们不得而知。不管从哪个可能的角度来看，这都是个疯狂的想法，但是这个决定总给人一种不可避免的感觉。你可以相信，这个年轻人似乎已

1　采访者 Cameron Crowe，*Biograph* booklet（1985）。

经就此事思考过很长时间了。在丁基顿，名声不会主动来敲“鲍勃·迪伦”的家门。

另外，还有一大群新鲜的观众，在翘首期盼着他决定成为的那个人。而那份工作，成为他一生的志业。

6

少年离家

> 此刻，你正置身于曼哈顿的孤岛之中，四周由码头拥绕，犹如印度洋上的小岛被珊瑚礁所环绕一般——商业之浪冲刷着它。左右两侧的街道将你引向水边。最远的商业区位于炮台处，风浪拍打着宏伟的防波堤，但在几个小时以前，那里还是一片汪洋。可是，瞧瞧吧，此刻，有多少观看海景的人伫立在那里。
>
> ——赫尔曼，《白鲸》

在曼哈顿下城，这座岛的"正中心"，格林威治村被包围在此，这个地区依然公然蔑视着纽约街道规划专制的坐标。村子位于百老汇以西，好斯顿街以北，第十四街以南，西边地区租金昂贵，对于无法负担贵族化的波西米亚地区明星租价的人而言，这里是无法企及的。如今的格林威治村已是"历史名胜"，一举一动都在城市委员会的监视之下，该委员会负责保留建筑记忆。假如你想尝试任何新的作品，首要考虑的因素就是"保留建筑的主体外观"，然而讽刺的是，这一过程从未停止。确切地说，格林威治村并没有死，即使它的生命体征日趋微弱。

从前却不是这样的，这一点毋庸置疑。当现代人花费高价，住在19世纪复古风格的公寓中，他们实际上购买的是文化渗透的幻想，是"遗产"，是可以跟别人吹嘘的机会：这里是汤姆·佩因（Tom Paine）漫步的地方，亨利·詹姆斯（Henry James）曾在这儿睡过觉，马克·吐温刚刚离开这栋楼。只要是你能说得上名字的，都曾是或仍然是这个小镇的居民：詹姆斯·费尼莫尔·库柏、赫尔曼·梅尔维尔、埃德加·爱伦·

坡、沃尔特·惠特曼、伊迪丝·华顿。有所耳闻的本地人也会讲述凯瑟琳·布兰查德夫人（Madame Katherine Blanchard）出租屋的传说，这座“天才屋”曾经坐落于华盛顿广场以南[1]，西奥多·德莱塞、欧亨利、尤金·奥尼尔、薇拉·凯瑟、约翰·里德、约翰·多斯·帕索斯等天才都曾在此投宿过。如今的记忆稍纵即逝，然而，在古老的村子，在某些夜晚，斯蒂芬·克莱恩（Stephen Crane）与法律对抗（并取得胜利）；伊莎多拉·邓肯在舞台上翩翩起舞；威廉·福克纳喝得酩酊大醉；埃德娜·圣文森特·米莱（Edna St. Vincent Millay）开设剧场。

自19世纪40年代以来，格林威治村一直处于美国文化和激进政治的核心，这个村子具体指的是如今人们称之为西村的区域。20世纪上半叶，这里房租低廉，但这正是任何时代艺术发酵的前提，关键是记住谁不在附近。20世纪20年代，住在此处的人物只有玛丽莲·梦露、哈特·克莱恩（Hart Crane）、爱德华·埃斯特林·卡明斯与托马斯·沃尔夫。正如作家马丁·格林（Martin Green）所说：“这座村子与这个国家的其他地方永远处于隔离状态。”[2]

1917年1月，被人们称为“悲伤”的格特鲁德·德瑞克（Gertrude Drick）（她自称“我太苦了”）与马塞尔·杜尚以及四位具有艺术气息的好友，开启了这一个笑话。这伙人顺着废弃的楼梯，爬上华盛顿广场拱门顶端。[3] 探险队一行带了食物、酒、纸灯笼和热水壶，他们放飞热气球，向冰冷的夜空用玩具手枪射击，以此庆祝“独立的格林威治村共和国”的诞生。

1844年，爱伦·坡完成作品《乌鸦》（The Raven）的创作，据说，他在西三街的一座阁楼里饥饿难耐，当时的西三街被称为“友好街”。20

---

1 Luc Sante, *Low Life* (1991), Ch. 16. 桑特（Luc Sante）在书中写道：到了20世纪20年代，这个村子甚至已经变成“一座波西米亚风格的主题公园”。布兰查德夫人说道：“艺术是宏伟的，文学是令人赞叹的。但遗憾的是，要喝多少桶酒才能生产出它们。”

2 *New York 1913* (1988).

3 格特鲁德是一位性情不稳定的诗人，拿着镶着黑边的名片，名片上只有一个单词“悲伤”(WOE)。她的这次努力已是人们为了脱离而进行的第二次尝试了。1913年，身为社会主义者（后来的法西斯分子）的记者和活动家埃利斯·琼斯（Ellis O. Jones）在中央公园发出类似宣言。出现的人寥寥无几，当天阴雨绵绵，有人被逮捕。

世纪 50 年代，惠特曼在布里克街上的百老汇百福拱形酒窖中拥有自己专门的桌位，他在那里吸引了“波西米亚皇后”埃达·克莱尔（Ada Clare）的注意。19 世纪 90 年代，约翰·梅斯菲尔德（John Masefield）对即将成为英国桂冠诗人的命运并不在意，他十几岁时命运不济，成为水手，在一家名为“工人女孩之家”的健康场所擦过地板，该场所位于格林威治大道和克里斯托弗街的交叉处。1912 年，女继承人梅布尔·道奇（Mabel Dodge）每周在第五大道 23 号举办沙龙，培养了众多艺术家、作家和红色人士，军械库展览会就是在这里策划的。1919 年，哈特·克莱恩租下葛洛夫街 45 号的房屋。次年，他住在范·内斯特（即如今的查尔斯街），一直都在喝酒，从早到晚，不省人事，他创作的诗歌后来被改编成《白色楼群》（*White Buildings*，1926）。在聪明的评论家看来，克莱恩的诗歌令人震惊、钦佩，但又完全无法理解——象征了村子的艺术。

1912 年，约翰·里德加入《群众》（*The Masses*）的编辑团队，地点位于格林威治大道总部。正如优秀的社会主义人士一样，这位记者和他的同志们对拟接受（如果不是购买的话）的诗歌和文章进行投票表决。几年之后，里德藏身于西四街波莉·霍利德（Polly Holliday）的格林威治村酒店的顶楼，以躲避政府探员，同时创作了《震惊世界的十天》（*Ten Days That Shook the World*）。但是，1912 年，《群众》（*The Masses*）杂志的这种艺术与意识形态之间的喜剧张力，预示着关于迪伦的某些争议。村子里一位匿名的智者如此评论约翰·里德和他的朋友们青睐的“垃圾桶”插图：

> 他们为《群众》描绘裸体女性
> 结实的、胖胖的、丑陋的女孩—
> 这对工人阶级有何帮助？[1]

正如“波西米亚人”一样，波西米亚是 19 世纪对反文化的最佳猜

---

1 引自 Robert A. Rosenstone's *Romantic Revolutionary: A Biography of John Reed* (1975)，Ch. 7。

想。政治、习俗道德、传统艺术的枷锁，一如既往地发挥着它们的作用。同样，古老的及时行乐的冲动，促使波西米亚在纽约的前沿阵地诞生。每一个时代，心怀不满的年轻人、处境艰难的艺术家、固执的持不同政见者，从美国各个角落蜂拥至此，对任何一个想要逃离庸俗、家庭或自我的人而言，这个村子都是一个美妙的避难所。在曼哈顿这块土地的庇护下，他们可以摆脱过去的生活，就如同扔掉身上的旧衣服一样。

在另外一个意义上，波西米亚的诱惑其实很简单：它有其他地方所没有的东西，不论是新兴的艺术、大胆前卫的书店、道德自由、异域风情或是爱好饮酒、观点犀利的讲故事高手。20 世纪中期，在政治迫害、基督教复兴以及国父艾克催眠似的保证下，这些都颇具价值。第十四街的南部尤其适合迪伦这类人，他们对这个地方本身性质的概念非常模糊。[1] 罗伯特·谢尔顿猜测，20 世纪 50 年代后期，民谣歌手面临的观众，正渴望寻找疯狂的垮掉派作家。[2] 当这位来自明尼苏达的年轻人出现时，好奇的游客与半自治的城市共和中自选公民之间的界限已经很清晰。他们在这座岛上的立足之地与约翰·里德时期一样。

> 租金低是一大吸引力，但是这远不及村子的真实性吸引人。蜿蜒曲折的街道将村子保护起来，与川流不息的曼哈顿隔开。这里静若深流、街道斗折蛇行，如盖街、内塔街、克里斯多夫街，窄小的死胡同，如密立根街和帕特辛街，麦克道格街上充满魅力的院子，以及华盛顿广场上引人入胜的世外桃源，周围被成群的意大利和爱尔兰贫民区所环绕，喧闹的酒吧，舒适的饭店，廉价的、容易赊账的百货商店。[3]

---

1 “如果可以，永远不要去第十四街。这个村子的文人都是人渣。” The Village literati are scum. H. L. Mencken，“advice to a young writer”，*c*. 1920.

2 “当时，游客络绎不绝，游客来此的目的之一是听垮掉派诗人说脏话。民谣歌手会和诗人交换，久而久之，民谣歌手开始占据主导地位。” Tom Paxton，liner notes to *I Can't Help But Wonder Where I'm Bound*（1999）.

3 Rosenstone，*Romantic Revolutionary*，Ch. 7.

时过境迁。村子里戏剧性的生活也许还是百老汇的先锋戏剧，但是喜欢曼哈顿下城这个地方的名人，如今很少有人会梦想成名或一飞冲天，更不会梦想去革命。有人说，所有的艺术家都走了，去了布鲁克林或其他地方。独一无二的图书馆仍然在此，纪念着那些短暂停留过的艺术家，游客们经常光顾图书馆，如今它被前共和总统的女儿们占据，而被误导的狂热分子对它魂牵梦萦，他们仍然希望捕捉凯鲁亚克和金斯伯格的回声，捕捉民谣合唱会的声音，捕捉某个特定的口琴表演者的声音。

* * *

据说，迪伦到达纽约的时候，可能是在1960年12月，当时天气极其寒冷（“17年来最冷的冬季”），但更有可能是在1961年1月阴暗沉闷的最后一周。[1] 无论哪种情况，都让人不太舒适，连续17天，气温都在零度以下。《时代周刊》称“城市被白雪覆盖，上下班的人今天面临很大挑战，积雪有9英寸厚，路面结冰，车行缓慢。”气象学家计算，这个刺骨的冬季是28年以来最冷的季节，市政府准备禁止任何非重要的车辆在受困的街道上通行。然而，报纸版面被1月20日美国第35任总统的就职典礼所占据。这位最年轻的总统以充满活力的现代风格，使自己的历史性演讲简洁明了。

当然，一切纯属偶然。迪伦不会为了赶上这个时代的开始而掐着点来到纽约。约翰·菲茨杰拉德·肯尼迪也没有，那时他年仅43岁，正是代表希望与民主梦想的圣徒，他被暗杀让每一首抗议歌曲都有了意义。肯尼迪倾向于热战激起了抗议。然而，就背景而言，这一巧合是完美的：在变幻莫测的时代，这两个人一同开始。某一天，音乐将与粗糙的画面融为一体。“让我们的朋友和敌人同样听见我此时此地的讲话：火炬已经传给新一代美国人。”在这个1月的雪天，肯尼迪如此向听众宣讲。在一定程度上，作为新一代美国人的代表，总统先生将很快对此做出回答。

迪伦刚到纽约时不足20岁。人们坚定地认为，当时迪伦穿越半个美国，只是为了寻找伍迪·格思里，和他见上一面。这一点毋庸置疑。然而，同样也无须怀疑，一个涉世未深的年轻人，没有异于常人的才能，

1　一般认为是1月24日，星期二。

或者说才能尚未显现，同样也可能是为了寻找一种生活，一种与他开始塑造的身份相匹配的生活。即使处于奄奄一息的状态，格思里也依然是一切音乐与存在方式的象征，在此情况下，这个“鲍勃·迪伦”渐渐形成。

尽管如此，这个少年并不缺乏勇气：他一头扎进这个伟大而未知的世界。他如此天真，又如此幸运，但是，每个人都能回想起来，他又是如此热切地渴望，充满着雄心壮志。在其所有早期的冒险中，人们从来不会感觉迪伦出现在这个村子仅仅是为了碰碰运气，看看事情会如何发展。他并不是抱着一线希望而来，他的信念或者说他的需求是坚定不移的。在那么多的故事之中，从来没有人说过迪伦曾经考虑过夹着尾巴回到明尼苏达。他忠于自己的传说。但是如果没有格思里，迪伦很可能会在纽约结束梦想。然而：

> 伍迪·格思里有着一种独特的嗓音。除此之外，他说话风格又与这种声音匹配。对我的耳朵而言，这是极其不同寻常的……
>
> 我无法相信自己从来没有听说过这个人。我可以听他的歌，而且真的可以从他的歌中学习如何生活……[1]
>
> 伍迪的歌包罗万象，有富人和穷人、黑人和白人，有生活的起起落落，有学校所学与现实生活之间的矛盾。他在歌声中表达了一切，这些东西我能感受到，却不知如何表达。[2]

这是事情发生 44 年之后的故事版本。故事讲述了迪伦在明尼阿波利斯或圣保罗听到格思里的歌曲时，被彻底地震撼了，如同灵魂受到启示。相比凯鲁亚克《在路上》的即兴演唱，《奔向光荣》对迪伦产生的影响更为深刻。伍迪改变了迪伦的生活，赋予他的生活以一定的目标和意义。为了“拜访伍迪·格思里”，迪伦带着“一只旅行箱、一把吉他”，以及口袋里的 10 美元，一路向东。在所有关于迪伦的传说中，这个故事始终

---

1 *No Direction Home* (film).

2 采访者 Robert Hilburn，*Los Angeles Times*，April 2004.

是人们记忆最为深刻的。毫无疑问，这个故事试图告诉我们一些东西，有关艺术、传承和亲和力。然而，除非你也是一个天真的少年，激情澎湃，难以抑制，否则你对此无法真正地理解。在刺骨的寒冬中开始一场朝圣之旅，前途未卜，没有任何保证说旅行者能够走近他的英雄。综合所有这些因素，显而易见，这场旅行是一次愚蠢的举动。同样残酷的事实是，格思里是最不可能成为角色榜样的一个人。

成为格思里并不一定会给自己带来声誉。1961 年，疾病让格思里形容枯槁，如同传说的鬼魂一般。尽管一直在接受药物治疗，先兆性的"轻微抽搐、颤抖"，如今已变成胳膊、腿和躯干的严重颤抖，病情不可预测。[1] 这是缓慢、残酷、可怕的经历。2 月，格思里的朋友聚集在格林威治村谢里登广场一间地下剧院，唱歌、奏乐，与他告别。英俊潇洒的西斯科·休斯顿准备录制最后一张专辑《无家可归》（*I Ain't Got No Home*），第一次也是最后一次亲吻他老友颤抖的额头，几周后，他也因胃癌去世。对于西斯科这样的人而言，这种动作只有在临终时才做得出来。对这些英雄而言，一切已经结束。

那么迪伦打算要取代他们的位置吗？如果真是如此，这不是后来的一代人所谓的职业举动。格思里绝非明星，甚至谈不上特别知名：他真正的声誉将在他死后才到来。另一方面，格思里与这个受训于赫茨尔夏令营的年轻人的经历，距离十万八千里。"根除"这个词已经被用作贬义词，但是有时，这个词似乎符合这位"伍迪之子"。同样，这不是意外。但不论动机是什么，这是他自己的选择。

不论是否受到灵感的启发，年轻的迪伦并不是很优秀，就连丁基顿的熟人也是如此看待他的。作为一名表演者和歌手，他"普普通通"，与其他众多渴望在歌唱事业上取得成功的人没有什么分别。有人说，他自从科罗拉多之行后已经有了显著的提升，但是，这很大程度上取决于参照的标准。这个村子比明尼阿波利斯更为严格。要想在纽约取得成功，"迪伦"必须要拿出更多更好的东西。眼下，他对民谣音乐知之甚少，只知道民谣有点出格，有点波西米亚风，令人愉快，有内在的对抗性，这

1 Klein, *Woody Guthrie*, Ch. 12.

些正好是辍学的借口。迪伦学得很快，他努力抓住每一次机会，但是与他即将遇到的这些人相比，自己真的是一无所知。

然而，鉴于他并不笨，他知道，《奔向光荣》这首在他来纽约 20 年前首次发表的歌曲，不仅是 20 世纪 60 年代的生活手册，更是一部社会历史。他也可能认识到，格思里的回忆录并非每一个方面都是可信的，其中的很多内容是一种英雄小说，即普通老百姓与老板阶层对抗的民谣。这些在后来关于迪伦的故事中显得都不再重要。2004 年，他在《编年史》中融入不少《奔向光荣》天真的歌词也没有关系。格思里的职业生涯和生命走到了尽头，他不知道这位来自亚伯拉罕之子的年轻人。然而，还是有这样的传说，天才的火花——“与此声音相匹配的东西”——将穿越几代人，就如同命运的安排一样。

* * *

这是一个好故事，尤其是一切正如迪伦所描述的那样发展。迪伦痴迷于格思里，真诚地拜访这位病人，不知怎么地，仅仅是在英雄身边也能得到滋养。在几个月的时间里，为了找到格思里，“加入小理查德”的雄心壮志也被抛在一边。迪伦有了伟大的发现：民谣音乐是虚伪的对立面；古老的歌曲可以指引新生活的道路。而正如格思里所展示的，生活就是万花筒，一切皆有可能。你可以做出选择，是否要改变自己，成为另外一个人。纽约是一块白板、一张空白的纸面。对于这个明尼苏达人而言，在他的记忆中，或者他认为的记忆中，既有负面也有正面，这“不是很多人到过的地方，而且去了的人从来没有回来过”。[1]

尽管如此，迪伦仍然坚持，无论如何要前往纽约，去格林威治村。这不仅仅是一次朝圣之旅，不仅仅是一个无知少年的浪漫想象。患病的伍迪·格思里为迪伦的旅行和变形提供了冲动，但绝不是动机。表演生涯十分重要，而且一直都是，正如获得认可一样。

1961 年最重要的事实是，他对民谣音乐如此热爱。但是，他钟爱的是民谣神秘的过去、持久的集体智慧，以及陌生的虚构力量。最初的几个星期，在曼哈顿下城肮脏的俱乐部、悲伤的咖啡馆中，迪伦拖着双脚

---

1 *Biograph* booklet.

前行，在新奇的音乐行业繁荣已经接近尾声的时候，在因循守旧、看透一切的人群中，说着言不由衷的话语，则完全是另外一回事。起初，人们只是认为这个年轻人只是伍迪·格思里的又一个模仿者，递递篮子，通过“猫女”哄骗顾客给小费。

不过可以猜想，在迪伦的心中，他对自己新找到的职业也感到一点不确定。即使在明尼阿波利斯，人们也已经注意到，他对所有关于传统和真实之间的深刻论断缺乏兴趣。他痴迷于原创的东西，痴迷于音乐的来源，但是文化宗派纷争从来不是他的风格。他想要事物的本质，而不是对事物的争论。那时，他的天赋之一就是能切中要害，避免被固化。这可能使他显得自以为是、自我。这可能引起人们的怀疑。

当然，从结果看，民谣歌手是正确的。他之所以对民谣音乐感兴趣，很大程度上是因为民谣可以指引方向。有些人不值得拥有更好的东西，他们发号施令，或者将本土的歌曲改成柔弱的无意义的东西，把迈克尔的船划到岸边*，讨论年长的西尔·夏普（Cecil Sharp）对《木匠》（House Carpenter）** 的 22 种改编，这些东西通常不会说出来。他“利用了”他们？这是人们对他的指责。那么，他们在心里到底是怎么想的？

1961 年底，亨特·S. 汤普森（Hunter S. Thompson）为《无赖》（*Rogue*）杂志写了一篇文章[1]，被杂志婉拒，该文就抓住了这个村子的氛围，以及民谣中奇特的混合元素，有时髦、骗子、古怪以及难以平息的真诚。汤普森的主题，或者说受害者格林布雷尔男孩将会在适当的时机成为迪伦故事中的配角。

在纽约市格林威治村，有一家狭长的、灯光昏暗的酒吧叫作“民谣城”，位于华盛顿广场公园以东。这里的客人为常见的各色人

* 《迈克尔划船》(Micheal Row the Boat) 是美国乡村音乐的经典作品之一。——译者注

** 《木匠》是一首英国民谣。——译者注

1 该文后来被收录进汤普森的：*The Proud Highway：Saga of a Desperate Southern Gentleman 1955 - 1967* (*The Fear and Loathing Letters*, *Volume 1*), ed. Douglas Brinkley (1997)。

等，有穿着帆布鞋、衬衫领尖有纽扣的学生，衣着讲究的游客来这里度周末，“朝九晚五的上班族”穿着黑色套装赶赴别致的约会，看起来不太高兴的“垮掉的一代”分散在各处。这是村子的一个普通的星期六晚上，两部分人都很厌倦，一部分是地方特色，一部分是期待……

汤普森写到，在西四街与孖沙街的街角处，即使是10：30，这个地方依然死气沉沉。“即使是风景稍微变换一下都令人激动不已。”[1]

我正准备继续前进，这时发生了一些事情。在那一刻，小小的室外音乐演奏台上，出现了我在这个村子见过的最为奇怪的一幕。三个农民打扮的人，笑嘻嘻地调整乐器，圆滑世故的主持人介绍说，他们是“格林布雷尔男孩，来自大奥利·奥普里剧场”。天呐，我心里想，这是多么可怕的笑话！

刚开始还只是有点奇怪，但片刻之后，事情就变得荒诞。这三个笑嘻嘻的男人，怪异的、乡村打扮的三人组，笔挺地站立在“先锋”的中心区域，突然爆发出鼻音的演奏，“我们需要多些耶稣，少些摇滚”。

人群欢呼，格林布雷尔男孩回之以厄尔·斯克拉格斯（Earl Scruggs）编排的《温馨的家园》（Home Sweet Home），汤普森写到，他当时简直目瞪口呆。作者提到游客面带微笑，有一种波西米亚的元素。这些人戴着太阳镜，穿着长条纹衬衫、李维斯的裤子。咆哮版的《美好的山露》（Good Ole Mountain Dew）引起观众雷鸣般的掌声。

在纽约，他们称此为“蓝草音乐”，但实际上，它与肯塔基兰草地区的联系极其微弱——即使有的话。任何一个来自南方地区的

1　从前这里是一个饭店，热尔德 1960 年 1 月开始营业，成为民谣演奏场所。原来的建筑毁于 20 世纪 70 年代。

人，都会认出同样的古老的连接、乡村狂欢产品，其中90%与罗伊·阿卡夫很相像。选曲也许有点圆滑世故，但歌曲本质上还是美好的、传统的乡村音乐。表演既不是笑话，也不是在恶搞。至少不是有意识的，尽管有点讽刺的是，格林威治村很大一部分人是脱离南方和中西部乡村小镇、“解放自我”的人，在那些小镇，乡村音乐就和肉、土豆一样常见。

这位记者发现，格林布雷尔男孩来自皇后乐队和新泽西，并非来自大奥利·奥普里剧场。汤普森将他们称为“奸诈的农民”，但是允许在他们的打趣中有一点非乡村的味道，甚至明显带有兰尼·布鲁斯的味道。考虑到这一切，汤普森得出结论，“先锋在挖掘乡村”。

我在这里，在世界上最有文化的城市的“夜总会”里，一瓶啤酒几乎要花费1美元，周围的人们显得都很有学识，他们似乎被这个班卓琴音符下的每一个重击和鼻音所吸引，我们都在看这场表演，在任何一个星期六的晚上，在肯塔基乡村地区公路旁的客栈里几乎都能看到。

没过多少年，同样是这位作家得出结论，鲍勃·迪伦是现今世上最重要的人物之一。汤普森没有开玩笑。然而，不像真实的是，他会介绍一堆地狱天使给《放任自流的鲍勃·迪伦》，将《拉斯维加斯的恐惧与嫌恶》(*Fear and Loathing in Las Vegas*)献给这位歌手，根据他的遗稿保管人道格拉斯·布林克利（Douglas Brinkley）所述，为了感谢《铃鼓先生》，他将迪伦任何一张音乐会非法录制的唱片都视为“所有时代最伟大的事情”。2005年，这位作家自杀之后，他的骨灰在科罗拉多农场被大炮炸毁，当时播放的正是《铃鼓先生》这首歌。关于这个歌手上千万的批评词语中，大多数都可以精简为汤普森无与伦比的一句评论：“迪伦是一种该死的现象，是真金，又如蛇一样刻薄。”

这种现象在1961年底并不常见。或许是受到谢尔顿9月29日在《时代周刊》上对迪伦和格林布雷尔评论的提示，汤普森敏锐地察觉到，格林威治村正发生着一些事情，并且见多识广的他发现了这种变化模式和启示。然而，为什么纽约市时髦的核心区域突然之间会对传统的乡村、保守的美国音乐如此痴迷？在众多音乐中，为何独独钟情于乡村音乐？正如汤普森写道，这“既不是笑话，也不是在恶搞”。那么，这是什么？有些新的东西从过去的东西中诞生，这个记者敏锐地发现了这一点，但在 1961 年 12 月那个时间节点，他还无法解释。

* * *

这种现象可以理解。有奇怪的悖论正在发挥作用。毫无疑问，对汤普森这些先锋人士和“垮掉的一代”而言，民谣是最新的东西，然而它已经显示出某些僵化的症状。另一方面，这场运动对变革、解放、虚伪的物质主义有很多话要说。有人说，这是时髦。与此同时，这是迄今为止唯一被委员会定义过的音乐。1954 年，国际民谣音乐委员会（International Folk Music Council）[1] 对民谣如此界定：

> 民谣是经过口耳相传的过程演变而来的音乐传统的产物。塑造这一传统的因素包括：(1) 过去与现在的连续性；(2) 源于个人或团队的创造冲动的各种变化；(3) 群体的选择，决定了音乐存在的一种或多种形式。

似乎是为了自圆其说，委员会指出，民谣音乐还是一种“源于个体的作曲家的音乐，之后融入口耳相传的活生生的群体传统之中”。这表示，没有人确切地知道民谣是什么，但是他们却知道什么不是民谣。民谣大致由群体产生、口耳相传，与特定的地区或民族相联系，是本土或劳动人民的产物，而且不知何故，不受无情的资本主义生产体系的影响。

它也是各种各样的马克思理论理想的候选者：只要提到“人民”，一

1　国际民谣音乐委员会创建于 1947 年，当时，来自 28 个国家的代表在伦敦召开会议，会议由拉尔夫・沃恩・威廉姆斯（Ralph Vaughan Williams）主持。如今，人们将其称为国际传统音乐委员会（International Council for Traditional Music）。

般都会成功。巴里·尚克对此轻描淡写："民谣歌手是一类怪异的表演者。"在一起欢唱的温馨统一体中，皮特·西格"沉浸在对传统无名的传承之中，这是人们对民间创作过程的一种浪漫的想法"。在这种理想化的群体交流中，民谣歌手"在真实的群体表演中抹去了自我"，而且没有人得到报酬。

反叛者可能会犯很多错误。比如，偏离对"传统"的正确解读是可耻的。在渴望作为个体作曲者获得认可之前，如果没有恰当地"融入口耳相传的活生生的传统"，那将成为令人厌恶的中产阶级风格。将自己卖身给商业和版权，抛弃了对人民的责任和义务，这是最为严重的罪过。不要求三次错误都犯，一次足矣。

有人曾相信这种东西，还有人依然相信。幸运的是，创作这种音乐的歌手不在诡辩家之列，他们在种植园中、在山上简陋的棚屋里创作，在工会的大厅或在录音室里创作，在城市或乡村创作。然而，四分之一个世纪之后，迪伦回想道："我最初写的那些歌，我永远不会说那是我写的。那些歌不是我写的。"正如学者们所指出的，民歌运动的问题在于"自主性和真实性"之间的张力（在于了解真实性的意味）。迪伦将会代表这种张力。

在父母看来，迪伦无非是休学一年，仍然在梳理自己的音乐，如果最后没有成功，他仍然会信守诺言，回到大学校园。在明尼阿波利斯的朋友和熟人的眼里，迪伦开启了一场疯狂的冒险。没有一个人相信他，这一点很重要。美国的校园里到处都是拖着吉他的年轻人。迪伦会演奏的歌曲，他们中大多数人都会演奏。如果说迪伦有什么优势的话，那么他微弱的优势就是对伍迪·格思里所有的作品耳熟能详。那个寒冷的冬天，在驾车去往纽约的路上，他度过了一个最寂寞的圣诞节，娱乐活动一点也没能振作他的精神，他没有理由保持乐观。格思里是护身符，但护身符并非理由。迪伦所拥有的就是建立在某种猜测之上的自信。只有猜测解释了是什么说服他相信自己有机会。比如：他与希宾的格格不入，他感觉自己不属于这个地方，这种想法逐渐演变为一种信仰。这种信仰超越了一切，只因为他别无选择，音乐或破产："这是一种生活方式，是一种身份，是穿着三粒扣西装的美国战后一代无法给予我这个年代的孩子们的东西：一种身份。”[1]

* * *

> 民谣音乐是一切开始的地方，在许多方面，也是一切结束的地方。如果你没有根基，或者如果你对它没有了解，你不知道如何控制，你不觉得自己与它有何历史的联系，那么你所做的事情成功的可能性就不会很大。[2]

如今，作为美国民谣传统的大师，迪伦获得了人们普遍的尊重。但他是如何取得这一杰出成就的，人们就不太清楚了。比如，2008年，一位音乐博客作者回顾迪伦1993年的专辑《走向错误的世界》，这也是迪伦在录音室录制的第29张专辑，这位博客作者承认："一直以来让我感到惊叹的是，迪伦熟悉如此众多、不同类型的传统歌曲。正如他自己大部分的作品一样，这些歌曲将为他作为一个人、作为一个音乐家而正名。"[3] 有人也有类似的观察。即使当迪伦的音乐似乎离民谣很远很远时，评论家罗伯特·克里斯戈（Robert Christgau）仍然称其歌词为"不合逻辑的推论，突然改变的态度，在这些被埋藏的歌曲中，被接受的，或者模糊了的空白地带"。

这不是一种本能的艺术激情，迪伦对此专心致志。更重要的是，作为作曲人，他古怪的原创性、他对歌曲形式的改革天赋，都是根深蒂固的。在1919年的一篇文章《传统与个人天赋》（Tradition and the Individual Talent）中，T. S. 艾略特断言：

> 没有哪一位诗人，没有哪一类艺术家，能独自作为个体获得全部的意义。他的重要性、他的赞赏，在于对他与过去的诗人、艺术家之间的联系的赞赏。你不能单独评价他的价值，你必须要将他置

1　采访者 Mikal Gilmore，*Rolling Stone*，December 2001。

2　同上。

3　David Bowling，"The Discographer"，at blogcritics. org，October 2008.

于和逝者的对比与比较中去评价。[1]

“船长”* 说：“一个新的艺术作品诞生之时，对该作品之前的所有艺术作品都产生了影响。”传统是条双向街。今天，我们对民谣布鲁斯的理解部分是因为迪伦，而这种理解反过来又是基于他最初“与过去的诗人和艺术家之间的联系”。艾略特还提到，当“真正新颖的东西出现时，它改变了之前所有的东西。诗人必须要生活在‘过去的现在时’之中”。这是迪伦的本能。如果说他对歌曲创作进行了革命，那么这也要归功于很多逝者的努力。

1961 年，所有这些还有待了解。在 21 世纪，关于迪伦有一个浪漫的神话，传说他迅速成长为一个完整、直觉的民谣歌手。事实根本不是如此。他来到这个村子的最初几个月，最突出的一点就是他迅速让这一神话变得貌似合理。模仿、窃取、崇拜让步于对过去真诚的模仿、痴迷、沉浸其中：所有这一切将在明尼苏达州杜鲁斯的鲍比·齐默曼的转变中，发挥作用，从来没有做过一天体力活，从来没有经历过艰难的岁月，没有为罢工示威游行过，或者坐在货车发臭的木板上，没有向上帝祈祷过，没有在《吉姆·克劳法》规定下生活过的人，蜕变成人们眼中的民间音乐的象征。一个简单而又不凡的事实就是，他以疯狂的速度成为了“鲍勃·迪伦”。还有一个事实就是，这个角色很适合他。

1961 年寒冷的 1 月，在从芝加哥到纽约的路上，迪伦一路唱着伍迪·格思里的歌，这使同伴厌烦至极。弗雷德·昂德希尔（Fred Underhill）和戴维·贝格（David Berger）两个学生邀请迪伦一起驾车，踏上这段漫长的旅途，从一个城市到另一个城市，中途不作停留，他说他们驾的车是“1957 年羚羊”[2]。贝格后来回忆说，迪伦“单调”的歌声“令人极其讨厌。我们到新泽西的时候，我终于告诉他：‘你他妈的闭嘴。’”

1　收录于 *The Sacred Wood*（1920）。

*《啊，船长！我的船长！》（Oh，Captain！My Captain！）是美国诗人沃尔特·惠特曼的作品，写于 1865 年，是为悼念林肯总统而作。——译者注

2　美国汽车的粉丝说，没有这种车。显而易见，迪伦肯定指的是 58 款，这种类型的第一款。

在曼哈顿，第一个非粉丝将他的同伴丢在积雪之中。这个来自北方乡村的男孩同样发现了这个地方的冰冷“无情”。昂德希尔和迪伦快被冻僵了，他们赶上地铁，据推测，直接奔向格林威治村。

迪伦最初见到的可能是 Wha? 咖啡馆，在麦克道格街和米内塔巷路口一个狭窄的屋子里，位于布里克街与西四街之间。如果这就是旅途的终点，那么一切都只能是想象了。为什么是这家咖啡馆？这位完全曝光的作者在《编年史》中说道：“有人告诉我去那儿。”在一个寒风刺骨的星期二的下午，这个地方一般没什么人，但是任何人如果愿意给无聊的顾客提供免费的娱乐节目，都可以来此一试。当你一无所有时，也就没有什么可失去的了。

* * *

迪伦在回忆录中没有提及他的同伴。他说，他从芝加哥开了 24 个小时的车来到这里（也许途经威斯康星州麦迪逊市），“大部分时间在车后座上打盹儿”（也许那时已经同意闭上自己的嘴巴）。

即使是初次见面，纽约也没有让他担忧。到后来，他知道能够超越条件的限制。他追求的并不是金钱或爱情。事实上，这个年轻人对自己的洞见和天分有足够的了解。他知道自己的强大，不需要任何人的保证。他一意孤行，不屈不挠，受一个理想的支配。他不想做什么感性的事。如果他在这个黑暗冰冷的大都市一个人也不认识，那这一切即将改变——而且会很快。

这是一种奇怪的、简略的、引人注意的自我描写。“不切实际”很容易理解，他决定动身去往纽约这点就足以证明。但是，“根深蒂固”是什么意思呢？那时的他 20 岁不到，一切刚刚开始，他的“人生”即将发生很多变化。他也准备征服民谣，而且很快，他已经知道了吗？抛开他的故作勇敢，我们再一次注意到，自我创造的神话所发出的无所顾忌的声音，幻想呈现出信仰的力量。从一开始，鲍勃·迪伦就是“鲍勃·迪伦”。一开始就在那儿。他如此说道。

此刻，镜头渐渐后退。突然，我们坐在曼尼·罗斯（Manny Roth）的 Wha? 咖啡馆篮子屋，迪伦在舞台上为一个名叫弗雷德·尼尔（Fred Neil）的歌手做口琴伴奏，弗雷德也是一位有天赋的作家。他就是迪伦要找的那个人。另一方面，谢尔顿将证明，罗斯习惯“为漂泊到此的年轻音乐家们提供工作”。在另外一个版本中，这是在一个民谣合唱会的晚上——格思里曾经用一个很老的乡间废话来描述租户的派对——对任何想要做舞台表演的人，也是一个机会。但是，有时人们猜想，如果这是一个星期二的晚上，而不是下午，街道被厚厚的积雪覆盖，见证迪伦纽约首秀的人一定寥寥无几。然而，尽管如此，他和昂德希尔逢人便问是否有地方可供他们休憩。幸运之神似乎再一次眷顾了他们。

当时发生了什么事情？任何人，如果能确切地说出迪伦刚到村子的几天，身在何处，做了什么，那么这个人一定具有神秘的力量，或者对叙述的连贯性有着感人的信念。在此刻，故事至多由一系列事件构成，这些事件可以用很多顺序排列。迪伦也许撒了谎，但是没有一个在场的人或者说没有一个声称自己在场的人，能够将事件顺序梳理清楚——矛盾重重。似乎一开始，这位新人依赖陌生人的善意——至少在睡觉安排上。对其他事情，也没有人完全确信。迪伦自己也记不清，况且他对此也不在意。

1966 年，他卖给谢尔顿一个故事，关于他在那年冬天几个星期的时间里，在“一个朋友”（“他当时已吸毒”）的陪伴之下，在喧嚣的时代广场，为男男女女的客户演奏。根据迪伦的说法，在纽约的前两个月，他根本就没有靠近这个村子。相反，他和朋友泡在酒吧里寻找客户，每晚赚 250 美元：“人们想让我们做什么，我们就做什么，只要他们付钱。”

尽管他将自己书中这一小节的内容命名为《晚上 11 点的牛仔》，谢尔顿这位值得信赖的名人传记作者并没有嘲笑这个故事，也没有指出，当迪伦编造荒诞不经的故事，把自己放置在时代广场的场景之中时，詹姆斯·莱奥·赫利西（James Leo Herlihy）的小说《午夜牛郎》（*Midnight Cowboy*）恰好刚刚发表。迪伦还捏造了很多故事，你也许开始疑惑：他真的以为自己能侥幸成功？他是不是想看看人们会相信哪些事情，是不是觉得这样很有趣？不知何故，迪伦似乎对自己虚构的故事很感兴趣。唯一相对合理的故事是主人公很晚才来到格林威治村：“我没有地方可以去，但是这对我来说很容易。人们收留了我。”当时，他们的确收留了他。

这个村子并不干净。在歌手汤姆·派克斯顿（Tom Paxton）的记忆中，在这个黄金时代，很多老旧的门口和门廊散发着恶臭，原因你可能都不愿去想。绅士化尚未到来，这个地方也不漂亮，但是这个村子有很多俱乐部、咖啡馆和酒吧，而这才是最重要的。很少有民间机构会设在富有魅力的社区，但是它们在 20 世纪 50 年代末期和 60 年代初期的扩张，对迪伦一代的音乐人至关重要。通常，钱都不干净，但是，演奏、倾听、学习与窃取思想的机会，都是无比重要的。这是活生生的音乐时代，有时还会得到许可，整个村子是一个喧嚣的音乐学院。从这方面来说，迪伦的直觉是无可挑剔的：在美国，没有其他任何城市能够提供这种音乐速成课程，这种放任自由的波西米亚生活，明尼苏达更不可能，这种生活与他刚在一个满是噪音的小岛上发现的世界如此接近。很快，人们会惊奇地说，他“不知从哪儿冒出来的”。在某种意义上，这是正确的。但是，同样正确的是，迪伦在此获得了用钱也买不到的民谣音乐教育。

很快——在遥远的 1963 年——在怀旧的生动的光辉中，他将冒险进行到俱乐部当中。为彼得、保罗和玛丽（Peter，Paul and Mary）的《在风中》（*In the Wind*）专辑写歌词时，迪伦写道：

> 白雪堆积在台阶上，一直伸向街上；
> 那是我来到纽约城的第一个冬季；
> 那时的街道不一样；
> 那时的村子不一样——
> 人们一无所有——
> 别无所求——
> 不是为了金钱的狂欢
> 而是受到人的吸引。

有一个故事版本称，迪伦在 Wha? 的首秀可能是作为弗雷德·尼尔的口琴伴奏，迪伦也许还为杰出的凯伦·道尔顿（Karen Dalton）伴奏过，谢尔顿说，那是在“1961 年初”。现存的一张三人合影看起来符合这一时期，该照片由《乡村之声》（*Village Voice*）的弗莱德·麦克达拉（Fred McDarrah）拍摄。照片上，新人戴着帽子，穿着马甲，尼尔弹着那把“大吉他”，道尔顿看起来像切诺基披头族的公主——但是，这是否真的是迪伦在村子的首次公开发声，仍然是个疑问，而且可能无法证明。有人鉴定，这张照片拍摄于当年 2 月，至于是如何鉴定的，不得而知，不过这张照片表明三人组已跋涉到苦涩的尽头。如果真是这样，这家咖啡馆则刚开始向付费的公众开放。谢尔顿还写到，他的主人公“在这个村子的首次演出是在共享空间咖啡屋”，位于麦克道格街西边的一个地下室，后来改名为“性感猫咪”[1]。《编年史》依旧没有提及这一方面。

无论如何，在那段日子里，尼尔是很多有志青年的向导和灵感。欧蒂塔后来证明：“在我一生当中听到的声音里，有两个人的声音是任何麦克风都无法捕捉的。保罗·罗伯逊（Paul Robeson）是一个，另一个就是弗雷德·尼尔。尼尔曾是布瑞尔大楼一名专业的创作歌手，后来为 1969 年《午夜牛郎》的电影版创作了一首值得记住的歌，哈里·尼尔森（Harry Nilsson）当时有一首歌也很火，叫《大家都在说》（Everybody's Talkin)，而迪伦的歌曲《躺下，姑娘，躺下》（Lay Lady Lay）交得太迟了。”在早期的那段岁月中，尼尔吸收了民谣的普遍态度，几乎是它的意识形态。民歌和摇滚资深人士约翰·塞巴斯蒂安（John Sebastian）实际上就是在这个村子里出生长大的，他说：“尼尔是兰尼·布鲁斯的好朋友，也是这些爵士音乐人的好朋友。他们将商业化等同于某种卖身，是对自己从事的事情的贬低。这种卖身是弗雷德非常恐惧的。”[2] 毋庸说，在这个村子漂荡的人绝大多数都别无选择。

很快，尼尔离开音乐这一行，成为佛罗里达椰树林中海豚的保护者，基本上以《大家都在说》的版税维持生计。尽管如此，他的影响仍然是巨大的，或许恰恰因为如此——音乐行业是没有道理可讲的——如今，

1　从前是一家剧院，后来变成一家墨西哥餐厅，名叫“Panchito's”。2011 年 6 月，餐厅老板将原来的共享空间或者性感猫咪称作“污水池”。1963 年以来，鲍勃·恩格尔哈特（Bob Engelhardt）成为这座建筑的主人，84 岁的他告诉《华尔街日报》：“当你想吸毒时，当你想打架时，当你想邂逅未成年少女时，性感猫咪就是你要去的地方。”

2　见于 Richie Unterberger's *Urban Spacemen and Wayfaring Strangers*（2000）。

很少有人知道他的名字。

关于凯伦·道尔顿，也可以说上很多，甚至更多。在她的时代，凯伦同时代表了这个村子阴暗的一面和光明的一面。她是少见的奇才，甚至可以说是独一无二的。她的嗓音令人无法忘却，她的生活态度也无法使她维持生存。他们口口声声称她以民谣向比莉·荷莉戴致敬，迪伦就是其中之一。但是这种描述对两个女人都没有好处。凯伦生前仅制作了两张专辑，没有一张是完美的，但每一张都充斥着奇特、朦胧的声音静电。她无法或者不愿意去驾驭自己的天赋。她不喜欢录音的过程，甚至讨厌自己的歌。她更愿意接受毒品和酒精，似乎无暇顾及她被蹂躏的美。1993 年，凯伦去世，年仅 55 岁，死于艾滋病。在《编年史》一书中，迪伦写道，记忆中的她“是一个高挑的、白皙的布鲁斯歌手和吉他演奏者，一个时髦、性感的瘦高个儿”。

谢尔顿经常出现在俱乐部和咖啡屋，别人付钱请他去。他记得，有一条环路被“一大群渴望获得认可的民谣音乐家”包围，竞争很激烈。琼·贝兹（Joan Baez）和其他几个人已经崭露头角，职业生涯和畅销纪录可以通过翻唱老歌和特定的态度来实现。1961 年，不可压制的前商人水手戴夫·范·容克已经像一个俱乐部老手了，比迪伦年长五岁，自 1956 年开始表演，1959 年成为录制艺术家。在年轻的音乐人中，伦恩·钱德勒（Len Chandler）、汤姆·派克斯顿、诺埃尔·保罗·斯图基（Noel Paul Stookey），以及后来的彼得、保罗和玛丽三人组合中的保罗都已经开始工作，领先一步了。总之，迪伦是个新人。1961 年初，民间音乐不再是秘密，主流观众再一次对民间音乐产生兴趣。“每逢周末，万人空巷，就连人行道上都走不动，所有的咖啡屋人满为患。”派克斯顿回忆道。[1] 不论是否是波西米亚风格，这个村子已经成为游客的必到之地。

刚开始，范·容克对于迪伦而言，就如同纽约城里的其他人一样重要。当迪伦没有去新泽西追寻格思里时，或是心烦意乱之时，范·容克位于第十五街的公寓里总会有一张沙发留给他。范·容克的妻子特里甚至试图给迪伦在俱乐部里找份工作。但这是一场辛苦的斗争。如果当时

---

1 *Washington Post* profile，February 2009.

的民间音乐被定义为金斯顿三重奏乐队没有伤害的声音，或者琼·贝兹纯净得令人痛苦的音调，抑或皮特·西格令人心痛的坦诚，迪伦几乎都不在这一范围内。那是一种难以接受的声音，那把大吉他有时都不在调上。传言说，他看起来太像一个流浪汉了，符合俱乐部老板的口味。相比民歌复兴音乐的轻松舒缓，他的更加低劣，这一点读者可以从他早期的唱片中听到。

这是美国城市生活中奇特的一刻。民歌在“红色”恐怖阴影之中、在人们对唱片公司长期的鄙视中兴起。为什么大都市突然之间会对传统的音乐信仰产生强烈的兴趣？有些答案很复杂，有些则自相矛盾。另一方面，据说，当时主流流行乐坛依旧一片荒芜，平淡得无法用言语形容，而且完全是抄袭。而格林威治村到处是迪伦这样的人，这些人多年来一直沉浸在摇滚乐之中。1955 年圣诞节前夜，织工乐队在卡耐基大厅的重聚音乐会上，民歌复兴开始找到自己的声音，此时，普雷斯利即将风靡。派克斯顿可以证明，正是从这次音乐会的歌曲——《岩石岛铁路》（Rock Island Line）、《把我的钱放下》（Lay Me My Money Down）、《狮子》（Wimoweh）*、《圣者的行进》（When the Saints Go Marching In）——年轻一代的歌手开始了他们的征程。民歌也许是对公司价值、因循守旧等方面的回应，但不是回应此前已经吸引了年轻的美国人注意力的那些音乐。

同样，除非你认同约翰·肯尼迪的神话，否则就会认为复兴源于政治、复兴标志着左翼重拾信心、反文化的开始，这个想法难以证明。20 世纪 60 年代，作为共产党，或者被人称为共产党，并不比十年前更让人觉得自在。主流的美国社会已经将反共的思想内化，肯尼迪对此非常了解。约瑟夫·麦卡锡**和总统的父亲一直是好友，而且还是约翰·肯尼迪一个侄女的教父：这个闪闪发光的新一代有很多旧的、肮脏的联系。美国的权力精英没有对激进分子产生疯狂。

---

* 《狮子》是一首南非歌曲，歌名又叫《今夜雄狮入眠》（The Lion Sleeps Tonight）。——译者注

** 即约瑟夫·雷蒙德·麦卡锡（Joseph Raymond McCarthy，1908—1957），美国政治家，生于威斯康星州，美国共和党人，狂热极端的反共产主义者。——译者注

西格这类人也许可以保持初心，在苦难时期继续前进。格林威治村也许可以依旧保持政治自由。这些都无法解释为什么越来越多的人成为过去的少数派音乐的听众。他们是在公司人的时代、在塑胶时代，突然渴望真实吗？也许吧。但是你也可以将民歌复兴解释为对旧的、更美好的、更简单的美国的一种怀旧方式。这种现象在这个国家的历史上会周期性地重现，可见于无休止的宗教复兴循环之中，甚至是周期性的道德恐慌之中。它可以轻易地出现在右翼政治中，也可以化身为左翼政治。然而，在当时，一旦涉及音乐，格林威治村的很多激进分子都是彻底的保守党。民歌运动包含了 20 世纪 60 年代初期的紧张感、过去的纯粹学院派与激进的少壮派个人主义之间的矛盾，而嫉妒从来都不缺少。对希宾或明尼阿波利斯年轻的齐默曼而言似乎是可笑的野心，然而，对格林威治村羽翼未丰的迪伦而言，却并非完全荒谬，如果他能生存下去的话。

那时的生活真算是勉强糊口。当篮子在无精打采的观众中转了一圈，拿回来的东西可能意味着是美餐一顿，也可能意味着要忍饥挨饿。生活条件至多称为简易。友谊和版税也可能是权宜之计，一切马马虎虎。但对迪伦而言，演奏新型民歌的时机成熟，正如他对他们一样，尽管很艰难。关于他在格林威治村的那段岁月混杂不清的故事都指向一个方向：他的时机是完美的，可以看做是上天的安排。

* * *

1961 年从猫王的另一风靡歌曲：《今夜你是否孤单》（Are You Lonesome Tonight?）开始。哈珀·李（Harper Lee）创作的《杀死一只知更鸟》（*To Kill a Mocking Bird*）连续 23 周进入《纽约时报》畅销书排行榜。与此同时，戴安娜·迪·普瑞玛（Diane di Prima）和勒鲁瓦·琼斯（LeRoi Jones）策划的诗歌“通讯”《漂浮的熊》（*Floating Bear*）抵达了格林威治村行家的邮箱。当时，罗伯特·F. 瓦格纳（Robert F. Wagner）与坦慕尼协会决裂，即将要成功当选纽约市市长，这将是他第三次当选。这一次，是用“民主党—自由党兄弟关系”拉的票。瓦格纳市长一直在抨击种族歧视，努力确保黑人也能在城市中获得工作。然而，他的自由主义并没有延伸到同志酒吧：他们一直受到天主教徒市长管辖的警察的骚扰。同志经常被诱捕，甚至向他们提供饮料都可能会使酒吧的执照被吊销。没有人演唱这方面的激进民歌，甚至根本就没有这样的歌曲。

与此同时，摇滚的埃尔斯顿·冈为鲍比·维的《照顾好我的宝贝》（Take Good Care of My Baby）做钢琴伴奏。任何比格林布雷尔男孩有更多了解的人，都能够在格林威治村的最前沿发现迈尔斯·戴维斯（Miles Davis），或者 19 岁的芭芭拉·史翠珊（Barbra Streisand）在西八街的晚上唱着《我想做个坏人》（I Want to Be Bad）。就在这一年的 1 月，在“民谣”中，由于高速路人（The Highwaymen）乐队，迈克尔还在划着他该死的船，乐队成员来自位于康涅狄格州荒地卫斯理大学的和谐的兄弟们。与此同时，乡村音乐再一次证明，汉克·威廉姆斯的死是徒劳的，让吉米·迪恩（Jimmy Dean）和他的《大坏蛋约翰》（Big Bad John）登上了排行榜榜首。

这一年，年轻的简·雷德帕斯（Jean Redpath）将从苏格兰来到这个村子，在热尔德民谣城唱歌，由此提供传统的课程。她将与迪伦开始一段短暂的暧昧关系。这一年，美国军队打字员汤姆·派克斯顿从新泽西的前线休假，成为第一位真正意义上的格林威治制造的具有作家天赋的民歌艺术家。一年后，派克斯顿自筹的第一张专辑《我是建桥的人》（*I'm the Man That Built the Bridges*）看起来比自我吹捧的《鲍勃·迪伦》更有实质性的内容。

1961 年 5 月，美国联邦通讯委员会主席牛顿·米诺（Newton Minow）发表演讲，斥责电视是“一片巨大的荒原”。这比攻击还要糟糕，米诺说：“电视乏味得可怕，并带有腐蚀性。”这一年，曼哈顿的交通速度为每小时六英里，只有 1911 年马车速度的一半。这一年，当来之不易的睡眠被狂野的乡村音乐噪音所打扰，连续三代将格林威治村称为自己村子的意大利人开始报警了。4 月的第一个星期天，500 名噪音制造者聚集在华盛顿广场唱歌、演奏。这些警察不在乎和平、和谐，他们什么也不在乎：有人头破血流，有人被逮捕，“华盛顿广场民歌暴乱”成为格林威治村的另一个传奇。

* * *

德怀特·艾森豪威尔的总统时代结束于 1961 年 1 月 17 日。在离任前的三天，这位军人出身的总统对他的人民发表演讲。他用直白的话语提醒人们，正如在总统办公室听到的任何讲话一样直白。和现在一样，那时就有人疑惑为何他等待了八年才这样，但是最后艾克*没有含糊其词。他说，对国防开支的痴迷者，正冒着将美国变为军事独裁国家的风险。通过自我选择的精英来划拨权力——无论哪个方面都是阴谋，除了名义上——导致产生“军事产业复合体”。艾森豪威尔告诫美国人不要“只顾今日的生活，不应该为了我们自己的舒适和便利，巧取豪夺明天的宝贵资源”。

总统代表了文化之熵、繁荣背后的毁灭或保守主义的昏迷，这种想法是迪伦故事的一部分。这个民谣歌手难道不是和其他人一样，帮助摧毁了令人窒息的自大，开创了改变心智的 20 世纪 60 年代？很多现代历史学家认为，艾森豪威尔遭遇了不公平的待遇，受到了新闻舆论的苛评。一方面，他离任时，盖勒普民意调查显示，支持率为 59%。[1] 另一方面，他在任的八年，大部分时间花费在与那些一心想要将美国变为军营的人做斗争上。不论是否处于冷战期间，艾森豪威尔大部分时候都在抑制国防开支，他还结束了军队中的种族隔离，这是杜鲁门试图去做但没有做成的事情。他的继任者，被当成圣人的、新一代的希望约翰·肯尼迪，迎合了这种“军事产业复合体”。

1957 年，美国的国防开支为 384 亿美元，1961 年为 432 亿美元，增长的很大一部分原因是通货膨胀。上任一年后，肯尼迪将国防预算提高 27%，启动“无限制的核军备竞赛”，批准毫无意义的、造成巨大浪费的阿波罗计划，将一个美国人送上月球。约翰·肯尼迪最聪明的国防部部长罗伯特·麦克纳马拉（Robert McNamara）想出这种疯狂的“同归于尽”的逻辑。如果有需要，这些老于世故的自由派会让老天下场暴雨。

1961 年 1 月的暴雪中，肯尼迪就职时向人们发出了著名的警告：“让每一个国家都知道，不管它盼我们好或是盼我们坏，我们将付出一切代价，忍受一切重负，付出一切艰辛，支持一切朋友，反对一切敌人，

* 艾克（Ike）是德怀特·艾森豪威尔总统的昵称。——译者注

1 O'Neill, *American High*, Ch. 10.

以确保自由的存在与实现。”几天后，美国“民兵”洲际弹道导弹第一次全面飞行测试成功。

在格林威治村工作的大多数人无法容忍噪音。另一个美国人的苦恼更容易描述一些，只是同样令人难以理解，肯尼迪对“这一问题”的参与同样非常缓慢。在参议院，他对待种族主义的斗争不太引人注目——在“扣赤色分子”帽子进行政治迫害的时代，他几乎就是麦卡锡的拉拉队队长——但是有很多人站在那里，准备逼他就范。他们的英雄气概已经没有人记得，但约翰·肯尼迪的态度却被很好地记载下来，如果你愿意超越卡米洛神话*来审视的话。正如他的一位传记作者所说：

> 杰克对民权的兴趣更多是出于政治考虑，而不是道德。他唯一知道的黑人就是被雇用的汽车司机、男仆或者家佣，他和这些人没有什么接触。他并非对种族隔离造成的人类和法律上的虐待无动于衷，但是作为总统特别顾问和演讲稿撰写人的索伦森后来在文中写道，五十岁的肯尼迪，“主要是基于政治权宜之计行事，而不是基本的人性准则”。对于非洲裔美国人的痛苦，他无法感同身受，只能对他们给予些许同情。[1]

在1957—1960年伟大的民权争议之中，这位白宫的新人“很大程度上是被自己的政治利益所驱动的”。当然，这是肯尼迪的政治准则，是这个家族标准的运作程序。但是到了1961年5月，肯尼迪就要开始找藏身之处了。

就在那个月，迪伦回到明尼阿波利斯，向老友炫耀自己新学到的技巧，有些技巧令人印象深刻，他唱着格思里的歌曲《富饶的牧场》(Pastures of Plenty)、《这片土地是你的土地》(This Land Is Your Land) 等，在邦尼·比彻位于明尼阿波利斯的公寓中，用托尼·格洛弗的磁带录音

---

* 20世纪60年代初期，尤其是1961—1963年肯尼迪总统执政这一段时期，被誉为卡米洛（Camelot）时代。卡米洛源于英国关于亚瑟王的传说故事。传说中的亚瑟王正义、勇敢、追求真理，亚瑟王的宫殿和城堡卡米洛即传承了其象征意义。——译者注

1 Dallek, *John F. Kennedy: An Unfinished Life*, Ch. 6.

机进行录制。在纽约，他终于开始获得一些真正的工作，正如命中注定的，他也开始掌握十分有用的口琴技巧。如违禁录音带所揭示的，“迪伦”的轮廓渐渐清晰，尽管有些迟疑。这个事实虽然有一点讽刺，但不是他的错，起初他对此并没有在意。

那年 5 月，在美国南方，在这片孕育了布鲁斯以及通过复杂的血统关系孕育了鲍勃·迪伦的艺术的土地上，人们清楚地认识到，这种音乐为什么存在。即使是在肯尼迪的卡米洛时代，这些也不能忽视。那年 5 月，当年轻的迪伦在明尼阿波利斯炫耀《詹姆斯巷的布鲁斯》（James Alley Blues）与《终日悲伤的男人》时，白人正在亚拉巴马乡村地区，用燃烧弹焚毁一辆满载着无辜平民的灰狗巴士。

1960 年，美国最高法院宣布，在州际交通工具上对乘客实施种族隔离为非法行为。在亚拉巴马等地，这一判决被忽略。400 人左右的非暴力志愿者决定迫使政府和新任总统执行法律，其中四分之三的志愿者年纪在 30 岁以下，一半为黑人，四分之一为女性。这一做法非常危险。

亚拉巴马州偏远地区的巴士首先遭到岩石和砖头的攻击。接着，轮胎被砍，窗户被斧头砸碎。最后，炮弹扔了进来，烟雾和火焰开始充满灰狗巴士[1]，民众猛击车门。“把该死的黑鬼炸死。”一位哲学家吼道。甚至当州警抵达现场，帮助乘客逃跑时，仍有人被棒球棒攻击。不久以后，在亚拉巴马州的伯明翰市和安尼斯顿的公共汽车终点站，有些“合法的旅行者”冒险进入安尼斯顿“只准白人入内”的候车室和餐厅，随后旅途巴士（Trailways）上的自由骑士受到残忍攻击，其中既有白人也有黑人。接着，受害者被逮捕、控告、定罪，罪名是“违反和平”。

这些人是自由骑士，他们中有大学生、民权工作者以及来自全国各地的年轻男女。1960 年 10 月，其中一些人创建了学生非暴力协调委员会。到 1965 年，最高法院才推翻对亚拉巴马州的判决。1961 年，这些人向美国提出问题，向约翰·肯尼迪提出问题。很快，迪伦也会提出同样的问题，参与同样的事业。黑人音乐，“真正的东西”与严重的道德问

1　1914 年建在明尼苏达州希宾的一家公司，创建者卡尔·韦克曼（Carl Wickman）是北郡的瑞典人，他认为把饥渴的矿工运到希宾的酒吧里能挣到钱。

题交织在一起。迪伦几乎没有改变原有和弦，几个月后他将崛起。他的转变将是惊人的。在迪伦拒绝民谣的政治希望之前，他必须先要给予人们这种希望。当人们袭击巴士时，距离他二十岁的生日仅有十天。

* * *

人们收留了他。在那段岁月中，后来那个难以捉摸、与外界隔绝、不可知的迪伦，人们一点儿也看不到，至少在公共场合看不到，那些准备倾听他奇妙故事的人看不到。在最初的几个月，迪伦很容易交到朋友。凯文·克朗（Kevin Krown）是迪伦在科罗拉多州和伊利诺伊州的好朋友。在一家咖啡馆里，凯文向迪伦介绍了一位才华出众的演奏者兼歌手，名叫马克·斯波尔斯特拉（Mark Spoelstra），那时候，咖啡是这些食不果腹的有志青年唯一能够负担得起的东西。斯波尔斯特拉已经找到各种工作。很快，他和迪伦一起在 Wha? 咖啡馆表演，演奏格思里的歌曲和布鲁斯。

还有弗雷德·尼尔，生活一团糟但和蔼可亲，愿意付一些钱给伴奏的音乐人，或者新世界的歌手，愿意让迪伦在舞台上表演几分钟，做一些毫无意义的介绍，相信他说的关于新墨西哥的嘉年华和生活的故事。还有范·容克，他永远都在那里，他是有耐心的导师，有学问的托洛茨基分子，严肃的老师，热情好客。与此同时，在民谣音乐城，迪伦往往能见到几乎同样有名的来访者。格思里的妻子玛乔丽将迪伦介绍给了伊芙（Eve）与麦克·麦肯齐（Mac McKenzie），格思里的家人暂时成为迪伦的养父母。因这对夫妇，迪伦认识了一个名叫艾薇儿的舞者，东四街录音室公寓的所有者，她似乎对这位吉他表演者深深陶醉，同时当眼泪干了之后，又能轻易地忘掉他。还有一些其他女孩。事情就是这样：在民谣的小圈子里，一件事情不可避免地引向另一件事情。

迪伦去新泽西拜访格思里时，被介绍给一个刚从英国回来的人，那个人自称为“漫步的杰克·埃利奥特”，原名埃利奥特·阿德诺波兹（Elliot Adnopoz），据说他在青少年时，逃离家乡布鲁克林，参加了牛仔竞技，而他的家乡没有野牛漫步。途中，他受到一个真正的会唱歌的牛仔的启发，学会了吉他，或者在这个牛仔的教导下学会弹吉他——这些事实还有待进一步确认。埃利奥特比迪伦年长十岁，自 1950 年开始，成了伍迪的徒弟。他和他的英雄一起旅行，甚至在格思里的家中住了一段时间，更好地掌握了成为真正的民谣歌手的艺术。他也是最先受到《奔向光荣》的启发，成为格思里的副本，不加掩饰地吸收伍迪的声音和举止中最细小的细节，直到据格思里说："杰克的声音听起来比我自己更像我。"埃利奥特也是一个犹太人。他与迪伦之间的相似之处超越了滑稽。

事情还没有结束。两人成为忠实的朋友，漫步的杰克成为迪伦的格思里的替身。很快，埃利奥特成为到处被模仿和追随的对象。很快，模仿者的模仿者搬进了一个房间，而他同比例的原型格思里就住在位于威沃立坊广场麦克道格街上破旧的厄尔酒店（即如今的华盛顿广场酒店），两人相距仅几道门。杰克似乎没有被这个荒谬的事情所困扰。迪伦对知识如饥似渴，他没有尴尬地停下脚步，对于别人的嘲笑，他充耳不闻。人们只能不安地疑惑，如果格思里的状态一直很好，这位狂热粉丝会如何作为？最终，这不重要了，迪伦做了他想做的事情。没有书本知识，没有父母的抱怨和不满，没有希宾，所有这些都败给这个伟大的世界。莱姆·克兰西说道：

> 你知道迪伦来到这个村子时是什么样子吗？那时，他还是一个十几岁的少年，我唯一能想到的比喻就是一张吸墨纸。他把一切东西都吸了进去。他有着巨大的好奇心，完全是白纸一张，准备好吸收一切可以吸收的东西。[1]

那是一段疯狂、无知的岁月。村子的波西米亚风格正发挥着它传统的娱乐和教育功能。这个小小的团体中正发生着各种各样的故事。假以时日，即使是年轻人放任自流的日子中那些寻常插曲，都会变得近乎神话，在一些启蒙的手稿中作为象征被反复争论和阐释。"后见之明"使它们显得十分奇妙。1961 年初，在艰难的现实中，迪伦只是刚刚挺过来。

* * *

他开始认真尝试创作自己的歌曲。有些证据表明他此前的一些努力。研究人员与作者克林顿·海林似乎追踪了每一个听闻到的或者人们

1　采访者 Patrick Humphries。首次发表在 *The Telegraph* issue 18 (1984)。缩编版再版于 John Bauldie (ed.) *Wanted Man: In Search of Bob Dylan* (1992)。

暗示的、想象中的迪伦所做的努力。毫无疑问，这是非常棒的事情。1961年的春天带来了有关迪伦作曲的第一个实质性的证据，证明他至少在写歌词，为公开场合的表演以及编入俱乐部的节目。这非常大胆，或者说天真、冒昧。这肯定不符合村子的标准做法，在村子里，掌握过去广为接受的歌曲往往和“原创”同样重要。此时的迪伦仍然受制于格思里，即使不是不可避免的话，他似乎也将此视为自然而然的事情。他不满足于只做一个渴望得到《纽约时报》赞誉的“文体家”。

1961年，艾伦·金斯伯格在通常被误诊的、有时暴力的格思里所住的“精神病院”待了一段时间后，发表了诗歌，以纪念1956去世的母亲。《凯迪西》（Kaddish）的开头是这样的：

> 真奇怪此刻想起了你，你离开时没有胸衣，也没有眼睛，而此刻的我走在格林威治灿烂的人行道上。

1961年，罗伯特·洛威尔（Robert Lowell）出现在纽约哥伦比亚和康奈尔长老会医院的一间锁着的病房中，发表了几个版本的波德莱尔，其中一个是翻译“La cloche fêlée”，有如下几行：

> ……冬天的夜晚，坐在外面，我听到
> 我男孩的假声爆裂，消失
> 在铃铛穿透烟雾的刺耳声中

不到十年的时间，洛威尔给了迪伦一个意外的含糊评价。“鲍勃·迪伦是合金。”这位诗人说道。“他既是真正的民谣歌手，也是冒牌的民谣歌手，他有卡鲁索*的嗓音。他写台词，但我怀疑，他是否写过一整首

---

* 恩里科·卡鲁索（Enrico Caruso，1873—1921），世界著名的意大利男高音歌唱家。——译者注

诗。他靠他的吉他支撑。"[1] 几年前，迪伦声称如果他想的话，可以憋很长时间的气，是传奇人物恩里科·卡鲁索的三倍，而且可以正确地敲击音符，人们对此深信不疑。你一定怀疑洛威尔不知道这个笑话，因此，他允许台词，不允许整首诗；允许一根拐杖，而不是一个诗人的工具。这奠定了批评的基调。

换做是你，会如何写？关于迪伦没完没了的讨论中，有一个首要的、青春期的问题，一直没有人讨论。"天才"这个未被确认的词可以作为一个借口，他做到了，因为他有这个能力。还有一些杰出的艺术发展的例子，如闪电般转瞬即逝，突然冒出来，但是它们没有多大帮助。因此，偷懒的做法就是将这个早熟的迪伦与济慈或兰波比较。尽管如此，有一个问题依然值得探讨，一个十几岁的少年，在学校教育中的表现顶多算中等，如何在仅仅一年多的时间里，做到从《献给伍迪的歌》到《暴雨将至》(A Hard Rain's a-Gonna Fall)？《献给伍迪的歌》创作于1960年的冬天，只用了"五分钟"，朴实无华，无人能及，"我就是想念格思里，我想知道关于他的事情，思念越深，越好奇"。[2] 这两首歌曲的旋律都不能称得上是原创，事实恰恰相反。但是，作为改编者，迪伦在无数改编的民谣的陈词滥调中找到了抒情的力量，这仅仅用了几个月、几个季节的时间，具体多久你可以数得出来。

2004年，纳特·亨托夫（Nat Hentoff）为《华尔街日报》撰写了一篇关于《编年史》的评论，其中可能道出了很多对这位民歌新手感兴趣的人的心声，20世纪60年代的前半期，他和其他记者一样了解迪伦：

> 我第一次听到鲍勃·迪伦的歌，是在1961年，在格林威治村西四街热尔德民谣城里。当时，迪伦只有19岁，戴着皮帽，穿着蓝色牛仔裤，脚上是一双穿坏了的沙漠靴。我对他的声音印象并不深刻，当然对他初级的吉他演奏也没有什么印象，但是他原创歌曲的歌词

---

1 Ian Hamilton, "A Conversation with Robert Lowell", *The Review* 25 (Summer 1971). 此文再次发表于 *Robert Lowell: Interviews and Memoirs*, edited by Jeffrey Meyers (1988)。

2 采访者 Gil Turner, *Sing Out!*, 1962。

却非常有趣。

人们倾向于认为《献给伍迪的歌》是他第一首“真正的”或“重要的”创作。1961 年，尽管他一直在匆匆地写，但是很少有作品能配得上这一称号。正如 19 世纪学艺术的学生通过对面无表情的石膏像画素描来学习人体素描一样，迪伦通过模仿和重复来使得技艺精湛。他也在学习如何构思神话。《献给伍迪的歌》也是第一首被认为倚马可待创作而成的歌曲。迪伦相信灵感，他想让我们相信他创作歌曲的过程就像是某种禅诗一样：长久的冥想，接着灵光一现。他还相信凯鲁亚克自发性的概念，几乎相信自主创作。这些都不能或者不应该向任何人解释，当然也不能分析——这个词成为诅咒。接着，再一次，正如很多证据显示的，迪伦也一直对自己的诗歌仔细地编辑、修改。正如凯鲁亚克一样，他的自发性有时需要协助。从一开始，他就对措辞非常努力。

尽管如此，他的第一次成功依然很奇怪。《献给伍迪的歌》实际上是一首关于伍迪·格思里的伍迪·格思里风格的歌。这首歌曲基于格思里的一首歌——《1913 年的大屠杀》(1913 Massacre)，在意大利大厅发生的灾难，73 个人在密歇根的一个圣诞节派对上遇难，包括铜矿矿工和他们的家人，格思里改编了古老的爱尔兰或英国歌曲，歌词源于目击者对这场由矿主雇用暴徒酿成的悲剧的叙述。[1]

19 岁的迪伦是否能理解这个，人们对此还有怀疑。但是，他的确未经科班教育就抓住了人格面具、角色，既作为表演者，又作为他称之为“迪伦”的人物，来表演这首歌，扮演一个角色。在《献给伍迪的歌》中，他在某种程度上借鉴了格思里的风格，但是，不管是不是真实的，

1　格思里的旋律与一组歌曲相关——《五月的一天早晨》(One Morning in May)、《夜莺》(The Nightingale)、《绿色的灌木丛》(Green Bushes)——来自 19 世纪初期，可能顺便还用了《来自派克的可爱贝茜》的旋律。在对传统歌曲的改编中，这个旋律又源于 19 世纪 20 年代的英国。正如皮特·西格证明的，格思里是在读了《我们有很多人》(*We Are Many*) 之后写的这首关于密歇根大屠杀的歌，《我们有很多人》是工会领袖艾拉·里夫·布卢尔 (Ella Reeve Bloor)(即布鲁尔大娘) 的自传，她亲眼目睹了 1913 年圣诞节前夜发生的悲剧。

他创作、模仿出来的这个人都是一个新的人物。这个迪伦离家有千里之遥，一路行走，注视着美国和美国人民。年轻的鲍比·齐默曼从没有做过这样的事情。人们理解这一行为背后暗示的心理。也可以说，他让自己沉溺于将会持续一生的表演之中。这首令人愉快的歌曲之所以被人记住，仅仅是因为歌曲的作者，至于歌曲本身并不重要。

那么，问题就是，模仿，也许甚至在罗伯特·洛威尔诗意的意义上的模仿，是否能够激发原创性？这个问题将会在很长一段时间内伴随着鲍勃·迪伦的艺术。1961 年，在某种意义上，这恰恰是格林威治村民谣歌手所做的事情：对“传统”的忠诚进一步鼓励了这一习惯。格思里本人从来没有在构思原创性旋律上浪费太多时间。但是，《暴雨将至》将会为人们展现一个天才让旧的歌曲焕然一新的能力。这首歌是一切经典中最为古老的曲调，是苏格兰边境一首极为平凡的歌曲，它的时间远远早于美国成立的时间。

一切都有源头。《伦德尔勋爵》（Lord Randal）（或者叫“兰德尔”“罗纳德”或“唐纳德”）早在被编入沃尔特·司各特（Walter Scott）1802 年整理的《苏格兰边地歌谣集》（*Ministrelsy of the Scottish Border*）或被弗朗西斯·詹姆斯·查尔德（Francis James Child）于 20 世纪 80 年代搜集之前，这首歌就存在了。在成为世界另一头的迪伦的新闻时，它已经以这种或那种形式传遍整个欧洲，走过几个世纪。司各特自己也模仿民谣，写一些作品，他认为“这首民谣也许最初是致敬托马斯·兰多夫（Thomas Randolph）或者兰德尔·默里伯爵——苏格兰国王罗伯特·布鲁斯的侄子的。这个伟大的战士于 1332 年在马瑟尔堡逝世，在祖国最需要他的时候离去，当时的苏格兰已经受到英格兰军队的威胁。也许因为这个原因，我们的历史学家固执地将他的死因归为中毒”。

关于中毒，20 世纪 60 年代初的迪伦觉得自己也有话要说，中间隔了六个世纪的时间不是什么障碍。正如所有英语世界的传统一样，苏格兰的传统也对他诉说：

> 噢，你去哪儿了，伦德尔勋爵，我的儿？
> 噢，你去哪儿了，我英俊的青年？

我去野树林了；妈妈，快为我铺床，

我打猎太累了，就想舒服地躺躺。

* * *

他与伍迪·格思里的第一次会面——如果可以称作会面的话——是在新泽西东奥伦奇的西德塞尔（Sidsel）和鲍勃·格里森（Bob Gleason）的家中，那时迪伦刚到纽约没一个星期。每到周日，这对夫妇就由粉丝变为朋友，为格思里提供休憩之处。也就是说，他们敞开大门，欢迎所有老朋友、追随者，以及碰巧经过的好奇的访客。其中年轻的民谣歌手会坐在格思里的脚边，唱着他的歌。正如乔·克莱恩（Joe Klein）记录的：“他只喜欢听他自己的歌。”只要可能，格思里会吸引、纠正、鼓励他的学生。据说，当他们唱歌的时候，他们倾向于将伍迪生病的影响误认为是一种独特的嗓音风格，模仿这种含糊的声音。这让玛乔丽·格思里觉得很不自在。根据一般的故事，在所有的学生中，迪伦是格思里最钟爱的。

还有其他的故事版本。其中一个版本称，迪伦与格思里的第一次相遇是在医院里。劳伦斯·J. 爱普斯坦（Lawrence J. Epstein）在美国最佳诗歌网发表的文章《迪伦观察》中讲述了一个故事，迪伦到达纽约的第一个周末，迪伦、凯文·克朗、马克·伊士曼（Mark Eastman），还有一个人的名字忘了，总共四个人，一起来到灰石镇。[1] 他们觉得格思里看起来“像是奥斯维辛集中营的囚徒”，难以理解，但是却“很高兴、很兴奋与其做伴”。和往常一样，因为无法解释的原因，他“与迪伦关系密切”。在场的所有人都“感觉到有一些重要的事情正在发生”。格思里请一位医院的护理人员取来他的吉他。不知怎地，他成功地弹奏了一部分《这片土地是你的土地》。接着，当然，“迪伦和他一起唱起来”。

这是一个不一样的故事，而这样的故事有很多。很多人坚信，格思里在格里森的家中见到迪伦，并立即喜欢上他，每当迪伦不在的时候，格思里就关切地询问他，向任何一个愿意倾听的人赞美迪伦的美德。这

1　爱普斯坦从伊士曼那里了解到这个故事，伊士曼于 2008 年去世。爱普斯坦承认，这些事实他“无法验证”。

些目击者的说法受到人们的质疑，其中包括皮特·西格、格思里的经理以及忠诚的朋友哈罗德·利文斯——他们坚持认为，格思里的身体状况太差，不可能做这些。不只是迪伦杜撰传奇，或者没有处理好历史，有时，记忆也会出现偏差；有时，故事根据事情应该的样子来讲述；有时，它能帮助“鲍勃·迪伦”变得真实；有时，一切仅仅是故事。

* * *

他穿着牛仔、羊皮绒面夹克。要么是这样打扮，要么穿一件大大的、黑色的外套，拖到地面。外套里面是常见的厚厚的法兰绒衬衫、斜纹棉布裤或卡其裤，脚上穿的是摩托车靴。可能这样还不足以使他暖和，或许他对此也不在乎。他戴着那顶有趣的小灯芯绒帽子，“哈克贝利·费恩”式的帽子、渔夫的帽子，那是他在路上某个地方捡到的。在室内的时候，他无法安静地坐着：手指反复击打，靴子跟部轻踏地板，膝盖轻轻摇晃。白天以及晚上，一旦有了灵感，他都会猛然间跳起来，忙个不停。他不懂得休息。他甚至认为自己唱得太快。很小的时候染上的吸烟习惯现在变得更严重，他手里没有吉他的时候，就一根接着一根地抽。他有什么吃什么，能吃的时候就吃，母亲为此很担心。他依靠小费、零钱或者任何家里寄来的东西为生。但是，他还是有点胖乎乎的，他还有着流浪者的微笑，他知道如何利用这种微笑。他专心地倾听所有的音乐，倾听所有的前辈唱歌，他们都是他的前辈，却没有付出很多。大多数时候，他的话很少，而他说的大多数话又都是谎话或是消除敌意的玩笑；当他喝酒的时候，谎话就好像拥有了自己的生命。有人真的相信关于货车以及在新墨西哥长大的故事吗？这些都无关紧要。这个村子就是他的世界，音乐就是他的生命。他没有责任去梦想成功，也没有能力去想其他事情。这不是他需要的东西，他也不想解释。他去过格思里位于皇后区的家中，他坐了一个半小时的巴士，带着朝圣般的虔诚，从四十二街终点站一直来到位于新泽西寒冷的北部帕西帕尼的老旧、昏暗的灰石镇公园的精神病院。他一直待在格思里的身边，为他唱着他自己的歌。他的口袋里有这个伟大人物的牌，他认识格思里。现在，热尔德民谣城小小的舞台“每晚开放”“从不收费”“装有空调”，暂时可以用一段时间了。他能再尝试一下自己的歌曲。

事情果真如此吗？

过去有一家俱乐部叫“热尔德民谣城”。一天晚上，戴夫·范·容克和我唱了三首歌之后，坐下来一起喝啤酒。我们已经唱了三首歌，这时，一个邋遢的小屁孩头戴一顶黑色的灯芯绒帽子——就是他们称之为哈克贝利·费恩的那种帽子——和一把吉他架子站了起来，唱了三首伍迪·格思里的歌，我想那是一把吉普森吉他。我和戴夫都不安起来，说道：“嗯，不错。噢，这个家伙还不错。”

因此，顷刻之间，鲍勃·迪伦成为村子里人们谈论最多、争论最多的艺术家。我的意思是，他们指责他是伍迪·格思里的克隆，这毫无道理。他的声音听起来不像伍迪·格思里。杰克·埃利奥特早期的声音比迪伦更像格思里。但是，鲍勃有一个巨大的伍迪·格思里歌曲宝库。他知道别人所不知道的伍迪·格思里的歌。也许都不是伍迪创作的，也许是鲍勃创作的。谁知道呢？[1]

* * *

人们知道的是，在纽约待了两个半月之后，迪伦获得了一份真正的工作，为期两周，在热尔德民谣城为约翰·李·胡克当助演。这是令人瞩目的进步。带着电吉他，经过那么多年的辛苦之后，胡克终于在民歌繁荣中分得一杯羹。他属于愿意与带有白人自由偏见的人一同表演的黑人音乐家，为什么不呢？他与迪伦一见如故。这个年轻人在开场时被获准表演的几首歌曲中，有一首可能是“鲍勃·迪伦于 2 月 14 日在纽约布里克街的米尔斯酒吧创作的、献给伍迪·格思里的”。留给麦肯齐夫妇的手稿上的题词显示出后青春期的骄傲，正如他寄去明尼阿波利斯的热尔德的传单一样——指定表演者，让对他怀疑的人和他的朋友们对他刮目相看。与此同时，他每星期赚 90 美元，一场演出 15 美元，一首歌 3 美元。即使是在 1961 年，这也算不上很多。但是，与胡克见面、交流、喝酒、同台表演的机会，是巨大的补偿。

1　Tom Paxton，接受 Ken Paulson 的电视采访，November 2000。

接着，5月份，他回到明尼阿波利斯，也许是为了向他的朋友和怀疑者展示自己几个月来的进步，从一杆流行枪变成了风云人物，也许是为了与闷闷不乐的艾薇儿彻底一刀两断。有一部分传记和回忆录中对迪伦和女人之间的事情大书特书，他的魅力，他的自信，他对女友的需求，但同时又不忠。在这个节点上，故事没有那么复杂：他不过是个十几岁的少年。还有一些描述认为，迪伦是个害羞的男孩。这些事情往后变得更为复杂。但是目前，不管是传闻，还是真的，关于他早期的歌曲引人注目的一点是，这些歌曲没有亲密的情感。正如迪伦设想的，格思里的模板中也不允许有这样的歌词，这位学徒作词家也没感觉到有这个需要。这种“自写自唱”的歌手是后来才出现的。

实际上，那年5月在邦尼·比彻位于明尼阿波利斯公寓中录制的唱片听起来很冷淡，听众可能会认为，这位歌手根本不写东西：还是格思里，一首接一首，除了小心翼翼地涉足布鲁斯，以及在磁带最后的一首新的肤浅歌曲——《邦尼，你为何剪去我的头发》（Bonnie，Why'd You Cut My Hair?）。这些表现没有多大意义，他的声音听起来有点犹豫，甚至有点紧张，但是，这已经比迪伦来纽约之前的任何作品都要好。听众印象深刻，也许有人真的愿意花钱购买。

回到纽约，他发现自己又回到麦肯齐夫妇那里。艾薇儿不愿意等他，离开了，去了加利福尼亚。毫无疑问，迪伦有点惆怅，他无法说服这个女孩重新考虑一下，他开始认真进行歌词创作。这不是件容易的事情。与后来的故事相反，天才并不是想当就当的。“成为伍迪·格思里”，如果还是他的抱负的话，这没有看起来或听起来的那么容易。而成为超越格思里的人，获得与自己选择的名字相匹配的才能，就更加困难了。迪伦开始用掉大量的稿纸，但是这些创作都没能进入他的宝库或唱片中。幸或不幸，麦肯齐夫妇保存了他扔掉的很多稿纸。[1]

1　2010年12月，迪伦用铅笔粗体大写的一张《时代在变》（The Times They Are a-Changin）的歌词手稿。该手稿由麦肯齐夫妇从凯文·克朗那里继承，被他们的儿子彼得·麦肯齐（Peter MacKenzie）在纽约苏富比拍卖会上卖了422 500美元。彼得·麦肯齐此前还卖了迪伦其他一些匆匆记下的笔记。这一次，成功竞标的——世界上所有拍卖中的所有歌曲——是一位对冲基金经理。

迪伦并不惧怕，至少在公共场合，他也没有被村子里的派系斗争激烈的口水战吓倒，每一派都痴迷于去定义对一个真正的民谣歌手来说什么是合适的行为。他唱的是传统歌曲，他往往只唱这些，但是他的演唱风格超越了个人。大家都注意到这一点，正如派克斯顿回忆的，这也是迪伦成为“村子里被人议论最多、最有争议的艺术家”的原因。对有些人而言，这很可憎，是人民音乐的对立面，很显然，人民是要永远匿名的。迪伦感觉到这个概念是错误的，也许还带有侮辱性。而且，有谁听说过匿名的明星呢？

* * *

然而，这里有点问题。关于迪伦的传奇，一部分依赖于这个年轻的特立独行的天才形象，与顽固保守的民谣机构的对立。据说，这些文化人民委员就像一党专政一样统治着村子，迪伦称他们为“小集团”。有的故事听起来就像这些一本正经的老手夜晚在俱乐部巡逻，如有任何人的语调不符合标准，他们就会立即发出禁令。由此，一夜之间，在这场象征性的戏剧中，当迪伦突然抹去自己的政治角色，与演唱内容更丰富的乐队合作时，引发了人们的愤怒。他没有阻碍这一想法。

> 民谣是非常严格的。如果你唱的是南方山区的布鲁斯，你唱的就不是南方山区的民歌，也不是城市布鲁斯；如果你唱的是得克萨斯的牛仔歌曲，你唱的就不是英国民歌，也不是蓝草音乐。这真的令人感到悲哀。你就是做不了。如果你唱的是30年代的民歌，你唱的就不是兰草音乐或阿巴拉契亚民谣。它非常严格。每个人都从事特定的事情，而我从不会在意这些。如果我喜欢一首歌，我会学习它，用我唯一能唱的方式演唱……但思想顽固的人对此并不欢迎。我听到过类似的声音：“我在林肯旅”“这个孩子简直毁了这首歌”，尽管其他歌手似乎从不介意。[1]

事实并非如此，毋宁说这不可能是真的。如果“严格的机构”真有

1　采访者 Cameron Crowe（1985）。

如此能力，迪伦绝不可能获得工作。正如亨特·S. 汤普森所说，如果迪伦被雇用，那是因为俱乐部所有者服务的观众，远远比这个“小集团”的范围要广泛。游客的人数很容易超过纯粹主义者。在村子里普通的夜晚，一般的顾客并不知道南方布鲁斯与山区布鲁斯的区别，顾客也不在乎这些区别，这些人组成了迪伦的小众：他听起来像个民谣歌手，但是表演起来又像一个很了解流行歌曲的人。这也是为什么他能够脱颖而出。尽管如此，在俱乐部里，对每个人来说，还是有民歌类型的界限。

同样，鲍勃“从不在意”别人的指责，在这个歌手的想象中，这样孤独的狼是另一个英雄。一开始，他也有自己“独特的东西”、专攻的东西。他是伍迪·格思里的模仿者，在拥挤的市场中寻求自己的一席之地。对于那些想要嘲笑他的人来说，他还不到那个地步。一开始，有一段短暂的时间，他是漫步的杰克·埃利奥特的影子。

但是请等一等，即使这么说也不太准确。这些年来，村子里有无数个资深人士站出来证明，迪伦的形象和声音是永不能被遗忘的“伍迪的儿子”、学徒、模仿者和“伍迪的自动点唱机”，他跟在杰克·埃利奥特后面，就像一只急切的小狗。或许真是这样吧。只是一直存在着一个矛盾的事实，他听起来一点儿也不像格思里。

在他第一张专辑当中，没有一首歌曲会让人将年轻迪伦的声音误以为是他所崇拜的英雄，在早期违禁录制的唱片中，即使磁带里面全是格思里的歌曲，也不会让人产生误解。然而，因为某些特别的原因，很少有人记住这一事实，只有几位值得尊敬的人例外，比如派克斯顿、范·容克。举止做作是一个原因。伪装俄克拉何马州的口音可能太有戏剧性了，难以留在大多数人的脑海里。但是，尽管漫步的杰克是真正的致敬之举，迪伦基本上听起来还是像鲍勃·迪伦，即使是在那个时候。[1] 此

1　埃利奥特这一时期的专辑讲述了这个故事。《漫步的杰克·埃利奥特唱伍迪·格思里和吉米·罗杰斯》（1960）、《杰克·埃利奥特唱伍迪·格思里的歌》（1960）；《伍迪·格思里的成长之歌，由杰克·埃利奥特演唱》（1961）。这样的感情无疑令人钦佩，但是多余。选自《再度烦恼的杰克·埃利奥特》（Jack Elliott at the Second Fret，1962）中的一首埃利奥特版的《谈旷工/森特勒利亚》（Talking Miner/Talking Centralia）留给听众一个问题：这样做有什么意义？

外，这个小集团的书呆子里面，有谁会反对对沙漠民谣（Dust Bowl ballad）虔诚的演绎？这个孩子做的不是这个。太多人不了解他所做的事情，他们仅仅引用格思里作为最有用的解释。神话将会继续下去。

* * *

没有人停下来想一想，1961 年，有多少美国人能在地图上找到越南。自 1955 年 11 月，这个国家的代表一直在给同意冷战的参战方提供建议，而法国觉得被打败了，感到羞辱，于是准备离开这个国家。1959 年，两位美国“顾问”成为以民主的名义死在越南的第一波美国人。1961 年 5 月，无所畏惧的约翰·肯尼迪准备派遣 400 名最精锐的特种兵，去为越南提供更多的建议，监督这个腐败政权的军队训练。就任第一年，约翰·肯尼迪有很多事情要思考：4 月，中央情报局支持的古巴“猪湾事件”失败；8 月，用心险恶、象征性的柏林墙被修筑，以及“中立的”老挝无休无止的危机。1961 年，他并不想让作战部队陷入持久血腥的地面战争。他猜想，结果将会是“不利的”，不管是政治上的或是军事上的。无论如何，一旦涉及共产主义，必须要明确划清界限——约翰·肯尼迪了解西方人。正如这位新任总统对《纽约时报》所说的：“现在，我们有一个问题，这个问题解决了，可以让我们的力量显得可信，让越南喜欢这个地方。”

很多其他地方也可以达到这一目的。纽约寒冷的冬天也是严峻的世界形势的象征，迪伦这一代人逐渐成熟。反共的政治迫害是穿插在美国式的民主与苏联式的集权真正对抗之间的表演。没有人知道它将走向何方。关于越南，没有人去猜测，所有军事参与的倡导者更不会猜测。这就是 1961 年的背景噪音，在格林威治村民谣旋律之下遥远的轰鸣声，是电视里咯咯作笑的笑声机器。在越南，那年夏天，尼基塔·赫鲁晓夫将会告诉肯尼迪：“如果美国想要战争，那是它的问题。”尽管如此，是肯尼迪在他短暂的任期内，将美国在越南的军队数量从 500 支增加到了 16 000支，由此开始了这场噩梦。

迪伦正进入一个有着政治紧迫感的圈子，恐惧实在是太真实了（也有一些希望）。约翰·肯尼迪是不会逃避战争的调解者：被人指控懦弱更为糟糕。但是 1961 年这场看似一触即发的战争，使得所有的歌曲都有了一种冰冷的有利条件，无论新旧。理性的人觉得世界很快灭亡是完全有可能的，甚至是很有可能的。“时事话题”是对民谣音乐反映可怜的描述。这个事实也让人们看到职业的另外一个方面。那一年，年轻的鲍勃·迪伦投身于这个场景中，除了“抗议”歌手，他几乎没有其他身份。他聪明地抓住这一事实。

* * *

照片中的女孩是苏西·罗托洛，全名苏珊·伊丽莎白·罗托洛（Susan Elizabeth Rotolo）。照片拍摄于1963年2月琼斯街，由哥伦比亚公司的摄影师唐·汉斯特恩（Don Hunstein）拍摄，地点位于西四街附近。十几年前，苏西作为“红尿布婴儿”出生于共产党工人阶级家庭，出生地位于布鲁克林，但在皇后区森尼赛德桥那边长大。苏西是纽约本地人。如果想象力允许的话，你从《放任自流的时光》的封面照片就可以感受到。波西米亚对于她而言，就像在家里一样舒适自在。她与迪伦做了三年的情侣，需要时，她也是他的老师。他向她学习文学、艺术、戏剧、政治等课程，这是他从任何人身上都不太可能汲取的。两人见面时都极其年轻，可谓危机四伏——她17岁，他20岁——苏西是站在天使那边的人。

苏西的姐姐卡拉当时是艾伦·洛马克斯的助手。1961年6月末的一个大热天，在晨边高地的河滨教堂音乐会上，卡拉介绍他们认识。迪伦当时和范·容克、汤姆·派克斯顿、格林布雷尔男孩、漫步的杰克·埃利奥特在一起，参加一个全天的活动，开启一个专注于民间音乐的广播电台。在《编年史》中，迪伦回忆起苏西“是我见过最性感的尤物”。他说，她的笑容照亮了整整一条熙熙攘攘的街。他将她比作“罗丹的雕像复活了”，他的头开始晕眩——经过那些失去的年代后，他不再让自己受限于任何事情。我们的诗人说道：“空气中瞬间充满香蕉叶子的味道。”在纽约也是如此。苏西喜欢他吹口琴的样子。

那么，为什么会有香蕉叶子？如果你在阅读《编年史》，很快你就会发现，除了作者的可信度之外，还有很多争议。在所有的东西中，为什么是香蕉叶子？迪伦想要读者感到疑惑。请注意，佛教的《维摩诘经》采用了香蕉树的意象，易碎的叶子飘到风中，潮湿的树干，比喻人的身体和无常，至少根据 Hermitary 网站是如此的意象（对隐士与独居的反思）。这听起来出奇地深奥，但是它很合适。除此之外，还有什么理由要采用这个意象呢？这个网站上还提供了 12 世纪日本诗人西行（Saiygo）在《哈佛亚洲研究杂志》（*Harvard Journal of Asiatic Studies*）（1953 年第 16 卷）的描述：

> 当风儿随意吹起
> 香蕉叶子随风飘落；
> 叶子被损毁；
> 有谁能依赖这个世界？

这段感情注定没有结果，换句话说，从一开始就注定没有结果。几十年后，这个作者可以说，没有造成伤害。《编年史》充满了这些心照不宣的微妙密码、信息和暗示。只有迪伦知道个中原因。

苏西见过他，见过他在热尔德民谣城表演，大多数时候是与马克·斯波尔斯特拉一起，或者给别人伴奏（竖琴演奏者当时很罕见，这很奇怪）她“注意过他，但是没有对此多想”。那时还没有看到香蕉叶子。

> 我觉得他有点奇怪，看着有点老派，又有一种零乱的魅力。他的牛仔裤皱皱的，衬衫也是，即使在大热天，也总是戴着那顶黑色的灯芯绒帽子。他让我想到哈勃·马克斯（Harpo Marx），精灵搞怪又平易近人，但是他身上又散发着某种强烈的感情，无法忽视。[1]

她当时为“种族平等大会”（The Congress of Racial Equality，CORE）组织活动，同时在闲暇时，为热尔德民谣城设计海报和宣传单，而他还在试图了解自己的思想究竟有什么价值。那天，他俩调情，苏西在她的书中对迪伦和他俩瞬间建立的恋爱关系进行了总结：“他很风趣、迷人、热情，而且很执着。”而且，“他不按规则行事”。他们开始在热尔德民谣

1　*A Freewheelin' Time*, p. 91.

城或其他俱乐部约会。她开始给他提供教育——现代艺术博物馆里毕加索的《格尔尼卡》是个不错的开始——他们非常真挚地谈论着诗歌、哲学、艺术和政治。

对一个被强烈吸引的少女而言，迪伦的“捉摸不定，神神秘秘”令人不安。“明显能感觉到他的偏执狂”，四十多年后，她如此写道。年轻的苏西暂时没有理会，村子里很多人都在讲大话。秋天来了，谢尔顿在《时代周刊》上发表了一篇评论，哥伦比亚公司的交易使得迪伦的口袋里有点小钱，于是他们搬到一起住。他们的小家位于西四街 161 号一座四层的小楼里，是顶层一间小小的公寓，楼下是一家家具店。这里将成为苏西的私人剧院。

你可能还感到疑惑。《放任自流的时光》一书写于几十年后。有谁能真正记得十几岁时候的自己，那时发生的事情，或者重要的情感？这些年，很多人对迪伦发表了很多看法，将西四街上的那个女孩与身患肺癌、濒临死亡的女人分隔开。再也没有更多的第一印象了。但是，对于任何不熟悉迪伦声誉的人来说，背负过去伤痛记忆的苏西的断言，听起来非常奇怪。比如 1961 年的时候，她的新男友——这个年轻人的行为举止就“好像他预料到有人会揭露真相，揭开他的身份，让他暴露出来”。

他在期待谁？暴露什么？为什么掩饰身份如此重要？正如苏西记载的，在这个村子里，没有一个人在意他说的大话。为了采访或制作标准的简历，表演者通常会编造各种各样怪诞的叙述，修饰他们平凡的生活。面对事实时，大多数人只是对虚构的故事一笑置之。但是，迪伦才 20 岁，对于他显而易见的偏执狂，保密的需要显得非常迫切。“自我神话”并不能掩饰这一切。他在躲避。在舞台上。

* * *

尽管如此，“迪伦”的身份依然在构建之中。罗伯特·齐默曼直到 1962 年才正式在法律上改成这个名字，但是他改名这个事实已经表达了他要舍弃过去一切经历的决心，更不要提家庭了。有些表演者仅仅采用了一个艺名，并没有破坏他们的历史。但是当他对自己要成为什么样的人还没有清晰的概念时，这个人就已经成为鲍勃·迪伦了。年纪稍大，被迫回首往事时，他说话的语气好像在他几个自我身份之间一直有着清晰的连续性，好像他一直了解他现在所知道的事情，但是在 20 世纪 60 年代最初几年，这个人物的角色仅仅只是一个素描。

被迫提供背景故事时，这个男孩会编故事、讲大话，将极少量的事实编织成虚构的故事。有时，没有什么明显的原因，他干脆撒谎。有几次，他试图消灭、否定或抹去与父母的关系。在他回忆录的第五页，他描述了早期接受哥伦比亚宣传负责人比利 · 詹姆斯（Billy James）的采访，在采访中，“鲍勃 · 迪伦”被“赶出家门”，通过逃票乘火车从伊利诺伊州赶来。作者承认，这纯粹是“瞎扯”，他没有开玩笑，但这件事过了 43 年之后，他也没有对此做出解释。要么是他仅仅觉得这个不重要，或者干脆承认这本身就是障眼法。

明尼阿波利斯的朋友们印象中的这个人，与东部的这个人丝毫没有相似之处。在东部，他用粗哑的声音谈论乘火车逃票的经历，谈论他在狂欢节上工作的经历（“我 13 岁的时候”）[1]，去穆迪 · 沃特斯位于纽约的酒吧，去得克萨斯州、新墨西哥州、北达科他州游历。这个神童把年纪弄对了，但是他到纽约的环境几年后要修改一下。他很善于讲故事，或许是因为他希望这些故事是真实的，或许是因为他不能克制自己。

他有胆量，知道自己说什么，而习惯于说真话的人不太可能将过去的贫困经历浪漫化。西斯科 · 休斯顿就是其中之一。1961 年 2 月，伍迪 · 格思里的这位老伙伴在去世前两个月，坐下来接受织工乐队的低音歌手李 · 海斯的采访。在大萧条时期，十几岁的他曾被迫流落街头。休斯顿谈到当时的困苦，在西得克萨斯的小镇上，一贫如洗，当时的他年纪不比迪伦大。他记得，铁路警察无情地攻击流浪汉，他亲眼看到两个人被杀死在铁轨上，被火车碾轧过去。“在路上并不是件好玩的事情，”西斯科说，“在货运火车上的经历没有什么浪漫或光荣的，还是买辆车吧。”

“再创造”是流行音乐的陈词滥调之一，或者说，是关于流行音乐写作的东西，指的是对很久以前的概念再加工的能力。每一个自负的歌手，如果在职业上需要一件令人感到震惊的事情时，都可以通过改

1　摘自詹姆斯对他的采访。在《鲍勃 · 迪伦》录制期间，玩了这个游戏。

变服装、换制片人或伴奏乐队来实现。人们一般认为，迪伦的改写比此前大多数人改写的都多——“电子音乐”“乡村音乐”“福音音乐”“摇滚音乐”“美国音乐”，等等。但是这些选择与艺术直觉有着巨大的关系。真正有趣的是，这种变形几乎不是他当下的商业兴趣。创造他自己——“鲍勃·迪伦”，从罗伯特·艾伦·齐默曼的身份中脱离出来，这更令人困惑。一方面，这个男孩在有这个需要之前就有了这个名字。在他拥有可以匹配的才能之前，他就宣布用这个名字。毕竟，改名这个行为涉及刻意的自我毁灭。这不是什么娱乐圈职业策略。谁会做那样的事情?

这个重新选择的名字和重新塑造的身份都不会让人们以为他是个犹太人。是吗？在迪伦的家乡，犹太人并不突出，在迪伦所属的州也是。然而，关于这个男孩所遭受的公开歧视的证词很难通过。也许反犹太主义——这不会是第一次——倾向于让人保持谨慎，悄声细语，使用暗语。你也可以认为，父母对贫穷的金发碧眼的姑娘、非犹太人厄科·赫尔斯托姆（Echo Helstrom）的冷淡态度，也刺激了他对身为犹太人的反感。如果这是他们的态度，他们可以这样。无论如何，否认自己的出身不是件小事。与此同时，对自我的全盘否定、将罗伯特·艾伦·齐默曼归入鲍勃·迪伦之中，将是其一生的努力。如果你碰巧相信，所有这些都是为了隔离真实的、原本的自我，这将是很少人做的事情。

苏西·罗托洛的回忆录不止一次地证明了年轻的迪伦极不情愿承认自己真实的身份。一次偶然的机会，她发现了他的真实姓名，那天晚上，在西四街小小的公寓里，迪伦回到家时“酩酊大醉”，钱包掉了，征兵证掉了出来。很显然，这个细节他想保密。换句话说，即使是对自己深爱的人，即使是对自己最信任的人，他也隐瞒了事实真相。多年以后，苏西说道：

> 发现他的原名并非什么令人惊讶或者惊天动地的事情。我不介意他对别人保密。我已经习惯了，在麦卡锡时代长大，有必要对想窥探的外人保持警惕。但是，突然之间，发现他对我也没有坦白，

这令我很伤心。我很受伤。[1]

不仅如此，苏西发现迪伦已经对自己的小秘密“疑神疑鬼”，这件事之后，她“无法摆脱对他的怀疑”。这注定是他要为自己的选择付出的代价，在当时，以及此后的很多年。然而，在西四街上，“鲍勃·迪伦”已经成了一个全职的工作。如果这项工作看似是个负担，如果这项工作给他带来了世间不必要的悲伤，除了他自己之外，他不能责怪任何人。隐私是一方面；这个人物甚至怀疑自己存在的必要。

* * *

那时，他很年轻，她更年轻，太多回忆录和故事似乎忘了这个事实。当迪伦第一次敢于在村子里表演时，人们往往叫他“孩子”，仅仅是因为，那时他就是一个孩子。漫步的杰克比他大十岁，范·容克比他大五岁，派克斯顿比他大四岁，弗雷德·尼尔比他大五岁，伦恩·钱德勒比他大六岁。鲍勃·吉布森（Bob Gibson）与彼得·拉·法格（Peter La Farge）两位资深人士与他相隔了十年的生活——保住工作，到处游历，服务国家，参战。他们都曾是无知的少年，但是，因为显而易见的原因，大家都把迪伦视为神童。即使是 1962 年才来到格林威治村的菲尔·奥克斯（Phil Ochs），也比这个他一直尊敬的歌手大一点。在这样一群人中，迪伦能够很快站稳脚跟，这个事实本身就反驳了人们对他的诋毁——说他是蹿红的年轻人，不会唱歌，也“基本不会演奏”。简单的推论就是，谢尔顿所报道的嫉妒是有原因的。1961 年冬天，迪伦也许还没有准备好录制唱片，但是约翰·哈蒙德的判断没有错：这个人有“货”。

* * *

10 月的一天，合约的一方后来回想起来，第一份唱片录制合同签署之后，约翰·哈蒙德将《三角洲布鲁斯之王》（*King of the Delta Blues Singers*）样带作为礼物送给迪伦，该唱片重新收录了 16 首罗伯特·约翰逊的歌曲。沉醉于老唱片和模糊音质中的年轻人，给出了完美的评价。这也可能是哈蒙德以一种狡猾的方式指导他保护的对象，他似乎在说，

---

1 *A Freewheelin' Time*, Ch. 10.

“喂，你觉得自己很了解。你还不知道这个。”1961 年，很少有人会这么做。

对于那些认为哈蒙德对“鲍勃·迪伦”、对迪伦的发展贡献不多的人，他们忘记了这位制片人的音乐背景。与此同时，那些认为迪伦、埃里克·克莱普顿、基斯·理查兹等对罗伯特·约翰逊的崇拜完全扭曲了布鲁斯历史的人，对哈蒙德很不公平。他对约翰逊的第一反应是毫无保留的，这位吉他手的演奏听起来就像是三个人在同时表演，哈蒙德知道，自己听到了一些不同凡响的东西。

早在 1937 年，哈蒙德就写了一篇有关这一发现的文章，并用笔名发表于《新群众》（*New Masses*）杂志上，他在文中直截了当地指出：“约翰逊使‘铅肚’看上去像一个技艺高超的装模作样者。”他的这种说法有点不切题，但却很中肯。仅仅一年之后，哈蒙德努力为卡耐基大厅举办的首场“从精神到音律”音乐会寻找出色的歌手。而当时，这位经纪人尚不知道，罗伯特·约翰逊已经去世，年仅 27 岁，死因可能是马钱子碱中毒，死于密西西比州绿林市。24 年之后，当这位制作人亲手将《三角洲布鲁斯之王》的样带递给迪伦时，他非常清楚自己在做什么。

这张收录于 1961 年的专辑，要部分归功于哈蒙德，该专辑将产生巨大的影响，至少在白人听众中如此。同样，它也会产生各种各样有关布鲁斯和罗伯特·约翰逊的传闻，以及各种半真半假的报道。最为严重的是，作为哥伦比亚公司发行的《经典爵士乐词典》系列之一，《三角洲布鲁斯之王》依然是白人世界将黑人经历视为神秘、异国世界的一个案例。故事中容不下一个事实上乐于演奏白人流行乐曲的吉他手。爵士制作人兼编辑弗兰克·崔格（Frank Driggs）为专辑封面题写了文字，他毫不犹豫地填补了约翰逊简短的传记记录。[1] 崔格后来承认，关于这位吉他手，他还有很多不了解的东西，但是这些未知并不妨碍他。

1　参见 Barry Lee Pearson and Bill McCulloch's *Robert Johnson：Lost and Found*（2003）。Elijah Wald 的 *Escaping the Delta：Robert Johnson and the Invention of the Blues*（2004），也相信其他的故事和鬼魂。

> 罗伯特·约翰逊来了又走了，就像在午夜的大街上，夜色昏暗，寒风四起，一张报纸被风吹起，在半空中旋转。第一次，他被带到位于圣安东尼奥宾馆房间里的临时录音室录音。一年后，他第二次录音，这一次是在达拉斯的一座办公大楼后面。然后，他就走了，还没过21岁（27岁?）生日就走了，被一个嫉妒的女友下毒致死。

如上所述，约翰逊的生命终止在27岁的花样年华。死亡证明书上将他的死因归为梅毒，但是他被下毒的故事似乎是真的，至于被谁下毒，则无从知晓。在几个月的时间里，他从一个笨手笨脚的吉他手，蜕变成一个天才演奏家，真的是因为他在61号公路和49号公路的十字路口与魔鬼达成了午夜交易吗？2004年，迪伦将这个超自然的荒谬说法转为自己所用，他对美国哥伦比亚广播公司的艾德·布拉德利说，他也“做了一笔交易”。他脸上顽皮的样子表明，这个词可以做各种各样的解释。

在现实中，罗伯特·约翰逊进行了艰苦的训练，他找到了一个好老师[1]，用心地听唱片、听广播。他精湛的布鲁斯技艺也取决于自己从前辈和同辈中的广泛借鉴，但是，事实上，在1961年，这位“三角洲之王”还鲜为人知，很大程度上是因为他的唱片在20世纪30年代的销售惨淡。在这一方面，他不是唯一的一个。

大萧条几乎将唱片行业彻底摧毁。1929年，唱片销量仅有1亿～1.5亿张。1933年，又下降至1亿，最低时可能只有600万张。随着美国平均失业率上升至31%，黑人工人遭受了沉重的打击，黑人听众随

1　据说是一位农场工人，名叫艾克·泽纳曼（Ike Zinnerman），迪伦在《编年史》中写道，他是一个“神秘人物”，“任何历史书中都没有记载”。然而，有些研究表明，艾克是一个真实的人物，而他其实姓泽纳曼。据说，为了寻求安静的氛围，这对师生在墓地里练习，而不是因为魔鬼。魔鬼交易的神话和罗伯特·约翰逊的年纪一样大，第一次用于汤米·约翰逊（Tommy Johnson）身上，后来最有名的是《罐热布鲁斯》（Canned Heat Blues）。这位约翰逊的技巧是从查理·帕顿那里习得的，迪伦在2001年的专辑《爱情与小偷》（*Love and Theft*）中的《大水》（High Water）就是献给查理的。

之消失。在全国，爵士和布鲁斯音乐人眼睁睁地看着自己的职业被摧毁，成为“无名之辈”是非常容易的事情。在北方的城市里，十个黑人中有六个找不到工作，在南方，他们则被彻底摧毁。1932 年 4 月，仅仅在一天之内，约翰逊的家乡密西西比州四分之一的农场土地被拍卖掉。当时，密西西比州负债 1 400 万美元，而账户上只有 1 000 美元。在接下来的冬天，大萧条也并没有像人们预料的那样触底。1936 年 11 月，约翰逊第一次录制唱片，不久后罗斯福新政决定削减支出，他的行为总是比他的演讲更正统。接下来是一场严重的经济衰退，持续了 13 个月，将失业率推回 20%，结束了罗伯特·约翰逊对唱片职业的一切希望。

1961 年，人们倾向于寻求不寻常的解释。在一般白人对美国黑人艺术的描述中，约翰逊的角色被固化了。哈蒙德送给迪伦的礼物专辑上的介绍，同样犯了这个基本的、看似不可能抗拒的错误，那就是将约翰逊歌曲的歌词当作部分自传来解读。这个习惯不会被轻易消除掉。

尽管如此，《三角洲布鲁斯之王》仍然令迪伦着迷。正如他多年以后写的，这给他带来的震撼，就像最初听到格思里一样。为什么这么深奥的秘密，他之前都不知道？哈蒙德说过，这个家伙能够“横扫一切”。迪伦听到了一位艺术家“可以全副武装地从宙斯的脑袋中蹦出来”。

> 我立刻将他与我曾经听过的一切歌曲区分开来。这些歌曲不是普通的布鲁斯歌曲。它们是完美的——每一首包含四五个诗节，每一个对偶与下一个交织，但并不明显。它们如此流畅。刚开始，节奏很快，快得都抓不住。它们在范围内、在主题、在简短有力的句子中到处跳跃，结果勾画出全景故事——人类的火焰将这个编织的塑料表面炸开。[1]

这样的描述也适用于迪伦自己今后的写作。1961 年，范·容克仅仅告诉他，约翰逊“不是很有原创性”，很多作品是抄袭的。在斯齐普·詹

1 *Chronicles*, p. 282.

姆斯（Skip James）这类人看来，的确如此。迪伦知道，只是没有费心去争论，因为这不重要，而且他也不在乎。他还知道有其他东西，源于约翰逊音乐深处的其他东西，使他“神经紧张”——或者说让他的创作灵感“就像琴弦般震颤”。

> 歌曲层次丰富，歌词精简至极。约翰逊掩饰了二十多个人的存在。我认真研究了每一首歌曲，我想知道他是如何做到这些的。歌曲创作对他而言是非常高级的工作。作品似乎从他的口中自然流出，而不是来自他的记忆。我开始仔细斟酌诗节的构建，仔细观察它们与伍迪的有何不同。[1]

迪伦把约翰逊的歌词抄到小纸片上，仔细研究，他将诗节剥开，分解为一个一个的部分，分析它们的内在机制，界定约翰逊采用的自由关联、精妙的寓言，以及包装在荒谬的抽象的坚硬外壳之下的真理——主题自由自在地飘在空中。这 16 首歌精选自约翰逊仅存的 29 首歌，带给了迪伦一生的启发。他在回忆录中写到，他将编辑艺术自传。这些“包装在荒谬的抽象的坚硬外壳之下的真理”，有没有让你想到什么人？

每个人都在讨论迪伦和格思里。一般只在谈及“布鲁斯”或者“影响”时，才会提到罗伯特·约翰逊。对此，你不能责怪迪伦。事实上，几十年来，他一直坚持认为，约翰逊对他的作品有着重要影响。1973 年，迪伦被说服出版了《写与画》（*Writings and Drawings*）一书，这是他首次将歌词与其他作品汇编成集，他在其中收录了一首献诗：

> ……献给驯马人、鬼魂诗人
> 身份低卑的守夜人，甜蜜的爱人，
> 绝望的人们，
> 愁苦的漂泊者和彩虹天使——

---

1 *Chronicles*, p. 284.

那些在狂野的、蓝色的那边的高高在上的人。

接着：

献给伟大的伍迪·格思里与
罗伯特·约翰逊
直接激发这一灵感的人……

对于迪伦而言，约翰逊有一个特征值得铭记，那就是如果这位布鲁斯歌手很神秘，这是他自己的选择，或者出于某种必要。作为巡回音乐家，约翰逊走过很多地方，从三角洲到加拿大。一路上，他会结交朋友、情人，但是他极其小心谨慎地确保，这个镇子上的女孩和民谣歌手对其他镇子上的女孩和歌手一无所知。没有人确切地知道其中原因。数一数，罗伯特·约翰逊至少使用过八个不同的名字，每一个名字后面都有一个不同的故事。[1] 他早期的生活已经模糊，出生日期不确定。只有两张照片可以确定是他留存下来的，还有一张照片看起来是可信的，该照片刊登于 2008 年的《名利场》杂志。约翰逊自己创造的神话难以捉摸，这使得年轻的迪伦的幻想看起来几乎可信。也许他们之间的归属感甚至比迪伦意识到的还要深切。

* * *

迪伦刚来纽约时，正值美国第三十五任总统就职演说响彻国民的耳边。1961 年 1 月 20 日，约翰·菲茨杰拉德·肯尼迪请他的同胞们“不要问你的国家能为你做些什么，而要问你能为这个国家做些什么”。人们还没有猜出美国内在的黑暗、潜伏的恶性毒瘤会给总统带来什么。尽管如此，迪伦的崛起将在很大程度上取决于这个国家正在发生的和即将发生的事情。他的歌曲的出现恰逢其时。

巧合的是，就在迪伦来到纽约的那一年，《纽约时报》29 岁的业绩

1　参见 Ted Gioia's immaculate *Delta Blues：The Life and Times of the Mississippi Masters Who Revolutionised American Music*（2008）。

斐然的作家盖伊·特里斯（Gay Talese）与摄影家马尔文·利希特纳（Marvin Lichtner）正准备出版一本描写这座城市的书，名为《纽约：意外之旅》（*New York: A Serendipiter's Journey*）。该书奇异地融合了巧妙的夸大与时髦，在努力刻画这座大都市的景象和声音的同时，给人一种另一个时代的强烈感觉。它很奇怪，足够引人注意，可以成为迪伦的一首歌。特里斯写道：

> 纽约充满着奇人怪事。纽约人每分钟眨 28 次眼睛，紧张时会眨 40 次。大多数在扬基体育场看球吃爆米花的人，会在传球前瞬间停止嘴里的咀嚼。在梅西百货的电梯里嚼泡泡糖的人，在出电梯时会立刻闭上嘴巴，以便集中精力踏出最后一步。布朗克斯动物园的工作人员在清理海狮水池时会找到各种东西，硬币、回形针、圆珠笔、小女孩的皮夹，等等。
>
> 每天，纽约人要喝掉 46 万加仑啤酒，吃掉 350 万磅肉，抽出 21 英里长的牙线穿过他们的牙齿。纽约每天有 250 人死去，460 人出生，有 15 万人戴着玻璃眼镜或塑料眼镜行走在这个城市。
>
> 公园大道的看门人脑袋里有三颗子弹的碎片，那是"一战"时留下的。几个吉卜赛姑娘受到电视文化和书本文化的影响，离家出走，因为她们不想长大后当个算命的。每个月都有 100 磅头发被运往第五大道 545 号的路易斯·菲德（Louis Feder）那里。

43 年后[1]，迪伦在解释他去纽约的原因时，只有一次没有提及年轻的朝圣者跪在伍迪·格思里床边的神圣画面。他说，他从来没有想过去洛杉矶："因为我所知道的一切都来自纽约。"他指的不单是棒球比赛和广播节目，还有"所有的唱片公司"。在他的头脑中，即使是在 1961 年，虽然几乎没有一场公共演出配得上他的名字，但是他也签了合同，已经在录音。他在 2004 年说："纽约看上去就像是整个世界的首都。"他对此非常清楚。

---

1 *Los Angeles Times*, April 2004.

在那儿，民谣音乐占据重要的地位。对摇滚四年的爱好已经被公司的无底洞所吞噬。猫王埃尔维斯在军队服役，贿赂丑闻令心地纯洁的人们坚信，一切“商业”音乐与金钱有关。民谣演奏价格低廉，容易搬上舞台，是有道德原则的选择。民谣是严肃认真的、有文化修养的、智力上可信的，而且，对那些对国家的自命不凡持异议的人而言，民谣还具有一种政治意义。它不虚伪——“虚伪”这个词被反复提及，无论是在命题或者反命题中。

对民谣的酷爱或许有点儿自以为是。迪伦对专横的小集团的看法并不是完全错误的。他们有些人喜欢教导别人，习惯对别人评头论足。某些人甚至假装金钱不重要。村子里的显赫人物还有一种不幸的本领，能将主张平等的歌曲变成精英的事。这些自以为是的人是嫉妒之神。这些人可能太快忘记了，他们钟爱的传统歌曲，一度也是别人眼中的廉价流行音乐。在他们看来，相比于消费社会中沉迷于电视、被广告主导的绝大多数人，这些布鲁斯歌手和山区音乐的创作者，这些不知名的班卓琴演奏者、牛仔、工会组织者和流浪汉，这些身处贫穷的人，更为真实。真实很重要。民谣就是与最原始、最本真的美国精神保持联系的一种方式，让这种精神继续存在下去，在纯粹的意义上讲，它是政治性的。

政治漂洋过海。民谣复兴、布鲁斯复兴产生于特定的意识形态的设想，而这些设想是国际性的。在小小的英国，前滚石时期的基斯·理查兹所遭遇的反驳，恰恰很快困扰着迪伦，而且基本上是同时困扰着他的。仅仅热爱布鲁斯还不够。

> 纯粹主义者认为布鲁斯是爵士的一部分，因此，当他们看到电子吉他的时候，他们感觉遭到背叛——完全波西米亚风格的亚文化被穿着皮革的暴徒威胁。在所有这一切之中，肯定有一股政治暗流。艾伦·洛马克斯和尤安·麦考尔是歌手，是著名的民谣歌曲收集者，也是民谣繁荣的元老，或者说是意识形态的拥护者，他们划了一条马克思主义界限，认为民谣这种音乐属于人民，必须保护它，使它免受资本主义的腐蚀。这也是为什么在那段岁月，“商业化”是如此肮脏的字眼。实际上，音乐媒体的谩骂比赛与真实的政治斗争很相似：“废

话贩子”“合法谋杀”“背叛”，这些都是关于真实性的可笑的讨论。[1]

苏西·罗托洛的父母是共产党，她对这种派系斗争深有体会。有一种奇怪的理论甚至认为，此时的苏西被人利用了，目的是让她的男友在意识形态上走上正道。苏西的姐姐卡拉当时是艾伦·洛马克斯的秘书。洛马克斯是一位音乐家，也是一位享有很高威望的共产党人士，这项指控是无关紧要的诽谤，任何民谣小团体都很容易相信。迪伦花了大量时间去听卡拉收集的众多唱片，因此，人们认为他是人民音乐和进步歌曲的代表。美国联邦调查局试图诱捕洛马克斯的策略设计得不太巧妙。正如苏西回忆的：

> 鲍勃·迪伦不得不成为下一位先知。他符合要求，他所创作的非凡的歌曲表达了超越年龄的智慧。传统的左翼人士想要训练他，让他深刻理解并继续在他们铺垫的道路上前行……鲍勃认真地倾听他们、理解他们、尊重他们，然后离开……他不想接过他们试图传递给他的火炬。
>
> 可怕的是，很多所谓的60年代新左派同样感觉到被迪伦背叛。正统观点将左派与斯大林主义紧密联系在一起。在60年代的运动中，这种观点本不应该被推行。但老派的哲学和态度仍然存在，即使在宣布失败之后，依然产生影响。[2]

然而，在艺术上、政治上，左派的“立场”，他们的工作前提是什么？本质上，被适当理想化的贫穷与压迫是真实性的保证：没有苦难，没有真理。他们“真正的”民谣音乐取决于他人的痛苦。如果黑人获得

---

1 *Life*，Ch. 3. 20 世纪 50 年代初期，为了逃避疯狂的麦卡锡主义，洛马克斯搬去英国。他对英国复兴产生的影响与理查兹描述的一样。1957 年，《笨拙》（*Punch*）杂志刊登了一幅漫画，刻画了一位疲惫的农民，图片说明是：“我有布鲁斯音乐，可惜艾伦·洛马克斯不在身边，记录不了。”

2 A *Freewheelin' Time*，pp. 266-7.

自由与经济权利，佃农的布鲁斯结果会如何？如果真正的山区歌手获得体面的工作与一些消费耐用品，优秀的传统的山区音乐会留下什么？有些人的孩子也许甚至会渴望获得电视机、汽车和电子吉他。这个村子里的主管，以及所有追随他们道路的人，没能把事情想清楚。

比如，他们没有想到，人们记忆中最优秀的美国民间音乐可能诞生于田纳西州孟菲斯的706工会大道上，可能诞生于太阳唱片公司的录音室中。他们也没有稍微停下来想一想，他们是否有权利决定哪些可以称为民间音乐、哪些不可以。他们甚至忽略了一个事实：人民阵线珍贵的记忆彻底被斯大林主义者糟糕的信仰所玷污。迪伦与政治化的民谣歌手从公开赞扬转向污蔑这一短暂而痛苦的关系，将整个争论变得清晰起来。从来没有一种民谣的定义能够包含或囊括所有。这是一个复杂的细节。

那么今天的迪伦是谁呢？如果他不是那个最纯正的美国音乐承办者——他并不在乎这个词——不是那个告诉采访者民谣为何如此重要的人，不是那个资深公民、人们眼中超越所有人的艺术家，那个真正与传统、古老的根相联系的人，他又是谁？如今他给查理·帕顿献歌，这个出生年月不详、密西西比州的农民大约是在1934年去世。21世纪的迪伦甚至反对最新的唱片技术，反对孩子们整日将耳朵“焊”在MP3播放器上，对现实生活却熟视无睹。听上去，如果可以的话，他甚至想要拿起斧头砍掉这一切。

那个时候，他醉心于创造新的东西。他努力工作，吸收音乐，从所有能教他的人身上学习一切可以学习的东西，只要有需要，他就汲取他想要的东西。要维持鲍勃·迪伦的身份不是一件容易的事情，很显然，这个鲍勃·迪伦是突然出现在大街上的，而他的手上恰好有把吉他。身为迪伦是一件严肃的事情，正如苏西·罗托洛在那本狡猾的、充满感情的回忆录中写道的：[1]

> 他在镜子前面捯饬了很长时间，起皱的衣服试了一件又一件，

1 *A Freewheelin' Time*, Ch. 1.

直到看起来好像刚刚起床，随手拿了一件衣服穿上。形象意味着一切。民谣正吸引着一代人，正确理解民谣很重要，包括形象上——真实、孤傲、有话要说。与今天的商业世故与愤世嫉俗相比，这看起来也许有点幼稚，但是在那个时候，这是相当大胆前卫的，同时充满革命性。我们相信，我们可以改变观念、政治和社会秩序。

“真实、孤傲、有话要说”，苏西的概括几乎总结了那个在 1961 年 9 月最后一天，与约翰·哈蒙德签署合同的迪伦在舞台上的主要形象。他不可能完全真实，因此有了那些滑稽的故事，但是孤傲恰恰是他魅力的一部分。而且，他有很多话要说。不变的传说中关于他最终采用电子吉他或回归这种乐器的“争议”，忽略了他在 1962 年下半年和 1963 年的创作力量。关于争议，此前已经有所叙述。那一段时期，他在所谓的时事歌曲创作中投入的抨击、智慧和抒情力度无人能及。很快，他会戏谑或抱怨“抗议歌曲”的标签，但是在那个时刻，他全身心地投入其中。无论如何，至少看起来是这样。

* * *

慢慢地，他成为了另外一个人。在舞台上，在他第一次笨手笨脚地创作尝试之中，一个人物形象开始形成。这个人物可能是任何人，除了罗伯特·齐默曼。1961 年 11 月，他人生中第一场真正的音乐会在卡耐基大厅举行，票价 2 美元一张，绝对没有销售一空这回事，关于这次演出的记录既丰富又荒谬可笑。事后看来，也暗示了很多事情。

1941 年，鲍勃·迪伦出生于明尼苏达州德卢斯城，在新墨西哥州盖洛普市长大，来纽约那年之前，他曾住在南达科他州、北达科他州与堪萨斯州。14 岁开始在嘉年华表演，自己给自己做吉他、钢琴伴奏。两年前开始吹奏口琴。

明尼苏达大学为他提供了奖学金。他在那儿待了五个月左右，听了十几次课就离开了。他从芝加哥一位名叫阿维拉·格雷(Arvella Gray)的街头歌手那里学到很多布鲁斯歌曲。里普斯科姆(Lipscomb)唱摇滚的孙子介绍说，他还见到一位来自得克萨斯州布拉索斯河村的歌手，名叫曼斯·里普斯科姆（Mance Lipscomb)。他听了很多里普斯科姆的歌。他在南达科他州听到伍迪·格思里的专辑《沙漠民谣》。实际上，鲍勃·迪伦唱过很老的爵士歌曲、感伤的牛仔歌曲、金曲排行榜前40位的歌曲。他一直对歌手很感兴趣，但是直到来纽约之后，他才知道“民谣”这个词。

真实与谎言，迪伦小心谨慎地将它们编织在一起，毕竟关于德卢斯城是有出生证明的，但是他还不够仔细。这位风尘仆仆、疲惫不堪的老手的幻想不久就会被撕破。阿维拉·格雷（真名詹姆斯·迪克逊）是真实存在的，他是一位盲人布鲁斯歌手，喜欢唱《柯琳，柯莉娜》（Corrine，Corrina)，迪伦开音乐会当天，他可能就在芝加哥麦克斯韦尔大街上表演。曼斯·里普斯科姆是一位更为真实的人物，而且可以肯定，他是得克萨斯州人，在农场上被人重新发掘出来，于1960年、1961年发布专辑。迪伦1962年试图演唱的歌曲《石头与沙砾（铺垫坚实的道路)》[Rocks and Gravel (Makes a Solid Road)] 就来自于里普斯科姆的第二张专辑，1963年不礼貌地获得版权。“唱着歌的漂泊者”格雷自己没有专辑，但是1961年，因为一次不同寻常的机会，他出现在麦克斯韦尔大街音乐人遗产标签的选集中。迪伦自称结识很多人，这些人的名字甚至对布鲁斯迷而言都很陌生，这是聪明之举。与此同时，在他的想象中，童年的自己还在尘土飞扬的旧露天游乐场上摸爬滚打。然而，即使是在一堆废话之中，这位天才还是说出了一件中肯的事情：“我可以提供关于这个美国的歌曲，不是外国的歌曲——这片土地的歌曲，不是通过电视、广播与寥寥无几的唱片提供的歌曲。”

这些幻想是从某些地方诞生的，它们有一定根源。人们很容易将这一时期的迪伦称为“伍迪·格思里的模仿者”，甚至摇滚作家一直青睐的“神话创造者”。如果说这有所意味的话，那它究竟意味着什么？迪伦不是村子里唯一编造荒诞故事的骗子，但他非常清楚自己想要成为什么样的人。这个“鲍勃·迪伦”不是一时兴起创造出来的。

同样，尽管很清楚，他在告诉人们他觉得人们想要听到的东西，但让人惊奇的是，他是如何从一开始就知道，在时髦、进步的纽约，人们希望听到些什么，或者人们想要什么样的人？比如，很显然，他之所以挑选盲人阿维拉·格雷，正是因为这位音乐人默默无闻。直到 1972 年，阿维拉才制作自己的第一张专辑。这种事情很受专家的欢迎。迪伦当然知道，对此他有共鸣。

他的“迪伦”，这位占有欲很强的人物，被刻画为哈克贝利·费恩、约翰·福特、斯坦贝克和伍迪的后裔。甚至在 1961 年，他就成为公认的美国偶像，来自过去的鬼魂。鲍比·齐默曼希望自己是这种人。这是唯一能让他理解自己的意义的方式。

* * *

迪伦在童年时期就开始写“诗歌”。在母亲的记忆中，儿子青少年时期的部分时间花在了写作上。他最初为诗节配乐的尝试没有多大成果——根据克林顿·海林的统计，1961 年的 27 首歌曲中，只有 3 首可以收录于他的第一张唱片中——但这些都是民谣学徒作品，不是诗歌。蒙特利尔有一位名叫莱昂纳德·科恩（Leonard Cohen）的人，比迪伦大六岁多，在这条路上，他已经小有成就了。1956 年，当科恩还是一个本科生时，他就发表了个人第一本诗集《让我们比较神话》（*Let Us Compare Mythologies*）。迪伦到达纽约时，科恩正在蒙特利尔准备第二本诗集《大地香盒》（*The Spice-Box of Earth*）。他的老于世故与知识底蕴是这个年轻的民谣歌手尚不能及的。科恩的作品与迪伦的大相径庭，一段时间之后，其作品将回答一个问题，即歌词能否“在页面上存在下去”，从而能够被人们认可为诗歌，当然，是被那些有能力做这项工作的人认可。但无论如何，对于任何仍然对诗歌艺术感兴趣的人来说，1961 年都是令人困惑的一年。

另一方面，艾伦·金斯伯格将在旧金山出版《凯迪西及其他诗歌》（*Kaddish and Other Poems*）一书，几乎与此针锋相对。罗伯特·洛威尔将发表朴素的、自由的翻译作品，或者说是重读别人的作品，他称之为“模仿”。勒鲁瓦·琼斯、西奥多·罗特克（Theodore Roethke）、丹妮斯·莱维托芙（Denise Levertov）、理查德·威尔伯（Richard Wilbur）这些著名的美国人，都将在迪伦来到纽约的第一年发表作品，但这只是证明了美国诗歌的多样性，算不上是指引。和往常一样，争议从未间断。除此之外，这位年轻人是否在阅读这些东西，还缺乏有效的证据。他在苏西和其他人指导下的教育尚未开始。他知道垮掉的一代，在后来的岁月里，他宣称自己完全沉醉于爱伦坡和惠特曼的作品。他读了哪些作品、何时阅读，这些都不太清楚。根据他自己的叙述，他肯定没在阅读已去世的迪伦·托马斯的作品，他的部分说法遭到反驳。某一天，有人将会提出一个显而易见的问题：如果没有，那又是为什么？

那段岁月，西方世界里的每一个少年，只要对诗歌有一点点兴趣，都会从阅读这位威尔士人的作品开始。鲍勃·迪伦一直都否认自己借用了这个名字，但是到纽约的第一年年末，他已经养成了一个习惯，即否定一切不符合他预想计划的东西。在这些否认之中，他逐渐迷失了。唯一保持一致的声明就是：他不欠任何人的，除了格思里，除了那些死去的布鲁斯歌手，以及他和苏西知道的“真相”。

如果迪伦成了政治歌手，哪怕很短暂，都应该归功于苏西。她当然为之提供了大量信息，关于种族、古巴、左派遗产和政治等，这些都对塑造时事歌曲创作者提供了很大帮助。有一次，他坦然承认，自己“与她一起检查歌曲”。苏西当然不会打击他抗议的想法。多年以来，她仍然高度肯定迪伦在民权时代的次要工作。关于《海蒂·卡罗尔的寂寞之死》(The Lonesome Death of Hattie Carroll)、《埃米特·迪尔》、《梅加·埃弗斯》(Medgar Evers)及其他歌曲，她写道：这些歌曲不仅仅是将报纸上的故事重新用诗歌写出来，它们讲述了人类的境况与条件。这使得它们成为永恒。[1]

很快，迪伦就不赞同这种多情、有点愚蠢的认可。他最经久不衰的歌曲中，通常不包括那首根据可怜的埃米特·迪尔去世一事创作的民谣。然而，正如作家戴维·哈尔杜(David Hajdu)[2] 等人注意到的，这位歌手大约在离开苏西的同时，也将“这场运动”抛开，政治、民谣、统一体，等等。得出的结论是，这不太可能是巧合。这种巨大的背叛，如果是的话，也是有关个人的。

---

1 *A Freewheelin' Time*, p. 90.

2 可参阅 *Positively 4th Street: The Lives and Times of Joan Baez, Bob Dylan, Mimi Baez Fariña and Richard Fariña* (2001/2011)，寻找迪伦的个人生活与艺术方向变化之间的关联。

* * *

以色列人伊兹·杨（Izzy Young）是麦克道格街民谣中心的运营者，在那儿，在密室中，迪伦在唱片与“消失的各种类型的歌曲对开本”中消磨下午的时光。伊兹·杨对卡耐基音乐厅的演唱会下了把赌注。这是11月的第一个星期六，就在迪伦与约翰·哈蒙德在哥伦比亚录音室中开始工作的前几周。刚开始，这位歌手接受纽约公共广播电台的奥斯卡·布兰德（Oscar Brand）的采访，在表演之前，迪伦已经进行了一场表演。

布兰德：现在，我们采访今晚的嘉宾。他的名字叫鲍勃·迪伦，11月4日，他将在卡耐基音乐厅举办音乐会，带来激动人心的歌曲，这些都是他从明尼苏达出生后就开始收集的歌曲，后来他去了西南地区，经历了这个国家的狂欢节，正如我们之前所听到的，他从很多人那里收集了大量歌曲。鲍勃，我知道，这意味着当你游历的时候，你听到很多歌曲。但是，这是否也意味着，你也同样忘记了很多歌曲呢？

迪伦：哦，是的。我学到很多，估计也忘了很多。每当我忘记它们后，又听到它们的名字时，就会在某本书里查一查，就又学习了一下。

布兰德：你能读懂音乐吗？

迪伦：不，我读不懂。但是，有一个很好的例子。我从南达科他州的一个农民那里学到的。他演奏竖琴，名字叫威布尔，住在苏福斯外面。当时我去拜访他和其他人，这时，我听到他唱这首歌……有一天，我正在翻阅一本书，看到同样的一首歌，我想起他当时的演唱。于是，就有了下面这首歌。[接着，《我离开的那个女孩》（The Girl I Left Behind）的歌声响起。]

有人说当时在卡内基音乐厅的观众只有52人，有人说是53人，也许算上了艺术家本人。无论如何，当晚的宣传者没有做好宣传。五十多人，每人2美元，还要扣除西57街这个小小的音乐厅的60美元租赁费。

关于这次演出流传下来的部分违禁品表明，迪伦听起来不像是对着几乎空了的房间演唱，但是鉴于该场地可以容纳 225 人，这一场合也许可以归为私密的音乐会。尽管如此，这位表演者依然饶有兴致。他可以对着一大群人施展魔法，也可以让一小群人陶醉其中。

> 今晚来这里差点迷路。我坐地铁，在 156 街附近下车，开始往回走。在凯迪拉克商店又耽误了一会儿……所以，没能准时赶到。路上差点儿被公交车撞倒，于是又坐地铁。到了 34 街，然后走到这里……今晚我有备而来。我有一个单子。这是一个新的单子。一个月前，我吉他上有一个单子，但是那不好。我觉得要有一个好单子，于是四处走访，初步编辑了一个。接着，四处去看其他吉他表演者，看看他们的单子，抄在我的上面……其中有些我不是很了解……

他演奏的 21 或 22 首歌曲中，只有零星的几首能收录于《鲍勃·迪伦》专辑中。他很有勇气，在专辑开始就演唱伍迪的《1913 年的大屠杀》，在最后又以孪生兄弟般的《献给伍迪的歌》作为倒数第二首。尽管如此，鉴于他的经验不足，这位初学者已经献上了一场精彩的表演。信念足以征服一切。

* * *

那一年年底，鸡蛋是 30 美分一打，汽油是 28 美分一加仑。充满诱惑的外语电影《甜蜜的生活》正在热映，但是迪伦的目标不是过那种甜蜜的生活。另一部大片《蒂凡尼的早餐》(*Breakfast at Tiffany's*) 中描绘的纽约对他来说也是陌生的。与此同时，另一起核试验在内华达州的沙漠中进行，政府想要人们把心放下来。那年春天，苏联将一个人送上了太空，一个月之后，感到被侮辱的美国将艾伦·谢泼德 (Alan Shephard) 送入不那么友好的太空中，在一个名为“自由 7 号”的锡罐中待了 15 分钟。回到地球上，世界一如既往地四分五裂。苏联将很快在柏林竖起一面墙，作为分歧的标志。那年春天，为了举行毫无用处的国防空袭演习，时代广场被清理一空，所有的行人、车辆、皮条客与观光客都被驱赶走了。没有人可以解释，如果导弹飞来，这个演习有何用处。人人都在谈论第三次世界大战。迪伦浏览报纸，将这一切都吸收进去，希望为他的痛苦找到一首“时事歌曲”。为什么不呢？那一年，埃尔维斯发布了史上最畅销的歌曲，但是他能如此成功却是因为一件非常可怕的事情——把这首歌命名为《投降》（Surrender）。就好像他要永远与摇滚断绝一切关系，想做一个放弃的歌王。你基本上可以看出猫王的观点：摇滚没有未来。

* * *

那一年结束的时候，迪伦在职业上有所起色，在当地获得了声誉，获得了《纽约时报》乐评人的赞许，有唱片交易，有忠实的女友，有大牌制作人，在哥伦比亚公司的高级磁带上留下了大量歌曲，无论是好是坏，现在他得到了这些。他甚至还勉强写了几首自己的歌。终于，他成为了鲍勃·迪伦，不管他是否做好准备。没有其他人了。这个事实将会带来什么结果，他一无所知。

7

寻觅的少年

> 此刻的我置身纽约，散文与幻想交织的城市，资本主义自动行为的城市，它的街道是立体主义的胜利，它的道德哲学是金钱哲学。纽约给我留下了极其深刻的印象，因为相比世界上任何一个城市，它最充分地表达了我们的现代感。
>
> ——托洛茨基（Trotsky），《我的生活》（*My Life*）

据说，1962年4月中旬，某个星期一的晚上，迪伦出现在热尔德民谣城，带着他在附近咖啡店匆匆写下的三分之二的歌曲。42年之后，他将告诉《洛杉矶时报》，《答案在风中飘荡》仅仅花了十分钟创作而成，他只是“将歌词填入一首古老的旋律之中”。[1] 也许是吧！到了21世纪，满不在乎已经成为迪伦的一个习惯。任何这个世界认为重要的作品，可能只是他随意组合的小玩意，没有什么大不了。然而，即使他的记忆没有出错，这首歌所谓的源头与它的结果依然背道而驰。成百上千的表演者以成百上千种不太可能的方式演奏过，而且仍然容易进入迪伦的音乐会曲库[2]，这三段主歌、九个没有回答的问题，改变了这个21岁的年轻

---

1 人们（尤其是迪伦）通常认为这首歌的旋律取自黑奴歌曲《再没有拍卖台》《逝者万千》，据说是源于20世纪30年代的奴隶的歌曲。音乐学者对这一老歌的看法也许是正确的，但是偶然听过迪伦版的《拍卖台》（Auction Block）的人不会匆忙得出这一结论，该版本录制于1962年10月，于1991年最终发布于《私录卡带系列1～3卷》。《答案在风中飘荡》至多将人们认为的原创性的标准略微提升一点点。

2 根据个人网站惊人的统计，截至2011年11月，迪伦共计在1 027个公共场合中演唱过这首歌。

人的一生。而且，可以很公正地说，它们也改变了流行音乐，改变了这个时代的艺术，流行音乐从此进入唱作人阶段。

当然，其他人早在迪伦尝试之前就已经开始自写自唱了。伍迪·格思里是唯一引人注目的例子，但是此类人同样也是凤毛麟角。哥伦比亚唱片公司仍然在尽力压制对制作人约翰·哈蒙德的疑虑，他最近的举动超出常规，与一位表演者而不是歌手签约。只要提到 1962 年的音乐行业，唯一相关的歌手艺术就是诠释，特别是民谣歌手的艺术。没有一个真正重要的人在写作、歌唱。迪伦第一张专辑中唯一的惊喜就是收入了两首自己执笔的歌曲，这个笔调本身也揭示了某些东西，即民谣的数量。

格思里是民谣规则罕见的例外者。你也许会说，他侥幸逃脱的部分原因是他的天赋，但也是因为他将自己确立为手上长茧的普通人的天赋，作为民谣音乐的化身。即使在那时，伍迪的创作已经倾向于公共领域，倾向于“时事热点”、事实性以及适合当下事件的传统。民谣复兴初期的其他一些明星毫无例外，包括阿尔玛纳科斯（Almanacs）、伯尔·艾夫斯、欧蒂塔、织工乐队、西格、哈里·贝拉冯特（Harry Belafonte）。他们本人也许大名鼎鼎，但是他们的音乐本质上是匿名的。琼·贝兹早期巨大的成功是基于童谣与传统歌曲的宝库。在经历了被列入黑名单之后，1955 年圣诞节，织工乐队在卡耐基大厅的重聚音乐会颇有政治意义，也许会开始“再次复兴”，但是这个音乐会严格意义上讲是歌唱聚会，是群体事件。1960 年，贝拉冯特被授予格莱美奖，这个奖对他来说实至名归。该奖是“最佳民族或最佳传统民谣唱片奖”。获奖专辑为《挥起榔头》（*Swing Dat Hammer*），“哈里·贝拉冯特歌手们”的和声伴奏下的工人阶级歌曲合集。这是民谣，与此同时，迪伦在不断前进。

无论如何，歌曲可以是自传式的，这一想法在任何人听起来都会感到非同寻常，而且有点儿陌生。热爱传统的人也许甚至会称之为虚荣心强。如果他们倾向于更严格的社会主义，他们将会称之为资本主义个人主义的例子，和娱乐业仅有一步之遥，与人民的音乐相距甚远。没有人尝试过迪伦所尝试的东西。个人风格的歌词创作是雇佣文人的事情，有些人是被锡盘巷的天才所感动。

的确，像巴迪·霍利和查克·贝里这样的人，是专家、聪明的作家、表演者，他们扩展了摇滚的工业习俗。但是，他们不像迪伦，不受制于此后不久将被推崇的民谣运动，取决于贫穷或安全、去世的无名者的群体创作，而且赋予它的源头以政治意义。至少在表面上，摇滚者也没有花很多时间探索冗长乏味的、复杂的话题，在该世纪余下的时光中，人们都为之着迷，即“个人风格”。

他们写作是为了发号施令，发现并填补市场的空白，而且，因为他们足够聪明，早在大多数同辈发现之前，他们就业已明白，管理者们从版权中大赚特赚。很显然，他们对人的内在生活没有什么兴趣。迪伦为永远的困惑所创作的小小赞歌，完全改变了这种表达方式。

当然，这并不是说，他原本就想要做这些事情。他一直在努力尝试，让自己转变为写作者。在这条道路上，他取得了很大的进步。但是，1962 年 4 月的迪伦对“创作型歌手”还没有清晰的概念。那么，他觉得自己写的是什么呢？他从来没有回答过这个问题。

* * *

关于这首歌的创作故事被讲述了一遍又一遍。已逝的戴维·布鲁［原名斯图亚特·戴维·科恩（Stuart David Cohen）］至少讲过两遍，有一次，可能是在迪伦的要求下，为了获得电影《雷纳多和克拉拉》中的合唱团角色，他讲述了这个故事。根据作者兼记者罗比·沃利弗（Robbie Woliver）[1] 拿到的版本，一天下午的晚些时候，在胖黑猫店里，迪伦开始“弹奏一些和弦，摆弄几行字，这是他刚刚为一首新歌写的”。接着，他让布鲁斯把吉他给他，这样“他（迪伦）可以更加从容地弄清楚节奏”。随着这个天才继续创作这首歌，“十分钟”的创作已经花了好几倍的时间。正如布鲁所说：“我们花了一个小时左右，直到他满意为止。”

那天晚上，编辑兼写歌者吉尔·特纳在热尔德民谣城担任主持人，布鲁和迪伦来到热尔德民谣城，又过了很久，到了晚上 9 点半或 10 点，两人“挤过拥挤的人群，走下楼梯，到了地下室，在那里边等边练习，直到有人叫你的名字，轮到你上场”。

---

1 *Hoot! A 25-Year History of the Greenwich Village Music Scene*（1986, reissued 1994）.

鲍勃很紧张，他抓住吉尔的注意力："我有一首歌，你应该听听，兄弟。"鲍勃说的时候，咧着嘴笑了笑。"好啊，鲍勃。"吉尔说道。他走近一点儿，这样听得更清楚。两人周围围了一群人。鲍勃充满热情地演唱这首歌。当他歌声一落，全场鸦雀无声。吉尔·特纳目瞪口呆："我一定要亲自演唱，"他说道，"就是现在！""当然可以，吉尔，那样太棒了。你想今天晚上唱吗？"鲍勃问。"是的。"特纳说着，拿起了他的吉他，"你现在就教我。"

迪伦给特纳演示了和弦，"吉尔大致学了下歌词"，上楼的时候拿了一份尚不完整的歌词。

吉尔走上舞台，将歌词用带子捆在话筒支架上。"女士们，先生们，"他说道，"我想演唱一首新歌，这是我们最伟大的一个歌曲创作者的作品。新鲜出炉，让我们现在就开始。"

他演唱了这首歌，有时为了要读纸上面的歌词，显得特别紧张。当他一曲完毕，全场观众起身欢呼。鲍勃靠在后面的吧台上，满脸笑意。

在这个被神化了的时刻，在所有目瞪口呆的沉默之中，在肃然起敬的赞美声之中，歌唱的诗人这个概念得以释放。它源于简单的混淆，源于一个概念：任何人从一个单数的、个人的视角作词时，一定是在创作某种诗歌。在另外一个意义上，它与迪伦在他尚未完成的歌曲中运用的语言和修辞有关。即使是在最初的两个诗节的形式中，这首歌已经是"隐喻性的"、模棱两可的，可以有不同的解释，而且很显然来自内心：就像真正的诗歌一样。

* * *

在欧洲有很多诗歌成为歌词、诗人兼做歌手的先例，但是迪伦是否知道这些呢？有些巧合很引人注意。比如，雅克·普莱维尔（Jacques Prévert）1946 年的作品《话语》（*Paroles*）在 1958 年被劳伦斯·费林盖蒂

（Lawrence Ferlinghetti）翻译过来，由城市之光图书公司出版[1]。在欧洲，这部作品销量达百万册。一直以来，它的诗歌都被配上音乐，由伊夫·蒙当（Yves Montand）、伊迪丝·琵雅芙（Édith Piaf）、朱丽特·格蕾科（Juliette Gréco）这类人演唱。1961 年，赛日·甘斯布（Serge Gainsbourg）创作了一首歌，献给普莱维尔，名为《给普莱维尔的歌》（La Chanson de Prévert）。这一欧洲的习惯也传到英语中：纳京高（Nat King Cole）尝试把这位法国诗人的词谱成曲，琼·贝兹亦如是。约翰尼·莫瑟（Johnny Mercer）是美国最伟大的主流作词家之一，早在 1947 年，他就将普莱维尔的《枯叶》（*Les Feulles Mortes*）创作成《秋叶》（Autumn Leaves）。由此可见，只有在美国，诗人歌手才是个新鲜事。

根据当时的情况，联系可能还不止于此。[2] 费林盖蒂 1990 年在写作中引用了 20 世纪 40 年代一位法国批评家描述普莱维尔的话，十分诡异：

> 这是一位智慧的街头顽童的声音——早熟、嘲讽、愤愤不平，没有欺骗任何事、任何人。他敢于揭露真相，挫败法官、将军、总统、教皇、学者的锐气，那些他认为使我们不愉快的人。因此，人们甚至将他比作杜米埃*。

如果你喜欢智力竞赛节目的同步和奇怪的平行，请注意，费林盖蒂还在提到“一位美国诗人”（没有明确指出名字）时曾说，普莱维尔（1900—1977）“对节奏感有一种锡盘巷的耳朵，有好莱坞最廉价的思想、最微不足道的正直，以及最渴望伪造、抄袭、打肿脸充胖子”。在法国，与此同时，人们记得这位诗人曾经发表评论：“Fort heureusement，chaque réussite est l’échec d’autre chose.”普莱维尔没有说：“没有像失败那样的

1　Pocket Poets Series No. 9. 双语版再版于 1990 年。

2　还有一个联系是，普莱维尔担任马塞尔·卡尔内的电影《天堂儿女》的编剧。这部电影对迪伦的“超现实主义”产生了清晰的影响，迪伦于 1978 年在电影中冒险创作了《雷纳多和克拉拉》。

*　奥诺雷·杜米埃（Honoré Daumier，1808—1879），法国著名画家、讽刺漫画家、雕塑家和版画家。——译者注

成功。”他大致说的是：“幸运的是，每一种成功都是另外一些事情的失败。”更为有趣的是，20 世纪 60 年代，他的作品在任何一家不错、时髦的书店里都可以买到。比如，以下摘自《主祷文》(Pater Noster)：

主人们和他们的牧师、叛徒、军队
还有季节
还有岁月
还有漂亮的女孩和老家伙
和痛苦的秸秆在大炮的钢铁中腐烂。

或者，摘自“J'en ai vu plusieurs”（意为“他们中有些人我见过”）。这种对待标点符号和布局的态度，在此时的美国或欧洲都没有什么特别之处，但迪伦每一次敲击键盘的时候，都效仿了这种态度。

我看到他们中有人用手拽着他的孩子
嘴上大叫着……
我看到他们中有人牵着一条狗
我看到他们中有人拿着一把手杖剑
我看到他们中有人在哭泣
我看到他们中有人走进教堂
我看到另一个人走出来……

有人声称[1]，普莱维尔的诗歌 Le temps des noyaux（英文译成《艰难时代》，这个标题费林盖蒂翻译得不太准确，也许他有千里眼）与迪伦

---

1 这些猜测中有些是曼弗雷德·赫尔弗特 2010 年为一个博客提出的建议——哼一首不一样的曲子——该博客由尤尔根·克洛斯（Jürgen Kloss）运作。赫尔弗特运营鲍勃·迪伦的 Roots 网站，因为各种原因，该网站可谓勇敢。和他一样，我一直很好奇迪伦和诗人们的关系，包括金斯堡、威廉·卡洛斯·威廉姆斯，特别是费林盖蒂。这让我回到普莱维尔的翻译，接着又发现了赫尔弗特比我领先一步。感谢他。克洛斯有很多关于迪伦等人的有趣故事，他和布莱希特（Brecht）等也经营着一家出色的网站，名为 justanothertune。

《时代在变》有联系。这个联想非常合理。这首诗歌的开篇如下：

事先提醒你们，老人们
事先提请你们，家长们
你将儿子交给这个国家的时代
就像面包交给鸽子
这个时代不会再来
算了吧
结束了

1962 年，法国歌手于格·奥弗雷（Hugues Aufray）在东 52 街的蓝色天使俱乐部为彼得、保罗和玛丽三人担任助演。他说[1]，有一天晚上，他正在一个名叫热尔德民谣城的地方"潜水"，恰好有一个"年轻人在演奏口琴"。两人一见如故，这段友谊持续了很多年，这对迪伦来说十分罕见。[2] 后来奥弗雷回到法国，在这片"ye-ye"流行音乐的土地上，推出自己第一张大卖的专辑，其中收录了"一大批美国歌曲"，随后翻译并表演了迪伦的很多歌曲。1965 年的专辑《奥弗雷致迪伦的赞歌》（*Aufray chante Dylan*）对同胞的品位产生了巨大的影响。那么，1962 年，当他的新朋友迪伦正沉浸在诗歌研究之中时，这位年轻的法国歌手能不提及当时最著名的法国诗人吗？博览群书的苏西能对《话语》（*Paroles*）一书一无所知吗？

苏西当然影响了迪伦的阅读。由于她，迪伦仔细研究了很多人，包括弗朗索瓦·维庸（François Villon）、兰波、罗伯特·格雷夫斯（Rob-

---

1 RFI Musique Interview，November 2009.

2 奥弗雷对迪伦的奉献从未动摇。实际上，1984 年，他们在巴黎和格勒诺布尔一起演出。1995 年，这位法国人发布《奥弗雷唱迪伦的歌》（*Aufray trans Dylan*），1999 年发布迪伦二重唱的合集《纽约客》（*Newyorker*）。在几件趣事中，后者拥有约翰尼·哈里戴（Johnny Hallyday）难以忘怀的声音，试图演唱《永远年轻》（Jeune pour Toujours）和简·柏金（Jane Birkin）的《就像一个女人》（Tout Comme une vraie femme）。奥弗雷的独奏 La réponse est dans le vent、Les temps changent、L' homme orchestre（《铃鼓先生》）是大多数人都喜欢的。然而，对《像一块滚石》的反应也许取决于你的母语。

ert Graves）、拜伦、叶甫盖尼·夜甫图申科（Yvegeny Yevtushenko）、贝尔托·布莱希特（Bertolt Brecht）。夜甫图申科是一位有异议的诗人，他的生活充满奇特的魅力，1962年代表“俄罗斯新的一代”登上了《时代周刊》杂志封面。西方记者总是说，在他的本土，他被视为“流行明星”，而有些俄罗斯的背井离乡者对此评价平平。除了戏剧之外，贝尔托还是20世纪20年代柏林的一位吉他手，是广受欢迎的马克思主义作家、民谣表演者，他毫不犹豫地“抄袭”（或者说“有天赋地窃取”）了很多作品。很快，他作为嘉宾出现在迪伦的专辑介绍中：“弗朗索瓦·维庸的声音响彻耳边，陪伴我走过疯狂的街道/无意之中，我发现贝尔托·布莱希特掉落的雪茄。”据说，维庸也是一个小偷。

自从开始认为迪伦是位诗人之后，这个痴迷的村子对他来说就已经过时了，或者说脱离现实了。杰克·凯鲁亚克常常在自由爵士的伴奏下阅读他的诗歌。劳伦斯·费林盖蒂与萨克斯风手斯坦·盖茨（Stan Getz）一起合作。肯尼斯·培切恩（Kenneth Patchen）深入研究“爵士诗歌”，发现这两门艺术竟然可以融合，尤其是1959年发表了他的民谣专辑《肯尼斯·培切恩在加拿大伴着爵士读诗》（*Kenneth Patchen Reads With Jazz in Canada*）。1964年，阿米利·巴拉卡（Amiri Baraka，原名勒鲁瓦·琼斯）与纽约艺术四重奏合作表演了他的《黑人达达虚无主义》（Black Dada Nihilismus）。

无论如何，相信布鲁斯、爵士和诗歌之间存在密切联系的想法，至少可以追溯到朗斯顿·休斯（Langston Hughes）和哈莱姆文艺复兴。年轻的休斯在当勤杂工时，就经常唱着自己头脑中正在构思的“布鲁斯诗歌”。[1] 再一次，在罗伯特·彭斯（Robert Burns）（迪伦是他的铁粉）开始收集改编18世纪苏格兰歌曲之前，音乐与诗歌之间的关系有新的东西已是过时的想法。当迪伦出现时，费林盖蒂很快就指出，欧洲很久以来

---

1 参见 *The Big Sea：An Autobiography*（1940）。将这位诗人对其早年经历的叙述和伍迪·格思里自己的《奔向光荣》（1943）的叙述做对比很有意思，尤其是作者们没有揭露的事情。两人都被扣上“赤色分子”的帽子。他们的回忆录和迪伦的《编年史》之间让人感觉熟悉的关联也变得清晰。

就有诗人歌手。这些都是正确的，也都是显而易见的。但是，对于迪伦的崇拜者而言，没有必要了解中世纪意大利的“诗歌咏唱”或者欧西坦尼亚的行吟诗人，抑或是埃兹拉·庞德翻译他们歌词的尝试，尽管有这方面的了解也许会有帮助。英语为母语者的传统使它不言自明。

关于民歌值得拥有诗歌的地位，这样的主张一点儿也不新鲜。在《抒情歌谣集》（*Lyrical Ballads*，*With a Few Other Poems*）中，华兹华斯在前言中为他的艺术辩护：“这些诗歌的主要目的是选择日常生活中的时间和情境，尽可能地通过选择人们生活中使用的语言来描述它们……”而华兹华斯则是托马斯·帕希（Thomas Percy）《英诗辑古》（*Reliques of Ancient English Poetry*，1765）的粉丝，该书收录了 180 首民谣，其中很多是塞缪尔·佩皮斯（Samuel Pepys）收集的。华兹华斯因此受到启发，开始模仿这些老歌，沃尔特·司各特受到感动，自己收集并“改编”歌曲，等等。

这是课堂里的教材，早在 50 年代传统歌曲第二次复兴之前，对音乐学者、民族音乐学者、文学学者等都是基础知识。关于人们接受迪伦的解释之一肯定是他唤起了孩子特有的好奇。一个真实的、活生生的人真正在写此时此刻发生的这些事情，唱着现代世界的事情，唱给现代世界听。诗歌，这样如何？

* * *

迪伦的《答案在风中飘荡》完成几周后，就发表在民谣领域新创办的杂志《大路边》（*Broadside*）上，后来发表在《唱出来！》（*Sing Out!*）上，然而这并不会影响歌曲和歌手本身。迪伦为了歌词本身而努力。有人觉得这些歌词值得印制出来。想象一下。

这个故事中唯一的遗漏就是，一个简单的问题没有答案：是什么促使他写了这样一首歌？那年 6 月，歌词刊登在《唱出来！》杂志上，迪伦应邀补充一点评论，他小心翼翼，确保不要对此做过多解释。毕竟，他当时只有“21 岁”，还年轻，也没那么聪明。相反，他笨拙得有点巧妙。

> 关于这首歌，我无话可说了，除了一点，答案在风中飘荡。答案不在书里、不在电影或电视节目里、不在讨论组里。朋友们，答

案在风中——在风中飘荡。很多时髦的人告诉我答案在哪里，但是，我不相信。我依然觉得，答案在风中，就像一张无法安宁的纸，但终有落下来的那一天。

* * *

1962年3月发布的第一张专辑并没有起到多大作用，也就是说对提升迪伦的自尊或者职业来说，没有多大帮助。最早的唱片套上贴着一个标签，宣布他是“哥伦比亚唱片公司一颗冉冉升起的新星”，但是这样的声明只是公关人员一厢情愿的想法。在当时，很少有人会习惯迪伦的声音。了解这种唱歌风格的人可能是一个小型乐队，对歌曲的选择印象不深，或者他们在高兴地指责表演者的资质。专辑刚录制好，迪伦就后悔了。令人好奇的是，在他的性格与雄心抱负方面，这张专辑究竟表达了些什么。毕竟，根据谢尔顿的叙述，迪伦告诉他，记者幻想出来的、有深刻见解的专辑介绍，都比该唱片上的任何东西可取，专辑介绍中可能充斥着半真半假的故事或彻底的谎言。这样的谦卑并没有在实践中产生任何影响，是无济于事的。迪伦的第一张专辑中到底深藏着什么，令他如此厌恶？

1961年12月末，迪伦回到明尼阿波利斯，回到邦尼·比彻的公寓，托尼·格洛弗给他录制磁带，迪伦归还了一个完全不同的表演。没有约翰·哈蒙德为唱破的p音着急，迪伦粉碎了《丁克的歌》(Dink's Song)、《宝贝，不要走》(Baby, Please Don't Go)之类的歌曲，好像要让自己头脑清醒。[1] 尽管半个多世纪以来，这26张唱片广受赞誉，而且实至名归，但是它们对迪伦作为作家的成长并没有提供多少有用的线索。迪伦自己的话语几乎完全缺失。相反，这些磁带标志着他的演变速度，7个月前第一次、犹豫的明尼阿波利斯期间以来的转变。这就是他第一张音乐专辑可能看似倒退、机会错失的背景。他没有看到过去的音乐提供多种创造的可能性。他错过了机会。他的第一张专辑一直基于他对不断演变的人物形象的误解。他知道，鲍勃·迪伦比《鲍勃·迪伦》更丰富。

1　很久以前，人们就称之为“明尼苏达酒店磁带”，尽管不涉及酒店，这可能是第一个迪伦的私录卡带系列。

岁月流逝，事实证明第一张专辑比它发布时大多数人预想的都要好，但是人们的失望也导致要重新考虑这场首秀，努力想一想，快速想一想。他希望这张专辑取得什么效果？对伍迪的模仿在逐渐减少，或者至少变得更加模糊：格洛弗录制的四首关于 VD 受害者的奇怪歌曲，不太可能吸引到普通大众。《旭日之屋》除了几乎让他失去与范・容克的友谊之外，影响正在减弱。

也许，迪伦开始认识到老歌与民谣普遍存在的问题，即死记硬背、敷衍了事。作品有多少原创性并不重要，有人总是会将你的版本与其他版本比较。在格林威治村，在有些辖区，奇怪的教条仍然具有决定性的影响：为了代表人民的音乐，演奏者就不能是一个清晰的人。他的人格必须从属于、淹没在广为接受的歌曲中。传统这一概念的内在就是限制。迪伦必须要自己找到解决方案。

此外，这次失败几乎不可能让那些抱有怀疑态度的哥伦比亚公司高管们加紧签订著名的五年合约。正如回忆录表明，迪伦能打破纪录，一切都要归功于约翰・哈蒙德在业内的声誉。公司已经准备好以诉讼来支持这位知名制作人的直觉，而他的直觉恰恰是他被聘为或者说重新被聘为"人才收购总监"的原因。但是，迪伦却是他个人的选择。换作其他任何一位高管，都会立即将这个年轻人解雇。即使民谣的标签都不能使人注意到他的天赋，或者理解他的吸引力，那么为什么一家大型主流公司要在他身上浪费时间呢？

哥伦比亚公司这家最大的公司，为什么要这么做？1962 年，黑岩集团的、黑色花岗岩覆盖的第六大道，哥伦比亚广播公司总部及其唱片公司负责人认为，愉快的新克里斯提诗人可能是民谣。与迪伦理解的民谣最接近的是与克兰西兄弟和汤米・马克姆（Tommy Makem）（预付金为 10 万美元）。1962 年，哥伦比亚公司的头条新闻就是托尼・班奈特（Tony Bennett）的专辑《我的心留在旧金山》（*I Left My Heart in San Francisco*）。那一年，哥伦比亚公司签约芭芭拉・史翠珊、安迪・威廉姆斯（Andy Williams）、帕蒂・佩姬（Patti Page）。公司将主要力量放在罗伯特・顾雷特（Robert Goulet）的《你真诚的》（*Sincerely Yours*）、多丽丝・戴（Doris Day）的《你永远不会独行》（*You'll Never Walk A-*

lone）以及约翰尼·卡什（Johnny Cash）的《来自内心的赞歌》（*Hymns From the Heart*）上。如果公司想要展示自己的品位，1962 年，它有足够多的严肃音乐可以展示，从斯特拉文斯基（Stravinsky）到塞隆尼斯·蒙克（Thelonious Monk）的《蒙克的梦》（*Monk's Dream*）与吉米·吉弗里（Jimmy Giuffre）的《自由坠落》（*Free Fall*）。由此看来，公司并不是特别需要哈蒙德所做的愚蠢行为。

突然，因为名下有一张失败的专辑，迪伦不得不努力提高自我，而且要快速提高。《放任自流的鲍勃·迪伦》这张专辑的孕育时间很长，过程缓慢，充满各种担忧，这表明迪伦明白，有很多东西处在生死存亡的关头，最重要的是哥伦比亚公司及其合同条款，他的版税只有可怜的2%。《答案在风中飘荡》的出现恰逢其时。

* * *

毫无疑问，这首歌的确获得了诗歌的身份——即使没有获得诗歌的声望。突然，作者的身份与个人的感悟变得更加重要。正如在文学中，这种个人主义暗示艺术家、艺术和观众之间有一种特定的关系。因此，这拓展了创作型歌手的主题范围，超出平常的内心事务，到自恋的程度，有忏悔的模式，即使当时大多数创作型歌手（尽管没有迪伦）都专心于此。直白地说，《答案在风中飘荡》看似（这个词很重要）是关于“重要的”事情，因为它是个人艺术的产物，这首歌与音乐行业的设想相对立。

一个孤独的人与冰冷的宇宙对抗的呐喊，怎么会仅仅是娱乐行业的“产物”？迪伦九个问题的后面是天真的询问，这为整整一代人甚至更长的时间奠定了基调。在此，不是短暂即逝的政治抗议，而是真实的反文化：艺术与公司机器对抗，诗人自由的声音（在风中）与产品线无动于衷的共谋者分发的娱乐的对抗。很多人将以这样的身份谋得非常得体的职业。有人甚至宣布，他们做音乐不是为了华而不实的金钱。

为了获得放之四海而皆准的效果，迪伦的新歌被过分利用。很快，任何一个神经敏感的青少年，只要会调音，都改编了这首歌，成群结队地想要培养严肃一面的专业人士也改编了这首歌。但是，他们说，这首歌向“人民”发声，这首歌断言，流行音乐可以是适合成年人的、严肃的、成熟的、有文化修养的，以及其他令人放心的东西。而另一方面，有些东西在有些人听起来像诗歌，而有些人听起来觉得很幼稚。否认这一点的严肃音乐家的列表很长，第一个就是戴夫·范·容克。皮特·西格当然对此不屑一顾。你也许觉得，对于一个写过《那些花儿》（Where Have All the Flowers Gone?）的人，他的旋律是很久以前原创的，歌词是西格在阅读米哈依尔·肖洛霍夫（Mikhail Sholokhov）的小说《静静的顿河》[1] 时，从偶然的一首哥萨克斯的歌曲改编的，这样做未免有些自以为是。正如歌曲当中问道："他们将何时得知？"汤姆·派斯顿是另一个算得上迪伦前辈的人，他也开启了创作型歌手艺术的职业，他从没有评价过《答案在风中飘荡》。这些在当地具有影响力的人物却被更广大的公众以多数派取得压倒性的胜利。

很快，迪伦自己表示，他本人对这个作品从不满意，但是对于这种歌曲，他的意见已不再重要。同样除了诗人以外，还有一件事对他人而言也不重要，那就是 1962 年春天，迪伦对"抗议"一词已经厌倦。4 月，在热尔德民谣城的一场表演中，在解释《答案在风中飘荡》和他自己时，他直截了当地说："我不写抗议歌曲。"此次表演有一张唱片留存下来。

大多数听到的人肯定会感到困惑。那些在迪伦名声大噪时购买迪伦后来两张专辑的人，那些阅读了关于迪伦的一切或者看过他表演的人，肯定会感到困惑。这是某种目中无人的声明，由此将成为迪伦特有的风格。"不要将我划分归类，"迪伦说，"不要觉得你们懂我。"那么，反问一下，他觉得他创作和录制的歌曲是什么类型呢？

这真的是一个很好的问题，触及了迪伦后来与民谣和政治群体的问题核心，他们将迪伦置于理想主义前行队伍中最突出的位置，觉得应该告诉他，他的职责是什么。迪伦似乎在坚持，他对任何事情的任何反应都完全是个人的，尤其是对政治，除此之外，别无其他。他不服务于任

1　这正如西格在《那些花儿：皮特·西格的歌曲（1998）》的笔记中描述的。民谣教父习惯于告诉世界，迪伦借鉴了这个或那个旋律，有人也许认为，这一习惯有语境。根据西格的叙述，肖洛霍夫和哥萨克斯（Cossacks）提供了这首歌的主体部分。来自欧柏林大学民谣俱乐部的乔·希克森（Joe Hickerson）（后来担任美国国会图书馆民谣档案负责人）加入了两个主歌。西格的核心贡献——尽管直到今天人们还是认为这首歌是他创作的——"我加进去手摇搓衣机的个人抱怨，'他们将何时得知?'"

何集体，即使当观点恰好相同时亦是如此。他也许与其他自由党党员一样对种族主义或核武器感到愤怒，但是他的反应仅仅代表他个人，不属于任何人，他也不属于任何人，即使（或者尤其是）当这些歌曲听起来像是为普通人唱的赞歌。鲍勃·迪伦为自己代言，没有人可以阻止他。但是再一次，无论别人如何辩解，这不是一个明显的职业举动。

他本可以用时事歌曲好好谋生。但是，他没有，他离开这项事业，将会抽掉这项运动的氧气。这也许可以解释他由此将招致的不满，他的举动剥夺了几个显要的民间歌手依附他成名的机会。无论如何，有意无意间，他提出了一个严肃的（如果是熟悉的）艺术问题。一个顽固的个人主义者如何在一个集体事业中行使职责？这样做是否有助于他的艺术，或者他的自我，即使只是简单地尝试一下？正如事实证明，迪伦在这个问题上并没有花费太多时间。然而，尽管说了这么多，尽管标题作者坚持不懈地努力，他还是做了一段非常短暂的抗议歌手。

那时和现在一样，有人说《答案在风中飘荡》的任何版本都很空虚，甚至可以说是装腔作势、自命不凡、绝对幼稚。在格林威治村，打油诗作者嘲笑讽刺这一作品。这些问题——除了暗示“生活就是一个谜”之外，它们还有什么意义？那些意象——在生活道路上艰难前行的人，不止一条道路；诺亚时代的白鸽（与糊涂的信天翁不可思议地相似）；“炮弹”向进步的立法挑衅；没有关注不愉快的民谣歌手；过多的死亡。不管是否是出于嫉妒，同行们都不遗余力地贬低这首歌。一年多以后，彼得、保罗和玛丽的棉花糖版出现时，也只是证实了所有的批评。

然而，事实并非如此。假意殷勤的门徒和被神化的金发女子的表演一周多时间销售量突破 30 万张，而且此后的销量翻了很多倍。这首歌创作之后的几年里，演唱过的歌手包括鲍比·达林（Bobby Darin）、山姆·库克、金士顿三人组、玛丽安娜·福斯菲尔（Marianne Faithfull）、约翰尼·卡什，甚至埃尔维斯最终也演唱了这首歌。当然，我们并不是说应该以此为标准。

这是否意味着迪伦创作了这首歌的一个高级版本，时不时地对公众产生莫名其妙的吸引力？这是否意味着民谣歌手以及歌手们宣称代言的对象，即人民和观众，都很愚蠢？或者《答案在风中飘荡》的力量比老于世故的人预想的还要大？

很难有一个准确的答案，但愿是因为这首歌人们太熟悉了，它是杰出职业生涯的基础，是一种新的歌曲创作风格，是一种反文化的思潮。除了孩子，现在还有谁用和迪伦在格林威治村的观众或金曲排行榜的观众一样的方式听这首歌？

这首歌当然很新颖。普通观众还不习惯这种充满哲学意味的火热歌曲。然而，这首歌是不是也是陈腐的？其中用了大量《圣经》的内容，它的语言植根于《圣经》之中。无论如何，那些著名的问题暗示的是什么？仅仅是暗示存在的根本性真理是不可知的。某些著名的哲学家同意这一点，只是没有唱出来。某些宗教信仰者也会对他们的神说同样的话，迪伦可能就是其中之一。这些著名的问题很夸张。你也许开始慢慢理解，迪伦为何对那些要求“答案”的人如此反感。实际上，《答案在风中飘荡》从一开始就说得很清楚，他没有答案，这首歌如此说到。

尽管如此，这是音乐行业的老生常谈，有些歌之所以风靡是由于环境和时机的机缘巧合。事实上，《答案在风中飘荡》是 20 世纪 60 年代的歌，它的确是“一首国歌”。这是一个时代的歌曲。还有一个事实是，在其他任何一个时代，这首歌成功的机会可能都很渺茫。

* * *

奇怪的是，根据某些鉴定年代的证据，迪伦当时已经写了一首更好的歌。但是，直到几乎 30 年后，《让我死在我的足迹里》（Let Me Die in My Footsteps）这首歌才向广大公众发布，但它仍然令人信服地展示了，如果实践者不管标语口号，抗议歌曲可能会如何发展。很显然，这首歌是因为看到公共防空洞的建设之后受启发创作而成的，是“有关”核武器威胁的，不可能有比这个话题更有“时事性”的了。歌曲的某些地方散发着格思里的气息，还有些地方轻而易举地超越了格思里。它不像《答案在风中飘荡》那样充满着说教，毕竟，它蕴含着一种纯粹的美国精神，一种不同的爱国主义。无论如何，这位歌手不会畏畏缩缩地藏在防空洞中，他宁愿站立而死。

让我饮下这山涧涌出的清泉，

让我闻闻流经我的血液的芬芳，
让我睡在你的草地上、在青草叶旁，
让我和我的兄弟安详上路，
让我死在我的足迹里，
在我长眠于地下之前。

不同于《答案在风中飘荡》，《让我死在我的足迹里》这首歌的答案十分清晰：在当时的美国，人们对爱国主义的定义产生了前所未有的巨大分歧，在这样的时刻，很少有人会误解迪伦的意思。在歌曲的末尾，他唤起这个国家建立的初衷、最初的梦想。为了自由而在浩劫中自由毁灭，不是这首歌的内容，密谋军事、工业联合也不在其中。《答案在风中飘荡》这首歌足够伤感、模糊，对此，批评家的观点是对的，因而这首歌可以吸引大众。《让我死在我的足迹里》则是一种真正的抗议歌曲。它对 1962 年主导政治的喜欢投弹的沙文主义的反对显而易见——有些人并不在乎。

这不重要，一首歌将把一切吹散。不成熟的调子使迪伦获得了一定的成功。就像他的歌词一样，他的异议、他的青春以及他可怕地伪装成一个普普通通的歌手，这些都成了包装的一部分。他将不仅仅是一个热门歌曲的写作者，他将成为一个重要的人。

* * *

艾森豪威尔的重要想法是遏制共产主义和苏联。而害怕被遏制恰恰是 1917 年革命之前很长一段时期苏联的深切恐惧，也就是苏联人眼中的“被包围”。对右派的某些人以及肯尼迪之类的人来说，美国正在面对无神论者的信条，以及他们在全球的布局。对左派的某些人来说，包括美国人在内，美国对自己的后院构成已经有一个清晰的帝国想法。每一个超级大国在世界的每一个角落都很积极，或者在 1962 年时看起来如此，对此，这个世界无能为力。

迪伦对政治从来不感兴趣，这一点似乎已很清晰了。他的政治是公民的政治。早期的粉丝混淆了概念，将对公正的信念与对政治项目的信念混淆了，把对非法权力的厌恶误以为是对大众运动的认同。迪伦什么时候投过票，又投给谁了？1964 年，在退出政治的聚光灯下，他对记者纳特·亨托夫说：“对我来说，我不想再为任何人写作——你知道的，我不想做代言人。从现在开始，我想写我内心深处的东西……我不是任何运动的一部分……我就是无法与任何组织相处……”1965 年，他告诉一个记者：“我不相信任何事情。我看不到任何事情值得相信。”到 2009 年的时候，他听起来就像是一个酒吧间的哲学家，刚刚了解党派政治就是欺诈。迪伦对民主的信仰不是很明显：

> 政治是娱乐，是一项运动。它的对象是打扮得衣冠楚楚、富有的人，打扮得完美无瑕的人。政党动物。政治家都是可以交换的。[1]

正如大家后来观察到的，迪伦逃离政治世界的时间几乎与他结束和苏西·罗托洛的关系的时间一致。这并不意味着他没有得出自己的结论，或者他与苏西在一段时间内有相似的政治精神。事实上，她的影响很有说服力，他写的“抗议歌曲”与她主张平等、反对种族歧视、反战的理念一致。苏西自己也在书中写道：“他曾经跟我说，如果他没有认识我，他不可能写出某些歌……”[2] 另一方面，不管有没有他的缪斯女神，迪伦都会在格林威治村获得政治教育。政治无处不在，让人无处可逃，任何一个街道的角落里都端坐着大把的左翼资深人士。

多年以后，在她的回忆录中，苏西仍然赞扬很久以前迪伦和她在一起时写下的时事歌曲。然而，这些歌曲到底有什么意义？没有什么和其中的意识形态一样高尚了，没有一个概念比“尊严”这个简单的概念更复杂、更有价值。然而，无论人们怎么想，即使是在 1962 年，也很难将宣言附加在迪伦的歌曲之上。他们的作家变得重要的原因就是，他理解“普遍的”实际上究竟意味着什么。

* * *

然而，混淆“重要性”与可量化的成功是错误的，或者说混淆影响

1 接受比尔·弗莱纳根（Bill Flanagan）的采访，在迪伦自己的网站上，用于宣传。

2 *A Freewheelin' Time*，p. 290.

力与真实的明星效应是错误的。在 21 世纪，毋庸置疑的是，迪伦对社会产生了“不可估量”的影响。但说到事实，这又很难展示。20 世纪 60 年代初期，迪伦是一个小世界里的大噪音。他的音乐在受过大学教育的高端媒体的对象中吸引了足够多的注意力，无论是民谣还是抗议歌曲和创作型歌手风格，这些对象在新的青年文化中寻找意义。年轻的教授都喜欢迪伦的样子。他们想拥有一些可以谈论的东西。与此同时，迪伦的歌曲给他专业的同行也留下了极为深刻的印象，但是这一点没有转化为通俗的成功或销量。正如证据表明，金曲排行榜前 40 的唱片的购买者不太会被迪伦或民谣运动轻易动摇。这些人可能看起来有点理性、值得尊敬，甚至有点儿沉闷。在这个体系之中，他们没有那么重要。他们的声音不是你听到的最响亮的轰隆声，你肯定也不能跟着这样的民谣翩翩起舞。直到今天，人们有时还会惊讶地发现，迪伦在过去 50 年的时间里卖出的唱片是如此之少。

1962 年，缺少迪伦的德卢斯流行音乐世界也过得很好。这里存在一个错误的认识：这位歌手，或者说这位民谣歌手，从一开始就产生了革命性的影响。相反，实际上是新闻宣传很出色。当迪伦匆匆写下《答案在风中飘荡》的时候，小艾娃（Little Eva）正在纽约其他地方录制销量超百万的 *The Loco-Motion*。同一个月，山姆·库克将两首杰出的歌曲录制到一张唱片里，那就是《晚会》（Having a Party）与《把它带回家给我》（Bring It On Home to Me）。那个月，埃尔维斯发布了《情不自禁》（Can't Help Falling in Love）（迪伦后来也演唱了这首歌）。1962 年，布克·T 和 M. G. 乐队（Booker T &Memphis Group）发布了《绿洋葱》（Green Onions），吉恩·钱德勒（Gene Chandler）发布了《艾尔公爵》（Duke of Earl），戴恩（Dion）录制了强有力的歌曲《游子》（Wanderer）。

也许那一年对抗议歌曲有政治需求。创作型歌手的到来产生了很多深刻的文化影响——如果你一定要这么说的话。和平常一样，这个世界也许需要歌词天才。但是 1962 年，带来这些的流行歌手和民谣歌手做得蛮好。抗议并没有改变社会或者流行品位。书写有关迪伦的故事的人都歪曲了历史，忘记了这个事实。

* * *

1961 年，在阿尔伯特·格罗斯曼（Albert Grossman）的要求下，彼得·亚洛（Peter Yarrow）、诺埃尔·“保罗”·斯图基和玛丽·特拉弗斯（Mary Travers）隐去了名字的重要部分。格罗斯曼最初想称他们为“柳树”乐队，各种原因他自己最清楚，但是遭到了反对。过去两年，这位经纪人一直在策划建立一个团队与金士顿三人组相抗衡，在仔细考虑、掂量这个歌手那个歌手之后，最终锁定了这三个人，他们因为《答案在风中飘荡》带来了令人惊讶的经济回报。构思好完美的民谣武器之后，格罗斯曼让彼得、保罗和玛丽三人进行了几个月的排练。1962 年春天，他们的第一张专辑发布，不负众望登上了榜首。经过一段时间，销量超过了 200 万。与此同时，格罗斯曼增加了一个新的写歌者到他的队伍中。于是，当《答案在风中飘荡》打破纪录的时候，他大赚一笔，获得的经济收入要远远多于比实际上写歌、唱歌或演奏的人获得的。唱片收入、出版收入、表演以及很多杂项中的大头都是格罗斯曼的。要弄清经纪人那双肥手捞取的油水，可能只有天才才能做到。

那年夏天，迪伦和苏西·罗托洛的关系触了礁，迪伦开始认真地制作第二张专辑，但是有点偶然。总的来说，《鲍勃·迪伦》用了不到一天的时间，它的创作过程不过是约翰·哈蒙德偶然间的赞许，这位歌手拒绝重新录制其中一首——迪伦早期无意义的一个作品。与此相反，这年春天，《放任自流的鲍勃·迪伦》的初稿被完全抛弃。直到那年 7 月，这张专辑的轮廓才开始清晰，那年冬天才完全清晰，直到第二年春天才录制完成。

如此一波三折，其中既有外部原因，也有某些事情在分散注意力，而且很多。但迪伦真正的困难和他自己的才能有关。那年夏天，他疯狂地写作，不间断地写，只要是他发现了自己。不可避免的结果就是几乎当他写完的那一刻，他就把自己的歌抛在身后，总是有新的、更好的东西出现。1962 年，根据克林顿·海林有说服力的叙述，迪伦写了 41 首歌。有些不太重要，但有些却颇有分量，比如《让我死在我的足迹里》、《答案在风中飘荡》、《明天很久》（Tomorrow Is a Long Time）、《暴雨将至》、《无须多虑，一切安好》（Don't Think Twice，It's All Right）。这不是一个不起眼的开始。

8 月 2 日，明尼苏达州希宾的鲍比・齐默曼前往位于中央大街的纽约州初级法庭，从此以后再也没有回来。相反，鲍勃・迪伦——法律记录上的“罗伯特・迪伦”回来了。这是否以某种方式标志着格罗斯曼的影响，预示着即将签约？对鲍勃・迪伦的正式认可是否代表所有的交易已经就绪？这位歌手是不是能预见《放任自由的鲍勃・迪伦》即将成功，因而为自此使用这一名字的人物做最后的细节准备？抑或是他仅仅是想一了百了，彻底解决这件事，最终将名字落实到海报上，他以文件作为回应？

对于这一话题，迪伦一直闪烁其词，以至于这么长时间以来，没有人能够说清楚。他将一切变成了猜测。当然，讽刺的是，事实恰恰相反，这样的努力完全失败。人们不会停止探究他做了什么，以及他为什么要这么做。有一种说法是，这是格罗斯曼的建议。这也许是真的，但是很难理解，为什么经纪人的潜在客户在法律上更名对他来说是重要的。很多表演者都有艺名，他们不愿意让自己的艺名在法律意义上与自己的另一面紧密联系在一起。不论迪伦是否在法律意义上是迪伦，这对于格罗斯曼的合约或者份额来说都没有影响。有影响的是亚伯・齐默曼的儿子。

1962 年，无论如何，迪伦已经 21 岁了，可以自由地追求自己一直以来的抱负，无论那代表什么。罗伯特・艾伦・齐默曼被完全消除了。他不再存在——迪伦有一纸证书可以证明。任何一个人做这样的事情都只有极少的几个原因。

几天后，迪伦再次回到明尼苏达，录了一张粗糙的唱片，几首歌中有一首是关于孤独的歌曲，有关高速公路和失恋，还是为托尼・格洛弗，这一次地点在戴夫・惠特克的地方。迪伦的处境很奇怪：在外人的眼里，他的人生一帆风顺，比他可能希望的都要好，然而，恰恰在这个时刻，他有充分的理由感觉自己有一种无法言说的被剥夺感。事情即将发生。

* * *

从某种意义上说，这个时代最重要的时刻开始于 1960 年 2 月，当时，北卡罗来纳州格林斯伯勒城的四名学生、四个拥有直觉天赋的年轻人，走进沃尔沃斯餐厅，拒绝离开他们的座位，好让世界对此有所了解。

他们一直待到这家店打烊。第二天，大约 20 个黑人出现在“白人专属”就餐区，要求餐厅提供服务。但是，他们没有成功。第三天，60 个有礼貌的抗议者来到这里直面质问，以及来自沃尔沃斯公司总部要求遵守“本地规范”的声明。有 300 人参与了这场抗议。

这种策略，这种坚持不懈的非暴力，立刻扩散到南部地区。在格林斯伯勒城，所有收了黑人公民的钱却伤害了他们自尊的商店和餐厅都遭到抵制。1963 年 4 月，《放任自流的鲍勃・迪伦》正准备发布，《答案在风中飘荡》是专辑的开篇曲，马丁・路德・金发动非暴力不合作运动，挑战亚拉巴马州伯明翰的种族隔离和种族歧视的雇佣做法，这座城市没有黑人警察、消防员或者没有黑人代表被选举。4 月 12 日，迪伦在他第一场重要的音乐会中演唱了这首歌，演唱会在纽约市政厅举行。

1961 年春天，约翰・肯尼迪总统下令对古巴沿海和卡斯特罗政权发动灾难性的“猪湾事件”。1962 年 10 月，由于 U-2 侦察机拍摄的照片，约翰・肯尼迪发现，苏联在这座岛上部署了导弹。那个月后面的日子，美国和苏联逐步走向对抗，核武器战争似乎是唯一可能的解决方法。面临毁灭，整个世界都退缩了。当迪伦的专辑出现时，人们对此记忆犹新。专辑正面以《答案在风中飘荡开始》，以《暴雨将至》结尾，似乎是在预言着什么。

在那个时代，每一天，报纸上都会提供时事歌曲和抗议的理由。《放任自流的鲍勃・迪伦》于 1963 年 5 月发布，6 月中旬，彼得、保罗和玛丽版的《答案在风中飘荡》推出，很快销售一空。这个三人组合是民谣“超级小组”，当时正处于迪伦的斯文加利式人物、阿尔伯特・格罗斯曼的管控之下，因此，这并非偶然。然而，我们很难忽视时间的巧合，1963 年 6 月 26 日，在冷战的最前沿西柏林，约翰・肯尼迪面对欢呼的 20 多万人发表了著名的目中无人的民主党演讲，而恰恰在这个时候，粉丝们喜欢的迪伦的歌开始攀升至公告牌排行榜。

7 月，新港民谣音乐节以迪伦、皮特・西格、琼・贝兹、自由歌手（Freedom Singers）、西奥多・比凯尔（Theodore Bikel）、彼得、保罗和玛丽三人组演唱的这首新赞歌结束。8 月，华盛顿大游行中，当金告诉全世界他有一个梦，梦想一个没有种族歧视的美国，这些表演者都在场，站在 25 万人中间。迪伦那天演唱了《只是他们游戏中的一枚棋子》(Only a Pawn in Their Game)、《当船驶入》(When the Ship Comes In)。9 月，亚拉巴马州伯明翰市的一座黑人教堂被炸，四个孩子丧生。11 月，肯尼迪在得克萨斯州达拉斯被枪击身亡。这就是时代"背景"。

* * *

平心而论，《答案在风中飘荡》不是迪伦 1962 年巨大产出中的巅峰之作。在表明创作型歌手立场方面，它不如《让我死在我的足迹里》，它也缺乏《暴雨将至》蕴含的沉思、启示和意象性的力量，在韵律上也不够大胆。但是《答案在风中飘荡》就是当事情自成体系时出现的一首歌。它证明了迪伦可以达到并超越众多民谣歌手，它证明了迪伦创造的人物形象的合理性，证明了他的自以为是是正确的。他用这首歌要求作为艺术家的特权：做一个公众人物，但不是公众财产；对人民讲话，但只为自己代言。这种事情前所未有。正如所有思想狭隘的评论家的建议，对于一个想要"寻找自己声音"的诗人而言，迪伦的这项工作已经完成了。

然而，1962 年，仍然没有人确切地知道，风将吹向何方。根据记载，1962 年 7 月 8 日，在哥伦比亚纽约录音室中，迪伦在《放任自流的鲍勃·迪伦》的初期录制阶段，录制了三个版本的《答案在风中飘荡》，无论他如何看待艺术和抗议歌曲的技巧，迪伦知道，他有"杀手锏"。这一点阿尔伯特·格罗斯曼也知道。6 月尚未结束时，格罗斯曼从一个名叫罗伊·西尔弗（Roy Silver）的绅士那里购买了这颗冉冉升起的新星，经纪合约是 1 万美元。萨姆·菲利普斯（Sam Phillips）为埃尔维斯签约的价格是他的 4 倍。8 月，与迪伦的交易签订，正好是鲍比·齐默曼消失之后。

他对格罗斯曼真正的看法是什么？一位典型的江湖浪子、典型的音乐行业的掠夺者？有两首有所省略的歌似乎讲述了全部情况，但都没有点名道姓。1970 年，他们的关系结束得非常辛酸，最终，屈尊打理这个年轻歌手业务的同时，他也狡猾地获得了丰厚的回报。20 世纪 80 年代初，这变得更加明显，这位前经纪人竟然厚着脸皮控诉迪伦，索取版税，由此引发了一系列反诉，每一项都建立在对格罗斯曼的指控上，指控他通过获得并滥用客户的信任，转走了成百上千万美元（更不要说他的灵魂），从每一笔收入中都拿走了过多的份额——费用、版税、出版、唱片交易、宣传人员安排：凡是你能想到的，都被瓜分了。在另一条工作线上，格罗斯曼的专业可以叫作捞油水。

人们对格罗斯曼早有耳闻。俱乐部里的人都知道，他是一个安静的、险诈的显赫人物，不受大家喜爱。迪伦知道这一点，知道其中一些原因，但他仍然屈服于——什么呢？——诱惑？或者坦白而言，他是不是真的对生意没有天分，他有他自认为的更好的事情要思考？他是不是认为，他需要一个重要人物帮他打理那些不可避免的苦活？在《编年史》中，迪伦将格罗斯曼比作达蒙·鲁尼恩（Damon Runyon）式的人物，但是没有做清晰的评价。在其他一些地方，他承认，格罗斯曼跟他在一起的时候为他“做过一些好事”。与此同时，罗伯特·谢尔顿讲述了一个事实，是他“建议鲍勃认真考虑格罗斯曼的出价”，很显然因为这位经纪人“发现了贝兹”。

还有包括容克在内的一些人说，迪伦的迅速崛起在很大程度上取决于格罗斯曼的无情和驱动，换句话说，这个经纪人自己想变得富有，这种渴望对客户并没有什么伤害。有些狂热的爱好者甚至坚持认为，这位歌手的明星地位绝大部分要归功于他，这位被人厌恶的江湖浪子是一位伟大的经纪人。谢尔顿很显然对格罗斯曼抱有一种特别的好感，他觉得，格罗斯曼“没有他希望展现的那样毫无过错”。这位记者至少讲述了一个格罗斯曼值得赞扬的故事，那就是，当被告知“有人”真的散布这样的话，称“没有他，迪伦绝不可能成功”，据说，这位经纪人是这样回答的：“荒谬！离开任何人，他都能成功。”事实仍然是，迪伦自由地与一个真的能“用钢笔抢劫你”的人物结盟，而且毫不犹豫。

在这两个人正式签署有效合约的整整一个月之前，《答案在风中飘荡》在 M. Witmark & Sons 进行版权保护登记。格罗斯曼安排了这桩交易。他同样安排了他将从他的歌手那里获得一部分收益，与此同时，从出版商那里也获得一部分收益，大约是公司收益的 50%。对于合约的后半部分，他甚至都没有告诉迪伦。格罗斯曼在勘探这座富饶的金矿。

还有其他煤层可以采矿，还有其他方式可以创造艺术。1962 年 6 月，在百代唱片公司位于伦敦艾比路的录音室，一位工程师让他的助理跑去员工餐厅寻找制作人乔治·马丁*。试音带来了不同凡响的事情。四个利物浦人中有两人声称，他们称为《请爱我》(Love Me Do) 的这首歌由他们独自创作完成。

* * *

半个多世纪以后，抗议歌曲的动机看起来不言自明。种族主义、核武器威胁、青年文化的到来、性解放的开始，对一些人而言是繁荣，对另一些人来说是剥夺，艺术在发酵，意识形态在冲突，白宫有光明的希望：根据通常的叙述，各种动荡的因素交织在一起。自由的公民也许可以很好地利用抗议的权利，但是在1962年，有多少人注意到，或者有多少人愿意去注意?

那年6月，某些与老左派长期联系的大学和青年组织聚集在密歇根组成学生争取民主社会组织 (SDS)。经过诸多常见的派系斗争之后，第一次大会成功采用了汤姆·海登 (Tom Hayden) 起草的宣言。汤姆·海登后来与简·方达 (Jane Fonda) 结婚，走入主流的加利福尼亚政治。《休伦港宣言》(Port Huron Statement) 的开头如下：

> 我们这一代人，在舒适的环境中长大，如今，住在大学的象牙塔里，忐忑不安地注视着我们所面对的世界。
>
> 当我们还是孩童时，美国是世界上最富裕、最强大的国家，当时，唯有美国拥有原子弹，最少受到现代战争的侵害，而且还是联合国的发起国之一，我们认为联合国将把西方的影响扩散到全世界。人人自由平等。政府是人民的政府，一切依靠人民、一切为了人民，我们那时觉得这些美国价值观念很好，是我们安身立命的准则。我们中许多人在骄傲自满的情绪中长大。
>
> 然而随着年龄的增长，我们的舒适安逸一次又一次被各种事件打破，这些事件令人不安，让人无法置之不理。首先是以南方反种族偏见的斗争所象征的人类退化的事实无处不在，给人们带来痛苦

* 乔治·马丁 (George Martin，1926—2016)，英国金牌制作人，他为各式乐队发行的唱片总数超过700张，其中为甲壳虫乐队制作了12张专辑。——译者注

和伤害，迫使我们大多数人从沉默转向行动。其次，由原子弹的存在所象征的冷战笼罩世界的事实使我们意识到：我们自己、我们的朋友以及千百万与我们患难与共的抽象的“他人”，随时可能死去。对其他的人类问题，我们或许可以选择视而不见、刻意回避或无动于衷，但是唯有这两个问题不行，因为它们的冲击太直接、太猛烈，它们对我们提出极具挑战性的要求，要求我们每个人担负起我们的责任，直面冲突、解决冲突。

鲍勃·迪伦粉丝俱乐部正在成立。尽管关于“战争状态的国家”和美国南部民主党及其追随者主导的国会内在的政治腐败，有很多话要说，但是学生争取民主社会组织同样宣布了：“我们没有一定的公式，也没有封闭的理论。”而且，这个新诞生的运动组织做了生动的阐述，它承认，“我们绝大多数人认为社会和世界的暂时均衡是永恒的。”这些能言善辩的年轻人是少数中的少数，他们知道这一点。抗议的民谣歌手同样如此。

1956 年，在观点调查中，42.5%的美国人认为他们避免战争的机会“变得越来越大”。[1] 1960 年，这一数字降至 18.9%。另一方面，认为美国避免冲突的希望在减少的人数上升到 36.7%。尽管如此，1961 年，调查显示，47.6%的人希望更多的钱花在国防上，只有 6.2%的人倾向于削减。肯尼迪的“导弹差距”策略起了作用。

伴随着学生争取民主社会组织和其他人的抗议，这些数字将发生变化。到了 1969 年，当迪伦的《战争贩子》(Masters of War) 植入文化之中时，只有 13.8%的美国人还希望增加国防开支。1962 年，事实仍然是，在根深蒂固的悲观主义和深深根植的恐惧之中诞生的爱国保守主义是当务之急。格林威治村仍然是一片被包围的领土。

* * *

迪伦的事业蒸蒸日上，而他与苏西·罗托洛的关系却并非如此。这

1 Philip E. Converse, Jean D. Dotson, Wendy J. Hoag and William H. McGee, *American Social Attitudes Data Sourcebook 1947 - 1978* (1980).

个事实让两个年轻人都闷闷不乐，从而带来一些非常优美的歌曲。毫无疑问，他们的作者对古老的讽刺很敏感。在她的回忆录中，苏西听起来仍然受到当年与迪伦在一起的短暂几年的记忆的伤害。即使是在那时，即使是作为这出戏剧不幸的观察者和偶然的演员，她仍然感觉自己的身份被偷走了。他的魅力已经是一团热火。

结果也许是不可避免的。青春、自我、抱负、固执、不忠、奇怪的时间、奇怪的伴侣，这些不是长久幸福的构成公式。迪伦习惯于比周围任何一个人的演变速度都快，但这也无济于事。苏西开始怀疑自己早期自我牺牲的能力。她一心想要维护自己的独立性。看起来，迪伦不能妥善处理这一点。

《放任自流的鲍勃·迪伦》的封面照片是一张完美的画面。然而，这张照片在拍摄时，其他的关系的画面也开始侵入。苏西开始害怕自己最终的命运："在银幕上、在灯光下、被写进书里，永远被包围、被淹没在迪伦的传奇里。"[1]

* * *

> 走上楼梯，在二楼后面有一间小小的公寓，那是煤气灯酒馆租的或买的或通过其他途径弄来的，类似储藏室。我们在那里摆放了一张桌子，经常玩一些微不足道的扑克游戏。那时，我的室友是一个叫作休斯·罗姆尼（Hugh Romney）的家伙，也就是后来大家熟知的威维·格雷（Wavy Gravy）。他是一个诗人，垮掉的一代诗人。他有一台便携式打字机，我们现在称为笔记本，他把它留在这间房子里，以便大家使用。
>
> 一天晚上，我早一点儿进来工作，鲍勃正在那儿打字，不停地打字，他刚刚完成了这首很长的诗。他说："你觉得这个怎么样?"
>
> 于是我看了一下，然后说："嗯，你知道的，这个意象很疯狂，你打算怎么办?"
>
> 他说："嗯，我，我……"

1 *A Freewheelin' Time*, p. 3.

我说："你想要为它配乐吗？"

他说："什么？你觉得我应该这么做吗？"

我说："是的，我的意思是，否则的话，这只是进入某些文学季刊或其他地方的东西，但是如果配上音乐，你知道的，你将会有一首歌。"

于是，第二天晚上……鲍勃从来不在煤气灯酒馆工作，但是他花了大量时间待在那儿，晚上熬到很晚，作了一曲，然后起身唱这首新歌，名字叫作《暴雨将至》。

如今，每当我听到他唱这首歌，每当听到大约第 20 分钟时，我心想："我当初的建议是不是一个正确的决定？"不，我只是开玩笑。这是一首非常、非常伟大的歌曲。[1]

* * *

1962 年 8 月，格罗斯曼成为迪伦的经纪人，至少在正式场合如此。如果说，这位经济学专业毕业生——芝加哥罗斯福大学——不是很受村子里的人欢迎，那么还说轻了。甚至在任何人真正赚钱之前，阿尔伯特·伯纳德·格罗斯曼就已经有了各种诨名，都是那些将他视为敌人化身的人起的。他轻而易举就赢得了《艺术与不义之财》（*Art Versus Filthy Lucre*）这一民谣永久的道德剧中的第一大反面人物角色。有时，格罗斯曼甚至被人当面指责为一个矮墩墩的、眼神冷淡、有手段的人，是汤姆·派克上校、斯文加利、德古拉、摇滚中的公民凯恩[2]，以及任何一类能想到的掠夺者的综合体。在《编年史》中，迪伦讲述了他最初见到这位音乐行业的老手的情景，说他看起来像是《马耳他之鹰》中的西德尼·格林斯特里。格罗斯曼气场极强，总是西装革履、打着领带，坐在角落的桌子边。他曾是芝加哥一家夜店老板，说话时更像在咆哮。迪伦确信，格罗斯曼可不是一个乡巴佬。

每一个制造中的新星都需要一个格罗斯曼。它让神话有了形状：艺

---

1 Tom Paxton，接受 Ken Paulson 视频采访，*Speaking Freely*，November 2000。

2 Rory O'Conner，"Albert Grossman's Ghost"，*Musician Magazine*，June 1987.

术家作为受害者，经纪人是寄生虫，金钱是解开创作艰辛的密码。不过有一点值得记住，格罗斯曼对民谣音乐的投入几乎和他对丰厚份额的投入一样真诚。他是粉丝，是蚂蟥。他的风格使他更适合主流流行音乐世界，他的交易、他的言行举止都没有那么令人反感。相反，“大熊”（指格罗斯曼）宣称，他在鲍比的诱惑中扮演了恶魔似的角色，很多人急于相信这样的故事，这种故事的历史和娱乐行业一样古老。但有人拿枪指着迪伦的头这一部分往往被忽视。

这位经纪人喜欢冲突。冲突是一种方法，带来的好处就是说服迪伦接受的要价，说服别人相信他愿意为迪伦做任何事情，而同时他也会确保任何收益都会以可以计算的方式纳入他自己的收入中，大量的可以计算、合计、存入银行的收入。这并不光彩。似乎，鄙视迪伦新经纪人的比不喜欢他的人还多。迪伦似乎依然很纯净，这七年璀璨的光辉岁月里，大部分时候，当格罗斯曼从事肮脏的工作时，迪伦视而不见。双方都有虚伪的地方：一方面，如果有人能够象征“商业”中的职业道德的腐败，那这个人就是格罗斯曼——他通常不会花时间在象征主义上。迪伦一定注意到了。另一方面，这个经纪人喜欢表现得好像他只在乎“他的”艺术家的幸福和需要。不过很快就显而易见，除此之外，他还在乎其他事情，而且从这位天才身上割了不止一磅肉。两人密谋策划了这个幻想：一起对抗世界。

格罗斯曼第一个也是长久以来的目标就是哥伦比亚。他的策略非常简单，无论怎么说都不为过。他的第一步，也是谈判策略之一，就是试图让迪伦从合同中解脱出来。理由就是这位歌手签约时还未达到法定年龄。那么格罗斯曼在 1962 年 6 月以可怜的 1 万美元从罗伊·西尔弗手里购买的经纪合约又做何解释？那份合同签约的时候，迪伦同样只有 20 岁。1962 年 8 月底，格罗斯曼又进行了一项新的交易——拿走这位歌手总收入的 20%，唱片总收入的 25%——那么，他为什么要从西尔弗手里收购全部的份额呢？这不太重要。这位经纪人清楚，只要涉及钱，迪伦就一无所知。

约翰·哈蒙德是天真的对立面。他对格罗斯曼的策略非常愤怒，他说服自己犯错的门生“再次确认”最初的合同。这反过来惹恼这位新的经纪人。于是，制作人成了敌人。没有人可以介入这位马戏团领班和他的表演者之间。哈蒙德是个大人物，值得迪伦尊敬。不管他是否是传奇——或者正是因为他是传奇——哈蒙德必须要走。

＊ ＊ ＊

《城堡大街的疯屋》（*Madhouse on Castle Street*）尚未进入文学经典。作为一部电视剧作品，它已经不复存在，因为英国广播电视台激进主义分子的缘故，这部作品被人们不假思索地抛弃。这种旧的黑白电视剧录制片对公司而言一钱不值，当它最初播放的时候，人们的评论褒贬不一，即使胶卷上还有一位艺术家的早期表演，到了 1968 年，这位艺术家名声大噪，你也许会这么想，甚至英国广播电视台的高层管理人员也这么想。[1] 1963 年 1 月，《时代周刊》的评论家认为该剧“放任自流”，认为有一位鲍勃·迪伦先生的歌曲让人“难以忘怀”。五年后，很少有人记得，也没有人在乎了。

1962—1963 年的冬天，英国寒冷异常，比人们记忆中的任何一年都要冷。据说，有些地方迎来了 1740 年以来最冷的季节。就在圣诞节前夕，为了完成《放任自流的鲍勃·迪伦》专辑的录制，迪伦飞往伦敦。圣诞节后的第二天，也就是 26 日，英国南部开始降雪，纷纷扬扬，下个不停。1 月，“大冰冻”到来，气温骤降至零下 16 摄氏度。英国陷入瘫痪，随之而来的是暴风雪，直到 3 月冰雪才渐渐融化。然而，迪伦在这样糟糕的天气里，来到世界上伟大的城市之一，这究竟是为什么呢？

这又是一个奇怪的故事。1962 年秋天，因为一次偶然的机会，一个名叫利普·萨维勒（Philip Saville）的导演在格林威治村看到迪伦的演出。在萨维勒的记忆中：“当时，我正在跟威斯坦·休·奥登说话，他住在纽约西四街上。他提到，我应该去托尼·帕斯托那儿看看。”[2] 这位诗人说：“大家都去那儿，那儿什么人都有，就像是去利物浦甲壳虫被发现

1　因为要制作 2005 年的英国广播电视台的纪录片电影《疯屋中的迪伦》（*Dylon in the Madhouse*），迪伦的四次表演的音频样片被勉强恢复，为了配合斯科塞斯的《迷途之家》的放映。

2　Caspar Llewellyn Smith，“Flash-back”，*The Observer*，18 September 2005.

的地方一样。”[1] （威斯坦颇有预见性。直到那年10月，《请爱我》才发布。）

萨维勒后来表示，他被所见所闻惊呆了。他回忆道：“当我听鲍勃演唱的时候，我觉得美好得都不像是真的了。要是我能让英国广播电视台同意就太好了。”然而，首先，他必须搞定格罗斯曼的合约。格罗斯曼忽视了迪伦没有丝毫表演经验的事实，想到25%的收入即将到手，他决定利用这个机会帮助迪伦“拓展他的才能”。双方以500几尼[*]——不到1 500美元——成交。

刚开始并不是太容易，迪伦暂住在伯克利广场附近的梅费尔酒店。很快他开始在当地打拼。他去了班吉斯咖啡屋，可能还去过机构和民谣俱乐部“表兄弟”演奏，肯定去过伦敦圆屋剧场以及克伦威尔路上的行吟诗人餐厅，据说还有一个叫作韦克菲尔德的品达的地方，那是一家俱乐部，位于格雷律师学院路。12月22日，迪伦获准演唱几首歌，但肯定会面临一些质疑。

50年代后期，皮特·西格同父异母的妹妹佩琪从美国搬到伦敦，很久以后，她给出了当时情况的一个版本：“也许让迪伦困惑的是民谣俱乐部里没有夜总会的氛围”“没有灯光，没有麦克风……没有仪式化的夜生活。就是一堆普通人来到他们的俱乐部。”[2]

事实根本不是这样。这是歌手俱乐部，掌管人是西格的丈夫埃文·麦科尔，他是英国复兴运动的守门人。谈到这位美国访客，他的妻子告诉迪伦的传记作者霍华德·桑恩斯说：“那时，我和埃文的态度都有一点儿冷淡，也许我们不够热情。”尽管如此，传记作者称他们为“守旧的传统主义者”，他的描述完全准确。他在后面还补充一句：“而且还远不止

1　一切皆有可能。然而，同样真实的是，位于西三街130号的托尼·帕斯托俱乐部的所有者是暴徒约瑟夫·卡塔尔多（Joseph Cataldo）。李·哈维·奥斯瓦尔德（Lee Harvey Oswald）被杀之后，卡塔尔多与杰克·鲁比（Jack Ruby）联系在一起。卡塔尔多还曾参与乔伊·加洛（Joe Gallo）发起的黑帮斗争。乔伊·加洛，人称“疯狂的乔伊”，有一天，他将成为鲍勃·迪伦的一首歌，这是迪伦为纪念他而写的。这个故事简直太妙了。

*　几尼是1663年英国发行的一种金币，等于21先令，于1813年停止流通。——译者注

2　Llewellyn Smith，“*Flash-back*”.

于此”。

麦科尔对遭到放逐的艾伦·洛马克斯照顾有加，他从这个美国人身上获得了某些特定的想法，即什么构成了民谣音乐的真实性。此后，他变得迟钝，只有忠诚的斯大林主义者才那样迟钝。麦科尔不仅能接受英国 1951 年的共产党纲领《英国的社会主义之路》（The British Road to Socialism），这一点毫无疑问，毕竟，这一纲领已经获得永无过失的斯大林的批准；他甚至将关于“美国对英国文化的威胁”的小册子视为艺术蓝图。如果迪伦以为他在格林威治村遇见了传统主义者，那远远无法与眼前这位相提并论。他的职业生涯中有很多好歌——《肮脏的旧城镇》（Dirty Old Town），以及最有名的《当我第一次看到你的脸》（The First Time Ever I Saw Your Face）——麦科尔还写过《斯大林的歌谣》（The Ballad of Stalin），这首歌没有讽刺意味。

很显然，他的真实感没有延伸到他自己的名字，这并没有关系。这位来自兰开夏郡的曾经的吉米·米勒也没有太过担忧“改编”的艺术。然而，他和这个美国孩子的相似之处就到此为止了。很遗憾，迪伦是他的粉丝。麦科尔断定，这个暴发户——似乎对他也缺乏尊重——违背了诚实的社会主义民谣歌曲的规则，这对迪伦来说没有好处。无知不是借口，迪伦成了他深恶痛绝的人。大不列颠共产党（CPGB）的先锋人物将不止一次地回到这个话题。而且他的观点很有分量，对太平洋两岸志趣相投的兄弟都有足够的影响。

要描述麦科尔和他的同类人的态度，听起来可能像蒙提·派森（Monty Python）*，没那么搞笑的犹太人民前线。迪伦是如何冒犯他们的？一方面，他没有遵守“政策规定”。这不是开玩笑。麦科尔和他的追随者们明确规定，世界上的工人们不应该在歌曲中团结。他们下令，而且是非常严肃的：英国歌手应该而且只能演奏英国的音乐，美国歌手只能演奏美国的。他们也规定了什么是业余的、传统的、商业的、“种族的”，等等。从这些方面来看，迪伦不可能是一位真正的民谣歌手。只有被激怒至极他才可能会演唱《战争贩子》和《霍利斯·布朗的民谣》

* 又译蒙提巨蟒，是英国六人喜剧团体。——译者注

(Balled of Hollis Brown）这两首歌，而且他确实唱了，那天晚上在韦克菲尔德的品达——但是他依然是阶级敌人的代表。

这当然很荒唐。但是它为一个问题提供了答案："大不列颠共产党发生了什么事情?"如今，在英国的民谣界，仍然还有人鄙视迪伦，敬仰麦科尔，他们都没有问一问这个人的本质是什么，这个在1956年匈牙利暴乱发生之后依然坚持信念的人，这个从不掩饰自己对同性恋憎恶的人，这个对性别政治的理解即使用20世纪60年代初期的标准也是相当落后的人。而他们说迪伦犯下了严重的背叛罪。当迪伦让新港震惊的时候，麦科尔正试图将"自我批评"强加到英国民谣歌手的身上——这也不是一个玩笑。

在伦敦，迪伦第一次真正体会到了民谣的狂热，这种不可思议的信念，相信歌曲能改变世界，相信只能允许一种特定类型的歌曲。进入伦敦俱乐部时，他不可能猜到这一点，但是他演唱《战争贩子》《霍利斯·布朗的民谣》的真正罪过在于，采用了英国的旋律。显然，他的文化帝国主义很露骨。同时，有人声称，这是1966年喝倒彩和嘘声的源头，至少在英国是这样的。从证据来看，这似乎是惨淡的事实。

关于麦科尔，真正的关键在于两个方面：首先，在电子吉他的可能性被提及的很久之前，他就已经尝试并证明了迪伦有罪。其次，这位共产党官员对美国民谣复兴产生了重要影响，特别是对皮特·西格和洛马克斯。在新港，这个事实的效应将会显现。

麦科尔不止一次说过，迪伦是一个"资质平平的年轻人"，说迪伦不过是将"金斯伯格的作品改头换面"，把民谣歌曲的池子搅浑了。他在1965年9月的那期《旋律创作者》（*Melody Maker*）杂志上宣布："对于我来说，迪伦就是我们社会中反艺术家的完美象征。他反对一切——他是最后的求助对象，他不是真的想要改变世界……"在民谣杂志《唱出来!》中，麦科尔写道："我们的传统歌曲和民谣是由杰出的天才艺术家创作而成的，是在漫长的时间形成的传统范围之内创作而成的……但是，鲍勃·迪伦是怎样呢？只有不具备批判精神的观众，只有被无味的、无价值的流行音乐喂养的人，才可能会听信这种最劣等的蠢话。"

可以说，对曾经的吉米·米勒而言，流行音乐令他失望至极。正如很多保存下来的唱片展示的，他自己的表演风格十分荒谬、矫揉造作。他演唱的方式恰恰是英国工人阶级不会采用的方式。挽回麦科尔声誉的任务留给了他的女儿柯斯蒂（Kirsty）。她成为了一名流行歌手。

对迪伦来说，他充分利用这一切。萨维勒非常笃定地说，迪伦“热爱”伦敦，但这不是很明显。不管好坏，电视剧仍然制作并播出了，但是它似乎只是为一个长久的事实提供了最初的证据，那就是，迪伦不是演员。困难仅仅是技术层面的，因为尽管这部剧冗长的演讲完全超出他的范围，但是导演还是被迫聘用了另一个悲剧演员，来填补这位来访的美国人的很多空白。

这趟旅行的真正价值在于，它是一次收集歌曲的考察之旅。离开了阴沉的麦科尔，迪伦与马丁·卡西（Martin Carthy）志趣相投，卡西后来成为英国现代民谣最重要的人物之一，一个传统的歌手，一个有着恒久力量的声学吉他手，有一天，他也将接受“电子”音乐。卡西仅仅比迪伦大三天，就在他们在费兹罗维亚的福利街初次见面之后，卡西就将迪伦引入英国歌曲宝库，尤其是他自己对《斯卡保罗集市》（Scarborough Fair）的改编。过一段时间，这个版本将为西蒙和加芬克尔[1]赚上几美元，也给迪伦创作《北国姑娘》（Girl From the North Country）提供了所需要的一切。与此同时，卡西的叙事民谣《王者富兰克林》（Lord Franklin）也成了《鲍勃·迪伦的梦》（Bob Dylan's Dream），正如多米尼克·贝汉（Dominic Behan）的《爱国者游戏》（Patriot Game）作为《上帝与我们同在》（With God On Our Side）的重新出现。让这个想象的伤害雪上加霜的是——你能窃取被偷的东西吗？——埃文·麦科尔还和这

1　保罗·西蒙很久以来都不愿意承认这一点，尽管事实上据说卡西就这首歌曲改编的源头起诉并赢得了这场诉讼。甚至到 2001 年，《欧芹、鼠尾草、迷迭香和百里香》（*Parsley*，*Sage*，*Rosemary and Thyme*）重新录制版的小册子声称：“所有歌曲都由保罗·西蒙创作……除了《斯卡保罗集市》由保罗·西蒙和阿特·加芬克尔（Art Garfunkel）共同创作而成……”与此同时，纳特·亨托夫给《放任自流的鲍勃·迪伦》的注释声明，“《北国姑娘》是由鲍勃·迪伦最初构思的，大约三年之后，到了 1962 年 12 月，他才最终写下来。”他至少认可了《王者富兰克林》的表演者，“他记得那个人的名字，叫马汀·卡西”。

个喧闹的爱尔兰人录制了几张专辑。

不管迪伦是否享受伦敦和它的民谣音乐，他的工作的确被这段经历拓宽了。对大多数人来说，大不列颠岛上的音乐与美国音乐之间的联系是老生常谈，但是对这个初学者也许并不陈旧。他仍然被惊到。与此同时，每当听到一个抓住自己想象力的曲调时，他就无法克制自己。“改编”（或者说窃取）已经成为他创作过程的核心。脑海中的曲调将会成为脑海中的歌词。卡西的挑剔不是对迪伦的。20 世纪 70 年代初，他将成为斯蒂利·斯潘（Steeleye Span）电子音乐的核心，然而 2000 年，他在采访中还表示：“我觉得，将重新加工的歌曲称为自己的作品，这实际上是不当的。这是公共领域，属于人民。”而迪伦的观点是，每个人都可以改编，每个人，尤其是“人民”，在某种意义上都只是在窃取前人的成果，如今他依然这么认为。这里有至关重要的差异。另一方面，“人民”中有些人有着古怪的品位，希望他们的劳动有报酬。

这样就产生了一个奇怪的结果：迪伦一方面被赞誉为这个时代最具原创性的艺术家之一，同时又被指控不断地剽窃。那么，如果两种说法都是真实的呢？如果鲍勃·迪伦从来没有借鉴，他的音乐会更加出色吗？

* * *

迪伦最初的四张专辑中有三张专辑名包含自己的名字。这不足为奇。在这个时代，这些唱片还没有想象到那些长时间播放的流行唱片值得被称为诗篇，它们还没有超越自身。早期的典型是那些利物浦人的《与甲壳虫在一起》（*With the Beatles*）或《待售的甲壳虫》（*Beatles for Sale*）。至少在英国有两张同名的专辑。但是，不知何故，《放任自流的鲍勃·迪伦》这个名字似乎从一开始就很恰当。这个名字就是图片中的年轻人，这个年轻人的形象——沉重、风趣、愤怒、诗意、同情、时髦——这样的表演是《鲍勃·迪伦》专辑中从来没有的，也永远不可能再有。《鲍勃·迪伦的另一面》（*Another Side of Bob Dylan*）除了是一个愚蠢的双关语之外，同时也是一个既不是由表演者自己选择的、也不被表演者赞赏的名字，而他不得不为此背上黑锅，他如此说到。

迪伦所有的专辑中，《放任自流的鲍勃·迪伦》可能依然是最受人们欢迎的。专辑各个部分互相吻合，好似命中注定一般。它没有威胁。它讲述的是得体的事情、严肃的事情、滑稽的事情，而且这张专辑恰好包含了两首最优美的爱情歌曲。很多人永远也不会原谅迪伦抛弃照片中的这个男孩。他们的委屈不仅仅是因为不满他对抗议政治和社会责任的“背叛”。简单而言，他们就是喜欢画面中的这个男孩子。这也是他们的青春，不论他们现在的年龄有多大。他似乎包含了一切理想主义和希望的共鸣：他们可能会成为的人，他们可能会做的事情。但是迪伦不愿意再做一个放任自流的或自由的人。

无论如何，结果，这个名字有点讽刺。这张专辑的制作也没有任何放任自流可言。犹豫、再三考虑、延迟发布以及放弃的试验数不胜数。这可以理解。第一张唱片销量惨淡。有人在后面窃窃私语，哥伦比亚公司的耐心也许不会持续很久了。《放任自流的鲍伯·迪伦》必须成功！这样产生的一个结果是，多少年以后，走私贩们一直努力让人们相信，从商店购买或下载的专辑不是真的专辑。大多数音乐人都会反驳：没有真的专辑。

唱片从1962年4月开始录制，此后断断续续持续了一年。那段时期，《放任自流的鲍伯·迪伦》发布了，又被召回。歌曲增了又删，争议不断，当迪伦在卡耐基大厅表演时，纽约市内外情绪激昂。接着，他又动身前往伦敦，踏上这段想入非非又很有价值的旅程，《北国姑娘》就是一个意想不到的结果。早在这张专辑发布之前，迪伦恍惚间创作的某些歌曲最终让哥伦比亚公司确信，约翰·哈蒙德一点儿也不笨。另一方面，当迪伦试图抓住瞬息万变的时刻时，哈蒙德发现自己正被踢出局。格罗斯曼已经清楚地表明谁是老板，他比任何制作人都清楚，什么事情对这个男孩有利，无论是不是传闻的事情。哥伦比亚公司只能表示同意，这也表明公司已经开始了解这个天才了。事实上，格罗斯曼不容许任何对手的存在。1963年4月，在最后的录制阶段，哈蒙德被抛弃，被辞退工作，被一个叫汤姆·威尔森（Tom Wilson）的人取而代之。格罗斯曼仍然在就合同提出威胁的声音，他想获得迪伦全部的注意力。

这一切的结果本应该是一场灾难。然而，毫无争议的是，一张伟大的唱片诞生了。《鲍勃·迪伦》中只有两首歌手自己的创作，还有一首随意改编自另一个人的歌，可以说，其他的借鉴都是“走私”进来的。然而，在这张专辑的孕育期间，迪伦写的歌足以填满三张以上的唱片。他放弃的一些歌——《让我死在我的足迹里》、《红翅壁》(Walls of Redwing)、《忧伤的布鲁斯》(Worried Blues)——同时代的任何人拿到的话都会感恩戴德、谢天谢地。直到今天，执着的粉丝们依然会为这些歌曲的选择而争论，那些未被选用的作品集依然是最受欢迎的私录卡带系列之一。真正的关键之处在于，迪伦已经开始了五年无与伦比的创作爆发期。他对自己和这个世界所有的理解都将被卷入这场激流之中。结果，他的一言一行都获得了一种无法形容的"重要性"。

举个例子，即使是哥伦比亚公司的律师下令召回的那版专辑，经过一段时间之后也成为珍贵的东西。1963 年 5 月的第二个星期，迪伦因无视审查制度，离开《艾德·苏利文秀》*，就在这个事情前后的时期，《谈约翰·伯奇会社的布鲁斯》(Talkin' John Birch Society Blues) 是否引发了对诽谤诉讼的恐惧，这个争论由来已久，混乱不清。最终，召回的唱片中不是一首，而是四首歌都被删掉了，尽管有几个早期样品已经发布并迅速传开。为什么会这样？如今，这些歌曲都可以在《私录卡带系列》中免费获得，包括《谈约翰·伯奇偏执狂的布鲁斯》、《让我死在我的足迹里》、《石头与砂砾》、《赌徒威利的死亡之手》(Gamblin' Willie's Dead Hand) [或《漫步的赌徒威利》(Rambling, Gambling Willie)]。话说回来，这没什么大不了的。

但是，如果你碰巧遇到《放任自由的鲍勃·迪伦》最初短暂发布的版本，找一找 CS 8786 [s]，标签上是黑色的"360 立体声音响"(没有箭头)。一定要确保歌曲列表上有这四首错误的歌曲。然后，确认能找到"XSM-58719-1A"或"XSM-58720-1A"。接下来，就准备收下你的 35 000美元。这是人们为了迪伦这个最有价值的被弃版本愿意支付的最低价，也是一种衡量他的"重要性"的疯狂方式。

* * *

还有一个更好的例子是，《放任自流的鲍勃·迪伦》带来了一场革

---

* 《艾德·苏利文秀》(*The Ed Sullivan Show*)，美国 CBS 电视网于 1948—1971 年间制作的一档综艺节目。——译者注

命，特别是在民谣领域。在这张专辑发布之前，如果一个歌手试图用任何“自己写”的东西玷污周围的环境，那么在很多俱乐部，他或她很可能会吃闭门羹。对一些非常严肃、专注和聪明的人来说，有这个想法就已经是在亵渎神圣了。这与人们眼中民谣复兴的一切公然反抗。根据这种争论，人们不是通过篡改来源来保持传统的。甚至皮特·西格也一直被传统主义者批评，说他随意对待民谣歌曲，就像艾伦·洛马克斯的随意拼凑。[1] 西格从伍迪·格思里那里学到了一个习惯，那就是把新的政治歌词配上古老的旋律，这也招致人们的厌恶。《放任自流的鲍勃·迪伦》之后，一切开始改变。突然之间，不能写歌的歌手立刻失势。

在流行音乐中，当一名创作者兼表演者既不新鲜，也没有争议，然而迪伦的专辑把标准提升到无可置疑的高度。著名的事件是，它捕获了甲壳虫乐队的芳心。正如乔治·哈里森（George Harrison）回忆的，他们发现这张专辑“具有不可思议的原创性，太棒了！我们演唱了这张专辑，全部都唱了”。这位利物浦人说道，在四重奏乐队中，他比任何其他成员都更接近迪伦。金曲排行榜上的其他人也放开自我——有时，从出版中赚钱——他们从迪伦那里获得启发，开始创作他们自己的素材。很快，这一做法变成常规做法，一直持续至今。

* * *

到底《放任自流的鲍勃·迪伦》提供的什么是《鲍勃·迪伦》所没有的？很显然，更好的歌曲是一个答案。此外，第二张专辑还包含了第一张专辑没有的两样东西：“抗议”歌曲和爱情歌曲。画面中的男孩获得了一个身份，这个人有智慧、有政治、有性格，与《鲍勃·迪伦》专辑封面上年幼无知的装扮形成鲜明的对比。喜剧歌曲实际上很风趣，政治歌曲含有真正的毒液，个人的东西以一种不同寻常的情感深度在表达。“更好的歌曲”无法描述迪伦的进步。他似乎一下子拓展了传统音乐的边界。没有人停下来担忧“真实性”，至少在公开场合中如此。

这是向他的天赋致敬的一种方式。迪伦能够让自己的反应、愤慨看起来更加真实，而且肯定比一些人虔诚保存的民谣或工会歌曲更加切

1 Irwin Silber，*Sing Out !*前任编辑，采访者 Richie Unterberger，2002。

题。《牛津城》(Oxford Town)正是这样一部作品。这首歌简短得惊人，两分钟都不到。当时，也就是 10 月 1 日，非洲裔学生詹姆斯·梅雷迪斯(James Meredith)在实行种族隔离的密西西比大学进行入学登记注册，这首歌就是《大路边》邀请村子里的歌曲创作者对此发表评论之后创作而成的。当时这一事件轰动全国。

梅雷迪斯想要行使约翰·肯尼迪在就职演讲中理想化了的权利，在此过程中，他迫使不太情愿的肯尼迪与种族偏见相对抗。这所大学两次将他拒之门外，全国有色人种协进会(NAACP)提起诉讼，将官司一直打到最高法院。最高法院做出判决，支持申请者，认为梅雷迪斯有权进入"Ole Miss"* 上学。时任密西西比州州长的罗斯·巴尼特(Ross Barnett)设计了一项法案，阻止任何触犯州法律的人上州立大学。巴尼特奉行白人至上主义，他的父亲是南部邦联老兵。在这样一个旨在让非洲裔美国人远离投票箱的法案之下，梅雷迪斯被判定犯有"虚假选民登记罪"。就在这时，总检察长罗伯特·肯尼迪介入其中。

梅雷迪斯的入学注册在牛津的密西西比大学校园骚乱之中进行。罗伯特·肯尼迪委派了 500 名执法官和士兵维持秩序。虽然如此，仍爆发了许多冲突，很多人受伤，还有三人丧生，州长被指责、被鄙视。面对不断的侮辱和骚扰，梅雷迪斯以不同寻常的勇气坚持下去，并最终获得政治学学位。

如何将这一切纳入一首歌中？迪伦甚至都没有尝试一下。菲尔·奥克斯一直都是一位非常投入的抗议歌手，他为《大路边》提供了一曲民谣。迪伦用不到 150 个单词为他们描绘了一系列简洁明亮的意象，就像从电影胶卷中获得的画面。他没有提到梅雷迪斯的名字，没有这个必要。"他走到牛津镇/随他而来的是枪口和俱乐部"，这首歌这样开始，抓住种族主义暴力的本质，证明了迪伦已经理解了一些根本的东西。措辞的天赋是一方面，诗意的歌词同样重要。但是，在一首歌中，尤其是在一首旨在传递信息的歌中，编辑是创作过程的核心所在。在迪伦放手之前，

---

* Ole Miss 本是指黑奴对奴隶主家中女主人的称呼，现在是密西西比大学的昵称。——译者注

因为有意无意的因素，《放任自流的鲍勃·迪伦》本身经过了多个编辑阶段。

尽管如此，人们对这张“具有历史意义”的专辑仍然存在误解。照村子俱乐部行为的一贯标准，它大受欢迎，与哥伦比亚公司在这位歌手处女作上浪费的唱片相比，它当然也是大片。但是《放任自流的鲍勃·迪伦》在美国仅排在第 22 名，与彼得、保罗和玛丽的《答案在风中飘荡》的成功形成鲜明对比。在英国，它的确排过第一名，这是真的，但是直到 1964 年才排上。人们往往遗忘这些细节。

这个专辑的成功之处在于改变了人们对迪伦的看法，尤其是高级媒体。这是一个真正新奇的事物：一个有话要说的年轻人的声音，几乎过度精彩，值得引用。然而，如果单单以销售量来衡量，他的唱片不过是把他变成一个受学生这类人崇拜的偶像，因此变成了“代言人”，这是他极其厌恶的。或者正如他在《编年史》中描述的：“一块肉……丢给狗。”关注太多，反而不自在了。

* * *

在迪伦的生活中，对《放任自流的鲍勃·迪伦》产生直接影响的就是苏西·罗托洛不在身边的时光。在她断定这种关注、这个人将会变得越来越难以接受之前，名声几乎尚未开始腐蚀迪伦保护得很好的自我。苏西当时还是一个十几岁的少女，她发现自己已经被束缚住了，而且这种束缚似乎是永远的，而这个宣称爱她的男人却对所爱之人隐去了自己的真实姓名。苏西疑惑不解，她有理由对此产生疑虑。

1962 年夏天，她获得了一个逃往意大利的机会，她抓住了这个机会。这段经历对作家迪伦产生了惊人的效果。然而，对流浪的鲍比而言，这是一个有关失去的教训，是一个年轻人在爱恋中遭受的严厉而适当的惩罚。到了 9 月的下半月，他仅有的安慰就是想到会出现在卡耐基音乐厅，想到有机会展示另一首新歌。

《暴雨将至》的价值并没有逐渐减少。在所有的“抗议”歌曲中，这首歌流传下去，比任何一个时代都重要，多少年以后，汤姆·派克斯顿仍然在试图表达自己的惊讶。这首歌的苏格兰和欧洲前身尽管也许很迷人，但是实质上没有什么价值。另一方面，苏西的诗歌基础课对迪伦产生了深远的影响，甚至比迪伦意识到的还要深远。关于这方面，有一件事需要声明：如果这首歌，而不是《答案在风中飘荡》，标志着一个真正的诗人的诞生，那么这与甲壳虫乐队无关。这不是他们的语言，不是他们的方式。这部作品几乎将整个民谣传统作为一个比喻——当然，这是一个不可能的想法。过去存在于现在之中。这是这首歌的传统或者借鉴的开头歌词的一部分——没有什么重要的事情能够将中毒而死的兰德尔勋爵与任何被送去参战的蓝眼睛少年分开。他们去哪儿了？去了不可能有好事情发生的地方。

《答案在风中飘荡》有柔软的边缘：无论发生什么，总有希望，白鸽在沙滩休憩的希望，这些问题得到回答的希望。这首歌来自一个噩梦般的景色，来自世界末日之后的世界。所有的高速公路都弯曲，所有的海洋都死去，狼群聚首，树木泣血，水源有毒，刽子手持刀具在等待。迪伦不屈不挠地将这些意象堆砌在一起。这也是效果的一部分——惠特曼的吟唱，一个穿越成为中世纪的世界。

这首歌的创作不是对古巴导弹危机的直接反应，这无关紧要，克林顿·海林已经解决了这个争议。只是很巧合的是，通过迪伦的话语，我们可以了解这个世界。《暴雨将至》是一首关于世界末日的歌曲，但是它说得很清楚，暴雨“即将降下”，这是预言，是《圣经》中的。即使危机没有从古巴开始，也会在其他地方开始，这是1962年的人们唯一觉得理所当然的事情。

1963年春天，迪伦在一定程度上做出了解释——在他的句法允许的范围内。被问及“原子雨”时，他说：

> 不不，这不是原子雨。有人这么认为，但这不是原子雨，这只是一场大雨，不是核弹爆炸后的余波，根本不是。我只是想说，这即将发生，这一点每个人都很容易看到，但是人们并没有认真思考，人们忽视了这一点。这注定会发生。尽管我不是说这场大雨指的是原子雨，但是在我看来，炸弹也是某一种神，是更大的神，人们实际中顶礼膜拜的神。你必须要好好对待它，必须对自己说的话小心谨慎。人们在做这项工作，每周六天，而且还是在努力工作，有人

设计它，这是一个全新的表演节目。[1]

与此同时，在这首歌中，有些观众开始理解了迪伦声音的重点和目的。在《暴雨将至》中，它的单调和冷酷要胜于往常。他不需要像雅克·布雷尔（Jacques Brel）那样为这些歌词做任何补充，它们不需要1962年那套“表演”。这是人们第一次真正地看到，在鲍勃·迪伦的艺术中，诗歌意味着什么。这是诗与歌第一次融合，歌中有诗，诗中有歌。教授们将努力研究这一问题。“一个伟大的歌曲创作者，但不是一个伟大的诗人”，这个暂时的判断将会持续几十年的时间。这一判断忽视了一个问题：这种伟大到底是以哪些歌曲来衡量的？还有谁？

* * *

皮特·西格将迪伦带上卡耐基音乐厅的舞台，参加9月22日的民谣合唱会。那天晚上，观众听到了他的五首歌，但其中只有一首收录于《放任自流的鲍勃·迪伦》。西格此前于1958年、1959年组织过这类活动，《唱出来!》杂志由此受益。这一次，这位家长“介绍了一位新人”，这天晚上，这样的新人多如牛毛。

在西格讲述的故事版本中，当表演者们被告知，他们每人仅有十分钟时间，迪伦从一群音乐人中举起手来，问：“那我该怎么做？我一首歌就有十分钟。”

这是一个好故事。首先，它表明西格在这场演出之前的混乱中听过这首长达“十分钟”的歌曲，也可以说是试听过，并且大为赞叹。也许他做过。但是，这仍然不能解释，为什么迪伦演唱了四首完整的歌之后，才最终回到这首《暴雨将至》，这四首歌中包括了《霍利斯·布朗的民谣》，这也是这首歌的第一次公开表演。同时，根据留存下来的私录卡带系列显示，《暴雨将至》这首在台上的演出不到七分钟，而迪伦仍然演唱了25分钟。

这只是细枝末节。这天晚上，唯一重要的事情是有一首歌恰逢其时。但是这个故事还是说明了两件事。首先，迪伦的传说妨碍了人们发现事

1　1963年5月，迪伦接受芝加哥WFMT广播电台斯塔兹·特克尔的采访。

实的真相，而如果能发现事实的话，人们一般还是会选择事实。其次，认为迪伦是一个彻头彻尾的“神话制造者”，这有点不公平。他一直在撒谎，至少在公开场合，但是还有很多人当着他的面相信编造的故事与错误的回忆。一直以来，这个年轻人的压力在于人们想让他成为什么样的人。西格和其他人一样内疚，甚至比大多数人都更内疚：鲍勃·迪伦满足了人们的一种需要。

8

“围过来吧，人们”

艺术是火炮。

——迪伦致道格拉斯·布林克利，《滚石》杂志，2009年

据年谱[1]记载，1963年晚秋，迪伦正在为他的第三张唱片收尾。这次录音的最后一首曲目于10月31日方才落定，仿佛是一次事后的追补，旋即成为这张专辑如挽歌一般的尾声。《不安的告别》（Restless Farewell）展示出专属于这位歌手的一个标志性花活：年仅22岁的他，听起来却散发出一种深入骨髓的老迈与疲倦。这首歌还毫不客气地借鉴了伍迪·格思里的旅人神话，好像老鲍勃是真正想要甩掉包括他蒸蒸日上的事业在内的一切，道声告别，然后“一直走下去”*。除此之外，这位生而厌世的年轻人还在排演着他对累累盛名的藐视，抵抗着“流言的泥垢”和“蜚语的尘土”。当然，他当时的所闻所见尚只是凤毛麟角。可他也摆明了“他的立场”，把“如我一样”（as I am）和不放在心上（not giving a damn）放在一起押上了韵，看起来演出了自己的谢幕。

所有的民谣好手都知道，这首歌的旋律衍生自一首爱尔兰民歌《离别酒》（The Parting Glass），这其实是一首很可爱的小曲子。然而从歌中还是能清楚地看出，迪伦再次挪转到一个新的方向。传统的面目在逐渐消失。和与之并称（虽然更胜一筹）的《太多清晨》（One Too Many

---

1 指克林顿·海林所著的《迪伦：隐于门后》（*Dylan: Behind Closed Doors*），从哥伦比亚广播公司（CBS）档案及其他资料来源中复原并校订的版本。

* 出自歌曲《一直走下去》（Walking down the Line）。——译者注

Mornings）一样，这首歌也明显具有个人化的直白的自传性，或者不如说，它听起来简直跟自传一模一样。实际上，这也正是伍迪在《奔向光荣》中所用的伎俩：用近乎自传式的真假参半之语，幻化出自白的错觉。这像魔法一样有效。1963 年，数不胜数的掏腰包的群众都还很乐意相信，迪伦完全是他自己口中所称的那种人物。考虑到还有数不胜数的群众梦想着成为和他一样的人，那个《放任自流的鲍勃·迪伦》封面上想象中的男孩，人们对他的不信任感并未做出丝毫抵抗，便已缴械投降。跟风模仿者开始露面。工人装和哈克贝利·费恩帽[1]成为盘桓在乡野间嘲笑着制服的年轻人的统一着装。

迪伦同时还开创了一种覆盖 20 世纪 60—70 年代流行音乐的模式，一直延续至今，作为一种正统的风格，已经成为理所当然的公认前提。很多无视种种矛盾的人甚至把它称作“民谣”音乐。但在 1963 年，我们看到的是一位写歌的歌手，一段行走中的第一人称叙事，以及个人性对政治性的取代。即便迪伦并没有因循有标记的路径前行，他向自我的潮湿内心的征途已然启程。处于所有形式的自我之中——武装的、防御的、受损的——他的自我应是在一切形式中运动的力量，这大概已经超越了反讽的范畴。尽管如此，他的“个人问题”还是变成了人们信任他的一个源泉。

流行社会学家和社会历史学家在探寻“自我的一代”的起源时，应该永远把 20 世纪 60 年代的歌唱诗人放在心头。那些对美国人话疗成瘾之风迷惑不解的人，也应该留意这张原声带。很快，每个能驾驭这一风格的人和许多驾驭不了这一风格的人都开始探索我（I）和自己（me）的深处，那些高度重要的特征。至于这究竟是不是迪伦曾经的本意，则完全是另外一码事，他貌似自传的做法极少是它们看起来的样子。

和他同一时代的人还开始发现或再次发现了创作天赋的价值。极少

1　是谁给这种黑色灯芯绒帽子想出了这个奇怪的叫法？大概是谢尔顿于 1961 年 9 月发表在《纽约时报》上的评论文章中第一次如此使用。仅为满足考据癖的需求指出一点：在爱德华·肯布尔（Edward W. Kemble）的《哈克贝利·费恩历险记》插画本原版中，哈克在每一处都被画成是戴着一顶宽檐漏顶的破草帽。迪伦和帽子之间漫长而奇异的关系，基本上是另一码事。

有经纪人或版权持有者会忽略这一细节，而黑人表演者则极少对这一事实有所了解，但忽然之间，大家都意识到在这种版权化的自白中有利可图。歌手们早就纷纷开始翻唱迪伦的歌，数量相当可观。彼得、保罗和玛丽三人组在阿尔伯特·格罗斯曼办公室的帮助下，率先开始他们的认领。其他人跟进的速度也足够快。1965 年，致力于改编迪伦民谣的飞鸟乐队（the Byrds）在翻唱《铃鼓先生》一曲时，在流行榜上斩获了原作者都没有享受过的超高排名。这首歌可能是 1964 年 1 月《时代在变》发行后几周之内所作——毕竟这首歌已经在这段时间里被演唱过了。

不论如何，诸如《无须多虑，一切安好》和《北国姑娘》等歌曲已经表明，迪伦绝不仅仅限于“抗议”、讽刺和对已逝布鲁斯歌手虔敬的招魂。现在，他正蠢蠢欲动地图谋些什么。如果处理得当，它将颠覆人们对于流行音乐能做什么或者应该做什么的先在认识。他当时知道这些吗？他知道的只是他自己的直觉。从今以后，他将会写那些他需要写的东西。人们会跟在他的身后，成群结队。再过些时候，就会有人在一个完全不同的语境中提出那个说法：“个人之政治”。其实，换作“个人的诗学”才更为恰当。

* * *

然而，那并不是迪伦第三张唱片的主导基调。唱片是在哥伦比亚的纽约录音室里录制的，常常是搞突袭，打一枪就跑，而唱片中绝大部分都充斥着在当时被称作“信息”的东西。“抵抗”的声音也很鲜明，而且极度盈溢，每一首抵抗歌曲都刻有那种自以为正义的道德确定性标志，而这正是后来给歌手带来恐惧之物。这里能看到的是记录式的歌曲、致力于大众公益的歌曲、带有公共目的的歌曲以及在充满谎言和不公的世界里讲对社会有用的真话的歌曲。迪伦是一个性情中人。他也许很快就会发现这件披风令人窒息，但是——除非历史被完全抹掉——他在 1963 年的晚秋，确实毫无困难地拥抱了自己这个发言人的角色。

不管怎样，在《放任自流的鲍勃·迪伦》发行的那年春天，一切昭然若揭。格林威治村的前辈们认为《答案在风中飘荡》油腔滑调、优柔寡断、天真幼稚或者纯粹就是太蠢。有些人对待它的态度相当粗暴。他们认为它只是一个初学者对民谣式歌曲的看法，缺乏几个世纪以来的共同经验作为坚实核心。它缺乏真实感，用后来的说法，就是没有“根”。同时，它还如此该死地流行：对有些人来说，仅凭这一点理由，就足以让他们在这空谈小曲面前摆出一副居高临下的架子来了。但是别人不在意他们的看法，一曲风行就是一曲风行。

事实上，迪伦为激进而热衷于教化的左派解决了一个老大难题，即：修辞倒是不错，但怎么才能发挥效用？也许在无意之中——迪伦自己从未声称过要成为一个政治科学家——这位年轻人成功地避开了确定答案带来的恼人麻烦，因为他根本没有费心思去假装自己能够提供任何答案。与他的那一代人一样，他是在提问题。他的歌充满了问题。而因为这些又全部是永恒的问题，他便捕捉到了困惑的时代和困惑的青年的心境。然而几乎在这首歌刚刚写完的时候，他就否认了其“抵抗歌曲”的身份。《答案在风中飘荡》是一首关于求索意义的歌。求索是好的，它让作者从一组对句迈向另一组对句，把歌曲向前推进。但是如果意义真的存在，那些敢于声称自己知道答案的人们便有了一片属于自己的保护区。

当迪伦触及关键话题时，就更合那些民谣仲裁者的胃口了。那首莫名其妙走红的哀歌《战争贩子》便是一个典型例证。这是迪伦窃用过的最沉闷的旋律之一[1]，但当人们不时地扫一眼新闻，看到国外在 3 万英尺高空上正在执行的政策时，仍然能鲜明地感受到这首歌的价值。同时，这一不能更显而易见的陈述至今仍拥有不错的市场：战争，原来，是件坏事；参与战争和从战争中牟利的人，是坏人。为了证明自己对和平与非暴力的热忱向往，一个头脑正常的人宁愿看到那些坏人死去，并要亲眼看到他们的坟墓，以求确证。[2] 对于那些乐意接纳这位奇才的政治化人物而言，这首歌更像那么一回事儿。它是“深刻的”。有些人至今仍这么认为。

1　窃自《诺丁木镇》(Nottamun Town)，没有做丝毫掩饰的努力。这是一首非常老的歌。具体而言，迪伦直接取用的是让・里奇 (Jean Ritchie) 改编过的版本。但这里的要点是，他根本不在乎有谁知道这件事。据说，阿巴拉契亚山脉的“民谣之母”就版权发起了索赔，最终以 5 000 美元的补偿和解。

2　出于绝对公平起见，需要指出，迪伦曾表示过，这是在他创作的作品中唯一一首祈望有人死去的歌。

《谈第三次世界大战的布鲁斯》(Talkin' World War Ⅲ Blues) 以伍迪的风格完成了同样的工作，只不过加上了嘲笑的意味。《牛津城》是对种族仇恨与暴虐的出色抓拍，用六节短歌道出了民权斗争的本质。迪伦还有很多其他的创作没能收入唱片，但在《放任自流的鲍勃·迪伦》中，于道德和艺术两方面都处于核心地位的曲目，不管你喜不喜欢，都当数《暴雨将至》。正是这首歌把他推向了一场运动的领头位置。艾伦·金斯伯格为之眼前一亮，大大倾倒。此外据说它还曾促使莱昂纳德·科恩开始思考，是否他自己的诗也能改编成歌曲，这首歌将抵抗与预言的迷幻揉为一体。这不是一首新闻头条歌曲，它像人间地狱一样真实，充满了远见，并且“直中实质”。事实上，仔细审视这首歌就会发现，其中并没有包含任何抵抗的言说。它是描述性的，是从将来世界邮至的快件。与任何一个人对国际“形势”的分析相比，威廉·布莱克的笔下本能写出的东西与这首歌更为接近。然而，尽管有如此多的神妙之处，“暴雨”将迪伦捆绑为一个角色，并束缚在一种滥调之中：他是一代人的声音和传递信息的歌者。他和他的这首歌都不止于此，但要等到他的绝大多数听众意识到这一点，还需要一段时间。

迪伦发行第二张唱片的时候，刚满 22 岁，但即使在 1963 年，他也并非任何人的传声筒。他为这门艺术贡献的新技巧，只倚仗着一个简单的灵感：教化者绝对不可以等同于宣传员。每一个用心聆听这张唱片的人都能很容易地觉察到迪伦站在理性的那一边。苏西·罗托洛可以作证，迪伦持有一切正确的信仰，并且真心实意地秉持它们。但是这里有没有实际的政治？有没有一个意识形态的立场？甚至一种有关超越善恶、对错与真假的世界运行方式的观念？即便这位歌手真的怀有其中任何一种想法，那么他也深藏不露地把这些留在了自己心中。歌曲本身的用途，从那时起，一直到后来，都完全是另一回事。

当然，在演出场合，他会穿插一些关于赤色分子和战争狂的笑话，也会应要求就战争与种族主义的罪恶讲一些大道理。观众们清楚他的立场。《你藏得太久了》(You've Been Hiding Too Long) 是一个小小的——比小小的还小的——例子。如果这首“打一枪就跑”的歌真的存在过，也只是 1963 年 4 月在市政厅表演过一次，之后就再也没人听过了。一段偷录的音频解释了这首曲子这么快就被永久抛弃的原因。它将愤怒表达得太过淋漓尽致，当然，是针对那些把人们派到战场上送死的伪善懦夫的愤怒。迪伦从口中啐出了那些话。但是情绪有什么用呢？仅仅是让那些富有正义感的懦夫再次确信他们的思想和良心都还在正当的位置而已，可他们的这些思想并没有任何实际可见的用途。早在“你藏得太久了”这句话被滥用以前，它已经在最坏的意义上做到了政治正确。

出来吧，别再站得那么远
让全世界一睹你的伪善
这不是玩笑，也不是噱头
你已在美国国旗后藏得太久

仅凭一首糟糕的歌曲不足以定罪。即使在这个时候，即使在最不好的一天，迪伦也从来没有哪怕近似一个搞鼓动宣传的歌手。事实上，在那些需要口号标语和教条立场的人眼中，他可能有点含糊得令人恼怒。有些人甚至在质疑他以某种方式捣毁了整个民谣歌曲运动。相反，他敏锐而清醒地意识到一个事实，即他没有立场为任何人提供任何解决方案。在他的同辈中，很多人都没有他这么谨慎。迪伦伪造了很多事物，但是他没办法伪造真正的知识。他对任何事情都不怎么了解，这可是推掉发言人职位的一个好理由。不论怎样，他和伍迪一样，都在回避正式的政治介入。如果这仅仅是一个意外的话，那么他整个后续生涯中发生的事情就都没有什么意义了。

很快，在迪伦曾经的朋友、同事和自诩为同志的人之间流传开一项指控，说他仅仅是利用了一个形势。抵抗只不过是行动发生的场所。他们说，他仅仅是在用自己肤浅的天赋为顾客提供他们似乎想要的东西。抵抗是他职业发展中的一步。提出这些控诉的人永远也不可能靠近与他的表达天赋相匹配的高度，看上去只是在放大他们的恼火。简单而言，他们似乎只是在说，他配不上他的天赋。在村里，对于刚好从自己的工作中获得不错回报的人，有一种几近普遍的蔑视。唱片工业和一般意义上的娱乐业没什么不同，是谎言和失信的温床。每个人都这么说——直到有人拿着开价合同出现。

对迪伦而言，在那之后不停地解释自己对政治——对纲领、党派和政治运作——没有一丝一毫的兴趣，说这并不会给他带来任何好处。很快，他就开始讥讽那些不愿相信这一点的人，甚至在一个刚与哥伦比亚签约的 20 岁小伙儿的脑袋里塞了这么一番话——这其实是一个固定的喜剧节目。迪伦在《编年史》中写到，他有一种原始的看待事物的方式，而且喜欢乡村集市政治。他最喜欢的政客是亚利桑那州的参议员巴里·戈德华特（Barry Goldwater），这让他想起了汤姆·米克斯（Tom Mix），但是他没办法跟任何人解释清楚这是怎么一回事。他不喜欢所有那些神经质的喋喋不休的争辩。他更喜欢旧的新闻。所有新的新闻都糟透了。

迪伦和《编年史》读者中较为年长的美国人——虽然只有一方会偷偷在笑——都清楚地知道，戈德华特是 20 世纪 60 年代早期最为保守的主流政治家，痴迷于共产党、贸易联盟和福利的毒害作用。戈德华特从一开始就支持乔·麦卡锡（Joe McCarthy），反对《民权法案》，这导致包括党内同僚在内的很多人都认为，如果让他入主白宫，那么他的手指将无法阻挡地伸向核弹的开关。换句话说，巴里·戈德华特代表着青年鲍勃·迪伦在抵抗歌曲中反对的一切。[1]

这位参议员在自己最春风得意的时候，看上去当然是热衷于与苏联展开对峙，而且不择手段。有时候，他讲的话听起来有点像《奇爱博士》（*Dr. Strangelove*）里的一个人物：他说，克里姆林宫男士卫生间里的一件核武器能解决美国的问题。这句俏皮话让参议员觉得好笑，但是很多

1　年轻的迪伦还曾拿参议员消遣取乐。1964 年的《鲍勃·迪伦的另一面》中的《我将自由，第十》（I Shall Be Free No. 10）曾提出，戈德华特可以用来检验任何人对于忍耐的定义。

> 听着，我很慷慨，但有限度
> 我要每个人都拥有自由
> 但如果你觉得我会让巴里·戈德华特也自由
> 不如搬到对门，娶我的女儿
> 你一定觉得我疯了！
> 把古巴所有的农场都给我，我也不会给他自由。

抓不到笑点或者感受不到戈德华特所鼓吹的“战场”核装备魅力的选民，却不觉得好笑。他们的恐惧是看得见的。林登·约翰逊（Lyndon Johnson）抓住了这一点，并毫不留情地加以大肆利用。那则臭名昭著的电视广告描述了核弹爆炸前最后时刻在阳光照耀下的草坪上的四岁女孩，这显然是一步大棋。结果，约翰逊在 1964 年美国总统选举中，面对他的共和党竞争对手，成功上演了一场历史性的鞭票。

1961 年年末，就在迪伦刚刚录好他第一张专辑的时候，戈德华特甚至在一场新闻发布会上宣称：“有时候我想，如果我们能够干脆把东海岸送走，让它漂到海里去，这个国家将会变得更好。”村子里的大多数人都可能愿意出钱悬赏他的人头。《编年史》的作者和他 20 岁时的自己都完全清楚这一切。汤姆·米克斯则是已经过世很久的电影明星，总是出现在到处都是白帽子和黑帽子的西部电影中，也许笑话就在其中。

然而，当抵制越南战争的运动在几年之后达到顶点时，迪伦的身影却在哪里都看不到了。当反文化受到他的同辈追捧的时候，迪伦不屑一顾。他带着老婆和孩子，创作着“超现实的”有点儿古老的音乐，看起来义无反顾地朝着在所有可去的地方里选中的纳什维尔市迁移。1963 年，到了他第三次尝试录制慢转密纹唱片的时候，他仅仅在信息之间暗示出，与“旧左”和“新左”相比，其关怀更多的可能是人类的存在。尽管如此，他有时也会滑脱他为自己锻造的链条。

为什么如此飘忽不定？有一个常见的错误认识，说他对人民和他们的心意从来没有过真正足够的关心。第二个几乎同样的错误，是断言他被迫在艺术上逃离一种令人窒息的——永远是“令人窒息的”——民谣共识。如果是前一种情况，你可以指出他的勃勃野心、星途诱惑和格罗斯曼的影响。在后一种论调中，你可以援引所有忙着为有社会责任感的艺术家强加诸般义务的那些人的声音。

可麻烦在于，没有任何证据证明，迪伦曾因为感到压力太大而以任何方式在写作和录制中影响过自己的选择。从第二张唱片开始，他就在创作“个人化的”、非政治性的歌曲，并因此倍受赞誉。他在 1964 年录制的《鲍勃·迪伦的另一面》会让一些马克思主义顽固分子产生深深的不安，但即使当他们的评论渐渐趋近谴责的时候，他也没有露出任何受到恐吓的信号。另外，直到1965年和1966年的新港民谣音乐节和飓风年之前，这些无谓的东西都并没有真正严重地降临到他的身上。那时，他的歌曲创作早已经把“抵抗”远远地抛在身后。同时，毋庸置疑的是，他的良心自始至终都保持着良好的运转状态。他的自我膨胀了，他的言语有时会变得粗糙，他赚了很多钱。但是，这是不是意味着他在一夜之间就停止了对种族仇恨的关心？半点儿证据也没有。

一个更合乎情理的猜想也许是，迪伦开始对歌曲的意义以及个体与艺术之间的关系形成了某些特定的结论。依恋着民谣并且更加狂热的一些群体，总是在用运动式的话语发声。他们似乎相信，最好的歌曲是由一个委员会为了一个集体目的而设计出来的。这为那些天赋较差的人提供了一些宽慰，如皮特·西格或琼·贝兹，这些人有太多东西需要克服。但对于迪伦而言，这却是绝对的误解。谁有本事告诉他怎么写歌呢？重要的是，他选择了一条更难走的路。如果守着抗议和传统不放，那就简单多了，太简单了。但那也意味着，要把一生都浪费在陈述显见的事实上了。而且那还会将他置于一个激进主义分子的两难境地：认可一件事，你就要认可它的全部。迪伦天生不是这样的人。

至于政治方面，他确实有一种天赋。如果他只明白一件事，那就是说谎的艺术。那些抗议歌曲反反复复地回归真实与谎言。迪伦能够在百步之外辨认出谎言，在声音的语调里捕捉到谎言，并在标语口号、肢体语言和自我推销的政客演讲中破解谎言。他熟知虚伪的声音和气味。那和抒情的力量一样，都是他手中的武器。归根结底，他是一个通晓谎言的专家。

* * *

在1963年1月接近尾声的时候，迪伦正在热尔德民谣城演唱《战争贩子》。到了3月，收听奥斯卡·布兰德（Oscar Brand）广播秀的听众已经有幸听到两首新歌，即《北国姑娘》和《只是一个流浪汉》（Only a Hobo）。4月，哥伦比亚公司开始发行《放任自流的鲍勃·迪伦》的促销版本，这多少有点让人猝不及防，而幸运的收藏者则挖到了一笔在日后会变得体面的小小储备金。就在4月末，迪伦再次杀回录音室，为一张能够同时满足听众、执行官员、唱片公司律师和艺术家本人需求的唱片，完成最后一击。然而在此之前——4 月 12 日——率先完成的，是一场真正的、正式的、一流的演唱会。

这场表演幸存下来的录音带为我们留下了太多乐趣。这时的迪伦刚刚俘获他的第一批歌迷，是一个邋遢到没救的青年，既风趣，又严肃。他是一个全情投入的向往成为诗人的青年，迫切地渴望不要被人误解。他还是一个讨人喜爱的“卓别林式的”——不管这个词是什么意思——年轻人，“有话要说”。他自然具备那种与生俱来的迷人魅力，哪怕他屡屡失误，还总是把吉他搞得一团糟——这得益于他对非标准调音的执着——依然可以征服听众，让他们义无反顾地为他喝彩。不过有句话需要说明，如果他胆敢在这一天声明他的歌不是抵抗歌曲，那么就在这个周五晚上，这些忠实投入的群众便会将他驱逐出纽约城外。

《答案在风中飘荡》、《暴雨将至》、《上帝与我们同在》、《战争贩子》、《你藏得太久了》、《谈约翰·伯奇偏执狂的布鲁斯》（John Birch Paranoid Blues）、《英雄布鲁斯》（Hero Blues）：迪伦在这“第一场个人演唱会”中采取的策略——卡耐基音乐厅的表演已被从历史中抹去——是在个人化的曲目之间点缀上自己书写时事论题的歌。对于后者，他并没有留下太多模棱两可的空间。幻灭尚未噬入深部。

“这首歌要献给所有的，嗯，男孩，他们认识的女孩想让他们，嗯，走出去，被杀死。”他在开唱《英雄布鲁斯》前如此声明。而在唱倒数第二首歌前，他又说：“我相信十诫，第一条是‘我是你的神’。这本来是一条伟大的戒律，如果不是从错误的人口中说出。所以下面就是，这首歌的名字就是《战争贩子》。”

不论他私下是否存有疑虑，在市政厅，迪伦毫不迟疑地接受了民谣宣传员这一公众角色。即便他拒绝担当任何人的代言人，他也仍然有很强烈的热情发出声音：这正是矛盾之所在。很多人把他说的话当真。这没什么好惊讶的。不管怎么说，某些更有意义的事情正在发生，是值得记录进那些编年史中的事：这是有史以来第一次，鲍勃·迪伦只演唱鲍勃·迪伦自己的歌。根据行业内的叫法，演唱会其实是一场展示秀，但是他现在已经拥有了足够多的材料，可以为自己赢得公正的评价。

伍迪·格思里的老朋友兼经纪人哈罗德·利文斯和格罗斯曼合力推

动了这场演出。坐落于西 43 街 123 号的市政厅，多年以来一直是爵士表演者最青睐的演出场地，估计能容纳 1 200 人左右。当晚，一个不修边幅的家伙将不得不尝试凭一己之力填满这块空间。虽然利文斯和格罗斯曼会在事后声称，这场演唱会的门票全部售罄，但是据谢尔顿——他在《时报》上的评论将引领另一场“狂欢”——估算，当晚只卖出了 900 个座位。这很难说有什么不光彩的。但它同时也为我们测量迪伦“现象”在其自家地盘上至今仍存在的局限性提供了一个精确的参照标准。有些观众将在日后声称，那场演出就如同所有具有决定意义的时刻一样，在记忆中深深扎根，而那一夜，正是一位无与伦比的年轻人跨越伟大的分水岭，进入明星的极乐境界的时刻。或许这样说更合适：这是 900 个人相信他们目睹了一颗明星冉冉升起的夜晚。而其他很多人都在那夜缺席。

永远忠诚的谢尔顿将在《纽约时报》上把自己观察到的迪伦形容为“一位民谣音乐家，除了言之有物和振聋发聩这两条外，他打破了歌曲创作的所有规则”。这位心里揣着纯灰色调色板的《纽约时报》头条作者通常不会做得如此之过，将自己的观察放大为“鲍勃·迪伦演唱他的作品；民谣音乐家，21 岁，在市政厅大展新意”。不管怎么样，这还算是一条适合付印的新闻。

* * *

这场演出的偷录音频质量相当出色，随后流传开来。这无疑反映出一个事实——这是哥伦比亚自己的录音，存着念头——至少作为唱片的一部分——进行商业发布。很明显，有人制定了一些庞大的计划：这位艺术家的第一张录音专辑铩羽而归，而第二张专辑还没有摆上货架，但某些人忽然间对他产生了信心。现场录制唱片的想法，无疑是受到了《琼·贝兹演唱会：第一部分》（*Joan Baez in Concert*：*Part 1*）的启发。这张唱片于前一年秋天发行，在流行榜上大获成功，拿到格莱美奖提名，而且当年 4 月仍在热卖。因此，当他们的年轻诗人选择用一首真正的诗歌结束他的表演时，哥伦比亚的执行官当时肯定有一点儿惊慌失措了。

《对伍迪·格思里的最后思考》（Last Thoughts on Woody Guthrie）以惊人的速度呈现出来，带来了两种不同的感受。首先，它一点儿也不坏，尤其是以迪伦冒充韵诗蒙混过关的某些作品为标准来进行评判——

《走开，你这个炸弹》(Go Away You Bomb) 就是一例。其次，也是更重要的一点，这是一片诀别辞，从而让它显得异常古怪。伍迪在 1963 年 4 月的时候确实病重，但是离死还有很远的一段距离。但无论如何，这是迪伦在进行自己的告别，剪断羁绊，为他生命中的一个阶段标注一个结尾，并开启下一段旅行。这是一份公开的宣言。他到底是太无情，还是看得太清？

迪伦初到纽约时对格思里的拜访是故事的中心。没有人会忘记。然而，他们确实忘记提出另一个问题：在那以后，他还有多少次回到病人的身旁？伍迪的传记作者乔·克莱恩回忆说，1964 年以后，踩着迪伦足印的青年朝圣队成为格思里家的一个大麻烦。但是迪伦自己呢？我们知道他早期的拜访，还知道在 1967 年 10 月伍迪死讯公布后，他曾给利文斯打电话，提出——要求——参与他的追悼会或纪念音乐会，但在两者之间，记录上是一片空白。

不论如何，如果市政厅演出真的是一个诀别时刻，那么这个诀别也足够体面。如果这场演出发生在几十年后，人们也许会提到说唱和"表演诗"。迪伦也自然会称自己是前者的忠实粉丝，并时不时地发表对后者的理性见解。《对伍迪·格思里的最后思考》是一首要求表演的诗，最好是由它的创作者亲自表演。很快，当人们关于迪伦的文学地位提出各种看法时，就会把这一点纳入考虑，或作为佐证，或作为反驳：如果把他的嗓音剔除，他的任何作品还会"有效"吗？这姑且不论，1963 年 4 月 12 日，在迪伦第一个盛大的夜晚，他决定把最后一个位置献给伍迪：

> 你的双眼只能望穿两种窗口
> 你的鼻子只能嗅到两种玄关
> 你可以触摸，可以扭转
> 可以拧开两种球形门栓
> 你可以去自己选择的教堂
> 或者去布鲁克林州立医院
> 你会在自己选择的教堂里找到上帝
> 你会在布鲁克林州立医院遇到伍迪

而虽然这只是我的一厢情愿
可能正确，也可能错误
但你兴许能同时遇见他俩
在大峡谷里
在日落时分

也许，迪伦在成名之后，还有过对他的一些私下拜访，在那些年，迪伦不能自由地公开行动。也许，鉴于格思里的健康状态，朝圣之旅不得不停下脚步。在克莱恩所撰的传记中，他引到了 1964 年 1 月《唱出来!》杂志中的一篇报道，报道中说伍迪已经“在过去一年中情况逐渐恶化”，而且不鼓励人们前来拜访。“到 1965 年，”克莱恩写道，“（格思里）已经完全失去了说话的能力，只能用他几乎难以控制的胳膊去点‘是’或‘否’的卡片，以此进行交流……”这正是这种疾病的恐怖之处，在过去和现在没什么不同。尽管如此，在鲍勃·迪伦被记录得无比详尽的生涯中，这段空白还是显得有点奇怪。

《编年史》一如既往地没有提供有关此事的任何线索。那些早期的拜访早已成为一段神话，在那之后，如果迪伦仍与“美国精神的真正声音”保持接触，他也没有告诉别人。在市政厅倾吐而出的那些对“最后偶像”的最后思考，当然是充满敬意的创作，但它们同时也是一份独立宣言。[1] 有一点不应忽视的是：没有人曾要求他去埋葬有关一个病人的记忆，特别是在一个公共的舞台之上。他或许可以就此踏上前路；格思里却没有机会进行同样的选择。

* * *

在 1963 年，迪伦的世界几乎一天一变。5 月，市政厅音乐会整整一

1 对音乐的赤诚没有停歇。2009 年 12 月，迪伦还和马特·达蒙（Matt Damon）、斯普林斯汀（Springsteen）、摩根·弗里曼（Morgan Freeman）等人共同参演了一部在霍华德·津恩（Howard Zinn）《美国人民的历史》（*A People's History of the United States*, 1980）的启发下录制的全明星纪录片《人民发声》（*The People Speak*），在其中与莱·库德（Ry Cooder）和范戴克·帕克斯乐队（Van Dyke Parks）合作演唱了格思里的《哆来咪》（Do Re Me）。

个月之后，他在《艾德·苏利文秀》上临阵退场——就是1956年猫王靠在节目中摇头摆臀而一炮走红的那个苏利文秀——因为哥伦比亚广播公司的那些行政僵尸们禁止他演唱《谈约翰·伯奇偏执狂的布鲁斯》。

法务部门的人一直以来都受到狂热右翼分子的恐吓，他们不敢冒险，怕被敏感者以侵犯名誉为由起诉。而因为CBS是哥伦比亚的东家，所以迪伦的退场是相当勇敢的：虽然在1963年，黑名单已经被完全废置，但人们尚不敢十分确定。到底是电视台的律师找唱片公司的律师讨论这首滑稽歌曲，还是反过来，其实都无关紧要。这件事发生的时机暗示，最先感到恐慌的应该是唱片公司的上层，但结果是一样的：《放任自流的鲍勃·迪伦》的初始版本被撤回。然后，《谈约翰·伯奇偏执狂的布鲁斯》这首歌和另外三首曲目一起消失了。在丢弃了整整四首歌之后，迪伦以这个小小的危机作为借口，又开始捣鼓起他那张至关重要的唱片。

和往常一样，他的手头总有新歌。和往常一样，他总是更喜欢自己脑子里最新鲜的东西，其他任何东西，哪怕只在世上停留了一口气的时间，也会被他鄙弃。这也是让他从同时代人中脱颖而出的标志，同时也是他一生习惯开始的标志。他不关心其他人如何看待一首歌。一件作品能否赢得批评家、粉丝和朋友的赞誉，并不重要。如果一首歌不能让他自己满意，就会被放弃、擦除并遗忘。他从不会囤积自己的宝贝。在这几个月里，能达到他心中那位编审的标准，必得是十分特别的作品。总有另外一首歌、一首更好的歌，在等待被创作。

最终，《谈约翰·伯奇偏执狂的布鲁斯》《让我死在我的足迹里》《漫步的赌徒威利》和《石头与砂砾》没能拿到入场券。对“真正的”《放任自流的鲍勃·迪伦》死忠的歌迷在几年后会为这些选择表示哀悼。很快，迪伦也将给他们提供更多哀悼的理由。然而，在1963年的春天，还只有一处删除——《让我死在我的足迹里》——被算作重大的损失。在四首补位歌曲中，《战争贩子》纯属滥竽充数的便宜货。《谈第三次世界大战的布鲁斯》是一个近乎与《谈约翰·伯奇偏执狂的布鲁斯》以牙还牙的交换，只不过更有趣一点。《鲍勃·迪伦的梦》将成为在很长一段时间内被低估的作品。但这些编辑决策中之一，不论是不是受到了强迫，都至今令人感到震惊：真的有那么一个节点，《放任自流的鲍勃·迪伦》差点儿就在没有收入《北国姑娘》的情况下发行。然后一只蝴蝶在某个地方扇动了一下翅膀，一切又重回原位。

有一个比较有趣的事实是，这些新歌其实在《艾德·苏利文秀》的意外发生之前就已经录好了。因此在很久以后，以克林顿·海林为代表的一些人会争辩说，迪伦早在电视台律师开始行动之前，已经在《谈约翰·伯奇偏执狂的布鲁斯》这首歌上受到来自哥伦比亚的压力。然而在1963年，唯一真正重要的是，《北国姑娘》占据了正面第二首歌的黑胶磁道。现实继续。

* * *

苏西·罗托洛有一天会记起，1963年的晚春，她正在谢丽丹广场剧院参与一场名为《布莱希特论布莱希特》(*Brecht on Brecht*)的老戏的"骨架式"重演。那是个二手的二流作品，一出拼凑模仿而成的时事滑稽戏。就在前一年，它已在克里斯托弗街的德丽剧场上演了200次。这出剧正是拾人牙慧的搭车之作，用六年的时间和2 611场表演，榨干了布莱希特和魏尔合作的《三便士歌剧》(*The Threepenny Opera*)所获得的破纪录的成功，虽然其依据的是被马克·布里茨坦(Marc Blitzstein)削弱和"篡改"过的那个版本。库尔特·魏尔(Kurt Weill)的妻子罗蒂·兰雅(Lotte Lenya)在每一个成功版本中都是真正的明星，而在谢里丹广场却没有得到任何刻画。

贝尔托·布莱希特，这位诗人、剧作家兼原创歌唱家，可能同样没有得到恰当的呈现。《三便士歌剧》的巨大成功在百老汇一直都是个例外，其魏玛式音乐乞灵于约翰·盖伊(John Gay)的《乞丐歌剧》(*The Beggar's Opera*)——本身就是一出建立在过渡民谣流行乐基础上的18世纪"反歌剧"。百老汇不夜街向来不待见那些持有奇妙理论的马克思主义剧作家，他们觉得自可以用教化式的戏剧颠覆社会。在1956年去世时，布莱希特是世界上最重要的剧作家之一，在多重的意义上都配得上"革命性"一词，可他却从来没能打动美国。如果放开《三便士歌剧》不谈，那么他就是一个彻头彻尾的失败者。即使百老汇为他破了例，并且上演的版本又经过马克·布里茨坦——他的共产主义认识远远落在布莱希特身后——对1928年原版进行的改调与阉割，但是支持布莱希特的中坚力量仍然是百老汇之外的剧场和村子里的左翼观众。

应该没有人会觉得惊讶。这位从纳粹统治下逃亡的难民，又登上了好莱坞的黑名单，在 1947 年与非美活动调查委员会约见的第二天便返回欧洲。在那场滑稽的采访中，他否认了自己共产党员的身份，开了几个令人费解的翻译笑话，炫耀地穿着自己土里土气的工装裤，并且不知疲倦地吸——从这里可以看出某种轻蔑的意味——一支难闻的雪茄。正如一位传记作者所见，布莱希特“没有成为美国公民的热情”。

对党员身份的否认是完全真实的，只不过在华盛顿的赤色分子看来有点让人迷惑不解。在听证会上，布莱希特“干脆退回到他的作家身份之中，他只想写作并做自己认为正确的事，他一生的志业与共产党员的身份不合”。[1] 在这之后，有些同志会把这一对事实的陈述谴责为——某些同仁会觉得很开心——一种背叛，但是他们同样错过了重点。布莱希特自然是一个马克思主义者，毫无疑问是一个剽窃者，可能是一个懦夫，明显是一个骗子，欠缺大多数正常的人类美德，并且一心追求自我。“文学版权是一件物品，应该划分到私人园林以及类似的东西这一类。”他一本正经地说出这话时，刚刚被当场（人赃并获）捉住现形，原来他在《三便士歌剧》中全盘“借用”了另一位作家对弗朗索瓦·维庸的翻译。（同仁们现在应该欣喜若狂了。）但布莱希特同时还是一个天才。如果没有他的剽窃和诗歌，20 世纪的文化史将会缺少一个重要的章节。艺术家的性格本来无关紧要。迪伦从来都不了解他的性格，也没听过他的歌。关于《布莱希特论布莱希特》，苏西的回忆是这样的：

> 我让（鲍勃）比平时早一点来剧场见我，这样他就能赶上一些彩排。我真的很想让他看看这场剧，尤其是其中的一段表演：女演员米奇·格兰特（Micki Grant）演唱《海盗珍妮》（Pirate Jenny）……这是一首关于复仇的震撼心灵的歌，由米奇·格兰特这位黑人女性演唱，又为它增添了另一个维度。那是民权运动的时代，听她唱这首歌是舞台剧强大有力的一击。我知道鲍勃绝不会错过。他坐在那里

1　两例中的引文均出自：Klaus Völker's *Brecht：A Biography*（1976），Ch. 28。

> 一动不动，十分安静。甚至连腿都不抖。布莱希特现在已经成为他的一部分，米奇·格兰特表演的海盗珍妮也是一样。[1]

并非完全如此。迪伦没有像布莱希特希望的那样，开始着手用马克思主义分析真正存在的现实，没有被《海盗珍妮》刺透心灵，也没有把这首歌认作民权运动的一面主打旗帜。相反，令他感到兴奋的是那位艺术家。这位艺术家早在20岁就开始“每天书写新的诗歌、歌谣和歌曲”；在迪伦开始在热尔德民谣城演出的年纪——完全同样的年龄——他则在奥格斯堡的盖布勒酒馆里唱着《红军战士之歌》(Song of the Red Army Soldier)；他还用自己的特长令世人震惊。在《编年史》中，聆听《海盗珍妮》的记忆被翻译成一种永恒的现在时态：

> 每个乐句都从十英尺的高度向你坠落，砸穿对面的马路，然后下一乐句又像打在下巴上的一记重拳，继续向你袭来。然后，总会响起关于那艘黑色帆船的幽灵合唱，将它全部围住，锁紧，比鼓点还紧。那是一首让人心烦意乱的歌，唱歌的是一个恶毒的魔鬼，而她的歌声结束时，你连一个字都说不出口。它让你喘不过气来。在这个小剧场里，当表演达到高潮的尾声，所有的观众都目瞪口呆，身体后仰，紧握着他们都有的腹腔神经。

在《三便士歌剧》中，珍妮是一个遭受虐待的女仆，在一家廉价的旅店做工，正如该剧的叙述者告诉我们的那样，她陷在一首歌的梦想里，歌唱的是“她对麦奇（Mack）(Macheath，指‘暗刀’)——以及所有其他男人的复仇”。她和“一个恶毒的魔鬼”到底有什么相似之处——撇开她想屠杀所有小资产阶级的欲望之外——只能由迪伦自己来解答了。另外在此值得提醒的是，那艘“黑色帆船”，通常被称作“黑色货船”，是布里茨坦的发明，是对原作的改编，之后又被绝大多数英文版演唱者因袭。布莱希特原本的合唱只是说“一艘八桅帆船/配着五十尊火炮/将在

1 *A Freewheelin' Time*, pp. 234-5.

码头停靠”。而在迪伦的想象中，这艘船将继续航行。

它第一次靠岸的港湾，通常被认定是《当船驶入》和《时代在变》。其中的联系似乎相当明显。但是那首歌对于正义的希望自信满满，对于强盗珍妮那难以消解的梦想而言，来世和圣教的意味有点太过，又太像一面民权的旗帜了。同样值得一提的是1964年的《伊甸之门》(Gates of Eden）这首歌，在其中“带着文身的帆”的舰队中，这艘船也曾一闪而过，再次短暂地现身。但是它在那里发挥的是作为一条训诫的功能，而这并不是布莱希特的风格。

迪伦真正在意的，也是他总会在意的，是歌曲创作中的一种技术成果。他不怎么关心这首歌在政治上有什么象征意义，反而对“贝尔特”(Bert）这位犬儒主义的犬儒者用来实现这首歌的工具更感兴趣。迪伦和苏西对于一件事的认识是同样正确的。《海盗珍妮》是“一首让人心烦意乱的歌”、一首“关于复仇的歌”和一次侵犯，这是值得自豪的。许给珍妮她的梦想，则她手下将不会留情：她将举起她的旗帜，杀光他们所有人。如此暴虐野蛮的想法，真的可以作为娱乐提供给人们吗?

而在技巧方面，迪伦很快就会渴望并应用起从贝尔托·布莱希特那里学到的东西。这个狡猾的德国人是强硬的、无情的，他用他的艺术作为开了刀刃的武器。他很有种。

* * *

就在迪伦自己的唱片将要面世之前，他飞到了加利福尼亚，出席蒙特雷民谣音乐节（Monterey Folk Festival)。这是纽波特音乐节在西海岸的呼应，于5月17—19日举行。这是他第一次到海岸线旅行，也是后来众所周知的一次命运交会。也可以说，一切皆可预见。不论他对苏西·罗托洛的感情到底如何，终究没能抵挡住一场浪漫纠葛的发生，而这次出轨在很多年以后看来，仍然像是早有预谋。爱（love）只是一个四字母词语，但是，四个字母的词语还有契约（pact)、协议（deal)、工作（work）和游戏（game)。

他之前就和琼·贝兹见过面，是在1961年的热尔德，当时他还是一个为约翰·李·胡克暖场的无名歌手，而她则是一个高贵的新星，表达出一种想要录一首“献给伍迪的歌”的渴望，却从未得到满足。正如贝兹后来回忆的那样：

> 他没有给人留下特别深的印象。他看上去像一个城里来的土包子，留着齐耳长的、在额头前卷起的短发。他演唱的时候从一只脚跳到另一只脚，在吉他的衬托下显得像个侏儒。他穿着褪色的皮夹克，太小了，小了两个号码。他的脸颊在那个时候还软软的，有着不太给面子的婴儿肥。但是他的嘴却是个杀手：柔软、性感、孩子气、紧张而且沉默。他愤怒地吐出他自己写的歌词。它们是那么新鲜和清爽，甚至有些粗糙和直率。他是荒谬的、新鲜的，而且邋遢到难以用言语形容。[1]

1963年4月，两人在波士顿的47号俱乐部（Boston's Club 47）第二次相见：他们一定说了些什么。等到他们在蒙特雷的露天场地合作演唱完《上帝与我们同在》之后，迪伦和贝兹驱车二十多英里，开到她在卡梅尔谷暖山里的家。然后，一场风流韵事便发生了。很多年以后，她在试图解释这场致命的吸引时，表现得相当不尽如人意。

> 他极少有温柔的时候，而且几乎不会主动去猜测别人的需要，但是他偶尔会对另一个法外之徒、搭顺风车的旅行者或者流浪汉表现出一种突然的关心，放下自己手里的事，去确保他们得到了照料。他令人同情，而且无限脆弱。他那难以形容的白色的双手一直在动：把一支烟差点儿放到嘴里，然后不屈不挠地把它塞进他脖子上的一缕头发里，漫不经心地把烟灰撒落到他的夹克上面，留下长长的一列。他会站着思考，嘴在动，膝盖在跳动，每次动一边，左，右，左，右。他似乎依赖着自己思想和想象的中心在行动，而且被它们整个吞没，就像个疯子一样。[2]

---

1 出自 *And a Voice to Sing With*（1987）。这是贝兹的第二部自传。

2 同上。

* * *

人们进行了大量的推测：她如何帮助他，而他又如何在关键时刻没有投以回报；其中某一人如何为这对民谣界钦定的金童玉女构想出一套炫目的政治使命，而第二个人却有另外更好的主意。似乎大家公认的是，迪伦和贝兹曾有一段时间陷入爱河，而她比他更充满激情——或者更愚蠢。她在一则回忆录中甚至提到了两个人讨论生孩子的可能性：他们讨论到了名字，或者似乎如此。贝兹还坚称，迪伦曾经半心半意地求过一次婚。但是从一开始，职业和私人关系就搅和在一起了：一个人扩张的自我利用了另外一个人。他对她而言是一个战利品，反之亦然。当然，这一切都是善意的。

贝兹和她的粉丝都倾向于认为，迪伦辜负了她，尤其当一个名叫萨拉（Sara）的女人毫无预兆地出现时，简直就像从空气中凭空出现一样。然而，苏西·罗托洛之前已经遭受过贝兹将要受到的待遇——很大一部分是拜贝兹所赐——这个事实总会多多少少让贝兹和粉丝的叙事有些说不清楚。你可以将其称为一场传奇性的恋爱，或者将其作为一般的名流韵事来诋毁，用自我主义和速朽的欲望加以解读。迪伦根本就懒得解释自己。唯一挥之不去的遗憾，是他和他的恋人试图组成二重唱的那大约两年时间。毫不夸张地说，他们两个在风格上相互抵触，听起来非常糟糕。他们对于歌手工作的本质也持相反的观点。贝兹从来没有真正在这件难事上做过妥协。当迪伦从枪林弹雨中撤退时，她在那些为此犯愁的人里总是站在最前列，而在 20 世纪 70 年代，她还写了一首相当糟糕的谴责歌曲《致鲍比》（To Bobby），好像非要把她的不幸强加给后人。1987 年，在她第二本写得很烂又满是标点错误的回忆录里，贝兹还坚守着这套说辞：

> 鲍勃·迪伦的名字和 60 年代激进运动的联系是如此紧密，所有其他那些背上背着吉他、便笺本上涂着彩虹字的追随者都比不上他，他将作为反对派和社会变革的领袖被永远记载在历史书中，不管他愿不愿意。而据我推测，不论结果是什么，他都不会特别在意。

在这段情事刚刚开始时，她毫无疑问名气更大，而且可能是民谣界能拿得出手的最吸引眼球的砝码。虽然只比迪伦大六个月，但是她从两人首次相遇的1960年以来，已经发行了三张黄金唱片。她在新港的第一次亮相，也是她的名头打响的时间，要早至1959年。她登上了1962年11月的《时代周刊》杂志封面，受到了西格的力挺，而且积累了绝不算少的声望。贝兹，凭借她毫不谦虚的爽直性格和对演唱而言完美的带着颤音的女高音，成为民谣音乐理想的民谣歌手模型。直到21世纪，当她不再完全严肃地看待自己的时候，她告诉一位采访者说，即便在她作为表演者的早年，

> 我也像一位训狮师。在第47号俱乐部，我唱歌的地方，如果有人在读书，翻了一页，我就会停下来，保持绝对的安静，直到他们搞清楚，意识到自己为什么会来这里，当然，是为了女皇。[1]

在同一场采访中，还透露出——虽然不是贝兹本人所说——迪伦“把和平运动介绍给她，而她立刻投入进去，这为她的反抗提供了一个焦点，为她本来可能没有价值的民谣歌曲点燃了火焰”。这看起来不太可能。毫无疑问，他们谈论过当下的问题，但是迪伦留宿卡梅尔谷的三个月后，在华盛顿游行中高唱《我们要战胜一切》（We Shall Overcome）的，是贝兹，而（幸好）不是迪伦。同样，也是她的热卖演唱会唱片收入了马尔维纳·雷诺尔兹（Malvina Reynolds）的反核歌曲《他们对雨做了什么》（What Have They Done to the Rain）。

这倒没什么要紧。“抗议者”可以同时作为对他们两个人的定义，只不过对于他而言是短暂的一瞬，而在她这里，则是贯穿甚至比他还漫长的整个职业生涯。总而言之，等到贝兹和迪伦的关系分崩离析的时候，她已经完全被迪伦的风头盖过了。漂亮年轻的希望之星很快就成为了明日黄花。《放任自流的鲍勃·迪伦》与之难脱干系，而这张唱片的发行，正是在两人第一次享受浪漫加州之旅的同时。

---

1 采访者 Emma Brockes，*The Guardian*，24 January 2006。

* * *

在学会鄙夷政治之前，有必要先学会一点儿政治。可是在1963年7月，迪伦却已经率先了解到，他对高尚事业可能做出的贡献是什么，以及这是不是真的有意义。对这一类问题的回答，总是相当模糊的。

到这时为止，他对美国南部的认识几乎为零。他从来没去过那里。在那个夏天以前，他所了解的只有布鲁斯的古老历史和一些新闻故事。他得悉了一些常见的理性观点，听到了所有的争议，其中由坚定支持种族平等大会（CORE）的苏西告诉他的不在少数，但是他从未身临其境地目睹过种族隔离制度。

在这一点上，迪伦和很多白人自由主义者没有什么不同，他们对于南方种族主义的激愤，有时近乎于一种站着说话不腰疼的居高临下，总是带有不可避免的天真。但不管是哪一种，在当时的情境下，都比毫无作为强太多了。4月，马丁·路德·金在亚拉巴马州伯明翰市的抗议活动中被捕。5月，城市的"公共安全指挥官"西奥菲勒斯·尤金·"公牛"·康纳（Theophilus Eugene "Bull" Connor）率领消防队和警察，将喷水管和吼叫的警犬指向了示威者。6月，在密西西比州的杰克逊市，全国有色人种协进会（NAACP）的区域秘书梅加·艾弗斯在自己家门前的马路上遭到暗杀，从背后射击他的狙击手逃亡了三十多年才被绳之以法。[1] 而就在几个小时之前，肯尼迪总统刚刚在电视上宣布，他终于做好准备，至少他声称如此，要开始着力实施民权立法。肯尼迪说：

> 从林肯总统解放奴隶时算起，我们已经耽误了一百年的时间，而这些奴隶的后人、子孙仍然没有得到完全的解放。他们还没有摆脱不正义的捆绑。他们还没有摆脱社会和经济压迫。这个国家，别管有多少希望与荣耀，在所有的公民获得解放之前，就仍然没有完

1　43岁的拜伦·德·拉·贝克威思（Byron De La Beckwith）是"白人公民审议会"（White Citizens' Council）的成员，后来又成为三K党的一员。他在1964年6月第一次被捕。那一年的两次审判都未能定罪，但是他最终在1994年获罪。贝克威思于2001年死在狱中。

全的解放。

肯尼迪不是唯一有话要说的人。迪伦在那年7月迎来了一个完美的时机，就像每次一样，就像他写的新歌一样。当然，他的真诚也没有丝毫的掺水。

* * *

选民登记运动席卷了整个南部，与顽固派阻止黑人接近投票箱的老把戏抗争。其中一个运动发生在7月6日密西西比州的格林伍德市。在格罗斯曼搪塞推卸过去之后，迪伦被说服了，同意提供道德和音乐上的帮助。那是一次短暂的旅行，与他同行的是村子里的前辈西奥多·比凯尔以及他一路的催促。两个人在一座教堂的阁楼里住下，第二天早晨被开车送往西拉斯·麦基（Silas McGee）的农场，一路上他们都蜷伏在车里，怕被车外的人看到。这可不是演给人看的。艾弗斯的死让每个人都草木皆兵。但是在勒弗洛尔县的格林伍德，已经草木皆兵很长时间了——接近战争状态。

这里是三角洲的核心地带，也是黑暗的心脏地带。南部的其他各州也有它们的顽固派、种族歧视的法令和种族主义暴力，但密西西比州是最糟糕的一处。这里70%的黑人还生活在农村，85%生活在贫困线以下，只有7%完成了高中的学业。要知道，在当地的教育系统里，每个上学的孩子只需要几分钱就够了。密西西比州的白种人群的中等收入是黑人公民的三倍，而且政府也仍然掌握在种植园主的手中，这些寡头统治者的手段和态度几乎和南北战争以前没什么变化。在格林伍德市，很多黑人公认他们还在赚着每小时30美分的工资，而把大量的利润还给这些追随美国南部民主党的大亨。对于那些在田间辛苦劳作的黑人来说，似乎只剩下了一个希望。

密西西比州的黑人相对于白人的比例，比全国任何一个州都要大。事实上，在很多农业郡县里，黑人都占据着大多数。种植园主和他们的白人手下对这其中的威胁再清楚不过了。因此，他们阴谋通过垄断“文化测验”来操控选民资格，要么要求他们提高教育程度，要么要求他们通过充斥着法律术语的艰深考试。除此之外，种族至上主义者还强加了测验税和“只对白人开放”的前提。他们导演了一系列的逮捕、袭击和谋杀。最过分的是，他们还顺势放出了三 K 党。结果，在 1961 年密西西比州的黑人人口中，只有不到 7%完成了选民登记。

这个问题造成了全国学生统一行动委员会（SNCC）的分裂。大约有一半的激进分子希望继续采取直接的行动，抵制在午餐柜台、公交车站等地的种族隔离现象；剩下的一半则相信，黑人的希望可以经由选民登记带来改观。后一组人还看到了一个向肯尼迪政府施压的机会，令其不再对这场战争置身事外。白宫也确实在号召抵抗者停止活动，为总统大选的组织工作让路。那就这样好了，全国学生统一行动委员会的这一派人如是说。经过一系列激烈的辩论，一个机智的决策诞生了：委员会应该同时推进两种策略。

在林肯发表《解放宣言》整整一个世纪之后，南部的局面看起来已经从糟糕变得更糟——如果还能更糟的话。在迪伦和他的朋友们出现的前一年冬天，当地的白人种族至上者们正在尝试通过让格林伍德的黑人挨饿来迫使他们屈服，他们切断了联邦食物计划提供给佃农和劳工的粮食补给。1963 年 2 月，三 K 党的“夜骑士”向一辆坐满激进主义者的汽车放枪开火。3 月，全国学生统一行动委员会的格林伍德办公室遭到炮弹袭击，毁于当场。然后，袭击蔓延到各人家中，和平主义示威者不断受到猎狗和棒子的攻击，而肯尼迪政府却没有采取“任何值得一提的行动”。[1]

然而，世界上的诸多媒体——以及一些民谣歌手——都投来了关注的目光，并胁迫司法部长鲍比·肯尼迪和伟大的密西西比州达成协议。并没有什么好庆祝的。食物供给将会恢复，被错误关押的示威者将被宽宏大量的州长释放。而作为交换条件，司法部要放弃对地方办公室扰乱选举权行为的干涉行动。这已经足够让肯尼迪们卸下身上的舆论火力。但是对于格林伍德的黑人市民而言，却没有改变任何事情。

背景介绍就先到此为止。这些背景至少可以解释，为什么迪伦作为

1　这段叙述和很多关于格林伍德的叙述一样，都来自 crmvet.org。这是一个民权运动老兵的网站。前面讲述勒弗洛尔县 1963 年事件的文章对民谣歌手的努力没有任何提及。

一名抵抗歌手会显得如此出色。这同时也提醒我们，如果需要提醒的话，他的时事歌曲是在事件一步步发生的同时出现的：它们已经做到了歌曲所能达到的最为“直中肯綮”的地步。

他在炎热的7月天里，在西拉斯·麦基的农场里演唱了那首新歌，歌名为《只是他们游戏中的一枚棋子》。它处理了梅加·艾弗斯的谋杀事件，但独一无二地没有谴责暗杀者。这也许无法博得很多全国学生统一行动委员会里激进分子的好感，但是迪伦在歌里提出了一个观点——这是一个彻头彻尾的马克思主义观点，只不过没有直呼其名——美国南部那些穷困可怜的白人也是受害者，他们的恐惧受到了别人的利用，又被灌输了偏见，沦为政治寡头的工具。他们同样被丢弃在“贫穷的窝棚”里，受到的对待“像拴在链子上的狗”一样。他们执行了那些不明就里的杀戮，而真正指使他们杀人的当权者却一身清白。而且这些可怜的白人并没有从中得到任何好处。如果迪伦在这次旅行之前真是对南部的现实一无所知，那么他这堂课补得可是相当之快。

尽管如此，现实仍在继续。正如在新闻短片镜头里抓拍到的那样——其中一部分后来会出现在纪录片《不要回头看》中——他有充分的资格质问自己，一首抵抗歌曲到底能带来什么好处？没人听说过有哪个持种族主义的白人曾经被《只是他们游戏中的一枚棋子》说服而改变自己的观念。迪伦说过和唱过的每一句话，都没有能力让密西西比发生任何好的变化。如果他在前往格林伍德的旅行之前还不怎么了解艺术和政治之间的松散联系，那么他在西拉斯·麦基的农场一定学到了很多。在“北方民谣歌手助唱密西西比黑人音乐节”的标题之下，《纽约时报》如此报道：

> **密西西比州格林伍德市7月6日讯**：今晚，以皮特·西格为首的三位北方民谣歌手将一场民谣音乐盛典搬到了南方腹地。
>
> 演唱的地点在一个黑人农场的院落里，紧邻距此向南三公里一块棉花田。这场音乐节，或称民谣合唱会，由全国学生统一行动委员会资助开办。该组织在过去一年多的时间里致力于在密西西比三角洲一带推行黑人选民登记运动。

> 出席音乐节的人数在250～300人，其中大多数是黑人。有二十几个白人青年在场，另外还有少数白人记者和一个从纽约赶来的由四位白人组成的电视摄像组。
>
> 在演唱场地外高速公路的对面巷子里，停有三辆汽车，里面坐着白人（原文如此）。另外还有一辆高速公路巡逻车，两位警察坐在路边。没有事故发生。
>
> 在场的大多数观众同时也是表演者，但和西格先生一起领衔这场歌会的是西奥多·比凯尔和鲍勃·迪伦（原文如此），他们和西格先生一样，也是白人。另外还有一组黑人三重唱，从佐治亚州的奥尔巴尼市赶来的“自由歌手”组合。所有人都自负往返旅费，并义务献唱。
>
> 据一位本地歌手介绍，今晚最受欢迎的歌曲之一，是致敬上个月惨遭杀害的梅加·艾弗斯的一首歌，他是全国有色人种协进会的区域秘书，在密西西比州杰克逊市遇害。来自格林伍德的拜伦·德·拉·贝克威思已经被指控为开枪的凶手。
>
> 这首歌的副歌部分表达的大意是，射杀艾弗斯的人并不知道自己在做什么，所以应该获得谅解：“他只是他们游戏中的一枚棋子。”
>
> 演唱本来计划从早上10点钟开始，但是天气太热，最高时达到97华氏度。因此，演唱推迟到接近太阳落山时才开始，一直进行到夜里。

心怀善意的北方表演者带来的抵抗声音，永远都只能是一种姿态。如果它的目的是在政治上“唤醒一种意识”，那么它对于种族隔离主义者起到的效果是微乎其微的。他们知道所有的论据。他们听这些话已经超过一百年了：他们明白，但是他们不在乎。在《不要回头看》的短片中，迪伦演唱的时候看起来很像是因为意识到这些事实而倍感不适。

他的一些歌迷不太会为这一点烦恼。他们会用很多年的时间来诠释西拉斯·麦基的真正“意义”。就像这样：一个农场，名字以字母M开头……当然，他们不会否认这其实是一则双关语，真正意指的是《麦琪的农场》(Maggie's Farm)，并继而从这首电子音乐破解出迪伦退出民谣和抵抗歌曲的正当理由。而《麦琪的农场》中难解的真正的政治理念却不知为何变得无关紧要了。麦琪的谈话“面向所有的仆从/关于人类和上帝和法律”，与此同时，“国民警卫队站在他的门前”：这真的是迪伦对民谣场景的“抵抗”吗？事实上，如果你放下对一个要求你“一边做奴隶，一边唱歌”的白人美国中的密西西比的佃农和种植园主的想象，反而或许能更好地理解《麦琪的农场》的部分含义。

好吧，他递给你一个铜板
他递给你十分钱
他咧着嘴笑着问你
你过得舒不舒坦

西拉斯·麦基不是一个隐喻，而是全国学生统一行动委员会的一名组织者。1964 年 8 月，他遭遇枪击，被三 K 党的恐怖分子打成重伤，最后死里逃生。那一年晚些时候，他们家的房子又被点燃了。到那个时候，迪伦的《时代在变》《只是他们游戏中的一枚棋子》以及很多其他歌曲，应该已经高居公告牌排行榜的前 20 了。

在 1964 年开始的时候，回到现实世界，在密西西比州勒弗洛尔县的大选投票中，登记的白人选民有 1 万人之多，而黑人选民只有区区 268 人。与此同时，黑人在县里所占的人口比例则是 60%。

* * *

与此同时，《答案在风中飘荡》的悦耳版本，经由格罗斯曼手下的两个男子和一个金发女郎组成的三人乐队演唱后，正在流行排行榜上持续蹿升，直逼榜首。结果在那年夏天，一个足够常见的问题在提问者眼中开始变得困难起来：这位鲍勃·迪伦到底是谁？他是那首颓废国歌真正的作者，还是嗓音像石头和沙砾一样、拒不妥协而又邋遢的表演者？他可能二者都是吗？在 7 月的新港音乐节上，也就是在他的密西西比之旅结束三周之后，出现了一个尝试性的答案：在民谣音乐的小世界里，他已经是一个响当当的大人物了。

首先，他有幸得以向音乐节的议程贡献一首自己写的诗。事实上，这并不是当时可以想见的最大荣耀，因为谢尔顿（又一次伪装成“斯泰茜·威廉姆斯”）担任了宣传出版编辑，负责分派任务，并再次免费为迪伦客串了一把公关顾问。宣传册和诗歌一样，都是免费的，但是那首杂乱无章的《致戴夫·格洛弗》（For Dave Glover）并不是谢尔顿或粉丝们期待的样子。这也许正是作者在11月的《大路边》第35期上重新发表这首“诗”的原因。“戴夫”指的是托尼·格洛弗，迪伦大概期望能获得其理解的一个人。有些事情他想解释清楚。

在伍迪那个年代，这曾经一度相当简单。世界只分成两面，清晰而明白，或者迪伦仍保持着这个思维习惯。如果他听说过，也一定是忘了，格思里和他的同志们在俄国和珍珠港受袭之前，曾对反纳粹的“资本家”战争相当鄙夷。但一个民谣歌手的选择在那时是很简单的，至少这位诗人认为如此。而现在，

> 我不想假装知道发生了什么，哥们儿，但是每一面都莫名其妙地失去了各自的
> 目的，而人们也忘了其他的人们——
> 我的意思是，他们开始反对彼此，却不是为了改良
> 他们那一面，而是为了改善他们自己——
> 过去那简单的两面，可以轻易区分的两面，遭到了痛击
> 推翻和敲打，那么重那么强烈，到今天仅仅剩下了
> 为我们打造的一个巨大的摇摆的滚动的
> 错综复杂的圆——

在这首诗后面的部分，在向传统的民谣“老歌”致敬并用它浅白的道德朴素性解释了这一传统之后，这位困惑而坚定的近乎诗人的诗人又加上了这样一段：

> 现在是一个错综复杂的时代——
> 我想说的是，我必须发表我对这个时代的看法——
> 我必须写下我自己的感情，用他们做过的方式

在我之前那曾经的日子里——
而我满心只有敬意和神圣的思考，对那些老歌和故事——
但是现在这里只有你和我——
而我在做我为我做的事——
而我在做我为你做的事——

这些观点在今天看来依然言之有理。世界已经不是过去的样子了：为什么还要用过去的方式来创作歌曲？如果新港在1963年时还没有做好接受这个观念的准备，那么玩民谣的群众就不能说他们没有收到过警告。但是迪伦的诗作至少把另外一件事交代得相当清楚："电子乐"、放大器、朋克音乐帮和吉他的选择，从来都不是问题的关键，既不是他接下来要做的那些事情的意义所在，也不是他要做那些事情的原因。首先发生改变的是他的歌曲创作。如果说在他1963年秋天制作的那张唱片里，没有哪首歌能展现出这种早已开始发生的转变，甚至找不到蛛丝马迹，那么这只可能是源于迪伦自我折磨的问题。

在1963年7月的最后一个周末，他作为一个备受娇宠的风云男孩在新港登场亮相。彼得、保罗和玛丽向这位同出于格罗斯曼的同伴艺术家致以回应；贝兹演唱了《无须多虑，一切安好》，好像是有意给心烦意乱的苏西传递一个信息；而迪伦和他的新欢再一次共同表演了他们的二重唱《上帝与我们同在》。一项任务已经完成，他成功了。民谣歌手们在他演唱结束后聚集在他的身后，合作了一场盛大的集体收尾。他们非要一起唱《我们要战胜一切》这首歌，这并不是他的错，而这份精细表达的情感对密西西比州格林伍德市那些被剥夺选举权的人民没有起到丝毫帮助，这也不是他的错。

在1963年的新港，迪伦抵达了他作为抵抗运动群体赞美诗歌者的巅峰。当他陪着贝兹踏上旅程——不管他是否承认，同时也结束了他和罗托洛的关系——时，他已经奠定了属于自己的声望，而当他在10月26日攻占了纽约的卡耐基音乐厅后，这份声望又得以进一步放大。8月末，他将前往华盛顿，参加马丁·路德·金的游行，并在林肯纪念碑的影子下放声高歌。而在一位总统在达拉斯被刺杀的同时，他也刚刚准备好发行自己的抵抗歌曲唱片和那首意蕴深远的歌曲《时代在变》。然而，将所有这一切真正凝聚在一起的，还是新港：如果他们手边恰好有一顶王冠，一定会把它戴到他的头上。

他在那里表演了几首代表自己的歌?《谈第三次世界大战的布鲁斯》《上帝与我们同在》《只是他们游戏中的一枚棋子》《谈约翰·伯奇偏执狂的布鲁斯》和《暴雨将至》。这一组表演用五首歌唱出了一套完整的世界观；这是一场“运动”，是经过戏剧改编和提纯而定格于音乐的形式。这组歌曲正是人们——关心那一类事的人们——想要听到和想要相信的东西。歌声能改变世界，这个幻想弥漫在罗德岛的空气之中。然而不要忘了，就在迪伦被推崇为一代人的声音的那个时刻，公告牌排行榜上第一名的位置，依然被简和迪恩不过如此的《冲浪城》(Surf City）牢牢占据。

1963 年 10 月的最后一天，迪伦完成了《时代在变》，从此以后，他就再也不是一个抵抗歌手了。一切戛然而止。除了一首歌名中出现了“自由”字眼的歌，也许还能勉强被称为抵抗歌曲以外，再也没有哪首歌能被轻易冠以抵抗这一标签。电吉他和流行乐对迪伦没有什么吸引力。甚至在世界刚刚开始消化他那唯一一张抵抗歌曲唱片之前，抵抗歌曲对他而言就已经结束了。这是一个简单的、历史性的事实，后来再也没有那类歌出现了。他单纯就是不再写了。那些“指指点点”好像插头被拔掉了一样瞬间停止，在某位神祇赐给迪伦“圣言”之前，都将不会再现。

在这一时刻，轮到那些指责他仅仅是利用民谣音乐在为自己谋利的人登场了。民谣已经把他一直渴望的明星地位给了他，现在可好，他对这场运动以及它的音乐再也不会做出任何贡献了。照这么说，迪伦真是十足的机关算尽、见利忘义之人。秉持着这种观点，你当然可以在他的创作中找到似乎足以坐实其罪名的证据：他 1964 年的歌和 1963 年的歌天差地别。1964 年，他几乎完全摒弃了民谣的套路与惯例，只在偶尔的玩笑和影射中还有所保留。改变如此之大，看起来仿佛一定有某种决定在背后推动他。由此，他踏上了职业生涯的下一步。

同时，他的生活中还发生了一些其他的事，在他的歌唱生涯中留下了痕迹。他找到了某种善意的人性的理由，来向自己的内心挖掘辞藻。

苏西·罗托洛逃到意大利去那件事，改变过一次他的歌曲创作。1963 年秋天，他们二人之间感情的阴森死亡以及这段关系结束的可能方式，将为进一步的反思和“个人的”艺术提供更多理由。这些事实自然能够帮助解释迪伦在转年之际开始书写的一些事情，而那些从商业盘算角度出发构想的故事，相比之下便显得过于肤浅了。

他和苏西在新港后上演了一场“表面上的分手”。她搬出了西四街的公寓，但之后的一段时间里，他们保持“用电话联系，在开心和难过的时候都会通话”。根据她的回忆录，这位年轻的姑娘被意外的名声以及他任性的残忍和自私击垮，甚至开始承认，他的“偏执狂和神秘主义”从一开始就很明显，“对于他以后的生存是至关重要的”。[1] 苏西写道，迪伦“正在变成猎物”。

有人暗示说[2]，她在新港事件的余波中，在西四街曾尝试过自杀。而她在自己足够坦诚的回忆录里，却没有提到任何诸如此类的行动或意图，其他的旁证也不是很多，反倒是她搬出去没多久，就发现自己怀了迪伦的孩子。她当时搬到了住在 B 人道的姐姐卡拉住的那间不大的屋子里，那里后来改名为东村区。苏西决心做一次非法的——“能看得见危险的”——堕胎。迪伦“对她的想法表示相当不快”，但还是依了她：在苏西的叙述中，是“我们”一起做了决定。那是对一段关系而言相当悲伤和残忍的句号——虽然两人之间的纠葛后来又持续过一段时间。但是就算她产生过任何有关自杀的想法，她也藏在了自己心里。也许——只是也许——在她很久以后写的一段文字中有过一点隐晦的暗示，说这次堕胎

> 进行得很顺利，唯一的后遗症是我无法安宁的心理状态。我变得更加内向，让人们以为我是因为这场手术而身体变得虚弱了。但其实我是心情抑郁，而且想要沉入梦中，逃离现实。[3]

---

1 *A Freewheelin' Time*, p. 274.

2 Howard Sounes, *Down the Highway*, Ch. 4.

3 *A Freewheelin' Time*, p. 281.

然后，

> 有一天夜里，在B大道，所有的事情都涌上心头。就像一个塞满了太多东西的橱柜，每一块、每一片被我藏到头脑阴暗角落里的东西都爆炸开了。我乱成一团，耳边旋绕着无言的失去控制的声音。对于我们而言，再也没有什么未来了。这一点经过这么长的时间之后，终于坐实了。

即便在这种情况下，迪伦还是和贝兹一起跑了。你完全可以说他冷血无情，不管他当时对堕胎这件事有多么“不快”，虽然他还会继续和苏西保持通话。你也自然可以说，这充分证明了他是一个全身心地投入到鲍勃·迪伦事业生涯中的人。贝兹会说，他有时会对抵抗歌曲表示出冷眼的不屑，即使在这些歌被热烈赞扬的时候也会如此。她有一次问他，为什么会写出《战争贩子》这首歌。据她所说，他的回答是“他知道它会大卖”。虽然贝兹“没有相信他”，但是她确实有足够的聪明才智，注意到了迪伦

> 对社会改革的主动承担只局限在写歌的领域。据我所知，他从来没有参加过一次游行，当然也从来没有采取过任何争取民权的非暴力抵抗行动。至少据我所知是如此。我总是感觉到，他只是不想承担责任而已。[1]

他想要曝光，和贝兹一起旅行能提供给他这样的机会。她想要歌曲，而他则能为她提供歌曲。贝兹还想要一种信任。她精心策划的节目单一切都好，但如她所言，《我们要战胜一切》达到了最为激进的地步。1963年的迪伦被认为既怪异又充满煽动性，而她则高雅得体。如此一来，正如贝兹后来回忆的那样，有些“她的”观众对那个邋遢的小子并不买账。在这黑暗艺术初次现身时，甚至引来了阵阵嘘声，全靠她及时出面，理

1 *And a Voice to Sing With*, Part 2, Ch. 3.

顺了人们的情绪。迪伦很快就会感到，他的这位导师爱人总是带着优越感关照自己，而在他投桃报李的机会出现时，他却没有做到。这些统统不是一段伟大而持久的感情得以建立的基础。

说一千道一万，他就是不想承担责任。他要么就是对不守信用有一种负罪感，要么就是比贝兹更了解所谓责任的本质。她知道什么呢？没有被自己仰慕者的纯粹信仰折磨过的人，又能知道些什么？

* * *

1963年的某一段时间，迪伦引起了联邦调查局的注意。这不是什么严重的大事。约翰·埃德加·胡佛（J. Edgar Hoover）手下那个有窥视癖的机构曾注意过很多人。到那个时代结束的时候，几乎凡是有点名气或者有独立思想的美国人，都拥有一份描述自己的文件。联邦调查局对披头士乐队的调查文献卷帙浩繁，其晚期对约翰·列侬艰难而激进岁月的调查能填满好几卷书。琼·贝兹深信自己也是监视的受害者之一，她没猜错，她的官方记录文字可怕而冗长。迪伦之所以引起注意，似乎仅仅是因为菲尔·奥克斯受到了真正而彻底的关注。他们是村子里的同事和朋友，分分合合之际，看上去像是一伙儿的。于是，迪伦变成了追捕菲尔·奥克斯行动中因无视事实而造成的附带伤害。看起来，这又是一例“在名单中再加上一位激进民谣歌手”的动作。

迪伦的文件至今没有公开，但最有可能的是，他并没有被视为头号公众之敌。胡佛的联邦调查局只是认为，文化人物比绝大多数已经定型的文化人物更有影响力。调查局基本上不可能对迪伦生活中的每一个细节都产生职业性的兴趣。当然，“职业性”并不总是它的强项：奥克斯（Ochs）被频繁地拼写成欧克斯（Oakes），而且直到他1976年自杀后仍然被描述为“有潜在的危险性”。一方面，他确实是一个真正的抵抗歌手，直到最后都在为了自己的信念斗争；另一方面，正如奥克斯早就意识到的一样，迪伦才是那个拥有艺术火力的人。也许他们是因为别的事怀疑他。但就我们所掌握的情况，完全是拜一位民谣歌手同伴所赐，他们才注意到了鲍勃·迪伦。

这是光辉的肯尼迪时代的另一面，阴影中蜷伏着种族隔离、冷战妄想和越战的阴森现实。如果我们说——这就是事实——迪伦从争吵中退场了，那么我们也不该忘记，他并没有缺席在头脑清楚的民谣歌手间发生的那场冗长的正义之辩。那涉及的都是很大的议题，而在 1963 年结束前还会变得更大。在对美国安全的所有担忧中，毫无防备间又冒出了一种，共和制遭到了来自内部的袭击。

* * *

迪伦从 1963 年 8 月 6 日开始在哥伦比亚 A 录音室录制《时代在变》，当天录了八首歌，只有《北方乡村布鲁斯》最后被收入了唱片。一首略逊一筹的《七诅咒》（Seven Curses）也进入过考虑的范围，但最后还是被仁慈地排除在这张最终将呈现为格外阴沉的歌集之外。至少在这方面，《时代在变》和其开创性的前身并不相似。手中堆满素材的迪伦还将录制大量歌曲，并再次给自己留下丰富的选择余地。而即便如此，第一期的录制也不能算特别多产。

第二天，事情开始好转。《霍利斯·布朗的民谣》《上帝与我们同在》《只是他们游戏中的一枚棋子》以及那首至高无上的《西班牙皮革的靴子》（Boots of Spanish Leather），每一首都将在最后不得不下决定的时刻，获得他们创造者的认可。五天后的第三期录制就没那么有成果了，即便《胜利之路》（Paths of Victory）和《只是一个流浪汉》都得到了强烈的支持，最终还是没有一首歌被收入唱片。在这之后，迪伦叫了一次暂停，跑去和贝兹一起旅行。那时他还没有遗忘这段感情。当他返回纽约时，不出意料地带回了一大把准备录制的歌。

10 月的最后一个星期，质量颇高的《海蒂·卡罗尔的寂寞之死》《当船驶入》和《帕希之歌》（Percy's Song）陆续录成。这其中最后一首是他有生以来创作过的最长作品，长达 7 分 42 秒，这在 1963 年的技术条件限制下，总归很难在争夺一个唱片位置的战斗中取胜。迪伦或许企图以一种古老的《芭芭拉·艾伦》（Barbara Allen）[1] 的方式创造一曲绵

---

1 《芭芭拉·艾伦》这首歌和大多数山峰一样古老，至少和苏格兰边界线上那些山同龄。在那里，这是一个很常见的姓氏。这首歌最终在迪伦的《煤气灯下的生活 1962》（*Live at the Gaslight 1962*）中现身。该专辑于 2005 年发行，最初是与星巴克达成发行协议。于是，新时代的新型咖啡馆便出现了——用《暴雨将至》搭配法式焦糖玛奇朵。

长无尽的哀婉民歌，但是他很多的新观众都缺乏这种品位。如果想让这种史诗长度的歌成功，他不得不对戏剧的结构有更精熟的把握。

在接下来的一天里，他录好了这张唱片的同名曲目和《太多清晨》，同时还有那首引人注目的《放下你疲惫的曲调》（Lay Down Your Weary Tune）。10 月 31 日，最后一期录制因为一首爱尔兰饮酒歌而加倍延长，即那首恰逢其会的《不安的告别》。

《时代在变》录制中遗留的曲目完全足够再出一张专辑，然后还有富余。大多数的曲目都将在不久之后被偷录流传，或者经由那份标题干净利落的《私录卡带系列 1～3 卷（珍稀及未发行）1961—1991》被挖掘出来，后者是 1991 年由迪伦的经纪人杰夫·罗森（Jeff Rosen）在小金库里翻箱倒柜出来的成果。这九首歌的小样版本在十年后还会在《私录卡带系列第 9 卷——惠特马克小样：1962—1964》（*The Bootleg Series Volumes 9—The Witmark Demos：1961 -1991*）中亮相。每次考古式的探险都会重新引发曲目选择的问题，并再次引发有关迪伦对自己作品判断力的所有质疑。他忽视或抛弃某些自己最好的作品的本能，几乎成为他职业生涯中的一个主题。这种信号在制作《放任自流的鲍勃·迪伦》的过程中已初现端倪，但当时还没有造成什么真正严重的不良后果。可等到录制《时代在变》时，事情就完全不一样了。

这张唱片更容易得到赞美，而不是喜爱。它不遗余力地把迪伦塑造成随时随地都在抵抗的歌手，而这正是他本应竭力逃避的那种类型。这些歌曲的创作大部分都笨拙得要命，简直令人吃惊，而很多情感也都相当陈腐平庸。在十首歌中，只有三首——《太多清晨》《西班牙皮革的靴子》和《不安的告别》没有政治的负累。在十首歌中，有一半都从别的歌曲那里借用了旋律，有些明确指出，有些显而易见。其中的一例是《西班牙皮革的靴子》，迪伦回收利用了他本人的《北国姑娘》，而这首歌本身又是从一首英文老歌《斯卡保罗集市》衍生而来的。另外一个例子是《上帝与我们同在》，这次有创造性的盗窃最初听起来简直不可思议，并轰动一时。

多米尼克·贝汉在后来很多年里都对此相当愤怒。他在 60 岁时过早离开人世，可直到逝世前几个月，还在 1989 年《该死的迪伦》（fuckin'

Dylan）中发动了一场对剽窃的宣判。多米尼克让一切听起来仿佛一目了然。从旋律到措辞，如果没有他自己的《爱国者游戏》，《上帝与我们同在》又是个什么东西？如果你不巧向这位素来讨人喜欢的人提问，既然证据如此确凿，他为什么不起诉，事情就会显得有点奇怪了。

如《快乐的五月》（The Merry Month of May）、《夜莺》、《厄恩湖畔》（The Shores of Lough Erne）和《近卫兵与女士》（The Grenadier and the Lady）等诸般——任你挑选的——古老“资源”，其音符无疑将逐渐失去生命力。随之而来的，这种对于公正的渴望也在不知不觉地慢慢消退。多米尼克确实在1957年推出了一首很棒的歌，灵感来自爱尔兰共和主义的内在矛盾，但是这段旋律既属于他，也同样属于迪伦，程度上不多不少。唯一的差别只在真正民谣人的作风和爆红新星的暴富之间。

所有这些都从独特的角度证明了一个事实，《时代在变》从任何意义上来说都不是一次伟大的飞跃，迪伦仍然依赖着那些百试不爽的经验方法。这张唱片还提供了一种不能坐实的证据，表明他或许正在对“抵抗歌曲”这一标签心生厌倦：世事不公永远是他的话题，重复了一遍又一遍。那里在明在暗都已经没有什么新鲜的东西了。他已经完整地走过一遭，把人们觉得自己想要的东西送给了他们。现在再来听这个专辑里的歌，你很容就能感受到，他已经对这一切心生厌倦了。

而这若是真相，反过来便可以解释一件常被人遗忘的事情。人们在单调重复的新闻短片里一遍又一遍地播放这张专辑的同名歌曲，用它来为“一代人的声音”这种陈词滥调正名，但同时他们却忘了，《时代在变》从来就不是一首爆红的歌曲。在公告牌前200排行榜中名列第20位也不算差，尤其是以格林威治村的标准来看，拿到这个排名尤为不易。但若认为迪伦在20世纪60年代盖过了所有排在他前面的歌手的风头，却是无稽之谈。1964年10月，纳特·亨托夫在《纽约客》上报道说，迪伦的前三张唱片“累计销量数字已经达到近40万”。这个成绩很不错，但是并没有什么了不起的：1962年，贝兹的前三张唱片已经超过了金唱片（50万）的水准。

在公告牌上，《放任自流的鲍伯·迪伦》排到了第22位；1964年的《鲍勃·迪伦的另一面》几乎被认定为一次惨败，但也排到了43位。参照之下，《时代在变》并没有取得什么商业上的重大突破。如果说它有所成就，那就是让在乎鲍勃·迪伦的人确认了他们对鲍勃·迪伦的看法。如果认为大批的美国观众在翘首企盼一个信息的传达，这种信念和那批观众的音乐购买习惯是完全不符的。事实上，说早期的迪伦是一位英国歌星反倒更为恰当，他的三张唱片全都闯入了英国音乐排行榜的前十位。不管那些民谣评论家们后来如何理解他们这位浪子的选择，真相只有一个，直到他的《席卷而归》（*Brining It All Back Home*）携着电吉他和其中的一切爬到公告牌第6位时，他才真正开始形成自己的影响力。文艺、严肃而正义凛然的抵抗音乐无法成就迪伦。那对他而言，似乎只是过得去而已。

然而，他此时尚未和他的仰慕者们决裂，没有背信弃义、背叛，也没有犯下任何后来会记在审判簿上的罪行。在某种意义上，他还没有开始展现真正的自己。那个从伟大美国的无名之地走出来的诚实的民谣歌手的角色，已经不再合身。一个相当充分的理由是，有太多人了解这件事了。

* * *

1963年11月4日[1]，“鲍勃·迪伦”在《新闻周刊》杂志上被当成一个骗子进行了曝光。他出离愤怒，倍感羞辱。他觉得自己被人暗算了。在愤怒中，他转而攻击自己的家人、朋友和同事。一夜之间，他长出了一身硬壳，拒绝再相信任何记者和“媒体的谎言”。然而即便时间隔了这么久，你可能仍然要问：他从他们那里还期待过什么别的东西吗？

迪伦的传记作者和死忠粉大多响应了谢尔顿，指责安德里亚·斯韦德贝里（Andrea Svedberg）的封面文章是一次“恶毒的攻击”。其实那根本不是。如果说这篇文章没有向迪伦致以他已经习以为常的尊敬，并对人们给他的赞扬有所保留，那倒是真的。要说斯韦德贝里打定主意要跟一个不愿意配合的明星（和他的经纪人）玩点野路子较劲，那也是明

1　虽然封面上印的是这个日期，但这其实是杂志的“撤回日期”，那一天所有改期杂志都将从新闻报摊上撤下来。因此，迪伦一定是在11月4日前一周就已经看到了这篇故事，很可能在10月29日左右，谢尔顿正是在那一天向斯韦德贝里的编辑发去了投诉信。

摆着的。但这可是《新闻周刊》的封面报道——在那个年代还是相当了不得的事——而且是哥伦比亚的公关部门主动联系这家杂志，想要借此一举成名。格罗斯曼同时还试图（但并未成功）以自家小子的配合为砝码交换刊前审稿权。这又是为什么？另外，斯韦德贝里不是这次冲突中说谎的那个人，这才是重点。她的报道是一则合法的新闻稿，调查充分，事实准确，只有一处细节有争议——没错，那是一处含沙射影的重要细节。但对于迪伦来说，真相正是真正的问题所在。

即使不是《新闻周刊》的这位记者，也会有其他人这么做，这是早晚都会发生的事，他肯定早就清楚。他的神秘、梦幻、矛盾和大话都已经远远超过他的掌控，甚至以一个把繁荣建立在创造性虚构的行业的标准来看，也有点过了。想要调查他的背景，或者在这位伪君子的责难者和从希宾拾取的一些事实之间发现内在的比照，用不着什么特别的天才。"我就是我说的话"是这篇报道的头条标题，这是一次机智的编辑润色。但这篇文章的开头，如果不嫌其太中规中矩，看起来对迪伦表示了足够多的好感。斯韦德贝里如此写道：

> 他不知从什么地方忽然冒了出来，于是，格林威治村里又多了一副未知而难解的面孔。而现在，仅仅两年之后，他已经坐在了民谣音乐运动的帕特农神庙里。他的名字是鲍勃·迪伦，22岁，不羁的棕色金发垂在耳朵两侧，鬓角左右不齐。他瘦削的身子插进蓝色牛仔裤和褶皱衬衫里，嘴里说着时髦的话，强调的时候爱用脏字。他唱歌的嗓音是相当刺耳的摩擦和呼喊，给人的第一印象是，他的成功看起来简直不可思议。然而，他煽动观众的天赋却不可否认，而且主要是依靠他写过的两百多首歌里的那些话。他用简单的词句猛击着明显的事实——不平等、危险以及60年代的欺骗——然后把它们轻易地打回老家。

斯韦德贝里随后观察到，在高中和大学的学生群体里，"迪伦实际上已经成为一种宗教"。这也没错。但接下来，精彩的部分要开始了，在行文中出现了迟来的空降：

他受到了折磨；他被悬吊起来，天啊，没有面包，没有姑娘，只有扭曲的电线在他的体内生长。他的观众分享着他的痛苦，看上去相当嫉妒，因为他们是在传统的家庭和传统的学校里长大的孩子。

反讽的是，鲍勃·迪伦也是在一个传统家庭里长大的，也读过传统的学校。他把他的过去用矛盾遮掩起来，但他是明尼苏达州希宾市一位家电经销商的长子。那位商人名叫亚伯·齐默曼，他的儿子鲍勃·齐默曼念完希宾高中后，又在明尼苏达大学短暂地读过一段时间的书。

在纽约一家餐馆里进行的采访中，迪伦承认了德卢斯和希宾两座城市。然而致命的是，“他拒绝承认鲍勃·迪伦曾经就是鲍勃·齐默曼”，为此还出示了他的征兵证。斯韦德贝里为了对付这个花招，采取了基本的预防措施，在括号里声明她的采访对象“在 1962 年 8 月 9 日合法地修改了自己的姓名”。他坚持自己的虚构版本。“我不认识我的父母，”他说，“他们也不认识我。我和他们失去联系已经好几年了。”

就在几个街区之外，在纽约的一家汽车旅馆里，来自明尼苏达州希宾市的亚伯·齐默曼夫妇正满心期待地等着去看他们的儿子在卡耐基音乐厅演唱。鲍勃帮他们付了来东边的路费，送了他们演出票，他们还告诉了明尼苏达的朋友们。

斯韦德贝里尚且还在热身而已，但这已经表达得足够清楚，她不喜欢被迪伦和格罗斯曼耍得团团转——毕竟连总统们也愿意为《新闻周刊》改变自己的行程——但如果“真相”便是游戏，那两个人可有得玩了。在那家餐馆，她的采访对象变得乖戾起来，可能因为他猜到了这些问题指引的方向，于是叫停了采访。这并不是一个明智之举。

为什么迪伦——他选择这个名字是出于对迪伦·托马斯的仰慕——要费心地否认他的过去，这是一个谜。也许他感觉这会损害他如此努力培养起来的形象——用他的穿衣方式、说话方式以及在自己的歌里刻意呈现出来的那种凶残的语法和发音。他说他恨民谣音乐商业的一面，但是他有两位经纪人整日盘旋在他身边，教他说该说的话，并帮他把合约签得更肥厚。他鄙夷媒体对他的兴趣，但是他想知道将要发表的有关他的故事会占多大篇幅，还有会不会配上照片。他是一个复杂的年轻人，围绕在复杂的谣言之中。

甚至有一个四处流传的谣言在说，《答案在风中飘荡》不是迪伦写的，而是一个名叫洛尔·怀亚特（Lorre Wyatt）的（新泽西州）米尔本高中的学生写的，是他写完后卖给了迪伦。迪伦说，这首歌确实是他写的，而怀亚特也否认是自己所作，但是有好几个米尔本高中的学生都声称，早在迪伦唱出这首歌之前，他们就从怀亚特那里听到过了。

当然，最后一部分是一段恶毒的胡言乱语——既然怀亚特都否认了，为什么还要把这个传说公布出来？——但是在此后很长一段时间里，它都被粉丝们揪住不放，利用它来质疑斯韦德贝里的信誉，并为迪伦寻找借口开脱。谢尔顿甚至写信给《新闻周刊》的编辑，抱怨这份“恶臭难闻的不够水准的”恶毒文章，同时为民谣高尚的改变传统辩护。(既然《答案在风中飘荡》没有向任何活着的人借鉴，为什么要还要提出这个争议，这是很难解释的。）这位全情投入的未来传记作者甚至把他的信复印了好几份，分送给不同的作者、编辑和“音乐世界的领袖们”。《新闻周刊》礼貌而坚决地拒绝了这份投诉。

尽管如此，谢尔顿觉得自己有必要去维护迪伦的荣誉，这件事本身也很有趣。显然，他是担心这篇文章造成的影响。他是在害怕别人也会加入到这场找乐游戏中，挖掘到各自的真实故事吗？即使是这样，他也很快改变了想法。五年之内，谢尔顿也开始在希宾一带开垦，挖掘真相，并劝说亚伯和比蒂讲一些他们的儿子也许宁愿他们不说出来的话。如果在这之前，斯韦德贝里没有触碰这条敏感的神经，并邀请她的读者对这样一位对“伪装者”有炫耀般不齿的歌手展开盘问，那么后来的这位传记作者会觉得自己有能力做这件事吗？

不管怎么说，有案可查的是，迪伦在与斯韦德贝里遭遇的前几个星期，还在扯有关他过去的那些鬼话。在愚蠢的谎言背后，隐藏着无法抑制的需求以及并非由他发明的诸般神秘。这在1963年9月的《纽约每日镜报》有过体现，可作为一例：

> 他的父母和弟弟仍然住在明尼苏达州的希宾市。他第一次想离开那个地方的时候，只有十岁，带着他的吉他和口琴。他走了900英里远，警察才拦住他，把他送上回家的火车。
>
> “我挨了一顿胖揍，但没有狠到可以吓得我留下，”迪伦说，“我12岁的时候又离家出走了，在那之后又有五次，每次都被抓回来，挨上一顿毒打。但是当我年满18岁的时候，我终于做到了。”
>
> 他几乎走遍了每一个州，靠着讲述自己的所见所闻养活自己，但是只有修剪树篱、割草或者做他能找到的任何工作的时候，才能吃上规律的三餐。他在纽约找到的第一份工作，是在一家乡村咖啡馆演唱一夜，赚了2美元。当另一位民谣歌手在为哥伦比亚录歌的时候，他被派去用口琴给她伴奏。后来哥伦比亚就签了他。他出了自己的第一张专辑，然后得到了在市政厅首演的机会。

这是常见的故事配方，里面的原料很容易被识别出来——唱一个晚上只赚2美元；“另一位民谣歌手在录歌”——拌上一些只有饥肠辘辘的人才吞得下的东西。关键在于，即使在如此晚近的时候，他仍然在守护着那个十岁男孩离家出走的谎言——“带着他的吉他和口琴”，这千万不能少——而且仍然假装他经历过脏乱无序的生活，并“几乎走遍了每一个州”。[1] 于是，在这场小小争端中出现了一个小小的谜题。既然顶着美国发行量第二大头衔的赫斯特纽约小报已经在明尼苏达州的希宾市发现了他的父母和弟弟，迪伦为什么还在斯韦德贝里剖开他有关父母的谎言

---

1 迪伦对虚构叙事有一种深切的病态的依赖，不愿与之分离。在过了将近一年之后，他在《纽约客》1964年10月24日的一期上依然声称“我一直在跑，因为我并不自由。”《新闻周刊》没能治愈他：“当我13岁的时候，我和食人族一起旅行，穿过了明尼苏达北部和南、北达科他州……”直到2005年，在斯科塞斯的《迷途之家》中，他才正式承认了那个明显的事实。他只是**看到了**食人族而已。

时变得如此愤怒？很明显，他已经深深地浸入了自己的谎言。在某种意义上，他需要它们。

至于洛尔·怀亚特，他很快就澄清了，但事实并没有阻止有关这首歌“争议”来源的谜团继续延宕。他是从一张《唱出来!》宣传单上学会的这首歌，那时候迪伦还没有开始录制。怀亚特随后在一次高中聚会上和他的民谣小组一起表演了“他的”《答案在风中飘荡》，然后据他所说，就被困在了自欺欺人的谎言之中。尽管如此，他后来还是享受了一段小打小闹的演唱与写歌生涯。

在这出戏的所有反讽当中——其实，《新闻周刊》大可以指认迪伦数不清的借用和抄袭——最后幸存下来的却是两段颇具娱乐性的事实。其一是，据报道称，怀亚特后来参加了皮特·西格的清水（Clearwater）环保项目，并且在一艘以此命名的帆船上进行了演唱；其二是，西格录了一首洛尔·怀亚特自己写的歌。

“鲍勃·迪伦”在1963年是新近出品，这是事实，但《新闻周刊》上那篇“恶毒的攻击”率先提出了一个经久不衰的问题，即“为什么迪伦……要费心地否认他的过去，这是一个谜”。你甚至可以在此基础上多加两点。首先，他肯定知道自己的故事早晚都会穿帮。其次，他肯定已经猜到，他对于隐瞒事实的执迷，这本身就足够古怪，能够吸引别人的注意。最后，他一定比谁都清楚，为什么他要投入对自己和世界的躲避，并试图作为一个公众人物，在盛名中躲藏。又或者，他是不是仅仅在担心，他在村子里作为一个音乐“海绵”的名声太过人尽皆知了？

上了年纪之后，他还在扭曲真相，他们称之为“戏谑”或“制造神秘”。上了年纪之后，他比任何人都明白，于他而言，逃避已经成为使他神秘的巨大来源，几乎和他的音乐不相上下。然而他仍旧藏在名气的甲壳里。和他的身份之谜比起来，任何事情和他的隐私权利都没有多大的牵连。他想象着鲍勃·迪伦。而想象是艺术家的本业。然后，如果这些艺术家可以做到，他们便要承担着后果继续生活。

* * *

即便是《新闻周刊》也不能给他造成多么严重的伤害，这一点也是迪伦应该早就心知肚明的。这些高中生和大学生都倾向于，甚至很有可能，把斯韦德贝里的曝光当作最直接的反动世界的典型进行销毁和抛弃。最近刚刚被华盛顿邮报公司收入麾下的《新闻周刊》不是一个可以信赖的声音。不能与迪伦同日而语。有时候，尽管在媒体和评论家的刺激之下，他还是能做到自由而清晰地发言。有时候，他在"背弃"政治时有属于自己的奇怪方式。

他接受斯韦德贝里的采访，是在 10 月 23 日和 24 日。转天晚上，他前往费城市政厅表演。26 日，他在卡耐基音乐厅演出，台下便坐着亚伯和比蒂。这些音乐会都取得了巨大的成功，而且证明迪伦已经开始超越一般民谣群体所能触及的限度，虽然这也让很多民谣人士感到不安。谢尔顿无师自通地提出了"迪伦狂热"（Dylanmania）一词，用以解释出现在这些演唱现场的"追星少女"（teenyboppers）。她们证实了一种在那个星期逐渐扩散和加深的吁求，跨越了"抵抗歌曲"恶名的阻碍，一往无前。《新闻周刊》的努力，什么也没能改变。

哥伦比亚录下了纽约的演出，明显有意把这份成果和迪伦 4 月份市政厅演唱会的录音合并发行。本来的想法应该是在圣诞节市场上推出唱片，但这到底能如何与即将（1 月）发行的《时代在变》形成配合，仍然是一个谜。还有一种说法是，这张演唱会唱片本来计划在"1964 年初夏"发行，但是被《鲍勃·迪伦的另一面》挤掉了。这个解释看起来也有一点儿奇怪。这些录音已经过去一年多之久了，为什么还要发行？尤其是放在迪伦这个现金速度如此之快的艺术家身上，更显莫名。在 1964 年上半年，还会有更多的演出献上，而其中几场——最令人瞩目的是 5 月在伦敦皇家节日音乐厅的演出——也会被哥伦比亚录音。

不论如何，个人民谣表演对于这种商业冒险是一种理想的对象，而且一个不可否认的事实是，全彩《鲍勃·迪伦在演唱会》（*Bob Dylan in Concert*）9 音轨醋酸唱片是真的曾被制作出来。当这本偷录带在 1997 年亮相时，还配合着一篇这位歌手所写的长"随笔"，显得相当完整。另外，苏西也和戴眼镜的迪伦同时在一张可爱的照片中出现，而这张照片在 1964 年的夏天和之后一段时间内都不会得到承认。那篇散文写于 11 月，当时谢尔顿正在为自己编辑的那本注定失败的杂志《民谣合唱会》

(*Hootenanny*)奋力奔走，迪伦在这篇实际上是为（想象中）题为“答案在风中飘荡”的专栏所写的文章中称：

> 在所有的体系中，唯独在这个体系里，我永远也不可能做一名警察，其中一个原因是，我将逮捕的那些人，他们所犯的罪还没在任何书里有所记录——那些罪行都未曾备案——也没有人对这些罪行制定过任何法令……

后面紧跟着的是一则很长的故事，讲他和一个朋友坐在一个俱乐部的观众席，看到“两个黑人被点燃了热情，开始唱起歌，跳起舞，完全像套着锁链的囚徒”。这令写作者感到恶心。

谢尔顿把这对歌手称为“伊拉和英曼”（Ira and Inman），但是他们在表演时用的名字其实是“英曼和伊拉”。这位传记作者让迪伦对他们“油滑、逢迎、奴颜媚骨的为白人献唱的黑人歌曲”表示反感。这有失公正。勒罗伊·英曼（Leroy Inman）和伊拉·罗杰斯（Ira Rogers）在此之前已经发布过两张唱片。他们的歌也许算是“流行民谣”，但要想为迪伦的义愤填膺找到合理的解释，非得完全曲解他们专辑中的歌曲不可。同样是这一对，英曼和伊拉，还曾在1961年的《今日秀》（*Today*）上演唱艾伦和戴维·阿金的《三K党》（The Klan），引发一时轰动。所以到底是谁沉溺于滑稽的模仿中无法自拔呢？迪伦在维护正义的时候，永远不可能做错，尽管如此，他还是看不上旅行歌手的表演：

> 在密西西比州的广播车上，我站在吉姆·弗曼（Jim Foreman）的身边。他正在告诉人们为什么一定要去投票，而我看着他的脸想起了约翰·刘易斯（John Lewis）——他在华盛顿的演讲被打断，因为一些人不敢和他站在同一个讲台上说话，因为这是一个真的能把“我们要像谢尔曼的军队一样踏平南部”这句话说出口的人。

这一段接下来还谈及了种族主义受害者、民权运动组织者和“自由骑士”。如果说迪伦在此时已经开始对“政治”感到不适，这份宣言并没有留下任何模棱两可的余地，而其对自由主义者舒服的良心的理解，也足够尖锐。于是作者又想到：

> 现在正在发生的一切，不过是些头条新闻，把故事讲得好像发生在一个遥远的国度，让人们愿意围坐下来，分析、讨论、进行哲学思辨并形成理论，就像某种大学里的社会学问题一样，除此之外，再无其他。

这篇粗糙模仿哈克贝利·费恩的散文后来有些变味儿。随后开列的荣誉名单——迈尔斯·戴维斯、梅维丝·斯台普斯（Mavis Staples）、保罗·罗伯逊、戴安娜·桑兹（Diana Sands）、詹姆斯·鲍德温（James Baldwin）——感觉做作而不自然。同时，有一段文字讨论了“自己的老婆和孩子”而行窃的“穷困卑微的盗贼”的困境，这是格思里的常规套路，然后又跟上一句迪伦的典型提问：谁是这里真正的罪犯？但是，如果唱片在当时就已经发行，那么不管有没有这篇散文，他想推掉政治“领袖角色”的机会都微乎其微了。他也没有试图躲藏，以他自己理解的方式，这些曾经确实是他的信仰。他那不证自明的真诚同时还在提醒我们，为什么在迪伦后来冲向意识形态出口的时候，那么多人都觉得自己遭到了背叛。你不能在这一类的承诺上随便乱开玩笑。这是由事实带来的一个遗憾——当然，这不是第一次，也不会是最后一次。

有人说，尽管宣传材料已经分发到纽约各个角落，这张唱片后来还是被收回，因为哥伦比亚制服组搞不定《对伍迪·格思里的最后思考》这首在市政厅奉献出来的诗文挽歌。这也许是真实的情况，在偷录版本中，这首歌令人震惊地作为《鲍勃·迪伦在演唱会》的开场曲目出现：“最后”成为了首先。

还有人说，这张唱片之所以被放弃，是因为它在那年年底已经“过时了”。这也自然是真的。但是这段“遗失的”录音，仍然是一份记录两场迷人的演唱会的迷人选录。它回应了一项指控：迪伦退出民谣音乐，不仅仅是因为纯粹的投机主义和谋利时机。1963 年下半年，他已经把世界踩在他的脚下。[1] 他可以轻易地成为这个艺术门类里从未出现过的最高成就者。可问题在于，那本来也不是多大的成就，而且人们还没有做好理解它的准备。迪伦尚未成为文化语言的一部分。权威人士们还在竭尽全力地学习该如何容忍他的存在。

卡耐基音乐厅演唱会的目击者谢尔顿在《纽约时报》上发表的评论，尽管还留有个别客套性的保留说辞——“迪伦先生还远远没有成为一名‘完成的’艺术家”——仍然不失为一封盛赞的公开信，但它完全误解了自己的赞美对象。不难想象，轻信的人们将如何理解这位艺术家，因为连无所不知的《时代周刊》都宣布了如下声明：

> 把迪伦先生仅仅视为一位表演者，是对其重要意义的忽视和冒犯。我们更愿意称他为一位道德战士、一位政治宣传家、一名佩戴着吉他的愤怒年轻人、一名社会抵抗诗人、一个知道自己在反抗什么的当代詹姆斯·迪恩，或者，一个属于美国的夜甫图申科（俄国诗人）。

迪伦（这位美国诗人）仍会受到一些轻微的指责，说“他的歌几乎只是搭配了吉他和弦的演说词”。还有更糟糕的，会说“他的一些歌词是未完成的半成品”。未完成？在这篇草率完成的评论中，谢尔顿让这些观察成了“微不足道的琐碎细节”。而他在文末总结处的赞美之词竟取而代之，造成了对迪伦真正的伤害。迪伦也许已经开始对政治责任感到厌倦了。这简直是他的噩梦。来自《纽约时报》的作者钦定他“以音乐为舟，承载激进发言人的角色”。而来自卡耐基音乐厅观众的回应也显示，不管

1　2005 年，为了宣传斯科塞斯的《迷途之家》，哥伦比亚推出了一张 6 音轨的《鲍勃·迪伦在演唱会》宣传版本，名为《1963 年卡耐基音乐厅现场》（*Live at Carnegie Hall 1963*）。两首未面世的歌出现在这部影片的“原声带”唱片中，另外两首已经在《私录卡带系列 1～3 卷》中出现过。封面在艺术上呼应了 1963 年被废置的那张唱片的最初设计，但是曲目的选择——除了《放下你疲惫的曲调》以外——却大不相同。首先，你不得不怀疑那个偷录的版本到底是不是真的，然后还要问问自己，为什么在卡耐基音乐厅第一次演唱的《海蒂·卡罗尔的寂寞之死》没有出现在任何一个歌集当中。

他自己愿不愿意，他“也为他们代言”。

＊＊＊

在那些日子里，他的工作节奏很快。他对录音室里的工作从来没有表现出任何耐心，但在录制第一批花开蒂落的“历史性”曲目时，他将一遍又一遍地在一两次试录后停下手头的工作。然后，很可能——这又是一种无法改变的创造性怪癖——他会把一首惊艳了所有听者的歌弃如敝屣。《放下你疲惫的曲调》就是其中一首。

也许，这又是一首有显在前身的歌，而这一事实让歌手改变了主意。但是此类考虑极少成为迪伦或者任何一位民谣现场收集者的障碍。也许，他觉得有必要在这首歌和《不安的告别》之间做出取舍，而后者是要用以惩戒《新闻周刊》那些记者的歌。也许，受到他头脑中想要听到什么歌声的指引，他发现这首歌是一个失败之作。至少可以这么说，他对歌曲张扬无度的挥霍，经常受到在粉丝眼中似乎相当模糊的动机所指引。而他这样做所带来的事实是，低劣的作品可能全部排除在《时代在变》之外，而且没有给这张唱片带来任何伤害。《放下你疲惫的曲调》是迪伦“遗弃的杰作”的一则早期样例，而“遗弃的杰作”也成为后来笼罩在迪伦生涯追随者心头一个萦绕不去的主题。

迪伦回忆说，那首歌是在加州卡梅尔谷“大瑟尔外”琼·贝兹的家里写的。他至今仍记得[1]自己沉浸在苏格兰民歌之中，而其中一首特别的民歌“刻录在一张1978年的老唱片上，我当时正在努力去真正把握住那种感觉，而它在我的心头萦绕不去”。

> 我就是不能把它从我的脑海中赶出去。也没有什么歌词或者别的，它就只是一个旋律而已，里面有风笛，还有其他很多东西。我想要找到有同样感觉的歌词。我已经不记得原来的录音是什么了，但这首歌跟它相当接近，至少在旋律上如此。

风笛，没错。又是一首没有歌词的民歌。又是一件打死他也对不上

1 采访者 Cameron Crowe，*Biograph* booklet（1985）。

名字的老古董。可不管怎样，他正在制作的唱片与苏格兰古老传统的幽灵发生了共鸣，回应着他们关于生命、死亡和记忆的永恒主题。但这是一首迪伦的歌，同时又是一首在哥伦比亚的纽约录音室里只录过一遍的歌，录制时间是 1963 年 10 月 24 日。仅仅一周之后，在华盛顿，时任美国总统对他的妻子说："我们今天要去疯子国了。但是，杰姬，如果有人想用一把来复枪从窗外向我射击，谁也阻止不了，所以干吗担心这个呢？"[1]

被太阳之前的声音惊醒
我知道夜晚已经远离
清晨的微风像号角吹起
伴着破晓的鼓鸣

放下你疲惫的曲调，放下
放下你漫不经心弹奏的歌曲
以琴弦的力量支撑起自己
不要奢望能哼出一点杂音

有记录显示，总统身边有些人对于去达拉斯的旅行感到很不安。政治的下流龌龊和习惯性的宗派分割已经不是什么秘密了。由右翼怨语构成的背景噪音已经十分震耳，并变得越来越响亮。已经有人劝过鲍比·肯尼迪，要让 JFK* 远离达拉斯。位于边缘的右翼分子诅咒总统，责难他面对共产主义太过软弱，而又过分关注美国黑人。于是，当美国特勤局和联邦调查局防备这些右翼分子的时候，他们忽视了——故事就是这样流传的——一个在俄国待过三年的卡斯特罗的同情者，而他刚好在迪利广场上的一座大楼里工作。李·哈维·奥斯瓦尔德，如果行刺者真是他，他为什么要这么做呢？在所有记录在案的事实中，这个问题的答案

1 Dallek, *John F. Kennedy: An Unfinished Life* (2003).

* 指约翰·肯尼迪。——译者注

仍然缺失。而最核心的事实是，在第三枪射击，也就是最后一枪射击结束后半小时，11 月 22 日午后刚过的时候，美国第一夫人得知她已经是一个遗孀了。在一个“充满恐惧的世界”里，正如苏西·罗托洛记忆中的那样，事情尚未结束。

> 当时，我、鲍比和卡拉一起坐在 B 大道公寓里那张快要散架的柳条沙发上，手指夹着香烟，从面前那台老式黑白电视机里观看李·哈维·奥斯瓦尔德，那个声称独自行动的暗杀者，接受提审。我们亲眼看到他被枪击身亡，就在那里，全国电视直播上。哪怕我们当时转过头去弹了一下烟灰，就会错过这个镜头。
>
> 混乱继续，不仅在电视上，也在每一个地方。
>
> 你看到那个了吗?!
>
> 我们三个人都僵住了，变得死一样沉重。没有即时回放，视频录像几天后才会发布。袭击被录像拍了下来。新闻发言人在录像完成处理之前，不得不就他们看到或知道的事情进行解释。鲍勃几乎一句话也没说，守着电视机不放。他被绑在电视机上了。当时每个人都是那样。[1]

* * *

肯尼迪在华盛顿阿灵顿公墓的葬礼结束后，没过几周的时间，第三张唱片《时代在变》就面世了。显然，这只是一个巧合。然而对于愿意相信此类事情的人来说，迪伦近乎先知。还有另外一个巧合，肯尼迪和他是在 1961 年寒冷 1 月的同一周里，开启了自己的时代，JFK 宣誓就职，而一个男孩冒着暴风雪冲进了纽约。到《放下你疲惫的曲调》这首歌完成的时候，那个男孩和总统都消失了。而如果真的存在过这样一回事，即在暗杀事件的余波中“捕捉到了这个国家的情绪”，那么完成这件事的便是迪伦，在他空空的手掌之间。

历史学家们倾向于认为，肯尼迪的被杀给美国人带来的震动和珍珠

1　*A Freewheelin' Time*，p. 261.

港一样深远。从达拉斯迪利广场上得克萨斯教科书仓库的六楼窗户里射出的（应该是）三枪，杀死了一个人，似乎也让整个国家陷入瘫痪。在JFK口中的“疯子国”，约翰·伯奇协会、种族主义的右翼分子、麦卡锡主义的余孽、不义的大财团和其他未达成共识的势力联合在一个共同的信念之下，即他们国家的总统，也不知道为什么，反正就是没有坐在白宫办公室的权利。黑暗便从这个“疯子国”里倾溅而出。而刺杀还在身后遗留了一种难以消除的妄想症。阴谋论、普遍怀疑论以及因为可能受到污染或仅仅是因为令人讨厌的证据来源而对最显明的事实拒绝相信的习惯，开始重新塑造这个国家的性格。自此以后，人们在相信他们之前，总要三思。正如后来有人观察到的那样：“不要跟在领袖身后。”

而在1963年11月，最常见的问题还是那些最简单的问题。这件事怎么可能会发生？为什么会发生？美国到底出了什么问题？在一组粗糙、互不关联的韵句中，迪伦这样写道：

难以置信，目瞪口呆
屋里每个人都是一样
我们观看沃尔特·克朗凯特
半睡半醒，竭尽全力
把谣言捆绑在一起
那是星期五的早晨
昨天，骚乱暴动
在纽约的黑人区
今天，至少现在，一切平息[1]

一个独行者摧毁了肯尼迪，一国的首要人物和象征，向这个国家致

1　摘自所谓的——迪伦自己从未如此叫过——《肯尼迪组诗》。这本来是取自Margolis & Moss手稿中的一组片断。这份手稿是20世纪80年代末由格雷厄姆·纳什（Graham Nash）买断的一批零散的录音带歌词底稿。Margolis & Moss是新墨西哥州圣达菲市的善本书贩。

以重重一击。这是林肯之死对南北战争的回音，是两半美国之间的血海深仇，如此响亮可闻。抵抗？这个词看起来已经不合适了。但还是要说：围过来吧，人们……

迪伦似乎是毫不退缩地直面了这份黑暗。那些企图谋杀美国的民主的人和拒绝承认他们的“爱国主义”、上帝、憎恨或恐惧都在随着大众意愿随波逐流的人，正是会刺杀梅加·艾弗斯的那一类人，他们在做出任何举动时，都会声称与我们信仰的同一位上帝站在一侧。所以看起来和以往一样，迪伦知道该说什么。他能够表达出——人们愿意称之为艺术——人们的感觉。

他身处其时，也正当其时。在肯尼迪被残忍杀害后，他的音乐成为美国哀悼的一个部分。它看上去是在说，最重要的是，有些事情不得不发生改变。问题在于，这支推动改变的催化剂，至少在某些民谣人士眼里，已经开始对赋予他的这个角色产生反感，并对任何接受这种角色的人都持有保留态度。他的脑子里还转动着其他事情。所以他们叫他见利忘义的机会主义者。

直到现在还有些人仍然相信这一点。但其他证据却表明，与此相反，迪伦不会允许自己简单地接受任何摆在他面前的表面问题，更不愿接受那些答案。同时，从歌曲中可见的证据又显示，艺术对他的吸引力远比意识形态更为强大。但是如果他正在对民谣运动中流行的政治简化病产生怀疑，他就不仅能写出《放下你疲惫的曲调》，同样还能在全国对 JFK 的哀悼中表现得近乎亵渎。据称，当他上演亵渎言行时，已经喝醉了，而且之后不会再犯同样的错误。但没人敢说，他那些话不是出于本意。

* * *

1962 年，国家紧急事件公民特权委员会（National Emergency Civil Liberties Committee）在《人权法案》纪念日将汤姆·佩因人权奖（Tom Paine Award）颁给了哲学家伯特兰·罗素。1963 年 12 月，在纽约市美洲酒店宏伟的大舞厅里，包括作家詹姆斯·鲍德温在内的 1 500 位文化大师和精英同场出席，委员会在他们面前把这个荣誉授予了鲍勃·迪伦。

他并不傻，他知道自己配不上这个荣誉。一位 22 岁青年的“几首歌”很难算成是为人类尊严斗争的一生成就。而深谙忤逆赞助人之道的汤姆·佩因或许有自己另外的打算。很显然，被视作“抵抗歌曲”的典型代表和一根与青年连通的热线，迪伦感觉自己遭受了居高临下的施舍和利用。因此，他紧张、愤怒、毫无准备，而且喝多了——已经到了先在男卫生间吐一次的地步——对于初次发表公共演说而言，他完全不在状态。在12月13日的那个夜晚，他所有尚未除尽的想成为他人的事业路线中一分子的诱惑，都被一劳永逸地切除了。他开场以菲利普·卢斯（Phillip Luce）和58个古巴独立运动支持者的名义接受了这个奖项。然后他说，所有年老和谢顶的左派的忠实拥护者“都应该躺在海滩上”，因为“这不是一个老人的世界”。他继续漫无边际地乱谈，先是提到了伍迪，又说当谈到种族问题时，他的眼中不分颜色，还把政治贬低为“微不足道的琐事”，并介绍了华盛顿游行中他的黑人朋友。不时有掌声和笑声响起。也许是受到了鼓励，迪伦后来又说了一些他觉得是真实的话。

> 所以我接受这个奖赏——不是奖赏（笑声）——奖项，以菲利普·卢斯的名义，他带领自己的小队去了古巴。所有人都应该到古巴去。我不懂为什么有人不能去古巴。我不懂去一个地方能给人带来什么伤害。我也不懂看到一些事情能给一个人的眼睛带来什么伤害……我愿意挺身而出，对此毫不妥协，我不得不这样。我也不得不说句实话，我不得不这样，就好像我不得不承认，那个杀死了肯尼迪总统的人，李·奥斯瓦尔德，我不知道具体在哪里……他以为自己做了一件什么事，但是我不得不承认，我也——我在他身上看到了自己的一些影子。我不认为它会走到——我不认为它会走到那种地步。但是我必须挺身而出，诚实地说出来，我看到了他感觉到的东西，在我的身上——当然不会走到那种地步，射出子弹。
>
> (嘘声和倒彩。)
>
> 你可以发出嘘声，但是嘘声和这一点关系也没有。这是——我只是——我不得不告诉你们，听着，这是《人权法案》日，是自由的演说，而我只是要承认，我接受这个汤姆·佩因人权奖，代表的是学生非暴力协调委员会的詹姆斯·弗曼（James Forman），以及那些去古巴的人们。

（嘘声和掌声。）

笨拙？当然。不明智？可能是吧。关于这起事件的论述一致认为，那些嘘声和倒彩在心里感受到的强度要比文字整理稿上呈现出来得更大。对于很多出席者而言，认为李·哈维·奥斯瓦尔德可能享有一种公民权利这种想法是不可理喻的，而迪伦的坦诚完全是一次挑衅，甚至是一次有预谋的侮辱。当一条很长的道歉“信息”从他嘴中被抠出来时，他再次尝试向那些根本不想理解他的人解释自己。他在一处写道：

我不会说自己在既定的标准中是聪明的
我甚至不会说自己在既定的标准中是正常的
而且我也不会说自己了解任何形式的真相

迪伦是在试图与那些他在根本上认可的人和解。别的不说，他的发言让委员会多花了好几千美元的捐赠费。然而，他仍然没有改变自己的主张。

当我谈到李·奥斯瓦尔德的时候，我谈的是时代
我不是在谈他的作为，如果那真是他的作为。
这件作为本身不用说也很清楚
但是我厌倦了
十分地厌倦
听到这句“我们都分摊着责任”，当每一场
教堂爆炸案、枪战、矿难、
贫困爆发、总统被杀
发生的时候。
这太容易了，说出“我们”然后一起低下头，
我必须要独自说出“我”，然后自己低下头，
因为是我自己在过自己的生活
我有自己爱着的身边人，但他们没办法

代我吃饭，替我睡觉
而且甚至他们也该说出“我”来
没错，如果这个时代中有暴力，那么
我的身上也一定有暴力
我不是一个完美的哑巴。
我听到了雷声，而我不能回避不听，
一旦这闪现在我们之间，此时，而且
只有此时，我们才能说“我们”，而且
把它当真……然后从那里开始，做一些
有关于它的事情

六个月后，纳特·亨托夫要为《纽约时报》做一份迪伦的人物简介。那时，这位歌手已经确认，他“不是任何运动的一部分。即便我曾经是，那么除了在‘运动’中之外，也没能做任何其他事。我就是不能忍受人们围坐在一起，给我制定规矩……我掉入了一个陷阱……当我同意接受汤姆·佩因人权奖的时候”。

不管是不是陷阱，他都和政治玩完了。正如他同样是当着亨托夫的面所说的那样，“我告诉你，我这一生再也不会和任何政治组织发生一点儿关系了”。这种自我拒绝的惯例将贯穿他余下的全部生涯，只有少数极小的例外。有些人会遵守很多的规矩和小小的对人性的宝贵理解。他不想成为其中任何一部分，尽管他的音乐还是凭借其罕见的才华，表达出属于他自己——不管喜欢与否，政治上的——的信念。这是一个不言自明的事实。

* * *

抵抗歌曲到底是什么？它的目的是什么，如何运作，以及如果有服务的对象，那么它为什么人服务？术语本身让这一切看起来似乎很明显：这应是一首抱怨的歌，传递着一种某件事需要完成、可以完成和必须完成的暗示。总之和某件事有关。在《时代在变》的封面上，有一张迪伦穿着工作衫拍的黑白照片，跟沃克·埃文斯（Walker Evans）在尘暴干旱区的摄影作品一模一样，似乎在召唤着激进的过去，而真正指向的却是未来。

然而，在这张奠定了迪伦抵抗歌手名声的唱片上，附带着一个古怪的事实。每一个熟悉迪伦这一时期作品的人，都能大致概括出其所有的主题。不公、民权、挣扎、政治与真实和谎言，都是很明显的。但是让曲目播放下去，把注意力放在歌词上，你将发现自己其实听不到多少，或者根本听不到，真正而明确的抵抗。至于歌中传递的“信息”，更多是在表达怀疑和犹豫，而并不是在吹响集结的号角。

这里有数不清对《圣经》的征引和对典故的运用。这里有义愤填膺的报道片段，颤颤巍巍地附着于有争议的事实。这里有情歌、怨曲、从传统或每日新闻里提取的歌。这里还时不时出现一些预言幻视的绝迹，比如在那首与唱片同名的歌曲或壮丽磅礴的《当船驶入》（虽然根据琼·贝兹的说法，这首歌的写作只是因为邋遢的迪伦住进一家旅馆时遇到了麻烦）之中。但几乎在所有的歌里都几乎找不到几句珍贵的歌词，能在泛泛地攻击不公、欺骗和伪善之外，提供更多的贡献。谁会承认自己喜欢这些东西呢？而这些话还有必要重复多少次？

《当船驶入》也许和古老的联合国歌同气相求，致力于创造一个新的社会主义耶路撒冷。它也许是一种政治需求，号召扫平老板阶级，那些“仇敌”。但是有哪些词句可以表明，这不是一首关于第二次降临和救赎的歌曲呢？

然后沙子会卷成
一席金色的地毯
收留你疲倦的脚尖
而船上的智者
将再次提醒你
整个世界都在观看

19 世纪末与 20 世纪初的政治煽动家们，曾一度毫不犹豫地使用宗教语言，这几乎成为一种无意识的习惯。很多人都相信他们站在上帝的同一边，于是足够开心地宣布耶稣是一个普世主义者。有关黑奴的音乐，同样沉浸在《圣经》对于救赎的许诺之中，将由信仰提供的解救与对世俗捆绑的挣脱融为一体，把摩西和林肯混为一谈。甚至在迪伦正在创作的同时，马丁·路德·金还在高谈着一个期许之地。到底是哪一个？一个更好的美国，还是上帝的王国？当然，二者皆是：美国例外论是一个古老的美国幻想，让这个国家虔诚地自诩为由神选定。它开始以从未有过的力度驱动这个国家的政治。这也能帮我们解释，为什么迪伦在抵抗歌曲中最后剩下的一次长途探险，会与他的“重生”偶合。

1964 年，即便被指认为一代人的声音，迪伦却从未发表过特别鲜明的言论。虽然仍处于生涯的早期，他已经足够了解建立一种模糊性的必要了。人们可以从这样的歌里各取所需。可这又怎么能算是抵抗呢？

这要结合当时的语境来理解。在 1964 年的早些时候，哪怕只是带有一点社会评论暗示的流行音乐，都仍然是闻所未闻的。这是一个刚刚开始从“反赤”的歇斯底里中逐渐恢复的美国，也就是说，这里的任何一个人，只要他在回忆美国过去的战争时带着反感，并祈求上帝——还是一个公正无私的上帝——阻止下一场战争的爆发，那么他就有可能是个共产主义者。在一个不用想也知道是种族主义的社会里，为美国的黑人发声将“充满争议”。迪伦和所有的纽约人一样，似乎并不倾心于爱国主义炸弹或者军事工业情结，而正是这些东西在那些阳光灿烂的州里滋养培育着右翼政治。在这种意义上，明目张胆的抵抗就显得太过浮皮潦草了。迪伦的立场其实相当清楚：改变。

不论如何，这些歌受到了一定条件的限制。有时候，模糊是有用的；有时候，它能满足迪伦逆反的本能。不管对一条路线有多么认可，迪伦都依然是一个自我认定的激进个人主义者。以后见之明来看，这将再清楚不过，但对于第一次或者最后一位从他的歌里听到自己想听之物的人而言，却并非如此。

你仍然会纳闷：为什么让自己参与到一条路线之中，或者认同自己为一名抵抗歌手，是这么糟糕的事呢？迪伦曾做过很多陈述，为不同的信仰、誓言和观点作证。他有一颗聪明而满溢的心灵、一双敏锐的眼睛和更加敏锐的耳朵。他在 1963 年 8 月的最后一个星期三出现在华盛顿的游行中，也并非纯粹出于闲来的好奇心。到底是什么东西，甚至早在汤姆·佩因那场惨败之前就已经令他悔悟，自己饱受赞扬的“抵抗”歌曲其实什么都没有达成，事实上只提供了乐观主义和政治希望的假象？仅仅是一个标签而已，为什么把他吓得远离了他心爱的民谣音乐？忽然之间，为什么政治和艺术在他那里截然对立起来，变得水火不容，互相毁灭？

* * *

政治艺术到底有什么问题呢？真的有问题吗？迪伦对伍迪·格思里的生涯再了解不过，不可能不知道，当穷人和失业者身处困境时，他的偶像曾自愿挺身而出。他也完全清楚地知道，这位他比任何人都更仰慕的表演家，曾公开认定自己为激进和反法西斯的左翼，为一家共产党报纸写作，并在《汤姆·约德的谣曲》（The Ballad of Tom Joad）中为斯坦贝克的《愤怒的葡萄》作保。伍迪甚至还演释过那段迪伦在高中学到的著名文字。

> 然后一切都不碍事了。然后我将徘徊在黑暗之中。我将出现在每一处——每一处你看到的地方。哪里有为了让饥饿的人们吃上东西的战争，我就在哪里。哪里有警察在打人，我就在哪里。如果凯西问起来，嘿，就说我走在路上，朝着人们发疯的时候狂叫的地方，朝着饿肚子的孩子们知道晚饭就绪的时候欢笑的地方。当我们大家吃上他们自己种植的东西，住进他们自己修建的房屋——嘿，我就在那里。明白吗？

在格思里那里，没有任何犹豫，也找不到任何虚伪。伍迪身上最可贵的一点是，他在政治中展现出完全真实的人性。当迪伦从集体斗争中退出的时候，他自己就立即被谴责为一个骗子，甚至是个伪君子，一个寄生虫般的冒牌货，利用事关生死的问题，为自己争取诸如职业生涯一类华而不实的东西。

然而他也知道，格思里从未踩过共产主义这条线，每当他被迫承担相关义务时，总能回避入党。伍迪保持着自己独立的头脑，虽然为美国共产党（CPUSA）的报纸写《伍迪说》专栏，却从不会像好同志们一样推销这份报纸，或者推销自己。

如果迪伦认为他正处于一个困境之中，这便是那个古老的两难选择：个人，还是集体？不受约束的心灵，还是伟大的善业（由天意而定）？可以十分肯定地说，他对于政治的最终态度和他对其父辈信仰（以及他的父亲）的态度没什么不同：他对权威式的人物生有反感。当他发现自己不仅要持有正确的政治信仰，还要用正确的音乐方式来表达这些信仰时，这种反感就达到了最强烈的地方。为了在"运动"中扮演好自己的角色，他不得不在讴歌自由的歌曲中囚禁自己。

这个麻烦将在 1965 年的新港发展到不能再拖的地步，必须一劳永逸地予以解决，但是对于那次臭名昭著的失和事件，不止有一种解读的方法。当盛名让迪伦超越了其他的所有民谣歌手，成为更广阔的世界中一个更重要的人物自后，谁还有能力把迪伦拴在一种政治规划之中？这简直算不上一场公平的竞争。而且谁又知道那场完美上演的新港冲突，是不是表面上看起来的那么回事？为了塑造一个英雄，你必须为他提供对手，不管这些对手本身愿意与否。当然会有人试图告诉迪伦他不应该唱什么。但谁能点出一个人来，说他曾经告诉过迪伦具体应该写什么和唱什么？或者是不是那样的话，就会毁掉大家更喜欢的老版故事？

* * *

1964 年 1 月底，他开始放荡起来，肆无忌惮地创作，比任何时候写得都多。事实上，他当时正在写一本小说。不对，不如说那是一本小说和一部戏剧。迪伦对《多伦多电讯》（*Toronto Telegram*）和几天后对加拿大杂志《滴水兽》（*Gargoyle*）说的差不多都是这样，所以一定是真的。这就是对天才浪子的尊敬，原本理性的人们会把他说的每句话都当真。只要听迪伦谈起一部小说，几乎和一本已经写成的迪伦小说没什么区别，或许跟他真的写好了的小说完全等同。这是一种前—后现代的表征。不管怎么说，他确实把小说谈得足够好。

然而几乎与此同时，《大路边》负责任地刊登了《一封来自鲍勃·迪伦的信》，暗示他不仅在行文上需要下更多功夫，而且走上"真正的文学"的进程，比这位诗人兼小说家兼剧作家兼歌手兼发言人所预想的要复杂很多。这封信有一部分是如此写的（用迪伦自己的拼写、标点和其他行文特征表达如下)：

我的小说没有走向任何地方
绝对没有任何地方
它甚至连一个故事都没有讲
只是几百万个漫长的场面
发生在亿万残片
纸页上……我当然没办法造出任何东西在
它里面。
(噢，我已忘记。
哈利路亚，感恩你把布莱希特放入你
最后一个问题。他应该广为人知
如伍迪，应该广为阅读，如米奇家族
还应如艾森豪威尔，广为歌颂。)

不论如何，我正在写一出戏剧，基于这里所谓的
小说（novel）[我猜，说是肚脐（navel）还差不多]
而我要直达我肚脐的中心。
十分投入，没错
我发现了戏剧写作方法的力量
作为歌曲写作方法的对抗
虽然二者势均力敌，我还是陷于戏剧
在那一分钟里，我的歌只能讲述了我，以及
我的感觉，但在戏剧里所有的人物都在讲述
他们的感觉。我意识到这或许更令人困惑
对某些人来说，但考虑到全部的事实，它也许
让另一些人更加满意。我想你顶多会说
那些人物能在一个小时之内讲出
我要用两个星期唱出的东西

正是如此，它甚至连一个故事都没有讲。他的歌曲走向一个单一的缺乏叙事的方向，滑入了歌谣的桎梏，可他依然期望可以在有需要的时候，随时把叙事召唤而出。他似乎还有一点为一个新发现而感到困惑不已：有些种类的写作，比它们看起来要更难。

不管是到了他的脖子还是肚脐，抑或都没有达到，迪伦还是在 2 月 3 日踏上了离开纽约的路，准备驱车穿越美国——身后拖着三个好友，腿上放着一台打字机。也许他刚好及时地逃出了城。稍后，当听到那跨越大西洋而来的歌声时，他刚刚拜访过年迈而处境极为窘迫的诗人卡尔·桑德堡，正在穿越北卡罗来纳州的边境。

2 月 7 日，星期五，整整一天，音乐节目主持人默里·K（Murray the K）都在 1010 文斯（WINS）电台上像扬声器一样发布泛美航空 101 航班即将降落艾德怀尔德机场的新闻，其实这个机场刚刚被重新命名为约翰·F. 肯尼迪国际机场。这位电台主持人在当地广播界的竞争对手 WABC 和 WMCA 在饱受压力的情况下，因为没有自己的消息来源，只能窘迫地复制他的报道。结果，当这趟航班在下午 1 点 20 分抵达地面时，在机场等候的除了 200 名困惑的记者外，还有 5 000 人之多，其中绝大多数是十几岁的青春少女，绝大多数都因为喜悦和期待而发了狂。关于这件事的录像，上了当晚的电视新闻。一张流行音乐唱片即将在美国发行。

9

“我想我会叫它美国”

穿过幻象，穿过夜晚……

——沃尔特·惠特曼

1953年前后，当漫步的杰克·埃利奥特在村子里邂逅杰克·凯鲁亚克时，那位小说家评论说，“我喜欢流浪汉的语言”。埃利奥特亮出他的吉他，演唱了几首伍迪·格思里的歌。凯鲁亚克的回应——或者说反击——是大声朗读了《在路上》的全部手稿，连续读了三个晚上。[1] 其中有些内容，漫步的杰克·埃利奥特在很多年后会说，“那好像是我自己的经历”。另外一部分则没有那么契合。[2] 有时候，事情不过看上去有联系而已。

杰克·艾利奥特对伍迪的模仿已经达到以假乱真的地步。因为接触不到真实而有效的学习资源，迪伦只好通过模仿杰克去模仿那个他们两个都想要成为的人。像在某些波西米亚风情的连续系列电影里演的一样，“之子”（son of）哺育了“之子之子”（son of son of）。早在1960年的明尼阿波利斯，迪伦从乔恩·潘卡克那里偷走的唱片集，正是艾利奥特在20世纪50年代中后期录制的那一批唱片，里面录满了格思里的歌和听起来像格思里的歌。这些歌帮年轻的齐默曼治愈了他的“在路上”发热。在漫步的杰克·艾利奥特后来制作的唱片里，有一张被他命名为

1 Nicosia, *Memory Babe: A Critical Biography of Jack Kerouac* (1983). Book Two, “Double Vision”.

2 接受 *Thirsty Ear* 杂志采访，July 2002。

《凯鲁亚克最后的梦》（*Kerouac's Last Dream*），这自然不是巧合。这张唱片首次发行的时候，封面上放了一张迷失的美国高速公路与蓝色的地平线在天际接壤消融的照片，这与以往一样，也带着很重的伍迪·格思里之歌的意味……

不管他自己怎么说，迪伦从来没有在凯鲁亚克的意义上"在路上"，而与格思里对"在路上"的理解则距离更远。一个辍学生的远足漫游和一个职业民谣歌手的巡回路线，只能容纳艰难旅行和自我发现的神话，而顾不上肮脏的现实。他那一代人的声音，并不真正了解他们的国家。在1964年开始的时候，他数得过来的出游，只包括一次去科罗拉多州的旅行、一次在密西西比的远足、几场在芝加哥地区的巡演和最近两次前往加利福尼亚的飞行，东部沿海地区以外和美国北方的大片区域对他而言依然神秘未知。他不可避免地会想去了解更多。这几乎是他最后一次漫游的机会，也是他第一次为所有那些"鲍勃·迪伦"传说赋以真材实料的机会。在闯入纽约整整三年之后，他决定迈开探索的脚步。

* * *

在1964年2月初一个寒冷而干燥的星期一傍晚，迪伦奔上新泽西收费高速公路，发现眼前是一条无边无尽的高速路。虽然可能会有人想念起莫里亚蒂、帕拉迪斯和其他的伙伴*，但他们都不在车上，甚至也失去了不安的灵魂。取而代之的是一位巡演经理，维克多·梅穆迪斯（Victor Maymudes），还有两位精挑细选的随行，保罗·克莱顿（Paul Clayton）和皮特·卡曼（Pete Karman）。这三个嬉皮士或许会被误认为是迪伦的亲信手下。他们每个人最终都会发觉自己所处的位置。如果有需要，这个三人组还会了解到，迪伦已经不再是那个躲在自己所有旧日偶像阴影之下的模仿者了，甚至也不再是几乎闻名遐迩的"新港"抵抗歌手了。人们说他是自成一家的诗人。当他在场的时候，自然周围所有的人都要绕着他旋转。在这颗新星的卫星轨道上，环绕着比他质量更轻的实体。

---

* 莫里亚蒂和帕拉迪斯是凯鲁亚克长篇小说《在路上》的主人公，是美国垮掉的一代的经典形象。——译者注

这一队人驾驶的那辆车，通常被描绘成一辆浅灰蓝色的福特旅行车，可能是一款“乡绅”（Country Squire）。后备箱里，和行李放在一起的是“迪伦为肯塔基罢工矿工们征集的二手衣物”。[1] 这辆车将载着四个人一路开到加利福尼亚州，那里计划于 2 月 22 日在伯克利社区剧场举办一场演唱会。一路上，沿着地图里一个弯度巨大的弧形轨迹，迪伦还将先后在佐治亚州的亚特兰大、密西西比州的图加卢和科罗拉多州的丹佛献唱。

后来，罗伯特·谢尔顿将不遗余力地为这场古怪的假日旅行赋予传奇的色彩。在“去肯塔基看望战斗矿工的绕路之旅中，有一位父亲诗人，有狂欢节（Mardi Gras），还有南部的民权斗士们”，而迪伦“如天雷一样滚滚而来，跨越美国的山川大地，径直穿透了惠特曼的‘大路’、格思里的《艰难旅行》（*Hard Travellin'*）、凯鲁亚克的《在路上》、霍珀（Hopper）和方达（Fonda）的《逍遥骑士》（*Easy Rider*）以及克西（Kesey）的《兴奋剂实验》(*Acid Test*)”。[2] 和所有这些著名的传说相比，现实就显得没那么配合了。

说到底，这不过是一次奇怪的旅行而已：一位民谣救世主、三个没那么睿智的人、一辆车、一台打字机、一把吉他、酒、轻毒品以及每个人在远行中都会随身携带的其他那些东西。而在所有这些东西的包围之下，迪伦将开始为自己写出全新类型的歌。

* * *

他即将横越的这个国家，仍然深处沉痛的近乎肉体的震惊之中——一个常用的词是创伤。肯尼迪之死和持续四天的全国哀悼，把美国推向一段激烈的相互指责与自我审问。那些为屠杀叫好的人——确实有一些这样的人——在格外小心地庆祝。其余的人都在想：究竟是什么样的一个国家，才会对它的民主、领袖和自己做出这样的事？JFK 的殉道神话已经开始成形，这是比单纯的现实生命力更为持久的头等大事。迪伦在汤姆·佩因人权奖典礼上的那场惨败中，早已有所发觉，当然他也为此

---

1 Anthony Scaduto, *Dylan* (1972).

2 *No Direction Home: The Life and Music of Bob Dylan*, Ch. 7.

付出了自己的代价。

在最近的肯尼迪传记作者中，最好的一位[1]能公正地指出，假如他的传主“从来没有当过总统，那么传记作家、历史学家和公众还会不会对他有如此之多的兴趣，就要打上一个大大的问号了”。达拉斯的那场谋杀，那次“美国家庭中的死亡”，改变了所有的事情。根据尼尔森评价机构的估计，全美国93%的电视机都播放了葬礼的报道。“肯尼迪，他致力于为这个国家而限制的暴力时代的受害者”，这是《纽约时报》头版上一条悲怆的副标题。这家报纸在11月23日的社论中称这一国家和世界的损失是“有历史影响且令人无法承受的”。

1964年，没有人想了解肯尼迪在红色恐慌时期或民权斗争时期各种表现的真相，也没有人想听到他是个老谋深算的自私男人这种话。尤其是，他那难以抑制的过剩性欲是一个守护得很好的秘密，至少在公共领域内不为人所知。在一个教堂和国家分离的社会里，对肯尼迪的谋杀已经染上了宗教色彩。这份罪恶是施加于他的祖国之上的。它让这个国家变得如此奇怪，简直像一辆坐满了垮掉的一代的汽车，载着草坪、速度、想法、酒精和歌。

新与旧以奇特的方式重叠在一起。从表面上来看，美国似乎仍然是一个巨大、结实、充满能量的国家，从不缺乏老生常谈和饱满的色彩，这是一个迷恋着现代性和登月旅行的国家，还是一个抛弃过去如同炸毁一座大楼那么简单的国家。然而外表是具有欺骗性的。这个进步和喧嚷的美国保存着一颗顽固而保守的心，总是与上帝靠得更近——每周去教堂做礼拜的公民超过40%[2]——而疏远晚近的都市蛾摩拉*。拜林登·约翰逊所赐，越南战争在1964年初不断升级，反对战争的抵抗却没有扩大加强。那些在某一天将被理查德·尼克松称为属于自己的“沉默的大多数”的人民，反而在为年轻人之中的流行时尚和狂热感到困扰。同样

1　Dallek, *Kennedy: An Unfinished Life* (2003), Epilogue.

2　根据 William G. Mayer's *The Changing American Mind: How and Why American Public Opinion Changed Between 1960 and 1988* (1992)，50年代参加教室活动的比例攀升至47%，在1964年左右带来“下降最缓慢时期”，至1971年则降至40%。

*　蛾摩拉（Gomorrah），《圣经》中的罪恶之城。——译者注

让他们产生焦虑的还有来自异国的想法，国外势力的威胁也令他们坐立不安。他们担心美国的核心价值会遭到侵蚀。他们也不怎么喜欢长头发。他们要开始搞出些动静来了。

亚利桑那州的参议员戈德华特在1964年替这些人发声。那年夏天，他说："我们的人民追随了错误的预言。我们必须，而且我们也将要，返回已被证明过的道路——不是因为它们古老，而是因为它们真实。"这位共和党总统候选人被尼克松誉为"保守派先生"，他还转述西塞罗的一段话表达自己的爱国主义："我要提醒你们，在维护自由的路上走向极端不是罪恶。我还要提醒你们，在追求正义的路上浅尝辄止也不是善行。"[1]

前演员罗纳德·里根将出面为戈德华特背书，并称选民们面对的问题其实非常简单。它只关心一个单一的命题："我们是否相信自我管理的能力，或者说，我们是否要背弃美国的革命，承认一小撮儿住在遥远首都的高智商精英能够比我们更好地规划我们的生活。"这位亚利桑那州的参议员将在竞选总统的路上迎来一场灾难性的惨败，但这并不是真正的要点所在。几乎在海外毫无觉察而国内仍然忽视的情况下，从肯尼迪自信的自由主义到新式保守主义的转变，已经暗度陈仓地酝酿起来。

在美国的很多地区，过去仍在继续，在这一点上大家都没什么差别。贫穷，被关于普世富裕的话语所折辱的贫穷，并没有仅仅因为长期的忽视而自然消失。肯塔基和以往一样，是被贫困折磨最深的州府之一。阿巴拉契亚山脉一带的音乐有朝一日将在美国文物*中得到一个中心位置，而迪伦也将被追认为一个首要的推动者，但在1964年，阿巴拉契亚山脉的现实却极度阴郁灰暗，找不到一点儿甜美牧歌的氛围。[2]

1　1964年7月在旧金山共和党全国大会上的提名演讲。

* Americana，有"美国文物""美国范儿""美国精神化身""美国的象征"之义，为与上下文呼应，本书未强求统一。——译者注

2　直到奥巴马就任总统期间，以居民中等收入作为测量指标，则全美100个最贫困的县里，有29个来自肯塔基州。根据2010年的人口普查，在"2009年，位于贫困线下的人数，百分比"这一测量指标上，这个州拿到了18.4%的数字。从各个方面来说，这里的情况都在变得更糟。

突然之间，人们又记起了穷人。就在迪伦的探险小分队成功穿越荷兰隧道*的前一个月，约翰逊总统已经在他的年度国情咨文中宣布“向美国的饥饿无条件开战”。然而数据统计以及约翰逊的竞争对手们都表示，没有这个必要。在官方记录中，贫困率呈现下降：到 1964 年，每五个美国人里“只有”一个美国人没有维持最低健康状态的必要条件。在穷人们挣扎着生存的地方，数据没有什么意思。约翰逊执意扩大这场战争的前线，并试图触及那些似乎已经被挤出地图的地方和人民。这同时也是好的政治：在这里继续的是已逝领袖的路向之一。

1 月 8 日，在华盛顿，约翰逊将不吝充沛丰满的修辞，献给那些生活在“希望郊区”的人们。他将贫穷称为“一个国家问题”，并说在美国，政府的每一只手臂，不论是国家还是地方——

> 都必须追捕贫穷，哪里有贫穷，就要把手伸到哪里——在城市贫民区和小镇，在佃农的陋屋或者移民工人的营地，在印第安原住民区，在白人中间，在黑人中间，在年轻人中间，在老人中间，在兴旺发达的城镇，在经济衰落的地区……我们的目标是，不仅要缓解贫穷的症状，还要治愈它，而且尤其重要的是，预防它的发生。然而，现在没有一条立法能满足我们的要求。
>
> 我们将在经年萧条的阿巴拉契亚山脉地区开启一次特别的尝试……

历史学家哈里·考迪尔（Harry Caudill）同时也是肯塔基的立法委员，他本人就是在煤场长大的穷苦孩子。1962 年，他出版了《当夜晚降临坎伯兰》（*Night Comes to the Cumberlands*）一书，在书中将这一地区长久的苦难历史一清二楚地清算在矿场主和他们来自东北的投资者头上。1963 年秋天，在考迪尔这些事实揭露的启发下，一位名叫霍默·比加特（Homer Bigart）的《纽约时报》记者——其更为人熟知的身份是

---

* 荷兰隧道（Holland Tunnel）是位于美国纽约市哈德逊河下的一个车行隧道，连通纽约和新泽西。此处穿越隧道，指迪伦等人启程离开纽约。——译者注

一名战地记者，那也许是对他更恰当的描述——起草了一篇文章，在文章的开头写道：“艰难时代——自大萧条以来最坏的时代——已经再一次降临肯塔基州东南部和弗吉尼亚州西南角的煤场。”

挖掘机代替了人力，煤场主开始解雇工人。经营者开始声称，他们没有能力支付在工会条约中签署的协议薪水。对于很多矿地家庭而言，比这些更糟的是，一些小型煤矿公司无力负担矿区土地使用费——每开辟一吨付 40 美分，这些费用本来的作用是保障在矿坑移走树木以及矿尘损毁肺部之后提供免费的医疗服务。矿工联合会（The United Mine Workers）组织在被剥夺经济来源后，一面关掉了自己的多家医院，一面承受着来自绝望的成员们的愤怒。那里没有其他的工作可以做，却有很多纷乱和骚动，有些充满了暴力色彩。等迪伦来到这片区域时，这种情况已经持续了一年多的时间。仅仅在肯塔基的哈伦县的大约 51 000 人口中，就有 13 056 人被归为赤贫一类。

考迪尔的书和比加特的通讯首先吸引了肯尼迪白宫（一个追求某种不一定需要黑人参与的路线的白宫）的注意。很快，乡野贫穷的老故事再次成为新闻。1964 年 1 月那期的《生活》杂志以阿巴拉契亚地区的苦难为主题。人们——不仅仅是民谣歌手——开始带着食品和衣物涌向那个地区。迪伦也许对一群身处危难中的人产生了一种深切的本能式的同情。也许多亏了那些格思里的老歌和他在北国的记忆，他相信自己理解了生死存亡的意义。但他同时也可能是在回应着头条新闻：这正是“时事性话题”的危险之处。

美国倾注而出的关怀本意不错，但常常相当愚蠢，而且对根治源头毫无帮助。比如哈伦县就迎来了装满整整一辆矿车的十吨卷心菜，很快就开始腐烂发臭起来。没人知道该拿一捆捆名流捐赠的没人穿的都市华服怎么办才好。正如《纽约书评》（*New York Review of Books*）在提及考迪尔的那本书时所评价的那样：

> 很多年来，这些山区一直处在社会科学家的审视之下，他们的民谣艺术已经得到了收集和分类整理，他们不幸的人们被采矿公司、矿工联合会和不同的政府机构组织之后再组织。共产主义者、

小说家、摄影师、漫画家和歌曲推广员在几十年中不断地把这些山里的话传递给整个国家。但这一切都没有用。

于是迪伦来了，开着那辆搭乘着流行乐伙伴和载满纽约人“为罢工矿工征集”的二手服装的旅行车，驶向肯塔基。当时，他的新唱片刚刚上架三周，用令人着迷的布鲁斯歌唱着艾恩兰奇饱受虐待的矿镇，而约翰逊的演讲仍然是全国讨论的焦点话题。杰克·凯鲁亚克从来没想过这么做。这是伍迪那样的人才会做的事情。但是，这不是第一次，也不是最后一次，一代人的声音如此天真，把自己想象成了一个角色。

如果存心刻薄，你甚至可以说他正在追风弄潮。在菲尔·奥克斯（Phil Ochs）的推动下，纽约的村门已经设立了矿工救济金。事实上，在迪伦的慈善之旅结束几周后，应高地研究中心（Highlander Research Center）之邀，一整支由大城市民谣歌手组成的队伍将莅临阿巴拉契亚，亲眼见证矿产地区的生存条件。汤姆·派克斯顿是队伍中的领衔大腕之一，他后来在《唱出来!》杂志11月的一期（迪伦会因为其他原因记住这期杂志）中讲述了这次旅行。派克斯顿写道：

> 在复活节周末，我和我的妻子米吉（Midge）随同菲尔·奥克斯、卡罗琳·赫斯特、艾利克斯·多普金（Alix Dobkin）、艾里克·安德森（Eric Andersen）、丹尼·卡尔布（Danny Kalb）和其他一些人南下来到肯塔基州的哈泽德县（Hazard），同在过去一年多的时间里持续经历罢工和饥饿的一些矿工们会面。如果一个人想逃过罢工，他可以在任何地方找到一口不安全的矿井（他们叫它“狗洞”），在里面做工一天，12个小时，赚3美元到8美元不等。因为事情遭到了作弊和垄断，所以如果他不逃开罢工，就保证拿不到领取政府补贴的食品券。这位“名誉县长”用他喜欢的方式来运营这个县城。正如歌中所唱，他本人是矿地的一半领主，所以矿工们已经晓得不要从他那里期待太多——除了麻烦以外。

派克斯顿提到的这首歌是他自己的《哈泽德的名誉县长》（The

High Sheriff of Hazard)。他至少愿意拨冗了解一些矿工们和他们的家庭所处的危难境地，并试图——以适当的抵抗风格——将这些问题付诸文字。奥克斯和安德森也会做同样的事。迪伦却没有这方面的兴趣。上面提到的那首歌秉承着一些真诚的美德，同时也具有音乐论争的所有缺陷。如下是派克斯顿的歌词：

似乎自这个古老的世界一开始时就是这样
有些家伙乐此不疲地阴谋与策划，
从穷苦的劳作的人那里挖出宝藏……[1]

而奥克斯的歌词如下：

好吧，在肯塔基，采矿是哈泽德（Hazard）的危险游戏（hazard），
如果你不在那里采矿，
好吧，朋友，那你真是幸运，
因为如果你没有染上硅肺病或者拿到了工钱，那简直骇人听闻
你会叫喊着呼唤一个真正在乎的工会。

“不在那里采矿”对奥克斯和他的同志们同样适用。他们可以把歌写得相当感人，如安德森的《盲眼小提琴手》（The Blind Fiddler）（“我在56年的哈伦失去了我的眼睛”），也可以写得满腔愤怒，但是他们永远也不可能抵制住将无产阶级理想化的倾向。他们这么做，至少在一部分上是因为迪伦，当然也受到迪伦“最后的英雄”伍迪·格思里和诸如《濒死的矿工》（The Dying Miner）一类歌曲的影响。这意味着他们不得不对某些事情视而不见。肯塔基的暴力——枪击、殴打、炸弹和纵火——

1 “The High Sheriff of Hazard” from the album *Ramblin' Boy* (1964). 奥克斯的这首歌最终收录在：*The Broadside Tapes* 1：1962－64 (1989)。安德森的歌出现在：*Bout Changes and Things* (1966)。

并不是仅仅来自于一方面的。有些工人也在向他们自己的工会和他们自己的同类开战。在奥克斯写下的歌中，有不下三首放在这群人中都会显得格格不入，孑然独立。这些人并不见得有必要分享他所有那些对政治乃至对宗教的都市知识分子观点。这几首歌中，有一首名为《肯塔基没有圣诞节》(No Christmas in Kentucky)。伴着"沃巴什炮弹式快车"的曲调，它大声地唱出"如果你知道什么是圣诞节，我想你就会发现/基督的圣诞日在寒冷的肯塔基矿地度过"。迪伦则没有写任何一首关于矿地的歌。在1964年，他可绝不会写那种歌。

令人扫兴的是，哈泽德县没有表现出迎接英雄般的热情，而迪伦也没有在那里停留很长时间。人们都很忙。虽然不时有说法称，他曾主动提议为矿工们举办一场慈善演唱会，但是没人能拿出证据证明，他曾为这件事做过一点准备，或者曾提前向繁忙的工会组织者通报过此类意图。表面看来，当地人是足够友善的，但最重要的是，他们对他没什么了解，甚至于可能根本没听说过他。毫无疑问，他与心地善良的普通旅行者有明显的相似性。安东尼·斯卡杜托(Anthony Scaduto)后来爆料说，迪伦在当时对于人们没能给予他充分的关注而感到非常怨恨，但是最早的迪伦传记作者们却只把皮特·卡曼的话当真。

迪伦1966年1月在纽约WBAI-FM电台上参加鲍勃·法斯(Bob Fass)的听众来电采访及表演时发表了一通评论，可能更有趣一些。一位打电话进来的听众想知道，当人们提到肯塔基州哈泽德县的时候，对这位明星而言"意味"着什么。在一番闪烁其词的敷衍对话之后，迪伦说：

> 哥们儿，你不应该只知道哈泽德。哈泽德不过是……哈泽德就是一场宣传。

1964年2月，感激的话已经听够了，带来的衣物也分发完毕，他的小分队继续踏上征途，显然并不比初来时明白得更多。在两三天以后的夜晚，他们已经打上了台球，还欣赏了一场谢尔顿所谓的"裸体电影"。那里没有抵抗。但那同样是"真实的美国"。

* * *

他们的下一站，来到了一位无可挑剔的老诗人的家中，这位诗人同样从未听说过鲍勃·迪伦，而且很可能也没有想要听说他或者听他说的渴望。卡尔·桑德堡那时已经是一位矮小的 86 岁老人了。他过着平静的生活，正在写一本关于亚伯拉罕·林肯的书，这本书后来还赢得了普利策奖。而他的妻子则在喂养一批状元乳用羊。这位上了年纪的平民主义者在自己年轻的时候对民谣歌曲有浓厚的兴趣。事实上，桑德堡曾经也是一位吉他手兼歌手。遥想当年，在伍迪·格思里还是个孩子，而卡特家族（Carter Family）也才刚刚开始录歌的时候，他已经在唱像《凯西·琼斯》（Casey Jones）和《比尔号汽船》（Steamboat Bill）这样的歌了。[1]

虽然从学术角度来看，桑德堡从来都不是一个纯粹的民谣学家——很可能也没什么太大差别——他在自己的年度演讲和阅读旅行中收集过上百首歌，并在 1927 年的《美国歌袋》（*American Songbag*）中一股脑儿地公布出来。他说这本书是自己“装满从地球每个角落搜刮来的丝条、绸带和彩线的破布袋”。它后来成了一个著名的文本。这位诗人的“音乐探险”比其他人都要早上很久，在首印版中，他的书中放入 280 首歌中的 100 首左右（据他自己估计），后来还录制了其中不少首歌。桑德堡和约翰·洛马克斯的不同之处在于，他在自己的工作中没有来自机构的支持，也不曾将一种音乐学家的先入之见投向“田野”。相反，他理解并欣赏民谣音乐，完全是因为创造这种音乐的人。桑德堡在无心之中成了一个纯粹主义者。他还是一位类似于——迪伦或许已有所耳闻——美国偶像的人物。

他曾经做过擦皮鞋的小童、砌砖的工匠、农场的劳力、煤工、士兵以及带有社会主义倾向的记者。他甚至从来没有真正地做过无业游民。在年老之后，他依然坚定地支持民权运动，而且对美国资本主义的骄奢淫逸感到非常不安。他的诗歌相对于某些人的品位而言太过容易，甚至

1 并不是一个名不见经传的吉他手：桑德堡曾是安德烈·塞戈维亚（Andrés Segovia）的弟子。

过于简单化，并且显然“太过政治化”。但卡尔·桑德堡是有真材实料的大人物，已经为自己赢得了一席之地。所以，他凭什么愿意被一个陌生的年轻人骚扰呢？

迪伦向这位住在康内马拉农场的诗人所求之物，除了受人尊敬的作家对受人尊敬的作家的认可之外还有什么，很难说清楚。他一如既往，在没有任何预告的情况下抵达，但他也绝非不小心撞见卡尔·桑德堡的。相反，据皮特·卡曼回忆，有一次，“迪伦研究了地图……‘北卡罗来纳州的亨德森维尔，’他说，‘你得上这条高速’——把地图塞到克莱顿的眼前——‘然后就在亨德森维尔的外面，就是他住的地方，弗拉特罗克。他住的地方就在那儿。’”[1]

这一小队人马最终找到了诗人的家。在卡曼的记述中——有关于此的唯一记述——当迪伦走到那条战前修建的门廊前时，宣布了自己的到来，他对桑德堡夫人说：“我是一位诗人。我的名字是罗伯特·迪伦。我想求见桑德堡先生一面。”这听起来不像他说的话，但谁知道呢？也许他为了这个庄重的场合，采用了自己不习惯的礼仪作风。莉莉安·桑德堡（Lilian Sandburg）对于那些仰慕诗人艺术的年轻信徒们的不请自来大概早已司空见惯，据说，她的丈夫每周都会收到200～400封来信。当轮到鲍勃·迪伦自己应对那些耽误时间和分散注意力的粉丝时，他可做不到像这对老夫妻一样，面对四位突如其来的旅行怪客表现出如此的宽容。

他到底要什么？或者不如问，他期望桑德堡说些什么？拜访伍迪的几番朝圣仿佛已经让一个幻想在心中不断生根，不容置疑：“我是一位诗人。”如果那真是他说的话，至少在当时，迪伦已经对这一声明不再有任何犹疑。

他对诗人角色的拥抱和拒绝贯穿了整个职业生涯。在对弗拉特罗克的造访过去一年之后，他会告诉《洛杉矶自由报》（*LA Free Press*）：“我没法给诗这个词下定义，我甚至都不会尝试这么做。”另一方面——在迪伦身上，总有另外一方面——他在此时期并不羞于把自己的韵句和散文诗实验作品印在他的唱片封套及其他地方上。《时代在变》的唱片套

---

1 Scaduto, *Dylan*.

上展示着11句全新的“提要墓志铭”；同年的下一张专辑还将其长短参差不齐的歌句作为“一些其他种类的歌”加以推广宣传；自此以后，迪伦又在他四张热卖专辑中的三张中用自己的文本包装封面。在1964年，他还签了一份书籍出版合同，有没有书暂且不论。很多人都说他是个诗人。而他也读过很多诗章。

在《放任自流的鲍勃·迪伦》的时代，迪伦曾说过，歌和诗之间唯一的区别就在于能唱还是不能唱，就这么简单。现实中在操作上的差异或许是，他通常会在可以发现音乐的文字中投入极大的关注，而对另一种文字则倾向于像打拳一样“率性”地敲打在纸面之上。这对于一个天生的艺术匠人而言，是个令人颇觉奇怪的误解。歌曲，大多数的歌曲，都来得很快，但之后要在纸面上以及表演中历经审慎的修改。而诗歌和散文则来得迅速而无形，迪伦似乎认为其结构可以全凭自己个性的力量召唤而来，自生自灭。有时候他会撞上好运，但更多时候却并非如此。

他对文学楷模的选择也很不理想，在那个时候，很多人都是这样的。除了沃尔特·惠特曼以外，真的还有人能写出惠特曼那样的句子吗？同一时代的美国诗人弗兰克·奥哈拉（Frank O'Hara）或者约翰·阿什贝利（John Ashbery），如果仅仅是为了找乐子，或许可以勉强做到。劳伦斯·费林盖蒂的《始于旧金山》（*Starting From San Francisco*，1961）是一个明确的成功案例。但迪伦不行，即使当他试着通过任性地切断诗句来努力掩饰自己的模仿时，模仿的失败也显而易见。那么，所有苏西熟稔的外语诗人，能不能在翻译中保留足够的原汁原味，而对迪伦有所助益呢？还有，金斯伯格或者凯鲁亚克《墨西哥城布鲁斯》（1959）的“诗学”能不能提供那种可以立即吸收的诗意，像一首老的民谣旋律一样被迪伦借鉴呢？这些都没有。上述种种背后，存在着一个更加深刻的问题，即同源的音乐、韵诗的结构甚至自由的诗行都会与旋律的结构不停地发生冲撞与抵牾。然而，就迪伦到1964年为止发表的作品来看，这还不是一个他有能力直面的问题。但这并不意味着这个问题会自行消失。

他在8月即将发布的唱片封套上，会把这些东西全部作为“其他种类的歌”，不管不顾地挤凑到一起，为了适应“鲍勃·迪伦的诗”，字号被缩到了最小。和真正的歌曲不同的是，这其中的失意之作比风行之作更多。大概只有最盲目的拥趸者才有可能对这样一个事实视而不见：要是这位作者一直都仅靠文本行世，那么他将一直面目模糊地湮没在人群之中，默默无闻。这不是，或者尚不是，他的专长：

> 我每天同人们说话
> 在各种场景之中
> 善与恶只是说法
> 发明它们的人
> 陷在场景之下

在康内马拉农场，这位吟游诗人递给桑德堡一张“时代”* ——克莱顿曾呈上一张自己的唱片——以及上面的 11 首诗。那位老人对这些诗或歌的看法没有被记录下来。他很礼貌，陪他们聊天，但是很明显，他们的心灵没有相遇。这种恭维奉承的试练，桑德堡在之前已经经受过很多次了；迪伦也会持续地经受这种试练，一直贯穿好几个年代。其实，在到达弗拉特罗克之前，他已经有足够多的经验了。如果这是事实，他那笨拙的开场就显得更加粗鲁莽撞而不得体。苏西·罗托洛可以作证：

> 在《放任自流的鲍勃·迪伦》发行一段时间之后，我在一些聚会上注意到，人们开始面带敬意地向他靠近，给他讲和自己生活密切相关的故事，并等待他开口。他们想让他为他们提供一些建议，或者以某种方式给他们启发……这让他感到很不自在。[1]

直白地说，迪伦大概觉得一个元老级人物在面对这一类事情时会更加游刃有余。或者更可能的是，他心里从来没有想过，自己——一位诗人——与胡搅蛮缠的歌迷有任何相似之处。桑德堡的结论可能与他不同。皮特·卡曼会告诉谢尔顿，在迪伦和他那位不幸的主人之间有“一

---

* 此处应指《时代在变》。——译者注

1 *A Freewheelin' Time*, p. 274.

种直接而无言的沟通”，但“无言”才是其真正维持的状态。

这说起来有点反讽的意味。迪伦正在成为一位诗人，而且在某些特定的歌里，他已经表现得比桑德堡更好了，尤其是他那些简省平和而忧郁的片段、他对人类尊严的浪漫化表达、他在爱国论题上的博大胸怀和他在礼仪上的不足与缺陷。迪伦被这位上了年纪的作家深深迷住，可能是因为桑德堡让诗歌的事业看起来更像一门人性化而不矫饰的大众艺术。而现实中，这位令人尊敬的诗人，他的绝大多数诗句都是用华而不实的修辞技巧打造出来的仿自然的工艺品：这一点迪伦也能做到。说得更残酷一点，桑德堡只掌握了两三种文学技巧，而迪伦则早已精通无数。他留在弗拉特罗克的唱片里，有几首歌已经达到了那位元老从来都不可能够到的高度。

迪伦本来应该是想要“看看手稿或者成书”，以求获得一种亲密性和接纳感。想来想去，他想要的只能是某种他相信自己曾从伍迪·格思里那里获得的认可一类的东西。相反，他们只聊了20分钟家常，桑德堡就借故送客了。在谢尔顿的引述中，卡曼的话虽然有点儿自相矛盾，但可能已经说明了一切：

> 我们有一种确定无疑的失望感，主要是因为桑德堡从来没有听说过迪伦。在我的记忆里，那场旅行剩下的时间里，桑德堡这个人再也没被提起。迪伦沉入了无言的沮丧之中。

* * *

他很快就复原了。毕竟，他身边有三位得力的朋友，还是一个快乐的三人组。差不多吧。和一个80多岁的诗人相比，他们都相信迪伦才是某些事情的关键答案。他们对这场旅行目的的理解不太清楚。是一时兴起吗？或者是这位年轻的明星想要逃离把人压得喘不过气的名声，哪怕再短暂也好，之后再重新和现实建立起联系？一方面，这场旅行似乎没有一个说得出的行程单；另一方面，有关这个传说的第二个版本称，他们的毒品早在沿途将要到达的城镇备好，在等候他们了。率性也是有局限的。

一言以蔽之，这是一场向美国心脏地带进发的出于本能的疯狂旅行，目的地、偶遇、旅店房间和很多其他方面的事情，都随机而定。与此同时，迪伦还有一些有待兑现的承诺、几场演出的安排和几个必须到达的地点。不管后来出现多少有关这次“传奇”之旅的解释，有一种感觉很难回避。他是在完成一个关于自己的古老而不切实际的想象，即自己是一个无根的灵魂。引发他这次行动的本源，与促使他编造出所有关于离家出走和与食人族同行之类的故事的冲动并无二致。考虑到他在后来的生命中一直在无边无际的路上行走，迪伦在 1964 年的一瞥，几乎完全是在扮演他的一个想象：我是一位诗人。他生活在自己的电影之中，或者自己的某首歌里。

在迪伦打草稿、打字或打盹的时候，维克多·梅穆迪斯就一直顶着驾驶员的角色。他是御林军三人组中唯一在这次旅行中有薪水可拿的成员。另外两名则是拿着制作公司的钱白吃白住的拖油瓶。梅穆迪斯在苏西的记忆中“沉默而令人发怵”，而其他人则说他是“世故而迷人的”“一位哲学家”“迪伦的左膀右臂”“贴身保镖”“导师”和一个反文化先锋。他比其他几人都年长几岁，欧蒂塔最早的演唱会应该就是由他操办的。1955 年，他还参与修建了日落大道上的独角兽咖啡馆（Unicorn），这是洛杉矶第一家以现场音乐和诗歌表演为特色的咖啡馆。他陪着杰克·埃利奥特一起来到纽约，在那里发现自己很符合迪伦的要求：巡演经理、司机、后勤人员、棋友、雇工，他什么都能干。在之后的 35 年里，他将分两次长期承担这些五花八门难以定义的功能，其中第二次是以一场法院书记官所谓的“激烈争吵”而告终的。

保罗·克莱顿长时间以来一直在毁誉参半中艰难前行。以“美国录制唱片最多的年轻民谣艺人”著称的他，在和迪伦相遇之前已经制作过很多不错的唱片，也赚了一点小钱。这位男士在 1964 年落入迪伦的网中，“巴勃罗”（Pablo）·克莱顿被他深深地迷住了，这既是出于惊叹与敬畏，也有可能是出于爱慕之情。而迪伦对他的第一印象，则是一位似乎知道任何人说得出来的任何一首民谣的真正民谣家。在克莱顿逝世后的一则唱片公司广告中，他被描述成伍迪·格思里和迪伦之间“那条缺失的纽带”。1964 年，他酷嗜音乐与安非他命，是遭到迪伦“创造性”

借用的宽容受害者之一——特别是那首《无须多虑，一切安好》的旋律，全盘抄录了克莱顿已经“翻唱”过一次的《我死后谁为你买彩带》(Who's Goin' to Buy You Ribbons When I'm Gone)——而且他那时已经是一个悲剧人物了。

皮特·卡曼，据他自己所述，最开始是在一家报社做送稿付印的小工，就是在铸字排版的时代，负责把打字机打好的故事和报章小样在记者、编辑和印刷员之间来回递送的杂役。到了 1964 年，他已经是《纽约每日镜报》的新闻记者，写过纽约市第一篇关于迪伦的评论文章，并以此打响名头。他同时还是苏西·罗托洛的朋友，在她所宣扬的事实中，虽然卡曼很乐意在迪伦身边混迹，但对他轰动一时的歌曲写作并没有什么兴趣。在有关这场征程的一般叙述中，卡曼是那个看见一切和听到一切的人。或者毋宁说，他是四个人里唯一一个在后来对其所见所闻开口讲述的人。人们引用他的话时，总是（有点荒谬地）认为他是作为罗托洛钦点的“监护人”跟着迪伦上路的，就好像苏西直到 1964 年还不知道迪伦对忠诚有一种弹性的定义。还有人暗示说，这位记者本来应该是被派去组织迪伦和贝兹见面的。对监护人角色的选择，就像对挚友角色的选择一样，标准都模糊不清。为什么要在和苏西的关系走到尽头的时候，在身边带上一位“罗托洛的旧时故交”呢？为什么要带上一位对音乐没什么想法的人呢？简而答之：我们不知道。

* * *

离开北卡罗来纳州之后，这支快乐的队伍笔直向南，来到新奥尔良。虽然队伍里有一位“巡演经理”，但这趟旅行并不是一次真正意义上的巡演。可是迪伦还是有很多约会要赴。其中一场演唱会定于 2 月 7 日在亚特兰大附近的埃默里大学格伦礼堂举行。那天晚上，到场的学生们“几乎每首歌一起调，就知道是哪一首了”。在那之后，迪伦还要出席一场派对，与几位民权活动家会面，并——在卡曼知悉的情况下——同一位偶遇的女孩两厢情愿地结合。四个人中没有谁能逃过审判。这场神秘的公路旅行，和多半公路旅行一样，是一场不良少年的狂欢。它与真正的美国心灵的碰触并不总是高尚庄严的。他们喝了很多酒，吸了很多毒，将种族隔离和其他种种怪象的现实收入眼中，然后继续漫行。

当美国大地在这辆福特车轮下滚过时，迪伦开始写歌。令人惊叹的不是他写了这样或那样的歌，也不在于他写的歌都讲了些什么，而是他竟然真的把歌写了出来。在接下来的两三年里，这种天分将为他带来很多便利。这位作者与绝大多数其他杰作的创造者最鲜明的一点区分，是他拥有在最不利的客观环境下写出最好作品的能力。在卡曼有关这场公路旅行的叙述中，轻度疯狂、药物滥用和宿醉的主题压倒一切。但不知怎么回事，当迪伦需要的时候，他就可以把一切混沌和混乱屏蔽开来。

* * *

在埃默里大学的演唱会结束两天之后，7 300 万美国人同时调到哥伦比亚广播公司（CBS）频道，收看《艾德·苏利文秀》。这一次没有人临阵退场。如果苏利文或者那些“项目实践部”的僵尸们觉得当晚的主唱在某些方面不适宜这个国家的青年欣赏而决定撤演，那么这些穿西装的家伙很可能会被撕成碎块，撒去投喂纽约的鸽子。美国的青少年，主要是年轻少女们，被拔到一个罕见的癫狂高度。东部时间晚上 8 点，在百老汇 50 号录影棚，那位资深的主持人带着夸张的微笑和迷惑不解的眼神，不紧不慢地用他那经典的笨拙语调介绍了“这些来自利物浦的年轻人，他们叫自己甲壳虫”。苏利文说：“而今天晚上，你们将有两次机会欣赏到他们的表演。就是现在，还有我们节目的下半场。女士们先生们，甲壳虫乐队！欢迎他们出场。”然后，麦卡特尼（McCartney）报起了音乐节拍。对于美国的少年而言，他们的 60 年代开始了。

在一个经过阐释的年代里，最撩人心弦的意象缘起于一次狭路相逢的偶合。当然这纯粹是个意外。但是正当四个利物浦小伙子在纽约翻江倒海的时候，迪伦也在一步一个脚印地打磨一首他命名为《自由的钟声》（Chimes of Freedom）的歌，这是他在放荡的跨越美国旅行中自制的怪胎之一。在 50 号演播室里，一代人正在领略迄今最为纯粹的流行乐。而远在南方，一本便笺和一台便携式打字机则正在联合编写歌词，有的拙劣，有的卓绝，但都超越了所有人对流行音乐的认识。做出根本性选择的时候到了。

迪伦很快就领会了披头士乐队的意义。他了解他们的艺术和技巧，知道他们如何在复兴摇滚的同时，又为这种形式添加了一些新鲜和意外的维度。他们显然为他本人关于音乐“向度”的思考提供了一些动力。而他们大规模的史无前例的成功也无疑曾让他有所停滞。众所周知，在几个星期之内，这支英国四人乐队就占据了公告牌单曲排行榜的前五位。到了3月，《真爱无价》（Can't Buy Me Love）在美国发行的当天，就售出了接近100万张。在这种对比之下，迪伦完全是个无名之辈：也许就像一辆低调谦虚的蓝色旅行车。他是东海岸的一个现象，但还不是一个真正的明星；是都市“知识分子”的偏爱，却没有广大的听众。他永远也不可能经历披头士享受过的那种夸张热捧。但是在1964年2月同一时间的几个钟头里，两种不同的革命正在同时发生。

这里还发生了一个悖论。经过不断地创新和发明，披头士将成为流行音乐经典形式的样板，一种音乐传统的奠基石。而从民谣音乐传统中走出来的迪伦，则创造出一些奇怪的和歌曲完全对立的东西，明显和传统一词毫不相干。他已经成为“文化另类”中的另类，从舞台表演中收集而成的《自由的钟声》则代表了他典型的姿态。

别被标题蒙骗，这其实并不是一首他的民谣歌迷们期待的那种歌。因为这一标题——以及这首歌的情感、观念、传递方式和7分多钟的长度——与巨量的披头士歌迷们愿意接受的东西也相隔了十万八千里。从某种特别的意义上讲，这才是第一首真正属于鲍勃·迪伦的歌。他踏上这首歌描画的旅程，不需要一辆福特旅行车。

在日落尾声和午夜鸣钟的遥远间隔间
我们躲在走廊里，雷声炸响
当磅礴的闪电击穿声音中的影子
听起来像是自由一闪而过的钟声

* * *

现实生活中的旅行也许仅仅是迪伦为逃避体内不同的自我而设想的一场假期。谢尔顿认为，新奥尔良的狂欢节为《金发佳人》（*Blonde on Blonde*）提供了某些意象，并在歌中重现出来，可是想要区分周一晚上走在城市里长发披肩的疲惫行者和一群醉酒的年轻旅客，并不是那么容易的事。从法语区的油腻星期二到圣灰星期三的早晨，也并不是拜访爵士乐和《百果糖》诞生地的理想时间。对迪伦而言唯一的好处似乎就是，他可以在拥挤的街头自由行动，而不经常被认出。有一次醉酒后，他因为种族隔离问题跟人打了一架；他跟水手和变装癖打成一片；他和高中老师们聊了聊各位作家；他还扭伤了自己的脚踝。

> 我们冲过房屋的丛林
> 燃烧的自动唱片机
> 秋葵浓汤四溢
> 我们被踢出了多彩的酒吧
> 街道拥挤
> 入眠的明星炸开
> 在路易斯安那谋杀的夜晚
> 每样事物都楔了进来
> 手挽着手
> 飘飘欲仙的丰收……[1]

有一次趁着醉酒后的兴奋劲头，迪伦还告诉卡曼，他有意像兰波一样写诗。注意，他不是希望或者想要像这位语言大师一样写作，他既不会读也不会说这门语言；而是他将要这么做。这就是那样的一个假期，任何事都是有可能的。

自此之后，常见一种理不清关系的逻辑在冒充着批判分析蒙混过关。迪伦在写《自由的钟声》的时候提到了兰波，“因此……”在现实中，“因此”是很难识别的。这句话同样适用于迪伦和大多数他所声称的诗歌先导们：产生真正影响的证据多半都很微弱。他从这位法国人身上得到的，是关于创造力的观念，而不是一种文学方法。把他和兰波联系在一起的做法类似于——真的有人这么做——仅仅因为歌词中出现了“疯狂的神秘”（mad mystic）一语，或者有人搜罗了一些常见的幻想推

---

1 “Some Other Kinds of Songs”，*Another Side of Bob Dylan*（1964）.

测，就说这是威廉·布莱克的遗产。有些人总是在尝试用引证的办法为迪伦正名，或者参照他本该效仿或感觉相似的今人或逝者来评价他，但这些做法根本就没有抓住重点。他不曾需要、现在也不需要这些。同任何一位作家一样，他也有影响自己的人和灵感的来源，但分析这个问题还是需要一点洞察力的。很多年轻的诗人和民谣歌手都读过经年不衰的时髦的阿瑟·兰波。

迪伦在1964年的自恃不应该被嘲笑。他在很短的时间里走了很远的一段路，去尝试一些本来凌越于他之上的事物，他没有（或拒绝）认识到自己的限度，而且敢于承担失败的代价。另外，闯出一片全新的领地正是远征者的使命。毒品、酒精和仰慕者总觉得这是个好主意。这三者中的每一种，迪伦在手边都有大量的存货供其差遣，却没人能告诉他，像兰波一样写作可不仅仅是"对所有感官的绵长复杂而有逻辑的重排"(法语)[1] 而已。尽管如此，他还是以自己的方式取得了成功。他也许不是个预言家，但作为一个作家，他似乎在很多人——有时候是太多人——眼里，都是最接近预言家的存在。

那些在20世纪60年代推崇兰波有关感官过载建议的人，一般都忽视了故事的完整版本，甚至都不一定有所耳闻。这个16岁的法国人，虽然对自己的恶习在本质上有足够的喜爱，但也曾公开表示，对于任何想成为诗人或先知*的人而言，首要的任务是"完全了解自己"，以便转化"一个人的灵魂，令其变成怪物"。

迪伦能应付怪物的一面，但真正的自我认知却是另一回事。经年之后，他和自己众多的崇拜者都会援引兰波的另一句话，仿佛想借此化解迪伦的问题，有关身份与真相的问题。Car je est un autre（因我是另一个人），那位诗人曾说，"因为我是别人/另一个人。"这在形而上学的意义上是真的，没问题，但另一方面呢？它听起来可能像个脱罪的借口。是谁——或者什么——划定了这个我和另一个我的界限？如果这个似是

---

1 写给Paul Demeny的信，Charleville，15 May 1871。出自*Rimbaud Complete*，翻译及编辑：Wyatt Mason（2002）。

* 法语：voyant。——译者注

而非的结论成立，我们应该相信哪个迪伦的陈述呢？

他没有说过。在 1985 年推出的《传记》盒装版的通告中，公布了他在一次采访中的原话，“我不把自己想成鲍勃·迪伦。就像兰波说的那样，‘我是另一个人’。”在《编年史：第一卷》接近尾声的部分，他时隔近 20 年后再次回忆起苏西把兰波的诗歌介绍给他的事情。那也是一桩大事。在他女朋友提供的卷宗中，说他偶然读到这个法国人的一封信，里面有这个著名的句子“je est un autre”，翻译过来就是“我是另一个人”。当他读到那些字的时候，如同醍醐灌顶。这简直有完美的意义。他唯一的遗憾就是没有人能早点儿分享这种洞见。

迪伦不仅仅声称在 1963 年的某日在新发现的一些文字中找到了“完美的意义”，他还继续把这句陈述和他在那一时期受到的其他主要影响联系在一起：罗伯特·约翰逊的内部的黑暗；伍迪·格思里的宣扬辞藻；布莱希特和魏尔的《海盗珍妮》。不管一个人对《编年史》作为一份目击证明或者这本书靠不住的叙事者作为一位目击证人的看法如何，有一件事是毋庸置疑的：兰波的悖论确实产生了重要的影响。它可以为迪伦解释某些东西。但是它不能为任何其他人解释迪伦。

这一切变得比本来的面目更为复杂，是因为他的仰慕者们有一种不加掩饰的愿望，想让他成为这个时代的兰波，仿佛这样就可以解决所有关于身份和艺术严肃性的问题。在 20 世纪 60 年代，主张能变成事实。然而真正的事实是，你能在两位年轻人的生命中找到有趣的类似之处，但是以文学通感的方式则几乎找不到什么共鸣。二人的相似之处因为各种各样的原因引人着迷。比如那句“著名的句法不通的宣言”Je est un autre* 同迪伦对希宾市、犹太教和诗歌的拒绝：

> 他正在说的是一种变化的力量，来自想象力和类似当代萨满教的诗歌，而我却听到这句话的回响贯穿了他劳顿、不安和漂泊的一

* 法语动词 être（相当于英语 be）的第一人称单数变位应该是 suis，而 est 是第三人称单数变位。另外，如果用 est，按照法语拼写规则，Je 应与 est 合写为 J'est（但真实的法语中没有这种用法）。——译者注

生。他是一个疲于奔命的男人。他背叛了家人和朋友，拒绝家的舒适，也拒绝了他自己作为诗人的光辉的未来。他打破了束缚我们所有其他人的羁绊，而我们绝大多数人早晚都会心甘情愿地被束缚于这种羁绊之中。他看够了，也想够了：他逃到了非洲的荒野，“离哪里都很远”，匆匆忙忙地朝向那最后的不可能的自由赶去，那就是失去你自己，完全地成为另外一个人。[1]

1964 年 10 月的最后一天夜里，正是孩子们打扮自己并假装相信世界上除了表面看到的以外还有更多存在的时候，迪伦则在曼哈顿林肯中心的爱乐厅献上一场演唱会。在唱完一首具有史诗般长度和力量的黑暗新歌后，他和观众们开了个玩笑。在那个年代，高昂的情绪还占据上风。“今天是万圣节，”他说，“我带上了我的鲍勃·迪伦面具，正在舞会上乔装！”据他们说，这个笑话在多个层面上都很有趣。这表明了他对那些叫他是个假货的人有多么不屑。它还提醒台下的观众，或许与他们对他的希望相反，他只是个表演者；他们不认识他，也不拥有他。但是这个玩笑同样也开在了他自己身上。他是鲍勃·迪伦；鲍勃·迪伦是一张面具；而“我”是另一个人。有意思。

只要能做到，他就会用歌曲为事物赋予意义。在当晚演唱的歌曲中，有一首是在酒精与毒品的陪伴下对新奥尔良匆匆的拜访中开始组装起来的，对于大多数坐在 10 月份爱乐厅里的观众来说还是全新的。在这首歌里，他会唱到，他的感官被剥夺了，他准备好去任何地方，在一记咒语的影响下，超越记忆和命运，并恳求让自己遗忘今日和明天。任何事都是有可能的。

* * *

在图加卢的黑人大学里，为了履行诺言，迪伦与更多人权活动者碰了面。他简短地表演了一阵子，然后某个人——大概是梅穆迪斯——在

1　出自 Charles Nicholl's *Somebody Else*：*Rimbaud in Africa 1880 - 91*（1997），p. 12。这本很好的书以两句格言开篇。其中一句是“Je est un ature...”，另一句则引自《没事的，妈妈（我只是在流血）》。

周三晚上忽然意识到，这位明星必须在周六之前出现在丹佛，而那地方离这里有一千英里远。于是迪伦匆忙决定，小队人马应该立即冲向得克萨斯州的达拉斯市。

他们当然去了迪利广场。和几乎所有美国人一样，他们也怀疑李·哈维·奥斯瓦尔德并不是单独行动的。在这场暗杀的余波中，相信有一个巨大的阴谋——苏联、古巴或者右翼狂热分子——存在的信念弥漫了整个国家，挥之不去。对美国的袭击一定是件大事，绝不可能是下流而可悲的随机事件。几乎没有人相信那个独行疯子的故事，他自己称自己是个“懦夫”，转而迎来了自己的被杀。仔细研究了一番那个教科书仓库后，这位一时的抵抗歌手和他的速成专家伙伴们郑重地作出论断，认为任何人如果想从奥斯瓦尔德当时所在之处射中目标，都非得是一个超级神枪手才行。

那起事件造成的更大影响无须再讨论了，即使对动机尚存疑问，对这一事件象征意义的理解也已形成了共识，并迅速变成了陈词滥调。另外，如他很快声明的那样，迪伦放弃了“相互指责”。关于那个嗜血的谋杀犯，还有什么更多好说的呢？迪伦对抵抗歌曲和其中如外卖一样便利的道德感一直持保留意见，如果他想为自己的这种保留立场进行确认，那么肯尼迪的死给了他足够的证明。对恐惧、激愤或希望的表达或许能让人们感觉好受些，但那不是他的工作。再也不是了。

在适当的时候会出现一个声明，称1965年那首《荒凉的街巷》起首的一句歌词是对暗杀事件的影射。从歌里找不到任何支持这个说法的证据。相反，这首歌提醒你的是，在抛弃了抵抗歌曲的直抒胸臆之后，迪伦掌握了一套新的文学工具用以扩大意义的内涵。在1964年，他还没有到这个地步，于是会出现一些虚假的起点。但如果相信他在这件事上有选择的余地，那才是真的错了。

不论如何，他已经在为敲响一首歌的自由钟声而努力了。在1月末参加一档多伦多的电视节目时，他似乎就已经开始构思这首歌，那时他的公路旅行尚未开启。而到了丹佛，他才（很可能是）第一次演唱了这首歌。也许通过少说一点“问题”，他能说出更多。

不论在政治上还是歌词创作上，不论是对迪伦而言还是对他的观众而言，《自由的钟声》都是一种全新的事物。夹杂在几行没能奏响的歌词之间，这首歌唱道，自由有很多种形式，个人的和政治的，公民的和艺术的，灵魂的和物质的，甚至——不管这个词究竟是什么意思——存在主义的。这里有很多歌词本来都可以写得更好，以一句超负荷的歌词为例，那句“狂野的破坏性的冰雹的疯狂而神秘的捶打”简直可以说是幼稚。但这位作者还是走在正确的道路上：这将成为1964年的主题。短语和句子佶屈聱牙，是因为他对它们的要求太多了。

在表演中，迪伦却能把这些小小的困难一扫而光。《自由的钟声》是迪伦笔下最早真正提出也许可以称之为诗学问题的歌曲之一。但很显然，从诗歌的角度出发，写在纸上的和录在唱片中的歌，在形式上便有天壤之别。虽然录音的作品也完全称得上是艺术或语言艺术，是由对偶和押韵排列成的矩阵式词语结构，但每一个在残暴的纸面上阅读《自由的钟声》的人，开口称其为诗之前，都会有所犹豫。而每一个用耳朵听到这首歌的人，都不确定是否该说它仅仅是一首歌，尤其是那种类似于《她爱你》(She Loves You）或者在20世纪为大众市场而写的歌。如果那又不是诗，迪伦到底在干吗？

* * *

他还在变成又一个另外的迪伦。转世化身的循环再次转动。如果仅仅用“幻灭”来解释他背离政治性歌曲创作的原因，就显得太过天真了。与此同时，还有一个巧合也让人忍不住会特别留意，即他和苏西·罗托洛“那段政治性的”关系临近结束的时候，正好——差不多——是他开始创作没有明显政治内容的诗行的时刻。但这能解释所有的事吗？一个真正冷血无情的迪伦，完全可以在甩了这个女孩之后，继续留守在民谣抵抗歌曲这一有利可图的煤场。

另外还有人说，迪伦弃那些抵抗歌曲于不顾，是他自始至终秉持着见利忘义的机会主义的证明，这种看法比浅薄还不如。就像让琼·贝兹记忆犹新的那样，迪伦当然可以把话说得仿佛他一直在给那些左翼自由失败分子喂他们想要的东西。只告诉人们他们想听到的东西，几乎是一种政治修辞术的定义。但看起来更可能的情况是，迪伦只是和往常一样，摆出一个恶魔的姿态，希望以此震慑这位自命清高的民谣皇后。等到了

1971年在《滚石》杂志上接受詹·温纳的采访时，他已经学会更狡猾巧妙地言不由衷了：

> 我从来没有放弃过自己在政治中的角色，因为我在政治中从来没有扮演过一个角色。让我觉得自己扮演了一个角色是很搞笑的事情。

上述所有这些尝试性的解释都忽略了两个事实。其一，迪伦的背离在他的朋友和仰慕者心头浇灌了真正的痛苦。而愤怒——在1965年临近的时候径直朝他袭来——也尾随不远了。这种怒火显得有点天真、单纯、执迷和幼稚。它可能忽视了一个巨大的矛盾的存在——如果连艺术的自由都没有，只要自由的歌曲又有什么用？——但是这怒火的爆发却来源于第二个明摆着的事实。没有人能够伪造出那些歌曲。讥讽者能做到的最好程度，就是向廉价心理学求助：如果作为抵抗歌手的迪伦是个冒牌货，那么他首要必须要骗倒自己。

这听起来相当荒谬。它完全忽视了一个事实，即任何一位真正的艺术家都会成长、发展并拒绝被惯常的赞美所局限。或早或晚，他都要打破那些锁链。如此说来，迪伦作为一个诗人和音乐家，只不过是成长得太快了而已。当然，这只是对歌迷而言，而他们——让我们实事求是——就喜欢他这个样子。

只要听一听《当船驶入》。再努力把自己想象成第一次听到《暴雨将至》的观众，重听一遍这首歌，还有《战争贩子》《时代在变》《胜利之路》或者《只是他们游戏中的一枚棋子》：怀疑论就会显得相当没有道理了。他显然是真诚的，即便——尤其是如果——他真的在骗自己。如果他那时把这些歌抛在了身后，那一定是因为他把那个人也抛在了身后。他放弃抵抗歌曲的修辞，同他最初变得“政治化”采用了一样的方式：在那一瞬间，他成了一个鲍勃·迪伦。然后，歌词和写作本身都开始同他的选择发生分歧。而一如既往，最终胜出的是坚定不移的写作。另外，1964年2月，迪伦听到了披头士乐队的歌。他不是唯一一个被这次经历引发了再三思考的人。

且不论他的独到之处，这个人从最初尝试写歌开始，就一直栖身于一句陈词老调之中：他的艺术是他的生命。在更深的层面，它也决定了他是谁。迪伦不能控制艺术；艺术控制着“鲍勃·迪伦”，并一次又一次地将他再造。

如果有关这个解释版本和他在 1964 年对承诺——或信仰——的丢失还有争论的必要，那么下面这个简单的测验将非常有效。与那些作为抵抗歌曲来看显得太过模糊的歌曲如《答案在风中飘荡》《北国姑娘》《无须多虑，一切安好》《西班牙皮革的靴子》或《那不是我，宝贝》（It Ain't Me, Babe）等并肩而存，至今仍有一席之地的抵抗歌曲，只有《时代在变》一首。在他的主要代表作中，只有《暴雨将至》那首天启般的诗歌曾被误认为是一首抵抗歌曲，因为它出现时正值冷战阴霾密布的时期。只要放到另一个时代中，它很容易就会被认出是一首歌唱世界末日重生的歌。你就为自己庆幸去吧。

《自由的钟声》与《暴雨将至》和《放下你疲惫的曲调》一样，只有在“存在即政治”的意义上才能说是具有政治性的。而《当船驶入》则无论在什么意义上都是一首政治歌曲，任你选择。那些直白的表达——《上帝与我们同在》《海蒂·卡罗尔的寂寞之死》《只是他们游戏中的一枚棋子》《战争贩子》——从未在迪伦的唱片中真正占据过主导地位，也从来没有接近可以匹配那些“个人化的”歌曲的水平。这些他自己也都知道。关于政治，他碰巧相信了些什么，都没什么要紧的。这些都是艺术引领他走到的地方。

* * *

离开达拉斯之后，这支快乐的小巡演队驾着那辆满身尘土的蓝色旅行车，穿过了得克萨斯州的狭长地带。等到 21 世纪，在发布他的一张唱片的时候，迪伦为了照顾一位采访者，会声称自己是个得州人。从说话的语气上判断，那可能是他严肃的玩笑之一。而事实上，直到 1964 年的公路旅行，他才第一次有机会亲眼看到曾经只存在于他钟爱的电影和想象中的那个美国。不用过多久，对西南地区和老西部的外貌印象就将渗透到他的音乐之中。他已经知晓大量的牛仔歌曲，这在标准的民谣歌手学习路线上是一门必修功课。但是这片古老的风情地貌却是全新的。它闯入了他的想象。

在科罗拉多州的拉德洛，小队人马曾短暂驻足，参加了为在1914年罢工中惨遭屠杀的煤矿工人和他们的家人举办的纪念活动。那场罢工的抗议主题是工资、地位、安全问题和不公道的共同商店。迪伦清楚地知道，伍迪最出名的一首民谣就是献给在这场公司权力与平民百姓的斗争中丧生的至少——包括孩子在内——19位无辜者的歌。格思里在拉德洛事件30年之后写成他的歌，灵感依然来自“母亲”艾拉·里夫·布卢尔那本不可靠的自传《我们有很多》。但这次是迪伦站在了这里，在那件事发生了50年之后，以他自己的方式表达了敬意。首先是哈伦县，然后是拉德洛，在二者之间拜访了民权工作者和总统被杀的地点：他以一种诡异的方式完成了自己的去政治化。

这群乌合之众差一点就没赶上丹佛的表演。如果这真的是《自由的钟声》第一次在公开场合演出，那么也没有出现任何有关这场演唱会的评论。不管怎样，反正很难想象，在当时典型的迪伦观众群中，能有多少人立即就领会那首歌暗示的含义。考虑到这首歌的副歌部分和肯尼迪谋杀事件的语境，在粗略的观察之下，它很有可能听起来——至今听起来也会——仍然像另一首抵抗歌曲，即便迪伦已经把他的关怀延伸至“在整个宽广宇宙中每一位忧心和焦虑的人”(不能再少了)。把这首歌同他之前的歌曲区分开来的，是一种对想象的恣意挥霍和一场当天空炸裂时配得上浪漫主义诗人的表演。

2012年1月，一套迪伦的大型作品集面世——收录了80多位艺术家表演的76首歌。它的标题是《自由的钟声》，它的受益人是大赦国际(Amnesty International)，他们同时收到的还有迪伦的祝福和他办公室的积极合作。“鲍勃·迪伦的音乐能经久不衰，是因为他如此天才地抓住了我们的心碎、我们的快乐、我们的脆弱、我们的困惑、我们的勇气和我们的挣扎。”来自这家为保护政治犯筹建的慈善机构的一位代表如此说道。为这张专辑收尾的曲目是迪伦在1964年录制的一首歌的原版，其表达的意义已经从人权的角度得到了充分的理解。所以究竟是谁，卸下了自己“搞笑的”政治角色?

有关这首歌的意象，以及迪伦在以现实天空中闪烁的雷电为材料来编织形而上的暴风雨时展露的点点灵光，已经说得够多了。1964 年，细心的美国人会捕捉到另外一种共鸣，从他们出生起就很熟悉，而从肯尼迪被杀起更熟悉得令人心痛的共鸣。这起不可思议的事件几乎（“如天主教堂的钟声温柔地燃尽”）激发了一首迪伦式的诗。[1] 如此看来，迪伦的普世歌曲其实是完全美国化的，其核心思想是完全传统式的。你也许甚至可以说那是陈腐老调。别忘了，在费城那座曾为《独立宣言》而敲响的裂开一条缝的自由钟上，镌刻着《利未记》中的铭文：“在遍地给一切的居民宣告自由。”而就在六个月前，混在华盛顿游行队伍的人群中，迪伦也听到了马丁·路德·金为他追求公平正义的梦想诵出了那魔咒一样的诗歌：

> 让自由之声从科罗拉多州冰雪覆盖的落基山响起来！
> 让自由之声从加利福尼亚州蜿蜒的群峰响起来！
> 不仅如此，还要让自由之声从佐治亚州的石岭响起来！
> 让自由之声从田纳西州的瞭望山响起来！
> 让自由之声从密西西比的每一座丘陵响起来！
> 让自由之声从每一片山坡响起来！

这一次，金在自己的诗行里直接征用了那首每个美国人都熟知的歌曲，萨缪尔·弗朗西斯·史密斯（Samuel Francis Smith）的“我的国家，那就是你（美国）”，号令“自由的甜蜜国度”去“让自由敲响”。布鲁斯·斯普林斯汀（Bruce Springsteen）在 1988 年斯德哥尔摩的大赦国际晚会上自己表演《自由的钟声》时，用来引出这次演唱的也是那些同样的话。四处的钟声都在为肯尼迪敲响。迪伦从抵抗歌曲到自称为兰波式诗歌的转变，绝没有一刀两断那样明确。

除此之外，就兰波对重组感觉的建议而言——这是 20 世纪 60 年代中期一种便利的智慧——很难从这位法国人的诗行入手，来精确识别出迪伦最新发现的方法，更别提中间还隔着一道翻译的工序。如果有影响，

1 这里提到的短诗片段是在暗杀发生时草草写成的，只有六行。

那么这个影响看起来也不是正式的。一位翻译家对兰波诗歌的描述——“不确定性、模糊性和往往奇诡的美的容器”[1] ——也许暗示着二者之间有一些亲近性。但若称写作《自由的钟声》或其他任何一首歌时的迪伦像一个法国 19 世纪的象征主义者，都会显得太过牵强。如果说他从兰波那里学到了很多东西，那就是一种语言扩张的感觉、一种对字面意义的挣脱和意象之间不需要佶屈聱牙的连接这种观点。至于真正的借用，（最多）只是有些提示。说到《自由的钟声》，一般常被提及的是兰波的《醉舟》（The Drunken Boat）即《沉醉的船》（Le Bateau Ivre）的片段：

> 我熟悉在电光下开裂的天空，
> 狂浪、激流、龙卷风；我熟悉黑夜
> 和像一群白鸽般振奋的黎明，
> 我还见过人们只能幻想的奇景。
>
> 我见过夕阳，被神秘的恐怖染黑，
> 闪耀着长长的紫色的凝辉，
> 照着海浪向远方滚去的微颤，
> 像照着古代戏剧里的合唱队！[2]

天空、电光、黑夜、黎明，“神秘的恐怖”：很明显，不是吗？然而不那么明显的，是一种执迷不悟的需求，想通过假想中复杂的创造力关系网来对迪伦加以解释，从天才到天才，仿佛在诗行的碎片中可以识别出一种艺术的基因。而这完全只是因为，他曾在喝得烂醉之后说过一次，他想竞仿一位已逝的诗人？有的时候，阐释者们有点用力过猛了。

不论如何，他的这种“最新发现的方法”都很可能经历过一段相当长的酝酿期。绝大多数的说法都坚称迪伦第一次与兰波的诗相遇，是在格林威治村，由苏西·罗托洛作为引介。迪伦在《编年史》中说的也差

---

1 Wyatt Mason, *Rimbaud Complete* (2002), Introduction, p. xxix.

2 Trans. Mason, p. 86.

不多。但是在一篇赞扬《毒蜘蛛》的文章里——事实上，bobdylan.com这家正式的授权网站也转载过这篇文章——诗人兼小说家马克·斯皮策（Mark Spitzer）却说了这样一段话：

> 在明尼苏达长大，后来上了明尼苏达大学……我和迪伦研究过同样的书。我知道这一点，是因为在那个年代的大学图书馆里，你每次借书的时候都必须在书后封皮内侧的一张小纸条上签上自己的名字。而在阿瑟·兰波的书后，总会出现那个神秘的名字，齐默曼，用同样的墨水勾画着，把书中的文章用法语和英语两种语言做了标注。[1]

《自由的钟声》当然是一种新事物，但同时也是有缺陷之物。它有几处过于紧张，甚至放到现在看还是如此，而在其他的地方又太过松散，而且写得繁冗累赘：词汇积压太多是行不通的。同时，不管迪伦本人的意图如何，这首歌仍然继续负载着一种**特定的**政治意义。那套由大赦国际在21世纪推出的四碟致敬唱片将这一点充分挑明。迪伦将在1964年余下的时间里演唱这首歌，然后弃置不用，直到23年后，全新一代受到压迫的战士出生并成长起来。然后——他主动提过申请吗？——他会在1993年比尔·克林顿第一次就任总统时献唱这首《自由的钟声》，那时，美国的希望再一次抬起了那颗伤痕累累的头颅。

* * *

在森特瑞尔城的短暂停留，好像纯粹是为了证明迪伦真的在1960年时到那儿工作过。结果镶金吊带酒馆（Gilded Garter）已经关门过冬了，不免有点让人扫兴。然而，这次拜访至少显示出，这位明星真的熟悉此地的路：在他那些不足为信的传说中，这一个竟然是真的，或者差不多算是真的吧。搞定了丹佛的表演后，小巡演队驱车前往落基山脉。在路上，车载收音机里播放了一首《我想要握你的手》（I Want to Hold Your Hand）。迪伦立刻领会了其中的奥义——“他们的和弦太荒唐了，简直就是荒唐，但他们的和声又让这看起来顺理成章”——瞬间抓到了机枢

1 “Bob Dylan's Tarantula”，首次发表于 *JACK* 杂志，2003。

所在。在另一种故事版本中，在苏西和其他几位早期培养人的帮助下，他早就对披头士有了相当多的了解。在那段时期，这个四人组是很难被绕过的。而真正值得注意的是，他的顿悟是由一首，怎么说呢，歌词内容无足轻重的曲目引发的。那些和弦，还有披头士作为表演家所掌握的任何东西，都是另一码事。我们只需要知道，这位“诗人”首先是一位音乐家。

穿过山区的一场雪暴之后，迪伦在旧金山停下，那里是他至今仍被视为“垮掉式”的创作的最后一个前哨站。除非得到重生的天启，否则他再也不愿意在自己的艺术生命中接受任何有毒的影响了。时下流行的美学，依赖于一项渐渐衰退的“运动”，它——并不总是，但是常常——过于草率敷衍，又自始至终都自命不凡。它似乎在暗示着，文学的创造依赖于创造者这个人的类型。反讽的是，这并不一定是最初的“垮掉的一代”的错，也不是“旧金山文艺复兴派”那批组织松散的诗人的错，而是他们作品衍生出的一个后果。在很短的一段时间里，迪伦曾被它深深地吸引住——那些态度、那些作品和那些摇摇欲坠的理论辩词——很像一个飞蛾扑火的隐喻。

尽管如此，曾经用来描述“垮掉的一代”领衔人物（和朋友们）的标签，事实上已经逐渐囊括了所有真正处于美国文学传统谱系中的理智而严肃的作家，而不论他们个人的习惯如何。诸如金斯伯格、格里高利·科尔索（Gregory Corso）、盖瑞·施奈德（Gary Snyder）、劳伦斯·费林盖蒂、王红公、罗伯特·克里利（Robert Creeley）和罗伯特·邓肯（Robert Duncan）这些人——“流派”变得模糊不清；那些标签在被不断地接受和拒绝——是在技术上进行了选择，因为他们理解技术。而对于大多数模仿他们的人，就没法说出同样的话了。

1960 年，凭借《生活研究》(*Life Studies*) 一书荣获美国国家图书奖的罗伯特·洛威尔发表了一则常被后人引用的获奖演说，他在演说中指出，美国的诗歌有两种类型，“一种是熟的，一种是生的”，二者是竞争关系。[1] 他本人在大多数时候都是一个大师级的主厨，但是他理解那种名为“垮掉”的艺术的诉求，并为这种号称不经加工的艺术诉求感到

---

1 参见 Ian Hamilton's *Robert Lowell: A Biography* (1982), Ch. 16。

担忧。“有一种诗只能被研习，”洛威尔说，“而另一种诗只能被呐喊；一种是卖弄学问的诗，一种是流言蜚语的诗。”很多（在两种含义上）追随“垮掉的一代”的人，都得出了同样的结论，只不过没有表达得这么清楚罢了。已经获得普遍接受的规则，不管是诗体学还是大学研讨室，都没必要在这里启用。这还是一个关于**自由体诗**（vers libre）的古老问题：是什么让几行文字变成了诗？在酒精、毒品、激进政治、性开放、“意识的转变状态”、异域宗教和猖獗的个人主义所释放出的诱惑面前，没什么可与之一较短长。“垮掉的一代”**似乎**在说，诗歌和其他事物不同，不是像木匠活儿一样受到规矩约束的手艺。如果你对艾伦·金斯伯格的诗学不在细节上过分纠缠，那么写诗，就韵律而言，就像呼吸一样简单。于是，大量粗制滥造的作品接踵而至，这其中就包括迪伦的创作。

他与金斯伯格的相遇，是在前一年的 12 月下旬，他们同时参加了在曼哈顿第 8 街书店举行的一个聚会。介绍两人认识的，应该是那位纠缠不休的《纽约邮报》音乐记者和生涯追随者阿尔·阿罗诺维茨。[1] 这位诗人后来称迪伦“曾邀请我和他一起巡演”，虽然在那之后唯一可能的“巡演”就只有那场公路旅行。金斯伯格是谦逊的天敌，他随后补充说道：“如果我那时就知道我现在知道的事，我会像一道闪电一样跟上他一起走。他很可能会让我跟他同台演出。”[2] 很可能吧。但事实却恰恰相反，桂冠已分发完毕。金斯伯格以及所有想让迪伦偷渡进万神殿的人最欣赏这位年轻人的地方，是他笔下的意象，那些“闪现的意象的链条”。

新闻记者拉夫·J. 格里森（Ralph J. Gleason）似乎相信自己是第一个听到这个说法的人，他认为这个短语可以说明一切。“迪伦把歌——所有的歌，包括他自己的歌——想象成画面，‘闪现的意象的链条’。”格里

1　在 1968 年接受《唱出来！》杂志的采访时，迪伦同以往一样不可靠地记得这家书店，但是却认为和金斯伯格“还有他的朋友彼得·奥洛夫斯基（Peter Orlovsky）”的相遇是在“1964 年或 1965 年秋天”发生的。阿罗诺维茨同时还为《星期六晚邮报》供稿，并在 1959 年写过一组由 12 个部分组成的以“垮掉的一代”为题的系列文章。

2　*Deliberate Prose: Selected Essays*: 1952 – 1955（2001）. 这位诗人还称自己曾“担心也许会变成他的奴隶或者什么东西，比如一个吉祥物”。这种说法到底是恬不知耻还是滑稽可笑，要依各人口味而定了。

森在 1966 年如此写道。[1]（很快，这里提到的“所有的歌”——你也许觉得这是个重要的细节——将被遗忘。）这位记者同时还是另一个提倡将迪伦与兰波进行比较的人，他发现二者之间的相似性“令人震惊”。毕竟，“兰波不仅是一个诗歌神童，而且和迪伦一样，也一次又一次地逃离家乡”。说得没错。

没错，在迪伦于 20 世纪 60 年代创作的作品中，几乎不可能找到一篇没有包含闪现链条的作品。这可真是个可爱的褒奖。那么这到底意味着什么呢？在像样的诗歌里，有哪些会不包含链在一起的——闪现的，如果你非这么说不可——意象呢？然而，在讨论迪伦创作《自由的钟声》《铃鼓先生》和那个时期大多数其他歌曲时所使用的文学方法时，人们仍在单单使用这一句短语来解释一切。然后，当有人想请出那位来自夏勒维尔的年轻人时，也会向这句短语求助。可麻烦在于，它在迪伦打破意象之间逻辑链条的做法面前，完全束手无策。它自然也没办法告诉我们，在拆散了诗行的连接纹理之后，他在 20 世纪 60 年代所作的歌词为什么没有变成一通废谈。

用一种诗意的评论去解释诗歌，这有效吗？金斯伯格是不会退缩的。我们应该给予这位年长者——年长 15 岁——足够的认可：他远在学界跟进之前，就已经意识到了这位“抵抗歌手”身上的文学价值。虽然后来发生的事件有趣地表明，他也是个追星族，但两人之间的友谊却是真实的。金斯伯格不是卡尔·桑德堡或罗伯特·洛威尔，虽然他在讲中听的囫囵话方面也有万无一失的天赋。下面是他在 1965 年前后谈论迪伦的一段话：

> 他的意象是在人们心中潜行的、隐蔽的和无意识的……相比于某些意识形态激愤理论为人们的心灵和思想所划定的“应该”所在，是更神秘一点、更诗意一点、更偏向达达主义也更偏向人们心灵和思想真正所在的某种东西。[2]

1 “The Children's Crusade”, *Ramparts*, March 1966.

2 *Deliberate Prose: Selected Essays, 1952–1995* (2001).

不管怎么说，金斯伯格已经认定，那位以《暴雨将至》令他泪如雨下的作者，身上刻着诗人的印记。在旧金山，劳伦斯·费林盖蒂也在感动中表示赞同。他在几个月前见到过迪伦一次，并试图争取这位年轻歌手正在创作中的书的出版权，虽然还不知道这本书会是什么样子，但他想确保由城市之光出版，这是费林盖蒂书店的印刷部，一家发行过《号叫》和其他几本"垮掉的一代"主要作品的小众出版商。最终，迪伦（或者格罗斯曼）决定谢绝好意——那一年，城市之光转而拿到了弗兰克·奥哈拉的《午餐诗》（*Lunch Poems*）——但是并不拒绝这份关切。他是一位诗人，而他也赢得了证明这一点的赞誉之声。他还邀请费林盖蒂以嘉宾身份参加了22日在伯克利社区剧院的演出。在帕纳斯山*，诗人需要伙伴。

在迪伦唱歌的时候，他有资格被称为这样一位诗人。而当他动笔在纸上写下赤裸裸的文字时，这句描述就没那么可信了。事实上，很多被世人——根据音乐产业中的叫法——称为歌词的诗行，如果放到纸上，都会比他至今为止为出版物写过的任何东西表现得更加出色。6月9日晚上他在懵懂中录制的那张唱片，将向我们揭示出，他并没有理解这个问题，更远远没有精通掌握。对待一种写作的态度，会像血液一样流到另一种当中。他仍然相信，在他的手中没有做不成的事情。

* * *

苏西·罗托洛也相信这一点。虽然她已经无法再忍受这个男人，但她还是从来没有一刻怀疑过他的天分。这毫无疑问为那个难分难解的问题添加了一种成分。名望，对"鲍勃·迪伦"的狂热崇拜，这对两人关系的破坏程度，显然不比迪伦近乎成瘾的不忠更轻。剩下唯一能做的，就是让这场爱情赶快从不幸中解脱。迪伦罪有应得地在这一过程中丢掉了他的自尊。最后的场面相当丑陋。可他们还是设法搞出了一首更丑的歌，低贱、下流——你可以说这是诗歌的复仇——完全是一次极其糟糕的自我放纵。

为什么这段关系一直持续到1964年，至今仍未完全明晰。迪伦当时

* 隐喻诗坛。——译者注

还在和贝兹约会——“监护人”卡曼被从加州打发回了老家，他其实很乐意离开，在回程的车里，一位鲍比·纽沃斯（Bobby Neuwirth）填补了迪伦的位子——而在赶赴洛杉矶更多约好的演唱会之前，他就一直待在她在卡梅尔的房子里。在圣莫妮卡公民大礼堂的一场演出结束后，他被一群歌迷包围了，十几岁的姑娘们追在他的身后，让他了解到一个不争的真相：他已经是当地的名人了，人们把他的话当真，就任何事和每一件事征求他的看法，并总是听从他的意见。他主宰了一个世界，一个他在希宾时还只能勉强窥见的世界，而那只不过是五六年前的事。可这个世界并没有给他带来什么实际的好处。

苏西还困在下东区那间廉价的公寓里，仍然期待着继续担任迪伦在纽约的伴侣，而他却似乎对所有的纠结和矛盾浑然不觉。在她做了流产之后，事情开始一步步向他们的结局走近。他从西部回来以后，在 3 月里的某一天，一场争论演变成一次大吵。卡拉·罗托洛，她之前对迪伦的欣赏早就荡然无存了，这次也加入了争吵，而此时，大喊也变成了尖叫。这场争吵唯一残留下来的东西，就是迪伦在歌中写下的最后一个单词。

二十年后，他终于拾起风度，为《平原歌谣 D》（Ballad in Plain D）表示忏悔，对比尔·弗兰纳根说：“我回头想了想，只能说，‘能写出那种东西的我，一定是个十足的混蛋。’我回头看了看那首特别的歌，只能说，在我写过的所有歌里，也许我只想把那一首扔掉。”[1] 同一年，在接受卡梅伦·克罗（Cameron Crowe）采访的时候，迪伦解释了为什么《血泪交织》（*Blood on the Tracks*）中的《你现在是个大姑娘了》（You're a Big Girl Now）不是一首“自白”歌曲，并坚称他没有写过那一类歌。然后他又回忆起“事实上，我的确写过一首，而且是一首不怎么样的歌——录那首歌是一个错误，而且我为之非常后悔……那时候，就录在我的第三张或者第四张唱片上的某个地方”。很明显，这不是一段他珍藏的回忆。在他为苏西写成《西班牙皮革的靴子》之后，他又把一首堪称家暴的歌甩在了她的脸上。

---

1 *Written in My Soul* (1990).

《平原歌谣 D》这首不该写的歌，主要是在希腊写成的，迪伦当时刚刚结束 5 月份在伦敦皇家节日音乐厅的演唱会，流落在雅典城外的一个小村庄里。在那场音乐会里，他表演了一首更适合出现在他将要发行的唱片——任何一张唱片——中的歌，本来大可以取代那首恶毒而幼稚的《平原歌谣 D》。在这首歌和那首由十三节构成的长达 8 分多钟而没完没了的歌之间，形成了如此鲜明的反差。根据大多数人的说法，《铃鼓先生》是在他拜访新奥尔良期间或拜访刚刚结束时开始创作的。当他以这首歌震惊伦敦观众时——如果我们相信记录中的掌声——在 5 月的第三个星期日，这首歌已经或多或少地形成了完整的面目。然而等他制作《鲍勃・迪伦的另一面》时，他却把几乎占唱片总长 1/6 的时间，都安排给了那首可悲的民歌，而把这首杰作排除在外。

没错，他在 1964 年的夏天把录制《铃鼓先生》的尝试搞砸了，这不能说跟他的一个古怪决定关系不大：他在录制中请来了一位完全多余的嘉宾歌手，漫步的杰克・埃利奥特。或许他认为，在自己所有的歌曲中，这一首需要享受特别的待遇，或者，他在等待一个更加吉利的时刻。通常人们都是这样假设的。但仍然让人困惑不已的是，秉承着同一份天赋，一个人在几乎同一时刻，如何能**写成**这两首在表现上天差地别的歌。写成《铃鼓先生》的鲍勃・迪伦，还写下了如下的话：

> 在一双姐妹中，我喜欢年轻的这个
> 拥有敏感的直觉，她是有创造力的那个
> 也是永远的替罪羊，她很容易被激怒
> 毁于她身边其他人的嫉妒

这些“传统的”倒置——200 年来糟糕诗歌的标志——让任何借口和掩饰无处栖身。迪伦是在有意识地模仿一种传统的民谣模型，但这也根本不重要。没错，那么重要的是什么？这显示出，一种卷入心理真实的真正的自我式歌曲——置他自己于一切之上——是他难以驾驭的。他之前从来没有写过任何一首糟糕得如此彻底的歌，在之后的年月里也不会再这样做。《平原歌谣 D》像一个感染了的大拇指一样，从他 1964 年作品的身体里突兀地竖起。

只有承认，迪伦在此时还没有能力处理触碰到他自己生活的题材或靠近他真实自我的事实，这一切才能解释明白。他甚至还没能——意识到这一点令人颇为惊讶——破解复仇的方程式。这其中必备的真诚，已经超越了他的限度。然而这些都没法解释各种句法、措辞、韵律和品位的全面失败。这位年轻的天才展示了自己的短处，但没人敢提出来。这反而以某种特定的方式为苏西·罗托洛伸张了正义：迪伦用这首歌谣羞辱了自己。

几乎没人能对《平原歌谣 D》说出一个好字，哪怕是被他奴役最深的歌迷也做不到。只有某些诗行，因为愚蠢得让人透不过气，而赢得了一种堕落的名声。如果这真的是迪伦能达到的最佳水平，那么坚持抵抗歌曲对他而言仍然是一项荣耀的事业。兰波也会因为被拿来跟这种蹩脚诗人相提并论而深感受到了冒犯。

用看不见的意识，我在自己的掌中抓紧
一座华美的壁炉台，而心已成碎片
不曾注意，我早已滑落
跌入爱情安全假象的罪恶深渊

* * *

惊艳伦敦之后，他和好友于格·奥弗雷在巴黎进行了一次匆匆的重聚。多亏这位法国歌手的介绍，他后来才有幸同歌手妮可（Nico）发展出一段旅行中的插曲。她陪伴他游历了她的家乡德国，还参观了柏林墙，最终才抵达希腊。在那里，迪伦花了一个多星期的时间来写作，或者不如说是继续写作，只不过环境比平时宜人很多。直到他两年后在一条乡村路上被摩托车撞飞之前，这是他在自己的创造性工作中最后一次喘息的机会。6 月的第二个星期一开始，他就已经飞回了纽约的录音工作室。

《鲍勃·迪伦的另一面》至今仍享有一种受人尊敬的地位，这并不完全来自于它的内容，而更多是因为它传说中不可思议的创造方式。整张唱片，从头至尾，都在一场录制中完成？你大可为这种胆识发出赞叹。

考虑到《放任自流的鲍勃·迪伦》诞生期间遇到的种种纷乱，你甚至会同情这种对自发性的渴望，即**在**时刻**之中**把握时刻的愿望——这也是迪伦由来已久的愿望。你也可以说这种行为是傲慢托大和漫不经心的。《鲍勃·迪伦的另一面》本来还可以有一些反思和修订的余地。

但那是 1964 年。对于当时的流行娱乐家来说，把足以拿到大学学位那么长的时间花在录制几首曲子上，还没有成为约定俗成的传统习惯。据说，迪伦在 6 个小时内就录完了这张唱片，但是这十一首歌里大部分都已经提前做好了充分的准备，而且如果有需要的话，他手上还有一些富余的成品。另外，他只使用了他的嗓音、吉他、口琴和有点散架的未必能保证音准的钢琴。（公路旅行结束后，他借了一把电吉他，但是迪伦尚未做好发掘他**那个**另一面的准备。）如果他在表演中不需要加入更多的东西，那么他真正需要待在录音室里的时间能有多久呢？

用一两个小时来考虑他的选歌应该无伤大雅。有些该留下的材料被剔除了，而不该留下的材料被保留了下来。当然，这种情况不是第一次发生，也不会是最后一次。决定放弃那首可爱而狡猾的《妈妈，你一直在我心上》（Mama，You Been On My Mind）的理由至今仍难以找到合适的解释。作为礼物送给妮可的《我会把它和我的放在一起》（I'll keep It With Mine）或许可以成为他们那场短暂的跨欧交往的纪念品，但是这首优美的歌曲最终被弃用，就让迪伦的作为看起来有点轻薄放浪了。那天夜里的录制，到后来变成了对半成品歌词醉醺醺的快速阅读，而这也在一定程度上导致迪伦没能为《铃鼓先生》完成一次令人满意的表演。他在伦敦已经完美地演唱过这首歌，但是回到纽约之后，他把整体和局部的感觉都丢了。他“就是太不在状态了”。除此之外，“一切都完成得太快了”。[1]

迪伦没能解释清楚的是如此匆忙的原因。是哪种邪恶的力量驱使他在 6 个小时里完成了一整张唱片？不是阿尔伯特·格罗斯曼，也不是他的演出日程（他全年只有 28 场演出）。如果认为迪伦和他的制作人汤姆·威尔森是在一种难以抵抗的压力之下，非得连夜赶制出一张新的专

1　采访者 Robert Shelton，March 1966，*No Direction Home*，p. 360。

辑，这也太令人费解了。

不论如何，威尔森还是会告诉当时身在录制现场的《纽约客》记者纳特·亨托夫说，“这张唱片必须赶在哥伦比亚的秋季销售大会前出炉”。当然，那场活动真的举行了——在拉斯维加斯的撒哈拉酒店——在 7 月底。之后，迪伦的唱片被公告牌列在 8 月和 9 月推出的“29 大流行乐和爵士乐密纹唱片”之中，与芭芭拉·史翠珊、迈尔斯·戴维斯和克兰西兄弟并驾齐驱。虽然这么说，但就算是一个热切盼望产品出炉的公司，也绝对会宽限两三场录制的期限。迪伦难道就不能在周一和周二两天都工作吗？当时的音乐工业或许不太能理解，为什么一位民谣吉他歌手需要比 6 个小时更多的时间去录一张唱片。[披头士录《请让我开心》(*Please Please Me*) 只花了不到 10 个小时。] 而迪伦，不管是不是过分自信，在这一点上心里一定比那些人更明白，更别提他还享有特权。6 月 9 日晚上，唯一一个能看出在着急的人就只有这位艺术家。正如威尔森还告诉过亨托夫：

> 除了这种特别情况外，鲍勃是没有固定的录音日程安排的。我们觉得他的重要性已经达到他想什么时候来录音室就可以随时录音的程度了。[1]

这是他的选择。即使有销售大会在咄咄逼近，他也完全可以提早开始工作，而不是像现实中发生的那样，把所有的事情都拖到最后一刻再做。这（再一次）被算作了他的狂妄自大。就他对“垮掉式”散文和韵文的尝试而言，“自发性”变成了创造性的敌人。

多年之后，迪伦表示，高速而散漫一直是他最喜欢的工作方式。这其实很不方便，作为一位唱片艺术家，他却不喜欢录制唱片的过程，永远都在假装相信，与在圣安东尼奥一家布满尘埃的旅馆房间里对着锡纸麦克风唱歌的老布鲁斯歌手那种惬意无比的无忧无虑相比，现代“产品”会立即相形见绌。于是，他为自己引起了无尽的悲伤。

---

1 *The New Yorker*, October 1964.

《鲍勃·迪伦的另一面》是一个混装袋。一方面，乏味无趣的标题意在宣布这位艺术家对抵抗歌曲和政治的庄重弃绝。艺术家本人会否认这个标题的命名跟他自己有任何关系，但仍然会——向纳特·亨托夫——为那些“指指点点的歌曲”的缺席而邀功。他依然会维护自己之前录制的那些唱片，但与此同时，它们已经属于过去。迪伦说：“从现在起，我要返回我的内部来书写，而为了做到这一点，我就不得不回到我十岁时写作的状态——让一切自然地生发出来。”直到今天，评论界的共识还坚持认为，他是借用《鲍勃·迪伦的另一面》——果决而永久地——撤离了单一的政治书写和直白的政治承诺。而此时，正是他告诉人们该把这一共识固定于哪一点的时刻。

但这也要取决于你在何种意义上理解所谓的政治。《自由的钟声》和《我的昨日之书》（My Back Pages）也许没有涉及鲜明的“议题”，谢天谢地，但它们都诞生于一种正在发生作用的政治意识。不管怎么说，到迪伦录制《鲍勃·迪伦的另一面》的时候，在他的样品目录里，到底还有多少真正的鼓动宣传式的指指点点呢？事实的棘手之处在于，他在20世纪60年代前半部分的“政治角色”被夸张得太严重了，这些也连带着记在了他那些鲜明的政治歌曲的账上。可他从来都不是西格或者菲尔·奥克斯。

迪伦在那个6月的夜晚走进录音室以前，已经发行过3张属于自己的唱片，共计36首歌。在第一张专辑中，除了《献给伍迪的歌》中的一两行歌词外，没有包含任何意义上的政治元素；在第二张专辑的13首歌中，有5首歌或多或少带有一些政治色彩，其中就包括那首滑稽戏谑的《谈第三次世界大战的布鲁斯》。其“抵抗歌手”的名声几乎全部来自于《时代在变》那张唱片和1963年那一年。不管怎么说，如果迪伦真的是借用《鲍勃·迪伦的另一面》退出了政治游戏，那么后来出现的某些歌曲还需要更多的解释。他没有退出这场老鼠竞速*的合唱大戏。这里最

* rat race，老鼠竞速，是一个俗语，来自于一种经典的心理学实验范式，即让老鼠在迷宫中快跑，但是永远也跑不出迷宫。现在多重含义上指涉一种自我循环奔波不已的事业行为，也特指政治统一的思想行为。——译者注

关键的转变还是在于方法和视角，以及最重要的语言。

在现实中，1964 年第二张唱片的重要性，并不在于它对政治和“运动”道了再见，而是它标志着迪伦对民谣的摒弃，或者说他抛弃了后来为人们所知的——这里面有他很大的功劳——民谣。这对他而言几乎可以说为时已晚，但在当时还是没能引起什么人的注意。心爱的吉布森·“尼克·卢卡斯”（Gibson “Nick Lucas”）扁头吉他和口琴犹在，对大多数听众来说，这就是“民谣”了。只不过那些至关重要的带有社会责任感的圣歌被个人化的作品所取代，这让村子里的一些权威人士略感苦恼。可说到底，这里最重要的事实是，迪伦的决断，是发生在音乐和旋律层面上的断绝。

《鲍勃·迪伦的另一面》上的一两首歌也许仍然可以在民谣正典中找到前身，但那已无关紧要了。要是他愿意并准备好预定比 360 分钟更多的录音时间，这本来大可毫无压力地成为他的第一张“电子”唱片。飞鸟乐队已经做好准备改编《鲍勃·迪伦的另一面》中的四首歌外加《铃鼓先生》，作为他们的“民谣摇滚”专辑（1965 年的《铃鼓先生》）和后来的一首单曲《我的昨日之书》的曲目了。他们将向我们展示出，这种改编有多么容易。天籁般的和声并不是迪伦的强项；他的棱角比罗杰·麦吉恩（Roger McGuinn）和他的朋友们拥有的任何天分都更加敏锐和锋利；但他在 1964 年发行的这第二张唱片，也可以说是为了一支乐队订做的。

于是，除了几瓶红酒、几位朋友和拖油瓶（还有他们的孩子）、翻新了一半的文学方法以及避免对时事发声的决心之外，他到底还创造了些什么？和录音不一样，写作并不是匆忙间进行的，有自由的选择余地。在录音室度过了不到 6 个小时的时间之后，他交出了 5 首非常好的歌，其中一两首和伟大擦肩而过；3 首过得去的歌；还有 3 首烂歌。以当时的标准来看，在一张唱片的充数滥竽中，只要能植入一首风行之作，就没什么好惭愧的了。但是这样的标准显然不适合用在迪伦身上。

《鲍勃·迪伦的另一面》是个异数，一半真心，一半大意。支持它的听者会称其为“承上启下之作”。而现实是，这张唱片没有收入一首真正伟大的歌——这无疑是个荒唐的要求，但是迪伦自己抬高了标准——却藏纳了几首真正糟糕的歌。于是，质量参差不齐。《平原歌谣 D》无药可救；《疯狂车手梦魇》（Motorpsycho Nitemare）和随便哪个农民女儿开的玩笑一样可笑；而《我将自由，第十》（I Shall Be Free No. 10）能比一出情景喜剧更快地令人生腻。有些人中意《我真正想做的一切》（All I Really Want to Do）和《我的昨日之书》，但形容这两首歌最恰当的词也就是“马马虎虎”。《黑色乌鸦布鲁斯》（Black Crow Blues）则表现出一种录音小样的魅力，真实，然而有限。剩下的就只有 5 首歌和一个问题了。如果暂且将《自由的钟声》搁置不论，那么这些歌里有哪一首能展示出，这种“个人”写作具有那种熟悉的普世力量？想找到这个答案，很难。这也正是我们要为《铃鼓先生》的缺席而感到遗憾的原因。这首歌不仅能为迪伦的“新风格”提供一个论据，它还能彻底平息论争。

的确，还有一种说法称，这位作者当时只是稍微有点醉过头了，没办法为这首杰作完成一次妥帖的表演。与此相应，还有一种观点认为，他不会在哪怕只有一点儿不完美的情况下，发布这首《铃鼓先生》。我们对此该如何理解？如果那是他真实的意图，那么他表达这种意图的方式就有点滑稽了。

6 月 9 日，漫步的杰克・埃利奥特在街上撞见了迪伦和梅穆迪斯。“之子之子”不再是那个拽着袖子的小屁孩儿，他也不再是无家可归的流浪汉了。“《时代在变》时代的斜纹粗棉布工作衫和绑带工装靴”已成往事——也许是被遗弃在了肯塔基的某个角落里。迪伦理了一种新发型，穿着漂亮的靴子和酷炫的衣装。他正在前去录音的路上。他这位前任导师想不想一起来凑个热闹呢？[1]

埃利奥特只听迪伦唱过一次《铃鼓先生》，仅仅一次，要么是在伍德斯托克，要么就是在——这里说法不一——他的前妻和阿尔伯特・格罗斯曼当时的女友莎莉・比勒（Sally Buehler）合住的公寓里。因此，当被这位艺术家邀请站在录音室的地板上，并被告知“杰克，唱唱这首歌”的时候，他难免有些茫然。汤姆・威尔森对于正在发生的事情毫无头绪，

1　这些细节，以及对《铃鼓先生》混乱情形的解释，来自：Hank Reineke's *Ramblin' Jack Elliott：The Never-Ending Highway* (2009), pp. 157-8。

也搞不懂为什么迪伦忽然间觉得自己需要一个和声歌手。鲍勃·迪伦没有使用这位嘉宾助唱。照顾到制作人的心意，在这期争分夺秒的录制中，他没有启用这位对歌词缺乏妥善把握的和声歌手。然而，虽然手里应该拿着一张打印的词稿——就是迪伦拒绝和埃利奥特分享的那张——迪伦还是再一次让几句歌词从他微醺的头脑中漏掉了。[1] 于是，《铃鼓先生》，毫无疑问是他到那时为止写过的最好的一首歌，没有在《鲍勃·迪伦的另一面》中占得一席之地。

当人们喝醉酒的时候，总会发生一些有趣的事。有时候，自我破坏也是其中一项。飞鸟乐队第一次听闻《铃鼓先生》，正是迪伦和埃利奥特的混搭合唱，他们也许已经用协调的和声对这首歌进行了重新的想象。没有其他人曾如此想象迪伦的歌。他要么就是太过狂妄，觉得《鲍勃·迪伦的另一面》里保留的那些材料已经足够优秀；要么就是根本不想把这首歌放到这张唱片里去。那么，为什么还要多此一举，录一次音呢？又为什么非要把杰克·埃利奥特扯进这个烂摊子呢？

不管《鲍勃·迪伦的另一面》在创作时面临怎样的压力，这张唱片本身就证明了汤姆·威尔森的话是正确的：这位歌手有绝对的特权。没人告诉他写什么和唱什么，或者**如何**去写和唱。没人尝试为他指出一个应该跟随的方向。如果迪伦认为，他只要出现在录音室，在麦克风前站上几个小时就足够了，那么不会有人跟他争辩。就《鲍勃·迪伦的另一面》而言，这样做的结果是产生了他最差的作品之一，而且很接近一次彻底的惨败。然而，在迪伦接下来行使绝对的创造自主权时，他的判断几乎再未出错。

* * *

到 1964 年的夏天为止，美国已经向越南派出了 23 000 支部队。蜿蜒穿越老挝境内的胡志明小道，被美国买通的雇佣军炸毁，使用的是老旧的美国飞机。同时，林登·贝恩斯·约翰逊政府的国防部长罗伯特·麦克纳马拉向南越军发出宣言：“我们将奉陪到底。”在白宫里深植着这

---

1 可在这里寻到这些日子的情形：*The Bootleg Series Volume 7*： *No Direction Home*：*The Soundtrack*（2005）。

样一个观点，认为如果不能把共产主义遏止于东南亚，它将扩张到全球。就在迪伦全速赶制唱片的时候，轰炸北越的计划也摆上了讨论桌。

对于这一切，他都没有任何话要说，哪怕是间接隐晦的提及也没有。当美国海军战舰在东京湾集结时，这位曾经诅咒过战争贩子的作者却一言不发。这位《上帝与我们同在》的创作者，正站在公开沉默的墙后，探索着他自己的真相。他选择“转身叛离政治”的时机相当不巧，但这似乎并没有对迪伦造成困扰。就在没几个月之前，他还在从新闻报纸中淘拣歌曲的灵感。那时他可能会注意到，5 月份，就在他去欧洲旅行前的那一周，学生们在时代广场举行了一次游行，这一般被认为是第一次主要的反战抵抗运动。而在诗歌写就的旧金山，也有 700 人走上街头。琼·贝兹在那一年结束之前，也会加入到非暴力抵抗的行列之中。那些对鲍勃·迪伦满怀期待的人——那些人期待得过多，要求最显而易见和可以预见之物，并毫无条件地信任他——已经开始回过神来，意识到那些正在以他们的名义行使之事。

人们对迪伦有一种习惯性的敬佩，就是欣赏他能维护自己艺术的品性，抵抗住各种喧嚣之声：那些认为自己可以把创造力纳为己用的人，那些想随时点播标语口号的人，还有那些相信诗人有义务应征加入更崇高——总是更崇高的——事业的人。这种敬佩是完全合理的。如果迪伦一直都保持做《时代在变》那样的作者和表演者，他到今天也许会在历史的脚注中留下一笔，也许什么记忆都不会留下。另外，正如《自由的钟声》所展示的那样，他并没有在 1964 年真正变得对政治毫无兴趣了。相反，他对政治形成了一种更加广义的认识；更重要的是，他看到了政治背后的观念。当然，这些也不能作为借口，让他对一个简单却不简便的问题避而不答。就算是表达了一次或者两次，作为个人的观点，他对一个毫无意义的战争持反对态度，又能给他带来什么伤害呢？

1968 年，他在《唱出来！》杂志上接受约翰·科恩（John Cohen）和快乐特劳姆（Happy Traum）的采访时，被问到了这个问题，只不过换了一种说法。当时论争的命题是，迪伦与他熟识的“某一位画家”不可能“共享一套相同的基本价值观”，而据迪伦所称，这位画家曾支持对越南发动的战争。“人们就是会形成他们自己的观点，”他最后这样说，“反正，就像你说的，你怎么知道我就不支持战争呢？”

迪伦最后拿《战争贩子》的创作为他的修辞花招自圆其说，他直白地声明：“有成千上万的人就是想要听那样的歌，所以我才把它写了出来。”很明显，真实的答案，是他不想回答。这种曾经一度用于戏谑和消遣的遁词，已经演化为一种仪式性的防御。即便是越战，这场影响他这一代人最深的事件，这场既没有带来胜利也没有获得肯定的巨大灾难，也不能让他卸下自己的盔甲。他能做到的最坦白的程度，就是提供一种自我诊断：“那份需要所有的这类歌曲来维持的力量，我不再有能力滋养了。”

尽管如此，在 1965 年秋天，为《花花公子》接受亨托夫的采访时，迪伦还是足够坦诚地表达出了他对于政治激进主义的蔑视。[1] 他对于各种原则和纲领倒没有什么意见，但对于有组织的情绪表达、设定好的思想范式和意识形态服从的幻觉已经越来越抵触和反感。当被问到“把自己投入到和平与种族平等的事业里”是不是“毫无意义”的时候，迪伦回答说：

> 把自己投入到和平与种族平等里不是毫无意义的，但是把你自己投入到那个**事业**里，就是毫无意义的；那**真的**是一点儿意义都没有。那是完全无知的行为。

而当被亨托夫逼问到对“那些冒着承受牢狱之灾的风险烧毁征兵卡的人……还有——像你的朋友琼·贝兹一样——通过拒绝缴纳收入所得税来抵制政府在战争和武器上投入的人”怎么看时，迪伦给出了一个后来变得臭名远扬的答案。而这同时也是一次测验，考验这位自由左翼艺术家是否已经准备好维护他的艺术自主性了。既然路线是毫无意义的，

1　亨托夫虽然在采访过程中没有任何表露，但他自己对激进主义是完全不陌生的。他书写那个时期的著作都在致力于为共同利益做贡献。在漫长的生涯中，他正是作为民权和自由言论的推动者脱颖而出。迪伦知道他是在和《新平等性》（*The New Equality*，1964）的作者对话吗？

他认为关于越战应该**什么都不做**。

> 烧毁征兵卡不会阻止战争。甚至根本不能拯救任何一条生命。如果一个人在烧掉自己的征兵卡时，能让自己感觉更对得起自己的良心，那再好不过了；但是如果他这么做只是为了让自己感觉自己更重要，那就是在捣乱了。有关琼·贝兹的收入和税务问题，我真的没什么了解。关于琼·贝兹，我只能告诉你一件事，她可不是什么女罗宾汉。

这些话都不是临场发挥的兴会之作。亨托夫后来解释说，他这份采访进行了两次，第二次是在迪伦的要求下，用电话完成的，因为《花花公子》的编辑们把原话删改得太多，把这位受访者惹恼了。最后发表的文章是经他“修饰”（亨托夫语）过的版本，大部分内容都展现出别出心裁的机智和高雅堂皇的幽默。可是，当涉及政治、战争、良心和承诺等问题时，他的所言即他的所想。

1965 年，贝兹的“非暴力研究所”（Institute for the Study of Nonviolence）已经在卡梅尔成立并运行了。她在税务抵抗中也不是孤军奋战。那一年，诸如劳伦斯·费林盖蒂、诺姆·乔姆斯基（Noam Chomsky）和获得诺贝尔奖的心理学家圣捷尔吉·阿尔伯特* 以及几百号其他人都加入了这位歌手的行列，公开宣布他们拒绝为战争筹款。没过多久，在一篇关于“和平学校”的文章里[1]，琼·迪迪翁（Joan Didion）讥讽贝兹为“愤愤不平者的麦当娜”、一个“抵抗运动的走卒”——因而并非女王。迪伦不需要别人告诉他这一点。在他那里，个人和政治之间几乎不存在任何差别。他可以随意地把两者一并抛弃。

---

* Szent-Györgyi Albert，匈牙利心理学家，原文误作 Albert Szent-Györgyi，写反了姓名。——译者注

1 《逢迎从未停歇》（Where the Kissing Never Stops）最初发表在《纽约时报杂志》（*New York Times Magazine*）上，并收入迪迪翁的《向伯利恒跋涉》（*Slouching Towards Bethlehem*）（1968）之中，后者是她对加州反文化的辛辣评说。芭芭拉·格里祖蒂·哈里森（Barbara Grizzuti Harrison）早在 1980 年就洞若观火地指出，“迪迪翁用风格作为她的论据”。

尽管如此，在迪伦拒绝被“路线”的宣传家和鼓动者们利用的熟悉传说中，有些事情还是被忽略掉了。毫无疑问，当他推掉发言人的使命时，他确实保护住了自己完整的艺术品性，并为自己从种种不可能的需求手上谋得了喘息的时间。然而在这个过程中，他还完成了一件了不起的事：他全盘上缴了自己表达观点、说出心中所想的权利。在拒绝为所有人代言的同时，他也停止为自己说话。只是为了把政治的名牌从他的背上撕掉，他把自己也给禁言了。

当时间过去如此之久以后，再回头看，似乎一切皆已明了。这里还涉及一种比迪伦为了艺术的艺术更为关键之物。在愤激于**路线**和抵抗运动与组织的同时，他也在践行着一种传统的、似乎完全旧式的美国个人主义。他酷爱法外之徒、电影里的牛仔、变节叛教的诗人、离家出走的青年、白兰度、迪恩和四处游荡的伍迪·格思里，这已经成为一套私人的神话。它的呼唤不会随着他职业生涯的发展前进而减弱。没有人能告诉他如何思考。哪怕他们的观点和迪伦前天所持的观点一模一样，也没有用。那种最初吸引他走向民谣激进主义的态度，同样也可以轻而易举地让他反叛任何强制性的叛乱。迪伦早在汤姆·沃尔夫（Tom Wolfe）提出“激进时尚”（radical chic）这个短语之前很久，就已对此感到腻厌了。

另外：**就像你说的，你怎么知道我就不支持战争呢**？每当提及迪伦与政治左翼之间这种具有重大纪元意义的分歧时，人们都坚持认为这种可能性是想也不用想的，根本不可能存在。大家都假定他偷偷地珍藏着自己的信仰，只是厌倦了对公共角色的追求。他单纯就是不想再经历当年在汤姆·佩因奖颁奖典礼上经受的那种困扰了而已。

可是，证据在哪儿呢？在耶稣那里再次发现自己的重生之后，迪伦在适当的时候会嘀咕几句相当具有保守主义色彩的言论。他是单纯地被福音主义者感化了吗？这根本就没什么要紧的。那个一直在奋力从“鲍勃·迪伦”中挣脱浮现的自我，完全可以轻巧转身，然后几乎，似乎，在一夜间转变你对他所有的认知。这其实和伪装关系不大——因为他没有尝试过掩盖这些转变——最关键的是**成为**另一个人。重要的证据表明，这些迪伦中的每一个，都在拒绝上一个“鲍勃·迪伦”，而且可以从其最深层最珍贵的信仰处拒认，仿佛他从未存在过一样。这一次又一次地发生。而不管怎样，当他说起对李·哈维·奥斯瓦尔德表示理解的东西时，他真正想要表达的到底是什么呢？

迪伦完全有可能比一般的反对派更游刃有余地调节到当时国民情绪的频段上。他对福音派基督教的皈依，毕竟也发生在一次全国范围的宗教复兴浪潮之中。这位“美国文物”的先驱对于美国中部有足够清楚的了解。他就是从那里走出来的。这并非在说，他是20世纪60年代中期的任何一类保守主义者，只是想指出，他对于真正在发生的事情是有所警醒的。在美国的核心地带，远离村子、校园和反文化的地方，那些古老的态度，从未消失过的古老的态度，正在被中产（工薪）阶级重申，而其中民主党不占少数。关于1964年后美国保守主义的复苏，一段来自当代的论述颇能把握住事情的本味。

> 对于很多激进主义者而言，越南战争是当时最大的邪恶——而反文化则是抵抗者生活的一种自然伴奏。然而，对于很多普通的民主党人士来说，反战运动才是令人深恶痛绝。普普通通的上班族，与把时间全部花在吸毒和挥霍家庭信托基金上的嬉皮士，哪里有什么共同点呢？或者和玷污美国国旗的学生们，又如何产生共鸣？反战的抵抗者们，大多数都享受到了学生的暂缓兵役权利而没有被派出征，他们甚至比战争本身更不受欢迎。他们中有太多人看起来并不仅仅是对美国的这项或那项政策心存敌意，而是对美国本身有一种普遍的不满。[1]

* * *

正如在《唱出来！》和《花花公子》的采访中表明的那样，迪伦总是持有一种怀疑的态度，不明白为什么“普通上班族”的意见在搞运动的人眼中似乎一文不值。人们应该怎样想或者应该想什么，是轮不到他来说的。这是他与生俱来的个人主义的本质所在。那么，任何一个其他人

1 John Micklethwait and Adrian Wooldridge, *The Right Nation: Why America Is Different* (2004), Ch. 3.

又凭什么有这种权利呢？而他们又怎么敢如此肯定？

> 任何人都可以是确定的和明白的。那总是最简单的方式。这个世界的领袖们选择走这条简单的路。并不是说，变得不确定和不那么明白是件很困难的事；只不过，没有什么东西，完全没有什么东西，能让我们去确定和明白。[1]

在讨论20世纪60年代的迪伦、政治和个人主义时，还需要注意到其他一些事。他并不是唯一一个反对古老的确定性的人。在反文化最开始出现的时候，它也曾引起一波对个人自主性的迷恋风潮。到了这个年代结束的时候，那种自由已经和自我放纵混为一谈，难以区分了。反对越南战争的绝望抵抗仍将继续，并会越来越强烈，但一轮又一轮的唤起、融合与退出，导致迪伦那一代的很多人——用客气的说法来说——反视内心，去靠近知觉的入口，而远离白宫的大门。毒品和三手的“哲学”发挥了各自的作用，但对集体的信仰依然输给了对自我的迷恋。到1967年，迪伦又对这种发展趋势表达出绝对的鄙夷，但有一项指控是成立的：他才是始作俑者。是他把个人自由推到至高无上的地位。

* * *

评论界对《鲍勃·迪伦的另一面》略感困惑。但公众的反应却没有那么模棱两可：死忠的歌迷都购买了唱片，其他人则不屑一顾。这张唱片在美国只排进前50位（虽然在英国拿到了第8位），这不能不算是一次倒车，甚至是一个耻辱。

那一年，迪伦在新港受到了他现在已习以为常的英雄式的欢迎，但是，也许，没有收获全心全意的英雄的欢呼。他成了一个谜团。这是第一次，但不是最后一次，人们不太清楚应该如何认识他了。村子里有些人认为自己破解了这位天才偏离正轨的思想，开始为他们的打字机换上新的彩带，为他们的钢笔蘸满墨水。他们想要从几个方面帮迪伦纠偏。你知道，他们更多是带着伤感，而不是愤怒。

---

1 采访者 Nat Hentoff，*Playboy*，March 1966。

对他而言，这场音乐节上真正的快事，是有机会与约翰尼·卡什相识并锁定一段友谊。迪伦身上有一个方面，向来不怎么受民谣歌迷们的注意：他心目中当代音乐的英雄是一位来自纳什维尔的明星，虽然他正在严重的安非他命和镇静剂问题中挣扎，而在 1965 年 10 月，人们会看到卡什因此被捕——被判缓刑。但与此同时，迪伦的这位新朋友也真的绝非为音乐街（Music Row）标配的泛泛之辈。卡什在 1964 年热卖的唱片有《我行我素》（*I Walk the Line*），是对他在太阳唱片公司时期某些歌曲的重新演绎，还有《苦涩的眼泪：美国印第安人的歌谣》（*Bitter Tears：Ballads of the American Indian*）。在这之后，他唱红的两首年度单曲分别是彼得·拉·法格写的《伊拉·海耶斯谣曲》（The Ballad of Ira Hayes）和一首特别的《那不是我，宝贝》。卡什为罗德岛的观众们精彩地翻唱了一曲充满个人特色的《无须多虑，一切安好》，并赞美了“这个时代最棒的词作家”，这如今已经成为官方化的“私录”纪念。[1]至于一把电吉他会不会给神圣的舞台带来污染，并没有人吭过一声。甚至似乎都没人纳闷，一位走红的西部乡村明星对这次音乐节而言是不是一个合适的选择。皮特·西格介绍卡什入场，态度也十分和善。

民谣现场的吹毛求疵和新港组织者们的小心翼翼，竟然没有阻止现在看起来相当奇怪的场面出现。一场现代音乐节，可能不会把在场最大牌明星的第一次出场安排在白天的“时事歌曲工作坊”中，也不太可能让他站在一个摇摇欲坠的遮阳棚下弹着破旧的直立式钢琴为大家伴奏。就算是 1965 年的迪伦，也绝不会容忍一个虎视眈眈的西格坐在离舞台只有几英尺远的地方，好像随时要举起一块记分牌。

但是在 1964 年，这些都无足轻重。在工作坊的表演中，只有两首歌遇到了危机，而其中一首事实上完成得相当精彩，就是他从自己的新唱片中剔除的那首歌。迪伦实在是太喜欢这首他叫作《嘿，铃鼓先生》（Hey，Mr. Tambourine Man）的歌了——在结尾的时候有意微笑起来，只漏唱了一句奇怪的“响叮当”（jingle jangle）——于是在新港把这首歌演唱了两次。而在周六的晚上，在唱完 4 首新歌之后，他又让自己被安

1 Johnny Cash，*Bootleg Volume 3：Live Around the World*（2011，Columbia/Legacy）.

可声拖回舞台，再一次委曲求全地唱了一次《上帝与我们同在》的二重唱，耳边忍受着贝兹刺透神经的颤音。你可以理解人们为什么对此感到困惑。迪伦在唱这首歌的时候，他自己的感觉也一定是五味杂陈。

在纽约州北部的伍德斯托克，格罗斯曼为了他手下明星的便利留置了一套房子，那里便住着迪伦的另一个女人。和贝兹的恋情按部就班地发展了下去，或者说——随你喜欢，哪种说法都好——已经完成了它的目的。毫不知情的贝兹在 1964 年的夏天还留在那里，而且从各种表现上来看，依然在做他的情妇。两人交往得足够密切，她甚至在那年 8 月还总结出了迪伦的工作（和饮酒）习惯。而一个最重要的事实是，迪伦一直藏身于一览无余之地。他屡次设法与那个他后来真心想娶的女人见面。她是他的经理的合作伙伴的一个朋友。她的名字是萨拉·洛恩斯（Sara Lownds）。

于是出现了一个谜题。如果说苏西·罗托洛可以为培养了迪伦的政治意识而记上一笔功劳，那么他从 1964 年下半年开始写的那些歌有多少是萨拉的功劳？那些多层多面的断章反映着一种经过了改变和切碎后的意识，把公共世界摒弃在外，只向内部望去。很明显，他是从《自由的钟声》和《铃鼓先生》（一直是她的最爱）开始走上这条创作道路的，这发生在此段关系开始之前。于是，反过来又可以说，那些歌是放大了之前就已存在的一些歌词特征：他的发展从来都不是整齐而有序的。把生活中的每个事件与艺术中的各个时刻联系起来，是一种常见的传记佯谬。尽管如此，如果迪伦真的受到这种思维的影响，那么洛恩斯女士的出现就一定有其特别的意义。**他**当然把她视为一个缪斯一样的女人。而如果你把这当做一场竞争，那么他为萨拉写的歌，与为苏西写的歌，势均力敌。

* * *

还有另外一些解释。其中之一是，迪伦那几个月里同时还在让自己尝试书籍一类的写作。他在公路旅行中、在贝兹卡梅尔的住所里和伍德斯托克，都在不断耗光打字机上的彩带。格罗斯曼代表他与麦克米兰出版公司达成了，或者说正在着手达成一个协议，许诺以劳伦斯·费林盖蒂和城市之光的能力无法提供的更佳回报。对迪伦处理文字的方式有一种普遍的赞扬，这预示着一笔可观的有潜力的收入流，而格罗斯曼，据我们所知，可绝不是会忽略这种机会的人。另外，他的客户也很热心：他相信——而谁又会不相信呢？——他自己有一本书可写。没人敢冒失地去询问这部作品的性质，甚或它大概的内容。对于他们来说，鲍勃·迪伦选择去写的任何东西都是好的。

这本书最终的标题定为《毒蜘蛛》。直到今天，也没有人知道为什么，而迪伦自己也不说。当然，有一些附带引文的理论可以参考。但一个显白的事实是，作者编织了一个网，而没有一处柔顺如丝的地方，就这样撑到137页，才付诸第一次印刷。想当年，我们这些年少无知的人在呈上手中的钞票后，安慰自己说，鲍勃·迪伦的形象正在这张网的中心等待着我们，编织出他奇怪的传说。然而，此时，距离感觉这是一团纠缠不清的黏糊糊的脏乱废物这种不忠想法的诞生已经不远了。

因为在《毒蜘蛛》中出现的绝大多数文字都被称为散文——或者“散文诗”，或者诗化散文，或者另外某些杂交的变体——兰波的《彩画集》（*Illuminations*）再一次被召唤而出。这可真不好说。所有的理论都遇到了同一个障碍：迪伦和以往一样，仍然在用美国的白话写作，使用着那些只有他自己明白而拼写又十分诡异的“类垮掉式”俗语。他的语言在任何意义上都与兰波的语言没有一点相似之处，即使是和经过翻译的语言相比，也找不到什么共通点。同时，他也没有分担那位早逝的法国青年的忧虑。而他对直面散弹式的袭击也没有传达出什么预言式的信息——当然这不能算是遗憾。不管怎么说，他至少已经开始努力写一本书了。

要想理解这部不被看好的作品，还有一个更好的线索可循，它在半年的时间里对迪伦发生了重要的影响，却在大多数写他的书中只字未提。这条线索就埋在肯尼斯·培切恩的散文和诗行之中。这位顽固、半瘫的作家，曾分别与约翰·凯奇（John Cage）和明格斯（Mingus）合作，还在1959—1961年这一期间由民谣之路发行了三张朗诵唱片。苏西·罗托洛在1964年读过他的《肯尼斯·培切恩的情诗》（*The Love Poems of Kenneth Patchen*，1960）。而来自丁基顿的“斯文加利式”人物戴夫·惠特克——他曾把自己的《奔向光荣》借给迪伦，并且应该是教会迪伦如何阅读的人——在后来称，自己曾把培切恩列在他在明尼苏达大学那些门徒的必读书单中。但是同样有可能的是，迪伦是在 1961 年新方向（New Directions）重印《阿尔比恩月光日记》（*The Journal of Albion Moonlight*）时，第一次读到了培切恩的小说，还是这本小说的和平主义"理想版本"。在那里，能找到很多迪伦式的碎片。

> 人们不想要痊愈。他们想留下一个漂亮新鲜的伤口，在霓虹灯光下熠熠生辉。
>
> 5 月 19 日。我忘记戴我的面具了，而我的脸就装在那里面。

关于培切恩，人们常说的是，他受到了"超现实主义的影响"。这是当人们没什么更好的可说时拿出来说的话，是对这位有着高度重要性的美国诗人最肤浅的描述。同时，把培切恩的名字与"垮掉的一代"镶嵌在一起，也是一种司空见惯的做法，大概因为他在村子里住过一段时间，和爵士音乐家同台表演过，而且还符合少数常见的经典模型。这不仅不是真实的情况，而且甚至从中找不到一丝一毫的公正。培切恩本人拒绝与"人造的波西米亚景观"同流合污。[当有人拿他和垮掉的一代共通之处逼问他时，他说，"我和利伯雷斯（Liberace）呼吸着相同的空气。"][1] 以费林盖蒂和王红公为代表，在同一批"垮掉的一代"和被拖进"垮掉的王国"中的人里，有一些是他的朋友和拥趸。但是培切恩比他们所有人都领先一步：他的第一本书《勇敢之前》（*Before the Brave*）在 1936 年便已出版，那时他才 25 岁。你大可怀疑，金斯伯格在写作《号叫》之前，有可能刚刚看过这本书。他有一首诗是如此开头的：

> 让我们公然地疯狂吧，噢，朋友
> 我的这一代。让我们跟上
> 这大屠杀时代的节拍……

1　Larry Smith, *Kenneth Patchen: Rebel Poet in America* (2000), Ch. 14.

与迪伦神合，如果不是更好的话，也足够丰满。亨利·米勒（Henry Miller）将培切恩称为“抵抗的现世象征”“一位真诚的刺客”和“一颗嘶嘶作响的人类炸弹”。[1] 发表这些话的时间是 1946 年，《阿尔比恩月光日记》出版后 5 年，也是这位诗人下定决心反对**这场**战争之后的 5 年。他反对这场正义之战，也反对（如果非要说的话）任何战争。培切恩大部分时间都在卧床中度过，一场严重的脊椎伤害给他带来持续不止的疼痛，而那次不成功的手术几乎让他成为残废，但他依然能抗拒普通文学潮流的干扰，发展出自己的艺术。他多产、创新、独立，而且在他职业生涯中的绝大部分时间里都默默无名。他把《阿尔比恩月光日记》的框架松散地搭建在“疯子汤姆/精神病汤姆”的四周，那是一首 17 世纪的乞讨歌谣，无名而惊艳，发声的口音是一个疯疯癫癫的流浪汉。从培切恩自己的诗意声音中，能找到比仪式性召唤而出的兰波更接近《毒蜘蛛》的东西。比如下面这些：

> 看起来对每个有感觉的人来说都是足够大的野心。
>
> 用什么都不重要。哪怕只是河水葬礼上纱布的宁静，或者只是一块黑木上第一片雪的热情。（当然，口味会形成某些限制：一份带有过分责任感的灵魂诱饵和红果冻头集市还是相距甚远。）……

或者如下：

> 嘿，你，穿着柏油碎石西装的那个人！美国高速 1 号先生——
> 这个绰号不错吧，嗯？
> 还是说，你只是个跟我一样随随便便的家伙，哈？
> 从阴影里跳出来吓唬人，交的朋友都是糖纸和香烟盒？

第二个选段，如果你想知道的话，是摘自一首题为《就在墓碑外面》

---

1 *Patchen: Man of Anger and Light* (1946).

(Just Outside Tombstone) 的诗，第一个选段则出自《准备入迷》(To Be Charmed)。这两个选段如果没有别的什么意义，至少提醒我们，那些拒绝承认迪伦是诗人的人，对于让他感兴趣的那种美国诗歌了解得实在太少。他不会像罗伯特·弗罗斯特一样写诗，可这有谁能未卜先知？尽管这位桂冠诗人的作品几乎家喻户晓，但也没法覆盖这个国家全部的文学传统。迪伦从一开始就很欣赏金斯伯格的诗，但还有另外一些人给了他模仿和超越的动力。可惜的是，无论是谁，都没有办法挽救《毒蜘蛛》。

有两样东西拯救了这部小说。第一，是迪伦的才智。一旦你走进他有时历尽磨难地再造正常言语的尝试之中，开始艰难地跋涉，就会发现一些后来成为《毒蜘蛛》的东西是很有趣的。第二，努力的工作还是有所回报。他的某些纸页上留着白酒的污渍，当然这是一种隐喻的说法。很明显，其中有一些可以作为“证据”表明他在酒精作用下爆发的能量，而在这些证据里，他注意力持续的时间都可以用秒表来计算了。尽管如此，根据贝兹的证词，他会在自己的打字机前“一连几个小时没完没了地敲打”。而他的写作，也在缓慢而坚实地取得进步。迪伦从这些散文实验中学到了很多东西，有关对结构处理、韵律的安排和意象的连接。这些发现并没有给他带来任何写成一本达到出版质量的著作的希望，但是它们确实改变了他的歌词写作。

1965 年，迪伦告诉纳特·亨托夫，他为那本自称为小说的散文作品花费了“差不多六个月的时间，断断续续”。他为这本书一共写了“差不多 500 页的长度”，但是他已经不再相信或假装他在创造一部伟大的文学作品了。当逃亡到 1971 年时——虽然它的版权日期是 1966 年——《毒蜘蛛》这本书遭受到不解、讥讽、嘲笑、揶揄、愤怒、恶毒的玩笑、直白的侮辱，还有比这些反应都严重的，一种对菜鸟作家的担忧。而与之形成鲜明对比的是，迪伦本人却没有感到丝毫的惊讶。

到 1971 年，这本广为人知的小册子已经被“推迟出版”了 5 年，这完全是因为他已经失去了他在写作方面积累的所有信任。几乎就在 1965 年夏天他停下打字的一瞬间，粗 A4 纸的盗印版本已经开始在旧金山流通。等到 1971 年这个时候，迪伦对此根本无所谓了：就在前一年，他的《自画像》(*Self Portrait*) 唱片刚刚被彻底而广泛地贬损过，而正是同样的一群批评家，也将鄙夷他的散文。他在 1970 年末曾经凭借《新晨》（*New Morning*）恢复一些信誉，但是这张专辑的题目已经表明了他的立场。他正在向前进，而这本书已成过去时，只是昨日之书，所以让它们自生自灭吧。结果，他们让他自生自灭了。

直到今天，对《毒蜘蛛》做出任何一点正面评价仍会被认为是反常的行为。既然这本书明显不具可读性，那么每个声称喜欢读这本书的人都一定是在开玩笑：和这本书不一样，这个观点顺理成章，而且不见得**一定**是不公正的。作为一种写作，这本书难以定义。书中没有一个固定的结构，取而代之的是图式和持续不停的节奏。你没办法轻易地敲开它的脊骨，挖出其中的意义，一个意象接着一个意象，一个隐喻接着一个隐喻。里面有些笑话相当私人化，或者相当晦涩。它不会为了照顾读者对叙事的假定或者权威的声音而延缓哪怕一段文字：《毒蜘蛛》的口音就像一个多重人格障碍一样不协调而刺耳。它提供的东西比一整条泛滥的意识流好不了多少。这本书为数不多的忠实粉丝也没能帮上什么忙，他们只会一成不变地坚信，只要提到兰波（一如既往）或詹姆斯·乔伊斯，就能让迪伦的努力变得尊贵起来，这很像在一篇大学随笔上贴了一张经典的标签。

通过他多年以来发表的言论看，可以判断出他在《毒蜘蛛》中展现出来的问题之一肯定与写作这件事本身脱不了干系。以他制作一张歌曲唱片的速度和自发性，是不可能创作一本书的。写作是一项漫长的劳作。这个难题也不会随着他产出的页数而改善：500 页那样的文字——他自己曾有一次绝望地形容为“无数”——并不一定就能等同于一本书。然而即使是最吹毛求疵的读者也能明显地看出，迪伦想赋予他纸面上的文字如自己歌曲一样的步调与攻击性，或者至少在尝试让-路易斯·凯鲁亚克（Jean-Louis Kerouac）的“自发式散文”。因此，有些乐观的人建议，读《毒蜘蛛》最好是出声朗读。但可千万不要在家里自行尝试。

这本书要求一种合作。在它的风格中，暗含着一个特别的恳求：请不要以看待其他书的方式来评判这本书；请信任它，就像你愿意相信一个奇怪的迪伦式歌词；跟着它走下去。这位作者误解了阅读和音乐之间主动性和被动性的差别，但是这份无声的建议却格外可靠。一旦你停下对这部作品的古怪、结构混乱或任性晦涩进行质疑，就会在《毒蜘蛛》中发现很多有趣的地方。

它不符合任何类型。甚至最常见的与乔伊斯的《芬尼根守灵夜》的比附也是一种误导：迪伦并没有尝试翻新重造某种语言，或者投入文化自身的内部进行钻研。《毒蜘蛛》是一连串虚假的开端，是一堆碎片的集合，是一系列交织的声音，而其中的空格与休止符——标点是随性的对立面——几乎承担着与字词同等分量的含义。而这些反过来又呈演出迪伦在歌曲中施用的半谐音和头韵技巧。然后，还有那些具有不同特征的“字母”，像喜剧里的龙套角色一样散布在文本中间，也在以一种合唱的形式承担着标点的功能。当以上任何一种尝试奏效的时候——这并不常见，但存在这样的特例——产生的效果是令人难忘的。

> 在一片被阳光晒伤的陆地上冬天枕着一只雪头睡在了床的西边/麦当娜。圣殿的玛丽。简·拉塞尔。妓女安吉丽娜。所有这些女人，她们的眼泪能汇成海洋/在一只废弃的冷藏箱里，圣灰星期三的小男孩们为战争和天才做好了准备……而疲倦老气的吉卜赛人——打着哈欠——哼着怨语追踪着猫的足迹——她几乎没注意到身上那只老鼠大的蟑螂而在向下对着她肉欲的舞台张望

迪伦用精心布置的标点塑造出在他那一时期歌曲中常见的缩音和错位。那个入睡的人物形象被描述成一道在“床的西边”的冰冷景观，而一下子又让位给模板化的女性形象，从麦当娜经由玛丽和一位电影明星过渡到妓女——也许这是针对陈词滥调和女性身份的一番狡猾评论。她们的眼泪汇成海洋，之后连接到那些小男孩，他们在圣灰星期三这个忏悔之日，为“战争和天才做好了准备”。最后，在一个蟑螂飞奔的凄冷房间里，出现了那个出色的小小意象，引出颇具争议的性画面：“她肉欲的舞台”。

这当然不能符合每一个人的口味。但公平地讲，这对于初尝禁果的“小说家”而言，也算是一次在技术上颇有野心的实践了。失败几乎已板上钉钉，但《毒蜘蛛》也并不是一次彻头彻尾的失败。它既没有迪伦自

己预想中的一半那么好，也没有这本书最早一批评论者坚称的一半那么差。那些人或残忍无情，或幸灾乐祸，其中大多数自认为时髦，甚至自认为有文化，但他们只会一成不变地为摇滚的白痴派说话。到1971年，他们自认已经有本事去告诉迪伦，该坚持他最近的风格不变了。

不管怎么说，这本书还是留下了一份遗产，就是关于形象和形象创造的一种想法。他们就这么来了，那些陌生而充满象征性的奇珍异兽，从戏拟、阿凡达、神话原型和日常怪咖中搜集而来，组成了迪伦的日常演出剧团，其中每一个都具有一种可识别的特征，或者更常见的是，一种动作：他们进入，他们离开。这些形象将在60年代中期被人们反复歌唱，一首歌接着一首歌。他们无处不在，同时也出现在《毒蜘蛛》里面。

在这本书中，我们遇见了“阿瑞莎”、“菩萨心肠的撒玛利亚人”、扳手朱迪、“荡妇荷马”、“达达气象员”、“一个我们叫他‘就那么简单’的怪人”、未公开的玛利亚、“杜鲁门仙人掌”、孩子瘟疫、“教授赫罗尔德”以及，当然不能忘了，那些伐木工。而在那些歌里，则有“收废品的人”、小巷子里的莎士比亚、阿拉伯船长、寂寞小姐、猥琐先生、手指麦克、圣安妮和甜梅琳达和甜玛丽。还有很多很多。以这种形式，迪伦可以把他想说的任何话塞到任何一张他选定的嘴里。这允许他把歌曲变成对话和微型戏剧。在那本书中，因为缺乏一个主持的声音，效果并不太好。《毒蜘蛛》中有一段是这样的：

参议员穿得像个奥地利的
绵羊。拐进来是为了买咖啡和羞辱
那位律师/他正在节食以及
偷偷希望自己是平·克劳斯贝
但是也能接受成为一个近密的
埃德加·伯根的亲戚

在一首知名度更高的歌曲里，这一定型的角色再次露面：

现在参议员大驾光临

把手枪亮给所有人看
又分发出免费的票单
请大家来儿子的婚宴

在《毒蜘蛛》此类段落中的一段里，有一种心理景观的最初痕迹，而迪伦的舞台剧也在此初现端倪：

你的表兄弟们正在你身处的一场暴风雨中的桥边寻找昔日的风采而那些伐木工则为你讲述探索红色之海……你用朗姆酒填满你的心并把它抬到冰雹的表面而不指望任何新的事物诞生

在合适的时机下，这些元素会合成一个更好的想法：

当你在华雷斯的雨中迷路
也正值复活节的当口
你的重力失去作用
负极也不能帮你逃出……

诸如此种做法，你可以一直继续下去。但到了 1971 年，批评界已经达成一种共识，就是迪伦最好不要再继续这么做了。这个观点一直流行到今天，尤其是在那些明显没有读过那本书的人中间。迪伦从来不曾在我们通常理解的意义上掌控过他的诗学天赋，但《毒蜘蛛》绝不是一次单纯的浪费时间。它为他的弹药库增添了火力，为他的武器扩大了射程。从来没有一位“歌手兼词作家”尝试过哪怕只是用这种方式开始思考。白痴派（和 15 岁的少年）连这一点都没能觉察，很难说是他的错。可话又说回来，这位作者也并没有为了任何人而把事情变得更容易一点儿，对他自己最是毫不手软。

* * *

1963 年接近尾声的时候，《纽约邮报》的记者阿尔·阿罗诺维茨开始把自己黏在迪伦身上，就像一棵常青藤攀附在一块冰冷的石头之上。

阿罗诺维茨常被称为——至少他自己常如此自称——“摇滚记者的教父”，当时在这家小报上开辟了一块题为“流行场景”的专栏，同时还为《星期六晚邮报》《乡村之声》和其他几家报纸提供长文。他的职业生涯并没有得到善终[1]，但在他春风得意之时，可是我们熟悉的一种新闻类型的楷模，就是那种追星的娱乐新闻人，由记者转行为谄媚者。指责阿罗诺维茨在1964年对迪伦的献媚，可是大大低估了“讨好”* 这一动词的多重含义。他对于自己的这种倾向根本都懒得隐藏。而在一切尘埃落定后，他会从骨子里相信“如果没有我，60年代不会和现在一样”。从事新闻工作对于阿尔·阿罗诺维茨而言，唯一的意义就在于能让他跻身行动的中心。客观性和公正性是其次的，而且远远没那么重要。“谦逊，”正如《华盛顿邮报》在他死后所说，“并非他显著的特征之一。”阿罗诺维茨自己的话也许更能贴切地描述他与迪伦的关系。

> 几个月前我接到《星期六晚邮报》的指派，要写一篇关于迪伦的文章，而我爱上了他。在我看来，没有任何一位艺术家具备如他一样的机智、观察力、洞见、魅力、聪明和领袖气质。对我而言，鲍勃将颠覆当代的文化。对我而言，鲍勃是自莎士比亚以来对英语语言改变贡献最大的人。我坚信，在迪伦身上，我正亲眼目睹一段最伟大的传奇。对我而言，没有人能超越迪伦，前无古人，后无来者。然后，过了一段时间，当我又被《星期六晚邮报》指派去写一篇关于披头士的文章时，我也爱上了他们。

阿罗诺维茨不仅驻扎进迪伦的生活，还住进了他的家中。据他所称，

---

1 阿罗诺维茨逐渐开始操纵音乐家，后来因为一次臭名昭著的利益冲突而被《纽约邮报》解聘。在这之后，他在20世纪70年代对精炼可卡因上瘾，并转而参与贩毒。据风评称，迪伦曾“禁止”这位之前的信徒出现在他的演唱会现场。终于戒毒成功后，阿罗诺维茨尝试通过网络写作恢复生活。通过把自己标记为“黑名单上的记者”，他在2004年出版了《鲍勃·迪伦与披头士乐队》（*Bob Dylan and the Beatles*）。2005年，他在新泽西去世。

* fawn作为动词，在英语里的含义为“生养小鹿”，又指讨好、奉承、摇尾乞怜。——译者注

在《铃鼓先生》的写作期间，他是在场的见证者。[根据阿罗诺维茨的版本，当时马文·盖伊（Marvin Gaye）正作为背景音表演。] 1964 年 8 月 28 日，天降神赐，半神走入我们中间，迪伦在派克大街的德尔莫尼克酒店里和披头士一起吸了大麻，而阿罗诺维茨也幸运地在场。22 岁的保罗·麦卡特尼（Paul McCartney）发现了生命的意义，然后又忘了那个意义是什么意思。[1] 你知道是怎么回事。

这可以是一个无足轻重的事件，或者是一场文化革命中核心人物之间的“一次传奇性会面”，这取决于你的视角。现实情况是，在经过一番蹩脚的介绍之后，大家都相处得很愉快。他们玩得很高兴，笑声不断，而这正是上帝和大麻的旨意。很明显，所有相关士人都已认定，他们之间没有利益上的冲突。哪一方对另一方都不会造成威胁。另外，他们也相互尊敬。迪伦向四位天真的英国小伙子介绍了大麻烟卷的艺术，这个传说已经遭到了反驳，而与此同时，麦卡特尼对于万物意义的瞥视，依然是一件很难解释的证物。迪伦和披头士结成了朋友，彼此程度不同，但都在各自的世界中达到了最高。但是他们各自所处的却是截然分开的两个世界。

在阿罗诺维茨回忆录的散文里，充满了记忆中的兴奋和自我满足，即使是事后追忆，仍表现出极度的庆幸欢愉，但是除了他们用浴巾堵住宾馆房门，好让走廊里的警察闻不到刺鼻的味道之外，后来发生的有趣对话，在回忆录里没有丝毫提及。这位记者和那之后的很多人一样，都全身心地沉浸于青春永驻的反文化无稽之中。如果鲍勃和披头士会面了，那就必定是一个重要而意义深远的时刻。在因肺癌而去世的前一年，阿罗诺维茨仍然在对纽瓦克的《明星纪事报》（*Star-Ledger*）讲，那场会面“不仅仅改变了流行音乐，而且改变了一个时代”。但在现实中，那五位年轻人，加上布莱恩·爱普斯坦（Brian Epstein）、给披头士乐队打杂的马尔·埃文斯（Mal Evans）以及那位无畏的记者，每个人都愉快地，借用一个说法，“上头”了。青春永驻。

尽管如此，阿罗诺维茨的将死之言还是让我们品味到了流行文化狂

1　这和“七个层次”有关。不是六个，也不是八个：是**七个**。

妄自大的风格。“改变了一个时代”？有哪一场在越南的战役曾因为鲍勃和披头士乐队相约共吸大麻而推迟过哪怕一天？至少迪伦本人已经开始明白——并坚持认为——歌曲和唱这些歌的人并没有此般能量。

* * *

萨拉·洛恩斯几乎是个和她所嫁男人一样撩人心弦的人物。有些人选择在她对个人隐私难以撼动的坚守中撬开秘密，但多年以来，她也一直坚持着自己的选择。她在自己的第二段婚姻中嫁给了一个在公众眼中不可理喻的人，这给她带来了不快的经历，也许正是她做出这种选择的由来。这带来的结果是，萨拉几乎在新闻记录中完全缺席。在当时那种情境下，能做到这一点绝非易事。

围绕着她流传开来的一些故事，几乎和迪伦为自己发明的那些故事一样自相矛盾。她是在1939年出生在特拉华州的雪莉·马尔林·诺斯尼斯基（Shirley Marlin Noznisky）吗？迪伦的妈妈说，她的原名是诺沃莱斯基（Novoletsky）。她的父亲艾萨克（Isaac）是在她5岁的时候死于一场劫持事件吗？要相信这件事，你就得选择相信阿罗诺维茨。她的母亲贝西（Bessie）是因为中风瘫痪而在之后不久去世了吗？这是一个歌迷网页上的说法。

萨拉是不是先嫁给了一个叫作汉斯·洛恩斯（Hans Lownds）的摄像师，然后随这位年纪比她大的男人改了姓？但他有时候不是还被认为是洛恩迪斯吗？或者再之前，洛文斯坦？之前有权威的说法称这位丈夫是《花花公子》的一位主管，名叫洛恩迪斯。或者是不是叫洛恩尼斯来着？哪一个都不对。但是在一张萨拉初到纽约时拍的照片里，她确实曾经在工作时为《花花公子》打扮成兔女郎的样子。然而令人感到奇怪的是，至今还没有出现一张照片，能证实她在福特代理公司那段“有据可查”的模特生涯，或者显示她曾经做过舞台演员的经历。

更奇怪的是，汉斯拍摄的照片实例，不管是于公还是于私，竟然能逃过搜捕鲍勃琐事的猎人们布下的天罗地网。所以萨拉和迪伦相遇，到底是如她第一任丈夫的儿子所称，是在1962年左右的村子里偶遇，还是在1964年11月由她的朋友莎莉·比勒介绍相识的呢？这位之前做过女服务生的朋友当时嫁给了阿尔伯特·格罗斯曼——这让后一种说法显得似乎稍微合乎情理一点。

那么，我们又该把梅尔·霍华德（Mel Howard）讲述的那一版胜过真实的故事置于何地呢？据这位后来迪伦所拍电影《雷纳多和克拉拉》的“制作人”称，是他和他第一任妻子在“60 年代初”把萨拉（“我们的一釜朋友”）介绍给迪伦的。[1] 毕竟，霍华德还曾进一步透露出，那时“萨拉正在百老汇参演一场名为《迪伦》（*Dylan*）的戏，讲述的是伟大的威尔士诗人迪伦·托马斯”。也许，只是有可能，她演过这场戏。但她绝没有在 1964 年 1 月中旬的千人普利茅斯剧院首演夜登台。亚利克·基尼斯（Alec Guinness）是那一晚的领衔主演——并凭此预订了托尼奖——而她并没有出现。那么她到底是在何时何地收获了同这样一位大人物同台演出戏剧的经历呢？

这些都是微不足道的细节。这位前任的迪伦夫人守住了她的隐私，并极其出色地擦掉了蛛丝马迹，也许，这正是夫妻二人共享的特质之一。这对夫妻的儿子雅各布（Jakob）几乎和他的父母一样缄默不言，关于他的母亲只说过这么几句话：“她是一个真正的个体。我觉得她不会受身边的事物影响。她坚强到足以抵抗那类事物，就是你可以在很多‘某人的妻子’身上看到的、她们所追求的那种生活方式。”

事实不多，却足够简明：萨拉生来是犹太人，迪伦深深地爱着她，他选择跟她结婚。也就是说，不顾那些在他身边缠绕和从他体内穿透的混乱纷扰，他毫不迟疑地选择了开始一段家庭生活。然而，因为关于他的第一任妻子我们实在所知甚少，有关他这次选择的原因或背后的欲望，没人能说得清。

接下来发生的事，可说之处倒是相当多。如果他计划过一种家庭式的田园牧歌生活，那么这要被拖延很长一段时间了。灵感的火花即将爆发。一场电子的暴风雨也正在袭来。迪伦挑了一个对于考虑结婚事宜而言最最不利的时机。

---

1 参见 Clinton Heylin，*Bob Dylan*：*Behind the Shades Revisited*，Ch. 9。

10

曾几何时……

锡盘巷不再有。是我结束了它。

——接受卡梅伦·克罗采访（1985）

黑色皮夹克，花衬衫，电吉他，一支布鲁斯乐队。台上台下，一派喧嚣。没人敢说这一切完全在意料之外，也没人敢声称台上的主演该为一切负责。这是他的选择：没有争议，永远没有。一首每分钟 45 转的单曲像彗星尾巴扫过 3 月的天空，三星期后，一张专辑出炉。这是第二张慢转密纹唱片，其中有四首辛辣的“诗歌”配上舒缓的民谣吉他，这也许可以糊弄一些纯民谣爱好者，让他们以为一切如故——之前有些歌曲引起了激烈的争议。炎热的 7 月，另一首石破天惊、大胆无畏的单曲开始冲击公告牌排行榜，引起了人们的关注。如果鲍勃·迪伦打算再次恩临新港民谣音乐节，他将演出最热门的曲目。不然还能怎样呢？为此，他需要一支乐队。

根据迪伦后来的讲述，一切就是那么简单。这一整套实践——所谓的“新方向”“叛逆”“革命”——完全是符合逻辑的。迪伦正在采用全新的风格创作，因此他需要全新的音乐环境。他开始倾听身后的乐队的伴奏，这就是他继续开展失败的“摇滚乐”实验的理由。《席卷而归》的初衷不是为了伤谁的心——当然这样也无妨——但它的录制是出于特定歌曲的需要。这个决定已经酝酿了一段时间了。

民谣音乐把自己给毁了。没人毁灭它。如果你愿意去挖掘，你会发现民谣音乐还在那儿。它本身没有变化消失。全是些软弱、圆滑的废话，它只不过是被人们现在知道的某种东西替代了。嘿，在披头士之前你肯定早就听过摇滚，然后你在 1960 年左右抛弃了它。我是在 1957 年。当时我没能成为摇滚歌手。[1]

关注过《鲍勃·迪伦的另一面》，以及了解这位对抗议、民众和话题性毫不在意的歌手的人们，自然会理解这是怎么回事。那张专辑里大部分歌曲都是一小部分技艺精湛的乐手在帮助一个乱弹琴的家伙。《席卷而归》没有任何炫技。所有的选择都是恰当的，话是这样说。多亏有 1991 年的《私录卡带系列 1～3 卷》，我们可以对比两个不同版本的《地下乡愁布鲁斯》（Subterranean Homesick Blues），乐队伴奏版和清弹版，但是这首歌在很多人脑海里的印象始终是“电声”版的。迪伦仿佛从某个地方得到了从天而降的提词卡。这首曲子除了第一个版本外，其他形式的表现都是不对味的。那样的歌词需要那样的响声，那样的响声需要如冰雹一般的语言。这正是迪伦想要的效果。

他开始证明这一点。1965 年见证了两张完整的专辑发行。实际上在 14 个月的时间里，迪伦拿出了三部新合集，八面唱片的音乐，170 分钟的歌曲。这对他自己来说是空前的成果，与这十年间流行乐坛有合同要求多产的签约歌手相比，这样的创作量也是空前的。这是创作力的喷发、电能的释放，再也收不回，也无法抵挡：在这首冒险歌曲之后，迪伦再也无法回归民谣歌手的身份了。迪伦的前进方向并不明确——他没有什么大师计划——但在艺术上和对他个人来说，也是基本固定了下来。接下来要走的路他要经历一些冒险，享受欢乐也忍受折磨，差一点就走到被毁灭的边缘，但是因为音乐和歌词在逻辑上的迫切需要，他不会偏离路线，他会一直走下去。

正是在这种背景下，披头士来到美国，成为人们热议的话题。他们

1　采访者 Paul J. Robbins，*LA Free Press*，March 1965。迪伦除了说他在 16 岁的时候放弃摇滚乐——显然忘记了“加入小理查德”的夙愿——他还提到他的钢琴演奏，并说“我还录了音”。鲍勃，你录了哪几首?

对迪伦的影响毫无疑问是带电的（这里一定要用双关语）。显然，寓言家赋予了流行音乐全新的生命契约，为人们揭示了流行音乐所暗藏的、令人惊异的远景。他们当然也在公然地圈钱。他们的出现作为一个现象影响了每一个人。不过说到影响，有几件事情是需要注意的。

首先，从披头士这个四人组合第一次与迪伦的《放任自流的鲍勃·迪伦》相遇开始，影响的流向就是单向度的，即从迪伦到利物浦人。出于某些直截了当的原因，利物浦人的某些歌曲开始打上迪伦式的印记（对他们来说真是个悲催的词）。特别是约翰·列侬，他如一头发情雄鹿般竞争性十足，很快开始进行“严肃”创作。迪伦和披头士之间没有实现真正的互惠，影响的踪迹只在其中一方那里找得到。我们很难在这个时期迪伦的歌曲中框出一首曲子（有人尝试这么做，但无法令人信服），说它是披头士式的。迪伦也许在某些歌词里写到了一些心照不宣的私人笑话，但仅此而已。你可不能这样说列侬的《挪威的森林》：他是非常严肃认真的。

《第四次》（4th Time Around）是《金发佳人》专辑中的一首歌，因为它循环的旋律逻辑和（明显的）主题，引发了披头士一贯的妄想焦虑，迪伦开的这个玩笑（如果它真的只是玩笑）并不能完全解释这首歌。如果有什么不同的话，迪伦会炫耀他丝毫不会感到所谓的同辈压力或受到影响，并用盗用一支曲子去证明这一点。列侬写了一首迪伦式的曲子，然后被乐队成员嘲笑；而迪伦创作了一首鲍勃·迪伦的曲子。[1] 正如所有发生在热尔德时代和之前的所谓旋律剽窃与改编，《第四次》可以证明一个不变的真理。他在做他自己的音乐。

迪伦使用电吉他并开始招募一批音乐家，是因为他听了披头士早期的单曲？在任何情况下，这种关联都不明显。1960 年，有些粗略的音乐史会这样说：如果不是披头士四人组的影响，迪伦不会想到弹簧刀似的 R&B。这个说法歪曲了事实。1964 年之前，迪伦就已经完成了《我控

---

1 Cf. Ian MacDonald's *Revolution in the Head: The Beatles' Records and the Sixties* (2nd rev. ed., 2005), p. 163. 一条脚注援引艾伦·普莱斯还有动物乐队（Animals）的话说，在录制《挪威的森林》前，披头士“嘲笑”列侬抄袭迪伦。

诉》(*J'accuse*)中的歌曲。他的旋律与新的流行音乐狭路相逢，至少是在新的流行音乐开始站稳脚跟之前。不仅如此，他与披头士有着根本的不同。披头士醉心于录制技术的潜能，迪伦则一直致力于逃避技术的控制，且在后来的人生中一直这样做。不论是好是坏，他相信自发性和本能。

《鲍勃·迪伦的另一面》向人们宣告曾经熟悉的吉他—口琴的配置不再适用于迪伦现在创作的歌曲了。动物乐队在迪伦专辑面世的那个星期发布了《旭日之屋》，他们没教迪伦任何东西。除了 Vox Continental 电风琴的尖锐笛声，这支英国乐队不过是抄袭了他抄袭自戴夫·范·容克的编曲。不过，艾伦·普莱斯(Alan Price)的风琴声本身有其存在的理由，并不是偶然出现的。

迪伦不需要被反复提醒。他的歌曲创作在音乐世界被搅得天翻地覆之前就已经开始改变，并超出"民谣"范畴。他无须师从披头士或者任何人。他利用了英伦乐队创造的音乐氛围——这为他带来不少好处——但是他前行的方向已经十分清晰。如果说《铃鼓先生》和后来所有的歌曲完全是自成一格的，他对"背后"那些电线连接的音响设备的配置使用也是如此。迪伦一直在塑造文字，现在他要同时塑造文字和音响。它们共振的结果就是一片混乱。

第二点值得我们牢记在心。当稚嫩的美国流行乐对英伦音乐的入侵感恩戴德、顺从臣服之际，迪伦依然在创作本土音乐。他从来没有想过借鉴 R&B 或者从入侵者手中夺回摇滚乐。稍后，他隐约察觉到被认为具有划时代意义的《佩珀中士》(*Sgt Pepper*)只是"做得过了头"。他欣赏披头士，喜欢他们(程度不同)，把他们尊为竞争对手，但要说是任何程度的模仿，那是无稽之谈。1970 年的春天，迪伦和他的朋友乔治·哈里森在纽约的工作室一边热身一边随意创作，迪伦戏仿了麦卡特尼备受推崇的《昨天》(Yesterday)。那时披头士乐队刚解散了几个星期，你也许会怀疑迪伦的做法是故作姿态，只为了奚落那位从披头士王国出逃的客人。(在歌曲的结尾可以听到哈里森在咕哝着说"配一点大提琴"。)在这一场英伦革命中，迪伦是愿意睁开双眼和耳朵接受影响的，但是他在艺术上几乎没有受到任何影响。这成为他在 60 年代中期出产的杰出作品的潜台词：这是美国文物。迪伦的电子音乐从头至尾都不亏欠在美国流行音乐界占据暴风中心的英伦同僚。

这个事实引发了一个有趣的问题。他最初是以模仿者、抄袭者、仿冒者的形象示人的。他从一切他能找到的源泉汲取所需。那么现在他可以从谁那儿获得什么样的灵感呢？这个关于原创性的问题马上要获得一个肯定的答案。

1965 年初和 1966 年 3 月，迪伦在录音室里取得的成就，其意义不断被抬高，乃至成为美国文化中一个非凡的时刻。如果基准很重要，那还应该同时认可《在路上》、科特恩（Coltrane）的《至高无上的爱》（*A Love Supreme*）[1]、约翰·贝里曼的《梦想之歌》、贾斯培·琼斯（Jasper Johns）的《旗帜》（*Flag*），以及艾瑞莎·富兰克林演唱的《致敬》（Respect）。在那几个月里，迪伦创作的歌曲无意构成一个整体，那压根儿就不是他的创作方法。他当时并不知道，通常是不清楚，他的创作将会把他引向何方：他的表述仅仅暗示了他所看到的东西。然而那些专辑无论有何区别，仍是联结在一起的，就像一大件艺术品的三个部分，一张三联画。这种说法虽然老套，但是很准确。谁注意到了谁没注意到，这都无所谓，或者说迪伦的成就还未得到足够的理解：一切都改变了。

很巧合，在 1962 年，伯克利的哲学家托马斯·库恩（Thomas Kuhn）在其著作中介绍了范式转变的问题，这个关于科学进步的观点自那以后被频繁地讨论和误用。库恩谈论了很多问题，其中一点是他认为突如其来的革命打破了“特定社群成员所享有的一整套理念、价值、技术，等等”。[2] 向智力致敬：牛顿或爱因斯坦（不论是否是伪装的）出现了。库恩还提到索解一个范式将会引出更多的谜团。

迪伦不知道什么范式，他也没有抛弃一切“技术”，但是他正在录制的歌曲也许正好可以解释这个观点。1965 年，他那令人困惑的革命开始

1　录制于 1964 年 12 月，所以算是同时代的，和《席卷而归》时间差不多。

2　Postscript to *The Structure of Scientific Revolutions*（2nd ed.，1970）. 库恩没有准确地提出“范式转变”这个术语。但是评论家们岂能错过这么好的说法，马上用它来解释各种事件和人类的努力，这份努力与科学分析哲学家无关。

了，而且是在录音室这个讨厌的地方。那年在新港音乐节上演的闹剧，各种混乱和相互冲突的传说，关于详情、歪曲、过错、性格、意识形态、愤怒的“争议”，在现实中只是插曲一桩。不过对唱片销量还是有一定帮助的。

> 我刚经历了一个写歌的过程，我不能再像那样写了。那太容易，并不是真正“对的”。我要重新开始，在写歌之前我就应该知道我想说些什么，然后我会写下来，落在纸上的东西和我原来想的并不完全一样，但它出现了，触到了我想要的东西。但是现在我写歌，仿佛我已经知道它是首好歌，我不清楚它到底是关于什么的，但我知道它关涉的细节和层次。[1]

人们把这种东西称为诗歌，至少从他描述的创作方法而言。你也可以说这是源自工作满足感的需要：迪伦需要让自己保持兴趣。他希望在艺术的创造过程中获得神秘的惊喜感。迪伦的自信心渐增，他不再为了歌曲究竟“关于什么”而担心：作品不需要为自己辩护。结果却是关涉更多的东西，但是这种创作的方法、自发的才情流露，意味着他不会再为特定的需求或时代的要求而创作。并不是说他对这种活动感兴趣，这也是他的政治观点。他不会再制造明天的旧新闻了。

他的写作渐渐容括了许多东西，例如肌理、并列、声音、隐喻、人格面具，这种令人惊异、眼花缭乱的效果让人很容易误将它们与图像相联系。很快，就有人开始说他的诗歌是“超现实主义”的。这样说的人忘记了这些歌词无论是从定义还是词源上，都与绝大多数人们熟知的现实紧密相关。

> 陌生的太阳，斜眼一瞥
> 一张不属于我的床
> 朋友们和陌生人

1 电视新闻发布会，KQED（San Francisco），December 1965。

从他们的命运里退场
留下完全自由的人
可以做任何想做的事情，除了死亡
伊甸的大门之内没有审判

这段歌词和这首歌曲一样，不是在质问谁杀死了戴维·摩尔(Davey Moore)。《伊甸之门》似乎是《席卷而归》专辑中最早写成的作品，首演（也是一场令人难忘的演出）是在1964年万圣节之夜的爱乐厅。它充斥着存在主义的悖论——乞丐们在交换财产，讨论真实和虚假，但是答案完全无关紧要，事实就是没有事实，价值的意义在梦里——这些占据了迪伦的大脑。通常认为迪伦借鉴了威廉·布莱克，确实有很多意象是吻合的：一根"蜡烛照亮了太阳"，号哭的婴儿，金牛犊*，歌唱的鸟儿和"经验王国"。歌曲的悖论可以看做是向布莱克致敬，"没有矛盾就没有发展""有那么一个地方矛盾都是对的"。[1] 大约在1793年，布莱克创作了一系列的雕刻艺术和格言警句，（为孩子们）描绘了人类的生存状况，取名为《天堂之门》(*The Gates of Paradise*)。差不多在同一时间，诗人布莱克还创作了散文诗歌集《天堂与地狱的婚姻》(*The Marriage of Heaven and Hell*)，作品里渗透的辩证法正是迪伦喜欢玩味的东西。艾伦·金斯伯格也热烈地推崇布莱克，视他为梦想的浪漫主义疯子诗人的先驱。迪伦恐怕也无法逃脱他的教导。

有一个阶段，威廉·布莱克着迷于《失乐园》的作者（他有一首50页的诗歌，题目就是《弥尔顿》）。约翰·弥尔顿在全书结论性的第12卷里给西方世界呈现了亚当和夏娃的经典形象，他们像无偿还能力的贷款者一样狼狈地被天使长米迦勒逐出伊甸园的大门（至少是"东方的门"），理由就是他们受到了知识的诱惑。但是弥尔顿的看法与通常的理解不同，他并不把这种堕落视为纯粹的诅咒。说得好听些，他和迪伦将逐出伊甸园视为进入现实世界，无论是否做好了准备，仿佛伊甸园本身只是

---

* 《圣经》中摩西在西奈山时以色列人崇拜的偶像。——译者注

1　分别出自 *The Marriage of Heaven and Hell* 和 *Milton*（"Book the Second"）。

一种幻想。没人能保证。离开天堂，这对夫妇“擦拭”眼泪：

> 世界在他们眼前展开，该如何选择
> 他们的栖身之地，他们的向导上帝在何方：
> 他们手牵手，步履缓慢
> 一路穿过伊甸踏上孤独之路。

另一种说法：“伊甸之门外没有真实”。有的是牛角门和象牙门。《暴雨将至》这首歌曲一出，立即回应了一些人的看法，他们看到在经历了60年代的各种事件之后，迪伦的事业向作家方向发展。这个说法是从哪儿来的，在1964年？有没有可能是他知道布莱克遭到宗教组织对他的“弥尔顿”式人物的攻击，因为他公然地颠覆了古代版本；抑或是诗歌《弥尔顿》的主人公最后向读者发表的演说是基于诗歌自我毁灭的需要？布莱克在1800年画了一张金牛犊的小画，迪伦的歌曲提到了这只金牛犊。《摩西不满金牛犊》（*Moses Indignant at the Golden Calf*）不是要赞颂那些戒律传承者的。

《伊甸之门》是迪伦写歌新方法的一个例证，它“布莱克风”十足，至少表达了他对宗教两极分化的态度。但这不是全部。迪伦在1964年下半年开始写的歌中，有一部分吸引力来自它们不那么轻易地（或者从不）完全照搬影响源，这种做法已经成为批评界的默认方法。所以关于威廉·布莱克的影响是需要打一个问号的。他为我们提示了问题的部分答案。这首歌还有很大一部分完全不符合布莱克理论浪漫主义的心理情节剧。

> 狂暴的士兵把头埋进沙子
> 对着没有鞋子正在变聋的猎人
> 抱怨
> 但是依然留在
> 沙滩上猎狗对着
> 有花纹的船帆狂吠

无论这首诗的关注点在哪儿，都跟布莱克的宇宙无关。它所描绘的世界更接近海盗珍妮的梦和她的（被错误翻译的）《黑船》（Black Freighter），再加上《鲁滨逊漂流记》作为副标题。耳聋的猎人和狂吠的猎狗——构成对立的意象；在伊甸航线上的“有花纹的船帆”——这是不吉利的预兆。大海之上的蓝天不是蓝色的。歌词呼应了“海盗珍妮”，是贝尔托·布莱希特复仇之歌的“缓和”版。感谢苏西·罗托洛，1963年春末，迪伦在谢里登广场剧场听到了布莱希特的作品，他非常震惊，随后改编了它。他从来没有、也绝不会从作品里得出马克思主义的结论。他首先想到的是复仇，后来变为《当船驶入》里的自由。1965年，他沿着布莱希特勾画的另一条路走，发展了复仇的主题，为复仇而复仇，《像一块滚石》《绝对第四街》（Positively 4th Street）还有其他一些歌曲都达到了非常精致的效果。在这里，珍妮的梦想——让他们付出代价，“喔唷！”——像舰队从地平线上浮现，仿佛要每个人都来偿还。船帆上的花纹传达了什么讯息？不会是好消息。对鲁滨逊来说，那不是救援。

很可能，《伊甸之门》中的矛盾性和存在主义的虚无感来自迪伦和苏西一起看电影的寂静夜晚。有一个巧合值得我们注意。歌曲中的人物在纠结什么是真实的、什么是虚幻的，他们有自由“做任何他们愿意的事情，除了死亡”，这与1962年上映的由路易斯·布努埃尔（Luis Buñuel）执导的电影《泯灭天使》（*The Exterminating Angel*）有明显的相似性。当恋人“告诉我她做的梦”，歌曲在黎明之际结束，这首歌就盘旋在超现实主义大师的宇宙里。

布努埃尔的电影和布莱克的诗歌一样，收获了宗教组织的偏见。在电影中，一群参加晚宴的宾客被仆人们抛下，出于某种原因被困在一间音乐室里。他们被困，似乎是自主的选择，出于自由的意志。在这个梦里，这些温驯的小绵羊被要求讲述他们的失败故事。最大的失败是纯粹、单调、地狱般的重复。没有意义的死亡、神秘的自杀、吗啡、集体的绝望。总是说得很好听的宗教在这里却没有给这群人一点安慰。在影片的最后，布努埃尔不打算解释梦境的含义。最后的枪响便是结尾。

迪伦是否看过这部影片不是重点，在60年代初，这样的询问就已经出现了。苏西记得，他“看电影的品位比较寻常”。例如，和大部分人一样，亚伦·雷奈（Alain Resnais）晦涩的《去年在马伦巴》（*Last Year at Marienbad*，1961）令他感到困惑，整部影片都在回到“什么是真实，什么是虚幻”的问题上。迪伦也许会提名弗朗索瓦·特吕弗（François Truffaut）的《射杀钢琴师》（*Shoot the Piano Player*，1960）。这部电影关乎流动的事实和错误的身份，是他最喜欢的电影之一。1972年迪伦在《帕特·加勒特和比利小子》（*Pat Garrett and Billy the Kid*）的布景前与作家鲁迪·沃立舍（Rudy Wurlitzer）闲聊，说到想翻拍这部电影。[1]

可能有必要提醒一下，讲故事对迪伦来说很重要。讲故事也是关乎真实或虚构的艺术。从《席卷而归》开始，迪伦后来专辑里的歌曲都是一个个故事，仿佛出自新小说家之手，这些故事感觉像是梦境、寓言、黑色喜剧、超现实主义戏仿。在这个过程中，欧洲艺术电影发挥了好几次作用：迪伦提到费德里科·费里尼的《大路》（*La Strada*，1954）与《铃鼓先生》有关。

* * *

你可以像有些人一样把这三张专辑称为三部曲，然而并无证据表明这出自迪伦的设计，压根儿就没有设计这回事。是语言，而不是音乐风格、乐器或主题，让《席卷而归》、《重访61号公路》（*Highway 61 Revisited*）、《金发佳人》三张专辑相互关联。是语言、“细节和层次”、由自由联想的语词带来的自由感，联结一切。你也可以说这三张专辑是靠迪伦的直觉和感性联结起来的。

有很多乐迷还没有为迪伦的转变做好准备，但也有一些人早就预见到了。《鲍勃·迪伦的另一面》引发了担忧和公开的抱怨。这个事实让谎言附上了传奇色彩。在大家认定“插电”是问题的症结之前，就有老派捍卫者（有些人并不老）在谈论背叛，而且仅仅是因为歌词的问题。《我的昨

1　大概是2002年，迪伦在加州演出的盗版影碟取的标题就是《别杀那个钢琴家》。特吕弗的这部电影实际上叫作《射杀钢琴师：另一个提议》（*Tirez Sur le Pianiste：A Different Proposition*）。1987年，迪伦说这部电影的主演查尔斯·阿兹纳弗（Charles Aznavour）是他所见过的最伟大的表演者。这个法裔美国人“完全把我吸引住了”。

日之书》已经说得很明白了，《自由的钟声》是那张专辑里唯一一首听起来“政治”正确的歌曲，即使有，这种“政治性”也是神秘而模糊的。

1964年新港音乐节后，厄文·席尔伯（Irwin Silber）在《唱出来!》上发表了一封致艺术家的“公开信”，还有一个叫作戴维·霍洛维茨（David Horowitz）的家伙，似乎要代表中心委员会谴责一位表演者“不合格的品位和自我批评意识的丧失”，并称这位表演者已经变成令人生厌的东西、一件商品。[1] 1964年12月，在《大路边》第53期上，保罗·沃尔夫（Paul Wolfe）也认为在新港的歌手已经“退化至一片混乱和乏味”。沃尔夫从迪伦和倒霉的菲尔·奥克斯的角度在两人之间挑起争端，奥克斯气坏了。沃尔夫并置了“意义 vs. 无意义，真诚 vs. 不顾听众品位，理想主义原则 vs. 自觉的自我中心主义”。沃尔夫还使劲诋毁“自由诗和无拘无束的诗歌”。

对于马克思主义，这一套东西并不新鲜，但是它代表了一股潮流，民谣复兴和左派知识分子被拉回到罗斯福时代和社会（有时候是社会主义的）现实主义。迪伦没有用正确的思想来思想，没有使用正确的词语，他还在挣钱：这就解释了一切。苏联的苏维埃作家联盟成员依然热衷于滥用语言。他们也会谴责迪伦是颓废的艺术家和人民公敌。

作为商品的本人只是不喜欢专辑典型的哥伦比亚式的标题，尽管它碰巧用得很准确。[2] 反感迪伦低劣的商业动机的人能想到一个更重要的事实：《鲍勃·迪伦的另一面》的表现并不好，在公告牌200强专辑榜上仅排名第43位。出卖了自己的人实际上卖得并不好。

对于60年代的标准描述忽略了一个事实：迪伦的音乐在1964年的时候还没有横扫美利坚，青年们也没有追随诗人的名声。他那时还是个狂徒的形象。人们更关注的是他这个人，而不是他的唱片。1965年，迪伦有充足的理由出于艺术为自己雇一支乐队——三张唱片足以自证了

1 霍洛维茨当时自认为是马克思主义者，有些不太包容且坚持己见。现在他又宣传自己是新保守派，变得完全不宽容和脾气暴躁地坚持己见。这就是战争。“伊斯兰法西斯主义觉醒周”（Islamofascism Awareness Week）是他最近（2007）为丰富多彩的美国政治生活做出的贡献。

2 很奇怪，迪伦可以自由地写他想写的歌，按自己的想法来录制，却没有选择专辑标题的自由。

吧——但是合理的商业诉求也在起作用。公告牌排行榜不会说谎。它不仅是在对 1 月里开始录制的“电声”专辑表示抗议。基于这个事实，人们挚爱的原声乐器随意清弹的理想彻底结束了。迪伦把这个理想留给其他人，他让那些脸色苍白、声音甜美的原创歌手得以出现。

这并不意味着新的电子流行音乐能够提供什么保证。《地下乡愁布鲁斯》这首闪耀着口头创作才华和智慧锋芒的歌曲，这些“垮掉的一代”没有写下的垮掉的歌词，只在美国单曲排行榜上位列第 39 名。当然，《席卷而归》排到了第六位，《重访 61 号公路》取得了更好的成绩，但是罗伯特·谢尔顿夸大了事实，他写道，迪伦在 1965 年新港音乐节前夜的发布“实在太精彩了”。这样的话不能说得太频繁，无论如何，温室花朵似的民谣歌唱家也许会愤愤不平地认为，1965 年 7 月 25 日，星期日这一天，迪伦只在最有限的意义上算是一位明星。1965 年 8 月就完全是另外一回事了。

他为音乐节贡献了各种各样的“音符”（“我的天，有一千个愤怒的水管工都穿着黄色的制服。他们砸烂了大门”），仿佛只是为了证明，对于他的歌词，最低限度的宽容也是无限的。他用一种消除敌意的坦诚将作品命名为《不假思索》(Off the Top of My Head)。同时，谢尔顿也写了一篇文章，呼吁“对民谣流行乐和乡村音乐多一点宽容”，提醒那些需要被提醒一下的人们，除了“中产阶级学院派的听众”之外的其他听众也值得拥有他们喜欢的音乐。细节很有意思。记者显然清楚有些事情正在发生，而且不太对劲。在新港的喧闹开始之前，迪伦和此前拥护他的人的间隙已经表露无遗。

* * *

黑色皮夹克，花衬衫，一把电音吉他，一支布鲁斯乐队。声音很吵，只有一些是理性的。1965 年 7 月，新港，迪伦简单的电音设备就是用火柴点燃了煤油。故事大约会这样写。事实上，我们刚才也提到过，那些感到愤怒的人们其实在这个事件发生前就一直在酝酿他们要说的话了。一些生活在旧世界的人坚信只是音响或广播系统太糟糕了，乐队一打起鼓来几乎没人能听见迪伦在唱什么。

这个说法有一定的道理，但不足以解释这个巨大的争议。关于那个事件，后来有好多修正的版本。记忆被选择性地抹去又补上。流行音乐的历史喜欢简单的、充满戏剧性的概念，关乎具有象征意义的冲突、艺术家和听众的公开对峙。我们很少听说有谁非常享受那场演出并买了唱片，然后被彻底地改变。无论如何，音乐节拉开了怪异的 11 个月的序幕，那 11 个月里既有惊人的赞誉，也夹杂着喝倒彩、辱骂和对迪伦的不理解。

迪伦为什么会被 1965 年新港音乐节困扰，这个问题还是值得我们思考的。格罗斯曼是迪伦坚定的支持者，在这场造星运动中，无疑是他预约了那场演出；那场演出是一个明显的选择。但是迪伦汹涌而至的电子音乐与谢尔顿所说的“民谣流行乐和乡村音乐”相去甚远。迪伦在新港呈现的音乐和最近音乐出版界才命名的“民谣—摇滚”的混搭形式也完全不同。迪伦究竟想从听众那里获得什么样的反馈呢？那些听众是为他们心目中同志式的吟游诗人及其旧时的民谣信仰买单的。迪伦的表演也许是精心策划的刻意挑衅，也许是无意识的选择。或者那只是一个无心之过。

> 现在一切都跟以前不一样了。去年春天，我想那会儿我都想放弃唱歌了。我感到精疲力竭，事情开始走样，那是一个糟糕的局面——我的意思是，当你表演《人人都爱你的黑眼睛》(Everybody Loves You for Your Black Eye) 时，你的后脑好像正在被掏空。总之我当时表演了好些并不是我真正想表演的歌曲。我唱的歌词不是我真正想唱的。我不是说像“上帝”“母亲”“总统”“自杀”“切肉刀”这样的词，是那种简单的小词，诸如“如果”“希望”“你”。《像一块滚石》改变了一切，后来我不会再去在意写的是书还是诗歌或者其他什么东西。我写的是我自己能够挖掘的东西。如果你不去自我挖掘，而是让别人来告诉你他们从你身上挖掘到了什么，你就会感到非常疲惫无聊。[1]

1 采访者 Nat Hentoff，*Playboy*，March 1966。

“上帝”“母亲”“总统”“自杀”“切肉刀”，这样的词语在 1964 年是为一定的目的服务的。实际上，它们确实做到了。尽管如此，1965 年还有一个不幸的巧合，那就是 T. S. 艾略特刚好在迪伦开始录制《席卷而归》的 9 天之前离世。这位诺贝尔文学奖得主如果再等一个月，就会有人上门告诉他，他在鲍勃·迪伦的歌曲里荣幸地被提及，从而成为“影响”迪伦的人。

作为一个从前的现代主义者（或者不是），艾略特代表了一种对待文学传统的态度，年事已高且性格古怪的他一定无法容忍一个没受过正规教育、来自偏远山村、背着把吉他的小年轻。艾略特属于最主流的教会，代表的是高雅文化，他集中代表了那些子女成群的势利小人，他反对犹太人，不喜欢 60 年代中期迪伦创作的那类诗歌。很多人都会提到《荒凉的街巷》引用了艾略特的一句诗。有一个文学创作技法对艾略特和他的朋友埃兹拉·庞德曾经十分重要，就是把没有明显关联的事物进行意象的并置，迪伦在 1965 年也十分重视这个技法。我们现在来回味几句艾略特的诗，这些句子仿佛就是为了方便日后被引用而写下的，特别是在一位备受谴责的歌手“新声音”的背景下，更显得古怪而有趣。

比如这样：“真正的诗歌在它企图沟通之前就已经获得理解。”还有这样：“只有那些愿意不断前行冒险的人才能知道到底可以走多远。”这样：“当音乐在延续你就是音乐本身。”再比如：“创造与焦虑相伴。”再比如：“在创作过程中最后发现的就是最初想表达的东西。”

时光飞逝。就在 1965 年 2 月 21 日《席卷而归》刚刚完成之时，在纽约华盛顿高地哈莱姆区北边的奥特朋舞厅里，马尔科姆·X（Malcolm X），原名艾尔-哈吉·马立克·艾尔-夏巴兹（El-Hajj Malik El-Shabazz），被三名男子用锯短的猎枪和半自动手枪枪杀。这一年，《选举权法》颁布。这个对美国人说肯尼迪被刺是自食恶果的人之死，拉开了这一年的序幕。马尔科姆·X 是被三个伊斯兰民族组织的成员杀害的，但是对于一个因公开行刑而迅速闻名的国家，他的死未免也太方便了。无论这次暗杀行动背后的动机是什么，这个有争议的黑人，又一个黑人，在自由的土地上被杀。美国的自我形象正在被撕裂。

我重复道，我的朋友们
都在监狱里，带着一声叹息
他递给我名片
他说，“如果他们死了给我打个电话”

对一小部分人来说，这很重要。3 月，在另一重现实里，当《席卷而归》开始发行时，罗杰斯和汉默斯坦（Rodgers and Hammerstein）的电影《音乐之声》（*The Sound of Music*）上映了。这是真正的流行文化，属于 60 年代的真实声音。它确实是人民的音乐。被越南战争和民权运动搅得心烦意乱的人们得到了一剂安慰：它精致优雅、旋律优美，最适合在郊区房子里用立体声音响播放。1965 年，《音乐之声》的影视原声唱片刚刚发行，不费吹灰之力就把鲍勃·迪伦最新最好的专辑从英国排行榜上赶走，随后还继续热销，卖出了几百万张。

且让我们看看历史是如何故意曲解“60 年代”的。在这个过程中，迪伦的意义被夸大也被低估了。1965 年 4 月，格莱美奖在比弗利的希尔顿酒店举行颁奖典礼。佩图拉·克拉克（Petula Clark）的摇滚得到认可，《来自依帕内玛的姑娘》（The Girl from Ipanema）获得年度最佳歌曲；盖尔·加内特（Gale Garnett）的《我们在阳光里歌唱》（We'll Sing in the Sunshine）本应当选最佳“民谣”歌曲，体面的年轻人都会掏钱买的是这些。还有就是几乎要被淡忘了的披头士的某些作品，只是作为顶尖的“人声合唱团”。关于“60 年代”的陈词滥调试图遗忘的这个十年既血雨腥风又平淡无奇，有时候是颓丧堕落的，但是大部分时候像艾森豪威尔时代那般体面地无趣。为了假装反文化的存在，必须用一种坚固的自满的大众文化作为参照。我要表达的观点是：迪伦在两种现实里都扮演了彻底的有害的角色。

* * *

黑色皮夹克，黄色花衬衣，一把 1962 年的芬达 Stratocaster 吉他，三种颜色的旭日宝石针饰，还有一支布鲁斯乐队。夏日的空气里弥漫着杂音。有些曲子还是能得到回响，时间已经过去很久了，人们不再关心音乐家使用的是什么乐器，弹的是民谣还是别的。隔了一段距离再看，新港事件好像一场愚蠢的闹剧，但是毫无疑问对那天在场的人来说相当愚蠢，迪伦也不例外。“争议”丝毫没有阻止他继续前行，尽管观众的反应一开始还是让他很受震动。两年来音乐节及其主办方都很青睐他，现在他却成了被抨击的那一个。他（或多或少）还是那个他。拒绝公开聆讯的年轻人也许会思考：究竟是谁背叛了谁?

翻过新年，迪伦开始制作《席卷而归》的电音部分。这张专辑——不要再提什么为“民谣”代言了——将会成为他迄今为止且在很大程度上最成功的专辑。他感受到了变化，开始变化，且加速了变化。毫无疑问，披头士带来的现象级的成功以及其他入侵美国的英伦乐队，帮助迪伦确证了自己的选择，或者说至少是给他吃了定心丸，让他知道他要面临的风险其实没那么大，但是这张专辑同时突破了好几条边界。属于它的时刻还没有到来。

尽管如此，那是一个奇怪的时刻。我们有时候很容易忘记，当迪伦开始创作时，流行音乐还处在儿童时期，它被视作一种一时兴起的玩意儿，民谣、爵士、严肃音乐还有所有推崇“正确唱法”的歌迷都不把它当回事。现在人们熟悉的关于流行音乐的种种，在当时都只是尝试。先锋们渴望实验。实际上，这些开路者们必须实验。善变的年轻一代的关注将他们置于无情的压力之下，必须去创新变革——时代氛围就是如此。

在一个要求每个星期都要有“新声音”出现的年代，主流表演者在向青少年兜售赝品，他们华而不实但本质上是先锋者，无论你是否喜欢这个说法。伊恩·麦克唐纳德（Ian MacDonald）在《头脑革命》（*Revolution in the Head*）一书中这样解释道：1965 年出现了很多值得纪念的流行单曲，在这样的氛围中，就连被神化了的披头士在 1965 年年中制作《橡胶灵魂》时也感受到了竞争的压力。“如果披头士不赶快找到一条新路，”作者写道，“他们会成为过去式（且不说无聊，流行音乐唯一承认的罪过）。”

麦克唐纳德还提醒我们注意一个巧合。1965 年初，在迪伦完成制作《席卷而归》异教徒式的“电子音乐”刚好一个月后，利物浦人来到阿比路（Abbey Road）的二号录音室，录制“第一首全原声的披头士歌曲”，

《你得隐藏爱意》（You've Got to Hide Your Love Away）。列侬的这首歌曲抛弃了电吉他，如果不是因为《鲍勃·迪伦的另一面》，就不会有这首歌。作曲者一定对在一首歌曲中引入长笛的主意嗤之以鼻。但是另一方面，他也许乐意用对列侬"成熟的"迪伦式原声效果的赞颂来交换马上将会在他头脑里降临的灵感。1965 年，大部分迪伦的同行——披头士、滚石乐队、新兵乐队、谁人乐队——都下定决心重新出发，而只有迪伦的努力被看做宗派主义的罪行，这个事实本身即表明了民谣听众（至少一部分人）和流行大众是完全不同的群体。后者欢迎剧变和动乱。鉴于新旧左翼政治似乎都岌岌可危，这无疑具有反讽意味。

迪伦说他感到"精疲力竭"，这不是玩笑。倦怠和疲惫同时袭来。那个厌倦了"表演并非我真正想表演的作品"的音乐家厌倦自己的写作，甚至包括那些人称代词。《席卷而归》让人惊讶，但其中的"歌词不是我真正想唱的东西"，所以它不是解药，是治疗过程的开始。迪伦先生的药方以特别的方式改变了他的歌曲创作。

首先，音乐类型不再重要。它们变成了迪伦的玩具。民谣到底是什么样的？什么是传统的和原汁原味的？什么是新的，如果有区别的话？鉴于一些人对迪伦的攻击，坦诚地回答以上的问题，答案也许会让叛徒发笑。皮特·西格尊敬的音乐理论家父亲，78 岁的查尔斯·西格（Charles Seeger）也去了 1965 年的新港音乐节，他脆弱的听力受到了冲击。正是他，在 1962 年就这样说过："有意识和无意识的挪用、借用、改编、剽窃，还有直接的盗取，方式虽多种多样，却一直是艺术创作过程的一部分……据我所知，民谣歌曲从定义来说，或从现实来看，完全是剽窃的成果。"[1]

从旋律上看，《麦琪的农场》是在一首古老的民谣《去佩妮的农场》（Down on Penny's Farm）的基础上创作的。迪伦早在格林威治村的时候

1　这段话出自皮特·西格 1963—1964 年冬天在《唱出来！》发表的文章《版权激战》（The Copyright Hassle），后来又出现在他的《非科班民谣歌手》（*The Incompleat Folksinger*，1972）中。这段话的原始出处是老西格为《西部民歌》（*Western Folklore*）杂志 1962 年 4 月刊供稿的文章《谁拥有民歌？——一个反驳》（Who Owns Folklore? —A Rejoinder）。

就已经为《纽约城的艰难时光》（Hard Times in New York Town）“借用”了它的旋律。但是新的曲子夹杂了R&B，它听上去有趣、酸涩、辛辣、快速。指定的类别是无关的。伴奏恰好是歌词所需要的。最后呈现出来的是一个矛盾：这首歌是衍生的，也是完全原创的。

我们可以论证，迪伦只是在延续改编和更新民谣的传统。为何不可？当麦克·布罗姆菲尔德（Mike Bloomfield）的吉他弹出的第一个音符变成“任何一个人有生以来听过的最响的声音”，那不是皮特·西格和民谣人士在新港听到的东西。[1] 有一首歌，迪伦最初是在哈里·史密斯的《美国民谣音乐选》中听到的，演唱者是本特利男孩（Bently Boys），他把民谣变成了讽刺性的R&B——喜剧性的歌词带着尖叫和咆哮——以得罪了普通农场主、政府、抗议运动、虚情假意的依附者、压迫者、所有的老板和各种道貌岸然的窃贼为代价。但是民谣运动的仲裁者依然没有听懂。当搞摇滚乐的人看到《毒蜘蛛》时，遭遇了类似的想象力和同理心的困境。那本遭到鄙夷的小书为1965年和1966年的歌曲做好了重要准备。那是迪伦的实验室。

新港音乐节上那些将他们的反应归咎于音响系统的人，没有一个人公开认错，离开的时候他们身上却带着《席卷而归》。就算迪伦用强节奏摇滚乐来配济慈的诗（只是打个比方），他们还是会号叫。多年后，西格可以说他对“电声”没有意见，他只是想听清那些神圣的歌词。这番解释不可信。他理想中的能够好好欣赏歌词的环境一定不包括新港音乐节和保罗·巴特菲尔德布鲁斯乐队（Paul Butterfield Blues Band）及其同类的民谣世界。

关于《席卷而归》，第一个需要注意的问题是，崇拜它的人和民谣音乐的顽固分子都对这张专辑有深深的误解。两边阵营的支持者除了显著的噪音外都没有听出更多的东西。如果他们确实用心读了歌词，他们发现的只是类别和标签：超现实主义、神秘性、内省性、抽象性。所有的

1 表达了这个感受的人包括：音乐节的制作人、后来成为杰出的难以置信弦乐队（Incredible String Band）的经纪人兼制作人的乔·博伊德（Joe Boyd）、尼克·德雷克（Nick Drake），以及一群为一位英国观众（自然地）贴上“摇滚—民谣”标签的人。

点都关注到了，然后匆忙得出一个结论：如果专辑中没有抗议歌曲，那么就是迪伦的创作放弃了政治意图。事实上，《席卷而归》是迪伦最有政治意味的专辑之一。

这张专辑缺少的是与党派、群体、目标、派别之间的联系（哪怕是暗示），最重要的是，它缺乏一个清晰的观点。它出于自身的原因否定了对社会变革的信仰。差不多 40 年后，迪伦声明他从来都没想过要做一个“政治道德说教家”。他注意到了其他人显然没有注意到的问题：“我们有很多不同的立场，我想追踪的是全部。”[1] 听过《席卷而归》至少一半的歌曲后，会生出一个令人不安的疑问，它关乎幻想，关乎当个体拒绝卷入政治后他与政治世界的关系。唱片以《一切都结束了，忧伤的年轻人》（It's All Over Now，Baby Blue）作结，并得出了一个结论。然而关于幻想的问题本身就是一个公开的政治声明。

> 把你的垫脚石留下吧，有些事情在召唤你
> 忘掉你离开了的死人，他们不会跟着你
> 敲你家门的流浪汉
> 穿着你曾经穿过的衣服
> 开启另一场比赛，重新开始吧
> 一切都结束了，忧伤的年轻人

在数码音乐之前的留声机时代，唱针触碰到唱片的第一首歌曲就是《地下乡愁布鲁斯》，唱片的播放顺序和唱片的设计具有内在一致性。设计之一就是由一首合适的流行歌曲作为引子，长度甚至比经典的两分半钟还要短。迪伦稍后会举出查克·贝里的《没完没了的恶作剧》（Too Much Monkey Business）做例子，这是一个明显的影响源。我们很容易就能找到歌曲标题的出处——杰克·凯鲁亚克的短篇小说《地下人》（*The Subterraneans*，1958），但与小说的内容、主题、意图无关。这里说明了一个最简单也最重要的事实，这就是很多人谈论的东西：诗歌与

---

1 采访者 Robert Hillburn，*Los Angeles Times*，April 2004。

音乐。迪伦在歌曲中唱的部分没有朗诵（或者你喜欢“吟诵”这个词）的部分多，像一个狂欢节上匆匆叫卖招徕客人的摊贩。他的无关政治的阶段开始了，比如这样的歌词：

强尼在地下室
搅拌药品
我在人行道
思考政府

毒品快要制成，政治在脑海里翻腾：这些属于60年代典型的国家事务。这不是迪伦的错，错就错在1965年。但是他的作品一定要具备“时事性”吗？得多“时事”呢？电话被窃听，卧室里安装了窃听装置，地方检察官下达了逮捕令，有罪或无罪并不重要（“别在意你干了什么”）：“洁身自爱/小心便衣。”在这里，国家安全问题早就进入一级戒备状态。有一句歌词谈到了我们将走向何方——“你不需要气象员/来告诉你风往哪儿吹”——它启发了一场完整的、规模较小且不恰当的列宁式的革命运动——“地下气象员”（Weather Underground）。无须多言，公开场合的爆炸案和社会主义先锋运动，都不是迪伦头脑里想的东西。也许是因为他还不够超现实主义吧。关于马尔科姆·X的死，有人认为这是因为他的反抗，迪伦在他之前就写道：“不要追随领袖。”

2003年，克里斯托弗·瑞克斯在他出版的著作中，试图论证迪伦作为道德观察家的资质，以及作为一位诗人的资格。书中有些论述是理论性的文本细读，故而比较复杂，但有一点很简单，他认为迪伦是一位使用韵律的天才。关于《地下乡愁布鲁斯》，教授没有多说什么，歌曲的焦点问题与神学无关。但是他分析了技术上的问题——完全韵和半押韵，将日常话语转变为诗歌（反之亦然）——成功地证实了他的观点。

Maggie comes fleet foot
Face full of black soot
Talkin' that the heat put

Plants in the bed but
The phone's tapped anyway
Maggie says that many say
They must bust in early May
Orders from the DA. *

在这首关于妄想和精神错乱的歌曲中，迪伦使用了一种滑动的格律。尾音一致、部分一致或者强行一致（tiptoes/those），听上去疯狂、杂乱、连续不断，正是歌曲部分意义之所在，而且它的意义是与政治有关的：事情变得越来越危险。再过一阵子，迪伦就会为你把一切都明白无误地写在提词板上……

* * *

一件黑色皮夹克；一件出自设计师之手的衬衣；一把 Strat 型吉他，琴桥、中部和琴颈装有 S/S/S 单线圈拾音器；一支即兴伴奏的乐队。这是一支为新港音乐节匆忙组建的团队，整个 7 月，他们在一起排练的时间只有 15 分钟，总共只演奏过三支曲子。这是一场奇怪的临时革命。

几个月前，迪伦在英国演出，我们完全不知道他在想些什么。他的英国演出曲目包括《铃鼓先生》《伊甸之门》《一切都结束了，忧伤的年轻人》以及《没事的，妈妈（我只是在流血）》。就没有“别的东西”了？英国演出没有乐队。当时《地下乡愁布鲁斯》已经在英国成为热门单曲，但是他在谢菲尔德、莱切斯特、曼彻斯特和伦敦演出时，表演的曲目依然是《时代在变》《哈蒂·卡罗的寂寞之死》《上帝与我们同在》。5 月 9 日在阿尔伯特音乐厅演出的是《谈第三次世界大战的布鲁斯》。我们不是要在这里翻他的旧账，这些插曲决定了曲目的选择。然而这些插曲“不是我真正想唱的歌词”。

迪伦可以这样做。也许他就是需要唱那些民谣—时事性的抗议歌曲，直到厌倦，然后才会开始下一步。抑或是他通过其中最好的作品来实现事业的发展，面对市场行情调整自己。6 月 1 日，他在伦敦 BBC 电

* 译文无法呈现押韵，此处保留原文。——译者注

视剧院演出的曲目是《霍利斯·布朗的民谣》，一首灵感来自古代历史的歌曲。6 月 15 日，他回到纽约哥伦比亚 A 号录音室，开始录制《像一块滚石》。BBC 的听众听过《太多清晨》和《哈蒂·卡罗的寂寞之死》。在纽约，迪伦不再表演《席卷而归》，他开始创作《哭笑不得》（It Takes a Lot to Laugh）、《你能爬出你的窗户吗?》（Can you Please Crawl Out Your Window?）、《绝对第四街》。他开始加速变化，让人更加看不懂。他创作的速度似乎还是无法得到认同。无论如何，他可以区分他的创作：新或旧，必要或多余，僵死或鲜活。

也许你在想迪伦到底在想些什么，他给自己的压力是什么。在伦敦，他又一次负责任地回到他过去的老路，表演了《西班牙皮革的靴子》。两个月后在纽约，他正在构思《荒凉的街巷》。他好像在试图同时包容两种矛盾对立的观点。这样的努力导致了一个讽刺：他的旧歌，“民谣歌曲”，像是创作型歌手的自白，而远离传统“自我放纵”的新歌，却是完全不带个人色彩的，仿佛是一种超越时代的声音。新歌没有讲述关于鲍勃·迪伦的故事。他不在作品里。接连进行了一系列关于身份问题的试验后，他再一次清除了自我。

> 你得起床，你得睡觉，在这两件事之间你必须得干点什么。这就是我现在研究的问题。我做很多有趣的事情。我没有什么想法。我无法思考今夜、明天，任何时间。这些对我来说没有意义。[1]

这段话最突出的一点是迪伦的自我怀疑消失了。这也许是因为自我的问题被搁置，身份认同变得脆弱。1965 年，迪伦的自信源于大众的追捧，他看到溜须拍马的人用“天才”这个词来回应每一个无聊的想法。迪伦自信满满。他不再需要修改作品，不用去苦苦思索，也不用犹豫。倾泻而出的文字似乎遵循了神秘的内在逻辑。迪伦制造的混乱中必定存在秩序：草草勾勒的轮廓必定代表某一个人。现在哪怕他最奇怪的歌词似乎也带有某种合理性，最晦涩的意象也能得到共鸣。他的歌词能成功，

---

1 *Chicago Daily News*, November 1965.

似乎是因为他拒绝强加思想或意象，还因为他信任自己的信手拈来。难怪他厌烦需要他“解释”的请求。解读自我对他来说实在太难。

这一切还是有风险的。如果他尝试将每一个意象与他的经历、思想相联系，尝试像小诗人一样将其一一对应，就没有自发性可言。现在，他处于一个非常理想的、本能的、自然的状态，当然，他不打算对缪斯无礼。**我只是无法思考……**

* * *

1964年底，迪伦带着萨拉和她的女儿玛利亚，在位于西23街的切尔西旅馆租下一间公寓。房间号为211，喜欢文化旅游的人们一定不会错过。汉斯·洛恩斯威胁说要采取法律行动（虽然毫无意义），他想获得孩子的监护权，而迪伦原来在第四街的住所对一个小家庭来说都嫌拥挤，迪伦这才决定搬到最波西米亚风格的波西米亚旅馆。若不是因为迪伦和好友常去克里斯托弗大街上的壶鱼酒吧（Kettle of Fish Bar，凯鲁亚克曾在这里自杀式买醉），按迪伦自己不可信的标准来看，他将会过上隐秘而平凡的生活。

“隐秘而平凡”有两层意思：他隐秘地忙碌着，不久后我们就会知道他在忙碌什么，然而对于他的目标、方法和意图，我们一无所知。一无所知也可以用来形容我们对迪伦整个音乐事业的了解。著名的神秘主义，就像对解释的厌恶，酝酿于难以忍受的沉默。那些在壶鱼酒吧里围观迪伦和不合群的闯入者辩论的狐朋狗友，当涉及艺术和观点的时候，迪伦从来没有把他们当做知己。在这个意义上，迪伦没有知己。他可以泛泛地滔滔不绝地谈论音乐或写作的技法。为什么当他开始写这样或那样的歌的时候，就变成了一个不能说的秘密？

萨拉·迪伦对于她的所见所闻秘而不宣。而那些见过她丈夫总是坐在打字机前的人却记得那些完成了的作品，声称他们“经历”了那些名曲的创作过程。作家的内心世界是不公开的。迪伦很特别，但是在这个问题上，他并不特殊。没有任何已知的文字描述《没事的，妈妈（我只是在流血）》的创作动机，这首歌一出，感到震惊的甚至包括迪伦本人，还比如《爱减去零/无限》（Love Minus Zero/No Limit）以及其他一些歌曲。没有创作手记、有价值的谈话回忆、记录下来的思路，有的只是盗版唱片和从废纸篓里弄来的珍贵纸屑。也有很多奇闻逸事，基本上都是胡编乱造。这样正合迪伦的心意：关于歌曲的解读没有定论。

迪伦需要隐私，这既是艺术上的，也是个人的要求。这就使你往另一个方向猜测，猜测是不是他的个性所致。就像从前的那个少年民谣歌手一样，有些歌曲没有什么特定的出处。我们到底能知道些什么？我们可以知道的是：吉他演奏家迪伦在切尔西的公寓里摆放了一架钢琴。

我们还知道，这段时期鲍勃·"鲍比"·纽沃斯出现在迪伦的世界。纽沃斯是波士顿艺术学校的学生，也经历了剑桥民谣的洗礼，在1961年的一个音乐节上见到了迪伦，不过那时他没有加入迪伦的小团队（可能用乐队这个说法比较好），直到1964年末的公路旅行他才正式加入。那会儿纽沃斯说自己是"歌手、作曲家、制作人、表演者、画家、即兴演奏家、合作者、煽动者"。他有些谦虚了。在60年代中期，他被描述为迪伦得力的助手、同盟者、弄臣、谐星搭档、忠心不二的追随小弟。对纽沃斯的指责主要是说他没有阻止迪伦对绝对智慧的偏好，甚至还推波助澜。从另一方面来说，没有人质疑鲍比本人的确很聪明、很有天赋，他是一个可靠的朋友，他没有也绝不会去利用他和迪伦的友谊。

纽沃斯同时也是一个阴谋家。有好几次，迪伦选择撕碎某个倒霉的家伙的自我和虚荣心，通常是某个记者，他反倒跑过去大献殷勤。罗伯特·谢尔顿和阿尔·阿洛诺维茨都经历过这种事。后者认为他所受的"精神折磨"和接受的"心灵有氧操"都是值得付出的代价，前者却完全不觉得这是个代价。但凡追求这种乐趣的人可以看看D. A. 彭尼贝克（D. A. Pennebaker）的电影《不要回头看》来找共鸣。这是一部关于1965年迪伦英国巡演的纪录片，也是一幅名声、自我、压力之下的天才的肖像画。迪伦的机智呈现得还不够好。在那个还没有流行音乐录影带的年代，一个年轻诗人直抒胸臆的样子和声音被认为是一种可笑的社会评论。现在看来很过分，简直就是欺负人。兰波的艺术事件激起的愤怒不能美化这个鲍勃·迪伦。这不是中产阶级的惊诧：这是青春气盛，而且是独一无二的。

大家一致认为迪伦是一个很害羞、很难聊的人。在1965年，给他几杯酒，在化学药剂的帮助下，在人们的追捧和强烈要求之下，迪伦会展示出他的另一面。然而他再次表现出一种奇怪的心理过程，那是创造力和脆弱模糊的自我之间的博弈。他可以把低劣的东西变成艺术，这是他最奇怪的成功，最好的例子是一首关于将琼斯先生开膛破肚的歌曲。人们把迪伦的抗议歌曲和非暴力运动联系在一起。1965 年的迪伦可谓荷枪实弹、充满危险，语不惊人死不休。新港音乐节当然是背后的推手之一。

现在他们来了：一个完整的鲍勃·迪伦。

* * *

一件说明了一切的皮夹克，一件绝对不能穿去上班的衬衣，一把不适合弹民谣的吉他，一支再正常不过的乐队。麦克·布罗姆菲尔德，一个在芝加哥布鲁斯熏陶下成长的吉他手，6 月时已在哥伦比亚七号大街的录音室里弹上了自己的电吉他。6 月中，布罗姆菲尔德在布利克街（Bleecker Street）的 Au Go-Go 咖啡馆的后屋，招待了巴特菲尔德和他的朋友，他用一架破旧的钢琴演奏了迪伦正在录制的曲目。迪伦的《像一块滚石》震撼了布罗姆菲尔德，这位 21 岁的天才。

1965 年新港音乐节后，很多民谣音乐的真爱粉开始怀疑迪伦。《鲍勃·迪伦的另一面》没有带来纯粹的“决定性成功”。1964 年新港音乐节后，欧文·席尔伯在《唱出来!》上针对“名声的花瓶”发表了一封油腔滑调的公开信。编辑发现迪伦对待成功的反应是“困惑的”。没有同道中人可以告诉这位年轻的英雄该写些什么、怎么写、怎么唱、为谁唱（为自由是《唱出来!》的口号）。席尔伯注意到，迪伦的“新歌似乎全是靠着内心的指引、内心的探索，充满了自我意识——甚至有时是伤感的或残酷的。这些在舞台上也呈现了出来”。他完全不知道 1965 年的新港音乐节舞台上将会发生什么。

2002 年，上了年纪的席尔伯还在努力证明他攻击迪伦这位迷途英雄的合理性。席尔伯接受了作家里奇·昂特博格（Richie Unterberger）[1] 的访问，这位曾经的共产主义者、毛泽东主义者以及人民音乐的坚决捍

1　此次访谈是为了这部著作：*Turn! Turn! Turn!: The '60s Folk-Rock Revolution*（2002）。更详尽的研究汇集成：*Eight Miles High: Folk-Rock's Flight From Haight-Ashbury to Woodstock*，2003。

卫者——但不是席尔伯本人——非常严厉："肯定有些人会认为电音与民谣音乐不匹配、不协调。甚至有人认为钢琴也不合适……"一反他给人们留下的全部印象，《唱出来!》的前任编辑竟然认为自己不属于"有些人"。他——

> 最关心的问题不是电声或音乐类别，而是迪伦当时的言行和他的政治歌曲渐行渐远。这么说吧，他是为了休息一下才写了那些歌……这就是最让我痛苦的问题。
>
> 在我花了差不多20年时间研究音乐后，出现了那么一个人。他的音乐是我在伍迪·格思里之后听过的最令人激动的音乐。他融合了艺术的感觉和诗意的政治，他感动了大家。但是现在他却放弃了……还记得我在1964年写的那封公开信，那时候民权运动正值最高潮，人们开始抗议越战，等等。50年代之后，政治重新获得了关注。左派……发展出一种新的政治。在那样的情况下，迪伦刻意地、有意识地远离政治……对此我感到很难过。

这位老人始终无法相信政治真理的传播并不一定要通过"艺术"的喉舌。他还是坚持相信流言，认为一切都是精心设计的骗局，《暴雨将至》的作者"只是为了休息一下才写那些歌"。迪伦在席尔伯的公开信发表之后做了一个符合逻辑的决定，他的歌不会再在《唱出来!》上发表。要点何在？许多年后，他在《编年史》中谈道，虽然他喜欢厄文，但不能认同他的观点。迪伦把自己和迈尔斯·戴维斯做比较，后者在60年代中期做那张《坏品位》时也受到类似的批评。

迪伦认为，他抛弃的是简单的民谣，给老音乐加入新的形象和态度。1965年，到迪伦的时代，这一行有了新的规则。席尔伯或者任何人都无权训斥他人或指手画脚。毕竟，作出伟大背叛的迪伦不是要对谁进行恫吓。在《编年史》中，他认为自己从未考虑过改变自己的方向。

很偶然，迪伦比较清楚地描述了他采用的创作方法。他，布罗姆菲尔德、巴特菲尔德还有乐队把这样创作出来的歌曲带到新港的舞台上，他们演奏的音乐就是基于"对民谣的小小改变"，也就是布鲁斯。隐喻暗喻让席尔伯等人很反感：他们为“他们的诗人”说了那么多好听的话，还是理解不了这“一系列新的规则”。事后再来看，其实一切很简单：真正激怒这些顽固分子的是歌词，那些没有获得他们想象中的集体意志首肯的歌词。歌词，然后是噪音，流氓的歌词，流行乐的噪音。他们感到资本主义的大众娱乐业偷走了他们挚爱的儿子。更糟糕的是，这个儿子完全不去反抗。他们听到了属于未来的声音，然后堵上耳朵。他们絮絮叨叨了那么多，其实跟那些全世界大发雷霆吼出“关掉它!”的家长没有任何区别。

《编年史》伪装成一部自传，写的东西都是事后聪明。迪伦在开始写回忆录、制造关于他生活的又一个谜团之前，已经听到了大家不断发表的观点。他完全知道“走向电声”会在他逝去的岁月中具有多么重要的标志性意义。还是那句话：我知道我在做什么，不会为任何人退一步。

* * *

这奇怪的一年就要结束了。迪伦在切尔西旅馆并没有过上隐秘的生活，在1964年的喧嚣落定，准备翻过1965年的时候，迪伦在纽约进行巡演。迪伦和他的死党们——纽沃斯、阿洛诺维茨、戴维·科恩（“布鲁”）——在壶鱼酒吧的二楼休闲，还开玩笑地创作了一些不太出名的作品。在这群渴求公众关注的人中间，从前的平等主义英雄变得不那么讨厌。就在圣诞节前，迪伦见到了漂亮而贪婪的模特伊迪·塞奇威克（Edie Sedgwick），引发了一场复杂的婚外恋传言。后来有传闻说，尤其是在安迪·沃霍尔（Andy Warhol）的官司里，迪伦与萨拉结婚导致了金发美女伊迪自杀。这是人们臆想的结局。人们忽略了事实：塞奇威克家族令人悲伤的家族精神病史，她吸毒，她只相信她需要相信的事物。如果真相很重要，这桩婚外恋的男主角其实是纽沃斯。

不管怎么说，1964年底的时候，塞奇威克还没有加入沃霍尔等人的圈子：他们能知道什么？他们编的故事能够自圆其说，但没有真凭实据。纽沃斯会告诉你，在某个下雪的夜晚，模特伊迪坐着一辆租来的豪华轿车来到壶鱼酒吧，这就是迪伦和这个受伤害的女人交往的全部……除非你非要相信这位寂寞小姐就是《像一块滚石》的主题，她就是迪伦给唱片取名《金发佳人》的灵感，她是《女人如斯》（Just Like a Woman）中那个崩溃的受害人。有些人喜欢听名人的八卦，即使事实与事实之间风马牛不相及。

无论伊迪·塞奇威克是否真的或何时被写入歌曲，我们只能说她代表了一种类型。这段时期迪伦歌曲中写到的女人要么是迷幻的、神奇的，要么是受伤的——哈莱姆的《吉卜赛女孩》（Gypsy gal），《她属于我》（She Belongs to Me）中那个拥有超自然的创造力的女子可以“把白天画成黑色”，或者是有精神疾病的受害者——塞奇威克身为波士顿家的女继承人，却有精神崩溃的病史——从前“穿得很精致”。

相比过去，要么是圣母玛利亚，要么是妓女的女性形象，迪伦歌曲中的女性形象显然是一个进步。它也比约翰·列侬在1965年底唱片中传达的符合流行乐气质的厌女症要复杂得多。1965年的《橡胶灵魂》被认为是革命性的，但不应该包括这首歌，开头唱道：“小姑娘，我宁愿看着你去死/也不愿看你跟别的男人在一起。”[1] 迪伦生活在另一个道德世界里。他在这一时期创作的女性形象缺乏个性，因而缺乏人情味。他对这个世界上另一半物种的了解是有限的。他拥抱她们，也攻击她们。此时贝蒂·弗莱顿（Betty Friedan）已经出版了《女性的奥秘》（*The Feminine Mystique*，1963）。1965年的民权运动内部开始质疑，在争取自由权利的过程中，女性的权利被男性领导者忽视了，甚至是遭到嘲笑。迪伦对这些毫不知情，在后来相当长的日子里也是如此。

在迪伦的新歌里，只有最后标题为《爱减去零/无限》这一首，接受了女性独立的存在。这有可能是萨拉的功劳，但也有可能是迪伦发展了的辩证法。歌词写道：“她清楚成功不是失败/就像失败根本不是成功。”一位诗人玩弄的文字游戏完全可能应验到真实的生活中。它可以讲述真理，成为真理。

* * *

1月13日，星期三，这天开始录制的歌曲后来收入《席卷而归》。录音室外，纽约的气温已经接近冰点，但是冰雪和冻雨并未如期而至。也许是因为迪伦还没有想好该怎么表演，在第一天的排练中他没有选择

1　公平地说，列侬后来对这首歌的态度是后悔、否认、谴责。

跟训练有素的乐队合作。实际上，在最开始只有约翰·塞巴斯蒂安一个人弹奏贝斯，就是他帮助迪伦拉开了异教徒革命的帷幕。有些犹疑，甚至有些怯场，也有可能是迪伦还没有想好该怎么处理他的新歌。现在看来不言而喻的东西在当时不一定清楚。唱片是用电声还是原声乐器——这本身就是一个辩证法——这个问题似乎应该提前就想清楚。很可能（也许就是事实）迪伦当时完全不知道怎么处理他新写的歌曲。跟他的追随者相比，他很少把问题提前想清楚。

14 日那天，迪伦把乐手们召集到录音室，他只能碰碰运气了。他开始演奏，乐手们跟上，如果他们能跟上的话。就这么简单。按照现代的标准，这种方法无异于自杀。迪伦没有浪费时间在没完没了的重复录音上，他也没工夫去担忧这新声响的机理，他没有把精力花费在推敲精确的鼓点上。由这仅有的三天工作就做出来的盗版唱片对那些热衷“收藏”迪伦废弃品的人来说唾手可得。迪伦以闪电般的速度进行，一点也不浪费。他跟每一个乐手倾其所能地讲述他头脑中设想的东西。如果录了一遍并不理想，他就继续转向下一个问题。这正是迪伦艺术创作的一个特点。

在《她属于我》的最初尝试和专辑最终收录的版本之间，任何人都有权利更喜欢出现在《迷途之家》“音轨”上的初版。你可以一直细细查找不同版本的细微区别，正版的或盗版的。事实就是迪伦在录制《席卷而归》时花了很少的时间，而他的学生们却花了大量的时间来研究他的选择。他们不觉得这是讽刺。到 1 月 15 日，不管怎么样，他完成了。

完成什么了？这里只是部分“详述”：实际上，迪伦还没有全身心地接受摇滚——更准确的说法是 R&B。他是否彻底远离“政治”了？如果我们将政治性的写作定义为分析世界如何运作，那么《席卷而归》是迪伦所有尝试中最具政治意味的产物。马克思在说异化的问题；教堂的神父在讲精神的废墟；流行的社会学家在谈论 60 年代初的“塑胶时代”。此时的迪伦正在以全新的方式探究一个古老的主题：伪造虚饰的现实、错误的意识、制造的共识。他在一首接一首的歌中——在每一首歌中——刺探意识的最深处。到底什么是真实的经历，（由此）什么是幻觉，什么是真相？

从主题上看，这张唱片分化为两极。一极是《铃鼓先生》，另一极是《没事的，妈妈（我只是在流血）》。这位新生的多变的歌手，这位既是自我的也是普遍的唱作人，给你如下的选择：正午时的黑暗，或铃声清越的清晨。亚瑟·库斯勒（Arthur Koestler）笔下的极权主义者在萨特的地狱（“他者”）面前黯然失色，或者是超越了“扭曲地到达疯狂的悲伤”？专辑里的每一首歌都使人怀想起一个梦境。每一首歌都质疑了这个梦境。这些歌曲被认为无关“政治”的事实本身，变成了一条对那些选择装睡的人的评价。

然而，他们还是称它为摇滚乐。表示轻蔑的评判中隐含了一种固执。极左的民谣爱好者不喜欢迪伦转向流行音乐，也许会抱怨那是“丛林音乐”“野人的音乐”。在这类观点中，最陈腐的是奥威尔式的：原声音乐好，电子音乐坏。制作流行音乐的人不明智地——尽管不是无意识地——同时发表了关于艺术、文化、政治意义、垃圾、价值的观点，其中最重要的是由谁来决定。关于迪伦诗人身份的激烈争论在这一时期开始出现，这不是巧合。这与扩音器无关。他选择了流行音乐、使人镇定的垃圾，将傻瓜们玩弄于股掌之中。他正在争论艺术的地位和境况。或者你不知道，他只是在制作一张专辑。

他的专辑并不是完美无缺的。迪伦率先提出，一张慢转密纹流行乐唱片不应是一堆歌曲的杂乱集合。他是最早让听众相信一张唱片就是一件艺术品的人之一。但是他依然留心60年代中期的观念，关于光与影曲调上的必要对比、情绪和节奏。一首黑暗的长作品，应该配上一些明亮欢快的东西。迪伦还不知道怎么指导他的乐手们，这意味着《席卷而归》的第一面从一声巨响开始，以喜剧的呜咽声结尾。他还不知道怎么组织架构这个新形式，这张唱片。接下来的努力将会证明，形式本身即是问题。

当R&B已经变得稀松平常，《席卷而归》进入了最弱区，唱片第一面的最后三首歌就是如此。你是怎么跟上《爱减去零/无限》的？如果没有《歹徒布鲁斯》（Outlaw Blues），一般的歌词——迪伦式的，如果你喜欢这个说法——和一支心不在焉的乐队，你怎么跟得上？同样，如果没有慵懒的、“超现实主义”的《再次上路》（On the Road Again）呢？

无论《鲍勃·迪伦的第 115 场梦》(Bob Dylan's 115th Dream)赢得了多少赞誉，都没有解决这个问题。最重要的是，如果你期待买了唱片的人翻过另一面去听《铃鼓先生》，你就避开了这样的顺序。

他从来都没有解决这个问题。众所周知，迪伦创作了流行音乐史上最重要的几张专辑，但是当我们从中挑选出这首或那首歌时，没有结构可以承载它们，尤其是 60 年代的作品。《席卷而归》给人的感觉是碎片化的，像闪闪发光的碎瓷片，又像漫天飞射的榴霰弹。那也许不是一件坏事，当然了，我们允许他那样做。

* * *

约翰·肯尼迪还未入土为安，林登·约翰逊就在亨利·卡伯特·洛奇的陪伴下宣誓就职美国第 33 任总统，他曾是尼克松在 1960 年的竞选搭档、1963—1964 年美国驻南越大使。“我不会失去越南，”林登·约翰逊说，“身为总统的我不会让东南亚重走中国的老路。”当他这样说的时候，已经太迟了。1965 年伊始，约翰逊政府刻意发动的帝国战争，从各种意图和目的来看，已经失败了。关于这个事实有两个问题非常重要。第一，拥有如此信念的总统和他在美国权力圈的同僚不会马上想到后果。第二，约翰逊和他的共和党竞争对手都没有想到，美国人民会拒绝让他们的丈夫、兄弟、儿子为傲慢而无用的战争付出鲜血的代价。1965 年初，全球最强大的国家的领袖相信，他们刚刚开始了一场终将获得胜利的战争。美国是不会输掉任何战争的。

在迪伦完成了新专辑的几天后，密歇根大学的“教授反战”活动吸引了 3 000 人参与。《席卷而归》发行不到一个月，迪伦的伙伴，活跃在全国学生统一行动委员会(SNCC)的人，联合学生争取民主社会组织(SDC)在华盛顿特区发起了一场 25 000 人的游行。政客大佬们再一次花了很长时间才看清事实：美国的年轻人，如果他们没有有权有势的父母，注定会成为国家战争的牺牲品，但是这群年轻人开始反对“为国效力”的要求。有些人烧掉了征兵卡。然而无论是政客、媒体或大众，依然没有把长头发的学生们当回事。美国作战部队涌入越南；地面战争如火如荼地展开。婴儿潮出生的一代人正面对丑恶的新现实。初夏常被引用的盖洛普民意测验显示，支持政府处理战争冲突的人占 48%，只有

28%的人表示反对。

迪伦正在怡人的罗德岛附近进行他自己漫无目的的小战争，他有权拒绝成为时代之声。但是他的同时代人、同龄人被源源不断地送到对他们毫无意义的丛林密布的国度，他却什么话都不说。这构成了对迪伦的指控，有事实为证。就算迪伦口袋里放着一张征兵卡，他还是什么都不说。如果你忽视了他的歌曲，那么就是这么回事。

花言巧语的宣传册在门外飞舞
你去了，发现你身处战争之中
看到瀑布发出遗憾的咆哮
你感到难过这和以前没有不同
你发现你不过是又多一个
人在哭泣

* * *

斯坦贝克的小说《愤怒的葡萄》给少年时期的迪伦带来不小的震动。小说中母亲和汤姆之间有一段对话。母亲想知道汤姆在被关押期间是否受到了伤害，因为她之前认识一个叫作美少年弗洛伊德的年轻人，曾经在监狱里受到伤害。“汤米，我得知道，”妈妈说，“他们是不是伤你伤得很厉害？他们让你发疯了吗？”汤姆·乔德回答说，他在官僚们轻车熟路的暴行中幸存了下来。他们没有让他发疯。他还好。

库斯勒在1940年出版了《中午的黑暗》（*Darkness at Noon*），直到冷战全面爆发，他的作品才得到全世界的关注。这部小说是关于一位幻灭的共产主义者的经历，他谴责了极权主义和斯大林的审判秀。库斯勒修改过的书名让迪伦获得了一首歌的创作灵感，在他这张充满相互对立的光明与黑暗的意象的专辑里，他把这首歌置于政治的和智慧的中心。

迪伦对左或者右不再感兴趣。在《没事的，妈妈（我只是在流血）》中，具有吞噬力的黑暗“遮蔽了太阳和月亮”，对含着“银汤匙”、自由繁荣的美国的威胁，和对独裁政权受害者的威胁相差无几。由此，所有关于自由的战争都已经失败了。你不需要被逼疯，正如乔德母亲担心的那样，当你“戴着手铐倒立行走”才去挣扎，你根本无处可逃。鼓吹者、宣传者、好战分子大肆宣扬“女人会看扁你”，贩卖“新生的基督在黑暗中闪耀光辉”，美国总统“……主宰者制定规则/为聪明和愚蠢的人们”。只有在歌手脑海里的最后堡垒中还保有自由。但是如果“他们”真的看过一眼，他们会把他送上断头台。

这首歌燃烧着格言警句的炽烈，每一句都可以拿来引用，从拜金主义的“金钱不说话，只是诅咒”，到对党派、宗教或消费主义的大肆宣传：“一切都是假的”。这个迪伦既看不到安慰也不寻求安慰。这样的事情是不可能的。然而这就是生活，“只有生活”，其他的都是借口。

单单这一首歌——不过并不是唯一一首——就能够证明，说迪伦从《席卷而归》开始“远离政治”是古怪、滑稽的。这个说法现在还有。《没事的，妈妈（我只是在流血）》有一种被创作的迫切要求，这种要求让作者本人也感到惊讶。这首歌会让你联想到迪伦心目中的老牌英雄——少年迪伦喜欢的电影《飞车党》（*The Wild One*）中的马龙·白兰度。这个歌手是在“抗议”什么来着？你听到了什么？

* * *

乍看之下，《席卷而归》似乎是妥协的产物，好像是把风格完全不同的两张唱片合在了一起。它还会让第一次听到它的人怀疑是不是自己听错了。是什么标准判定了唱片里一半“电声的”部分属于摇滚乐？

这种判断不是出于古典的角度，也不是披头士的感觉，或者是1964—1965年受布鲁斯影响的滚石乐队那些查克·贝里的信徒。《席卷而归》也不完全属于流行音乐。在迪伦的震撼之年里，音乐类型是由那四个利物浦人、摩城唱片，赫尔曼的隐士们（Herman's Hermits）、弗雷迪和梦想家（Freddie and the Dreamers）、正义兄弟合唱团（the Righteous Brothers）、索尼和雪儿（Sonny and Cher）以及飞鸟乐队决定的。当迪伦在新港演出时，滚石乐队的《我无法满足》［(I Can't Get No) Satisfaction］已经在美国排行榜第一的位置盘踞了四个星期。稍后，在《重访61号公路》发行后，巴里·麦圭尔（Barry McGuire）表演了P. F. 斯隆（P. F. Sloan）（荒诞的迪伦式）的《毁灭前夕》（Eve of Destruction)，让高雅的观众抗议连连。在年末，西蒙和加芬克尔的《寂静之声》(Sounds of Silence) 一劳永逸地让烦恼的唱作人戴上了桂冠。以上这些与 1 月 13 日进入录音室的迪伦毫无关系。

这么多年来，他有充足的理由一直与摇滚保持距离。在纯粹的意义上，摇滚这个词很少能用来形容他的音乐。《席卷而归》和《重访 61 号公路》中有乐队伴奏的歌曲，只有很小一部分受到普雷斯利、霍利 (Holly) 或巴里的影响，更不用说受到同时代人的影响。不完全属于他个人的东西是 R&B、布鲁斯还有变得只剩一点骨架的民谣。在《金发佳人》和之前的专辑中也几乎没有小理查德和吉恩・文森特的回响，没有受到当时排行榜歌曲的影响。伍迪・格思里的影响更是几乎为零。“影响”与迪伦的关系变成一件微妙、模糊的事情。有收藏癖的人已经消失了。从此以后，人们要从他身上偷东西。

在 1 月中旬三天里录制的歌曲得到了实地检验。《铃鼓先生》在迪伦的节目单里演出了八个月。10 月时，《伊甸之门》和《没事的，妈妈(我只是在流血)》加入节目单，通常和《如果你要走，现在就走》(If You Gotta Go, Go Now) 放在一起表演，这首歌是在哥伦比亚录音室录的，最后没有选入专辑。有记录说，迪伦不知道一个被抛弃的歌手在一间满是乐手的录音室里应该如何表现。他之前没有带过乐队，乐手们也没有跟迪伦这样的人物打过交道，他们要在一起相处着实不易。哥伦比亚公司放任迪伦的做法，但是在 1965 年，用三次录音的时间来制作一张慢转密纹唱片还是绰绰有余了。

他应该会同意这个看法。他喜欢高速工作，也可以高速工作。迪伦始终无法理解花好几个月时间埋头在录音室的行为，到最后像披头士，或者像布莱恩・威尔逊 (Brain Wilson) 一样走到疯狂的边缘。迪伦在 1965 年制作的专辑证明了这一点。

这张专辑的标题为《席卷而归》。这张唱片的内容、曲调和歌词，都像是一份宣言，不管你如何定义“席卷”的对象。这个标题一方面证明迪伦已经偏离了他在格林威治村岁月的自然领域、电吉他和全部，另一方面说明他从经验中获益。继往开来，他就是这样做的。与之前那些强加的愚蠢的唱片标题不同，《席卷而归》有了成熟的意味。这一回演职员表不需要再提到他的名字。学徒期结束了。

这张唱片通常被描述为由一分为二的两部分组成，但是坦白说并不是那样。唱片的第二面主要是“原声乐器”的歌曲，这没错，但是唱片正面的歌曲包括《她属于我》和《爱减去零/无限》，所以这样的区分并不是绝对的。在后来的音乐会上，迪伦在表演这些歌曲时会表现出更明显的戏剧性效果：先来一段独奏，然后轮到他那支恶魔般的乐队。

《席卷而归》仍然希望向世界展示两张面孔。没有盗版录音证据表明迪伦是随随便便地用全乐队伴奏来处理《铃鼓先生》或《一切都结束了，忧伤的年轻人》的，就像他后来做的那样，比如《金发佳人》中的《乔安娜的幻象》。在这个时候，他确实在严肃地思考怎么改编曲子、如何伴奏、不同曲子的不同需要等问题。有些曲子带有讽刺或喜剧的意图，需要一些布鲁斯或 R&B；诗歌则需要配上更微妙的音乐，比如《歹徒布鲁斯》，没有人对这首歌提出非议。

决定是符合逻辑的，但是效果是可以预见的。那些谴责这种新音乐俗气的人认为电声的歌曲毫无价值，几乎从定义上就可得出这个结论。他们不知道的是（这是一个比较客观的描述），迪伦在录音室里因为一首高度文学性且他认为自己最了解的歌曲苦苦挣扎：在最后一天，《铃鼓先生》录了整整六遍。[1]

在这首歌之后，“富有想象力”这个词便和迪伦联系在一起，如影随形。迪伦本人是不会用这个词的。那么，该用什么说法来描述头脑里装满种种想法的状态呢？这位仰慕者作为与兰波齐名的人，“富有想象力”没有也不可能意味着太多的东西。就像歌曲中可能包含的所有关于毒品的暗示都是推测的和不相干的，诗意状态的变体并不能解释诗歌。让陷在旋涡里打转的船赶紧通过吧。

这样的推测和布鲁斯·兰霍恩（Bruce Langhorne）的故事同样具有

1　一些录音片段——不是《铃鼓先生》的艰苦录制经历——连同迪伦 1965 年的几场演唱会、《重访 61 号公路》的部分录音、新港音乐会的片段、访谈、新闻发布会等，都收录在名为《鲍勃·迪伦：重访 1965》（*Bob Dylan：1965 Revisited*）的一系列盗版唱片中。只有 14 张质量“不一”的 CD，你明白。

启发性。兰霍恩是录音中出现的一位吉他手，曾经喜欢背着一个很大的叮叮作响的土耳其鼓在格林威治村漫步，迪伦的描述是兰霍恩在聚会上表演他那“巨大的铃鼓……跟一个马车轮子一般大”“让我印象深刻”。也许真是这样。然而这桩逸闻跟这首歌没什么关系，似乎也没能让兰霍恩喜欢上它。几年后里奇·昂特博格采访兰霍恩，这位吉他手说迪伦“很有幽默感。我认为他拥有一项出色的技能，那就是他可以让别人找到足够长的绳子去上吊”。[1]

迪伦自己对费德里科·费里尼的《大路》的提及更有意思。这个事实首先提醒你，这部电影对这个年轻人的想象力产生了深远的影响；第二，专辑里的歌曲完全是电影式的，一首歌就是一个场景。迪伦一直为工业艺术移动图像的可能性着迷，这种影响有时候甚至是灾难性的。退一步说，他往那个方向的个人努力是混杂的。但是这部电影对迪伦的歌曲屡屡产生了若隐若现的影响。电影这种媒介因其本质，在物理上表达了他所有的问题。

我们来说说《大路》。这部电影里有音乐、表演、流浪艺人、生性粗暴的大力士和衣衫褴褛的小丑、愉快的马戏团，电影既充满魔力，同时又很残酷，电影结尾是一颗孤寂的灵魂来到无人的海边，被“疯狂的痛苦”吞噬。在这个悲剧中，女孩杰尔索米娜被性格暴烈的流浪艺人买来当助手，她学会吹号和敲鼓（意大利的铃鼓），她在现实与梦境之间跳舞。《大路》的意义如一位学者所说，是提出警告：“一个世界以自然联系为代价强加了人为的结构，用错误的意识来代替现实，到达了意识的死角。”[2]《铃鼓先生》苦苦地渴求重新建立联系。也许你会猜测，迪伦在创作具有象征意义的音乐类型时，这部电影教给他很多东西：迪伦在60年代中期创作的被称为超现实主义的歌曲，也可以轻易地被称为费里尼的歌曲。

《铃鼓先生》不是歌曲版的《大路》，但是电影和歌曲却有着奇怪而有趣的共同点。费里尼的电影上映时，意大利文化圈的马克思主义者猛

---

1 为以下作品进行的采访：*Turn! Turn! Turn!: The 1960s Folk-Rock Revolution*（2002）。

2 Frank Burke，*Federico Fellini: Variety Lights to La Dolce Vita*（1984）.

烈地攻击电影导演，认为他的自我放纵背叛了新现实主义。引用一条历史记述，他“抛弃了新现实主义应该去描绘社会的目标，转向了‘孤独者的诗歌’”。费里尼是如何回应的？“新现实主义只是一个开始。”

* * *

在完成专辑录制的同时，迪伦还了结了另一桩事情。琼·贝兹同意结束和迪伦的恋爱关系，迪伦本来是贝兹演唱会的嘉宾，最后却将演唱会变成他自己的秀场。这件事只是猜测，最后无人关心。这段恋情从一开始就混杂了妥协和算计。贝兹后来说她发现萨拉·隆得斯的存在时非常震惊——苏西·罗托洛了解那种感受——迪伦像往常一样，保持沉默。贝兹后来承认，对她来说真正的危机是她作为表演者不再受欢迎：爱情、支持和自我都有各自的限期。3 月末 4 月初，《席卷而归》开始在音像店里销售，迪伦结束了在加州的演唱会，也结束了他人生中由“民谣皇后”主宰的阶段。即便如此，贝兹还是选择加入迪伦不久后的英国之旅。

作为对比，在金色的西部，他听到一支由民谣难民组成的乐队演唱的《铃鼓先生》，他们给自己命名为飞鸟乐队。迪伦那些好不容易创作出的诗歌都被挑出来放在一边，因为辉煌的流行音乐的缘故；迪伦毫不在乎。人们可以随着他的歌曲起舞，也许是在璀璨的天空下。3 月，他对《洛杉矶自由报》说道：

> 嘿，我宁愿听吉米·里德或者赫林·沃尔夫（Howlin' Wolf），或者披头士、弗朗索瓦兹·哈迪（Françoise Hardy），也不愿意听那些抗议歌手的歌——虽然我没有听完所有的抗议歌手。但我听过一首——内容十分空泛，像这样：“让我们手拉手，一切都会变好的。”除此之外就没有别的东西了。我不会因为有人提到了“炸弹”这个词，就要说“啊哈”，然后开始鼓掌。

迪伦的这番想法，没有分享给那座烟雾弥漫的英国城市里为了听来访的“抗议歌曲歌手”传播福音而买票的人们。在谢菲尔德、利物浦、莱切斯特、伯明翰、纽卡斯特、曼彻斯特和伦敦，人们期待的是一位民谣歌手，他现在在英国越来越出名，远超他在自己国家的名气。迪伦没有矫正他们对他过时的看法。新港音乐节可以视为迪伦在电子音乐上的一次胡闹；当他跨越大西洋的时候，则没有带上乐队。

还有一些问题很奇怪。迪伦打算在他极其短暂的英国之旅中宣传哪张专辑？如果不是《席卷而归》，难道他要向还没跟上他速度的英国观众兜售候补品，那些他留下不要的歌曲？他是不是还没想好是否该采用让他声名狼藉的新风格？新港音乐会上掀起的风暴是否只是一个偶然的、完全即兴的、没有预谋的事件？是不是新港观众的反应反而促使迪伦为8月底在纽约森林山网球场举行的演唱会组建乐队，然后铆足火力，一头冲向风暴中心？提出这些问题的意义在于："走向电声"是一个完全确信的选择，但是他没有为此安排筹划。

这次短暂的英伦之旅之所以被大家记得，主要是因为它被拍成了电影。在电影《别回头》里，迪伦被塑造成他的时代和未来几十年音乐界的探照灯。这部电影对迪伦的名声是否起到了正面作用还真是不好说。在迪伦眼中，就凭电影拍摄的几段演唱会和混乱的酒店房间的场景，完全无法讲述他在1965年春天发生的故事。但是后辈们很满意，电影里有很多著名的俏皮话，一些表演的片段，表现压力重重和脾气暴躁的场景，年轻人喜欢的歇斯底里，太多酒店房间的场景和字幕提示。

1965年3月，鲍勃·迪伦在英国的热门单曲是《时代在变》。当迪伦在4月的第二个星期来到英国时，他的专辑没有拿到第一的位置——第九都到不了——它仅仅和《单位四加二》(Unit Four Plus Two)、无法撼动的克里夫·理查德（Cliff Richard)，以及披头士的另一首金曲《车票之旅》(Ticket to Ride）一起，在点唱机排行榜上占有一席之地。在这个时间点，关于这首歌在欧洲的发行还有一个小小的历史谜团。1965年，迪伦在英国发布了6首单曲，马后炮们会说下面这5首是显而易见的：《麦琪的农场》《地下乡愁布鲁斯》《像一块滚石》《绝对第四街》《你能爬出你的窗户吗?》。那么谁说以艺术家为了新音乐冒尽风险的名义，这一系列的音乐创作应该从《时代在变》开始？这首单曲来自上上张唱片，在彭尼贝克的电影开拍时，它已经发布了差不多15个月了。

也许这跟迪伦在英国无法阻挡但断断续续的名声有关：这一年他在

英国最成功的作品当属《放任自流的鲍勃·迪伦》，顺便带上其他的“原声”歌曲。这张专辑在3月问鼎排行榜，不过这已经是重回榜首了。《时代在变》排在第四位，也享受了同样的复活经历，此时《席卷而归》以与过去告别的姿态开始在音像店销售。迪伦的处女作专辑《鲍勃·迪伦》5月时排在第13位，与此同时那张煽动性的新专辑准备冲击榜首，《麦琪的农场》掉到了英国单曲排行榜前20名之外。哥伦比亚唱片公司把事情搞得更复杂，它把《放任自流的鲍勃·迪伦》和《时代在变》里的四首歌曲拿出来做成一张EP。1965年7月，《答案在风中飘荡》、《无须多虑，一切安好》、《柯莉娜，柯莉娜》（Corrina，Corrina）、《当船驶入》一起排到了第三的位置，就像《像一块滚石》最初发布时的情景。

这对1965年来说很重要，对1966年更加重要。当迪伦第二次来到曼彻斯特的自由贸易音乐厅，对那些想把他打造成传奇的人来说，问题出现了。有一个简单的理由可以解释为什么观众会破口大骂：他们不一定知道谁是鲍勃·迪伦，或者认为谁是鲍勃·迪伦。他们不一定清楚地记得迪伦说的每一句经过媒体润色的话，不一定要本能地回应他谜一般的音乐情绪。1966年，一位年轻的乐迷指责迪伦“变得商业化”，这个乐迷不一定是愚蠢的。迪伦面对的困难不只是来自英国民谣界的斯大林主义者的强烈反对。哥伦比亚公司作为歌手的经纪人并没有帮上什么忙。

一个闹情绪的年轻人也许会在1965年7月购买迪伦的EP。他也许会（合理地）推测鲍勃·迪伦就是《无须多虑，一切安好》（第一首）和《答案在风中飘荡》（第二首）的表演者。于是他会得出结论，这些就是艺术家创作的东西了。他也许在谢菲尔德或纽卡斯尔观看了迪伦的演出，迪伦却没跟他说现在音像店里正在卖的是什么。1965—1966年，迪伦的观众虽然感到困惑，但是他们并不愚蠢。1965年5月7日在曼彻斯特的演出中，迪伦以《时代在变》开场。随后表演的曲目是《上帝与我们同在》《哈迪·卡罗尔》以及《铃鼓先生》和《伊甸之门》。所以，那个骄傲地抛弃了那些“竖中指”歌曲，“走向电声”“不理睬”抗议的歌手到底是怎么了？在这条时间线上，迪伦吹嘘的对艺术自由的追求似乎是弄错职业规划的意外结果。

有文字记录的事实都出现在了纪录片中，或盗版的纪录片中。彭尼贝克说他跟迪伦取得联系是因为萨拉·隆得斯在时代—生活（Time-Life）工作：事实稍微有些复杂，也没那么有趣。电影制作者暗示说他的电影主题在消耗胶片之前就已经巧妙地设计好了：那就是表演生活。《别回头》的确呈现出摄像机镜头外的某种不安，仿佛迪伦自己也在怀疑虚假的事情正在发生，而他就是主要嫌疑犯。这么说吧，他似乎一直在背诵精心彩排过的台词。

还是有人喜欢看迪伦与倒霉的媒体“对峙”的情节。其中最著名的一个场景是迪伦怒骂《时代周刊》杂志的记者贺拉斯·贾德森（Horace Judson）。邀请看客来到神秘的名人世界，迪伦已经写过这样的剧本了。这个可恶的记者抛出消极的攻击性问题，到底想达到什么目的？从根本上说，他的问题是他认为他的读者想问的。他无法保证问题的严肃性，他不管问出来的问题是否符合名人的兴趣或心情。坦白说，贾德森根本就不在乎迪伦和他的音乐，不管迪伦是否相信，采访迪伦就不是他分内的工作。贾德森采访过披头士，获得了一些成功。34 岁的贾德森还不老，也不笨。他真正热爱的是科学。后来他撰写了一部关于分子生物学的书，还有一篇关于欺诈的（科学）文章，备受好评。1965 年的真相是，在迪伦对他发飙之前的 30 分钟，采访还是挺顺利的。没看过《别回头》的人不用去猜哪一部分访谈剪入了最后的电影版。

迪伦声称，《时代周刊》“如果把真实情形直接印出来，一个星期之内报刊亭就能脱销”。因为贾德森的缘故，他的杂志没有出现“一个在阴沟里呕吐的流浪汉。这幅画面的旁边就是洛克菲勒先生……”。还有好多类似这种风格的记述，一个最佳（最有趣）的片段是歌手吹嘘他跟卡鲁索唱得一样好，而且“可以屏住气息三倍之久”。你也许会争论说迪伦是在抗拒经过加工的真相。你会同情他一遍又一遍地回答那么多愚蠢的问题，解释他要传达的“信息”，或者为了换个节奏，解释他的真诚。但是你也可以说，他在操纵采访他的人，拒绝回答关于他反对什么的提问。贾德森后来坚持认为，他和迪伦的遭遇战是提前设计好的，是一个陷阱，你会发现他说的有道理。

在《新闻周刊》的“揭露”之后，迪伦再也找不到理由喜爱具有国际影响力的新闻杂志了。他表现得像是遭到掠食性攻击、不得不妥协的受害者。但是，是谁在他事业的起步阶段一遍又一遍地说着煞费苦心又堂而皇之的谎言？你也许能够把这种虚构当成一种复杂的后现代游戏加以原谅（苏西·罗托洛可不这么想）——但是后果可以想见。自以为教训了贾德森什么是真相的迪伦并没有完全掌握它的概念。一位无知的记者把他看做一个流行文化的神秘符号？这并不是完全不可理喻的。

《新闻周刊》的灾难迟早会发生，因为迪伦总是把愚蠢的虚构当成事实。当新闻适合他的书，当有像谢尔顿和阿罗诺维茨这样顺从的记者来采访时，他跟新闻界的关系还是其乐融融的。这是古老的、自私自利的明星悖论在作怪。如果《时代周刊》是卑鄙的，没有鉴别“真相”的能力，为什么还要浪费时间和精力来做一次采访？《席卷而归》本来可以利用这次机会做宣传，迪伦正好可以躲开真实电影（cinéma vérité）纪录片的拍摄。事实上，迪伦来到英国，在没有开始正式演出前，花了几乎整整三天对付各种新闻采访。他和贾德森的对话就是在5月9日阿尔伯特音乐厅首演前进行的，那时候他的神经当然无法松弛。渴望名声和躲避名声二者同时进行，似乎是一件相当棘手的事情。

但是那部同样著名的电影就是真相本身，难道不是吗？电影记录了事情原本的样子，没有中间媒介，就像墙上的飞虫会看到的一样，就像这个法语短语（cinéma vérité）本身表示的意思一样，以最新、最精致的美国风格来拍摄？随着罗伯特·德鲁（Robert Drew）的《初选》（*Primary*，1960）的上映，真实电影来到美国并大行其道。在约翰·肯尼迪和休伯特·汉弗莱之间进行的威斯康星州选战上，这项技术得到了恰当的运用，然后是迪伦。彭尼贝克在这部“直接电影”中担任剪辑工作，他坚守以下原则：没有彩排，不发表观点或态度，不使用叠画画面，不补镜头或添加音乐，每个场景的顺序就是事件发生的本来顺序。他也不清楚主题是什么。最后这一点也许会被视为优点。由此你也许会认为，《别回头》是一部成功的电影。

但是迪伦却不这么认为。后来彭尼贝克坦承他被告知有些场景是不能拍的。你也许会对类似这样的情节感兴趣：多诺万（Donovan）为试图偷窃扔在地上的《铃鼓先生》的曲谱寻找借口——这是迪伦惯常的做法。歌星当然不会允许彭尼贝克记录下这样的时刻。2007年，电影导演对（所有媒体中的）《时代周刊》谈到了与媒体的那些著名“对峙”：“那些可怜的灵魂，他们开始采访迪伦，可是他们对他了解不多。迪伦把采访变成了马戏。他乐在其中。但是我从来没有觉得在那些采访中迪伦是故意表现得刻薄。”

愤怒、非难，燃烧着熟悉的诗人的正义怒火，但同时“乐在其中”，没有“故意表现得刻薄”：这些描述无法叠加在一起。彭尼贝克在2007年回忆道，尽管迪伦被批得体无完肤，贾德森还是为《时代周刊》“写了一篇关于迪伦的不错的报道”。看过《别回头》的观众大多猜不到。而对这部真实电影特别留心的观众看到演职员表，会注意到执行制片人的名字。阿尔伯特·格罗斯曼的专长不是拍纪录片并处理未加修饰的真实，他也不愿意花太多钱在宣传影片上。同样，理论上，“真实电影”难以控制，而掌控的感觉是诚实的格罗斯曼视为人生目标的东西。这部电影描述的是一种真诚的幻觉，一种精心制造的幻觉。

《别回头》呈现了另一个鲍勃·迪伦的表演。在大部分情况下，他没有计划要施展魅力。在影片中，可悲而固执的贝兹出现在门口，或者干脆吃了个闭门羹。迪伦让多诺万、偶遇的乐迷和纠缠不休的记者出丑：这变成了一种重复的仪式。在解释之前需要证明多少次，艺术家是被误解了？有一段拍摄于两年前密西西比选民登记大会的影像，打破了神圣的“真实电影”的原则，影片中歌手在表演《只是他们游戏中的一枚棋子》时宣布他不再创作抗议歌曲。有一条街巷，就像电影里年轻人开派对的场景，路上撒满破碎的浴室玻璃。当然还有，播放《地下乡愁布鲁斯》时，我们的莎士比亚以一个漂亮的分镜头出现在伦敦萨沃伊酒店旁的小巷子里，大家都原谅了这一点。但是这也破坏了事件原有的顺序：再一次为了电影的真实和客户的需要破坏了牢不可破的原则。

新的迪伦既富有魅力又邪恶猖狂。从表面看，他有时候比那个曾经认为人们要炸毁世界的孩子还要生气。速度和兴奋剂会改变一个人。如果说迪伦与毒品之类的东西全无半点瓜葛，《别回头》的很多场景便难以解释。骨瘦如柴的神经病患者在没有被激怒时自我感觉好极了，对他们膨胀的自我则随时感觉良好，诗人也是如此。鲍比·纽沃斯、披头士成员、滚石乐队成员、玛丽安娜·福斯菲尔，以及根本不认识的小圈子聚在迪伦的酒店房间里，享受高级客房服务时，他们觉得自己是一群邪恶而迷人的天才，他们倾情支持迪伦想要呈现的心理戏剧。

其他因素也在起作用：格罗斯曼总是在迪伦身边。在英国的几个星期，迪伦表现出光彩照人的机智、极度的不耐烦，似乎已经无计可施，不论他是怎么说的，他准备在这场职业游戏中放纵自己。为什么 1965 年 5 月 9 日、10 日，在伦敦华丽的阿尔伯特音乐厅，他为信任他的英国民谣乐迷表演的是《哈迪·卡罗尔》？他不是说民谣的东西结束了吗？为什么他那部一直跟踪记录他的低成本影片中展现的是他去年的样子呢？而且电影里只有很少的片段记录他的演唱会实况。彭尼贝克 2007 年对《时代周刊》这样解释道：

> 我那时不知道他打算离开民谣。我只知道他有些被民谣拖拽着的感觉。他一定是对每天晚上上台表演感到厌烦了，而我们却可以坐在休息室里快活。

披头士不会蠢到被彭尼贝克的摄像机捕捉：平等主义流行音乐的制造者还是不会忘记等级阶层。说自己受迪伦邀请一同来到英国的贝兹没能与前男友同台演出，相反，萨拉·隆得斯表现出与生俱来的决断力，来到葡萄牙度假。贝兹随后“发现了真相”。流言已老，事实关乎你怎么看。

你在《别回头》里看到的是你被允许看到的事件，有些已经够骇人听闻了。这是一种纪录片应有的样子。迪伦表演的天才之处在于，他为彭尼贝克提供了导演或者制片人格罗斯曼想要的东西：孤独的艺术家承受着压力，与各路疯狂的名人斗争，与旁人对他的不理解作战，捍卫创作的权利，让纽沃斯代替自己打发贝兹离开他的生活。彭尼贝克没有对这个细节“发表观点”。迪伦有时候称电影制作人的摄像机为“眼睛”，但是他忘了说这只眼睛和其他的眼睛一样会看到虚假的东西。7 月，飞鸟乐队朴素而光彩照人的《铃鼓先生》在美国冲上了排行榜的首位。迪伦最后一次“民谣”巡演结束了。下一个需要验证的命题是：一位诗人是否可以同时是一个流行音乐明星。

* * *

《像一块滚石》在《重访61号公路》成形之前就已经存在了。人们很容易忽视这个事实。五十年后再来看，这首歌曲和这张专辑的联系似乎是绝对的：提到其中一个马上就会联想到另一个。然而《像一块滚石》的创作是完全独立的。这首歌曲的创作不是伟大计划的一部分，不是序言、前奏、开场曲或一个大制作的内容提要。它就是它自己。

你可以写一整本书来记录这首流行歌曲的录制过程。在某个平行世界里也许有人真的已经这样做了。这种努力显然是不得要领的，就如同在真实的时间里争论时间的本质，但是总有人打着迪伦的旗号来做这种奇怪的事情。录音时长6分钟，再加上几处中断；作为回报，他得到了博尔赫斯的图书馆，模拟无限的脉搏。最重要的也许是这首歌曲开头的那个词：曾经。

《毒蜘蛛》这本不被重视的小书与《像一块滚石》的关系最为紧密，迪伦的乐迷中很少有人注意到这个奇怪的事实。根据迪伦自己的说法，英国巡演结束后，也许是在伍德斯托克音乐节上（另一个版本），脚步犹疑的文学冒险让他在流行音乐方面获得了难得的无条件的成功。那首著名的一开始有二十页（或是十页）“令人作呕”的东西的歌曲，它的创作过程和他所有让人困惑的散文的创作过程一致：形式自由、“自发”，文字随心所欲地把作者带向它们想去的地方。这部蜘蛛的作品取了一个令人费解的标题，但是迪伦解释道，当他把每页散文里写的东西转化为歌曲，转化成这首歌后，这部小书——“称它为诗歌或其他什么东西”——便成了多余的了。在《像一块滚石》之后就可以忽略那部小书了。坦白说，迪伦觉得这是一种解脱。然而清楚的一点是，如果不是迪伦把人们熟悉的音乐学应用到他的文本中（虽然早期的结果是华尔兹时代的一首歌曲），《像一块滚石》就会是无人问津的《毒蜘蛛》的翻版。

关于《像一块滚石》的传奇故事说，它是在一场暴风雨中诞生的。更好的说法，或者对短暂的流行音乐史来说更好的隐喻是：这首歌曲面世时，美国东岸人民正在经历十多年来也可能是本世纪以来最严重的干旱。干旱已经持续了五年。纽约市的用水处在严格管制之下。这年夏天，地方的储水系统只剩下25%，一艘飞艇挂着“节约用水”的标语在城市晴朗的上空飞行。当这个世界焦渴难耐之际，雨来了，正像第一记鼓点落下。那也是诗歌啊。

在越南，不难想象季风风暴正在阻碍针对越共的军事行动。那支衣衫褴褛的军队越战越勇，他们战胜了装备精良的南越对手，只要是愿意看清事实的人，自然不会弄错他们的行动目的。同样在这个星期，披头士乐队在美国发行《披头士 VI》（*Beatles VI*），迪伦的另一张东拼西凑的专辑也上市了，这张专辑将会冲到公告牌前 200 排行榜第一的位置，而新港音乐节正在进行。6 月，约翰·列侬出版了第二本书《工作中的西班牙人》（*A Spaniard in the Works*），但是他可不敢把“实验散文”放在唱片封套的说明里。当迪伦正忙着写《像一块滚石》的时候，利物浦人在忙于麦卡特尼的歌曲《昨天》。也是在那个星期，B-52 做好了一次轰炸北越的准备，又一场反战抗议在五角大楼举行。《选举权法》即将生效，但是可怜的非洲裔美国人因为上升的犯罪率备受困扰，法案解决不了什么问题。6 月，马丁·路德·金在俄亥俄州奥博林学院的毕业典礼致辞中提出，“种族不平等的问题”远远没有得到解决。一个美国“黑鬼”“发现他在物产丰富的大洋中一个孤独贫瘠的岛屿上死去”。《音乐之声》一路欢歌笑语大赚 1.64 亿美元。美国已婚夫妇避孕合法化。为了看到更好的景致，美国正在准备发送一艘奔向火星的宇宙飞船。

只是一个时刻。历史，往复与否，都围绕着事实来建构。以一种奇怪的方式，这个时刻变成了迪伦的诅咒；这一次，而且仅此一次，《像一块滚石》来自晴朗干燥的天空。你很容易相信这个版本前无古人后无来者。令人沮丧的后果是，人们坚持认为并广泛认同迪伦像一只蝴蝶标本那样，可以永远被定格在死气沉沉的十年中央的一个瞬间，那个十年被镀上了后见之明的光彩。

录音本身就很微妙。音乐团队还没有黏合在一起。6 月 15 日星期二，然后是 6 月 16 日，他们都在辛苦地练习，因为他们对鲍勃·迪伦的流行单曲这个概念相当陌生。错误越来越多。迪伦没法跟一支事后聪明的乐队表达他需要听到的东西，艺术家和歌曲都帮不上忙。真是一团糟。盗版录音收录了每一遍失败的尝试，如果你喜欢可以去找来听听，而且它们还有注释，如果有帮助的话。重要的事实是关于专辑本身的：他们努力了，然后获得成功，不过他们是在事件发生几个小时后才意识到他们做了什么。

那天在现场的人回忆说，那不过是运气。不知怎的，所有东西聚合在了一起。歌手喜欢键盘发出的噪音；随波逐流的、迷惑的、沮丧的音乐家们找到了那波感觉。然后是歌词以一种狡猾的悖论自圆其说。

歌词。试录出来的《像一块滚石》让录制它的人感到震惊，因为它太不寻常了，像是一首流行音乐。歌词主导了一切，决定了需要的音响，制定了录音的动态参数。这就是诗歌变得必要和充分的情形。这种歌词的构建，这架言语的机器，成了录音室里最重要的一件乐器。如果歌词做好了准备，那就没有乐队不能演奏的东西。嗓音也是如此。

这遍录音没法让嗓音这件乐器变得悦耳动听。那些认为迪伦唱歌是个糟糕的笑话的人，在听了《像一块滚石》之后不会改变看法。如果有什么区别的话，这首歌曲集中了他们对这位所谓的诗人的不满，嫌他“发音含糊”“鼻音太重”“声音像发牢骚似的”——他们真的不是在说犹太人吗？这部分听众无法与艺术妥协。其他人则更加宽容。但是在迪伦的声音中，有一个男人的声音在朗诵诗歌，实现了美国文学的古老梦想：通用语、惯用语，很多不寻常的意象和完全“诗意的”表达。也许甚至还包括道德训诫。

证据还不够确凿，但是那天下午的录音显示了迪伦是位卓越的歌手。就像他吹口琴和弹吉他一样，这看起来似乎是不可能的。迪伦公开的支持者通常不会大谈特谈他的声音风格。如果你完全不了解他，且对他的赞美半信半疑，你会觉得这个迪伦真是很荒谬。如果你完全不了解他，你会以为他是约翰·哈蒙德莫名其妙签下的没有天赋的青年歌手。这是一个矛盾：在 1965 年以及后半个世纪，喜欢、欣赏、尊敬或崇敬鲍勃·迪伦的人还是会迟疑地宣称，他的声音——仅仅是他的声音——是西方艺术世界的革命之音。

紧接着有一个小问题：《像一块滚石》还有别的唱法吗？这首歌被很多人演唱过，次数数也数不清，然而除了作者本人外，没有歌手能有绝对的自信来演唱这首歌。他们知道这首歌只属于迪伦。正像诗歌只属于诗人。

* * *

1965年夏天，新港音乐会在一伙人的手下开始筹备，他们的创作解释了后来发生的一切。他们是西格、艾伦·洛马克斯、歌手希奥多·比凯尔、彼得·亚洛（保罗和玛丽的同事）、罗尼·吉尔伯特（Ronnie Gilbert，前织工乐队成员）、拉尔夫·林兹勒（Ralph Rinzler，格林布雷尔男孩成员）、麦克·西格［新迷城漫步者（New Lost City Rambler）成员］，还有新港爵士音乐会的创始人乔治·韦恩（George Wein）。这个陪审团不太喜欢迪伦，也还没有接通“电线”。

星期五，音乐节开幕当天，洛马克斯介绍巴特菲尔德乐队成员出场，还作了几句很不礼貌的评价。他的原话是怎样说的存在争议，但大概意思是白人男孩也用扩音设备怎么能是现实中发生的事。洛马克斯和格罗斯曼吵了起来。阿尔伯特·格罗斯曼是原创音乐节的创始人，也是很多大型演出的经纪人，比如迪伦、“彼得、保罗和玛丽三人组”以及圣玛丽（Buffy Sainte-Marie），如果他有办法的话，还能请到巴特菲尔德乐队。阿尔伯特是一个喜欢记仇的人。民谣学究们对给乐队成员安装扩音设备强烈不满，而且是三个成员都要装。洛马克斯给人群上了一课，关于再现个人的真实啦，使用扩音设备是为了加强布鲁斯的风格，等等。最后他暗讽了“五金件”“大佬阿尔伯特”，等等。洛马克斯不喜欢格罗斯曼，格罗斯曼也不喜欢洛马克斯，两个人一见面肯定是拳脚相向。很快有人看到两个成年人在后台咆哮对骂，周围的空气仿佛都为之扭打成一团。迪伦有没有听到他们吵架？有一个被人忘记的笑话是说，保罗·巴特菲尔德布鲁斯乐队下台时就像风城芝加哥的风暴。

音乐节预计会有很多观众，最后来到现场的有71 000人。通常的演出地点是在新港的自由体公园（Freebody Park），但是考虑到人数众多，演出地点最后定在城市以北康奈尔高速公路旁的音乐节主会场。节目类型广泛，不拘一格。四场演唱会（外加很多歌迷会和“专场”），演员包括琼·贝兹、牧师加里·戴维斯（the Reverend Gary Davis）、桑·豪斯（Son House）、新迷城漫步者、密西西比约翰·赫特（Mississippi John Hurt）、孟菲斯·斯利姆（Memphis Slim）、“彼得、保罗和玛丽三人组”、彼得·西格、伊恩 & 希尔维娅（Ian & Sylvia）、A. L. 劳埃德、曼斯·

里普斯科姆、钱伯斯兄弟（the Chambers Brothers）、戈登·莱特福特（Gordon Lightfoot）、咪咪和迪克·法里纳（Mimi and Dick Fariña）、多诺万、约翰·科尔纳（John Koerner）、马克·斯波尔斯特拉，还有鲍勃·迪伦，所有这些演出只需支付演出者30美元。不过，不拘一格将会成为一个问题。

电吉他曾经在新港发出过叮叮当当和惊声尖叫。博·迪德利（Bo Diddley）、查克·贝里、穆迪·沃特斯的表演唤醒了新港阿奎德内克岛上方的空气。没有人大惊小怪。但是那些伟大的音乐家是几年前爵士音乐节的表演嘉宾，电吉他如今却变成了民谣音乐捍卫者的噩梦。1965年，如果是受邀演出的黑人音乐家使用电声乐器，民谣音乐的统治阶级会判他们无罪。还有一个问题未得到解答：西格、洛马克斯等其他将要怒不可遏的人究竟从迪伦那儿期待什么东西？

7月25日，迪伦和巴特菲尔德的乐队一起表演；20日，《像一块滚石》发布并在著名的罗德岛演出的前一天进入排行榜。很多人都能够预感到这预示着什么。从3月末开始，《席卷而归》的堕落版和纯洁版已经在音像店销售。《地下乡愁布鲁斯》在公告牌排行榜上跻身前40位，而且这只是在4月初。《麦琪的农场》似乎是制造新港麻烦的罪魁祸首，但是在音乐节开始之际，但凡对迪伦有些许兴趣的人都知道，这首歌早已不是一个秘密或惊喜。有一种说法是那些大爱迪伦的时事政治歌曲的人没有注意到媒体大肆报道迪伦的“新声音”，这个说法貌似合理，但并非事实。[1] 任何人再说别的都是在开玩笑。

无论如何，那将会变成一个传说，一个民间故事（如果你喜欢这个说法也行）。很奇怪的是这个故事怎么讲都能自圆其说，因为大家对事实的真相众说纷纭，没有标准答案。18岁的巡回乐队打杂小伙乔纳森·塔普林（Jonathan Taplin）的说法是[2]，迪伦决定和巴特菲尔德乐队演出是

---

1 说句公道话，哥伦比亚唱片公司自己的市场部在推出《像一块滚石》时，内心也是抗拒的。他们同意发行这充斥着吓人的喧闹声和混乱的意象的漫长六分钟，但是他们完全搞不清楚状况（这是一家拒绝了猫王和披头士第一张专辑的公司）。

2 塔普林后来成为著名的电影制作人、理论家，他制作了很多电影，主要有马丁·斯科塞斯的《穷街陋巷》（*Mean Streets*）和本乐队的《最后华尔兹》（*The Last Waltz*）。

临时起意，没有计划。这个故事有些道理。因为被骂的歌手说过这样的话："去他妈的，别以为这里可以挡住电子音乐。"在塔普林的故事里，迪伦已经为新港的工作室上交了三首可以接受的民谣歌曲，乐队是在演出前一晚"一时兴起"才组建的。

戴维·丹恩（David Dann）是麦克·布鲁菲尔德官网的运营经理，他讲述的新港故事和塔普林的故事稍微有些不同。丹恩安排迪伦在星期六下午的"民谣树"工作室里（敷衍地）演出《我真正想做的一切》。"当风吹过，树叶在歌手身后落下，迪伦的头脑里突然产生了一个想法。"

> 在新港，正是这位吉他手帮助迪伦实现了革命性的新声音。还有风琴演奏家艾尔·库珀（Al Kooper），他本来是以观众的身份来看音乐节的。迪伦下决心要在这场新音乐的革命中成为中心人物，于是他要在音乐节上组建一支一个月前在哥伦比亚录音时那样的乐队。他、麦克·布鲁菲尔德和艾尔·库珀决定表演他马上要出的EP里的歌曲，包括他正在发行的单曲《像一块滚石》。[1]

丹恩的观点是，在这场关于电声的巨大争议中，布鲁菲尔德才是旋涡中心的关键人物，在迪伦给吉他插上电线之前，是他和巴特菲尔德乐队的表演攻破了民谣音乐负隅抵抗的堡垒。是他们给了迪伦灵感去掀起那场对峙。丹恩的观点一出便引发了很多质疑。比如，在动了使用当红的新布鲁斯乐队的念头之前，迪伦计划如何表演他的新音乐？或者是他早就想好了要这样做？因为他在英国演出时就是这么做的，当时演出的是民谣作品，新歌和旧歌都有，只不过最新的单曲没有用电吉他来演奏。还有众所周知的观众的愤怒，大家都知道他们针对的是迪伦和他那支临时组建的、目中无人的电声乐队。

2010年，艾尔·库珀接受明尼阿波利斯《城市周报》（*City Pages*）的采访，认为所谓观众的愤怒是没有的事。

---

1 "Mike Bloomfield at Newport", mikebloomfieldamericanmusic. com (2009).

那都是胡说。完全不是事实。观众没有扔瓶子，也没有起哄。当时在新港，每个人大约表演 45 分钟到一个小时。鲍勃只表演了 15 分钟。他本来是音乐节的重头戏。这就是为什么观众会生气。他只表演了三首电子音乐歌曲。这就是鲍勃能干出来的事。

键盘手说“85%～90%”的观众是“喜欢的”和支持的。乐队只表演了 15 分钟，是因为他们只准备了三首歌。如果观众有意见，那也只是因为他们觉得表演太短被骗了钱，他们生气也在情理之中。

排练了一晚上，我们只搞定了三首歌。所以我们就表演了三首。很多人，大学生，他们都是跑来看迪伦的，他们大老远赶来，整个周末听的东西都不是他们真正想听的。然后迪伦只表演了 15 分钟，这下不好了。他们很不高兴。喜欢民谣音乐的人可能被吓到了。但我觉得不高兴的观众最多只有 15%吧。

库珀总结说：“有争议是对音乐节委员会那帮人而言的，而不是观众。”委员会成员当中，西格会第一个跳出来反驳库珀，说他没觉得“电声”有什么问题。真正冒犯他的，是糟糕的声音扭曲了迪伦的歌词或者干脆淹没了歌词。这又是另一个故事了。2005 年，受人尊敬的西格接受斯科塞斯为电影《迷途之家》而做的采访，给出了关于《麦琪的农场》产生疯狂反响的理性解释。

有很多报道说我反对迪伦在 1965 年新港音乐节走向电声，这是不符合事实的。我是那天晚上的主持人。他演唱《麦琪的农场》时，你完全听不清歌词，因为麦克风把他的声音扭曲得不成样子。我跑到混音台说：“赶快把声音调一下，太可怕了！”那个人却说：“不，年轻人就喜欢这样。”我确实说了如果我有一把斧子我就马上砍断电线！那是因为我想听清楚歌词啊。我不在乎他开始走向电子音乐。

西格在对不同的观众讲述这个事件时会做一些有趣的调整。2009年，他接受 gibson. com 的访谈，又是这样说的：

> 我跑去找控制台的人，大声跟他说："赶快调一下声音，我们好听清歌词。"他喊回来："不！他们就是想要这个效果！"他们就是要足够大声才能激怒那些民谣爱好者喝倒彩，因为迪伦正想用这个机会告诉他们"再见，忧伤的年轻人"。[最后这句话是我加上的。]

还有一个版本的故事（和那些传说中的喝倒彩一道），现在已经变成了事实。迪伦，这位迷失的英雄，与一群粗腔横调的年轻朋克族一起出现在新港音乐节上，他们站在音乐节的旋涡中心，刻意表现出挑衅轻蔑的姿态，西格看到这些难道真的不在乎迪伦走向电声？委员会的成员是不是忘记了他们内部的冲突分歧？还有他们为音乐节特征总结的音乐哲学？几乎人人都同意音响很可怕：斯科塞斯的原声带已经用了 21 世纪最好的技术，《麦琪的农场》的效果还是很粗糙。库珀提供的解释是观众不满只有三首歌，表演结束时也没有任何表示，这个说法也是似是而非的：越是投入的乐迷，越有可能更加生气。但是这听上去还不是故事的全部。好像这一切都是为了一个象征性的片刻。

* * *

有人说在演出结束后的派对上看到迪伦"震惊、动摇、失望"。1966年，全球范围内的演唱会观众都感受到了余震，还有那种正义的愤慨，不论那意味着什么，针对"消费主义"、芬达吉他和出卖自己。为了象征的目的，彼得·西格本人也曾经被纯粹主义者指责没有充分地尊重真实。这个细节常常被忽视了。

根据西格的传记作家戴维·达纳韦（David Dunaway）的记述[1]，西格因为受到迪伦 1965 年新港演出的震惊，决定退出民谣界，至少过了一阵子才重新开始思考。他也辞去了新港音乐节委员会的工作，放弃了他在《唱出来！》的专栏。西格备受电子音乐的折磨，并视其为对他个人的

1　*How Can I Keep from Singing: Pete Seeger*（1981，rev. ed. 2008）.

羞辱，由此改变了他的人生和事业。此后，西格的主要精力放在了环境保护、哈德逊河清水号帆船环保运动和抗议越南战争上。

格雷尔·马库斯（Greil Marcus）评论道："就在一年之内，迪伦的表演改变了民谣音乐所有的规则，或者说，人们过去理解的民谣音乐、一种文化力量不复存在了。火车已经驶离了站台……"[1] 民谣音乐经历过属于自己的繁荣。它没有在美国人的心灵中盘踞多久。它的政治主张让很多中产阶级白人自我感觉良好，他们甚至把黑人和乡村的歌手看做体面的野蛮人中的高级物种。复兴运动的仲裁者没有负责甄别什么是"真正的"民谣音乐、什么不是，他们也没有解释为什么直达民众的成功构成了背叛。他们没有为自己的立场做出合理的解释。

布鲁斯·兰霍恩只看了一部分新港的演出，所以他看不到太多东西。他认为人们的反应是"混合的。有些人会说：'这是什么鬼?!'而有些人会说：'哇噻!'但是我的总体观感是，大部分人觉得被冒犯了，而不是被迷住了。这是我的总体印象"。在与里奇·昂特博格对谈时，兰霍恩也提到，音乐家们的事业都受到了威胁：

> 很多人在传统的民谣音乐上花费了大量的心血。在民谣音乐复兴运动中，这些人经年累月地在各种不知名的场所表演民谣音乐，突然间他们发现民谣音乐大限已到。他们也许只是把插电和摇滚看做一个增选项，只是增选项。

另一位见证人艾瑞克·冯·施密特（Eric Von Schmidt）告诉迪伦早期的传记作者安东尼·斯卡杜托，"巴特菲尔德的布吉摇滚"掩盖了迪伦的歌声。实际上，根本"听不见迪伦"。这种针对可怕的音响的抱怨声，跟乐队的声音一样越来越大。很有可能是这样。现在的录音技术能够清除背景杂音，可是在1965年那个有风的场地是做不到的。但是关于嘈杂的广播系统的故事变成了另一个神话。如果你相信那个故事，那么你会认为从来就没人反对新的、插电的迪伦，也没人抱怨他抛弃了民谣音乐。

---

1 *Invisible Republic: Bob Dylan's Basement Tapes* (1997).

如果音响是原声的，关于意识形态的争论和兰霍恩称之为“增选项”的观点就不会消失。如果这位年轻的英雄只是把音量关小一些，整个西方世界在艺术、消费主义、资本主义和共同意志方面的斗争还是无法避免。用流行音乐的术语来说，他所获得的接受后来都给了朋克摇滚。

不管怎样，迪伦不管这一套。这可以被看做暗杀或安乐死，取决于你看问题的角度。他摧毁了观众。他的表演有力地表明了他对歌词的态度和它们的用途。与西格的抱怨刚好相反，在第一次听这首歌的时候，“听清楚”并不是首要的任务。有些事情需要花一些时间，这反而是好事。噪音本身是重要的。它们也是有意义的。对诗人来说，唯一纯粹的、光荣的选择是出版，但是迪伦不会再这样做了。

1965年初，保罗·沃尔夫在《大路边》上发表了一篇讨厌的文章《新迪伦》(The New Dylan)，菲尔·奥克斯的回应也许是最精彩的。“迎合观众的口味是对观众的不尊重，”奥克斯写道，“如果观众理解不了这一点，那么他们也不配得到尊重。”

不管怎么说，“电声”都是一个转移注意力的说法。约翰尼·卡什来自欧扎克贫民区，是真正的平民，但是他们一出现就是完全商业化的，他们在1964年新港音乐节上获得了巨大成功。卡什和他的乐队也使用了扩音设备，虽然没有那么惊人，但他们没有招来任何非议。迪伦也许是不肯妥协，但他确实是虚伪、势利、精英主义的受害者。还有无知。

* * *

不过，确实只有三首歌。迪伦和保罗·巴特菲尔德布鲁斯乐队（缺了巴特菲尔德本人）一起排练了一整晚，最后只能拿出三首歌？他的乐队里有麦克·布鲁菲尔德（吉他）、萨姆·雷（Sam Lay）（鼓）、杰罗姆·阿诺德（Jerome Arnold）（贝斯）、艾尔·库珀（风琴）、巴里·戈德伯格（Barry Goldberg）（钢琴），他们个个经验丰富。彼得·亚洛做开场介绍，提前说了“现在要上场的表演者时间有限”。首先是《麦琪的农场》，然后是《像一块滚石》，最后是一首还没写完的他取名为《幻影工程师》(Phantom Engineer）的歌曲。随着最后一段音乐消退，迪伦突然对乐队说：“走吧，伙计们。就这样。”这听上去不像是计划好的。听上去像是他放弃了舞台。你可以想象他听到的绝对不是热烈的喝彩声。

你能看到亚洛面对观众的反应明显感到不安，他尝试说服迪伦回到舞台上，对观众应允说迪伦是去拿他的木吉他，仿佛木吉他是用来安抚观众的牺牲品。接下来，在一声E调的口琴声后，《铃鼓先生》上演了。跟在英国表演的时候一样，如果有必要，迪伦打算避开他的革命。显然他期望的是认同而不是对抗。但是就在这个时刻，他转身离去。

* * *

对有些人来说，那件皮夹克就足够了（这件夹克最后由史密森尼博物馆[1]收藏）。高级衬衣没那么重要，被人鄙视的吉他也没那么重要，迪伦身后的乐队还是没那么重要。这支由一群无赖组成的乐队，像一组轻武器，开足火力，努力杀出一条血路，《像一块滚石》在这场战役中勉强幸存下来。托德·海因斯无法抵御这个画面的震撼感，把它收入他在2007年制作的电影《我不在那儿》中。皮夹克马上变成了“爆款夹克”。[2] 关于迪伦的一切都是一个声明，不管他是否知道。1965年新港的（其中一个）问题是，那些没有理解这个声明内容的人，决意要坚持他们自己的理解。首先他们说这个艺术家有那样的行为和那样的声音，不配得到关注和重视。虽然其他人也用扩音器发出噪音，也穿了狂野的衣服，但是还能得到假意的尊重。正是因为迪伦之前获得了人们赠予他的荣誉和赞美，他不许越轨半步。这就是政治，当然是在宽泛和简单化的意义上来说。那年关于他的一切，都意味着与资本主义魔鬼签订了契约。人们对他制作唱片、开演唱会或者是吸引足够的公众关注，然后充当某人或某事的“代言人”，到底有怎样的期待，这是一个没有探究过的矛盾。

* * *

《花花公子》：不管是不是个错误，是什么让你下定决心走摇滚

---

1 在2012年一场名为《美国故事》（*American Stories*）的展览上，主办方向一位“匿名收藏者”借来了这件皮夹克。和它一道展出的还有多萝西的红宝石鞋子、本杰明·富兰克林的手杖、亚伯·林肯的怀表、拳王穆罕默德·阿里的拳击手套，以及一块普利茅斯岩的碎片。这些都是美国文物。

2 采访者Nora Ephron and Susan Edmiston，“Positively Tie Dream”，August 1965。“什么是爆款夹克？”迪伦问道。

路线的？

迪伦：粗心大意。我失去了真爱。我开始喝酒。醒来后发现我在牌桌上。接着我玩掷骰子的游戏。我在台球室醒来。然后有一个块头很大的墨西哥女人把我从桌子旁边拖走，把我带到费城。她让我一个人留在她的房子里，然后房子被烧了。最后我来到凤凰城。我找到一份廉价商店的工作，和一个13岁的女孩住在一起。接着还是那个墨西哥女人从费城过来，又把房子烧了。我往南去了达拉斯。我找到一份工作，就像查尔斯·阿特拉斯（Charles Atlas）“从前和以后”广告里的“从前”。我和一个送快递的男孩住在一起，他会做很美味的辣椒酱和热狗。后来那个13岁的女孩从凤凰城过来烧掉了我的房子。快递男孩，他可不温柔：他给了那女孩一刀，后来我只知道我来到了奥马哈。这里非常冷，这时候我只能自己去偷单车，自己煎鱼吃。后来我运气不错，找到的工作是每周四晚上去改装汽车比赛上帮人家清理化油器。后来我和一个高中老师同居，她空闲时间会做一点水管工的活，她长得不怎么样，但她做了一个冰箱，可以把报纸变成莴笋。一切都挺好的，直到那个快递男孩出现，他想用刀刺死我。不用说，他也把房子给烧了，我只好到大街上流浪。第一个捡到我的人问我想不想当明星。我还能说什么？

《花花公子》：你就是这样变成摇滚歌手的？

迪伦：不，这是我怎么得上肺结核的。[1]

* * *

新港之所以重要，是因为后来发生的事情。迪伦在音乐节四天后回到纽约的哥伦比亚A号录音室，开始制作更多唱作人的诗歌，这些诗歌更适合一种不会和歌词发生冲突的吉他，罗德岛事件变成了一个脚注。新港和1965年夏末诞生的神话还没有找到它们的语境。《重访61号公路》是迪伦的第一张纯“摇滚”专辑（不管它意味着什么），但是它同时也记录了迪伦作为一位作家全部努力的成果——《暴雨将至》《自由的钟

1 Nat Hentoff, *Playboy*, March 1966.

声》《毒蜘蛛》《铃鼓先生》和《没事的，妈妈（我只是在流血）》。争论这张专辑是否比上一张《金发佳人》更出色，已成为一个旷日持久的游戏。基调、歌词、音乐，足以区分这两张专辑。前者因为带着它那更外露的锋芒，似乎比后者更令人心悸，这并不意外。《重访 61 号公路》中没有爱情歌曲。它依然成为巅峰之作。

这个事实说明迪伦很快就达到了巅峰状态。先不论 6 月里只花了两天制作完成《像一块滚石》，现在另一张专辑的制作只在录音室里用了三到四个白天/夜晚——这取决于你怎么计算。这一回迪伦似乎做好准备来管理一支乐队，尽管乐队的乐手们从头到尾对迪伦的期待还是不太确定。录完《像一块滚石》后，制作人汤姆·威尔森被换掉，替代他的是鲍勃·约翰斯顿（Bob Johnston），至于原因没人费心解释。因为那不重要：一切迪伦说了算，他在思维和直觉的许可下全速工作，似乎不再凭运气了。

录音室的记录和逸闻无法解释一切。迪伦和萨拉从英国回来后，在伍德斯托克市附近的伯德克利夫买了一间乡村度假屋。1965 年和 1966 年，迪伦没有把宝贵的时间花费在乡村小屋里，但是后来他说《重访 61 号公路》这张最都市的唱片，这个关于现代性和人类在“都市丛林”的生存境遇的故事，是在乡村的孤寂中创作的。跟之前一样，我们对其真实的创作过程一无所知，但是《像一块滚石》的创作冲破了堤坝，迪伦听到了艾伦·金斯伯格诗歌中城市的回响——它的言语、韵律和焦虑。我们还可以补充拔高和预测一番，说就在这几个星期内迪伦“重新发明了流行歌曲”，然而这就是事实。但是在短暂的高强度集中写作期间究竟发生了什么，我们只能猜测。不知怎的，这位作家变成了“一个没有约束的声音”（语出迪伦后期作品）。

其中一种猜测是，在这个过程中，迪伦找到了一首歌剔除惯常的道具仍然不一定会分崩离析的原因。从“二十页令人作呕”的东西到《像一块滚石》的四首长诗，迪伦究竟是如何领悟到这一点的？通常我们会说“编辑”，但是迪伦的编辑跟通常的编辑可不一样。发生在《像一块滚石》和《重访 61 号公路》中的其他歌曲上的是不考虑叙事，直接剥离了内容。寻常的连接方法被抛弃了；歌词不再有所意指。一首歌或一幅图像不再自我诠释。《像一块滚石》（显然）比其他歌曲更像一个故事，但是它的第一句歌词，整张专辑的第一行，隐藏着一个玩笑："从前……"专辑的最后一首歌是《荒凉的街巷》，连贯叙事的观点——认为传统的歌曲要从类似"从前"开始的叙事模式被打破了。迪伦明白了他不需要借助过去的故事叙述"法则"才能言之成理。只要他自己明白就够了。

在这九首歌中，像《毒蜘蛛》里一样，人物来来去去：一共 72 个人物，有名字或者有具体的描绘。在这些歌曲中，像在当时大部分美国诗歌中一样，人称代词变得很可疑。在每首歌中，"我""你"到底在指称谁都是完全不明确的。这位让所有唱作人关注自我成为可能的作家不断质疑作家声音的可靠性。比如在《荒凉的街巷》的十段歌词中，第一人称单数的"我"只是间歇出现。有人相信迪伦是在歌曲中以自传的方式谈论自己，甚至是梦境中的自己吗？这个想象中的"我"会是别人吗？抑或那个观察者仅仅是故事的讲述者？而且这个故事的场景并没有连缀在一起。第四个隐含的问题是：谁真的想知道答案，为什么他们需要知道？《重访 61 号公路》表达了身份是不能被轻易固定的；语言本身具有欺骗性。那群跳出来分享自己焦虑的唱作人被抓住了不诚实的小辫子，他们解释说这是诗歌的创作方法。

当然，你很容易就能想到这张专辑的真实故事与语言文字并无太大关系，它对于文学的兴趣几乎不在我们讨论的范围之内：这是一张流行唱片。这个定位并不完全准确，但是我们需要记得最明显的一点：迪伦正在创作音乐中的诗歌。从《像一块滚石》破门而入的那一刻起，旋律和乐手就成了不相干的两极。有些文学批评是必要的，但是涉及《重访 61 号公路》时，它们变得苍白无力。参与录制的中坚乐手们——布鲁菲尔德、库珀、保罗·格里芬（Paul Griffin）、鲍比·格雷格（Bobby Gregg）、萨姆·雷、哈维·戈德斯坦/布鲁克斯（Harvey Goldstein/Brooks）——都既能抒情也能展现力量。他们中间的三位经历了新港风暴。事实并不能让他们弄明白一切问题，但是他们足以知道迪伦想要的不是那种按常规出牌的录音。

《重访 61 号公路》不是在录音室里创作的，但它却是在录音室里录制的。只要歌手需要，乐队可以呈现出布鲁斯或 R&B，旧式的风格。键盘的重要性姑且不说——布鲁菲尔德的贡献实际上并不显著——乐队的配置或多或少是比较传统的。迪伦快速记下几个和弦，想要为那些旧的标准形式探索新的可能性。当唱片与惯例传统离得最近的时候，它的说服力降到了最低，例如《来自一辆别克 6》（From a Buick 6），这是唯一的最明显的失败。有很多“布鲁斯变化”，但是真正危险的是一场穿越时间和空间、过去和未来的旅行。这些歌曲拥有很多维度，有些异想天开，有些“真实”，有些在谈道德，有些缅怀过去，还有些关于当代。乐手们需要去感知这些想法。

比如说专辑的标题。这是他所有创作意图中最清楚的声明。在迪伦的童年和青年时代，一条规划中的高速公路从新奥尔良开始，经过明尼苏达的德卢斯，一直延伸到加拿大边界。然而在少年迪伦充满热望的幻想中，却有一条路沿着密西西比河以相反的方向，从北到南，从青春期不知归处的空白，直到找到布鲁斯的家园。作为一条迁徙之路，一种心路历程，这条路的每一段都被截成了不同的歌曲，揭示了青年迪伦曾经说过的“真实的东西”。新港之后，迪伦用这个唱片标题，发表了他对真实性的独立看法。他的革命从开端就带有一种回访的感觉。

* * *

一把电吉他本身是不会发出声音的。它没有独立的生命。木头、塑料拨片、拾音器、电线都依靠扩音器去刺激电磁铁和扬声器纸盆来获得生命。使用电吉他的音乐家被一套传输系统拴住了，然后又被想法拴住了。

后者是最近才有的困扰：在迪伦出生前不到十年，电吉他已经能在市面上买到了；第一把芬达吉他直到 1954 年才出现。不论电吉他是在模仿谁的声音，它的声音都是一种非自然音响的艺术。只要在物理学和工程学允许的范围之内，你可以对一把电吉他做很多事情：在它身上雕刻花纹，拉伸、做旧或者精简它。但是一把常规的琴体是空心的吉他不能为你提供任何有用的指导。如果你选择了电吉他，你需要换一种思维。你需要把这件乐器想象成一种姿态。对一位歌手来说，一把电吉他已经超越了民谣音乐观念中的“伴奏物”。

1965 年，当迪伦在新港遇到麻烦的时候，在所谓的进步的民谣圈里有一条不成文的假定：黑人布鲁斯乐手可以弹电吉他，白人音乐家却不行。还有一个被视为理所当然的观点是，一件经过扩音的乐器代表了肮脏的资本主义工业，它们急于把音乐降格成“不需要动脑的流行乐”。在世界其他地方，最出名的如巴西，电吉他在60年代中期被视为美帝国主义的象征。而在美国腹地，电吉他象征着道德堕落。总之，很多人都反感电吉他。

但是对迪伦和他正在写的歌曲来说，电吉他无疑是最理想的选择。“走向电声”的决定不是单纯为了反主流、反传统。迪伦在1965年写的东西如果不用放大的音响来呈现是不可思议的，离开扩音器也是无法想象的。迪伦足够聪明，在民谣音乐将要结束其历史进程的时候，他开始通过电吉他实现他的创作。民谣音乐的传统注定了它的结局，抒情的、多愁善感的或者政治性的。即使“电声”成分最少的《重访61号公路》，也拿起手术刀接受关于歌曲技巧乃至艺术的各方观点。

如果你可以忽略《荒凉的街巷》的歌词，那么它听上去就像古老民歌中的一首，迪伦正是通过学习这些民歌才成长为歌手的。正是因为这个原因，这首歌和其他许多歌曲一样，才能广泛流传。查理·麦考伊（Charlie McCoy）和谐的吉他独奏，就像艾尔帕索街头的音乐，给歌曲染上了西部的色彩，似乎把情节代入了伟大的奥森·威尔斯（Orson Welles）的电影《历劫佳人》（*Touch of Evil*，1958），这部电影充满了奇异色彩，拥有噩梦般的种种肌质。《重访61号公路》中听上去“最民谣”的歌曲就是一首民谣歌曲，在最古老、最原始的意义上，这是迪伦最喜欢的感觉，它以电影式的广阔反对一切电影的语法。它请你相信作家的想象力，进入一个他通过假想的现实瞥见的世界。关于这首歌和专辑里其他歌曲的阐释有好多种，阐释几乎变成必需的。这也许切中了要点：所有的一切都在于感知和阐释。在60年代中期，在这个全世界最强大的国家，由一位生来就是为了思考什么是真相的作家表达出来，这也许是唯一可能的声明。

有一个清楚无误的历史事实至关重要：在60年代中期，没有人像迪伦这样写作。未来十年也几乎没有。迪伦自己一直坚持说，他无法很好地解释他在那段时期是如何以及为什么要写那些歌的。他唯一清楚的是即使他想，也再做不到了。在迪伦晚年的时候，他可以基于经验在传统的意义上谈论歌曲创作和技术问题，随意地评价斯蒂芬·福斯特（Stephen Foster）或查克·贝里对美国艺术形式的重要性。但是要让他谈谈他在60年代中期的贡献，他却说不清楚。这是迪伦“神秘”和“自我神话”的习惯的加强版。当人们问到《像一块滚石》的创作过程时，他说：

> 就像一个幽灵在写那样一首歌。它给你这首歌，然后就离开，就消失。你理解不了这个东西。我只能告诉你是幽灵挑选我来写这首歌的。[1]

关于艺术家被缪斯女神附体的说法并不新鲜。迪伦自始至终都不愿意别人尝试把他的歌曲拆解开来，然后一行一行地用他的人生来做注解。这种迷惑感——你理解不了这个东西——似乎是真实的。这让你不禁发出疑问：当迪伦一年又一年，甚至连续十几年地演出《像一块滚石》，那感觉如何？你也许会得出这样一个结论，那就是这首使创作者本人都很困惑的歌曲一定相当神秘，它的神秘之处不是因为超自然的卡利俄佩女神的干预——对诗人来说这无疑是个好东西——而是因为这首歌曲的结构和创作过程。

法国作家安德烈·布勒东（André Breton，1896—1966）把“精神自动主义”作为早期超现实主义的基本创作方法。其主要指导思想是避免犯下自我审查的罪过。这样做的实际结果（在理论上）是自愿地丧失作者的控制权力，在最大程度上让作者消失。超现实主义主张的核心是理性已经失效。布勒东在第一篇《超现实主义宣言》（*Manifeste du surréalisme*）中写道，通过自动写作，“不论是口头表达或写作，或其他形式，我们可以表现的是真正的思维运作的过程。”自动主义包括“思想的实录”，如同迪伦的幽灵（在机器里）。布勒东认为：

> 最有力的超现实主义想象是呈现出最高等级的任意性，需要花

---

1 *Los Angeles Times*, April 2004.

很多工夫才能翻译成功能性的语言，有可能是因为包含了大量明显的矛盾，或者是因为它的术语古怪神秘……或者因为它的本质是幻觉的，或者因为它自然地给抽象戴上了具象的假面，或者反过来说，因为它否定了某些基本的物理性质，或者它让人自由发笑。

《重访61号公路》并没有走得那么远，不过让人自由发笑这一点倒是做到了。首先，迪伦把《毒蜘蛛》的自动主义发展到了歌曲中。他的天才之处在于避免把“幻觉的本质”从歌曲中去除。第二，音乐本身是另一种形式的“思想的实录”，迪伦把音乐强加到文字之上。情绪和情感的基调，通过有意识的选择，通过音乐表达到位。《像一块滚石》最初有一个钢琴华尔兹的版本，但是经过不断的试错，它最后变成了完全不同的东西。这个过程中有很多理性的、有意识的决定。

这张专辑关注复仇主题，让人们看清真相和摆正位置，这一点令人惊讶。有时候就相当于攻击。《绝对第四街》是在录音时完成录制的，但它是在《像一块滚石》之后以后续单曲的形式发布的。这首歌几乎像一件钝器，不可避免地成为对新港集会的报复。这欢快的回击出自被指控的“高明的窃贼”之手，一开始就意味着回击不会停止：“你的胆子可真大/竟然声称是我的朋友。”《重访61号公路》也延续了这种模式，从《像一块滚石》到《瘦人民谣》中人们纷纷把石头砸向“琼斯先生”（罪行似乎是在英国巡演之旅中就犯下了）。迪伦不会再给任何抚慰。《你能爬出你的窗户吗?》同样没有收录在专辑中，单看标题就已经表明了观点。甚至在《哭笑不得》中，这首表面看上去最温和最性感的歌曲，结尾却唱道：“别说我没有警告你/你的火车已经迷失方向。”那个在壶鱼酒吧二楼形成的人格形象已经变得艺术化和真实化。这个世界可以猜测，这个人——抒情的、危险的、睿智的、报复的，拒不接受任何现实中或想象中的侮辱——就是现在的鲍勃·迪伦。艺术和身份再次交织在一起。

但是这并不意味着这些歌曲是关于他的歌曲。如果要在这张专辑中评选最佳流行歌曲奖，《搭车汤姆的布鲁斯》（Just Like Tom Thumb's Blues）将会荣获亚军。这是另外一个例子，证明了自从《席卷而归》后迪伦和他的乐手们获得的新技能。他们从键盘的声音中发现了无须歌词就能让曲子变得庄严的秘诀。当然它不会妨碍迪伦同时创作了比《重访61号公路》中任何一首歌曲都要简洁的歌词。这首歌无意打上鲜明的“超现实主义”的烙印。它除了提到埃德加·艾伦·坡的《毛格街血案》，就没有可让文学批评家有事干的文学典故了。也许从结果来看，这是一首非常聪明的歌，背景设置在美国边境以及理性的边境，一个关于毒品、失败、性交易、腐败的警察、背叛、游戏的故事，更多威尔斯《历劫佳人》中的场景，即使到了复活节，也没人有被救赎的机会。没有古希腊戏剧中解决问题的合唱队，甚至没有凯鲁亚克的墨西哥故事。

听众一听到这首歌，就会想起那位可能成为业余黑帮的威廉·S. 巴罗斯（William S. Burroughs），40 年代末他在墨西哥城流浪，沦为吗啡和性爱的奴隶，在酒吧二楼的房间里玩“游戏”时开枪杀死了他染上毒瘾的妻子。你完全可以把迪伦最有名的几句歌词与《瘾君子》（*Junkie*）的作者打的那场失败的官司对应起来——“虚张声势”的杀人事件是个意外——在他决定逃离这个国家之前。值得注意的是，巴罗斯出身富贵。

我先来了一杯勃艮第
很快又要了些带劲的东西
每个人都说他们会支持我
当这个游戏变得越来越野蛮
我就变成了一个笑话
没有人在那儿帮我虚张声势
我要回纽约
我觉得我已经受够了

巴罗斯是“垮掉的一代”作家的奠基人之一。在英国，迪伦提到过《毒蜘蛛》从巴罗斯那儿学到了“切碎”的技巧，这个技巧实现了超现实主义者们推崇的目标。[1] 基于这些，《搭车汤姆的布鲁斯》不是一首关于威廉·巴罗斯的歌，也不是一首关于鲍勃·迪伦的歌。人称代词再一次

1　Clinton Heylin, *Behind the Shades Revisited*, p. 196.

消解了："你的重要性不再"；"她听了你的意见"；但是到了歌曲结尾，是"我要回纽约"。法律无踪、疯狂滋生的边境小镇，让你怀想起迪伦最爱的好莱坞老西部片。作为一种电影灵感，它也出现在《历劫佳人》中：文明碰撞或消失；打破束缚；人们迷失自我，就像巴罗斯一样。正如这首歌唱的那样，有时候他们失去了自我，也失去了一切。在迪伦的叙述中，"我"和"你"之间再也没有区别。什么样的社会能够产生这样的影响？

* * *

从他眼中望出去的世界是全新的，有时候确实是这样。那些谈论迪伦和剽窃的人一般不会提到《重访 61 号公路》。这张专辑很明显是以布鲁斯为根基的。你很明显就可以追索到它与凯鲁亚克或斯坦贝克、罗伯特·约翰逊、坡或巴罗斯的联系：有很多类似的联系。但是这张专辑没有明显的衍生物的感觉，它源自不成熟的、高度警觉的想象力，它试图把握美国的现实。唱片封套的"说明"文字也许是《毒蜘蛛》的片段节选：它是一个线索，同时也是完全原创性的艺术作品。迪伦使用了现在我们已经很熟悉的现代主义文学的创作技巧，它们是埃兹拉·庞德和 T. S. 艾略特留给我们的礼物——对碎片化的永恒喜好，没完没了的暗指，意象并置，滑动的人称代词，来自自我和实际虚构的人物——这些都加入了流行音乐，加入了沃尔特·惠特曼所追求的由本国语写成的"美国演说"。迪伦把这个结果推销给了大众。一个真正的诗人会干这种事？

* * *

然而这一次，不用再怀疑：迪伦的专辑大获成功。虽然不似披头士的那样成功，但是《重访 61 号公路》在 8 月底一发行，就获得了美国排行榜第三、英国排行榜第四的好成绩。《像一块滚石》已经在公告牌排行榜排名第二，在纽约皇后区的森林山网球中心和好莱坞露天剧场的演出计划已经安排妥当，任何对于迪伦要表演什么的困惑在此之前都应该已经灰飞烟灭。这一次，迪伦不打算再冒险了。

一反在新港演出的策略，大概他是这么想的，在介绍乐队上场之前先以一首原声歌曲开场，这样他就能在一开始获得谅解。之前漫长折磨的几个月里，迪伦一直采用这个策略。有人说这是格罗斯曼的主意。不管这是谁的主意，反正迪伦没有反抗，皇后区的演出却宣告这个策略行不通。

8月28日在森林山的演唱会就采用了这个策略。当晚差不多有15 000名观众，盗版影碟记录下了现在我们熟悉的观众的巴甫洛夫式反应。那一晚，迪伦一支民谣也没唱：问题不是出在这儿。他先唱了《她属于我》，接着是《伊甸之门》，再然后是首次演出的《荒凉的街巷》，这是他有史以来花了最长时间，录得最为“艰难”的一首歌。没有人提出异议。真的是这样，观众给予第一首歌的反应颇为热情。《荒凉的街巷》的黑色幽默竟然博得了人们赞赏的笑声。当艾尔·库珀、哈维·布鲁克斯，还有从酒吧乐队新招募来的罗比·罗伯逊（Robbie Robertson）和莱翁·赫尔姆（Levon Helm）开始演奏的时候，情况没有变化。模糊的盗版影碟显示他们的演出总体来说不错。哈维·布鲁克斯记得迪伦在间奏时提醒他前面会有什么在等着他们。接下来是新专辑中的《墓碑布鲁斯》（Tombstone Blues），喝倒彩、扔水果，还有几个人想冲上台，他们甚至把库珀从椅子上打下来。这对迪伦他们来说也算是种安慰了吧。

事情还要从另一面来看。排斥和反驳民谣左派是一回事。迪伦在流行和现代性之间讨价还价，切断了逃生的路线。等在他前面的唯一选择是羞辱和否定曾经震撼过他灵魂的音乐。也许在大众文化具有的腐蚀力这个问题上，民谣歌唱家终究是对的。15 000人的观众，如果他们足够留心，多少能理解一些《荒凉的街巷》，但他们感兴趣的是惩罚歌手的异常行为。他们对艺术是不是插电的似乎毫无兴趣。排行榜前40名又怎样？他们根本不听。

另一张盗版影碟记录了9月3日在好莱坞露天剧场的演唱会。有趣的是，观众对这场演唱会的接受度比纽约皇后区那场要高得多，但这一事实只是阻止了加州的演出成为传奇。森林山演唱会之后的舆论说迪伦和观众不合。舆论可以像病毒一样传播。尤其是对诗人。

* * *

19世纪40年代末，格林威治村的老居民埃德加·艾伦·坡为《南方文学信使》（*Southern Literary Messenger*）编辑稿件，他在页边写下评论，做出了另一番预言猜测。作为大部分乱谈迪伦与诗歌之间关系的文章的前奏，没有人比他说得更好了。

> 我们很少会仅凭是否受欢迎来测试一件事物的好坏，但是我认为在歌曲创作这个问题上确实是这样的。当然，说到歌曲创作，我指的就是创作一首小诗，并着眼于它在通俗的意义上对音乐的适应性。歌曲最终目标的达成有赖于它的本质——它的天才。它需要严格参照音乐——依赖调整过的表达——这赋予文字的这个分支独一无二的特性，使其在很大程度上，以一种未经充分考虑的方式与普通文学相分离；使其独立于一般的准则；以一种更宽泛的法则放任它，实际上也在要求它；绝对坚持某种疯狂的许可和不确定性——每一位不单纯是小提琴手的音乐家都认可这种不确定性，并将其作为他的科学哲学中的重要观点——作为一个灵魂，从实践中获得的情感——一种既困惑又迷恋的情感——如果不那么困惑，也就不会那么迷恋。

11

伤痛往往能激发人最好的一面

接着，民谣音乐作为某种替代品短暂登场，但仅仅是替代品，你明白吗？

——与克拉斯·伯林（Klas Burling）的电台采访

瑞典，1966 年 4 月

1966 年潮湿的春天，英国宣布自己是流行音乐的宇宙中枢。他们说，这个古老、破败、单调的国家已经焕然一新。现在年轻和时尚占据了统治地位。一切新鲜的、时髦的、勇敢的或有趣的东西都受到欢迎。空气中弥漫着享乐主义的芬芳。感谢所有风靡美国的有着迷人噪音的吉他乐队，英国成为流行文化世界的领跑者。英国是这个世界的中心。

虚构是奢侈的。经历战后漫长的恢复期，繁荣的迹象开始露头，但是这种现象非常罕见，记者们称之为富裕。政府计划建设一些新城市，来代替旧的废墟。高速公路网络连接起许多城市，但是 60%以上的家庭没有汽车。超市很少，人们对购物中心几乎闻所未闻。有两个电视频道，每天播出几个小时，只有一个广播电台——唯一合法的全国广播——对所有 25 岁以下年轻人喜欢的音乐持谨慎态度，非常谨慎的态度。

英国刚刚废除死刑，这是件大事。尽管林登·约翰逊百般引诱，这个国家也小心地避开了越南的麻烦（除了给美国一些秘密援助）。到 1966 年，英国工党政府已经开始怀疑美国不能赢得东南亚的战争。一向吹嘘的特殊伙伴关系变得紧张。

3 月，在伦敦《标准晚报》（*Evening Standard*）上一篇尘封已久的文章中，约翰·列侬随口说他的乐队“现在比耶稣还流行”。披头士还说基督的门徒“又多又平庸”。他没有提到过犹大。五个星期后，《时代周刊》试图探索一个小国的脉搏，并将伦敦称为“摇摆的城市”。即使在首都最声名狼藉的地区，在“迪斯科舞厅”和酒吧俱乐部，这也与事实相去甚远。在星星点点的堕落污点之下，伦敦依然如故。

每天早上戴着圆顶礼帽的人们仍旧成群结队地走进市政厅。君主制度仍旧得到近乎绝对的尊重。BBC 仍然对顽固的阶级制度冷嘲热讽。少数“地方”口音被允许进入音乐、电影和时尚的世界，由此制造出一种幻象。伦敦的进步成为现代化的源泉，这是一个激动人心的消息，但是尽管如此，跟列侬和披头士乐队一样，英伦诸岛上的数百万人仍然相信 20 世纪现代化的一切都来自美国。与此同时，在全英国数以百计的昏暗的民谣俱乐部，热情的都市人聚在一起唱着古老的农民歌曲，争论鲍勃·迪伦到底是谁。

他在英国是个重要人物，虽然这种说法是相对的。1966 年英国最重要的事件是世界杯足球赛，而不是什么只有少数人感兴趣的流行音乐会。不过，在把歌曲看得比体育更重要的圈子里，迪伦的确得到了认真的对待。和在美国不一样，他的《席卷而归》成为 1965 年英国最畅销专辑，奇迹般反弹的《放任自流的鲍勃·迪伦》也赢得过这项桂冠，现在看来就像标记岔路口的路标的两面。

除了在北爱尔兰，英国没有发生过扣“赤色分子”帽子进行政治迫害的事，也没有感觉到民权运动的需要。工会和左派从未被削弱，如果有，事实可能刚好相反。战后英国开始推行大规模高等教育，大批敏感好斗的工人阶级年轻人涌入大学，掀起了反对核武器、资本主义以及很快就会反对“美帝国主义”的运动。如果他们没有在 50 年代末沉迷于噪音爵士乐的话，这些年轻人很容易在英国的民谣复兴中找到自己的声音。拜伊万·麦考等人所赐，这场运动比美国发生过的一切更加严格地政治化——共产主义、社会主义以及更多。到 1965 年，一些年轻的民谣歌手打破了这条“纪律”及其秘密规则，但是矛盾仍然存在。

60 年代中期的英国远没有美国那么保守，更习惯于政治分歧，社会更加自由，同时更顽固和死板。现代化是好的；金钱是腐败的。对美国又羡慕又嫉妒；“美国人”是值得怀疑的对象。围绕披头士的全球狂热既是这个国家的骄傲，又是一种隐约的嘲讽。英国仍然可以是最棒的，这种想法让一个后殖民时代的国家陷入狂欢；“重商主义”和歇斯底里——像一百万个湿润的、尖叫的处女——被抛到了一边。

在这个世界，在一个社会主义传统毫发无损的国家，抗议的游吟诗人鲍勃·迪伦可以成为流行音乐明星的想法不仅离经叛道，而且不合逻辑。他们来之不易的购买将《放任自流的鲍勃·迪伦》推上畅销榜的首位，尽管迪伦根本没想要卖唱片。给他一把电吉他，从语言到行动，他就成了一个叛徒。

* * *

从新港开始，一种相应的怨恨就在他的国家扎了根。这是反文化和选边站的开端，但是迪伦忽略了这一事实。约翰·肯尼迪的遇刺让人一瞥渐渐逼近的黑暗，但这没有扭转每个人的意识。事后回顾，1956—1966年是一个青春叛逆期，但是在城市、乡镇和日益扩张的郊区，年轻一代最明显的特征是可支配收入，而不是意见分歧。作为例外，奇装异服非常显眼——他们的本意就是如此。达拉斯刺杀事件的情绪和思想仍然鲜明；时代即将变化，但是还没有变化。各个年龄阶段的大多数人是保守的，不太时髦，好像老艾克就在身边，还是照样过着他们的日子。1966年，集体的不安——关于冷战和热战，关于黑人问题和离婚率，关于消费主义、犯罪和文化——仍然是模糊的背景噪音。没有进一步发酵的迹象。

对于那些仍然忠于民谣运动的人，真正重要的是坚持到底。“复兴”经常会变成保护协会。感谢迪伦，一种短暂的狂热结束了。许多白人大学生仍然努力让自己听起来像受苦受难的黑人佃农或者弗吉尼亚矿工，在艰难时世中发出呐喊，但是他们对歌曲文本和旋律的把握更加准确。他们毫不犹豫地从穷人和无名氏那里偷窃。在这些人中，忠于“传统”是一种自愿的表演行为，他们却面不改色地指责迪伦剽窃。新港和“民谣—摇滚”——这个术语的前身是鄙视和反对——都没有终结这种争论。每个人，即使是皮特·西格，最后也“插电”了，但是只有迪伦被贴上叛徒的标签。

关于这位歌手，许多人表现得好像被背叛的忠实信徒。看起来，一个非常年轻的人不知怎么被当成所有正当理由，以及理由本身的体现、代表和代言人。全凭他自己。他被当成一种活着的诗意的姿态，荒谬地成为“一代人的声音”。没有人试图解释一个人怎么能被当成这些。

当然，你可以写各种各样的抗议歌曲，把它们放进民谣之路的一张专辑。但是谁会听它们？不管怎样，听到它们的人都会认同你。[1]

自从成功向他召唤的那一刻开始，他就感觉被禁锢了。他的民谣“圣歌”一被人听到，他的艺术自由就被剥夺了——他走商业路线的空间更小。现在，美国在南亚的战事中泥足深陷，英国洋洋自得，布尔乔亚嬉皮文化在两个国家都刚刚萌生，他们说迪伦“销售一空”。

你可以从另一个角度来看问题。要销售一空，你首先得有东西可卖。

* * *

1965 年 11 月底，鲍勃·迪伦和温柔娴静的萨拉在长岛低调结婚。这是他人生的一大步，他几乎没有告诉任何人，尤其是没有告诉他的父母。只有格罗斯曼和新娘的一位女性朋友在场。后来有一段时间，迪伦否认举办过婚礼。那时候，年轻的流行歌手在婚姻问题上撒谎是普遍现象，甚至是强制性的。约翰·列侬 1962 年 8 月与辛西娅（Cynthia）结婚，一直保密到 1963 年底，不过迪伦在很长时间里都没有说出真相。新鲜出炉的谎言来得轻而易举，莎拉的想法不得而知。一个公众艺人说他不在乎别人的观点，说他以自己喜欢的方式做了自己想做的事，这些都不能改变他毕生的习惯。你可以猜想，那个在新港掀起轩然大波的鲍勃·迪伦，他的内在精神要求他做一个不适合结婚的法外之徒。一个妻子跟他最新的秘密身份不匹配，所以她成了另一个秘密。

在婚姻的幸福中，有时候他也会被喝倒彩，只是有时候。1965 年和 1966 年有太多故事，比如当迪伦开始全球巡演，一面是歌迷热情的欢呼呐喊，另一面是在沿途的每一站都遇到麻烦。这从来都讲不通。在 1965 年 9 月的最后一个星期上路时，他有一张专辑正在打榜。那些买了《重访 61 号公路》的人不太可能被激怒，因为他的表演一如既往地比他们喜爱的最新唱片中一半的歌曲都要好。的确有嘘声，但是演出门票销售一

1 *LA Free Press*, March 1965.

空也是事实。显然，喜欢出风头的捣乱分子的人数超过了那些（或多或少）知道应该期待什么的人。也没有多少人会被糟糕的音响吓坏：60年代中期，每个人都有破喇叭、放大器和糟糕的音响。关于无休止的恶毒攻击的传说自有其生命力。无论如何，在好莱坞露天剧场，歌手感觉可以返场演出。10月1日在纽约的卡耐基音乐厅，这场巡演的开幕之夜，据报道，歌手对观众的反应感到满意。如果你相信半数自称看过这场巡演的人们的话，会了解到迪伦演出时音响非常糟糕，而且非常吵。这是他的主意，调节器一直推到头，不管普通的家用放大器能不能承受。他这样做比朋克早了十年。

他还有一个值得纪念的乐队，这一次不是在特定的时间能够找到的最好的人拼凑起来的团队。罗比·罗伯逊和莱翁·赫尔姆在前往森林山和好莱坞露天剧场时就上了船。这些演出之后，艾尔·库珀决定不再重复穿越这个幅员辽阔的国家的奇异经历。在去往得克萨斯的奥斯汀之前，为了将这场史诗级巡演的首演打造成他的又一个寓言，迪伦决定见一见这个组合的其他成员，当时他们的名字还叫作群鹰乐队（the Hawks）。

除了送给他们歌曲、教给他们创作之外——这可是不少东西——本乐队（The Band）的口碑并不像很多人以为的那么依赖迪伦。毕竟，他们合作演出的录音证据直到1974年才进入公众视野。他们之间的联系从来不是秘密，从1968年《来自比格·平克的音乐》（*Music From Big Pink*）一出现就很明显，不过那又是另一个故事了。当你的第一张专辑中包含三首鲍勃·迪伦的新歌，而这三首歌恰好是《愤怒之泪》（Tears of Rage）、《火烧轮》（This Wheel's On Fire）和《我应该被释放》（I Shall Be Released），即使最漫不经心的听众也会把五和一加在一起。尽管如此，本乐队的成名得益于他们自己的天赋。这是显而易见的。

他们在1965年有多出色？很难说。留存下来的早期录音支离破碎——实际上是几首单曲。不过大家一致认为，他们的山地摇滚歌手罗尼·霍金斯物有所值，而且他们以自己的名义克服了不少难关。他们的演奏技巧无疑超越了一般60年代中期的乐队组合。（没有人会忘记）风琴手加思·哈德森（Garth Hudson）受过古典音乐训练。罗伯逊很快被奉为同时代最出色的吉他手之一，他的个性与天赋同样强大。赫尔姆、里克・丹科（Rick Danko）和理查德・曼纽尔（Richard Manuel）每个人都有独当一面的能力。这个组合能够驾驭的音响不计其数，从弦乐器到铜管乐器到键盘乐器。另一方面，1965 年 9 月，群鹰只是一个酒吧乐队、和声乐队和雇工。事实也表明，他们还没有好到可以出专辑。当迪伦飞到多伦多来进行一次匆忙的试音，他听到了什么？或者说，他希望听到什么？

后来，这些音乐跟本乐队自己录制的早期专辑一起成为地下室录音，构成了后来所谓美式乡村音乐的核心灵感，这是起源于美国的音乐。这不是五人组和他们的新老板开始在 1965 年秋天演出的音乐。考虑到五人组中除了马克・莱翁・赫尔姆之外都是加拿大人，这个事实或许恰如其分。同时，另一个明显的事实是迪伦之前巡演的现场演出中看不到《小蒙哥马利》（Tiny Montgomery）、《你不会无处可去》（You Ain't Goin' Nowhere）和《爱斯基摩人奎因》（Quinn the Eskimo）的先兆。歌手雇用乐队是为了《瘦人民谣》的心理剧、《像一块滚石》的爆发浪潮、《墓碑布鲁斯》中的风钻。这是彻头彻尾的美国音乐，但是即使以最广义的分类法，也不是美式乡村音乐。这也不是本来意义上的摇滚，不是真正的说唱，也不是正在寻找定义的另一种意义上的“摇滚”。但是迪伦几乎是毫不犹豫地决定，群鹰乐队对他已经足够了。接下来就是排练。

罗伯逊后来到处说，前酒吧乐队成员教会了民谣歌手电子流行乐队组合的秘密。这似乎不太可能。十几岁的迪伦可能不是世界上最伟大的摇滚钢琴家，但他完全了解罗尼・霍金斯让他的小伙子们做的事情。还有《重访 61 号公路》这件小事。迪伦与乐队合作现场演出的经验并不丰富，但他自己脑海中关于音响的知识无疑很丰富。从专辑中可以看出，他确切地知道他想听到什么。群鹰乐队从来没有接触过这种他们准备带给全世界的音乐。需要努力跟上的是他们。

最好的猜测是迪伦在这群音乐家身上看到了一种必要的同理心。他们听他指挥，又不止是一个和声乐队。他们做到了。他们在需要时给他重型大炮。反过来，当他需要创作另一种艺术时，他们也能给他调色盘。雇用群鹰乐队是直觉的决定，跟往常一样，这是个正确的决定。

不过，在另一个时点上，这次巡演的故事开始出现争议。迪伦从来没想把这些演出打造成传奇。在这个意义上，它们不是一种自觉的艺术。哥伦比亚唱片公司为其中一些场次的演唱会录了音——确切地说，是在英格兰的四场演唱会——但是并没有马上发行，迪伦接下来发行的专辑也没有带来这么严峻的考验和这么巨大的成功。其中一场演唱会的地下录音后来成了“传奇”；三十年后，迪伦和他的乐队在曼彻斯特之夜演出的完整版本，将成为有史以来最激动人心的现场专辑。1965 年或 1966 年，这些都不在歌手的计划之内。我们知道他和乐队成员有时候会在演出结束后听现场录音——通常是想搞清楚为什么有人会对这样的音乐喝倒彩——但是迪伦没有下过任何结论。这是小细节，但是很重要。大多数时候，他不太关注鲍勃·迪伦。

10 月：纽约、新泽西、佐治亚、马萨诸塞、罗德岛、佛蒙特、密歇根、马萨诸塞、康涅狄格。11 月：加利福尼亚、明尼苏达、纽约、俄亥俄、加拿大、俄亥俄、纽约、伊利诺伊、华盛顿特区。12 月：19 天里在加州演出 11 场。在 1965 年底的 87 天里，迪伦和他的新乐队一共举行了 37 场演出。那时候这种日程安排算不上特别疯狂——至少对那些随时准备争论的人来说——但是美国大陆对这次远征的态度不太热情。除了花在一架租来的旧喷气式飞机路途上的时间，实际上，迪伦在每一站都进行了两场演出，原声的和电声的。他没有演唱《扬帆起航》（Hang on Sloopy），因为时间有些紧张。同时他设法挤出时间来进录音室。同时他还要写歌。我们知道其中一首歌原来叫《冰冻》（Freeze Out），后来改为《乔安娜的幻象》。

当迪伦经历过苦乐参半的一年，谁陪伴在他身边？他所经历（或承受）的混沌和疯狂从他的个人生活中可见一斑。他和莎拉在 11 月 22 日，一个星期一，结婚了。那是纽约州锡拉库扎的演出前夕。到周五，他已经出现在冰天雪地的芝加哥，在演唱《爱减去零/无限》时无疑比平时更有热情。根据粗略计算，他的新婚妻子当时已经怀孕七个月，毫不意外，他即将做父亲了。为什么选择一个这么晚、这么匆忙的时刻结婚？或许是因为他实在没时间。又或许，从早在 1961 年，他还是个孩子时演唱过的爱尔兰—美国民谣中可以找到线索，那首歌叫作《我离开的那个女孩》。然后他就奔赴战场……

这样紧张的安排是有限的。它迟早会结束，而且结果可能很糟糕。迪伦肯定非常清楚。第二年 3 月，他对罗伯特·谢尔顿“忏悔”海洛因是斗争的一部分——根据现存的照片判断，更确切的说法是确认了海洛因的存在——在一定意义上已经说得很明白了。迪伦在生理上、心理上和创作力上都达到了极限。嘘声、晚间演出，以及来自那些声称曾经最崇拜他的人的侮辱，都成了他的指导和鼓励。

这些声音尽管是最刺耳的，却并不占大多数。但是如果迪伦想要疯狂，这就是疯狂。有谁买票就是为了被吵死、被激怒，为了大失所望？他们的目的就是将迪伦赶回适合成年人欣赏口味的正路吗？即使过去这么多年，你仍然可以怀疑这种愤怒来自那群自称是少数派的人。迪伦的唱片很畅销，许多人没有喝倒彩——他们或许对噪音有点困惑——都是证明。一种意识形态上的无意义被揭穿了，民谣复兴正是建立在这种无意义的基础之上。没有人喜欢犯错误。感谢他的直觉，迪伦将所有关于“文化商品”、乌合之众、被动服从和资本主义“伪个性化”的理论——所有被国际左派曲解了的法兰克福学派的陈词滥调——扯得粉碎。他同时摧毁了过去盛气凌人的歌曲“选集”的分类标准。当然，质疑他的人不能理解这些。

另一方面，迪伦聪明得几乎不现实。他由表及里地了解那些他本不应了解的事。例如，在 1965 年的最后一个月，他在加利福尼亚跟一位记者有过这样一段对话。

记者：迪伦先生，你如何定义民谣音乐？

歌手：本质上，它是一种大量生产的重放。

尽管如此，嘘声仍然令人疲倦。11 月底，莱翁·赫尔姆受够了，决定离开架子鼓，回到故乡阿肯色疗伤。值得称道的是，迪伦对赫尔姆在乐队遇到困难时离开并无怨言。相应地，赫尔姆从来没有停止称赞迪伦坚定不移的使命感。赫尔姆说，迪伦一次也没有因为伪善的攻击而退缩过。事实上，他似乎真的不在乎别人怎么看待他的表演和他的艺术——

这可能是一个更重要的事实。毫不动摇的自信，从不怀疑，厚颜无耻，简直令人震惊。迪伦知道他是对的；世界必须设法跟上。他在海洛因和其他道具的帮助下才会如此深信不疑，这是完全可能的，但是这种性格特征贯穿了他的一生。无论“鲍勃·迪伦”是谁，他完全相信迪伦的艺术。

11月底，漫长的加利福尼亚巡演开始之前，他准备将《冰冻》录成卡带。这首歌令他悲伤，像《铃鼓先生》和《像一块滚石》一样，他知道它们不能被随意拼凑，或者被一个即兴演奏的版本轻易取代。11月30日，他在纽约召集了一群新老乐手，可以说人数太多了。他为这首歌尝试了十几个版本。卡带的标题叫作《冰冻及其他》（*Seems Like a Freeze Out*）——一组有点奇怪的合集，最后有一首珍宝，《她现在是你的爱人》（She's Your Lover Now）——很快就会发行一个非常棒的版本。迪伦并不满意。

歌曲早就写好了：万事俱备，除了一首《流浪的夜莺》，其他歌词的主体原封未动。但是无论歌手本人、他的新乐队还是他的老乐手，都不能为这首他最难以捉摸的作品找到准确的定位。迪伦尊重自发性。他相信要等待呈现一首歌曲的最佳时机。有时候，他是忍受痛苦的天才。有时候，在最糟糕的时候，什么办法都没有用。他与录音室的紧张关系就来源于这个基本事实。即使对他来说，也没有万无一失的方法。《冰冻》尚需等待。

后来成为《乔安娜的幻象》的这首歌被诠释过许多次，比11月30日尝试的次数还要多。这是可以理解的，这首歌值得这些努力。格雷尔·马库斯讲过一个故事，说这首歌是在1965年11月9日东北地区大停电中诞生的，当时美国的七个州和加拿大部分地区停电一整夜，纽约陷入冰冷的黑暗之中。因此，夜晚“玩戏法”“我们困坐，搁浅于此”“对面的阁楼，灯光明灭不定”“暖气管轻声咳嗽”“实在没有，没有什么要被关掉”。说这首歌有极强的画面感，没有问题，但是它还没有开始突破藩篱，让有人看到上帝，有人看到对灵感的渴望，有人看到风流韵事，有人看到物质诱惑（“路易斯”）与精神需求（“乔安娜”）之间的距离。马库斯从气氛、环境和角度评论这首歌，其他人几乎不可避免地达成了这样的共识："我该如何解释？"无论如何，迪伦完全摒弃了叙述上的联系，用谢尔顿的话说，让这些情景变成"非时序性的"。

有些电影采用这种手法，这首歌也是。《乔安娜的幻象》是"非时序性的"，因为它的场景在电影的时间框架内，以一种同时发生的幻象展现出来。我们跟随一段一段的歌词，从一个场景到下一个场景，几乎以一种电影脚本的方式，从"这个房间"切换到空地，从"小男孩迷了路"的入口切换到另一个国度——"博物馆里"。

在最后一段，迪伦差不多是在给我们看剧本："小贩开口了……"然后他举起摄像机："我们看见空空的牢笼已然腐朽……"圣母和她"舞台的布幔"也在电影中扮演了角色。但是因为她没有"现身"，道具就被清场了（也就是载鱼的货车后座），当提琴手踏上路途、普洛斯彼罗*和迫克**，或者《阴阳魔界》（*The Twilight Zone*）中的罗德·塞林（Rod Serling）说出结束语："曾经亏欠的物事，如今尽皆偿还。"另一位作家可能会说："这种种幻景的显现/不过是梦中的妄念。"***

妄念的本质引起了一些猜测。路易斯和她的"一掌雨水"，让人不禁联想到是在近乎直白地指代海洛因。这首歌无疑笼罩着鸦片的味道。正如马库斯注意到的，那种氛围或感觉非常强烈。在这首歌的最后，口琴伴随着雨水的背景音——吹奏着"骷髅的乐符"，一个能够说明问题的双关语——良知"爆炸开来"，最后只留下幻象。在一定程度上，你也可以从脖子上挂着"珠宝和望远镜"的"骡子"身上找到毒品的影响。同样，"电气的鬼魂"也在那个时期的照片中迪伦自己的颊骨中尖叫。当一个毒贩的顾客身在门廊，还有什么比一个瘾君子"向着墙壁碎语"更无用的？

这首歌的创作并不容易。幸运的是，迪伦并不希望、也不需要它如此具有文学性。在迪伦写下这些幻象之前，卢·里德（Lou Reed）已经尝试过创作和演唱他的"海洛因"歌曲，试图捕捉与这种特殊麻醉药之间关系的本质，但是就像成瘾和诗歌一样，这种关系是完全个人化的。

---

* Prospero，莎士比亚《暴风雨》中的主人公。——译者注

** Puck，莎士比亚《仲夏夜之梦》中的人物。——译者注

*** 莎士比亚《仲夏夜之梦》中迫克的台词。——译者注

无论如何，《乔安娜的幻象》超越了海洛因本身：我们从来没有真正发现这些幻象到底包含什么。不过，当海洛因带来的感知扭曲和时间膨胀效应发挥作用，它们便渗透进这首歌曲之中。像这样：

博物馆里，永恒正在受审
声音回荡着：所谓救赎，过不多久就会变成这样
蒙娜丽莎一定怀着公路的悲歌
你从她微笑的方式就能分辨
看远古的壁花纷纷冻结
果冻脸的女人们喷嚏连连
听那长胡子的说，“天呐
我找不到我的膝盖啦”
呵，珠宝和望远镜垂落于骡子的头颅
正是乔安娜的幻象，让这一切显得如此残酷

怀着公路悲歌的蒙娜丽莎的形象（“你从她微笑的方式就能分辨”）非常吸引人。永恒的救赎可能代表永久地陶醉在博物馆展览中的感受，或者包括一个“果冻脸的女人”，或者一个离得太远、站不起来的人，这些意象使成瘾的经验“显得如此残酷”。幸运的是，迪伦并没有直说。

1965 年初，他说《裸体午餐》（*Naked Lunch*）的作者威廉·S. 巴罗斯是个“了不起的人”，他在明尼阿波利斯读到这本书，并在金斯伯格的引荐下与作者简短地会过面。他研究凯鲁亚克，但是创作《乔安娜的幻象》时，这位小说家的《科迪的幻象》（*Visions of Cody*）还仅由新方向出版了一小部分。威廉·布莱克在《天真之歌》（*Songs of Innocence*）中写过《小男孩的迷路》（The Little Boy Lost），在《经验之歌》（*Songs of Experience*）中写过《一个小男孩的迷失》（A Little Boy Lost），不过前者后来又找到了，后者成为宗教偏执的牺牲品，与迪伦的天真形象没有明显的联系。这首歌是一个标签。关于歌名中的女人的猜谜游戏是荒唐的：乔安娜的作用不是这个，这不仅仅是一首“吸毒歌曲”。《乔安娜的幻象》也是一种残缺的浪漫，一种关系的寓言，因此不可能从她或他

的角度去破解。它有令人头晕目眩的麻醉效果，但是归根结底，它电影化的基础、它的根基还是迪伦已经掌握的方法。

20 年代初，埃兹拉·庞德在删减 T. S. 艾略特的《荒原》时运用过这种方法。在那首长诗中，一些用来连接和“解释”的部分被删掉了，一个接着一个（每一段从 92 行到 10 行不等），揭示那些本来被隐藏起来的理论和想法。迪伦无师自通地掌握了庞德的编辑思路。完成初稿后，苦恼的艾略特写信给弗吉尼亚·伍尔夫说：“我甚至没有费心去想我是否明白自己在说什么。”迪伦在 1965 年经常这样说。但是，正如艾略特的一位传记作家所说，放任自流、只关注意象本身会带来麻烦：“诗人把自己放在了先知的位置上，这是一个最不适合他的位置。”[1] 迪伦也知道这一点。

* * *

到了 12 月，“垮掉的一代”的最后幸存者聚集在劳伦斯·费林盖蒂的城市之光书店，举办他们的“最后集会”，迪伦也去参加了。在伯克利社区剧场首演后的第二天，迪伦发现有个叫拉里·基南（Larry Keenan）的人拍到了他和艾伦·金斯伯格、迈克尔·麦克卢尔（Michael McClure）、费林盖蒂和罗比·罗伯逊（在一群诗人中间格外显眼）在一起的照片——在一条小巷子里，穿着不带铃铛的尖头鞋。据报道，当天城市之光到处都是粉丝，他们不是来找作者们要签名的。事实上，野史记载，“垮掉的一代”是最狂热的追星族，非常高兴给一个戴墨镜、穿波点衬衫的瘦削年轻人贴上文学的标签。跟其他人一样，他们并不完全理解他。他们只是喜欢他的心血来潮和模棱两可。

迪伦买了一台乌赫尔牌（Uher）录音机送给金斯伯格做礼物。反过来，美国得到了一本书：《美国的衰落：诸州之诗》（*The Fall of America: Poems of These States*，1973），其中包括进步的美国想要的所有诗意的反战情绪。在穿越中西部时，金斯伯格用他的新玩具即兴创作了“呼吸单元”，混合了新闻报道、广告文案、广播公告和对美国腹地的观察、对越南的诅咒，以及对语言的条件的思考。在出版时，他将威廉·卡洛

1 Peter Ackroyd, *T. S. Eliot* (1984), Ch. 6.

斯·威廉姆斯诗歌中的“三部曲”发扬光大，针对诗歌的本质与人类的声音问了许多问题，迪伦也这样做过。同样，最基本的创作技巧就是大量的、自然的排比。迪伦无意中给这位激进的诗人提供了“动机”，即使他的名字叫作金斯伯格。年长的金斯伯格在《维基塔中心经》（Wichita Vortex Sutra）中用一段文字回报了他的好意，这段话经常被引用，后来收录在《美国的衰落》中。在德浪河谷（La Drang Valley）的 M60 机枪声之后，

> 哦，收音机终于再次发出
> 　　蓝色的邀请！
> 　　　　迪伦天使般的歌声飘荡在整个国家
> 　　　　“当你的孩子们开始厌倦你
> 　　　　你还会来我这里吗，简女王?”
> 　　他的声音让枯黄的草地
> 　　　　重现生机
> 　　他的温柔穿透空气，
> 　　　　有人在广播里轻声祈祷，
> 　　　　语言，语言，和甜蜜的音乐……

他现在是谁？1966 年在英国拍摄的纪录片《销毁文件》（*Eat the Document*）捕捉到迪伦如彗星般的碎片。演唱会录像的片段揭示了格林威治村男孩的最终转型，从充满魅力的卓别林，变成被无休止的演出和焦虑消磨的遥远存在。这个形象一直保持下去。这张藏在长发后面的脸，清醒的眼睛，没有笑容的嘴唇，蓄着短髭的颊骨，向世界宣告一切又掩盖一切，这个形象将反复出现，首先是在 1965 年底他开始酝酿的专辑封面上。用一个用滥了的说法，这个迪伦变成了“符号”。

他看起来很危险；无疑，他对自己是一个危险。与记者的对抗成了他的商标，好像成了他所代表的东西的象征。又或者，是他所不能代表的东西的象征。12 月，在为他抵达圣弗朗西斯科举办的记者招待会上，一个记者并无恶意地提问，为什么迪伦似乎不愿意谈论他最近非常流行

这个不争的事实。作为回答，迪伦重复了四遍："你希望我说什么呢？"最后，他自问自答地说：

> 你希望我跳起来说"哈利路亚！"，砸摄像机，还是做出什么怪事？告诉我，告诉我。我会配合你。如果我不能配合你，我可以找人配合你。

关于他的私生活，令人不快（有时候带点诙谐）的记录越来越多。留在他身边的朋友，除了音乐人，都是些特别的人，什么都能忍受。他知道这一点，因为他不断地试探他们的底线。他的行为显然受到名人效应的影响，但是也有特立独行之处。迪伦有意识地表现出没有朋友、形单影只的样子。他疏远别人，似乎在创造一种新的身份。最后，只剩下他孤身一人可以被摧毁。

时运不济的菲尔·奥克斯是迪伦的老朋友，坚定地拥护迪伦的一切，那年12月，他发现自己从迪伦的加长轿车上被赶了下来。接下来，他犯了一个错误：没能正确地欣赏新单曲《你能爬出你的窗户吗？》。或者说，他没能像迪伦期待的那样对这首歌大加赞扬。奥克斯鼓起勇气说了实话：他不喜欢这首歌。这让事情变得更糟。他说，这首歌不像以前的作品（《绝对第四街》和《像一块滚石》）那么好，可能不会畅销。市场很快证明，两方面都说对了。《你能爬出你的窗户吗？》在排行榜上仅排到第58位。但这没有平息迪伦的愤怒。

奥克斯曾在新港的争论中极力维护迪伦。他说《重访61号公路》大胆而又才华横溢，让他愉快地大笑。在唇枪舌剑的战斗中，他没少承受对方的炮火——有时候对抗还挺有趣。现在他被踢下了车。迪伦怒不可遏，说奥克斯是他能想象到的最坏的东西。"你不是个民谣歌手，"他说，"你是个记者。"迪伦可能知道，就在不久之前，他还凭借敏锐的直觉盛赞这位歌手——"他正在变得越来越出色"——进军新闻业只是他隐藏的志向。奥克斯始终坚持时事歌曲以及迪伦放弃的那些理由。这位巨星否定了一个诚实的人的全部存在，导致奥克斯在1976年自杀，英年早逝。

在这种气氛中，迪伦表现得四面受敌。在他的公开信息中，侮辱记者是家常便饭，但这没什么关系。有些人像奥克斯一样，最早在格林威治村就认识他，从一开始就支持他。不过，核心似乎在于：他们认识他。记者们从他们老套的问题和“曲解”中，经常也能收获一些事实。如果说进攻就是最好的防守，那么这个迪伦能打赢全面战争。他喜欢杀伤性武器。

尽管如此，似乎每个人都想跟他扯上关系。迪伦、披头士和其他 60 年代明星之间的联系有点类似退伍老兵之间的患难与共。只有他们经历过那一切，只有他们知道那是怎么回事。问题不仅仅在于名声。奇怪的是，人们期望这些年轻的艺人来解释事物，甚至解释一切。因此，迪伦不可避免地对纠缠不休的人群表示轻蔑。用“意淫”这个词就是为了给这些人一点颜色，但是他们不理解、不能理解，也永远不会理解。而且，难以理解的歌曲无疑保证了难以理解的行动。归根结底，他是迪伦。每个人都知道这个名字，但是他能够肯定，没有人了解关于他的任何重要的事情。可以这样解释：关于鲍勃·迪伦，他们唯一能够确定的就是，他的本名不叫鲍勃·迪伦。

不过，现在和以后，他都拥有这个名字、这个形象、这个声音，被认为是一代人的声音。仍然有许多人，包括令人尊敬的“垮掉的一代”中的诗人们，认为他们在某种程度上拥有他的一部分。迪伦在新港试图打破的僵局仍然存在。如果你觉得有必要做出评论，那么身份、现代性、艺术和名声，这些是无法超越的。

尽管如此，你可以看出为什么他收获了那些选择发出嘘声的人的敌意。“新迪伦”和他的新音乐与最近记忆中的民谣歌手截然不同，只能得出一个结论：这两个迪伦中必定有一个是骗子，或者两个都是。这不是对一个人着装品位的评判——尽管有新港的“畅销夹克”为证——也不是对音乐本身的评判。这必定与文字、明确表达的情绪，以及明确做出的承诺有关。当历史走到重要节点上，他在曼彻斯特说了什么？他说：“我不相信你。”那一年年底，迪伦暂停巡演，在未来几个月里开始着手准备他的第三张专辑，以及迎接他的第一个孩子的出生，这句话是他对各路评论的一个注脚。他们说他是个骗子。误解很深。噪音于事无补。

事实证明，迪伦真正的预见性在于他有能力感知即将到来的幻灭。他的罪行是在他同时代的其他人之前很久就放弃了对政治和政治改革的一切希望。没有回头路可走。

* * *

抵达纽约后，他与格罗斯曼签订了一份新的、极不公平的出版合同。阿尔伯特没有得到作者的全部灵魂，只有一半，另一半在未来十年中留给了他自己。迪伦也在安迪·沃霍尔和工厂（Factory）哗众取宠的“银幕实验”上浪费了一些宝贵的时间。至少，迪伦费了不少工夫获得一张猫王埃尔维斯的丝网印刷画，但是最后用这东西换了他经纪人的一张旧沙发。传闻说沃霍尔因为这种轻蔑之举而气急败坏。你可以想象，肯定会有这样的传闻。

更重要的是，创作新专辑的尝试毫无结果。专辑不可能凭空冒出来。1966年1月底，在哥伦比亚的录音室，一首很棒的歌《她现在是你的爱人》被唱得支离破碎。在1991年《私录卡带系列1～3卷》收录的版本中，筋疲力尽的迪伦在唱最后一段之前叫了暂停。私录版本中还有一段舒缓的钢琴曲，没有配歌词，本身就很出色。然后是一段后来成为《豹皮药盒帽》（Leopard-Skin Pill-Box Hat）的旋律，但尝试也失败了。在录音室的三次试音后，唯一留下来证明他的努力的是对《我们中一定有人知道（迟早）》［One of Us Must Know（Sooner or Later）］的精彩演绎，收录在《金发佳人》中。一年前他完成了《席卷而归》，从开始到结束，所用的时间现在只够制作一首单曲。制作更精良的《重访61号公路》也没有比以前的作品花费更多时间。这一次，高效率的天才似乎陷入了困境。

迪伦从这些斗争中得出一个未经充分证实的结论。在《她现在是你的爱人》之后，他认为群鹰乐队已经不能满足他在录音室中的全部需要。公正地说，他们没有得到足够的机会。尽管如此，迪伦开始回头求助于艾尔·库珀、保罗·格里芬等人。他也开始考虑他的制作人鲍勃·约翰斯顿的劝告，约翰斯顿主张有必要换个环境，他自己的故乡纳什维尔就是一个理想的选择。说来也巧，约翰斯顿刚好认识适合这份工作的乐手。

但是，真正的问题比伴奏的质量，或者可用的录音室更严重。《席卷而归》和《重访61号公路》都是在迪伦还没打算录制歌曲之前就写完大部分了。这一次，除了《乔安娜的幻象》，他没有素材储备，也没有在伍德斯托克度过一段时间专心写歌词的奢侈。他面前是排得满满当当的演唱会：2月份有12场，3月份有8场，4月和5月安排了24场演出，而且演出地点在夏威夷、遥远的澳大利亚和斯堪的纳维亚、爱尔兰、英国以及法国。他几乎没有时间录音，更没有时间写作。几乎完全在奔波中创作一张专辑——他的专辑——是迪伦迄今为止遇到的最大挑战。犯错误的空间非常小。

* * *

关于《金发佳人》的制作已经写过无数东西，除了数不清的赞美，却很少谈到作品本身究竟是什么。一则逸事说约翰斯顿按照迪伦的要求重新布置了录音室，将设计用来防止一个声音“混入”另一个的固定挡板拆了下来。还有关于罗比·罗伯逊和艾尔·库珀的故事，纽约试音后只剩下了他俩，他们跨越巨大的文化鸿沟，与纳什维尔的同事建立起一种相互尊重的关系。还有关于军乐队/救世军乐队的故事；各种各样（有争议的）关于毒品和个人健康的故事；还有在约翰斯顿半开玩笑的干预之下，录音才开始最终提速。一个叫克里斯·克里斯多佛森（Kris Kristofferson）的年轻人作为一个小配角登场，他只是录音室的一名门卫，甚至不敢跟迪伦讲话，但是有一次歌手看见他独自坐在钢琴前。一如既往，关于哪个女人可能是或者不是一首歌或专辑标题的灵感来源——请保持怀疑的态度——有各种各样的理论。传说这张专辑有着各种各样的不同版本，各个版本间有着各种各样微妙的差异，单声道版、立体声版、各种混音版，不同版本的命运在世界各地各不相同。甚至对专辑封套的变化都有细致入微的解释。[我手中的70年代英国版中收录了谜一般的《和你一起塞进车厢》(Stuck Inside of Mobile With Thee)——这个名字也不错——就印在折叠插页上克劳迪亚·卡迪纳莱（Claudia Cardinale）的头像左上方。有奖励吗？]《金发佳人》跟这些都没有关系。

肖恩·韦伦茨（Sean Wilentz）的《鲍勃·迪伦在美国》(*Bob Dylan in America*，2010）详细描写了二三月份那些迷人的日日夜夜，经过迪伦的创作、修订、再创作、再修订，专辑最终成型——无疑让纳什维尔的乐队感到惊讶——歌词配上“那种尖锐的、狂野的、水银泻地般的声音……让人联想到金属和闪亮的黄金，那一类的东西”。[1] 若干年后，一切都已结束，他从这种自然的、联觉的时尚中唤醒了“我独特的声音”。这种描述令人印象深刻，而且恰如其分。它忽视了一个事实，即他永远不会认真地去努力复制所谓他自己的声音。1978 年，他承认从那以后“始终不能成功地再现它”。到 1978 年之前，除了《欲望》（*Desire*）中的几首歌和《街头示威》（*Street Legal*）中的第一首歌是可能的例外，没有例子表明他做过这方面的努力。无论他在纳什维尔找到了什么，都已经失去了。事实指向《金发佳人》炽热的中心。它是在混沌中，在一个特定的时刻诞生的。它“关于”一场内心的斗争，试图在混沌中建立秩序。它与拥有、失去和腐朽有关。这张专辑中几乎全是爱情歌曲。最重要的是，其中的歌曲都在与时间的本质做斗争。

《乔安娜的幻象》以电影的方式对抗时间。《把时间给你》（Pledging My Time）是典型的基础布鲁斯，从音乐的角度，这种形式本身就决定了时间就是一切。《第四次》以一种菱形结构重复旋律。《低地的愁容夫人》（Sad Eyed Lady of the Lowlands）的旋律背后节拍器滴答作响，随着曲调潮水般的起落一次又一次地与时间对抗。（筋疲力尽的乐队感到迷惑，这首歌一次又一次地上升到高潮，显然应该结束了，然后又继续下去。）最著名的歌曲之一本来应该叫作《和你一起塞进车厢》，其中最著名的一段歌词也与时间有关：

而我耐心地坐在这里等着看
你究竟愿意出什么价钱
来摆脱这些东西
不再重复这种经历

与此同时，《金发佳人》与 1968 年的《披头士》（*The Beatles*），即“白色专辑”，有一个共同特征，都是值得纪念的 60 年代排行榜上为数不

---

1 采访者 Ron Rosenbaum，Playboy，March 1978.

多的双碟套装。从艺术上看，45 分钟的双碟专辑简直是不可能的。事实上，在许多方面，这是迪伦在 1965—1966 年最不连贯的成功作品。有人说它不够平衡，或者过于偏重《低地的愁容夫人》，但是这种观点把唱片的格式看得太重了。不管怎样，《金发佳人》的完成版有 72 分 57 秒。迪伦 1997 年发行的著名的《被遗忘的时光》（*Time Out of Mind*）有 72 分 50 秒：时间并不总是最重要的。同时，如果你想把一首特别长的歌曲跟另一首做比较，1966 年的《低地的愁容夫人》“只有”11 分 23 秒。无论好坏，1997 年的《高地》（Highlands）则长达 16 分 31 秒。一个重要的事实是，即使迪伦在 1966 年已经认可了数字录音的广阔前景，但《金发佳人》并非无可挑剔。

一位听众说，他应该重新录制《她现在是你的爱人》，这首歌可能是关于迷人的、爱惹麻烦的伊迪·塞奇威克，她的颠倒众生、她的痴狂迷乱，以及她与纽沃斯的爱情。这首歌傲慢而又疲倦，但是远比“令人难堪”要好得多。《我会把它和我的放在一起》是他写给妮可（Nico）的，他自己从来没有好好录过，也应该重新考虑。从微妙的角度来看，它也在寻找失去的时光。当然，迪伦没有找任何人要过建议。不过这两首歌的缺席仍然是《金发佳人》的遗憾。

奇怪的是，迪伦在布鲁斯方面的努力显得敷衍了事和不令人满意，仿佛他知道自己有更好的事情要做，有好得多的东西要写。《豹皮药盒帽》苍白无力——漫无目的的“讽刺”没有用——《显然有五个信徒》（Obviously 5 Believers）就是充数的。《把时间给你》是这一类型中的翘楚，被放在了错误的专辑里。《雨天的女人们 12 号和 35 号》（Rainy Day Women ♯12 & 35）在各个方面都错了。世界可能不再需要一个抗议歌手，但不会不需要新歌，至少是时尚的、“知性的”新歌，在纳什维尔的乐队已经证明他们能够用怎样的即兴演奏征服一个来访的明星之后，创作这样的歌曲不再是个笑谈。这些失败才是《金发佳人》不够平衡之处，而不是《低地的愁容夫人》。

出色的歌曲流传下来。一边带着这些高价乐手环游世界，一场接一场地开演唱会，一边将自己对时间的感知写成歌词，没有人知道迪伦付出了什么代价。不管怎样，他做到了。结果从艺术上看似乎毫不费力，但是“毫不费力”实际上意味着大量的工作。例如，将 2 月 14 日的录音全部拼凑起来显示，《第四次》录了 20 次，《豹皮药盒帽》录了 13 次。大多数时候是因为出错，有时候是被打断，不过帽子那首歌倾注了很多心血，在完成的专辑中却微不足道。类似地，2 月 17 日，《和你一起塞进车厢》在从凌晨 4 点开始的三个小时里录了 20 次。[1] 其中一半一开始就错了，剩下的大多没有录完，但这恰恰强调了录制一首这么长的歌曲——最后发行时有 99 行歌词——需要高度的专注，而且这首歌的感情如此复杂、音乐如此富于技巧。

迪伦没有花时间与纳什维尔的乐队社交，但是给他们足够的时间相互熟悉。他们记得有时候匆匆赶去录音，却发现一连几个小时，迪伦苦思冥想写歌词，他们则在一旁打盹或者看电视。这些乐手已经习惯在录音时三天打鱼两天晒网。在一个整张专辑——比如《橡胶灵魂》——将将超过半个小时的时代，迪伦在寻找 5 分钟的歌曲、7 分钟的歌曲、11 分钟的歌曲。当事情开始变得不确定——当歌手的机遇之窗开始关闭——在 3 月 9 日至 10 日的一次录音中完成了六首完整的歌曲。那天，度过了又一段无所事事的时光之后，乐手们从 6 点工作到 9 点，从 9 点到午夜，从午夜到凌晨 3 点，然后一鼓作气完成了《我要你》（I Want You），最后这首歌是在凌晨 3 点到早上 7 点之间录制的。猫王埃尔维斯是出名的夜猫子，但不是白天晚上连轴转。不过，在整张专辑的所有歌曲中，《我要你》有着超凡的活力。乐手们已经一天一夜没睡——这些纳什维尔的乐手们不嗑药——他们让每一个音符都跳起舞来。歌手干得也不错。

迪伦最经常被引用的歌词中可能有一半出自《金发佳人》。更出色的是，它包括了真正狂野的、水银泻地般的声音，他的声音中有无限的嘲弄、温暖、智慧和层层叠叠的隐含意义。在这张专辑中，只有他的口琴

---

1 关于这些事情，迈克尔·克洛戈斯加德（Michael Krogsgaard）在 1995 年冬首次出版的《电讯报》中的描述与克林顿·海林在《门后的迪伦：谈话记录（1960—1994）》[*Dylan*: *Behind Closed Doors—The Recording Sessions*（*1960–1994*），1995] 中的描述大体一致。韦伦茨听过这些录音带，他的话很有启发性。更多内容参见 Olof Björner's bjorner.com。

是人们熟悉的。在这张专辑中，金斯伯格的呼吸单元逻辑和迪伦写诗的方式以一种奇妙的精度，形成了一种完美的韵律。他会说那是一种数学的精度，但这只是一种比喻。

那些说《低地的愁容夫人》只是胡乱堆砌的意象的人没有看到一个诗人的努力，他试图用古老的方式来历数爱的方式，重新定义他自己的定义，将神圣和热情之谜诉诸语言。那些说《我要你》是一首沮丧的欲望之歌的人只看了题目，没有看到专辑的思想："因为时间站在他这一边。"那些说《乔安娜的幻象》不想被人理解的人不知道对这首歌的诠释提供了什么样的机会：这首歌对意义的感知存在于时间之外。那些从《和你一起塞进车厢》（我们就这样叫它吧）中只看到人物的罗列的人没有听到一个声音说："我感觉到了时间。"

《金发佳人》是一张令人惊讶的流行音乐专辑，45 分钟长，主题包括混沌、自我认知和失去的时间，普鲁斯特听到也会为之着迷。一些优秀的音乐人贡献了一些优秀的旋律。尝试追踪迪伦旋律来源的努力到此为止。形容这些歌曲听起来像什么的比喻没有什么进步，还是说他像闪光的金属，等待着被加热和压缩、流动和提纯。本质上，他已经靠着创作摆脱了困境。不久以后，对这张专辑制作的审判就变得像田园牧歌一样温和了。

* * *

所有这一切进行时，迪伦和群鹰乐队仍然乘着格罗斯曼笨重的喷气式飞机飞越美国寒冷的天空，仿佛巴迪·霍利从未落地一般。巡演仍在继续。新星为他的漂亮衬衣和新音乐付出的代价中，一部分付给了 60 年代中期流行音乐的标准操作程序。如果一张唱片想畅销，足够永远不够。

迪伦发现，披头士乐队可以相互依靠，他们分担重负。在所有的事情上他都只能依靠自己，他是自己启示录演出的作者、制作人、导演和歌手。他不能逃避责任。人们认为天才歌曲的出现是理所应当的。如果演出已经排定，那么就要进行。在演出和旅行的间隙，当其他人宿醉未醒或者迎接新生命，惊世骇俗的专辑就制作完成了。时间就像艺人的心理一样，必须服从商业规则。毒品一向是音乐的支撑和催化剂，在这次巡演中几乎是不可避免的。它们是过程的一部分。

米奇·琼斯是特里尼·洛佩斯（Trini Lopez）和约翰尼·里维斯（Johnny Rivers）的坚定支持者（无论出于何种原因，后者是迪伦的最爱之一），在 4 月初他们抵达夏威夷和澳大利亚时加入了乐队。桑迪·柯尼科夫（Sandy Konikoff）是罗尼·霍金斯学校的又一个毕业生，在决定之前就大体上取代了莱翁·赫尔姆鼓手的位置，跟他的前任一样，这次巡演并不令人开心。琼斯的摇滚乐演奏经验胜任这项工作绰绰有余。他还带来了一种谦虚的坦率，这正是任务所需要的。有些地方可能被认为亵渎神明，但是 1966 年巡演的录音显示，通常赫尔姆也并没有做得更好。在这方面，群鹰留下来的成员再也不会以这种方式演奏，迪伦也不会要求任何乐队成员这样做。琼斯演奏乐器就像操作工业机械。他不像莱翁那样多愁善感，但是那个时代已经过去了。

根据有些记录，当乐队准备漂洋过海时，北美的嘘声开始偃旗息鼓。如果迪伦在美国逗留更长时间，传说中的巨大争议可能在曼彻斯特之前自己就平息了——但这已经不可能发生了。《金发佳人》将在 5 月发行（或者 6 月，或者 7 月，准确日期又是关于这张专辑的另一场争论）。辉煌的音乐将堵住许多陷阱，让所有关于“抗议”和“民谣”的争论都成为过时的新闻。无论如何，流行音乐的观众缺乏保持长时间关注的耐心。美国的另一轮演出可能会终结争论。全球巡演后，喝倒彩的报道就像冷空气前锋。

迪伦在离开祖国之前已经筋疲力尽。从来没有人问过格罗斯曼有没有注意到这一点，或者他是否关心这一点，不过答案不难猜测。在 1965 年 1 月 15 日《席卷而归》最后一次录音和 1966 年 3 月 10 日黎明《我要你》最终杀青之间，迪伦完成了三张无与伦比的专辑，在新港受了火刑，创作了比大多数艺术家一生都更多、更好的歌曲，写了一本书，开了 79 场演唱会。（2011 年，在另一场媒体称之为无尽之旅的巡演中，他演出了 89 场，不过关于录制专辑只有模糊的传言。）1966 年 3 月 11 日，《金发佳人》完工后的第一个晚上，他又在密苏里州圣路易斯演出。第二个晚上，在内布拉斯加州的林肯市。迪伦有充分的理由筋疲力尽，但是一如既往，阿尔伯特有自己的计划。世界在等待。

演唱会的曲目现在大体上确定了。4 月 13 日悉尼演出的地下录音保留了一场演出，包括一个非常放得开的《绝对第四街》版本；迪伦在16日同一座城市的演出中采用了同样的终曲——并不算是一种体现温暖和友善的姿态。从那以后，只有一首歌明确地标记每天晚上演出的结束。在《像一块滚石》之前，演出曲目同《私录卡带系列第4卷》中收录的大体一致，同样带有野蛮的攻击性。私录卡带说迪伦一次也没有放松过。这也是紧张关系的来源。不顾观众的反应，不顾记者在一个接一个的国家问着同样愚蠢的问题，不顾即使在21世纪都令人望而却步，遑论1966年的旅程——从澳大利亚到瑞典，在飞机上待一天半？——迪伦对他的演出矢志不渝。

实际上，当一切准备就绪，他每天晚上进行两场50分钟的演出。表面上看来，按照现代标准这不算太长，如果你拿布鲁斯·斯普林斯汀的铁人演出作为标杆的话。迪伦的困难之处在于这是两场不同的演出。每天晚上都需要心理调适，从《乔安娜的幻象》《荒凉的街巷》和《铃鼓先生》，重新校准到《妈妈，告诉我》（Tell Me，Momma）。在某种意义上，他每一次都必须成为两个不同的人，完全专注地投入每一首歌曲——特别是在演出的前半段。他在演出中的支援只有他自己。

同时，还有另一种考虑可能削弱他的决心。无论传说怎么说，5月27日的伦敦阿尔伯特音乐厅都不是结束。格罗斯曼的计划还包括十几场美国的演出，一直到纽约的谢伊球场。别忘了，1966年巡演实际上在6月16日纽约州白原市的演出后结束，而不是在英国。后续还有其他安排。如果不是那场不幸而纯属偶然的摩托车事故，它一定会像一场永无止境的噩梦。

即使是那些在60年代巡演中作为嘉宾，演唱迪伦为他们写的歌曲的歌手，也发现这些演出很难应付。迪伦是在创作艺术，无论是他自己孤军奋战还是跟乐队一起，取决于你如何衡量。他提供给观众的东西是他们再也不会看到和听到的。而令他痛苦的是，他得到的经常是嘘声。

1965年底，仿佛在为他媒体曝光率超高的一年做准备，迪伦接受了《花花公子》的纳特·亨托夫的采访，随后就对杂志编辑的评论表示了抗议。这次采访中，两人就毒品的话题交换了意见——可能得到了迪伦的认可。访谈内容在1966年3月出版。当时和后来，任何公正的记者都能一眼看出，亨托夫非常清楚他问的是什么，以及为什么要这样问。正如大家看到的，巧妙的暗示之下隐藏着事实。

《花花公子》：据说佩奥特碱（peyote）和LSD等迷幻剂有时候会引起妄想狂的精神状态。考虑到这种风险，你认为尝试这些药物应该成为年轻人成长经历的一部分吗？

迪伦：我不会建议任何人嗑药，烈性毒品当然更不行，毒品就是毒品。但是鸦片和大麻，现在这些东西已经不是毒品了，它们只会让你有点感觉。但是LSD不行。LSD是毒品——另一种毒品。这么说吧，它让你意识到整个宇宙，让你意识到事物是多么愚蠢。但是LSD不是给老实人准备的，它是为那些满怀疯狂和憎恨、渴望复仇的人准备的。是为那些经常犯心脏病的人准备的。他们应该在《日内瓦公约》中使用它。

可怜的猫王埃尔维斯说服自己，所有能够由医生开处方的都是“药物”，哪怕帮助作用微乎其微。显然，正如亨托夫的问题所表明的，迪伦听信了前助理教授蒂莫西·利里（Timothy Leary）关于致幻蘑菇和乌羽玉、佩奥特碱等物质的哗众取宠的言论。艾伦·金斯伯格是利里在哈佛的魔法蘑菇实验的早期爱好者。他和最疯狂的精神病学家亲自尝试这些东西，并在心态包容的进步人士中散布言论，说影响意识的化学品有治疗作用，可以被当成“药物”。迪伦无疑接受了这种观点。直到1966年10月LSD在美国都是合法的，但是自发自愿地谈论嗑药——实际上似乎是“鼓吹”嗑药——对于一个准备开始世界巡演的歌手来说是非常草率的。鸦片和大麻从30年代起就被美国法律禁止，大麻类物质从1928年起在英国就是非法的。但是当亨托夫拐弯抹角地问了一个关于妄想狂风险的问题，迪伦就谈到了各种各样的毒品，显然都是经验之谈。当《你能爬出你的窗户吗?》的作者谈论“那些满怀疯狂和憎恨、渴望复仇的人”，他显得话太多了。

但是他需要药物，明显是在毒品的意义上。对于他的需求，人们可以充分怀疑，夜复一夜、周复一周、月复一月，他用来治愈病痛的确切成分究竟是什么。在适当的时候，谢尔顿接受了他吸食海洛因的“忏悔”，但是为他保守秘密。值得注意的是《私录卡带系列第 4 卷》与真正的地下录音之间的区别。除了在曼彻斯特与那位业余神学家的交锋之外，官方发行版本没有记录迪伦在每首歌曲之间说了什么。不过“犹大”时刻清楚地表明，歌手处于特定的生理和心理约束之下。

其他录音证明 1965—1966 年巡演的每一步，迪伦都有嗑药的迹象，尽管那种语气很难转述。当巡演之路在伦敦的阿尔伯特音乐厅走到尽头，所有花了钱买票进场又中途退场的人已经受够了，披头士用 1958 年的芬达 Telecaster 黑白电吉他声援这位天才，乔治·哈里森向喝倒彩的白痴大喊大叫，当这一切都已经结束，迪伦开始介绍他的乐队——“我以前从来没有这样做过”。在演唱最高潮的《像一块滚石》之前：

> 这不代表什么，明白我的意思吗？不一定……不过他们都是诗人，明白吗？如果是这么回事，就是这么回事……他们都是诗人，知道吗？
>
> 这首歌要献给泰姬陵……
>
> 唱完这首歌我们就要离开。我要跟你们所有人说再见。你们非常热情。你们是非常好的人。我是说，你们现在坐在这个了不起的地方……
>
> 相信我，我们会享受在这里的每一分钟……

这并不尽然是事实。1966 年的巡演让迪伦的灵魂受到试炼。它彻底终结了他的化身。曼彻斯特只是其中一小部分。当这列嘉年华的列车出轨，他将不得不成为另一个人。这不是夸大其词。他必须从头开始，重新塑造一个鲍勃·迪伦。

首先是他自讨苦吃。出于某种原因，迪伦决定拍摄另一部纪录片。这一次，他要自己执导，驾驭这种魔法艺术，尽管技术方面仍然由 D. A. 彭尼贝克负责。迪伦对《不要回头看》并没有留下太深刻的印象，不知是一时心血来潮还是出于格罗斯曼的怂恿，他决定自己描绘一幅自画像，取名《销毁文件》。电影从巡演抵达斯堪的纳维亚开始拍摄，显然，他本来不必承担这个责任。

这卷家庭录影带——最客观的描述——是应美国广播公司（ABC）的委托拍摄的，但是因为与预先的设想相去甚远而被拒绝播出。这一次，电视台是正确的。《销毁文件》是一团乱麻，可能是偷窥狂的盛宴，但是缺乏纪律和中心思想。迪伦显然相信他能用创作歌曲的直觉拍摄一部电影，这被证明是一个可怕的错误。就影片本身而言，真实记录的部分还不错，但是原创和即兴发挥的场景最多算是一堆支离破碎的片段。其中真正戏剧性的一幕发生在格拉斯哥的旅馆房间里，一个兴奋过度的民谣歌迷拿着一把刀（显然试图重现“永远打倒暴君”* 的情景），这一段最后被剪掉了。与《毒蜘蛛》一样，这部电影是个教训，说明才华并不是招之即来的。

耐力也不是。巡演到达爱尔兰、英国和法国时，观众毫无倦意。地下录音证明，他们发出嘘声、喝倒彩、中途退场，或者对这位坐拥两张榜首专辑的歌手挑衅地拍手。更重要的是，他们甚至都没有给乐队一个机会，把抱怨的原因归结为“糟糕的放大器”。不过，录音也证明敌意远非普遍现象。C. P. 李提出这种异议是有计划、有组织的，至少在英国北部地区如此，根据录音证据，他的观点不无道理。在某种程度上，这只是让对立显得更奇怪。

无论有没有海洛因的作用，这都像是新港之夜的再次上演。他们想要什么？得到披头士乐队和其他追星族的肯定，却面对买票进场的观众的愤怒和敌意，是怎样的感受？地下录音中有些时候，尤其是当他决定在无意义的喃喃自语中等待观众闭嘴时，迪伦的对抗是明显的。他从未失去钢铁般的自信。显然，他的结论是如果他们听不懂，那是他们的问题。但这不能解决问题。

1966 年的巡演没有摧毁迪伦的职业生涯。这个事实本身就能够证明，激烈的质问者只能代表一部分不满意的观众。在任何意义上，他都没有失去所有的顾客。《金发佳人》对任何层次上的流行音乐观众都是一个困难的概念，很快就在英国的排行榜上排到第三位，在美国排到第九

---

* Sic semper tyrannis，传说马库斯·布鲁图在刺杀恺撒时喊出了这句话。——译者注

位。这张专辑中的几首单曲表现强劲，忧郁的《雨天的女人们》还成了热门金曲。迪伦赢得了战争。显然，许多在曼彻斯特、爱丁堡和伦敦看他演出的人仍然是他的忠实歌迷，一有机会就去买专辑。那么，这场战争到底是关于什么的？

毕竟，有一个时期，披头士可以随意地给观众制造惊喜，保证仍然受到喜爱。滚石乐队可以毫不犹豫地抛开他们的布鲁斯根源，不断取得成功。格拉斯哥的旅馆里拿着刀的人本来要制造一种“民谣音乐的叛徒”的声音。为什么这很重要？迪伦没有做任何事来阻碍民谣复兴，正如他也没有做任何事来保持它一样。

显然，无论迪伦是否喜欢，政治都起了作用。在某种意义上，歌手决定穿上奇装异服、拿起电吉他，被认为是一种政治破坏行动——现在听起来非常奇怪。加上他偶尔的言论，以及他讨厌社交的个性，你几乎可以想象是怎么回事，如果你能接受放大乐器的声音本身就是对文化的破坏和压迫的象征的话。这就像是告诉毕加索他在使用肮脏的资本主义画笔。致力于自由的运动是严酷的。诗人和诗歌也不能幸免。

犹大！黑暗中的喊声。今天看来，这种谩骂显得奇怪，甚至幼稚。毕竟，世界上有的是其他歌手在等着人崇拜。毫无疑问，这是60年代永恒的美丽和痛苦的证据：音乐真的至关重要。

关于艺术、个人和政治自由的争论不是新鲜的。迪伦在20世纪的新鲜之处在于，艺术家可以属于观众、成为一种财产的观点。讽刺的是，那些激烈质问这个吉他手并自称左翼的人们忘记了，他们对待他就像一件商品。

* * *

无论如何，他已经阅尽沧桑。在所有的照片中，他都面如死灰。他的疲倦深入骨髓，他的情绪像疯狂的钟摆。斯科塞斯的《迷途之家》拍完最后几个镜头，他在阿尔伯特音乐厅完成谢幕演出后，他再也没有余力继续开演唱会了。那种折磨他已经连想都不愿去想。巡演已经足够糟糕——不可能更糟了——但是它也伴随着创造力的持续爆发。他完成了几乎不可能完成的任务，但他已经到了极限。后来发生的事让他得到了解脱。

他把“摇摆的伦敦”留给了幻想。他的现代性不能满足每个人的品位，可以从他的音乐中一瞥这样的前景。不是第一次也不是最后一次，他的一部分观众将放弃这个矛盾的歌手。在很多方面，迪伦都把自己推到了悬崖边。在祖国发生的事件已经让他失足跌落。他的所谓公信力越来越依赖于他的第一个化身形象做了什么，而不是后来这些年里他做了什么。《金发佳人》似乎是他留下的全部，或者说他提供的全部。在这以后，买他专辑的人们永远在希望他的一个或另一个从前的自我重新出现。但是当1966年的夏天到来时，“一代人的声音”已经成为过去。

一切都结束了。他的音乐永远不会跟以前一样了，他自己也是。未来的日子里他将告诉人们，更多时候不是他不想做，而是他不能做。他没有再为那种狂野的、水银泻地般的声音写过歌词。三张专辑和地狱之旅是独一无二的，从本来的意义上说，那种感情和艺术都不可重复。从那以后，任何寻找“原来的迪伦”的人都会失望。他已经消失无踪了。

12

瞪大眼睛瞧好了！

我根本记不起来了。大家都跟我说他们觉得很美国范儿什么的。我根本不知道他们在说什么。

——接受《滚石》杂志采访，1984 年

之后音乐和节奏逐渐变成了游戏，仅供消遣。研究这些尘封的东西恰是证明了好奇心的可贵，很多人在这种古老的形式中找到了快乐。随他们去吧。

——阿蒂尔·兰波，给保罗·德米尼（Paul Demeny）的信

1871 年 5 月

鲍勃·迪伦生活中的事情无论大小，往往都会成为传奇。对他而言，“普通”的生活大概是——起床，去工作，醒酒，写歌——忍受别人对他生活的添油加醋（一般来说这都发生在人们大放马后炮之后）。不难看出，他的生活似乎永远都很有深度。他在 1967 年的夏天到底在想什么呢？除了他在试图恢复健康之外，其他还真的说不好。

当然了，他好像除了再做一张划时代的专辑之外也没什么其他打算。那年夏天，他创作的一些歌曲可以算得上是最优秀的作品，无论是对于他个人还是音乐史而言。但是以迪伦的标准来说，他根本没认真对待那些作品。他甚至没有正儿八经地录音。这些在上纽约州的伍德斯托克录制的 30 多份录音带，顶多能算小样——运气、时机、心情的产物——8 年后，尽管当时盗版者大行其道，迪伦却同意了发行部分歌曲，

仅仅作为，据其所说，帮收藏者们一个忙。但是最终，他自己也放起了马后炮，说那时所做的一切都与重要性不沾边。

> 我其实根本没喜欢过《地下室录音带》（*The Basement Tapes*），毕竟我记得那只是我们给发行公司所作的曲子罢了。都是准备给其他歌手用的。我根本没准备发表那些歌。但是你也知道的，哥伦比亚公司想把这些歌发布出来，那你又能怎么办呢？[1]

“那你又能怎么办？”这句话从这样一位艺术家口中说出来。他跟圈里其他人一样有着足够的自主权，也已经无须担心录音棚的收费、歌曲的排位、大众的品位、乐评人的言论，以及狂热观众们的要求。那么再从哥伦比亚那些黑心商人的角度思考一下。1967 年，迪伦已经赢得了厂牌的信任。《金发佳人》双专辑无论从形式还是发行来说，都开辟了新天地。无论怎么说，他赢得了哥伦比亚公司的尊重，也为公司带来了不菲的收益——虽然迪伦认为那是通过不公平的条款得来的——但是公司却没有把他当做一个契约劳工看待。他是 60 年代为数不多的几个只要想录音就能走进录音棚，想录什么就录什么，并且可以以他喜欢的形式发行唱片的人。然而即便如此，虽然手头还有很多工作，但他还是决定隐居起来，并且对外宣称自己身体不好。其实那段时间他一直在写作、录制新的材料，以便出版下一张双专辑。

只是为了“让其他歌手来录这些歌曲”？他们确实录了，感谢老天，这个行业能有迪伦这样的人写出这 14 首歌，并且（大概）同意他们使用。但是哥伦比亚是不是更想要一张新的鲍勃·迪伦唱片呢？毫无疑问。说到“发行公司”，虽然有争议存在，但那难道不是由歌手和其经纪人说了算吗？同样，如果 1967 年的作品是准备作为一种策略，以保证宝贵的版权不被“见面分一半”的阿尔伯特·格罗斯曼侵犯（这是他自己经常强调的），那么在大西洋两岸发布新的歌曲，就导致了一种难以流通的尴尬状态。

---

1 *Rolling Stone*，June 1984.

迪伦像 1984 年的采访那样编造真相屡见不鲜，这不是第一次，也不是最后一次。那些歌曲从来都不只是“为发行公司所作的歌”，一般来说，他对自己的作品可不会这么随意。这些作品都有他的署名，也代表他的声誉。这 14 首歌可能是对某些“合同问题”的回应，他拿这些歌来代替新的专辑合约，但他确实不是在明显的胁迫下制作的。然而他又一次开辟了新天地，并且十分认真。他自己心里清楚，很快，大多数关心他作品的人也会意识到。一张录音室专辑在伍德斯托克录音之后不会有多大影响力，但是在讨价还价时还是能起一定的作用。

不过即便如此，在 1975 年之前，他完全没有“发表它们”的想法。甚至当时的他——说得更复杂一点的话——也没有按照哥伦比亚的想法去做。显然，这种欲望来自罗比·罗伯逊和本乐队的其他成员。机会摆在面前时，厂牌当然会毫不犹豫地发行“传说中的地下室录音带”。谁不会呢？关于地下室录音带的传闻可是前无古人的。但是在 1975 年，在他成年后的岁月中，没有如此迫切地需要作品的时候。毕竟就在六个月之前，迪伦刚给了公司一张名叫《血泪交织》的专辑。

* * *

小知识：欧内斯特·海明威说过一句著名的话，“所有美国现代文学都来自于马克·吐温的一本叫作《哈克贝利·费恩历险记》的书。”这部小说创造了语言；它向国家表达，并塑造了整个国家。当然，美国复兴的音乐——可以理解为美国历史永久遗产的音乐——在迪伦的地下室录音带中出现。梦想和古怪的信仰随之而来。从此，老音乐不再是一种怀旧，而是恢复了它曾经在生活文化中的地位。不像布鲁斯音乐的复兴，它不能被冻结在时间里，成为一种展出的工艺品。冷不丁地，他身上被贴了标签，即便不说一句话，迪伦也已经实现了民谣音乐之前没有实现的。你可以称之为“美国范儿”，称之为“根”，称之为一种理解，即流行音乐不是只在当时那一刻流行，稍纵即逝。有一处腹地、一段历史和一段记忆需要探索。你也可以说迪伦只是成长了，然后去要求他同时代的艺人做同样的事情。没有人——他这样做了吗？——想到这些会发生。同时，值得一提的是，20 世纪 90 年代和 21 世纪对迪伦作为艺术家的关注，其实始于 1967 年。

迪伦是历史学家、档案保管人、美国记忆的管理人，他开始在地下室工作。迪伦成为他这个年代文化和社会的元老，与他年轻时踏上音乐界的“刘易斯和克拉克远征”不无关系。

* * *

这些事情都是真的。格雷尔·马库斯在他 1997 年的书《隐形共和国》（*Invisible Republic*）[1] 中最有说服力的案例仍然成立。然而，它还是被夸大了一些，尤其是被马库斯夸大了一点。任何人去听《金发佳人》之后出现的 1967 年的录音，并按克林顿·海林设定的顺序听了这些歌曲之后，很可能会——正如一个名为马库斯的乐评人在制作迪伦另一个汇编时所做的一样——问：这是什么狗屎玩意儿？说句大不敬的话：地下室录音，并不是每一首歌都同样杰出。

当迪伦找不到《姑娘，我们试试吧》（Try Me Little Girl）中的假音，或努力完成烦琐的传统作品《邦妮船钻石》（Bonnie Ship the Diamond）时，企图通过美国内部、历史和心理对音乐进行探索的想法可能看起来不太靠谱。你不能责怪那个唱了《墨西哥的山丘》（The Hills of Mexico）的歌手让加思·哈德森不要录制即兴歌曲，因为那“浪费磁带”。即便当迪伦和群鹰乐队之后加快了节奏，听众们依然要攒足了耐心（毕竟你必须待在那儿）等《波旁街》（Bourbon Street）、《西班牙歌曲》（The Spanish Song）和其他一些歌。

地下室录音带的真相存在于迪伦的归隐和人们通常对唱片的崇敬之间。听众们不得不自己去编辑材料，无论是在脑海里还是现实中，这对创作者来说是前无古人的。你得接受一堆破碎的材料里可能有经典歌曲埋藏在里面这个事实。最重要的是，经常发生在迪伦身上的是，你需要分清：他做了什么，他以为他做了什么，以及人们以为他做了什么。这很重要。

一群音乐家成天嗑药、瞎混，并没有打算去触摸美国阴影下的本质。然而他们——瞪大眼睛瞧好了——仅仅通过日复一日普普通通的生活，便不费吹灰之力到达了目的地，我们可以从中了解关于迪伦的艺术之

1　2011 年再版为：*The Old，Weird America：Bob Dylan's Basement Tapes*。

路。“美国范儿之类的?”他提出了异议，我们也应该仔细想想。

虽说对于专辑是否优秀仍有争议，但总的来说，这张专辑里的歌曲都是从大量废弃品中挑选出来的。越是过分解读地下室的录音带，离真相就越远。1967 年夏天，对他来说最重要的东西是他的本能。地下室录音带并不是行为艺术作品，这让它们显得如此陌生，也越发重要。那几个月，他的本能督促着他追忆过去。他为一些改变打下了基础，就像是他自己的“美国强权下的和平”，而且他会对自己的家乡避而远之。

当然，还是发生了一些事。

* * *

迪伦发表了自己的杰作《金发佳人》之后，就突然调头（至少看起来如此）深入到神话和历史中去。表面看来，这对 1967 年的鲍勃·迪伦来说是一件怪事。当时，很多其他人都想相信一场运动真的准备就绪了。荒谬的期待值高得出奇。意识的变化能给世界带来爱与改变。许多人相信这愉快的语言，而有些人只是假装相信。“年轻人”非常把自己当回事。1967 年时，披头士成员随便说出的任何一句话都被奉为神谕。整个世界都在注视着、聆听着，专注而迷茫。最终这一年也成了神奇的一年，并不是说它很荒唐。大家一致认为，迪伦应该是这场剧变的核心。然而他却离开了人们的视线，归隐田园，不接电话，尤其是那些充满号召力的电话。就像在此之前的民谣革命一样，嬉皮文化多少有点让人失望。猜疑满天飞。而迪伦暂时放下了麦克风，成了“隐居者”。

这对于他的邻居和家人来说都是新闻。他的财富意味着他在伍德斯托克的住所肯定不普通——配有定制声音系统和司机隔间的大型凯迪拉克也很好地证明了这一点——但他在 1967 年时还是想试着做个普通人。这种标准的“明星的烦恼”很少能吸引人们的同情心，但这与之后的故事有关。在 22 岁时生活天翻地覆，身边充斥着阿谀奉承、溜须拍马的人，以及到哪儿都被特殊对待——对迪伦好似一种惩罚——好像他每个偏离的想法都带有天才的标记似的。任何人遇到这种情况都会奋力挣扎。“普通”成了一种失去的习惯、童年的记忆。“普通”是很难获得的，它是一种天赋、金钱、管理、员工、称赞、随从和粉丝团都不能满足的需求。

迪伦已经经历了地狱。然而因为他的名声、财富和天赋，没有人会因此对他表示怜悯，但这并没有改变这一事实。最开始他是在做这世上他最喜欢的事情，为人们表演他的歌曲，但现在他发现自己筋疲力尽，还得忍受误解和辱骂。1966 年，他心中自负的塔被人围攻了。他被一个又一个的城市拒之门外。没有哪个艺术家能轻易忍受这份侮辱。所以，他需要普通的、安全的、可靠的生活。

不难猜想这种需求是非常个人的：在经历了疯狂之后，迪伦开始“寻根”，寻找一种不是——又要说到这个词了——虚假的东西。一如既往地，它存在于音乐中，在音乐的现实情感中，但是就目前来说，并不存在于他脑海中的音乐里。《地下室录音带》——哪怕是这些即兴的、有迷惑性的、被抛弃的“官方”作品也表明了一些深层次的东西，一些被埋藏的事情——追溯这位艺术家一去不复返的童年、青年并望其一生。它再次挖掘，更深入到被遗忘的历史。他的音乐里盘旋着太多的精神指引。哈克贝利·费恩可能也是其中之一。他们的声音讲述着故事：黑暗的、滑稽的、超现实的、文学性的、苦涩的、悲伤的，也有甜蜜的，美国范儿什么的。传奇一般都是这样的，迪伦必须置之死地而后生。

* * *

他为自己争取了巡回演出中喘息的机会，这次巡演过于漫长，而且还遭遇了曼彻斯特大动乱，这让他深感疲惫，最终病倒，至少有人是这么说的，说他已经身体不适到说不出话。迪伦现在一片混乱，他决定隐居。你可以从斯科塞斯的《迷途之家》结束时的一幕里感受到他的痛苦，当这位歌手面对公众时，他的反应蕴含了恐惧。然而在他短暂的休假中，他的“个人”经纪人格罗斯曼却忙着预定另外五十多场巡回演出的日期；他的书籍出版商正迫切需要“完整”版的《毒蜘蛛》散文诗，而他已经写不出来了；他也（勉强）完成了纪录片《销毁文件》的拍摄。更糟糕的是，与哥伦比亚的合同谈判确实发现了一个之前就存在的协议，需要他提供更多作品，至少一张专辑和/或 14 首新歌。那段时间，但凡有点脑子的人都不奇怪为什么迪伦会濒临崩溃。格罗斯曼还同时在与另一个厂牌谈合同，没有人注意到迪伦已经迷失了自己的节奏。

人们总说，你必须站在中心才会明白那种感受。披头士乐队，来自平行世界的竞争对手和朋友，在 1966 年 8 月 29 日来到了旧金山的烛台公园（Candlestick Park）。痛苦的他们进行了极致的表演，沉浸在名利、歇斯底里和自我厌恶中，他们终于不觉得自己（如果曾经有的话）“比耶稣更受欢迎”。迪伦的《金发佳人》刚刚问世，似乎是在提醒这支四重奏乐队，真正的专辑应该是什么样的。在英国，跟往常一样，他们的一首单曲［《埃莉诺·里戈比》（Eleanor Rigby）］刚刚拿下第一。他们自己的杰作《左轮手枪》（*Revolver*）刚刚上市三周。然而这就结束了。他们演出时观众的疯狂，对他们个人的吹捧和迷信，已经让人难以忍受。在旧金山，在另一场令人难受的丢脸的表演之后，乔治·哈里森告诉披头士乐队的经纪人布莱恩·爱普斯坦，他要离开乐队。那时哈里森 23 岁，迪伦则刚满 25 岁，他懂那种感觉。

有一部分感觉是通过化学反应导致的。现在（也许之前也有）这是毫无疑问的。虽然没有人能说出迪伦具体用的是什么药，但是很明显，当时“上瘾”（像是脱口秀经常说到的话题）从某种程度上来说，是一个问题。具体什么时候开始用药、用了多久，至今未知。几年后，随着婚姻的结束，迪伦写了一首爱情歌曲，其中回忆道“我用解药……挺了过来”。听起来不像是一个比喻。

2011 年的春天，当罗伯特·谢尔顿写的传记修订增篇版出版时，连带着“揭露”了一件事，即在（至少）1965 年底或 1966 年初，迪伦染上了海洛因，这引起了一阵轻微的骚动。在那一年 3 月份，从内布拉斯加的林肯到丹佛的私人飞机上，他告诉记者：“我在纽约戒掉了海洛因，我有一段时间吸毒成瘾，是真的非常严重地上瘾。最终我戒掉了它。这个每天花费 25 美元的习惯，我戒掉了。”

1967 年专辑《欲望》中的那首爱情歌曲——《萨拉》（Sara）拐弯抹角地提到纽约。在接受治疗后，迪伦“在切尔西酒店待了几天，为你写下了《低地的愁容夫人》”。所以他在向他熟悉的媒体知己吐露心声之前，就真的“戒掉了那个习惯”？或者，正如瘾君子会做的，当他们吹嘘战胜了诱惑时，他只是在用另一种麻醉药品代替？在尝试过海洛因这种厉害的毒品之后，勃艮第——或者安非他命、可卡因——看起来已经是相对节制的选择了。

对许多人来说，谢尔顿的故事只是证实了旧闻。那些解密迪伦歌词的人早在《金发佳人》（创作时迪伦仍然“吸毒成瘾”）之前，就或多或少地发现了其中隐藏的玄机。“雨”＝海洛因，《乔安娜的幻象》是证据之一。同样，《困在车里》中提到的雨人和他的“两种解药”，以及他邀请说“跳进来吧”，证据已经足够明显了。《女人如斯》就已经几乎是明示了：“今晚我站在雨中/没有人感受到任何痛苦。”

对此的解释可能就是毒瘾。这不需要医疗方面的专业知识——“我最好的朋友，我的医生/都说不出我到底用了什么”——我们可以看到1965—1966年的迪伦正在忍耐力的边缘徘徊，他的言语和身体动作超出了思考的范围，他能以惊人的速度工作，而且就算不说别的，从外表上他看起来也不太好。曼彻斯特演唱会被收录在《私录卡带系列第4卷》中，其中《不要回头看》（它是《销毁文件》中的一部分）里，在很多盗录中都有，已经表达得很明显了：他可不是改变了饮食习惯。他的身体没有多余的脂肪，他的皮肤是半透明的，他的大眼睛则仿佛在燃烧。

所以现在你可以想一想，什么药可能导致**那样**的外表，或者能以**那种**方式扰乱使用者的精神。很少有人能够在1966年的巡演中毫发无伤。情绪上的攻击、身体的需求、创造力和合同的负担，毫无疑问，这些都是巨星的烦恼。但是迪伦比大多数人更需要幻觉的能量和精神武装。只是在一些盗录（无论是官方的还是民间的）基础之上，你很难说他是不是只是“嗑嗨”了，或者甚至——用更准确的话来说——精神恍惚。在这几个星期和几个月内，他产生了各种矛盾的心理：清晰和混沌，活力四射和疲倦萎靡。你可以猜想（只要你有那个能力）到底有哪些药物能带来这样的影响。早在他的《一枪爱火》（Shot of Love）之前，迪伦就已经付出代价，而且他清楚——如果他还有感觉的话——不能再这样继续下去了。

唯一需要注意的是，也有人反对嗑药上瘾的谬论。把迪伦的形象和用药联系起来是愚蠢的，而且也对歌曲造成了影响，虽然好像说得头头是道。1965—1966年的三张专辑很好地澄清了这一点。“感觉的理性无序化”可能描述的是兰波的美学和他的世界观。但是尝试一下，跟随他的劝告，试试你能有多少成就，无论如何，你肯定无法在一年半里做出三张专辑。

就迪伦的情况而言，毒品上瘾可能导致一个可预测、也不可避免的结果。在世界巡演之后，正如我们所知，歌曲写作至少在1966年末就已经停止了。有录像和录音显示，他曾经三心二意地尝试和罗比·罗伯逊在那充满自负和愤怒的世界巡演途中写歌。那时的努力全都白费了。回到美国，迪伦享受——这个词似乎是准确的——他的录音生涯中的第一个间隙。撇开那场交通事故不说，这一切似乎是他的选择。

* * *

在其他地方似乎也有乐极生悲的说法——你可以说迪伦是咎由自取——他可以不断地、随心所欲地创造杰作。然而，虽然对于人类的身体和思想来说不太可能，迪伦却好像是取之不尽的。毕竟这是一个天才，他在写歌上的高产是同一时代其他艺术家无法比肩的。没有人能解释他是怎么做到的，没有人能确定他精力和灵感的边界在哪里。迪伦成了他自己的成功的囚徒，而他的看守是一名叫迪伦的神秘巫师。他仿佛是在寻找一个理由，或者说一个借口，让一切都停下来。

发生了一个事故。或者说，发生了一个意外。无论出于什么原因，即使是非常简单的事实，但像迪伦生活中的许多其他事实一样，已经成为不雅的谣言、投机和理论的主题。人们已经注意到，1966年的夏天，这位压力过剩的歌手可能刚好需要这次事故。他与经纪人格罗斯曼的关系接近破裂，当时他身边的所有人都同意迪伦需要休养和恢复。从未来的工作来看，他可能想要更多的东西：沉思、归隐，一个整理资源并重新思考的机会，或者只是想多点时间陪陪家人。

有些人认为他需要一个理由来逃避他与哥伦比亚的合同，因此，据称，这就是为什么这些地下室录音带之后会问世。同时在1978年《滚石》杂志的采访中，迪伦似乎说道，就《毒蜘蛛》而言，摩托车事故“刚让我从之前的事情中走出来”。因此得出的结论是，事故不是意外。在我看来，这不是真的——明明有更容易的方法可以解决问题，或洗涤身心——但是这痛苦的事故当然也不算是彻底的不幸。

回到他在伍德斯托克的家中，迪伦决定——在1966年7月29日——把一辆旧的凯旋摩托带到一家当地的修理厂。“事情发生在我三天未眠之后的一个早晨，”他后来告诉谢尔顿，“路太滑导致的，这潮湿的天气至今影响着我的伤口。”

到底哪个地方受伤了？这还是有争议的，就像事故本身一样也存在争议。另外，“三天未眠”又是怎么一回事呢？另一位传记作者[1]请格罗斯曼的妻子回忆了一下，说起迪伦只是从摩托车上滑了下来，身上没有可见的损伤。这位传记作者认为，他只是“摔了一小跤”，之后的休养只是为了逃避。人们也还记得，这位骑士眼神不太好。不过有人看到事故之后，迪伦戴着颈托，并且有报道说他当时在接受脊椎骨裂治疗。

1987年，他告诉剧作家山姆·夏普德（Sam Shepard）说，当时莫名其妙地，他被太阳照得眯起眼睛，看不清东西了。他惊慌失措地踩了刹车，却把自己甩上了天。当时纽约的报纸更倾向于相信——匿名来源——他已经接近了詹姆斯·迪恩时刻。但这个不幸事件发生的确切地点是几条高低不平的小路中的哪一条——也许是泽娜路？——都无法在这些无休止的法庭调查中确定。

还有人说，这辆摩托车是从阿尔伯特·格罗斯曼的车库里出来的，迪伦只是在经纪人的车道上滑倒了，并且被摩托车压住了。但是没有报警记录，也没有救护车出警记录或医院的入院文件。而那位出诊医师——住得并不近——的专长是研究滥用药物。

所以这件事情的发生，使迪伦变成近视眼、居家男人，变成一个已经比新兵老一点儿的公众和政治人物——他避开了越南战争。而所有的这一切都被掩盖或加以弥补了。并且现场没有一个目击证人。

那又怎么样？

下面是这位摩托车事故受害人38年之后在他极不可靠的回忆录《编年史》里说的。受害人回忆说，确实发生了摩托车事故。他受伤了，然后痊愈了。然而事实上，他已决定从这一切纷杂中逃离。他的孩子们改变了他的生活，吸引了他全部的注意力。那时，除了家庭，一切都不重要。他开始重新看待这个世界。

至于其他的，他记得他也慢慢意识到了，他“只是”在“为那些水

---

1 Sounes, *Down the Highway*: *The Life of Bob Dylan*, Ch. 5, p. 472.

蛭工作”。他的弟弟戴维之后也对托比·汤普森澄清，那次传奇的车祸其实并没什么大不了的。谢尔顿应该也持同样的观点。重点在于，迪伦基本退出了公众视野（除了几次小小的例外），并且尽他全力保持隐居。他已经走到——此处并不是在开摩托车骑手的玩笑——岔路口。正如《纽约时报》之后报道的，原本计划在耶鲁体育场举行的演唱会取消了。伍德斯托克很快将成为他的另一个噩梦，因为粉丝、“乞丐”、“辍学的孩子和吸毒的年轻人”、“暴徒”以及“游手好闲的激进分子”会袭击伍德斯托克，甚至有些人还闯进了屋子。但是在1967年中期，阿尔斯特县仍然是一个避难所。你很容易相信有了孩子之后，迪伦的人生就发生了改变，孩子成了他最重要的关注点和兴趣点。事情没这么简单。但是音乐也经历了一场突变，很快一次新的尝试将在地下室里实现。这可能会让他的听众们摸不着头脑——但他也懒得事先提醒他们。

再加一句：格罗斯曼和他的明星相处得不好。即便地狱一般的巡演造成了如此不好的影响，阿尔伯特还是毫不犹豫地预定了几十个额外巡演的日期。甚至制造了一个假的事故——格罗斯曼的妻子是个泄密的间谍？——这可能花费高昂，其中一些是经纪人自己的钱。因此，这位音乐人似乎不大可能在骗局中与格罗斯曼串通一气，毕竟他预定了五十几场演出。事实上，迪伦放弃了一切，而阿尔伯特也没有提出抗议，可能是因为他也没有选择。

这次退出是件大事，而理由却似乎不那么重要。不论是车轮着火还是粗心的、缺乏睡眠的迪伦受了轻伤，他终于叫停了他的整个职业生涯，这令人震惊。而那些把事故描述成一个重要时刻的人，最终却（不像这位粗心的骑手）取得了成功。这是他五年来，或者说是他一生中第一次，有机会能停下来。有时候，他也觉得这次休假仿佛直接变成了休眠，因为他真的再也不想回去当鲍勃·迪伦了。

很明显，他并不想要继续去当那个鲍勃·迪伦。他已经成了自己的负担。想从头开始不难，许多人都试过。重点在于，迪伦的艺术与他在那时对自己的理解方式有关。他的创作是对自己身份的回答。

* * *

1965年，迪伦夫妇在等待他们的第一个孩子杰西降临时，他们购买了 Hi Lo Ha，一处位于伍德斯托克的卡米洛特路的林地上的大型工艺别墅。这座房子看起来并不适合这位唱着《像一块滚石》的歌手形象，但其实这房子很适合他。然而，归因于塑造了这个形象的无情事业，迪伦在事故之前从来不知道还有这样的地方。如果有机会安家，他会变得（至少按照他的标准）非常喜欢家庭生活。实际上，如果你相信《编年史》里所说的，会发现他向往一种朝九晚五的生活，有规律的郊区节奏，尖木桩围成的栅栏，有玫瑰花的花园。迪伦学到了一个教训：隐私一旦离开，就变成了商品。

在他所经历的这一切之后，即使是在明尼苏达州希宾机场的一个无足轻重的人的生活，也可能看起来不错。这些自白肯定会吸引在 1966 年巡演期间试图穿透他铠甲的记者，也毫无疑问会吓到许多“游手好闲的激进分子”。但是一开始伍德斯托克是一个很平和的地方，是一个养孩子的好地方，这种向往也体现在迪伦不再骑摩托之后所作的音乐中。就当这是他的社会保守倾向——这种特质是从一开始就存在的——或称为怀旧。可称之为老美国人的田园主义。在他的革命中的伍德斯托克阶段，在非政治意义上，是反动的。他很投入，也越来越深入。

显然，他对鲍勃·迪伦的不满汇集成了愤怒。其他人倒是没有什么抱怨。此外，如果他被困在这个人物的角色里，困在这个人物的性格中，那就是他自己选择的结果。罗伯特·艾伦·齐默曼成了他父母、兄弟和一些其他人的记忆中的幽灵。他无处不在。这就是鲍勃·迪伦做的事。到 1967 年，这就成了他的问题的一部分。

特质——烦躁、持续的不安，几乎故意拒绝接受荣誉，更不依赖荣誉——虽然它们标志着他的职业生涯。除了他，没有其他人会反对《金发佳人Ⅱ》，反对那条多数人走的路。但对他来说，这是一个不可能的任务。艺术就是人，而这位年轻的艺术家也得出了结论，有些事情必须做出改变。未来，他的事业，总能有办法的。

* * *

他找到了他的时机。1967 年夏天，他是新闻的头条。大部分媒体都认为有什么重要的事情正在发生，其中有一些文字却谴责他没有在斗争中起到领军人物——或者别的什么——的作用。一如既往被忽视的是，年轻十字军的趋势，是用一个好主意混淆别人新颖的想法。嬉皮士——旧厂牌在误导大家，但是这股风潮却持续至今——则相信这个世界被颠覆了。时至今日，世界依然如此。迪伦则对此没什么意见，即便有，也无可奉告。

时不时地就能看到“新时代”的宣传语。在 1967 年旧金山的嬉皮区以及美国和欧洲的城市，聚集的“部落们”在阶级、年龄、种族、喜好和习惯方面显然是同一类人。换句话说，就是“有钱的白人小孩”，他们因为音乐、毒品、性、模糊的理智和对群居生活的兴趣而聚在一起。“个人成就”和“精神觉醒”，那些神秘力量开始取代曾经关于政治工作和政治变革的想法。同时，尽管使用毒品的习惯仍然存在，但任何对“意识”的调整并不长久。在音乐家中，可卡因和海洛因的到来很快就会将夏天的梦想粉碎。在其他方面，最常被滥用的药物是纯粹的自我陶醉。

一些演唱会变得相当出彩，但是社交则从一开始就是灾难性的。迷幻药、致幻剂不是感知之门的钥匙；对于灼伤的灵魂来说，这是一种心理自杀。迪伦回归家庭，却因为人们对 R. D. 莱恩（R. D. Laing）的《理智、疯狂和家庭》（*Sanity, Madness and the Family*，1964）的浅显阅读而被破坏了名声，他努力在嬉皮文化的突击中生存，因为每一个“另类的人”——当时最常用的词——都没能成功。这个夏天最大的愿望可能是：十几年后，这“新一代”的大部分人能够投票给罗纳德·里根和玛格丽特·撒切尔，剩下的那些则完全失去阻止保守反革命的努力。幻象如同旧金山的雾一样消散。

然而，迪伦关心的是，其实这些另类倡导者，他们也有自己的道理，多少有一些。难道他自己没有说这个养大他们的社会是虚假的吗？难道他不是那个站在军国主义、不公平、偏见、“朝九晚五”、乏味的商业主义、呆板的艺术和傀儡政治对立面的人吗？那么在这位听见自由鸣钟的歌手身上到底发生了什么？他们也猜到迪伦不可能昏睡在床，更不可能死了，嬉皮区出现的新左派要求他现身。

1967 年发生了什么？披头士乐队制作了一张专辑；蒙特利举办了一个流行音乐节；嬉皮士（特别是那种周末嬉皮士）变得司空见惯；越南遭受了全面战争；美国的城市在暴动中爆炸。不过这些事情里的轻重缓急也是不一样的。

抗战是一件很重要的事情，从这里可以看出美国的概念和进入 21 世纪的“美帝国主义”概念不同。当马丁·路德·金在 1967 年 4 月 4 日纽约的河滨教堂讲话中谴责他的国家陷入殖民主义时，他扩大了论点。金认为，反对去越南冒险，不该被认为是不爱国的、颠覆性的或是被宠坏的长发青年的观点。他道出了这个国家性质的根本问题：

> 现在看来很清楚的是，只要你对美国的完整和生活有一点点关心，那你就无法忽视这场战争。如果美国的灵魂被污染，那么必定是因为两个字：越南。只要它破坏了这个世界上人类最深的希望，那么它就永远不可能得到拯救。所以那些无法坚信美国会——或者已经——走向抗议和异议的道路的人，在为保卫我们的领土而努力。

1966—1968 年炎热的夏天，城市里周复一周的“暴乱”也是不能忽视的现状。那些说这不过是犯罪率凑巧爆发罢了的人也实在是太迟钝了，而且这更像是一个拙劣的借口。麻烦的是，那些对暴行深感不适的人也没有解决办法。林登·约翰逊的向贫困宣战，《选举权法》以及伟大社会计划，这些都没能阻止暴动。众议院挤满了自由主义者，这种情况以前从来没有过，但也没能做出任何改变。这场民权运动似乎已经实现了其立法的目标，但是美国黑人的生活状况依然不容乐观，他们仍然能明显感觉到日常生活中的不公平。已经有证据表明，一些年轻、激进的黑人正在偏离马丁·路德·金的路线。非暴力是一个崇高的愿望，但是，有些人总结道，它不再是一个实用的战略。黑人需要的是权力，而不是祈祷。

时代在变化，之后，那首已经成为撰写社论者的陈词滥调的歌并没有错。在 1966 年 6 月，芝加哥迪威臣街发生暴动——警察射死了一个年轻的波多黎各人，贫困的人群更加骚动了——这是对那首歌的回应吗？这是一种延伸。迪伦在休假之前就意识到了，对于这个年代的作者来说，最重要的问题就是“讯息”。除此之外还能写什么呢？迪伦的解决办法是离开，相信自己的天赋而不是每日新闻。他有着身体和精神上的需求，必须走出这个世界。

* * *

被称为地下室录音带的作品——在 1967 年的夏天和秋天录制的大量作品，而不是官方发行的专辑——可能听起来像是那些在巡演和专辑录制间隙写出来的，在激烈竞争之下被公司拒绝收录的作品。没几首歌能算得上是“作品”，尤其是按照迪伦的标准来说。最棒的录音也不及绝佳的演出，但作为原始素材或者说预备材料，仍然能震撼录音棚里见多识广的技术人员。除非他脑子里有完全颠覆性的东西，这些“原始”录音不是为了发行而制作的：关于这部分，他确实没说谎。在 1967 年，你可以肯定，哥伦比亚被这个想法惊呆了。那是在低保真出现的很久之前，可以说这些地下室素材就没有保真。但这并不意味着好像迪伦所说的那样，这些歌曲是缺乏艺术感或制作草率的。有迹象表明，他是想要做一些——要是那些贫穷的民谣歌手能知道就好了——与企业化大众娱乐对立的东西。讽刺的是，歌曲呈现力不佳，缺乏音频润色是一个解释，虽然这不是最重要的原因。它无法解释那年夏天在伍德斯托克到底发生了什么。

在 1966 年的剧变之后，这些录音意味着什么？很明显，意味着“方向的改变”，从莽撞变得抒情，那就是《金发佳人》。迪伦向后退了一步，并且转身走了。但是，这本身就不是什么新鲜事，这是他职业生涯的模式。地下室歌曲与 1966 年的后现代狂乱不无关系，正如迪伦对民谣的发掘与他青少年时期对摇滚乐的痴迷有关系一样。如果本能可以算作是一种方法的话，那这就是他的方法。他又一次地回到自己的根，好像陷入了过去与现在之间的循环中。讽刺是固有的，每当迪伦在老歌中再次探索——只有少数地下室歌曲听起来不像老歌——他似乎最终指向了未来。举个例子，也是主要的例子。在 1967 年的夏天，没有一个格林威治村的民谣歌手，开始真正思考美国范儿。

* * *

有人认为，在 1967 年下半年占据迪伦很多时间的半非正式（semi-informal）录音，其实是一种逃避主义。他们首先用归隐田园一般的方法（很快被大量模仿）代替了行业里的录音周期。当夏天来临时，歌手和他的音乐人们——毕竟他们仍然为他工作——能够在本乐队/群鹰乐队于西索格蒂斯租住的粉色的大房子里唱歌和弹奏，开着窗，享受温暖的微风吹过。其次，这些歌曲满足了行业里贪心的商人——欠哥伦比亚的那张专辑和/或 14 首歌——没有专业录音棚的压力，没有巡演的疯狂，没有宣传的烦恼，也没有铺天盖地的乐评人。

没有评论、没有粉丝、没有商人、没有期望：这是咱们超级明星的新理想。

但是——虽然很多人认为——说迪伦逃避，顽固地搁置关于唱片制作的所有想法，是荒谬的。如果所谓的地下室录音带是为了满足哥伦比亚对作品的需求，那么为什么在年底之前，他在纳什维尔能够快速从容地录制跟地下室录音带毫无关系的音乐？

《约翰·卫斯理·哈汀》是另一张非凡的专辑，但是它的存在似乎完全没有依赖地下室的作品集。《哈汀》是突然凭空出现的反嬉皮文化作品。但当迪伦在年底踏入录音棚时，它已经基本完成了，该准备的都准备好了。本乐队此前没有头绪。唱片公司也没有得到预兆。除了艺术，迪伦的唯一想法就是要保证一个版税较高的合同。对专辑的曝光会破坏他的计划。

《哈汀》* 好像是从杂乱、慵懒的乡村厨房的氛围中诞生的一般，带着一种禁欲主义的平静。可能迪伦已经把他的天赋归了类，不知怎地，他能设法让自己同时忙于两种非常不同的歌曲。不管怎么算，在他忙于与本乐队在地下室嬉闹的同时，还一直在写——或至少已经开始写——《哈汀》里的歌曲。如果真是这样的话，他可真是了不起。那么说他是为了逃避自己的事业和义务，也就不成立了。相反，他是在跑向一个目标，只不过同时把地下室录音带抛在身后，并且说到做到——这是个比喻——想把其消除。他到底为什么要这样做呢？

然而，如果要说在西索格蒂斯的粉红大房子里制作的歌曲没有一首适合《哈汀》专辑，也不全对。《太多不得而知》（Too Much of No-

---

* 即指《约翰·卫斯理·哈汀》。依原文，为简便起见，部分以《哈汀》指代此专辑，故不予强行统一。——编者注

thing)、《愤怒之泪》、《堤坝崩溃》(Crash on the Levee)或《你不会无处可去》的风格、声调和内容，都与《沿着瞭望塔》(All Along the Watchtower)或《邪恶的使者》(Wicked Messenger)不协调。可以说，事实上，在两张专辑之间的边界上，可以瞥见第三张从未实现的专辑。但是迪伦最终还是画上了界限。当他在1967年到达纳什维尔录制《哈汀》时，就好像地下室的那些伟大歌曲从未存在过一样。直到有一天它们重见光明，情况就是这样了。谁能轻易放弃《我应该被释放》这样的歌？

没有人能指望依靠bobdylan.com来了解他的音乐。但作为对迪伦工作态度的（算是）真实写照，这个显然是迪伦一生成果数据库的网站确实令人着迷。通过这种推算，他确实没有——现在也没有——高度重视地下室录音带。伟大的歌曲，如《我不在那儿》不值一提。同样重要的歌曲，如《十字架上的罪状牌》(Sign on the Cross)虽然存在，但信息却不完整：没写任何专辑的来源。其余的歌曲，不论是官方发行的还是其他方式发行的，根据数据库列表，只有少数可以说进入了迪伦的演唱会歌单。而像那些——《我应该被释放》《火烧轮》《堤坝崩溃》或者其他类似的歌曲——都已经传到了世界各地，而不是在地下室待着。《我应该被释放》？如果你相信这种说法的话，那么这个世界会知道这首歌，只有源于《鲍勃·迪伦精选集Ⅱ》(*Bob Dylan's Greatest Hits Volume 2*)。

要不就是他表现得很反常，要不就是他表达了内心深处的想法：“我不应该把它们发行出来。”总有人错了。是迪伦误解了自己吗？

文学学者阿尔弗雷德·卡津曾说过[1]，“有一个关于美国的神话，在美国叫‘美国’之前就存在了——这凌驾于整个已知世界之上。”卡津相信，美国文学、移民浪潮文学，是被无形的土地本身塑造的，包括它的现实与无限的潜力，它的纯洁和污秽。这听起来像是一个陈述关于广大、想象和发现与失去的天堂的巧妙方式，这个想法让凯鲁亚克在高速公路上向亨利·戴维·梭罗飞奔，他说：“只有天才才能玩透自己的祖国。”它将在自己自由的道路上飞驰的伍迪·格思里与在密西西比河上看日出的马克·吐温联系起来，它还把仍然在其永无止境的道路上徘徊的鲍

1 *A Writer's America*: *Landscape in Literature* (1988).

勃·迪伦与所有的这些人联系起来。

另一个说法是，洛杉矶或纽约的一些录音棚不会考虑地下室录音带，更不用说录制。如果说美国的音乐蕴含其中的话，那么这片土地的音乐和这片土地的感觉也包含其中。移民们走失的儿童正在寻找他们的祖国，寻找F.S. 菲茨杰拉德的“共和国的黑暗领域”。这个研究影响着迪伦从那之后的作品。在《重访61号高速公路》和《金发佳人》中，关于美国——和关于美国的想法——结合了诗歌和想象力。而这反过来又影响了现实世界，它把生活的经验揉碎了融在乐曲和歌词中。1967年，这种方法开始消失了。从地下室起，迪伦开始以不同的方式看、听和写。他的美国仍然看起来很“奇怪”，正如格雷尔·马库斯提到的，但是它变得坚实、实际，又具有历史性，犹如一棵树的根，或者说，普通的生活。

摩托车事故让他之前短暂的旅程停下来，也标志着另一个更远航程的开始。这就是为什么迪伦经常把这些日子与沃尔特·惠特曼联系在一起的原因。正如记载里写的，他听到了美利坚在歌唱。歌声来自他家的地下室，来自陌生的道路，来自他民谣的故乡，来自他在民谣中听过的一些古老而神秘的事物。

* * *

迪伦有放弃《毒蜘蛛》的迹象。他签了合同，但是书却写不出来。就好像他忘记了如何理解他自己的话。他更有可能忘记了如何理解写这些话的人。出版商——可能一开始也不怎么期待流行歌手的作品——以为他已经在为书做最后的整理和修改工作。而事实上，他在寻找一种与作品脱离关系的方式。这种情况不少见：艺术和个人互相影响。这个过程是共生的，其中之一的变化会导致另一个的变化。关键在于影响的范围和程度。

当需要真正做决定的时候，特别是电影编辑上要做决定的时候，奇思妙想和混乱占了上风。还有其他参与了《销毁文件》的人，如鲍勃·纽沃斯、D. A. 彭尼贝克和霍华德·阿尔克（Howard Alk）。霍华德·阿尔克参与了《不要回头看》，而且本来应该在1966年的影片中进行剪辑工作。但是，控制权在迪伦这里，而他手里的，是让他措手不及的一堆乱七八糟的材料，他也不知道该如何把这些材料转换成自己能理解的东西。“作品”拖延了下去，直到1968年，虽然迪伦没有明说，但他还是不赞成这个项目。

1966年7月底，他骑着摩托车上路了。他那些断断续续的工作都停止了。伍德斯托克隐士的故事——他成了毒虫、残疾人，或正努力复原的伤员，他比以往任何时候都更古怪，随你相信哪个谣言——开始了。

* * *

行业内没有人会否认迪伦的生活接近传说。流行音乐，好像是为了证明它的短暂性，对这位传说中的神人有着过多的青睐。没有比这更好的宣传了。猫王还活着吗？麦卡特尼死了吗？到底是什么杀死了吉姆·莫里森？这些日子有多少近乎被遗忘但还不错的表演，不能被称为“传奇”？有没有谁转卖那些曾经被忽视的作品？这些话题给这位目光灼灼、能注意到别人注意不到的东西的先驱增加了关注度。但是随着流行音乐的青春远去，这些话题不再是人们关注的重心，这让人感到遗憾。

如果要说被称为地下室录音带的总共约5小时的整组唱片全是佳作，可能需要勇气。而另一方面，迪伦、他的唱片公司和他的制作人/吉他手花费了大量的精力保持了1975年作为《地下室录音带》发行的双专辑，能真实反映迪伦和狂人乐队（the Crackers）（他们有时候也这么叫自己）在1967年的演奏。这些纯粹的作品存在于哥伦比亚发行的专辑里，也存在于近乎完备的5张CD套装盗录碟（修订版）里，这些盗录碟现在叫《真正的地下室录音带》（*The Genuine Basement Tapes*）和/或《落叶归根》（*A Tree With Roots*）。

删减和合法的版本已经被伪造了多次。即使当其在迪伦的经纪人杰夫·罗森（Jeff Rosen）的监督下于2009年重新发行，音乐虽然有了数字化的更新，但仍保留了一个虚假的“原始”单声道。形成讽刺对比的是，盗录碟却大多提供了基本的立体声分离。罗比·罗伯逊编纂的哥伦比亚版也让听众享受到了一连串的吉他、钢琴和鼓的配音。罗伯逊和本乐队有资格在艺术上与迪伦同等收费吗？大部分人都会否认，当然了，他们的某些贡献——比如崇高的《贝西·史密斯》（Bessie Smith）或者《凯蒂走了》（Katie's Been Gone）和《再也没有甘蔗》（Ain't No More Cane）——甚至没有在地下室进行录制。1975年和2009年发行的24首歌里有 8 首都没有迪伦的身影，而他的另一组原创歌曲，其中两首确实非常优秀，直到现在也只能在盗版录音带上听到。

这件事情暴露了其自身的一些小问题。总的来说，材料里大致包含了一百多首“录音”，有些只是玩笑和奇怪的节奏，有些是零碎“歌曲”中的片段，还有一些弹错的前奏。有些玩笑性的录音是胡乱的废话——显然是喝了酒，吸了大麻——这些材料显然没有加工的意义，更不用说作为唱片发行。有些列表里标明，“完整的”地下室录音总共有 137 首(左右)，其中包含乐队录音、几秒钟的旋律还有一些“传说中”的歌曲。尽管在 21 世纪盗版行业对唱片进行了让人印象深刻的重新灌录，但一些歌曲的质量还是糟糕透顶。大部分录音，无论好坏，是翻唱作品——而且迪伦很快会通过《自画像》发现，诗人翻唱别人的歌曲是不被允许的——而其余未发行的原创歌曲的质量则堪忧。然而人们还是好奇。

如果说在 1967 年纽约上州发生了什么惊人的事情，你不见得能从官方的《地下室录音带》中得知。显而易见，你可能会错过《我应该被释放》《爱斯基摩人奎因》和《我不在那儿》[1]。你可能会觉得其中三四首——通常都会感到愤怒——根本不是迪伦的作品，尤其是《十字架上的罪状牌》和《安静的周末》(Silent Weekend)。你都不知道这些作品是怎么创作出来的。无论你是否知道，你已经受骗上当了，尽管事实是——往往被虔诚的人忽视——合法版本凭借自身力量成为一张非常杰出的专辑。其实他所需要的，是从地下室录音带里挑出优秀的作品，并搭配良好的乐队来录制。选个二十四五首歌就差不多了，如果真能做到，那么《金发佳人》的地位可能也要动摇了。

有那么好吗？脱离地下室录音带来说，从艺术上看，没有多少作品把死亡、背叛、低俗的高雅喜剧和讽刺的智慧结合得如此自然。即兴创作诗歌——这危险的天赋——是很难修炼的。并且在这个被诗人威廉·卡洛斯·威廉姆斯称为“美国粮食”（意思是美国根深蒂固的思想和言论）的领域里，没有人比迪伦表现得更好了。而且更明显的是，当他同

1　后两首歌收录于 1991 年的《私录卡带系列 1～3 卷》，在 2007 年托德·海因斯的电影《我不在那儿》的“最佳原声唱片”——其实压根不是——中也出现了。

时代的人在为爱之夏*忙碌时，迪伦则走向了反方向，他退出了那热闹又愚蠢的派对，回到平静和安宁里好好工作。此外，这位摩托车事故幸存者瞥见了美国深深陷入越南战争的灾难。迪伦1967年夏天创作的歌曲不可思议地阳光起来，就好像在黑暗中发光。总而言之，这些都可以用来形容地下室的录音带。

* * *

有一件事可能应该先说。不论是否躲避大众视线，地下室录音标志着迪伦这个不可思议的现代艺术家成为一个历史的形象。他在1967年夏天的作品成了“学会通过回到过去来前进”的典范。[1] 他宣称这是美国的过往，虽然远未达到嬉皮文化的界限。他没有寻找未来，而是超越了时间。这当然也是他随心所欲可以做到的最前卫的事情了。

除了别的以外，毫无疑问这有助于解释为什么他没有对披头士的《佩珀军士孤独之心俱乐部乐队》（*Sgt Pepper's Lonely Hearts Club Band*）的到来留下深刻印象。当半个世界（或者几乎半个世界）都忙于通过华而不实的音乐革命蹒跚地度过那个六月，迪伦只听他不能——或者说不会——试图匹配的“作品”。他在其中看不到重点。他喜欢音乐，但是认为《佩珀军士孤独之心俱乐部乐队》是一张非常放纵和过度制作的专辑。就好像这几个利物浦人带着一壶烈酒走进酒窖，把从车床、石膏和回收木材中粗糙而神秘的东西拼凑起来进行声光表演。但是你可以轻易断言披头士制作了一些与迪伦完全不相容的东西。他——这个怪人又会说什么呢——只是完全没搞懂。他在另一个地方、另一个时空。他对《佩珀军士孤独之心俱乐部乐队》的反应代表了他对现在世界上所发生的一切事情的反应。他没有公开发表关于越南（处于战火中的城市）公民权利的想法。一些评论说他没有被嬉皮的概念吸引。但是，他却花了很多时间唱老歌——其中有些是新写的——还有读《圣经》，寻找

---

* “爱之夏”：是一个社会现象，发生于1967年的夏天，当时有多达十万人汇聚在旧金山的海特-艾许伯里区的附近。尽管嬉皮士也聚集在美国、加拿大及欧洲的主要城市，旧金山仍是这次社会运动的中心，后来被称为“嬉皮士革命”。——译者注

1　出自迪伦1993年专辑《走向错误的世界》的衬套。

线索。

尽管如此，在那些日子，摇滚界流行“回应”他们同行的创新，就好像是应对抛出来的夹攻。滚石乐队和无数的其他人肯定注意到了《佩珀军士孤独之心俱乐部乐队》，就像布赖恩·威尔逊让海滩男孩以《宠物之声》回应《橡胶灵魂》一样。他愚蠢吗？他真的在意吗？可能在 1967 年《金发佳人》之后，迪伦就已经视名誉如粪土了。他选择与他的乐手们一起打发时间。当披头士小心翼翼地度过辛苦的时光[1]，迪伦只是在弹吉他。老歌、新歌、歌曲片段、玩笑歌曲、喝醉了瞎唱的歌：狂人乐队/本乐队的加思·哈德森会留意最小的技术细节，而歌手在游手好闲的几个月里负责歌曲的编写，毕竟之后这些歌可能要编进双专辑里去。可是之后他却把这一切都抛诸脑后了。

能相信他说的话吗？但是，还有什么其他的解释吗？就像伍德斯托克的房间变成了一间乱糟糟的实验室，他们用美国音乐遗传代码来做实验。然而当迪伦在年底准备开始制作一张“真正”的专辑时，结果——同样影响深远——又是另一回事。《约翰·卫斯理·哈汀》中的歌曲对于地下室的家伙们来说简直是闻所未闻。这件事情说明，没有人知道他脑子里到底在想些什么。

然而，《哈汀》里的歌曲是在伍德斯托克小打小闹时所想到的。只有 26 岁的迪伦改变了“摇滚”的参与条件，把他的目光从现代转移到过去，改变了他的时空。但是他还没吸取老歌的教训吗？地下室录音带的故事和他当年在格林威治村里创作的名声大噪的民谣不是如出一辙吗？如果这是真的，那么迪伦最大的荣誉应该归功于还没出名的他。《席卷而归》《重访 61 号高速公路》和《金发佳人》虽然成功，但是不是他职业生涯的岔路呢？不完全是，但这是个好问题。

艺术家如何与传统相关联？另一位诗人 T. S. 艾略特极为重视这一点，这位诗人因为一些不太好的原因与迪伦纠缠在一起。当你暗示和引

---

1 根据《头脑革命：披头士乐队的唱片与 60 年代》（*Revolution in the Head: The Beatles' Records and the Sixties*），单单《生命中的一天》（A Day in the Life）这一首歌就需要在录音棚里待约 34 个小时。

用时——或冒剽窃的风险时——你需要有一个备用的论点。艾略特的《荒原》汇集了文字、符号和想法，正如迪伦所借鉴的，特别是在近年间。毫无疑问，这是一种艺术方法，但是它可以证明，或似乎能证明，几乎任何事情，不论是好的、坏的还是无关紧要的。文学借鉴变成了一种自卫，就好像没有人敢批评这位盟友遍天下的艺术家。谁敢挑剔迪伦草率对待的——他确实是，不是吗？——代表美国本质的地下室录音带？因此，草率对待被人尊敬的录音带的趋势是值得担忧的。不过这些舆论是无足轻重的，而且迪伦从来没有把它们当回事。好多人对地下室录音带喜爱有加，但是他们忘了说，其实美国的历史也不都是完美的。

毋庸置疑，这些录音带有着与众不同的诗意。擅长冰冷都市风格的潮人不见了。他对混乱的接受算是一种创举。他的歌词和旋律搭建了一种新的联系，和以前的体系全然不同。无论从哪个角度来说，这类音乐都是有历史价值的。你可能会说，迪伦只不过是在尝试以退为进——这不算创举，也不会是绝唱。但是你要想到，这是在那个时代，便能理解他创举的另一层意义。在 1967 年，除了未来，人们对别的事情毫不关心。

历史价值，如同“传统”和“民谣”一样，属于问题词汇。格雷尔·马库斯曾以一种雄辩的方式唤起了“怪里怪气的老美国”，这也是地下室录音带的一个切入点。虽然没有这么明确，但本乐队最初的两张专辑也引起了讨论。反应很简单：关于美国历史的真相，有些至关重要的却没有被记录在案。就迪伦来说，历史本身就是离题的。你会发现他的地下室音乐被选入哈里·史密斯的《美国民谣选集》，或者与老式布鲁斯关联起来，如果仅凭他的引用和暗示来看，很像在读艾略特，尽管对于他们自身而言，那不过是诗意。从方法论的角度看，它是可疑的。迪伦本人近年来——虽然不可信，但确实是近年来——仍然在尽力摆脱史密斯对他作品的影响。他其实不喜欢用那些传统的东西来构想艺术，你知道的，传统的东西。这些——换个说法的话——是战时及国家动荡时的“逃兵之歌”。正如《编年史》中一个无聊的笑话说的那样，“发言人宣称他不是发言人”。

* * *

这些歌曲是粗糙的，尽管出自大师之手。即便在重新制作的数字化版本（官方版）里，朴素的虚饰仍不明显，这将使许多录音棚技术人员退避三舍。然而，最早保留在盗录唱片中的歌曲更加糟糕。迪伦曾抱怨现代唱片技术的冰冷和死板，而这些录音带确实达到了另一种极端。有些人误以为这是他们的观点。但是，在当时，那些唱片没有——我们来假设一下——发行的意图，这只不过是“为发行公司所作”的东西，不过是迪伦和群鹰乐队玩闹的产物。刚开始录制时可能他们确实抱着这样的想法，但后来就不是这么回事了。即使是像迪伦一样不走寻常路的艺术家也不能否认他所取得的成就。这些歌太美好了，它们不应该被抛弃。

盗录者更早之前就能证明这一点。1969 年春天，在《哈汀》之后，迪伦发布了《纳什维尔地平线》（*Nashville Skyline*），而 14 首“为其他歌手录制的歌曲”又开始给他造成困扰。《质量商标》（Trade Mark of Quality）背后的商人，以及抽着雪茄戴着墨镜的猪头标志——阿尔伯特·格罗斯曼是不是应该感到高兴？——和《伟大的白色奇迹》（*Great White Wonder*）放在一起，表达他们对天才不值钱（但也不廉价）的致敬。这张双专辑的唱片是一个破布袋，它只包含七首地下室歌曲，但是它的出现导致——据代表唱片行业的评估人所说——迪伦成为史上被盗录最多的艺术家。盗录者们还在寻找 1967 年伍德斯托克的录音。

没有人知道，迪伦和他所在的唱片公司因为盗录花费了多少精力。尽管自 1985 年《传记》发行，1991 年他自己的“官方”《私录卡带系列》发行，他和他的经纪人一直在打击盗录者，但涉及总金额已达数百万美元。即使现在，仍有如此多合法销售的盗录碟——但是很明显没有地下室专辑——对演唱会盗录碟的渴望从未衰减。仍有数百张鲍勃·迪伦的专辑在流通——都是从一个个演唱会录下的，这确实有点夸张——从他走下舞台的那一刻起就开售。盗录内容包含他进出录音棚的情况、彩排的录音带、与约翰尼·卡什或乔治·哈里森的随意弹奏，甚至有些内容连迪伦自己都不记得了，内容之多，如同大磨坊里的谷物。大部分盗录内容都很糟糕，有些甚至导致歌手的崇拜者一次又一次地按下暂停，好奇“他到底在想什么?”。当他打压那些录音时，有人甚至认为，阴谋中的阴谋仍在继续。

从目前来说，有一点值得说明：1967 年，比起金钱，迪伦更在乎艺术的完整性，而且他一如既往地坚持。经授权发表的《真正的地下室录音带》到现在依然能激起人们的好奇心。这在他的作品中地位颇高。但他坚持自己的准则。大家都推测，他“从未发自心底喜欢过”那些音乐。这种可能性非常大。

* * *

你真能因此获得乐趣么？有些地下室音乐确实比较嬉笑打闹，但还有一些歌写得很正经，也表演得很规矩。有些人会好奇，如果迪伦是在纳什维尔或纽约的哥伦比亚大型录音棚，还有专家帮他把握各种平衡，会怎么制作这样的歌曲。而另一些人认为，如果走进大型录音棚，这些歌的精髓可能就不复存在了。直到21世纪，假扮冰霜杰克、做自己的制作人的迪伦，会时不时地去录音棚（当然不代表他就愿意去那儿）。在缺乏耐心和愉悦的不乐观环境下，拥有绝对控制权的压力反而影响了他的判断。在伍德斯托克，迪伦一度从这一切中解放出来。

意义何在？脱离那些地下室音乐的成绩，并在他的创造力范围内考虑它们真实的水准。在此之前有《金发佳人》，之后有《约翰·卫斯理·哈汀》。如果要归类的话，地下室音乐能归到哪里呢？在歌曲创作方面，连接和联系都很明显。事到如今，迪伦本人也仅仅把这些1967年的录音当做消遣，觉得没有价值。这几年他也断断续续地写了一些歌，他坚持拒绝像别人那样评估自己的音乐。他抵触这些。你可以说他错得彻头彻尾，但他的态度令人肃然起敬。毕竟，这一点帮他在功成名就时度过了好几个紧张的节点。多亏了这些曾经被抛弃的东西，他的专辑才可以屡次翻盘。他从来没有做出妥协。也许他仍然相信，这个备受称赞的作品是一个错误的转折点，有一天会被迅速重新评估，然后被迅速抛弃。可是人们完全不同意这一点。

伍德斯托克的作品，其中有一些，可以算是跨越时间和思想层面的桥梁，许多人都提出过这个论点。从《鲍勃·迪伦的另一面》到《金发佳人》《席卷而归》和《重访61号高速公路》，你可以追寻到抒情线路。他的创作在不断地前进。在当时被誉为一大步——通过乐器的不同选择与和音的歌手实现他的想象——如今看来确实是很有道理。如果没有地下室音乐，《金发佳人》与《哈汀》之间的转变根本不可能实现。有了它，一切才水到渠成。有了它，才有了连接的桥梁。可以肯定的是，《哈汀》和《纳什维尔地平线》之间的鸿沟背后还有别的故事。

然而，“失忆”一度让迪伦才思枯竭。不过，他说，那反倒成为他漫长职业生涯中最有趣的插曲。突然之间，鲍勃·迪伦失去了创作才华，也不能很好地理解自己，无法适应“鲍勃·迪伦”及其连锁反应。更重要的是，他没料到会有这么一天。因为命运总会有报复一个人的时候，他无话可说。但是当地下室音乐和《哈汀》有所联系时，当你想去寻找《金发佳人》和一张仅仅由贝斯、吉他、鼓、钢琴和踏板吉他组成的专辑之间的联系时，你会觉得这太牵强了。你冒着忘记地下室音乐所表达的东西的危险去做这件事。这首歌被以不同的名字知晓——《我不在那儿》《我不在那儿，我已离开》和《我不在那儿》（1956）——就是一个非凡的例子。

在鲍勃·迪伦浩大的歌曲数据库 bobdylan. com 里，你找不到这首歌。这个数据库里甚至有他根本没写过的歌——这是出了什么错吗？——他的虚拟作品。你所听到的，基本都是后来添加的，从 2007 年非传记电影《我不在那儿》的非原声大碟里。但是对于喜欢讨论“美国现存最伟大诗人”的人来说，可能仍有疑团：只要这些歌曲还在，没人会同意那些言论。

迪伦袖手旁观。他放弃了那首歌，他曾说过，最简单的原因就是它还不够好。歌词是半即兴的，有时不合语法，也有不可理解的地方。人们常常认为他只是瞎说的。然而，之后疑似部分手稿却出现在《电讯报》杂志上，并且（据说）已被约翰·鲍尔迪和克林顿·海林[1]确认。如果歌手已经事先写好了一些词，那怎么可以算是即兴？这取决于迪伦写歌时的情绪或状态。同样，那些没有被写在纸上的歌词也已经被许多人听过，无论是通过什么途径听到的。而且每个版本都令人困惑。比较一下这四个不同版本的歌词，都是从经常听这首歌的歌迷那里收集来的。

1　海林的 *Revolution in the Air—The Songs of Bob Dylan Volume 1：1957－73*（2009）中完美收录了手稿以及非常优秀的迷人而愤怒的歌曲。

今晚我流下了泪水
就如昨晚一样
我想尽情欣赏她的双眼
但我却梦见了那扇门

或者：

今晚我将泪流满面
就如昨晚一样
在这个高度我很放松
但我却梦见了那扇门

或者：

今晚我流下了泪水
就如昨晚一样
我住在高处
但我却梦见了那扇门

或者：

今晚我流下了泪水
就如昨晚一样
我麻烦缠身
但我却梦见了那扇门

相比之下，克林顿·海林偏爱“我住在高处”，但也提到这些歌词处在“不合逻辑和无意义的废话之间”。我听到的是“高度”，还是复数，但我不会拿这个作赌注，也不会试图跟任何人解释这位诗人的胡言乱语到底在说什么。一首歌闪烁着多种可能性和不确定性，没有多少固定或明显的意义，你只能相信自己理解了这首歌的含义，以及它为什么伟大。我们来解析一下。

也许这些内容无关紧要：这可能吗？想要争辩迪伦和文学的人，无论是支持还是反对，必须与这个所谓的“罗塞塔石碑”抗争，也必须与其在文学中的作用抗争。一直以来，文学教育在文字解读和解释上的标准在迪伦的作品中讲不通。如果接受一部作品可以有多种含义的话，那么想要理解玩弄文字之下的本意会有多难？

迪伦经常暗示这种可能性。他说，人们无论从什么歌曲里都能听出各种各样的意义。但是对于他所说的这些——到底是什么意思？——可能并不尽如人意。如果意义是不确定的，不被条条框框束缚，那么至少可以确定，即兴的歌曲也是有价值的。

他可能会称之为胜利。毕竟他不再质疑他曾怀疑的必然，以及对必然性的信任。他对自己的身份的质疑可能会成为他的起点，但他 60 年代中期关于拥抱混乱的玩笑（“混沌是我的朋友”）解决不了任何问题。如果没有什么是固定的，那他的立足点在哪里？他能立足在哪里？这种谈论迪伦的方式——以及迪伦谈论自己的方式——迟早会消失，取而代之的是空洞的言论。人在这个过程中迷失绝非偶然。

就世人所知道的那样，他什么都没做——“绝对没有，”罗比·罗伯逊在 1967 年这样告诉记者。事故发生后，艾伦·金斯伯格带着满满一箱书来到伍德斯托克。实际上，金斯伯格书库里的所有诗作都被搬了过来，为拯救一个无所事事的灵魂（他说自己几个星期后就能正常活动了）。据报道，作品来自：托马斯·怀厄特、托马斯·坎皮恩、埃米莉·狄金森、阿蒂尔·兰波、费德里戈·加西亚·洛尔卡、纪尧姆·阿波利奈尔、威廉·布莱克和沃尔特·惠特曼。这个慰问礼品篮基本汇聚了 20 世纪 60 年代最流行的诗作。

暂且不提这些作家，其实迪伦已经对他们很熟悉了，如今有趣的可能性出现了。怀厄特是十四行诗的大师级人物，狄金森擅长神灵故事和短诗。不过目前我们只有金斯伯格的证言。关于迪伦在 1967 年的阅读习惯，更有趣的细节来自他母亲的话。比蒂告诉托比·汤普森，那个时候，她儿子花了很长时间研读《圣经》，放在书房书架上的《圣经》大敞着，他专心致志地阅读。她在那次探望后说，读《圣经》时他最为专注。看来这位学习能力极强的希宾年轻人的天资被再次挖掘出来。

然而，虽然不太清楚他是什么时候习惯于每天学习《圣经》的，但一个对某种事物上瘾的人能感觉到宗教文学的魅力——在曼彻斯特的某一时刻也算非常完美——当然只是猜测。比蒂的描述确实表明，迪伦很早就非常敬仰神灵（如果不是为了重生），比大多数人意识到的都早。但是，仍未发行的一首地下室歌曲则把这种变化凸显出来。

《十字架上的罪状牌》以严肃正经开端，以对汉克·威廉姆斯的恶搞结尾。他对这首歌的评价有些不公，但歌曲仍然振奋人心。想到迪伦几年前还对宗教所知甚少，甚至在《重访61号公路》中对《旧约》进行了嘲讽。对于迪伦来说，这一在他人生非常时期创作的歌曲非常出色。毕竟，对于出生于犹太人家庭、接受正统教育的艺术家而言，创作并演唱一首《十字架上的罪状牌》的歌曲，“十字架上那古老的罪状牌/仍让我忧心忡忡”意味着什么？

在这一点上，基督教的《新约》没有太多变化。在《马太福音》（27：37）中的故事是没有瑕疵的。他的罪状牌上写道：“这是耶稣，犹太人的王。”在《马可福音》《路加福音》和《约翰福音》中，我们听见罗马人彼拉多对此的描述——或嘲笑，或警告——在这位饱受折磨的人流血的头顶之上，用希伯来语、希腊语和拉丁语写道：“拿撒勒的耶稣是犹太人的王。”这种形象到底为何让迪伦如此忧心，以至于要创作这样一首歌曲？

他以前拒绝接受他的犹太信仰和起源。他与父亲的关系一度很僵，同时，他甚至决定并坚持主张，假装他的父母并不存在。但其实，他的父亲叫艾布拉姆，大家叫他亚伯，这都是典型的犹太名字。《重访61号公路》中唱道：

> 噢，上帝对亚伯拉罕说
> “为我杀死你的一个儿子。”
> 亚伯说，“老天，你一定是在跟我开玩笑吧？”
> 上帝说，“没有。”亚伯说，“什么？”

上帝说，“亚伯，随你便。但是，下次见了我，你最好赶紧跑！”

在《重访61号公路》里，这一切都只是一个喜剧式的隐喻，当然，也是一个讽刺。另一方面，如果大家都知道的那首歌里的亚伯恰巧是他父亲的名字，那么这个玩笑就更加沉重了。如果一个犹太人写一首忧心基督教的中心象征的歌曲，并且暗示曾经的血腥暴行，那么事情会变得非常复杂。然后第三个问题也来了：一个被折磨的流行歌手，是把自己和犹太人的王联系到一起了吗？也许《重访61号公路》根本不是一个玩笑。传道的奥秘，重生的鲍勃·迪伦，地狱之火的修辞，从《十字架上的罪状牌》开始。当世界其他地方的人们仍在谈论他被打上异化和“存在主义”甚至是虚无主义的标签时，他已经开始接受拉比的关注了，但和基督无关。

但是我迷失在月球
我听见前门砰地关上
十字架上那古老的罪状牌
仍让我忧心忡忡

罗伯特·谢尔顿曾经指出，显而易见，地下室音乐里有太多否定。《太多不得而知》；《无法表达》（Nothing Was Delivered）；《没有更好/没有最好》；《你不会无处可去》：迪伦在追寻《荒凉的街巷》的衍生时是最朴素的。走了岔路的他对他那一代没有抱太多希望。“遗忘的水域”禁锢了他们；他们能做的只是打个招呼，然后漫无目的地随波逐流，并且沉迷不已。《火烧轮》，无论是不是自传，都有启示意义。它存在于一个“充满失败”的境地。《愤怒之泪》，这些歌曲中的代表作，包含用李尔王暗示美国“在独立日”转变的隐喻，用凄凉的文字写道：“生命短暂”。莎士比亚从他的小巷里提炼出悲剧故事，而迪伦已经失去了对幽默感的兴趣。大多数时候，这个迪伦是直率的。他有他的语言乐趣，但那些只是自娱自乐的文字游戏，其中较好的是《金发佳人》，之后有所退化。语言是可以说明很多东西的。即便是短暂且欢快的歌曲《杂七杂八》

(Odds and Ends)，它的内核也很冷酷，其实应该说有些残酷。三段歌词都在表达同一个主旨："逝去的时光永不回来"。

其中有一些——不止一些，很多——与本乐队有关的元素。乐手们无法做出《金发佳人》那样瞬息万变的音乐，这从地下室录音里也能听得出来。有时候音乐慢半拍，有时却抢拍。偶尔，特别是在翻唱歌曲里，还能听见隆隆的回声。还有些时候，矛盾显而易见，强度不够。在最后一个地下室录音带完成——貌似是最后一个——之后不到半年的时间，只有 14 首小样脱颖而出。詹恩·温纳为《滚石》写了一篇头版头条文章(《应该发行迪伦的地下室录音带》)，带给歌迷一个全新的、"独特的声音"。这本杂志的创始人没有解释——摇滚记者从来不解释——其中包含什么，或者暗示了什么。但是在 20 世纪 60 年代的流行音乐界，行业标准和专业度都是与艺术相违背的。在纳什维尔，迪伦做了很好的商业运作，并且得到了一些戏剧化的成果。在这儿，他又雇用了另一种形式的专业人士，在完全不同的基础之上，探索纳什维尔（还有一些其他的）音乐的基础。或者为什么不用艺术家的话来说呢？——他只是和朋友们一起录了一些东西，来满足那些商人。

无论是哪种情况，本乐队都是必不可少的。很难想象如果没有他们，这些歌会变成什么样。奇怪的是，这一点尤其体现在翻唱曲目上。这些乐手很好地辅助了迪伦的歌曲，有些甚至可以说非常精致。但是迪伦也说过，地下室录音不过是玩闹的产物。很显然，事情没那么简单。

一首首歌相继完成，迪伦在寻找一些东西，如果不是为了上帝——确实不是，当时还不是——那就是为了寻找能够赋予《约翰·卫斯理·哈汀》灵感的东西。那也是从更古老的另一种美国里诞生的。地下室音乐的核心是迪伦的实验，灵感来自各方，甚至还有（嘲弄）《圣经》的语言：时不时的"末日"，预言里"前所未见的最可怕的洪水"，还有建议在治愈变态的人之前先原谅他们等。有时，他的表达很明确，因此，"在忏悔的日子里/我们不能嘲笑灵魂"。

读《圣经》那段时间，他最大的收获是《我应该被释放》。这首歌曲被公认为（也不是没道理）是一首关于人权的歌曲，也包含"政治含义"。在特定层面，它也有精神含义，是美国历史的一个深刻的体现。毕竟从黑奴传统来看，这首歌包含宗教和世俗双重意义上的解放。尤其是第二段，几乎完全符合这个猜测。

> 人们说每个人都需要保护
> 人们说每个人都会跌倒
> 但是我发誓我在高处看到自己的倒影
> 在墙面之上
> 我看到我身上的光芒照耀
> 从西到东
> 现在的每一天，每一天
> 我应该被释放

在地下室录音里有很多有趣的东西，迪伦和本乐队一样解放意识，只为自娱自乐。那种乐趣融于酒，沉迷于大麻和肉体。翻唱歌曲都非常迷人。他们的音域广泛，但却没有尝试什么深刻的语句——美国范儿那样的。所以很有可能对于老歌的翻唱，本来就没有什么计划性。迪伦只是在跟着感觉走。

最有意思的翻唱之一，举个例子，是布兰登·贝汉（Brendan Behan）的《皇家运河岸边/昔日三角》（Banks of the Royal Canal/The Auld Triangle）。对于本乐队来说，这首歌是新鲜事物，远远超出他们的经验范围。迪伦也不知道从哪里接触到这首歌（应该不是从多米尼克·贝汉那里知道的）。但是，这首歌是多年前在遥远的都柏林监狱里诞生的。那它要怎么和汉克·斯诺的曲子、约翰尼·卡什的歌、船夫号子、布鲁斯、西部老歌《墨西哥的山丘》以及迪伦自己的歌联系起来？找不到什么明显的方法。唯一较为可信的理由是这个灵感——这个《自画像》，你喜欢这么说的话——来自迪伦对民谣的理解以及对民谣神秘意义的解读。这是一个可以接受的观点。有可能他和他的乐手们只是在预热罢了。

这些录音与《金发佳人》最大的不同之处在于，迪伦的嗓音变了，变得更温暖、更沙哑，也有了更多乡村音乐的表达方式，而且不知怎地——无论歌词在说什么——更诡异。

可能是世界巡回演出需要付出身体上的代价。正如后来的几十年表现出来的，过多的演唱会可能会毁坏一个歌手的声带，再说他本来就没有帕瓦罗蒂那样的音域。很可能是这种名叫迪伦的令人熟悉的奇怪现象越来越明显。这又是一个蜕变的过程，年轻时的他听起来像一个年迈的布鲁斯歌曲演唱家，而在这些地下室录音带里，他的声音听起来却像个 30 岁的青少年。在这两点之间的时期，他似乎经历了一个转变，就像他的一个生命终结了，而另一个生命开始了。这可能是一种扮演、一种表演，但听起来却不像那么回事。它听起来像是他个人的奠基，也是艺术的根本。

* * *

虽然他还在摩托车事故恢复期，但格罗斯曼一直在给他布置任务。迪伦的哥伦比亚五年合同已经过期了，除了仍然欠着的那几首歌，阿尔伯特认为他们可以签一份更好的合同。毫无疑问。与美国米高梅公司厂牌的洽谈开始了，但最后什么也没谈成，只能于 1967 年 3 月发行了《精选集》来维持现状，而不久之后《不要回头看》也进行了限量发售。最后，不可避免地，迪伦得到了他（大大提高了的）版权费，尽管有格罗斯曼的功劳，但也还是在为哥伦比亚工作。钱是好的，但迪伦赢得了更重要的东西：对他所录制素材几乎百分之百的控制权。

这可以算得上是一个甜蜜的讽刺。就在 1967 年 7 月签订合同那会儿，他正在把《我应该被释放》《火烧轮》《我不在那儿》等其他歌曲录进加思·哈德森的录音带里，同时打消了把这些材料交给哥伦比亚的想法。现在看来他说的好像也没错，他从来没有想要“发行”这些歌曲。考虑到地下室歌曲中的 14 首歌就有无数有利可图的转录制品，他不可能否认阿尔伯特的版权。迪伦也不可能在那年夏天一直玩弄哥伦比亚。合同是在 7 月份签订的，在他从“地下室”出来之后（如果是那样的话），《约翰·卫斯理·哈汀》于 10 月开始录制。简单的事实就是，他创作并录制了数量和质量都惊人的歌曲——结果自己还不想使用它们。

可能迪伦在思考更美妙的事情。那年 7 月，萨拉生下了一个女儿，他成了两个孩子的父亲。父母身份没有让他离开地下室多久，而家庭的幸福也没有影响他的创造性决定。无论如何，他都想放弃这些优秀的作品。人们终于忍不住又要问了：什么人会做出这种事?

13

神明和枪手

> 《约翰·卫斯理·哈汀》是一张可怕的专辑——就是与恐惧抗争（笑），但其实是以一种令人畏惧的方式来对抗魔鬼。我只是想找到合适的词。这需要勇气，因为我之前也没有做到过。
>
> ——接受《滚石》杂志采访，1978 年 11 月

通过迪伦自己的叙述，《约翰·卫斯理·哈汀》这首歌最初的创作想法是“史诗般的民谣”，对这一点他知根知底。它的开场白完全（或者说主要）是传统的，因为它介绍了“穷人们的朋友”。然后作家的精力、兴趣或耐心就消失殆尽了。正如他所说的。

1969 年年末，他告诉《滚石》杂志：

> 好吧，我这么说，是因为我那首歌《约翰·卫斯理·哈汀》，它本来应该成为一首长篇民谣。我想写一首关于……可能是那些老牛仔之一……的民谣，你知道的，一首真正的长篇民谣。但是在第二节的中间，我累了。我写了曲子，我不想要浪费这个曲调，它有着不错的小旋律，所以我只是很快地写了三节歌词，然后录了下来。

无论如何，这首歌刚开始没多久就结束了：三节，然后就完了。歌曲完成后，他的听众所知道的这首歌背后的故事（通过各种各样的传记）可能比他自己知道的还多，大部分这些所谓“背后的故事”都没有任何现实依据。

这也是一件好事。不论是归因于运气还是他内心的直觉，这简单的三节才是整首歌的重点，甚至可以说是灵魂。重新塑造十几节真实人物虚构的冒险（哪怕是传统的牛仔传奇故事）也没有多大的意义。迪伦在这里巧妙但正确地脱离了一个传奇故事。他比任何人都更了解，民间传说越神秘越好。毕竟，“鲍勃·迪伦”也只是一个精心策划的噱头。

不用说，在他对真实人物的处理上，不是第一次也不是最后一次，这首《约翰·卫斯理·哈汀》与约翰·卫斯理·哈丁（1853—1895）没有太大的关系，约翰·卫斯理·哈丁是得克萨斯州中部地区的一个种族主义杀人犯，据说他在仅15岁的时候就开始了他的职业生涯，并且在十几年间杀害了“20多人”。就像厄普兄弟、杰西·詹姆斯或比利小子一样，卫斯理·哈丁可不是罗宾汉。另一方面，再说《约翰·卫斯理·哈汀》这首歌——为什么是他？迪伦回答说：“因为合拍”“手边刚好看到”——这么一来关于这首歌的解读，从歌唱英国林间歹徒的中世纪民谣的形象一落千丈。那些陈词滥调其实都是对的：这个穷小子得过冠军，身边有美女相伴，“两手都握着枪”，从未有人“听说”他——这是在模仿他故乡的传闻——“会走出愚蠢的一步”。但是迪伦作品中隐含的一个问题是：为什么当时——或者现在也有——人们会唱歌纪念那些逍遥法外的人呢？为什么信奉传说？是谁需要英雄？

毫无疑问，这与权力有关。举个例子，1939年，伍迪·格思里写了《“俊小子”弗洛伊德的民谣》（The Ballad of Pretty Boy Floyd），这是一首唱给凶残的银行劫匪的歌。年轻的迪伦采用/借用了其中一句较好的歌词——“有些人会用一把6发子弹的枪抢劫你，有些人则会用钢笔抢劫你”——1988年，他为史密森尼学会的格思里/利德·贝利致敬专辑录制了这首歌。这位查尔斯·亚瑟·弗洛伊德30岁被射杀身亡，也是大萧条时期的一个普通受害者，究竟是什么让他走上了犯罪道路，是长时间经历的不公，还是只是想做一个寄生虫？成千上万的俄克拉何马州人都出现在这个“穷人的朋友”的葬礼上，许多人认为他是被警察枪决的。美男子袭击了掠夺普通民众的银行。这种行为是将他置于历史学家埃里克·霍布斯鲍姆[1]所说的“社会匪徒”“正义和社会再分配的引领者”之中呢，还是说他和哈丁一样，只是个社会渣滓而已？

答案取决于人们愿意相信什么。霍布斯鲍姆解释说，“盗匪作为一种社会现象……与乡民社会中的阶级、财富和权力有关”。迪伦曾着迷于逍遥法外的耿直，当他开始写关于比利小子、乔治·杰克逊、“飓风”卡特和乔伊·加洛的歌曲时，将这种想法反映了出来。但是19世纪的牛仔们歌唱的《杰西·詹姆斯》(Jesse James)、《萨姆·巴斯》(Sam Bass)或《科尔·扬格》(Cole Younger)则没有沉溺于马克思主义。他们往往比法律先行一步，他们在盗贼团体中非常团结，对和他们类似的人就像朋友一样。歌曲直截了当地做出了辩解。迪伦在唱歌时也留下了暗示。

在切尼县里
曾一度有人谈论
他身边的女人
他立马表态否认

不论“他们”到底在讨论什么，在哈丁的一生中没有一个像切尼县那样的地方——如果真有切尼县的话。[2] 如果他身边有“女人”，那多半就是妓女。他表明的任何“立场”肯定是为了自己的利益。如果有什么可以肯定的，那就是卫斯理·哈丁所谋杀的人，往往是无辜又贫穷的黑人。“我杀的都是需要被杀的人。”他曾经这样夸口说。还有一种可能：迪伦只是“社会匪徒”的受骗者，忽略了血腥的细节，或者说他愿意忽略。在这种情况下，那些关于真实人物的歌曲，其实都是纯粹的虚构。

当迪伦在1974年与本乐队为了所谓的“复出巡演”开始他们的征途时，据说人们都对他以《英雄布鲁斯》作为开场而感到惊喜。《英雄布鲁

---

1 *Bandits*，(1969，rev. ed. 2000).

2 在得克萨斯州倒是有一个哈丁县，是由曾经被称为“杰出法官”的家庭成立的。从表面看来，杀手并不是无法融入社会环境的人。他的父亲是卫理公会教派的牧师，也是律师；他的祖父曾在得克萨斯共和党的国会任职。这位枪手的直系亲属与科曼奇县紧密相关。另外，补充到这儿突然想起，得州人巴迪·霍利的中间名也叫哈丁。

斯》是一首据传本打算用于《时代在变》专辑的早期歌曲（1962—1963），但却被搁置了，直到 2010 年《惠特马克小样》出现才被世人所知。1974 年观众们的热情和崇拜虽然内敛，但却坚实。在芝加哥的开场秀中，他胡乱说了一些话，不过还好有书面记录：

> 哦，当我死了，
> 我就不再渴求更多好时光了
> 当我死了
> 我就不再渴求更多好时光了
> 你可以站起来并大声喊出英雄
> 在我孤单的坟墓前

迪伦不愿成为其他人的英雄。但他颂扬英雄，或将可疑人物渲染成英雄，则是另外一回事了。他的比利小子，比起现实中那个丑陋、凶恶的暴徒，更接近 1973 年颇有争议的山姆·毕京柏（Sam Peckinpah）拍摄的电影版里，英俊的克里斯·克里斯多佛森所扮演的形象。他的乔伊是一个坚忍的、被追捕的君子，而不是患有精神病的纽约暴徒约瑟夫·“疯狂乔伊”·加洛。迪伦歌里提到的“飓风”和鲁宾·卡特只有些许相似之处，他是一位两次被判三重谋杀的拳击手。不过，迪伦笔下的杰克逊倒是没什么问题——或者说，他确实保留了人物特色，但是忽略了一些细节——迪伦和人物（包括反派人物）相关的专辑，成绩都不怎么样。1963 年，威廉·德弗罗·詹金阁（William Devereux Zantzinger）在巴尔的摩的爱默生酒店，不是用“弯曲的藤蔓”绕在他戴着钻石戒指的手上，把海蒂·卡罗尔杀掉的——他带着对其诽谤的怨恨进入了坟墓——但他可能确实伤害了这位患有冠心病的女子。换句话说，迪伦可能看不起记者，但是他自己对新闻的把控也是漏洞百出。所以缩略版的约翰·卫斯理·哈汀的故事到底是在说什么？

正如著名编辑在约翰·福特（John Ford）的《双虎屠龙》（*The Man Who Shot Liberty*，1962）中著名的评论一样：“当传说成为现实，那就刊登传说。”这个聪明的枪手——从来没有激烈的竞争——在西部人守法之前就摸透了这个游戏。诸如 E. Z. C. 贾德森［“内德·邦特兰”（Ned Buntline）］等廉价小说作家一样，无数身份不明的牛仔歌手和好莱坞从一开始就在粉饰真实人物和故事，那早在迪伦探索美国的例外主义之前。这在现在是司空见惯的事，不过他在 1967 年末，花了 3 天多，每天 9 小时待在录音棚里录《约翰·卫斯理·哈汀》专辑，也不是什么秘密，但是老西部真的没有什么英雄。

老西部的“特色”是传说，老西部的枪手都是反社会。许多人都是后背中枪而亡。比如，帕特·弗洛伊德·加勒特（Pat Floyd Garrett）他们，在一次懦夫才做得出来的埋伏中被暗杀（加勒特当时在撒尿）。许多人死于悲哀的争吵中，往往是因为一方或另一方喝醉了。一些人无缘无故地就被杀害了——据说哈丁因为一个人打呼噜而杀了他——总是假定他们的攻击者可以用 0.45 口径的柯尔特式自动手枪射击任何东西，但其实这种枪的子弹很难连续射击，其准确度在 6 码之外可以忽略不计。盗窃、无知、酗酒、瘟疫、种族灭绝、最低程度的民主欺诈、经济贫困、性虐待和冷血谋杀，对于老西部边界来说是屡见不鲜的历史主题。而那些以真假嗓音互换歌唱、弹奏吉他的牛仔，是一些挣钱少、工作过度、睡眠不足、无聊无知的农民，他们在肮脏和危险的地方过着一种“炖菜”般的生活。他在 19 世纪没有弹过吉他，而是在廉价的小提琴上划拉。尽管如此，他倒是唱歌。他甚至可以宣称自己已经以他有趣的“说话式唱腔”，为俄克拉何马州的伍迪·格思里的说唱式布鲁斯做出了贡献。但他算得上是一个浪漫、光荣和英雄主义的形象吗？以下是几个宝贵的例子。

美国精神中有些东西是拒绝忍受现状。牛仔、骑兵和枪手因此代表了一种简单的本土礼貌（和种族的“纯洁”），他们被认为是对腐败、世界主义与柔和的城市的对立面。内战和南方怀恨式“复兴”的后果可以作为典型例子（而关于国家对土著人种族灭绝的历史则是另一个例子）。在现实中，著名的歹徒们不可避免地为南部联邦而战斗，或就在南部联邦内长大。然而几乎从一开始——就是他们去世的时刻——“洗白了的”英雄故事就传了出来。而当好莱坞也搅和进来之后，真相就彻底消失在尘土中了。

虽然话是这么说，“西部传说”里嘲讽骑士的话也依然可能是对残酷现实的反映。它为杀人行为提供了解释和理由。它以特殊的方式给了罪犯们尊严甚至荣誉。至少，那是他们自己告诉自己的。比利小子的一个传记记者曾经这样说：

> 在那些涌到边界的年轻亡命徒中，西部传统控制着男性的关系。“我在逃跑之前会先死去”，强调了暴力自卫和自我救济的传统。这些传统源于得克萨斯州，在内战后几十年间沿着放牛小径向上北流。这种传统要求个人的勇气、自豪和对生活不计后果的漠视，它控制着实践者们，让他们向所有真实或想象的侮辱和错误复仇；绝不在对方撤退前撤退；以任何程度的暴力甚至是死亡做出回应。[1]

与迪伦的歌曲一个比较明显的对比是老民谣《杰西·詹姆斯》，这首歌据说是由一个“其他信息不明”，只知道名叫比利·葛世德（Billy Gashade）的人作的曲。这首歌颂扬的是前联邦游击队队员后来成为“劫富济贫”的杀手兼窃贼。1920 年，巴斯康·拉玛·朗斯福德录过一版，但是到了格思里这儿，他又把杰西变成了罗宾汉（之后甚至变成了耶稣化身）。詹姆斯抢劫银行和铁路大亨，因此，显然他成为受压迫的农民们的朋友。然而其实詹姆斯帮派对偶尔干涉他们的农民没有怜悯之意，人们仿佛选择性忘记了这些。因此对于民谣歌曲的内容，它可能听起来非常可信，但也不见得都是真实的。年轻的迪伦也唱过那样的民谣——还有不少版本——最初可能是 1882 年杰西死于帮派成员罗伯特·福特手下之后出现的。毫无疑问，迪伦很清楚创作民谣的标准，所以在《约翰·卫斯理·哈汀》中创造了抒情的对位。而且他对这些亡命之徒也有着自己的见解。

> 不会挂上照片
> 也不会挂上相框

1　Robert M. Utley, *Billy the Kid: A Short and Violent Life* (1990). 厄特利指出这种传统是一种主题，“在得克萨斯州和新墨西哥的整个历史文化中广为流传”。

哦，我可能看起来像罗伯特·福特
但我觉得我是杰西·詹姆斯[1]

卫斯理·哈丁的世界观是在北方的胜利之后恶劣的、不可原谅的得克萨斯种族主义中形成的。认识他的人都不觉得他疯了，他成千上万的亲人朋友们为他的谋杀鼓掌。他是一名警察杀手，并且十分善于袭警：他要用他那破烂手枪瞄准很久。他也善于制造这种自我服务的意识，但其实不过是在找借口。而迪伦在这方面一直很警惕。[2]

第一次听《约翰·卫斯理·哈汀》的时候，你会觉得这首歌只是唱了常见的西部传说。这是为什么？可能更应该去问一问，为什么像福特这样的电影导演（也是迪伦最喜欢的导演之一）会觉得把共和国历史上短暂、混乱的一段时期改编成涉及美国人至关重要信仰的戏剧是迫不得已的。约翰·韦恩的塑造也是一个很好的例子。这位演员被要求作为一些真实东西的代表——真实的小说，也可以这么说。就好像是为其提供了一个后现代的边缘，韦恩本人似乎也相信这个虚构的故事。而他启发了爱国主义人士的抗议情怀，像一条猩红色的线穿过美国保守主义，从众议院非美活动调查委员会到越南、伊拉克等。这个演员去世的时候，他完全被作为一个“真正的美国英雄”受人哀悼。他是约翰·福特最喜欢的男星。

那么卫斯理·哈丁的“表明立场”又是什么呢？当然在他自己的说法中，哈丁曾经打败过蛮牛比尔·希考克（Bill Hickok）（也有人说他穿着自己的长睡衣从窗户逃跑了）。但是哈丁也酗酒，可耻地到处嫖妓，肆无忌惮地杀害黑人，在监狱里有一点懊悔，没法成为一个像样的律师，后来与一个叫作比乌拉·莫若斯（Beulah Morose）的女人交往，并于1895年8月死在埃尔帕索的阿珂姆酒吧里，后脑勺中了三枪。当然，迪伦从来没提过这些。

---

1 “Outlaw Blues”, *Bringing It All Back Home*（1965）.

2 《约翰·卫斯理·哈丁自传》（*The Life of John Wesley Hardin as Written by Himself*, 1896，1961年重印）是美国西部历史学家心中的经典，而且写得还不差，他们说。

哈丁和哈汀真的有关系吗？如果没有关系的话，为什么使用真实人的姓名加上一个多余的辅音*？是援引了约翰·福特创作的英雄历史，还是剖析了充满虚构的老西部英雄主义传说？这种传说其实是美国梦的重心之一，相信迪伦比大多数人更了解。这张充满上帝气息的专辑十分严谨（其实是害怕），也没有合唱团，制作速度飞快，与披头士乐队的《佩珀军士孤独之心俱乐部乐队》同年出现，从那句“从未伤害过老实人”里可以看出一两件事：去他的“美国范儿”，或者说这是对西部传奇和国家级传奇的一句非常狡猾的批判。

后者听起来简单明了。这张专辑的主打歌是，如迪伦所说，一个他不想浪费的好旋律。但这首歌由 116 个词开头，作为后文的介绍和误导。这首歌的淡漠也应该算是一条线索。但只要你想，它也可以是一首正面的歌曲，这是关于那些正邪难分的人的，曾经他们都是圣洁且真诚的，就像那些在《独行侠》里拯救家园和生活的勇士。

但是这里的情况不太一样。哈丁和诸如比利小子、希考克或詹姆斯之类的人不一样，这些人的生命在西部电影的鼎盛时期被好莱坞反复、夸张地重新塑造。在这首奇怪的小曲子里，迪伦没有用人们熟悉的美国民间英雄作为创作题材，没有用那些家喻户晓的名字。他肯定不是从那些电影明星那里了解到哈丁的。哈丁的故事也不是从编剧或者老西部“传统”的幻想中提炼出来的。

这张专辑的名称和英雄的名字之差，不可避免地让人产生了是不是专辑名“打错了”的想法。

但即使是在哈丁借口连篇的自传里，也没有对得克萨斯州的“政治”、对美国重建时期的种族犯罪编造什么理由。比如说他 15 岁时杀害了一个名叫马基（Mage）的前奴隶，这位“洗白了”的枪手写道：

> 当时每杀死一个黑人，就意味着北部军队的刺刀底下又多一条人命……因此，我不情愿地亡命天涯，不是人们所说的为了逃避正

* 原文中歌曲名里的“哈汀”（Harding）比人物哈丁（Hardin）多了一个 g。——译者注

义，而是逃避征服了南方的人们的不公正和误导。

马基关于正义的想法并没有被记录下来。即使迪伦没有读过哈丁精心编造的借口（这本书在1961年重印），他也肯定是在什么地方听到了这个名字。那么，他是否有可能只是知道了这个不太知名的罪犯，而对于其他真相一概不知？西部历史相关的参考往往来自于这两项研究：1957年出版的刘易斯·诺达克（Lewis Nordyke）所著的《约翰·卫斯理·哈丁：得克萨斯枪手》（*John Wesley Hardin：Texas Gunman*），以及1968年出版的C. L. 索尼切森（C. L. Sonnichesen）所著的《北方之路：格兰德河的四个世纪》（*Pass of the North：Four Centuries on the Rio Grande*）。后者在日期上——虽然只差一点点——出现得比迪伦的专辑早。当歌手从他的摩托车事故中恢复过来时，前者仍然是一本相对比较新的书，当时迪伦正在"地下室"中挖掘美国野史，之后制作了《约翰·卫斯理·哈汀》这张专辑。

那么为什么要用自己也觉得很难理解（"我也不知道怎么理解这首歌"，迪伦在1985年说）的歌来命名专辑？其次，如果这张充满疑问的专辑被认为是探索古老、深刻的美国现实——或者乐评人会在适当的时候声称的——那又为什么要用一首和现实人物没什么关系的歌来吸引眼球呢？他说："我不知道这首歌到底在讲什么，也不知道为什么它会在这张专辑里。"他也不知道为什么选了这个名字——和原人物名字不同，是因为"拼错了"——也不知道为什么选了这个故事。不过他知道那些故事不是"真的"。

事实上，迪伦肯定非常清楚这首歌是"关于"什么的——通常是在他词典中的禁忌词——并且非常清楚为什么要用一首扭曲历史的歌来作为专辑的命名主打歌。另外，在1969年，《滚石》杂志的詹恩·温纳最早被告知迪伦根本没有考虑用其他内容做专辑名，他甚至还想过把下一张专辑——《纳什维尔地平线》——命名为《约翰·卫斯理·哈汀Ⅱ》。"我们本来打算这么做来着。"迪伦说。但是为什么？想让一首你"不知道在说什么"的歌永垂不朽？就算这是个玩笑，也有点让人难以理解。

这首民谣和这张专辑用其名字带我们来到了传奇与现实的边缘，到了这片美国西部“赢来的”、这个国家塑造的有争议的领土上。我认为，迪伦并不是对卫斯理·哈丁一无所知。我们可以说，如果现在我们讨论的英雄是比利小子，而且这张专辑是几乎讲述真实历史的电影的原声音乐，这张专辑的歌词就值得研究了。约翰·卫斯理·哈丁践踏了这种事实，因为作者完全了解事实真相。因此，那些关于这位亡命之徒的流言蜚语只是让他“知道”了这个人而已。迪伦说什么都不知道——“无法表达”，正如专辑中的另一首歌所说——但是他其实知道很多东西。他不是在回应约翰·福特的著名电影对话片段：就哈丁而言，没有任何传说可以刊载，有的就只是一个关于仇恨和谋杀的平凡故事。他确实犯了罪，并且根本没有试图在目前“被认为是”（权威认证的）“美国西部经典之作”的书中进行否认，而迪伦把这些事实都抛在一边。

其实他想强调的不在这里。他把一首长歌缩短，并且以歌名来命名专辑，论证传说，走进人们心里和美国自我形象的核心。迪伦在制作这张唱片的时候，正是西部电影最后的黄昏时期，满屏都是马蹄声。1973年的《比利小子》算是西部片最后的辉煌，奇怪也无奈，这部电影是“现实的”，但不是真实的，有些地方很真实，但不是全部。迪伦的歌成了老西部的“谢幕”。作为客串明星，在剧本里直接选择了“阿利亚斯”这个名字。对于《约翰·卫斯理·哈汀》，迪伦则选择了一首反转的寓言开场，来展现这张关于边境英雄的专辑（无论这些英雄们在哪儿）。

* * *

其实仔细算来，他卖出的唱片不算多。这个事实让在音乐界沉淀了50年的他有点惊讶。当然，版权给他带来了巨大的财富，但不管怎样，像披头士乐队或猫王的10亿销量从未出现在他的职业生涯中。在美国，只有6张专辑排到了第一位，其中3张是到21世纪才实现的，当时这种功绩已经不再引人注意。乐评人的品位也总是与大众的品位有出入。记者们嘲笑《自画像》，但它在1970年排到了第四名；《金发佳人》不论算不算得上杰作，也只得到了第三名。鲍勃·迪伦可能已经售出8 000万张（非盗版）专辑，对其50年的职业生涯来说，这不是很多。说实话，这就是他为什么不断进行巡演的原因。在那些日子里，这是挣钱的方式。

那些行业中的高层毫无疑问会说，他最大的敌人是他自己。《约翰·

卫斯理·哈汀》在美国公告牌排行榜上排第二名，在英国排第一名，但是迪伦没有做什么事情来“支持”这张微妙的专辑。吉米·亨德里克斯也获得过这样的荣誉——他当时在作曲、版税方面为将来做好了打算——那是 1968 年 9 月作为单曲发行的《沿着瞭望塔》。最终，这就是阿尔伯特·格罗斯曼的做法：他在 1 月份给了吉他手一个录音带。迪伦版本的歌曲最终在 11 月份作为单曲出现，可以预见，它失败了。他似乎并不在乎。他待在家里，在现实世界里。不管怎样，他不想返回音乐舞台。

然而，奇怪的事仍围绕着《沿着瞭望塔》——神秘的寓言被蕴含在这张以自我隐没作为原则的专辑里，这也是迪伦最接近经典曲目的作品。如果你相信 bobdylan. com 上迪伦的工作人员的记录的话，他在演唱会上经常表演这首歌——亨德里克斯的版本——而不是他自己那数不清的歌。到 2011 年底，他公开表演的歌曲达到 2 000 首。概念与执行之间的区别之大显而易见。

* * *

从不止一方面来说，1968 年很适合待在家里。虽然当时人们希望迪伦能起到自己“领导人”的作用，但是激进分子、嬉皮士、逃兵役者、瘾君子和雅皮士最终推选了一头猪作为总统候选人，也没有人解释这是怎么做到的。似乎“天才”会照顾到细节。即使在今天，标准的传记会标明“令人失望的迪伦”已经背弃了政治，但是有一个问题被忽略了：就算他愿意，他又能说什么、做什么呢？

学生们反抗西方世界，情况激烈似殖民战争，这已经成为道德失败和系统崩溃的象征。愤怒是容易的。难道迪伦应该想出一些颂歌或其他能改变时代并使世界有所不同的办法吗？很多人都以为自己能做到，但其实这只导致了可笑的结局。当雅皮士（国际青年党）在 1968 年芝加哥民主党会议期间，面对市长戴利的野蛮警察，上演了他们的庆典，几位创作歌手，包括菲尔·奥克斯也参加了表演。可憎的 A. J. 韦博曼（A. J. Weberman）、“迪伦学家”、“垃圾偷窥者”、职业讨厌鬼，那时候他是雅皮士，不懈地逼迫迪伦领导反越斗争。受《地下乡愁布鲁斯》里的歌词“启发”，地下气象人组织很快宣布与美国作对，并在国会大厦放置了一枚炸弹。同时在1969年3月，约翰和洋子在阿姆斯特丹希尔顿的一张大床上，面向世界呼吁和平。现在仍有相关报道。

无论如何，1968年对于英雄们是灾年。寒风开始号叫。4月，马丁·路德·金在田纳西州孟菲斯的洛林汽车旅馆被暗杀，这次谋杀立即被理解为对非暴力、反战和民权的需求的血腥回复。6月5日，罗伯特·F.肯尼迪在洛杉矶大使酒店的厨房里被枪杀，似乎对于很多人来说这不是巧合。《沿着瞭望塔》可以有很多解释，但并不能预示那一年将发生的事，而且它也不代表作者自己的言论。迪伦从来没有“背弃政治”。政治歌曲在未来几年内把他的事业弄得乱七八糟。改变仅仅是，他不会告诉人们他用这些歌曲表达的意思，也不会试图给别人解释这些歌曲的意思。

* * *

从歌词来看，《约翰·卫斯理·哈汀》中12首歌曲的9首模式构造都差不多：简短的三节，每节一般6～8行，没有副歌——除非你算上一些特殊的“寓意”。《沿着瞭望塔》的三节歌词就超过10句，如果没有像迪伦的版本那样为了戏剧化效果，把第三节一分为二的话。这种形式和迪伦之前的任何尝试都不一样。例外的是《弗兰基·李和犹大牧师的民谣》（The Ballad of Frankie Lee and Judas Priest）——例如《哈汀》——还有《今夜我是你的宝贝》（I'll Be Your Baby Tonight），在专辑结尾处情绪的刻意转变。其余的遵照设计，而且设计是有目的的。

即使迪伦不坚持传统的十四行规则，他也可以编写十四行诗（“小曲”）。通常，这种类型的诗有一个问题/解决结构——一个结尾警语——换句话说，就是在结尾会有一个转折。在《哈汀》中，他多次使用了这个把戏。这张专辑很大程度上是轮回性的，没有直接的结尾，就像抒情诗。而这又是一种他从未尝试过的风格。又一次，迪伦改变了语言本身。

《沿着瞭望塔》是无与伦比的。一场对话设置出场景。一个小丑和一个小偷为混乱、真实和存在感到烦恼，但这“只是一个笑话”。城堡主楼的轮廓被描绘了出来，瞭望塔位于混乱与秩序的边界，等待着武士。这种氛围，这种设定，让人想起彼得·布鲁克1971年执导的基督教时期以前的《李尔王》：旧世界已经逝去。但歌曲本身实际上没有发生什么。相反，这些人物在等待：有事情要发生了。

在外面远处，一只野猫在咆哮
两个骑兵在靠近。风开始号叫

《哈汀》充满了预感和预兆。迪伦把陌生时代的概念融进每个故事——最后留下的每一首歌都是一个故事、一篇独白、一封书信。并没有哪个故事对应了当代发生的事件。在专辑发行的两星期内，美国将在越南开始一场巨大的搜索歼敌行动。种族主义者莱斯特·马多克斯（Lester Maddox）宣誓就职格鲁吉亚州的州长。不久在小乡村里就会有核试验和军事政变，以及“爱之夏”，在长期间的疲惫后爬向最终的幻灭。这些是不值得提及的提示。《哈汀》绝不是关于“时事”的，只是有相关性而已。正如这张专辑频繁地求助于一种略微扭曲的钦定版《圣经》的语言，它暗示着永恒的真实性。但是它的“神谕”跟禅宗一样难以理解。

此外，这也蕴含在歌曲的结构与人物的选择上。这些自《金发佳人》之后也发生了变化，它们一个接一个地脱离了宗教伪神话和道德寓言。比如基督一样的卫斯理·哈丁、达姆塞尔（Damsel）、“托马斯·潘恩”、房东、漂流者、“圣奥古斯丁”、贫穷的移民者、孤独的流浪汉、小丑和盗贼、弗兰基·李和犹大牧师、邪恶的使者。他们可能是原型。他们可以成为迪伦的个性化塔罗牌，或是这个回头的浪子在比喻上的尝试。那些声称的“寓意”可能是故意显得陈腐，但是《哈汀》背后的是非感达到了最高点。

从 1963 年左右起，迪伦作为一个聪明的艺术家，觉得一首歌只代表一个单一的含义太过无趣。这显然是为什么他逃避“领导”和抗议的一个原因。说核战争是一个该死的想法，能有多少艺术感？对于他而言，看着他的歌曲被解释为死亡，让他无奈又痛苦。但他倾向于——再一次，聪明地——把注意力转向其他的爱好。所以《哈汀》不是“关于”什么事的。它就是这么吊人胃口。这些歌不代表决议，也不提出任何建议，只是以意外的结局作为结尾：

突然劈来一道闪电
打得法院不成形

当每个人都跪着祈祷时

流浪汉逃跑了

这首主打歌得出了结论，哈汀“从未有人听说他/会走出愚蠢的一步”。《一天早上我出了门》(As I Went Out One Morning) 以《汤姆·潘恩》(Tom Paine) 为达姆塞尔可能做的任何事道歉作为结尾。《弗兰基·李》的结尾，对睦邻的温和祝福进行总结（但是在一个小男孩嘀咕“什么也没被揭露”之后)。《我是个孤独的流浪者》(I Am a Lonesome Hobo) 表明保守自己的秘密是很明智的。《邪恶的使者》(The Wicked Messenger) 几乎把玩笑开得太过：“如果不能带回好消息，那就干脆不要带来任何消息。”

如果没有迪伦的“超现实”绝技，语言就没有这么有趣、这么吸引人。《哈汀》里的歌词不多。这首歌是由独白和篝火边讲述的故事组成的。而在一首又一首的歌曲中有一种即将发生剧变的感觉，一种风暴将要来临的感觉。故事来来去去，一个接一个。流浪者逃跑了，弗兰基·李——需要解释“犹大牧师”的誓言吗？——被重塑了；风开始号叫；奇怪的梦境照亮苦难的现实；愿景“像玻璃”一样破碎了。这是好不容易才破译的预言：有事情要发生了。

迪伦以基督教风格重生，“突然进入/犹大牧师的怀抱”，已经过去十几年了。不过这在《哈汀》里倒是没有什么暗示。来自地下室录音带里的《十字架上的罪状牌》未完待续。

迪伦母亲所说的关于伍德斯托克的房子里那本古老的《圣经》的故事可以作为参考。但是这张专辑值得注意的不是它与《圣经》到底有什么关联，而是它对信仰和意义的论证。

所以写作是可以被衡量的。这些歌词不是意识流。在这张专辑里没有“无意义”的诗歌。每一行——正如迪伦说过的——都是精心设计的，没有例外。通常在地下室录音带中，我们产生了错觉（有时候不是错觉)，好像迪伦当时是即兴创作的。与此相反，《哈汀》是经过深思熟虑的，你可以感受到沉思的分量。这首主题歌被缩短，只是因为迪伦无聊吗？我不这么认为。

1965—1966 年，他写的歌基本都很自然，歌词一段接着一段，停不下来，一旦停下来——或似乎停下来——也只是因为他喊停了。《低地的愁容夫人》的结尾在哪，又为什么会停下来？《荒凉的街巷》或《困在车里》到底有几段？为什么提取出了《像一块滚石》的另外 19 页，却“令人作呕”？在那些歌曲中，在那个年代，迪伦让创作带着随处游荡，这是他的诀窍。从平凡意义上来说，《哈汀》展示的信念是：宁缺毋滥。在实际意义上，它涉及对本质、束缚的追求。迪伦——显然对艾伦·金斯伯格说过——希望这些歌曲是准确的。它们在每个细节里都有简单、明显的“意义”。

这其实是诗人们经常使用的模式，尤其当他们不想过度修饰的时候。这源自一种感觉，感觉有时候只有某些话是正确的，在严酷的生活中，那些令人眼花缭乱的、顽皮的“超现实主义”言语其实和主题无关。这是一种集中力、一种艺术情绪的波动。迪伦只有在《血泪交织》中才会重新发现这种深源。

而在《哈汀》封面上的说明文字中，他维持了一些讽刺的乐趣，尤其是对于那些将仔细聆听期待已久的新歌并且从中寻找《圣经》典故，试图发现其含义和信息的人。为了避免一些自满的学者准备大谈特谈钦定版《圣经》与艺术家的秘密，迪伦抢先一步行动。关于三个国王的小故事、“三个快乐的人”、寻找弗兰克、他是“关键”，这被那些总是能从作品中读出与作者原意不符合的深意的人怀疑。第一个国王说。

> “弗兰克，”他说，“迪伦先生发布了新的唱片。这张唱片的特色当然是只有他自己的歌，但我们知道你是关键。”“对呀，”弗兰克说，“我是。”“那么，”国王有一点兴奋，“您能为我们带路吗？”弗兰克一直斜躺着，闭着眼，突然睁开双眼，睁得像老虎的眼睛一样大。“你想深入多远？”他问道。三个国王都面面相觑。“不用太深入，只要足够深入到我们可以说我们到过那里就行。”第一个国王说。

* * *

迪伦在 1967 年冬天去了纳什维尔，那时《哈汀》的歌都已经写好了。之前参与过《金发佳人》录制的鼓手和贝斯手肯尼·巴特利（Kenny Buttrey）和查利·麦考伊记得当时他们都吓了一跳。在以前的专辑制作过程中，当迪伦在冥思和创作的时候，他们都在无所事事地打瞌睡。但现在这位艺术家只需要三个乐手——皮特·德雷克被带来作为几首歌的踏板电吉他手——进行三次录制。他们也注意到迪伦的声音改变了，如果不刻意压低声音的话，他的嗓音变得更柔和了。新歌毫不费力地录完了。没给盗录者任何机会。

一个冷酷的事实可能影响了迪伦的情绪和歌曲交付。就在纳什维尔第一次录音之前两周，伍迪·格思里终于去世了。这本身没什么好奇怪的，让许多人惊讶的是，伍迪在病痛中挣扎了这么久。迪伦的直接回应是打电话给格思里的长期经纪人哈罗德·利文斯——一个长期沉浸在悲伤中的角色——说如果有计划制作这个英雄的致敬专辑，可以随时来找他。《哈汀》在 1967 年接近尾声的时候迅速地打包发行，而他和他那仍然无名的乐队——后来起名叫狂人乐队——在 1 月 20 日站上了卡耐基音乐厅的舞台。像是杰克·埃利奥特、汤姆·派克斯顿和皮特·西格这类人会举行音乐会的地方。迪伦及其乐手在 1966 年的巡演里，从来没到过类似的地方。他们为伍迪表演了三首歌，其中有《大古力水坝》（Grand Coulee Dam），一首格思里在 1941 年 5 月漫步在哥伦比亚河畔时有感而作的民谣，那会儿一个名叫鲍比·齐默曼的人刚刚出生。

撇开这种形式的纪念之外，迪伦不打算改变他在伍德斯托克的家庭生活。似乎根本没有力量——尤其是阿尔伯特那边的力量——能让他回到音乐之路上。对于他的与世隔绝总的来说只有两种理论，是因为 1966 年从欧洲回来之后，格罗斯曼又开始预订更多的巡演，引起了迪伦对他经纪人品格的质疑，还是因为客户终于停止了对他合同的研究？这两种解释他都不喜欢。阿尔伯特对他的情况——身体、精神或经济上——的关注确实不明显。律师会在适当的时候采取不同的说法。

* * *

媒体：您个人对现在的孩子们有什么建议吗？

迪伦：放轻松，做好你应该做的事。

——1969 年 8 月 27 日，怀特岛新闻发布会如果你相信迪伦所说的，《纳什维尔地平线》差点就被定名为《约翰·卫斯理·哈汀Ⅱ》。后来它又差点被叫作《爱是一切》。也许当时他还没想到给专辑起名叫《自画像》。时至今日，《纳什维尔地平线》听起来可以说是令人绝望得平淡无奇。但是《爱是一切》？确实还有比它更糟的名字，但是真不多。另一方面，如果那是艺术家的真实感受，如果标题是对心态的诚实描述，为什么在——他自己说的——深思熟虑之后没有使用这个名字呢？可能这太直白，也太陈词滥调了——即便是对于刚组建家庭的人而言。无论如何，你只需记得爱的重要性，这个简单明了的贡献：它推动世界运转。

> 爱是一切，它推动世界运转
> 爱，只有爱，不能被否认
> 无论你怎么看待它
> 没有它，你无法生存
> 听听过来人的话吧

《我抛下了一切》（I Threw It All Away）实际上是一首不错的歌，虽然竞争并不激烈，但它确实是《纳什维尔地平线》专辑中最好的歌曲之一。这首歌的柔和旋律将被要求承受迪伦抒情的分量。另一方面，不太会有作曲家愿意放弃这首歌。作为提供建议的经典歌曲之一，这首歌里有一个绝美的场景——“当我手中掌握着山/每天河流匆匆流过”——但是其余内容似乎微不足道。即使是通常都是迪伦绝活的旋律，也是规规矩矩：“我一定是疯了/从来不知道自己拥有什么”“思考一下/我们离不开它”。

如果这个世界就是这样的，如果爱是一切，那么爱的表达必须如此平淡吗？这个版本的鲍勃·迪伦已经远远偏离了原来的道路，以他的方式避免了被认作是其他的迪伦们，尤其是那些开创性的、有创造力的迪伦们。这张专辑标志着他公开拥护——而不单是回报那些戴着帽子的村民们——乡村音乐，一个自由较少的领域。这其实是一个有巨大风险的举动。这就是他在伍德斯托克音乐节的那一年发行的东西？把专辑起名为《纳什维尔地平线》是一回事，但是以《爱是一切》来命名专辑，就连60年代的披头士乐队可能都会因为这个名字幼稚而拒绝使用。受愚弄的粉丝会说——有很多人确实也说了——这位歌手已经江郎才尽。

正因为如此，那些因为《纳什维尔地平线》而担心鲍勃·迪伦的不朽天赋（或灵魂）的人，比起过多的陈词滥调，他们更担心平凡，他们觉得这两种情况是不一样的。简短而充满智慧的一张专辑，把老歌回收再利用的专辑，一张在莱茵石之都创作和录制的专辑，可能只意味着以下两件事中的一件：要么迪伦真的投身于空想和回忆，要么他真的相信他能够试着做主流音乐。这个顽固的人忘记了当年《金发佳人》中的大部分歌曲是在纳什维尔制作的，不得不思考如果走了别的路会不会更糟。

说井已经干涸了，迪伦已经江郎才尽了，是缺乏理论基础的。《约翰·卫斯理·哈汀》是一个胜利的象征，他毫无负担，并且几乎一鼓作气地完成了写作和录制。而与它几乎同时进行的，就是那些不可思议的《地下室录音带》。然后一切就戛然而止？他突然就找不到足够的素材，或者写不出足够的作品，来填充一张专辑？如果真是这样的话，那么当时到底发生了什么？

在《金发佳人》发行之后，地下室录音带的实验开始之前，中间差不多相隔了一年。但是在西索格蒂斯的狂欢作乐和《哈汀》的沉思之间没有任何时间间隔，《哈汀》在1967年圣诞节过去两天后就正式发行了。而这个日子和《纳什维尔地平线》在1969年春天的出现之间也没有相差多久，也没有证据证明迪伦在创作上遇到了困难。按照当时的标准，发行专辑之间的这个停顿稍微长了点，但对比迪伦在1965—1966年的产量相比，这确实算是很长的停顿。但如果把地下室录音和《哈汀》合并来看，那么《纳什维尔地平线》的微薄之力就令人困惑了。1967年末、1968年初，是个作品井喷的时期。可就是在这个时候，他突然戴着牛仔帽创作了一张“乡村”专辑。很多人认为，迪伦的重点都在帽子上，而不是专辑。

在《哈汀》和《纳什维尔地平线》之间发生了一件事情：亚伯·齐默曼去世了。这是不是影响到迪伦的原因呢？伍迪·格思里去世的时候，人们倒是没有感到惊讶，毕竟他已经与病痛斗争了很长时间。但是对于迪伦的文思枯竭，和 1969 年 4 月那折磨人的向约翰尼·卡什致敬的"诗"，亚伯的死是个不能被忽视的原因。在伍德斯托克，刚刚组建了一个新家庭的迪伦正在试着成长。1968 年 6 月，他刚满 27 岁，当时这来自希宾的消息让他别无选择。

执拗的父亲，执拗的儿子，有时候就是这么回事。罗伯特·谢尔顿在亚伯·齐默曼突然离世之前简短地采访了他，你能感觉到他对自己儿子成了一个举世闻名的人感到不适应。当然他很骄傲，但有些地方还是存在矛盾，当媒体问及迪伦和父母、家乡的关系时，对方闪烁其词。

迪伦不可能不知道他的父亲感觉如何，或者可能会有什么感觉。但是在他的理解里——对于他自己、他的父亲以及家庭事务——是一个只有他才能回答的问题。在《编年史》中，他写道："现在没办法说我以前不能说的事。"事实是他在 1968 年 6 月根本没有时间思考。打击是突然的。当（第二次）心脏病带走了亚伯时，他才 56 岁。他"错过"了他儿子的婚礼（因为他儿子没有告诉他）。他儿子的摩托车事故，他是通过新闻知道的。他们之间很少有来往。在 27 岁的时候，迪伦似乎还没有准备好考虑那种传统性的父亲跟儿子的和解。所以连起来说就是：1966 年，经历了创伤的他精疲力竭；摩托车事故；亚伯的去世；他妻子的第三次怀孕；以及这些事情都发生在差不多两年之内。所以，迪伦先生，您的乡村音乐准备好登场了吗？

* * *

对于一个准备扬帆起航的男人来说，这也有点道理，而且用时间线来分析显得很有意思。《纳什维尔地平线》出现于 60 年代，"迪伦的岁月"正接近尾声。他以大胆、逆行的脚步，期望所有的事情回归音乐，当时披头士乐队正在闹解散，嬉皮士的幻想蜕变成了污秽。而迪伦在此，他似乎给越战期间的音乐产业带来了一些支持的力量。他就在这——谁能否认？——支持对抗、逃避物质。《纳什维尔地平线》没有什么值得分析的内容。只是当时好多人离开了他。

所以，我们可以得出结论。要么这是一次壮丽的叛逆，要么就是他真的没有什么可说的。但是从这张简短、内容稀少的专辑来看——这可是在不到三年前在同一个纳什维尔录音棚里创作出《金发佳人》的人——可以判断“叛逆”理论并不靠谱。迪伦在后来自己也这么说。几十年后，迪伦形容美国社会这场未宣战的内战令他厌恶，使他受缚。被围困其中，他不想站在任何一边——不断增多的冲突，在保守派与激进派之间，在政府与宣告自身立场的社会团体之间。他不受时髦观念影响，不为暴力所动，是所有正统观念（不论新旧）中的异议者。这个状态中的国家让他伤心。简单说，他被背叛了。他决意逃离。

在他父亲的葬礼上，他哭了。可能就是在这个时刻，长久以来他第一次开始认真思考自己犹太人的身份。他对《圣经》的兴趣有增无减。他对有组织政治的态度也是坚定不变的。在他父亲去世后，他接受了《唱出来!》的采访，其中他问为什么提问他的人不能想象他赞成越南战争。在现实生活中，他的第三个孩子出生了；他开始绘画；为 1968 年制作的电影《午夜牛郎》写了一首叫作《躺下，姑娘，躺下》的歌。这部影片是以一部（可能）启发了他的小说为基础的，他自己说过，刚到纽约时，他天天都在时代广场瞎逛，看见过不少皮条客：有时候迪伦的故事真假难辨。另外，对格罗斯曼对他的事务的掌控程度——以及他自己的天真程度——的探索还在继续。

除此之外，迪伦其实并没有在艺术上做什么。按照他自己的标准，他几乎不会写作。把歌曲中的粉饰和累赘的东西去掉是一回事，根本不能创作出任何类型的歌曲是另一回事。就好像他的天赋一夜之间消失了一样。肯定发生了什么奇怪的事。

* * *

但是我们忘记了，在 21 世纪，国家形式不定，而音乐人们正忙着把音乐数字化。录音室的天才们为了如何处理鼓声思考了几个年头。在 60 年代——其实是七年间——迪伦创作并录制了——创造了——9 张专辑，这还不算地下室录音带。算上的话，可能有十几张。无论用什么标准来说，这个数量都非常大。

当然，其他人也是高产的。在差不多的时期，看你如何考量《黄色潜水艇》（*Yellow Submarine*）和《顺其自然》（*Let It Be*）了，披头士乐队创作了 12 或 13 张专辑。即使是列侬和麦卡特尼都没有预料到，如今会在一张唱片上花费这么长的时间。像迪伦一样，他们也是在两到三次录音中就能搞定一张专辑，并且，与传说相反，他们并没有在“史诗般”的《佩珀军士孤独之心俱乐部乐队》上花费五个多月的时间。但披头士乐队成员之间互相依靠，即便有时候他们也有矛盾，而迪伦的成就是他独自一人的。除了鲍勃·迪伦，他无法依靠任何人，谁能相信呢？如果《纳什维尔地平线》只是一个失败的实验，怎么办？如果他对自己估算错误，或误解了自己，那么除了对他不满的观众以外，没有人能让他清醒过来。

这几乎可以算作是《纳什维尔地平线》堕落的另一种解释，但这听起来不太真实可靠。迪伦之前就已经从流行音乐的争论中抽身出来，最明显的就是在摩托车事故发生之后。乡村音乐可能是当时他最喜欢、最感兴趣的音乐。但这就好像停下来之后，他就忘记了如何再次动起来，或者他失去了向前进的意志。现在看来，《纳什维尔地平线》像是展现了他对艺术的麻痹。《约翰·卫斯理·哈汀》和他父亲的去世又让他筋疲力尽。不知怎的，他的创造力在一夜之间消失了。

对于那些常年与文字打交道的人来说，这其实很简单：作家的文思枯竭。而迪伦则有他自己的说法：健忘，失去了有创造力的记忆，失去了艺术身份。他自己说，这种折磨毫无来由。心理学家可能会说，自从他尝试忘记罗伯特·艾伦·齐默曼以来，就已经打下了基础，这是命中注定、不可避免的。而最好的猜测，虽然只是猜测，是骄傲的亚伯·齐默曼，一个从未怀疑自己身份的人的去世，使得他的儿子开始思考自己做过的事。就好像他父亲的去世提出了一个问题：迪伦变成了什么？萨缪尔·克莱门成了马克·吐温，他一次就成功了。鲍比·齐默曼则连续地、一次又一次地成为“鲍勃·迪伦”。显然，在谎言的世界里，“编造倾向”是持久的，而娱乐行业就建立在谎言的基础之上。1968 年，亚伯的去世影响了迪伦。

* * *

十首歌。一首是和约翰尼·卡什合作的老歌重唱，其实是来自一些漫无目的的录音——虽然如果情绪到位的话，盗录听起来会比较有趣。一首是无聊的“废物回收再利用”。一首是《躺下，姑娘，躺下》，一首——大部分人会说它是这些歌里最棒的——已经签给了一部电影，而不是为了这张专辑制作的。另一首歌是《佩吉·戴》(Peggy Day)，这可能是迪伦出道以来发行过的最烂的一首歌。其余的，只有两首爱情歌曲还有点意思：《我抛下了一切》(I Threw It All Away) 和《今晚我会与你在一起》。加上《躺下，姑娘，躺下》这首歌，也就是十首歌里有三首爱情歌曲。这是自《鲍勃·迪伦》以来，迪伦评价最低的一张专辑，无论是在数量还是质量方面，都不尽如人意。《约翰·卫斯理·哈汀》的歌曲大多比较简短，整张专辑时长为 38 分半；《纳什维尔地平线》满打满算，整张专辑也才 27 分钟。

但是等一下。这个绝望的（或者说愤世嫉俗的）艺术家却简单地选出了地下室不需要的录音素材，并用纳什维尔的光彩渲染了它，然后促成了飞鸟乐队的《竞技场上的情人》(*Sweetheart of the Rodeo*)——在之前的 8 月发行，开头和结尾的歌都来自迪伦的地下室。这个世界也难免对“乡村摇滚”品头论足。对于迪伦来说，他没有追溯自己的脚步，他说他在作品完成的瞬间就能将其忘却，如果房间里堆满完成了一半的好作品，那对他毫无意义。他的歌太多了。“本能”对于无纪律的人来说，是一个糟糕的借口。

而靠谱一点的理论是，迪伦再次逃避了他的写作责任，仅仅为了让格罗斯曼失去更多未赚到的财富。在这一方面，这两个人有不可消除的矛盾，但由于迪伦在 1966 年未经三思就签署的另一个繁重而荒谬的合同，阿尔伯特仍然有权享有不朽的出版权。与地下室录音因“商业原因”被埋葬的想法一样，这很好地解释了除《纳什维尔地平线》之外的一切。但它还是成功了，里面仍包含了原创作曲。迪伦与他的经纪人处于交战的状态，只是为了获得对自己艺术作品的把控，为了不把他的艺术作为筹码来部署。同样，这个理论还是没有回答这个问题：为什么选择乡村音乐？

对于他来说，公平地说，这不是什么新奇的事。看过《不要回头看》的人们可能会对酒店房间的场景感到疑惑，在这个场景中，《铃鼓先生》的作者尝试了曾经在 1949 年汉克·威廉姆斯唱片 B 面的《迷失高速公路》。他是在讽刺吗？只有当你忽视这首歌的开场句——“我是一块滚石”——而且只有当你对迪伦成长的世界一无所知时，你才会这么觉得。

他与另外成千上万名歌手的根源都差不多，但首先最重要的还是猫王。摇滚乐比一般的“黑人白人文化结合”的陈词滥调有趣多了，有一天在孟菲斯，节奏布鲁斯遇上了乡村音乐，又遇上了布鲁斯和乡村摇滚。这种类型的音乐诞生了，它的诞生与经济形势、移民、种族隔离、收音机与录音技术分不开，但最重要的还是因为贫穷。这种交流持续了至少一个世纪。

那些长期被遗忘的黑人牛仔的歌声听起来如何？研究牛仔的音乐学家——平均每八名中有两名是黑人——有时候用“前布鲁斯”来形容它。这个领域的早期工作者约翰·A. 洛马克斯在 1908 年第一次听到的《来吧，小牛犊》(Git Along Little Dogies) 和《牧场是我家》(Home on the Range)，是来自一名退休的黑人牛仔。而到了现代流行音乐，这顶大“牛仔”帽——《纳什维尔地平线》专辑封面上那顶——为什么会成为一个巨大的商机呢？为什么这种音乐会变成中美的白人音乐？这种假设误解了国家的历史。正如彼得·格罗尼克所观察到的，实际上，吉米·罗杰斯和卡特家族“毫无疑问地在他们的音乐中融入了黑人和白人的传统”[1]。只是今天的你很难意识到。

迪伦了解乡村音乐：那是美国的一种民谣，与其他音乐相互交错，又紧紧相连。他跟这种音乐一起成长。乡村音乐和他从来都不是水火不容的。而在 1969 年，摇滚的观众有一个略微不同的观点。这并没有解释为什么他只完成了半张专辑。

* * *

如果《纳什维尔地平线》看似贫乏，那么可能有不止一个解释。也许，你可以说迪伦对乡村传统音乐有自己的理解。他当然很了解这种音乐，但他可能不了解 60 年代末围绕这种音乐成长起来的文化。一方面，据说纳什维尔——撇开约翰尼·卡什不说——没有以它自己的方式让他感到受欢迎。摇滚明星——吸毒、抗议、黑人音乐，那个声音——没能让他重塑自己。但是多年来，也有人指出《纳什维尔地平线》不是真正的乡村音乐，从各方面来讲都不是，无论新老乡村音乐都不符合。在低

---

1 *Lost Highway* (1999), p. 19.

声吟唱的后面到处加踏板电子吉他根本不是一首乡村歌曲应该有的样子。迪伦如果了解这种音乐的话，他肯定也知道这一点。

你可以说，他在地下室录音带录制期间就已经感受到了乡村传统的呼唤。要不然他为什么搬去伍德斯托克呢？他已经拒绝了城市生活，发现他的瓦尔登湖和他的美国远不是“包裹在愤怒的毯子里的”社会的“群体肖像”。随着一种新的生活方式的到来，他对歌曲有了一种新态度，对生活的重心也有了新看法。田园和乡村，就是文字上的事儿。

本能是一回事，音乐作为一种需要加工的艺术又是另一回事。就算技巧尚未生疏，从头开始做乡村歌曲也不是一件容易的事。《约翰·卫斯理·哈汀》在迪伦的作品中加入了一些不一样的风景，但《纳什维尔地平线》是另一回事，它是音乐才能和想象力方面的练习。它要求迪伦换个角度思考。在《纳什维尔地平线》之前的鲍勃·迪伦专辑是什么样的？“复合体”可能是个不错的词。尽管他在纳什维尔录制了《金发佳人》中大部分的内容，尽管他借着自己音乐家的势头完成了这个工作，但是迪伦似乎难以把握在这个城市，为这张新专辑，唱出这种类型的歌词。总的来说，这很复杂。在这种赤裸裸的环境下，《纳什维尔地平线》似乎是向解脱迈出的尝试性的一步，是一次改变。那么他到底摆脱了什么呢？

这张专辑不论在概念上还是执行上都是失败的，但你仍然可以辨别出它的重点。认为迪伦脑子里已经有了一张《约翰·卫斯理·哈汀Ⅱ》专辑不是荒谬的：朴素、直击内心的音乐，去掉了任何“讯息”的暗示。尽管《约翰·卫斯理·哈汀》在音乐上未经粉饰，但却一直有着难以捉摸的意味。应该没有人会特意制作一组歌曲来证明生命中只有一件事情是重要的。

讽刺的是，迪伦没能圆满地完成这张专辑。他更多地待在家里，与《圣经》故事、超现实人物、文字游戏和半死不活的象征主义埋藏在一起。简单很难实现。至今，他还没有完全掌握这种把戏。但当他的《纳什维尔地平线》失败的时候，他也没想过推出地下室录音带。他按照他一贯的风格做事。他发行了这张专辑，就好像要说，“这就是我所在的地方，这就是我的特色。”《纳什维尔地平线》缺乏宽度。它没有走进阴影深处，或认可1969年快速蚕食的外部黑暗，也没有对作者自己的创作困难加以提示。这张专辑确实是一个“充满阳光的”、乐观的合集，封面上微笑的迪伦仿佛在说：“我在这里”。

* * *

我们还是不要对迪伦钻牛角尖了。当他开始制作《纳什维尔地平线》的时候，他的脑子想的可能是汉克·威廉姆斯和吉米·罗杰斯。来自他的童年的天真的声音可能说服了他，现在的他能够在这种风格的音乐里找到归宿。但是对迪伦乡村音乐的选择感到惊讶和沮丧的老粉丝们也不是没有道理。《纳什维尔地平线》和其他东西一样，都具有政治意义和文化意义，无论你能不能接受。1969 年，乡村位于争论的一方。“乡村歌手鲍勃·迪伦”是一个矛盾的术语，这不仅仅是格林威治村民间激进派的艺术纠纷的再现。迪伦选择了他的美国：还能有什么其他结论？

如果美国南部和西部有什么让人看不起的东西的话，答案就是陈词滥调。兰迪·纽曼在 1974 年的专辑《新好男人》(*Good Old Boys*) 和歌曲《南方佬》(Rednecks) 中表达了这种愤恨，并且纽曼把愤恨作为挑衅的傲慢表现出来。粗线条的画笔效果使南部的文化被描绘成愚蠢的、种族主义的和反动的，而那些自称南方佬的人似乎既支持又反对这种固有思想。不过，种族主义和反动的历史不是（从来不是）受压迫的北方的发明。乡村音乐同时也对它的人民说话。那么，迪伦的选择——一个知情的、专家级的自我意识的选择——涉及什么？

可观的公告牌热门乡村单曲表，几乎与大多数教科书一样展现了历史。那些对《纳什维尔地平线》感到疑惑的人可以在这个排名中找到他们的第一个答案，至少是最明显的一个。那么以下是理由之一：梅尔·哈格德（Merle Haggard）的《来自马斯科吉乡巴佬》(Okie From Muskogee)，在 1969 年 11 月 16 日的乡村音乐榜单上排名第一。还有什么需要知道的吗？这是纳什维尔的流行歌曲：一首支持越战、赞美自由，对抽烟吸毒、戴珠子、拒绝参军的嬉皮士表示蔑视的激动人心的曲子。

但是首先问题在于，哈格德只是——或者他会说——讽刺那种态度，最重要的是讽刺美国的选举团队之间的互相不理解。一首关于“自由”的歌曲，却和自由有着细微的差别。而第二个问题是，自我认同的美国中层，即尼克松沉默的大众，听到的歌和哈格德的本意还不太一样。

哈格德还有另外一首歌紧随其后：《我具有攻击性的一面》（The Fightin' Side of Me），与所有那些“碰撞我们同胞”的人争论，并建议反对者“如果你看不惯，那就滚开”。这表明，他讽刺的对象可能还不太固定。迪伦为地下室录音带歌曲《美国男孩》（All American Boy）“改编”了鲍比·贝尔（Bobby Bare）的歌，在1969年发行的专辑则人气一般，其中有一首《愿天再次保佑美国》（God Bless America Again）。这是一首由越战引出的典型60年代乡村音乐。这也是为什么嬉皮文化对迪伦最新的尝试感到懊恼，因为这些“老油条”们还没发现《来自马斯科吉乡巴佬》里的讽刺。但是当时，《纳什维尔地平线》中似乎也没有讽刺的迹象。

从各种意义上来说，乡村音乐取决于家庭价值观，以及家庭的混乱。它对家庭提出要求，就像对上帝提出要求一样，而且还给了神明一本美国护照。当罗纳德·里根背后的加利福尼亚百万富翁开始理解这种保守主义——很快乔治·W. 布什背后的百万富翁和塑造了茶党运动的亿万富翁也意识到了——美国在经历类似政治革命的变化。但即使在1969年，乡村音乐也不是完全不可取的：音乐行业的人了解它的观众，也了解观众的立场。在1963年密西西比州格林伍德的选民登记中歌唱《只是他们游戏中的一枚棋子》的迪伦可能会警惕这个事实。与约翰尼·卡什的友谊没有改变任何事。[1]

尽管如此，这两个男人在1969年2月《纳什维尔地平线》刚刚完成后，紧接着又一起录了其他歌曲。卡什显然是驱动力。即使乐队中有伟大的卡尔·帕金斯，迪伦甚至忘记了——以此为耻——《没关系的，妈妈（我只是在流血）》中的歌词。但当他唱到《我依旧思念某人》（I Still Miss Someone）或《火山带》（Ring of Fire）时，有一件事情是很清晰的：他相信自己是一个乡村歌手。他那让乐评人们烦扰的《纳什维尔地平线》里的嗓音不是心血来潮。那是他的本意。

但是他是否想要这些录音最终成为与卡什的二重唱专辑，则是另外

1 迪伦在2002年被纳入纳什维尔作曲家名人堂。他们说“他将国际音乐带到了纳什维尔这个录制中心”。

一回事。他有那么绝望吗？乡村音乐的观众可能可以接受这样的事实，但是这两个男人之间再多的互相尊重也不能弥补他们歌声之间的鸿沟，也不能掩盖卡什和他的乐队的平庸。《纳什维尔地平线》中的《北国姑娘》好听，只是因为迪伦。盗录碟里的这首歌听起来像是一群音乐家嬉皮笑脸地胡乱弹奏。就像猫王和他的乐队在孟菲斯的《奇普斯·莫曼的美国之声》中的表演一样，但就是没有猫王。甚至当迪伦和卡什于2月18日在音乐街上糟蹋《你是我的阳光》（You Are My Sunshine）时，事实上，猫王正致力于《草儿不会介意》（And the Grass Won't Pay No Mind）。这可比迪伦他们强多了。

另外，还有一个相关事实：迪伦其实不是非得推出《纳什维尔地平线》的。1969年，哥伦比亚公司不再强迫他创作作品，也没有任何人强迫他去找事业可以依赖的"新方向"。任何继续或展开《约翰·卫斯理·哈汀》音乐的意图（如果这种意图存在的话）都不过是稍纵即逝的。同时，也没有人影响他的歌、他的声乐风格或他对乐手的选择。《纳什维尔地平线》可能是非常不重要的一张专辑，但是它的创作是经过深思熟虑的。至于内容匮乏和缺少灵感，迪伦有很多歌曲从来没有（正式地）曝光。这位马上就要转去做翻唱歌曲的歌手没有其他选择。《无法表达》用在这里可以说是再恰当不过了。

留给我们的思考是：这个文思枯竭的作者，受到的打击比父亲突然去世更大，而且不愿意用自己之前录制的歌曲来帮助自己走出困境。从任何标准来看，这都是反常的，或是自尊心作祟。这也是迪伦的典型特征。

不过，这张专辑得到认可，轰动一时——在美国获得第二名，在英国获得第一名——乐评人们都对其表示尊敬。聪明人小心翼翼地不过早地谈论迪伦的担心。这一次，没有发生反弹。《滚石》杂志的保罗·纳尔逊简明扼要地写道："达到了艺术上的不可能：一个关于快乐的深刻而人性化的有趣陈述。"如果作者真的文思枯竭的话，那么他可能也想不出什么讽刺的话来。

* * *

1969年2月，理查德·米尔霍斯·尼克松刚刚成为美国总统，而鲍勃·迪伦不再想做鲍勃·迪伦了。或者至少，不再想做那个伍德斯托克田园生活被疯狂的粉丝破坏了的鲍勃·迪伦。他可能理解黑色笑话的含义。“迪伦”一开始就是他创造的诅咒。他在这个名字的阴影下维持他自己的身份，但如果有机会的话，他不能——或者不会，基本没区别——成为他们想要他成为的那个鲍勃·迪伦。

这个事实涉及一个问题：人们想要的是什么？他创作的歌曲对他们而言真的有这么重要吗，以至于人们会相信他，区区一个音乐家，有特殊的洞察力和见解？如果这是真的，那确实值得注意。或者难道他只是个普通的名人，发现他不再有隐私，也不再是聚光灯下的那个形象，那个——在盲目的命运之下——在一个时局混乱的时候出名，而名声又成为疯狂的唯一借口，对一切的信或不信，还有什么意义吗？

一切与《纳什维尔地平线》有关的东西都讲述了一个努力走出困境的人。这张专辑的闪光点在于，从某些角度来说，他真的认为他已经成功了。同时代的人能从音乐里听到暗藏的忧伤。“鲍勃·迪伦”不是你能放弃的工作，合同里没有规定关于辞职的条款。这是不可能的，也是不被允许的。但这并不意味着他不会去尝试。

* * *

如果《纳什维尔地平线》是出于需要和选择而不是出于绝望创作的，那么有一个选择是显而易见的。谢尔顿在迪伦第一张专辑的创作中就总结出，鲍勃·迪伦是一个布鲁斯歌手，一个伟大的布鲁斯歌手。即使到了后期，他转变了风格——但依旧与传说和死亡相关——评论又回到了这个真理中心。布鲁斯不仅好听，还是美国的特色，也是迪伦的模式。在《纳什维尔地平线》里没有美国黑人独特音乐的痕迹，这是他最“白”的——比白色更白的——专辑。

当时似乎没有人注意到这一点。对迪伦的“新”声音感到茫然、混乱和困惑的乐评人们当然没有注意到。相反，他们说他“低声吟唱”。他们说他“找到了一个八度”，抓住了罗伊·奥比森的精神，甚或抓住了——乐评人什么都敢说——猫王的精神。然后他们批评了诗意的缺乏、通篇过于简单朴素、一个（突然变成）普通人的“普通语言”。许多人说迪伦已经远离了《约翰·卫斯理·哈汀》的真理和《圣经》预言。

完全缺乏他的布鲁斯传统，从头到尾都没有布鲁斯的影子。如果说《纳什维尔地平线》惊人的话，那么这就是所有事实中最惊人的。他完全背弃了曾经的自己。这也是为什么这张专辑缺乏灵魂。

就在迪伦的唱片发行之前，詹姆斯·厄尔·雷（James Earl Ray）承认自己杀死了马丁·路德·金。《纳什维尔地平线》上市之后，康奈尔大学的黑人学生被困在与大学教务的激烈交锋中，他们指责学校无视他们的需求。在南方，白人家庭在陆陆续续搬家，避免乘坐公共汽车，避开废止种族歧视的学校。在约翰·埃德加·胡佛的明确指示下，联邦调查局开始追捕黑豹党人。

迪伦的《瘦人民谣》响遍大街小巷的时候，新生党的创始人——休伊·P. 牛顿、鲍比·希尔等人——正准备在旧金山创办一份报纸，那是1967年的夏天。这首歌令他们陶醉，他们迷上了这首歌。其中一张被称为标志性的照片为裸体的牛顿抓住一张《重访61号公路》。迪伦的另外一首“后政治”歌曲《瘦人民谣》像是对这些年轻的黑人激进分子说话，他们认为，这首歌向他们解释了白人美国社会的本性。

在东南亚有不成比例的黑人军队，柬埔寨地毯式轰炸开始于1969年3月。“种族动乱”仍然在美国进行着。那年夏天，在哈莱姆区的莫里斯山公园里，举办了一个后来被称为黑人伍德斯托克的音乐节。那一年由马文·盖伊的歌《我听到一些小道消息》（I Heard It Through the Grapevine）开场，然后是斯莱和斯通家族合唱团（Sly Stone）的成功之作《市井小民》（Everyday People）。任何的历史数据或多或少都是武断的，这不一定都关迪伦的事。但是，他非得在这一年选择创作乡村音乐？

没有人告诉他，他最新的专辑应该听起来如何，或应采用什么样的风格。它不必非要属于任何风格，它是鲍勃·迪伦的专辑。如果有选择，哥伦比亚公司可能不会选择乡村音乐作为这位流行歌手理想的“新方向”，但是他们别无选择。迪伦再一次为他自己的选择负全责。《纳什维尔地平线》也许在试图掩盖一个事实，那就是歌曲的创作突然变得艰难而缓慢，甚至毫无灵感，所以他选择开辟一片新领域。

正如迪伦现在有时候说到的，民谣布鲁斯在他50多年的生命中一直是恒定不变的。这几乎是真的。实际上真相是，他作为一个创作人，在他创作最少的时期，和查利·帕顿和盲人威利·麦克泰尔一样选择了与世隔绝。《纳什维尔地平线》是一张不错的专辑，一张迪伦在面对创作困难时仍行使他的自由而创作的一张令人放松的、“乐观的”专辑。但是它误解了乡村传统——有着2 000年之久的自然尊严的传统和想法——正如它忘记了汉克·威廉姆斯所从事的事情。《纳什维尔地平线》将乡村音乐视为逃避艺术。迪伦可能在各种形式的美国音乐中看到了同样的价值，但是当时他不可避免地说，在他心里还是有喜好的排名。最终的严肃性在于布鲁斯和民谣的古代智慧。而在纳什维尔，布鲁斯和民谣的灵感突然消失了。

* * *

然而，这种随风飘荡的乡村音乐并没有消除创作上的问题。恰恰相反，尽管迪伦被蔑视或否定，他依然坚持试图绕行或冲破这巨大的障碍。《纳什维尔地平线》发行后不久，他又回到了录音棚。这一次他甚至没有假装歌曲都已经准备好了。1969年4月，在纳什维尔，他自己却只有两个想法。一个是对50年代中期《唱着布鲁斯》（Singing the Blues）的差劲改编，这在当年是美国的盖·米歇尔（在英国则是汤米·斯蒂尔）的一首金曲，迪伦准备称之为——即使他没有了独创性——《布鲁斯生活》（Living the Blues）。这个伟大诗人的另一个想法是做一张翻唱专辑。鲍勃·约翰斯顿回想起迪伦出现的时候，手中拿着一本歌曲集，宣布自己有了概念性的突破。亲眼见证了《重访61号公路》《金发佳人》《约翰·卫斯理·哈汀》以及——这些其实是有关联的——《纳什维尔地平线》的制作人，甚至似乎不相信这是他的理由。但是，地下室录音带被忽略了。这并没有阻止这史诗般的抗争。

在伍德斯托克的家中，粉丝、怪胎、嬉皮士的入侵和其他更糟糕的事已经无法控制。这位隐士的秘密被公开。闯入者围攻他的家，有时甚至想方设法进入他的家。鲍勃·迪伦的烦恼没有得到缓解。“这使我被迫退到一个角落，”正如他后来写道，他“想要向这帮人放一把火”，这些“不请自来的不速之客、幽灵、入侵者、煽动家”。在那年底，迪伦尝试搬回纽约，特别是搬回格林威治村里的麦克道格街，“我希望推翻我的身份”，但没有效果。几年后，他们尝试住在西部地区，住在各个地方，但仍然未能逃脱他的名气。“鲍勃·迪伦”的形象牢牢地束缚了创造它的人。即便他出版了一张全是别人歌曲的专辑，这种情况也没有好转。

然而，1969 年 4 月，在纳什维尔进行《自画像》的第二次录制时，迪伦尝试了几首埃弗利兄弟的歌，还有猫王的名曲《像我这样的傻瓜》（A Fool Such As I）和戴维斯姐妹（Davis Sisters）的“标准乡村音乐”《我忘记的比你知道的多》（I Forgot More Than You'll Ever Know）。5 月 1 日，他在约翰·卡什的电视节目上出现——据说当时人们都惊呆了——并且登台演出了《布鲁斯生活》和《纳什维尔地平线》中《北国姑娘》二重奏。两天后，他回到了哥伦比亚公司的录音棚，尝试卡什的几首最热门的曲子，结果在那么多歌曲里，他选择了《蓝月》（Blue Moon）。7 月，他作为嘉宾出现在本乐队在密西西比的演出中。这是迪伦最漫无目标的一段时间。

8 月，他同意回到英国在怀特岛的音乐节表演。他曾对这种活动满是蔑视，尤其是对伍德斯托克附近的雅斯格农场。他不想参与“狗屎一般的”伍德斯托克“之国”，也不想参加大西洋彼岸的嬉皮文化聚会。但是他也不想再和经纪人捆绑在一起。然而，通过格罗斯曼安排的一个来自英国的价值 5 万美元再加上大量额外费用以及单独支付本乐队费用的通告，让迪伦暂缓了对他的怨恨。反正现在他有的是时间。当时盛传他应该可以使 15 万——有些人则估计超过 20 万——人的灵魂“沉沦在怀特岛”。但其实不是这样。

一些曾经的魅力幸存下来。在这个重要的晚上来临之前的新闻发布会上，迪伦坚持说他来到岛上只是为了看看坦尼森（Tennyson）的家。他对吸毒没有任何意见。他说有文字可以证明他从来没有在重要的政治和国际“问题”上发表太多言论。“我不想再抗议了，”他抗议道，“我从来没有说过我是一个愤怒的年轻人。”他宣称在摩托车事故中，他“脖子断了”“有时候不得不悠着点”。他在 1966 年的行为“只是为了宣传”。他承认他已经成为一个有家室的人。他说的这些大部分是真的。

媒体：你当时在音乐和政治方面都是持什么态度？

迪伦：我的工作就是做音乐，我觉得问题已经问得差不多了吧。

然而再一次地，从盗录带看来，他在各地的表演都不错，虽然没有像1966年那样能算得上传奇的演出，也没能展示出他当时正在做的音乐是什么样的。那些极少数去了现场，包括那些帮演出者调试设备的人，很清楚当时的状况。从某个角度来讲，其实，在怀特岛的表演算得上是鲍勃·迪伦的精选集，不过是在一个放松、低调的情况下：《她属于我》《麦琪的农场》《像一块滚石》《躺下，姑娘，躺下》《铃鼓先生》《今夜我是你的宝贝》。从另一个角度来说，面对15万人的演出总是艰难的，更别提这15万人还足足等了两个小时。《我梦到我看见了圣奥古斯丁》、《我同情可怜的移民》（I Pity the Poor Immigrant）和一首可爱的苏格兰民谣《野山百里香》（Wild Mountain Thyme），不过这倒不是很适合早期的摇滚音乐节。也许最有趣的还得数这位穿得一身白的大胡子艺术家表演的一首至今不明的地下室歌曲《吟游男孩》（Minstrel Boy），这首歌会出现在——最终发现是并不协调的——《自画像》里。

然而，谁又能知道沙龙酒吧挽歌又是什么东西？那张盗录专辑，据说是想做成一张现场专辑，说迪伦只表演了50分钟。怀特岛“国民”明显热情不足，就像英国媒体一样。他们自己都没想到他们听的是值1 000美元一分钟的音乐。约翰·列侬都会先乘直升机提早一小时到达，私下里和客人还有他自己那愤怒的乐队（除了麦卡特尼）一起做音乐，纯粹是出于礼貌。所以这可能也是为什么迪伦没有尝试《蓝月》。

* * *

1970年6月，格雷尔·马库斯在他的《滚石》杂志里用著名的几个字来形容《自画像》：“这是什么鬼?”没人能回答这个问题。马库斯到底在期待什么呢？说真的，他想要的到底是什么呢？那个夏天他到底给迪伦下了什么药？有些人可能还是对读一读没发表歌曲的歌词有点兴趣，那些能回答所有问题、达到所有要求的歌。或者曾经，至少，比这鬼玩意儿好一点吧。有歌词本也行啊。

然而马库斯还是挺有特点的。如果《自画像》真的是狗屎，与它的评价也匹配。自迪伦发行自己的第一张专辑以来，他第一次碰到了真正的失败。（不过大众的看法有所不同，在美国这张专辑排到了第四名，在英国，它把西蒙和加芬克尔《恶水上的大桥》挤下首位，虽然只维持了一周。）媒体方面，那些赞美伍德斯托克翻唱的人，对这张美国大杂烩专辑却不怎么感冒。这几乎成了一场比赛，看谁能用新的手段来哀悼、虐待专辑作者。然而在这儿，无论其他人说什么，这算是第一次，带着愤怒与痛苦，迪伦展示了美国范儿。

从某种意义上说，这只是一个空想。鲍勃·约翰斯顿面对那大量的歌本和做“翻唱”专辑的想法，据说曾经英雄般地回复说：世上只有鲍勃·迪伦能做到这件事情。但是他却没能拿出说这句话的依据。在1970年，这算是一个壮举——也算是一种背叛——这位诗人居然能如此没有主见，愿意唱《蓝月》和埃弗利兄弟古怪的歌。就好像所有乐评人都忘记了，所有的摇滚之神是怎么出生、成长、开始他们的音乐生涯的。迪伦没有尝试约翰尼·雷的歌，已经是他们的幸运了。

当时的评论家可能对于迪伦能把自己的歌放到《自画像》双专辑里发布而感到欣慰。但其实，24首歌里只有4首歌是他的，其中两首又是纯音乐；而其中一首歌的歌词不过是两行副歌，4首在怀特岛音乐节录制的歌里只有一首歌对于普通听众来说有些陌生；然后就是《布鲁斯生活》。这是经过了一年工作的产物。对于那些乐评人来说，这就跟挂出了一张“闭门修炼”的广告一样。确实，事实上这张专辑确实包含了8首“原创歌曲”，这也推翻了当时的理论，迪伦依然试图否认格罗斯曼的版税占比，但是合同还没有过期。1970年，一系列歌曲如此随意又悲伤地稍稍激怒了乐评人们。其中老摇滚们忘记了迪伦对歌曲的着迷。《自画像》不是一张伟大的专辑。从某些方面来说，它甚至不是一张足够好的专辑。从某些地方来说，它甚至很糟糕。就算它本身想表达什么概念，也被整个设计弄得让人一头雾水。对这张专辑的非难并没有停止——之后被迪伦否认说那是个“笑话”——这需要选择性的记忆。一开始他因为借鉴、抄袭和“改变”音乐而付出了代价：这些歌曲是他的自传。他是否像其他人说的那样做过这些事情？他确实用过小理查德的曲调、格思里的创作、一段埃尔默·詹姆斯（Elmore James）的布鲁斯［《我也很难过》（It Hurts Me Too）］（真是毫不客气），还有一些模糊不清的选段足以让乐评人和“学者”花无数时间研究。但是《自画像》是迪伦1969年的记忆，他大部分时间都在乡村，待在自己流行的歌曲留下的阴影里。

选择，就像对策，令人着迷也让人困惑。但是有一点很重要：这，对于大部分普通人来说，是真正的民谣音乐。

之后，他说他一直在试图摆脱自己那未得救的救世主“角色”。这张专辑其实是一个测试，可以说是“如果你能忍受这种垃圾的话，在所有其他东西里你都能找到才华”。《自画像》也是他“本人的盗录专辑”，谢尔顿曾经这么说。可以预见的是，这种说法被过度诠释。这可能是对《伟大的白色奇迹》的还击，这1969年夏天出现的毫不连贯的普通翻唱双专辑，献上了之前被淘汰的歌，1961年的残羹冷炙，以及邦尼·比彻在明尼阿波利斯的公寓，还有，当然了，7首地下室录音带里的歌。

你压根不会相信。《伟大的白色奇迹》确实吸引了不少关注，它在美国西海岸也时常播出。而《滚石》杂志及其他人还在为伍德斯托克录音带的发行而感到不安。《伟大的白色奇迹Ⅱ》在1970年出现——又一张收集了《偷窃》（*Stealin'*）和《谈约翰·伯奇会社的布鲁斯》的盗录——似乎应该会给迪伦带来压力。然而，这些专辑反而只增加了他的神秘感和刺激性，他并没有对这些小偷们采取什么措施。反而是给他们提供了一些不正当的“答案”？这种想法忽略了他的骄傲以及他对批评的态度。他会在纳什维尔和纽约花上几周甚至几个月，只是为了跟嬉皮文化“辩论”吗？不太可能。之后盗版者们还发布了《私录卡带系列》——其实这个系列很棒——以回应迪伦自己发表的零零碎碎的作品。不过这些游戏也已经离题了，毕竟那是在1970年。

《自画像》受到的批评最多，因为对于这张专辑，迪伦一开始并没有想通，倒不是因为他不够严谨。当时人们忽略了一些事情：在他那个年代，没有任何一个艺术家，没有任何一个摇滚乐手，在60年代渐逝时像他那样思考流行音乐。地下室录音带的声誉——很多是来自格雷尔·马库斯——其实是在录制完成后很久才获得的。1967年，《金发佳人》发行后，迪伦演唱鲍勃·诺兰的《冷水》会被认为是垃圾吗？另外，他的意图得到理解了吗？

《自画像》改编歌曲时，其实和地下室录音带差不多。迪伦版的《紫铜壶》（Copper Kettle，50年代早期的一首民谣歌曲）听起来不像是原声吉他歌曲，这首歌算是对这张专辑的一瞥。传统的《贝尔岛》（Belle

Isle）是用“纳什维尔声音”创造的奇迹。戈登·莱特福特的《清晨的雨》（Early Mornin' Rain）被认为——就当这是批评——听起来太过熟悉。《我也很难过》（It Hurts Me Too）只是因为公司要求保留。也有人对《蓝月》表示不屑，完全无视其对猫王的敬意，即便迪伦请了一位优秀的小提琴手［道格·克肖（Doug Kershaw）］来演奏猫王演唱的部分。

后来人们说这张专辑失败的点也许仅仅在于选择错误。候选的歌曲有20多首，有几首让人印象深刻的已经流出，或者说至少是纸面上的流出。比如《坐在码头边》（Sittin' On the Dock of the Bay）、埃里克·安德森的杰作《口渴的擦靴人》（Thirsty Boots）和《木匠》。对于这张专辑还有什么其他好说的呢，它其实很像是对迪伦开了一个无法承受的玩笑。专辑设计不精良，甚至可以说漏洞百出，但并不可笑。他追求的是“美国歌曲集”的概念，换句话说，就是美国范儿，几十年后人们发现这种想法很对，并且让小众音乐得到了关注。迪伦用他自己古怪的方式问了一个问题，这个问题很有道理，也很重要：美国歌曲到底是什么样的？它到底想要对谁说什么？为什么？也许他最好通过他地下室的门喊出他的结论。

1970年，《自画像》是时代和那些所谓新潮、怪异、无精打采又粗鲁的“摇滚记者”的牺牲品。而到了2007年，在*Mojo*杂志的网站上，你可以找到这样的说法：“喜欢旧时迪伦的作品如《爱情与小偷》《编年史》和《主题广播时间》（*Theme Time Radio Hour*）的人，会在《自画像》里看到一个新的迪伦——一个更新、更好的他——我们可以这么说吗？——《摩登时代》。”说得太对了。

那时，即便是专辑的封面都被认为是一种隐喻的挑衅。而且迪伦之后被称为视觉艺术家——那是另外一个故事了——那个巨大、原始又像面具的《自画像》，混沌的眼睛和张开的嘴，粗糙而草率，像是在为自己诉说些什么。事实上，这可能只是迪伦没有使用太多绘画技巧而已。几年后，他还试图说明他画的不是他自己。1970年，人们得出了一个显而易见的结论。这张专辑叫作《自画像》，专辑封面则是一个男子的大头画像，由一位男性艺术家创作。所以，这就是迪伦心中的自己：没有个性特征，无法辨认，而且绝不是“鲍勃·迪伦”。那可以是任何人。这是人们认为这张画背后的含义，也是那些疏远、自我毁灭的歌曲所表达的意义。

* * *

讽刺的是，这张专辑发行后的一天，迪伦获奖了，那是普林斯顿大学的音乐荣誉博士学位。这位大学退学的艺术家最终得到了荣誉以及一个拉丁卷轴，可惜亚伯·齐默曼无法看到儿子获得这份荣誉的那一天。当时的迪伦29岁，好像并不怎么享受这件发生在沉闷、“炎热又万里无云”的7月的事，他和妻子以及歌手戴维·克罗斯比在一起，但不管怎么说，他之后为此创作了一首歌。1970年对他来说，是很重要的一年。蝉声响亮，迪伦觉得他听见了蝗虫过境的掠夺声。他说过“普通人的艺术”和“来自被扰乱的美国年轻良心的真实表达”。

在《编年史》中回想起这一切，迪伦想起他的反应：震惊、发抖，简直无法相信他们仍然把自己的预想加在他的身上，并把这样的痛苦当成光荣。他再次被愚弄了，或者在他笔下如此。他们没有谈论他的音乐，而是把他描绘成一个古怪的隐士。他保持面无表情，保持自我的主张。在内心，他怒火翻滚。

又一次成功了。迪伦说，“当时如此疯狂，我简直想咬我自己”。随着时间的推移，他逐渐习惯了奉承，但在1970年时他对此感到相当不适。那么问题来了：既然他觉得不舒服，为什么他还要去呢？无论他现在是不是为人夫为人父——虽然这被校长提起过——他为什么要去接受公众的折磨？在回忆录里，他说，不管别的是什么，他其实很高兴接受那个学位。“这对我是有用的，学位散发着一种尊重的感觉。”其实这和“大众观念”也不无关系，虽然观念之后会改变，他记得“就像溜溜球”。《自画像》并没有让一切平息。

* * *

1970年10月，迪伦似乎企图向乐评人证明自己，甚至愿意给出他们认为他们想要的答案。就在《自画像》声望扫地的时候，突然出现的新专辑《新晨》可以说像是悔恨和反抗的混合产物。就连专辑名也像是在暗示这位艺术家已经把过去犯的错误抛诸脑后了。这张专辑在大杂烩专辑发行之后仅仅4个月就出现了，人们很容易认为迪伦冲进东52街的哥伦比亚录音棚，试图用他更优秀的歌曲来掩盖之前令他蒙羞的专辑。但其实不是这样。

如果说《自画像》是他为拓展自己的创造力做出的练习，那么《新晨》也不足以让人们认为迪伦正在重塑自己，虽然很多人（也许是绝望地）想这么评价。马库斯认为这张专辑是“充满活力的行为”，其他乐评人则认为这张专辑是一个新的开始。众所周知，拉夫·格里森在《滚石》中提到“迪伦回来了”。当然文章里没有提到底是哪个迪伦。

事实上，这张专辑也许可以说是不同的、试验性的，但他自己也不确定。纳什维尔歌手已经消失了，其他也没有什么值得一说的。这张专辑还是有点意思的，虽然不算引人注目，但令人愉悦。它有它的优点，氛围多样，（12 首歌中）有四五首比较优秀的歌曲，这些虽诱人但并不醒目。他们认为听众或多或少在此之前就对鲍勃·迪伦有所耳闻，知道他之前是什么样的，也知道他做过什么事。之后就是他自己的问题了，一张张专辑过去。有好多鲍勃·迪伦此刻站在他自己的肩膀上。

《纳什维尔地平线》是他在格罗斯曼的管理下发行的最后一张专辑。有一段时间，格罗斯曼仍持续收到迪伦的版权费，尽管之后合同已经被修改了，但是实际分开是在 1970 年 4 月。律师们有一大堆工作要做，两边互不谦让，主要是针对 7 月的合同进行讨价还价。然而对迪伦来说，他即将作为一个自由人存在。就像他在歌里所说的，自由是一种复杂的概念。

我们不知道对于脱离公司，他当时是什么感觉，或者他到底有没有感觉。从某种意义上来说，他们的关系是当时这个行业里很典型的关系，就像小鱼和鲨鱼、天真幼稚的人和大吹特吹的小贩。从格罗斯曼的角度来说，他把迪伦从昏暗的格林威治村带出来也是经过一番斗争的，对于客户的利益他坚决捍卫，并且鼓励艺术家追求自己的梦想。之后在法庭辩论中，证据显示，格罗斯曼只是在保障自己的利益，他不过是一个有着火眼金睛的伯乐，现在却声称自己是“鲍勃·迪伦”品牌的一半。其他合作伙伴也宣称格罗斯曼是在撒谎。

但是迪伦也不能说他之前完全没料到这些，即便是在年轻的时候。他也不能否认他那些关于虚伪的修辞是关于那个将他捧红的经纪人的，那个他自己选择的经纪人。不管怎样，他们合作了差不多5年，并且作为合作伙伴关系一起工作了3年以上。迪伦肯定也不是没有经过深思熟虑的。从他之后的职业生涯，我们可以自然而然地得出一个结论：他再也不会让自己被他人束缚了。在那之后，与迪伦合作的管理人员都是“为迪伦工作”。《约翰·卫斯理·哈汀》的《亲爱的房东》有时候会被解读为歌手对有些“为我的灵魂标价”的人发出的抱怨，但其实不是这么回事。《新晨》，从标题来说，反而更适合当前的情况。

无论其他，这张专辑至少表明迪伦断断续续地重新开始写作了，就在他企图给《自画像》下各种定义之后。从那张专辑里拿掉的一些歌曲——《去见吉卜赛人》（When to See the Gypsy）和《时光慢逝》（Time Passes Slowly）——出现在了《新晨》里。这两首歌其实是在差不多的时间录制的。发行这两首之前专辑剩下的歌是经过慎重考虑的。根据这些歌，以及哥伦比亚在1973年发行的《迪伦》中的材料来看，也不清楚为何《新晨》会被认为是原创歌曲的单独合集。也许是歌手仍然沉浸在演奏他人作品的想法里，又或者他仍然缺乏发行自己制作的专辑的自信。

在普林斯顿的经历让迪伦写出了《蝗虫之日》（Day of the Locusts），这首歌被指出与纳撒尼尔·韦斯特（Nathanael West）在1939年的小说《蝗虫之日》有关，不说别的，看题目就已经很明显了。其实这首歌不过是（或多或少地）描绘了迪伦对院校的那种不安感。而据说《去见吉卜赛人》是与猫王会面的成果，但没人知道见面地点是在哪儿，以及他们为什么会见面。克林顿·海林坚称他们在“1970年的冬天”于拉斯维加斯的后台见面——猫王在那年1月确实在维加斯——但是消息来源至今未知[1]。这首歌本身，作为《新晨》中最优秀的歌曲之一，没有暗指大酒店的套房，而说的是“明尼苏达的小镇”。2009年，迪伦自己曾经对《滚石》杂志说，他从未见过猫王：“我没见过猫王，我也不想见他。”另一方面，在迪伦的专辑发行后，猫王录制了长达11分钟的吵吵闹闹的《不再犹豫》（Don't Think Twice）。所以细节并不能和“吉卜赛人”扯上什么关系，这就是一首意义含糊的歌曲，关于表演、信仰和幻想。

---

1 *Revolution in the Air*, p. 404.

专辑的其他方面，比起展示艺术上的信心，它展现的更多的是纯粹的优柔寡断。谢尔顿（和其他作家）会列出迪伦最初的想法，他最初的爵士歌曲，他的“第一首汉克·威廉姆斯风格的乡村音乐”，以及他的第一首华尔兹。这些单子既准确又简单：这些歌是专辑里最少的。“爵士”音乐，与其他风格相比，停留在了实验阶段。这是十足的骗局。鸡尾酒酒廊背景里弥漫的《如果狗跑了》（If Dogs Run Free）明显是为了让人们分散注意力而设计的，它的歌词显然是故意的，充满了鲍勃·迪伦式的讽刺。它让人们关注作家的文思枯竭。

如果狗逃跑了，那我为什么不跑
穿越时间的沼泽
我的脑海中编织着交响乐
和韵律的挂毯

《如果狗跑了》是一个令人震惊的例子，也许《新晨》的问题正在于此，但它不是唯一一个例子。和文字打了太久交道，突然之间有了这个机会，迪伦决定搞个噱头。有诚意的歌曲不少，比如《窗上的记号》（Sign on the Window）和《时光慢逝》，这又是朝专辑的一瞥，但也仅仅只是一瞥而已。迪伦还在迷失之中。

因为这些，在《新晨》平静的表面下蕴含了一些有趣但不重要的事情。其中包含了三首歌，是受当时 78 岁的贵族诗人阿奇博尔德·麦克利什（Archibald MacLeish）邀请创作的，他创作了史蒂芬·文森·贝尼特（Stephen Vincent Benét）的短篇小说《魔鬼和丹尼尔·韦伯斯特》（The Devil and Daniel Webster）的戏剧版本，名叫《抓挠》（*Scratch*）。也可以理解为什么迪伦认为《新晨》、《时光慢逝》和《黑夜之父》（Father of Night）能够符合这个项目的标准，麦克利什显然无法摸索到。这是一位 20 世纪 20 年代出现在巴黎的第一波现代主义老艺术家，和其他天才并驾齐驱——海明威、菲茨杰拉德、让·谷克多、毕加索，耳熟能详——却没能从迪伦那里找到可用的东西。“阿奇”正在创作一出描述一个人灵魂的挣扎的喜剧，却到快活的乡村歌曲《新晨》里找素材。而被他选择的曲作者之后声称他与“制作人”产生了纷争并且结束了合作。相反，在《编年史》里，他说他知道，即便在去诗人家之前他就知道，他给不了任何东西。迪伦被各方质问，并深深感到困惑。麦克利什的戏剧在没有迪伦的帮助下也广受好评，迪伦最终也把这几首歌发表了出来。双方都没有做错什么，而且这或许也是他重新写作的动机。但他还是没能走出黑暗的森林。

开始制作这张专辑是在 1970 年 5 月的第一个下午，那时候《自画像》刚刚接受了自己的命运。乔治·哈里森来到这里参与了实际上的第一次录音。人们不应该从非法流出的录音带去评判一个乐队，但如果是刚经历了披头士乐队混乱的吉他手，他在哥伦比亚纽约录音棚里展现的自我则值得一听。的确，人们很快乐。其实一般很少能如此明确地知道他们想要如此快乐。这张盗录专辑的开头听起来像是一支酒吧表演乐队，最糟糕的是《空中的（幽灵）骑士》［(Ghost) Riders in the Sky］(就是那首)，之后是《丘比特》(Cupid) 和《只有寻梦去》(All I Have to Do Is Dream)。之后，从鲍勃·迪伦以前的歌曲，到麦卡特尼的《昨天》，表演时歌手仿佛暗藏着怨恨。然后是《嘟嘟囔囔》(Da Doo Ron Ron)。之后不知怎的，迪伦还能让这些混乱的声音变得迷人。20 首歌已经过去了三分之二，突然之间优秀的歌冒了出来，那就是《献给伍迪的歌》和《妈妈，你一直在我心上》，就好像他尝试着记住什么。

最终一张专辑完成了，在 10 月 21 日发行，它的成绩还不错：在美国排行第七，在英国又拿下了一个第一。迪伦已经三年多没有尝到这种成功的滋味了。斗胆打个比方，《新晨》其实是虚幻的黎明。他还能录制专辑。他能辨别他人对他过分的崇敬。而他做不到的，或者轻易做不到的，是像几年前的自己那样，流畅而疯狂地写歌。这就像是一个活生生的人突然就不见了。

回到纽约生活并没有什么帮助。无论是什么原因导致的，迪伦相信，回到格林威治村可以让自己的家庭回归和睦、隐蔽，但在伍德斯托克之后，这也成了痴心妄想。买下一栋位于麦克道格街 94 号前门大开通向人行道的房子是一个愚蠢的决定。很快消息就传出去了，这里来了不少围观的人。他们不打算让迪伦一个人静静。他的抱怨跟一些娇生惯养的大明星的烦恼不同：迪伦确实是遭到了骚扰，每一次人们认出他，都会追着他跑。他已经被无数人追着要“答案”，也被无数人说他应该担起做领导人的责任。这次不一样。这一次，他疯狂地认为，他必须开口说这件事。

可以说，那些年 A. J. 韦伯曼的“垃圾学”浪费了很多空间，这种自我宣传的艺术，这种“解放迪伦阵线”，这种厚颜无耻的反动的“激进分子”，还有疯狂地相信迪伦的任何一句话或者任何一种行为都是象征性的、有参考价值的，就像是邪教，那种永远不会有好下场的邪教，只会导致闹剧和伤痛。很多人认为韦伯曼这样的雅皮士很滑稽，像是嬉皮文化里出现的滑稽卡通人物。

你只需要暂停一下，并且从迪伦的角度来思考。1970 年逐渐过渡到 1971 年的时候，他已经是 5 个孩子的父亲，他正试图重建他复杂的生活，并且重新操持他的事业。同时，暴徒们——从各个角度来说，这个词都没用错——却在用扩音喇叭围攻他的房子。“迪伦的头脑属于人民，而不是猪!”他们如此喊道。没人想到这“头脑”应该是属于迪伦自己的。信仰韦伯曼的人根本无法代表真正喜欢迪伦的人，但是这改变了迪伦对于流行艺术和观众之间关系的印象，这也没法怪他。他为他的家庭担心。当这些歹徒翻你家垃圾的时候——A. J. 韦伯曼的专长，只要与迪伦相关的就没有小事——紧随在狂怒之后的只能是绝望。

最可笑的是，韦伯曼直到今天仍享受着迪伦“学者们”对他的那唯一一点儿尊敬，出于《迪伦之于英语字典》(*Dylan to English Dictionary*，2005）和创造词汇——他说这是词汇——“迪伦学”。1971 年 1 月，两人间的电话对话录音带和手抄本——只有迪伦知道他到底在想什么——仍然被从未想过自己会去翻一个作家的垃圾的读者们阅读着。韦伯曼后来与右翼的犹太复国主义联系起来，这可能是假的。当时迪伦认为有必要直接把这位学者揍一顿，比如把他的头按到人行道上，这很有道理。

真实的情况是，这位艺术家仍然沉浸在他父亲去世的震惊之中，最明显的——或者至少对大众而言如此——表现在迪伦一家去以色列度假时，迪伦在他生日那天，在耶路撒冷的哭墙前拍了一张照片。媒体立刻得出了这个结论，这次他们确实没说错太多。在《编年史》里，迪伦写道：“很快这些变数一夜之间把我变成了一个犹太复国主义者”，但这好像是一种有意的误导。事实不是这样的。自《约翰·卫斯理·哈汀》以来，他一直在对宗教和传统进行“调查研究”，他还有在犹太夏令营的记忆。1971 年的夏天，尽管外界有不少质疑，但他是认真对待他的犹太血统的。随后在神学的冒险中证明，他是受其束缚的，但那是另外一回事了。另外，迪伦戴着便帽的照片也给《约翰·卫斯理·哈汀》带来了预言之光。从犹太法典的角度出发，就能读懂那些逍遥法外的歹徒的故事，寓言能让你更好地理解法律。迪伦可没有做出这样的解释。但是，巧合——如果可以说是巧合的话——在于这是没法被忽视的。那个男孩曾经否认自己的父母和信仰，如今他 30 岁了，决定回归了。他成了另一个人。那么还是那个老问题：这个迪伦应该做些什么呢?

* * *

第一眼看来，没什么可做的。在 1971 年的夏天，乔治·哈里森成功地让他加入了两场演唱会，在下午和晚上，那是在 8 月 1 日举行的位于麦迪逊广场花园为帮助孟加拉人而举行的演出。人们对迪伦的欢迎程度可以这么形容：欣喜若狂，神志不清，充满欢乐。他们的喜悦来自于迪伦的出现和形象，以及他演奏的五首歌曲。这就是他，纽约人民以为再也见不到的他：牛仔外套、马丁原声吉他，以及架子上的口琴。他的开场曲目非常适合这样以慈善募捐为目的的演出，尤其是对于一个几乎被飓风和内战毁掉的国家而言，但是当时的观众听到的却不同。他们听到迪伦演唱《暴雨将至》。对于大多数人而言，这简直是难以置信的美梦成真。

他来了又走，出现又消失。在 3 月中旬，他在录音棚里待了几天——不过不是哥伦比亚的纽约录音棚——和钢琴演奏家利昂·拉塞尔（Leon Russell）一起，创造了奇迹，他们创作了两首新歌，写完并且完成了录制。他们会做出相似的陈述也没什么好奇怪的。《看着河水流淌》（Watching the River Flow）被认为是指之后还要继续：“我是怎么了/我没有什么可说”，当人们“不同意你的一切观点”，歌手很愉快，或者至少他自己说，“安心地”坐下，看着永恒的河水流过。无论满足与否，他也没有别的选择。这不是他退出公众视野的微妙幻想：他有几首新歌供大家争论。如果创作是一种习惯，迪伦已经恢复了这种习惯。

相比之下，更优秀的作品是《当我画出我的杰作》（When I Paint My Masterpiece)，这两首作品里更有趣的一首。这位英雄，无论就过去还是现在而言，在斗争中花费了太多的时间，“在斗兽场里/躲避狮子，浪费时间”。现在一切都不同了，他画出了——大家不是都说他会吗？——他的杰作。迪伦嘲弄了欣赏他的人，以及他自己的名誉。从大部分时间来看，别说杰作，就是普通歌曲的灵感都绕着他走。他需要绞尽脑汁才能写出作品。然而，在他的歌曲里有一个提示，他仍然想相信，最好的尚未来到。

但是它并不会发生在 1971 年，并且也没有发生在 1972 年。新歌出现在 3 月，它们展现了一种模式：零零碎碎，走走停停，不连贯的人生。这两首歌，加上与欢乐特劳姆在 9 月录制的三首抒情版地下室歌曲，就足够发行那一年的专辑了，11 月发行的《鲍勃·迪伦精选集Ⅱ》除了熟悉的歌曲之外还加入了一些新鲜的材料。有些粉丝抱怨自己不得不花钱买一张双专辑，只是为了听到那五首“之前未发行过的”歌曲。《看着河水流淌》，这首歌如果也算是畅销金曲的话，只能把美国排行榜第 41 位当做首位了。

《毒蜘蛛》终于出版了，对于大部分人来说，这难以理解，另一部分人则持怀疑论调，但是所有关于鲍勃·迪伦和诗人的讨论回溯了。大批学者冲上前线，却发现他的踪迹难寻。高价的盗录带成了焦点——说痴迷可能有点太过了——但他的信徒已经顾不上别的了。用半学术术语来说，《约翰·卫斯理·哈汀》似乎成了艺术家作品最后的绽放。除去一些卓越的努力之外，迪伦在此之后制作的专辑，没有一张能够像它一样承受这么多讨论。它也变得平庸了，这和放弃无关。一位乐评人说，迪伦没有像兰波一样走向创造性的阿比西亚之路。他陷入困境了。

他与哥伦比亚的合同即将到期，这件事情他已经敏锐地察觉到了。他可能还指望签下一个新的合约。但是，即便撇开韦伯曼的修辞学和其他的不说，他也情愿冒着下岗的危险。就在当时，他写了一首抗议歌曲。没人能料到这一出。

* * *

《乔治·杰克逊》(George Jackson) 是当时流派里最棒的，但是很多迪伦的仰慕者都很少提到这首歌。这首歌似乎让他们很不快。在迪伦的一生中，这首歌往往只得到很简单的一句评论：“主题歌曲”。激发闪烁的自由之声是一回事；庆祝一个被监禁的激进的毛主义杀手，自认为自己是正在与美国抗争的战士，似乎是另一回事。黑豹党当时属于被抹杀的历史。在这首歌里，迪伦明确表示同情并且支持杰克逊。在这种情况下，谁还能说他不站队了？

按照常理可以预料的是，在这首歌发行之后他会受到指责，而且这首歌还特地出了两个版本，于 1971 年 11 月发行。《滚石》杂志表明这首歌“把投机者分为两个阵营，有些人认为这是诗人的回归，而其他人认为这是迪伦为吸引支持者而走的捷径”。其实两者皆非。这首歌是一口气完成的，不由自主地写完并且迅速录完。杰克逊的死代表了迪伦的一个信仰，这个信仰已经陪伴他很多年，从他早期还在格林威治时就开始了，毫无疑问，这要感谢伍迪·格思里。

有时候我认为这个世界
就是一个监狱广场
我们之中有些人是囚犯
有些人是狱警

乔治·杰克逊值得这样的挽歌吗？即便他已经去世近 50 年，这件事情仍有争议。毫无疑问，他因为在索莱达监狱出于报复而杀死狱警，因为他的三个狱友被狙击手射杀身亡，他可能面临着毒气室。毫无疑问，他之前是个少年犯——武装抢劫，袭击，盗窃——18 岁时被处以美国特别的“无期徒刑”。毫无疑问，他的警卫描述杰克逊为“反社会的”，并且是他们所认为的监狱帮派的领导。同样毫无疑问的是，他被转移到圣昆丁的监狱，那里坚称他在 1971 年 8 月 21 日因企图武装越狱而被击毙。

在他的一封在监狱写的信里，杰克逊试图解释“被捕杀的外国人”是一种什么感觉。他和他的支持者认为，他正是因为“不愿意躺下任由别人欺负”而成为目标，并且，因为他的书《索莱达监狱兄弟会》（*Soledad Brother*），他把国际目光吸引到了原本与世隔绝、深不可测的加利福尼亚监狱系统。斯蒂芬·宾汉姆（Stephen Bingham），他的律师之一，被指通过层层安检依然把一把枪成功运进监狱——律师当时被无罪释放——之后他说杰克逊是“众矢之的”，因为“乔治是公众关注的催化剂，他是加利福尼亚管教部门的敌人之首”。宾汉姆还指出，圣昆丁那边声称杰克逊企图越狱的地方，也就是“管教中心”，是个狱中狱，绝对不可能逃得出去。杰克逊也已经被彻底搜身过至少两次，而之后却声称发现——反正狱警是这么说的——他携带了武器。武器是不会凭空冒出来的。

对于这个争议巨大的故事，迪伦只讲了其中一点点。他没有提到杰克逊的马克思主义，或囚犯所青睐的“武装革命”论调。他没有说，在杰克逊“企图越狱”的时候，其他囚犯冲了出来并且杀害了狱警。迪伦选择站在他这边。然而之前人们不相信的说法是：杰克逊因为70美元的抢劫被捕后，“他们扔掉了钥匙”，之后却被证明是真的。这就是“无期徒刑”。每一次年轻的杰克逊企图反抗，他的刑期就会延长。

一些媒体说迪伦用《乔治·杰克逊》“回到抗议”。其实他没有这种意图。他用这首歌表达的无非是“先进分子”所要求的：表达出来。可以预见的是，这支单曲比《看着河水流淌》表现稍好一点，最高排名——没错，最高——是美国排行榜的第33位。这也是又一次提醒大家，迪伦是无法被轻易归类的，无论是政治上还是其他方面。

* * *

在1972年的头几个月，他仿佛完全消失了一样。这次他消失得比以往都更彻底。在这次私人度假中，迪伦住在他买下的亚利桑那州图森的一处农场里，吸收了荒漠的味道和颜色，吸收了老西部的历史，就好像美国是他的第二天性。这段时间的经历其实挺有用的。在这段时间，他好像很少写作，无论他是否已经准备好了，或者说是否愿意、是否能够完成一张新专辑，这都说不好。后来很明显地，他根本不想把这些材料交给哥伦比亚。他自己才是他命运的主人，他正在等待时机。反正他有的是时间。

1972年，理查德·尼克松在连任选举中涉及了一些名叫“水门”的华盛顿公寓楼的丑闻。同一年，正值美国准备从越南撤军，以色列运动员在慕尼黑奥运会被恐怖分子杀害，美国总统正准备访问共产主义中国。头条层出不穷，但是迪伦早就不再关心了，也不想再把热门事件写成歌。无论《乔治·杰克逊》对他而言意味着什么，这种心情已经过去了。十几年前他可能还会从尼克松身上提取出诙谐幽默的布鲁斯，但是那个迪伦可能再也不会出现了。他甚至没有注意到，他的首张专辑问世距今已经过去了十年。1972 年，他的过去对他而言毫无存在感。

同时，音乐界正在不屈不挠地制造“新的迪伦们”。每一个能独立写歌并且在录歌时拿起口琴的人，都能得到这个称呼。约翰·普莱（John Prine）算是一个很好的例子，他在 1971 年发行了自己的第一张专辑之后就被冠以该头衔。倒霉的布鲁斯·斯普林斯汀更是获得了双重诅咒，先是被约翰·哈蒙德“看中”，后一年则与哥伦比亚签约，他为了撕下迪伦的标签不得不加倍努力。供需平衡正在发生改变。显然，在某种意义上，人们需要一个新的鲍勃·迪伦。1972 年，讽刺的是，这位作家作为大家的目标，依然没有多少创作的灵感。而他之前的作品，一些歌词和诗句，则以《写与画》的形式出版了。

它给了乐评人和学者们一些讨论的空间，他们讨论的主要是迪伦的诗歌的文学地位（如果有的话）。那些想要定义“诗”的人反复争论着，投着支持或反对的票：他是位诗人，抑或只是个词曲创作人？这位作家给这本书起名《写与画》，之后的版本直接叫《歌词》。1973 年，这本合集出版后，看起来迪伦对他的歌词非常在意，从《约翰·卫斯理·哈汀》里完美的句子，到《如果狗跑了》里荒诞的段子。其实，这本书的开头是一首非常得体的诗。那是迪伦为自己目前的状况写下的四行诗，用了双重否定。当他坐在创造力干旱的亚利桑那沙漠里时：

> 如果我无法取悦所有人
> 那么我干脆不去取悦任何人*
> （可是这世上有这么多人

---

* 此处原文 not please nobody 为双重否定。——译者注

啊我就是无法让所有人满意）

在平凡的现实周围构建神秘。迪伦把隐居变成一种艺术形式，被生活的疲劳所吞噬，就好像那不可能做到的要求“取悦所有人”——他什么时候做到过呢？——阻碍了那些难以捉摸的杰作的出现。在这首打油诗里，他似乎是想说，他决定不再创作了，而这是他的听众们的错。不能说这完全不对，但他这是避重就轻。有些事情——好比丧亲之痛——让他无法继续写歌。1972 年他可能也随便涂写过，尽管尝试了，但还是无法让所有人满意。他只能躲进一部电影里。

剧作家鲁迪·沃立舍找到迪伦，因为他“需要一首歌”作为《帕特·加勒特和比利小子》的主题曲，迪伦注意到“当时我也没什么别的事可干”。他读了剧本，看了导演之前的几部电影，比如《午后枪声》（*Ride the High Country*）和《日落黄沙》（*The Wild Bunch*），“很快”就写出了这首歌。本来事情到这儿就应该结束了。然而，剧作家认为迪伦很适合其中的一个角色。这个想法很吸引人。无论有没有做演员的才华（哪怕是最低限度的），迪伦根本无法拒绝一个融入角色的机会。坐在扶手椅上的心理学家们能得出他们自己的结论。

随着《日落黄沙》、《稻草狗》（*Straw Dogs*）和《约尼尔·波恩纳》（*Junior Bonner*）的问世，山姆·毕京柏已经可以算得上和好莱坞导演差不多了。同时他还有很多面，酗酒嗑药、躁郁症并且有暴力倾向、电影界的诗人、枪支联合会成员、疯子、浪漫主义者、暴徒、能忍受他的朋友和同事眼里值得尊敬的人。毕京柏其实从来没有听说过鲍勃·迪伦。

经过他的两位明星（克里斯·克里斯多佛森和詹姆斯·柯本）的游说，导演终于同意见一见这位歌手，然而最终这次会面却成了一次试镜。迪伦只是想要一个跑龙套的小角色，然后把歌唱好就可以了。于是他如愿以偿，并且得到了一份创作电影原声音乐的工作。然而克里斯托佛森事后断言，毕京柏认为他是被米高梅压迫着去雇用迪伦的。导演当然没有跑偏，对迪伦参演电影的事情大做文章。毕竟这么小的角色，无论是谁来演，都可能被忘得一干二净。

据说迪伦大部分的表演片段都被后期剪辑掉了，毕京柏和米高梅高层之间发生了不少争论。到底剪掉了什么呢？有趣的是导演剪辑版的《帕特·加勒特和比利小子》于1988年问世，16分钟的还原片段里也没有迪伦的踪影。如果阿利亚斯这个角色在电影中有什么意义的话，大概就是一个几乎完全沉默的目击者、传闻和传奇的见证者。迪伦在电影原声里留下了自己的声音。

不可避免出现的盗录带，《皮科布鲁斯》(*Pecos Blues*)，也没有给专辑带来多少注意力，专辑收录了一首轻快的《再见霍利》(Goodbye Holly)和两首喧闹的歌：《妈妈让我(像车轮一样)摇滚》[Rock Me Mama (Like a Wagon Wheel)]和《甜蜜的阿马里洛》(Sweet Amarillo)。这部电影从各方面来说，除了《帕特·加勒特和比利小子》主题歌之外，其他都被迪伦的音乐洒满了阳光，尤其是那首死亡来临前催眠的歌曲《敲响天堂之门》。有了这些，电影似乎多了一些深意和诗意。同时迪伦也收获了自《雨天的女人们》以来最为成功的单曲。

当然这并不是他努力的重点。他和萨拉在杜兰戈拍摄期间过得很糟，忍受着沉闷和毕京柏发怒时电影片场的疯狂，并且一直和米高梅进行着漫长的交涉。剧组一直工作到1973年的感恩节，然后是圣诞节，再然后是新年。直到1月，在墨西哥城的迪伦已经不得不装作自己知道如何制作电影音乐了。他花了一整个晚上进行了混乱的录音，当然了，只有一个版本是适合《帕特·加勒特和比利小子》的。真正的作品是2月份在洛杉矶完成的。

随着电影音乐的出现，迪伦对《帕特·加勒特和比利小子》的贡献随着时光流逝更为明显。当它在1973年7月问世时并没有受到好评，乐评人们显然已经把电影本身放在一边，谴责配乐任性又懒散。只有两首歌，也就是那两首歌，在迪伦3年来发行的第一张专辑里，被指傲慢。毕竟从这么多年的赞扬声中走来，有一丝傲慢也非常正常。事实上，迪伦把整个老西部的风情都融进了几首歌里，但是却没人注意到。这两首歌都是关于死亡而不是英雄气概的，两首歌都提到了命运和神。《敲响天堂之门》则成了那种会引起乐评人注意的“经典”。迪伦已经是明日黄花了，这张专辑提供了又一个证据——如果还需要证据的话。

* * *

现在好像没有多少人谈论《行星波动》（*Planet Waves*）了。里面有一首好歌，关于一个好爸爸对自己新生儿的未来一片光明的希冀，这是每个人都能体会到的。这张专辑里没有什么其他作品称得上是迪伦的杰作，这也算是一种耻辱。“愿你青春永驻”：面对这种真诚的陈词滥调，谁能不买账呢？但是这些作品掩盖了其他歌曲，也掩盖了其他问题。

如果哈克贝利·费恩从“那个地方”逃走了，但最终经过几年的迷茫又回来了，会怎样？如果是迪伦呢？想象中他生活过的“美国”地区，到底是什么样的呢？

他的回忆录《编年史》里，感情最丰富的部分，是他揭起童年和年轻时的面纱。《行星波动》是这本书的前身。迪伦对北方纯净又寒冷的空气的描述十分到位。年轻时，他想离开家乡去远方，美景和氛围并不能成为让他留下的理由。长大之后，他却时不时地回到明尼苏达的农场，至少有人看见过，但是他好像——或者《编年史》里也说到过——心里非常矛盾。过往是记忆中的故土，但是边境却已经被封锁了。

然而这不是最像《哈克贝利·费恩历险记》的地方，这本小说是美国文学史的开端，它发出的声音非同凡响。没有哈克贝利·费恩，就没有海明威，就没有《在路上》，也没有斯科特·菲茨杰拉德梦想历史的车轮滚过共和国的土地和那些漂泊的船只，也没有成千上万的他们，在历史上留下浓墨重彩的一笔。但是这些声音要在哪里听见呢？主要是在记忆里。迪伦的希宾和德卢斯位于边境，那里曾经与加拿大人发生过军事冲突，但是他的童年充满了美国的历史和地理，那是移民者们的声音，是美国的声音。在《行星波动》里，他回去了。

以他的标准来衡量的话，这并不是一张优秀的专辑。《青春永驻》（Forever Young）是不错的歌，但也仅是因为这首歌不会考验到观众的耐心。其实这是一首关于死亡而不是父母情怀的歌曲——咱们就别谈情怀了吧——但是这首歌里对于阴暗部分的触碰却被忽略了。这首歌说黑暗的日子会结束。这张专辑也一样，像是抒发了一种对回不去的地方和时光的怀念之情，而这种怀旧之情并不只属于他一个人。老美国曾经属于所有人。所以：“历史成了一个谎言！余兴节目却成了主角……”迪伦的本子里写着，之后就“被压制了”。重点在于，“余兴节目”正是他本能追求的事业。你不禁会想：鲍勃·迪伦心中理想的“鲍勃·迪伦”的事业到底是什么样的？那些抱怨自己的名声的人很少会得到同情。但对于这位艺术家来说，他花了很长的时间来建立自信。《行星波动》其实可以算是一种自传，虽然内容不多，但是却表达了足够的内容。1973 年，历史正在淹没迪伦。

各种厂牌都使出全身解数吸引迪伦，哥伦比亚也没有对他过多地挽留。我们可以从企业政治里脱离出来，也好奇为什么戴维·葛芬（David Geffen）的“庇护所唱片”能够从迪伦之前的助手们留下的片段里萃取出一张唱片。臭名昭著的是，哥伦比亚为了竞争，出版了《自画像》和《新晨》的残羹冷炙，并非常无礼地起名叫《迪伦》。（其实也没有这么糟，作为一张专辑，它的表现力和连贯性甚至优于《自画像》。）而葛芬签下的一两张专辑的合同不会束缚迪伦，并且他们给的版税非常高，这对迪伦很有帮助。迪伦搬去加州可能也是一个因素。很可能当时的迪伦正在放逐自己，企图向哥伦比亚证明自己的价值，以免他们淡忘。所以庇护所唱片给出的开放式合同是一个非常好的选择。

大家不知道为什么葛芬会希望迪伦来到他的新厂牌“庇护所唱片”。1973 年，迪伦的专辑销量——因为没有新专辑——并不能显示之后会有大的回报。一篇犀利的文章写到，迪伦的职业生涯似乎再也回不到 60 年代了。葛芬可能是为了给自己的新厂牌“庇护所唱片”带来一点信誉，毕竟他们刚刚经历了与埃里克特拉唱片的合并。他可能一直是——后来发现他确实是——迪伦的粉丝。他为这个计划准备了很久。但是，还是有很多人认为这位发行了《自画像》的歌手，在之后的三年中也没有制作出一张专辑，也许已经江郎才尽了。

1973 年时，他的听众又都是些什么人呢？曾经“时代的发言人”的标签因为迪伦的出现而被淡忘，那之后那个时代的人到底怎么样了呢？1963 年的大学生到了现在也已经 30 多岁了。而比他们年纪小一点的那一辈，就算他们知道迪伦，也是从《金发佳人》《纳什维尔地平线》和《自画像》了解的。而在《暴雨将至》和《铃鼓先生》之后出现的创作型歌手们，则走向了与迪伦完全不同的方向。葛芬不得不与一个简单的事实对抗：60 年代，无论意味着什么，它都已经结束了。他签下的艺人必须有他的价值。好在这位传奇人物能证明他的价值。

不久之后，证明自己的机会就来了，但是它的形式让艺术家和经纪人都感到不安。《行星波动》是 1973 年 11 月时迪伦用自己能拼凑起来的歌曲很快录制完成的，主要是因为他和本乐队在 1 月份要一起在芝加哥进行一场 40 天 21 城的巡演。当时这次巡演被称为“74 年巡演”——已经无处可逃了——就是它了，迪伦的“回归”。但是当这张万众期盼的专辑发行之后，也只是得到了中庸的评价，虽然当时专辑得到了大量的预订，并且赢得了美国专辑排行榜的首位。首版 50 万张专辑一售而空之后，只陆陆续续卖掉了 10 万张。

而演唱会门票，尽管价格过高，仍然一票难求。估计事实上有上千万的人期待着迪伦回归舞台。迪伦让人好奇，但是他的音乐，这么长时间以来大家等待的新歌，不是乡村音乐、改编歌曲和电影原声的新歌，却似乎没有引起多少关注。在英国，粉丝忠诚度如此高的地方，《行星波动》最高只排到第 7 名。

买专辑的粉丝和乐评人有一个观点是对的。一张迪伦的专辑，有着一首名叫《骑士的仪式》（Ceremonies of the Horsemen）的歌曲，并不能吸引多少注意力。第一首歌，明快的《如此良宵》（On a Night Like This）柔软无力也毫无意义。《青春永驻》虽然还不错，但版本过多也显得让人厌倦。另外三首歌——《离开，离开，消失》（Going，Going，Gone）、《婚礼赞歌》（Wedding Song）和《挽歌》（Dirge）——暗淡而不友好。其他的歌比它们听起来要有趣，但是它们听起来实在是太懒散疲倦了。迪伦回来了，大家都这么说，但是他不再是大家印象中的鲍勃·迪伦了。

最终他还是屈服于忏悔模式，这再明显不过了。从表面上看，这些歌曲是关于他在明尼苏达度过的青年时光［《永不说再见》（Never Say Goodbye）］、他的婚姻（《婚礼赞歌》）、他的孩子之一（《青春永驻》）以及他的内心斗争（《离开，离开，消失》）的。迪伦终于开始为写作找灵感了。这不是多么高端的艺术。《行星波动》里没有任何内容最终会出现在经典语录或者研讨室里——这不是批评，真的——也只有一首歌会在巡演中从头演到尾。你可以说这是一张小规模现象级的专辑。迪伦开始写关于他自己的歌，无论是过去的还是现在的故事。他解救了自己的写作生涯。不过他还是得面对大众，承受过高的期待值。

他和本乐队在前一个秋天聚了几次，以确认他们在音乐方面还有什么可以合作的地方。这最终创造出了《行星波动》。这张专辑和与葛芬的合约不可避免地引出了来年的巡演。迪伦没有对巡演、规模和公众关注度讨价还价。迪伦和他的乐手们能赚很多钱，但是这并没有让他们舒服起来。《行星波动》并不是私人飞机、体育场演出、“74 年巡演”名声大噪的原因。观众们想要的都是 1966 年的东西——这并没有逃过迪伦的眼睛——到处都是匆匆记笔记的媒体。无论你喜欢与否，迪伦和本乐队是摇滚明星，迪伦可不喜欢这种现状。就像之前一样，他们抛下杂念，鼓足了劲儿前行。这虽然起到了一定作用，但根本称不上是艺术的胜利。

那些想用《洪水到来之前》（*Before the Flood*）的双专辑来换《行星波动》的人都有敏锐的商业头脑。而一些盗录专辑显示，在巡演尾声的洛杉矶演出还不是最好的现场，当时对于好歌的印象已经模糊了，差别不那么明显，事业都融汇成了乡愁的基石。迪伦之后描述这次巡演为“我做过最艰难的事”。这确实说明了一些问题。关于他行为的一些谣言也开始散播。其实不回归也是个不错的选择。

除去那些不说，数百万的钱和数百万的粉丝也没有解决任何问题。巡演所及的城市可能非常欢迎浪子回归，观众们用挥舞的打火机表明对他的喜爱。迪伦在 70 年代想与大家分享的，只有那两张小专辑罢了，然而它们根本无法与他 60 年代的成就相比。既然如此，也没有必要讨论诗歌的艺术了。他被囚禁在自己的过去里，无法自拔。

14

心乱如麻

> 我们不能否认过去的存在。我们的信誉是建立在我们过往的基础之上的。但在我们的灵魂深处，过往却不存在。我不认为我们有任何过去，除了我们的名字。如果我们有未来，那才有过去可言。我们真的有未来吗？没有。既然如此，作为没有未来的人，又何来过去呢？
>
> ——接受《滚石》杂志采访，1978 年

他曾经说过，歌曲的灵感来自安东·契诃夫的短篇小说。事实上，他说“整张专辑”是“基于”那些俄罗斯故事的。但是根本没人相信他。正如他在回忆录中写道，“乐评人认为那是我自己的故事——好吧。”在 1975 年初，不管怎么说，有两件事情对于流行音乐研究者和目标听众调查参与者而言是不言而喻的：首先，迪伦做出了他 6 年以来最好的一张专辑。很快，有些人会说，《血泪交织》可能是他最好的专辑，也可能是音乐史上最优秀的专辑。这些言论倒是不需要担心。这些话只对那些给歌曲排名、制作公告牌榜单的人有用，在那之后很快就会被忘记。“自……以来最好的”根本不算是对作品的褒奖，毕竟这样的类比往往是有失公允的。只是为了在此时此刻表达出这句陈词滥调：自迪伦回归以来最好的。其实他从未走远。

其次，许多听众没法相信，这一系列沉闷、亲密的歌曲可以是除了自传以外的任何东西，因此这大约是“忏悔”。迪伦最开始也许是创作型歌手，但是到了 70 年代中期，形式已经发生了改变。那个时候歌词包含

了各种假设、泛泛地使用的人称代词以及许多故事。他好几次都想说，虽然歌曲里写了“我”，但这并不代表这件事情真的一定发生在“我”身上。然而，有时候他又会提醒大家，他的所有歌曲都和他自己的故事有关。不过这也得看“有关”到什么程度了。然而，《血泪交织》上架时，人们大多认为“独奏”歌手拥有真理的话语权。孤独的原声吉他又一次掌握了道德优越感，唯我主义也算得上是独特的卖点。另外，这些歌大多是叙事的——或者就是故事——无论以什么形式。它们在讲故事——不是吗？——关于失败的婚姻的故事。难道之前对于鲍勃和萨拉·迪伦婚姻的八卦消息还不够多吗？几年后，雅各布（他们的孩子之一）谈起此事，断言《血泪交织》正是他父母说话的声音。一张专辑或任何一件艺术品可能同时代表两种（或更多）东西，评论者们似乎难以理解这种想法，所以大部分人忽略了这种说法。相反，在1978年，这位歌手告诉《滚石》杂志：“我听说迪伦在写《血泪交织》时是最‘真诚’的，但是那也没必要是‘真的’，真诚只是一种‘感觉’罢了。”

契诃夫没少写，平时也没少发生关于走向失败（或者已经失败）的感情。这也没那么难以置信，我们可以从《命运轮回》中找到小说的蛛丝马迹。契诃夫的《带小狗的女人》讲了一个故事，两个已婚的人在雅尔塔度假村见面，并且发生了婚外情。古罗夫，两人中年纪较大的那位，是个不忠实的人。一开始，这疲倦而充满掠夺性的灵魂并没有把在海边长廊、公园及情人酒店幽会的事情放在心上。他甚至告诉自己，他不在乎。而当他回到莫斯科，却发现自己过去的生活已经让他难以忍受，他开始寻找她。

> 他们觉得命中注定他们应该在一起，并且不理解当初他们怎么就都跟别人结了婚；他们就像两只候鸟，一只雄性一只雌性，他们被其他人捕获了，并分别被关在两个笼子里。[1]

人们告诉我

1　出自 *About Love and Other Stories*，trans. Rosamund Bartlett（2004）。

感知过多是一种罪过
我仍然相信她是我的另一半，但我却找不到戒指
她在春天出生，我却出生得太晚
要怪就怪命运的轮回吧

当然了，任何人都可以玩文字游戏。迪伦的言论——或者说玩笑，如果你觉得这样说更好——包含了一个关于故事的提示。对俄罗斯大师的研究，将一个人的生活提取成音调或者乐章，像是《血泪交织》所做的事。专辑里伤感的爱情歌曲，似乎和契诃夫的抑郁症也不无关系。很难说这到底是不是以真实的故事为原型。“基于”——就像迪伦在《编年史》中说的——是一个很宽泛的概念。这并不重要。这些歌里的视角成倍增加。角色的展现都表现在叙事方法或者说复述方法里——那么是谁在叙事？语言的选择也十分谨慎，简短，绝不冗长。这只是技巧的问题罢了，这在主打歌《心乱如麻》里表达得很清楚。为什么如此有讲故事天赋的迪伦，不能从俄罗斯天才那里寻求灵感呢？事实是，在这张专辑中，他写歌的方式又一次改变了。

与坚持那是真实故事的人相反，《血泪交织》并不单指某一段感情。迪伦和他的妻子确实是疏远了，甚至可以说夫妻关系几乎走到尽头，但是并没有这么简单。其实《血泪交织》的主题并不是那么统一。有些歌曲确实如地狱一般黑暗，但有些却俏皮，还有一些（尤其在结尾处）带着美好的希冀。总而言之，这张专辑绝不是仅仅展现了婚姻的几个场景而已。

这在 1975 年并不是共识。创作型歌手担心的是它还是没能逃出“自传”的谬误，即便要把萨拉跟莉莉、罗斯玛丽和红心杰克联系起来，其实也挺困难的。迪伦本人所关心的是，对这张专辑的赞美也带来了潜台词，用他早期的歌来说，就是：“痛苦确实能逼你成功，不是吗？”这张专辑成功后，他在一次采访中发现，他无法理解人们“享受那种痛苦”。你可以理解为什么这位表演家和其他表演家不同，想保持一定的距离，也想坚持自己的观点。《滚石》杂志问他《血泪交织》到底是“关于”什么的，他回答“当下”。

对于纠缠不清的事物，2012 年 4 月第一周的《综艺》杂志发布了一

个新闻：虽然难以置信，但专辑的电影版权已经被巴西的一家制作公司RT特写买下了。在新闻稿中，首席执行官罗德里戈·特谢拉（Rodrigo Teixeira）说："我们的目标是找到一个合适的电影人，能够创作出经典的戏剧与人物，并且能捕捉到整张专辑让人灵感迸发的氛围。"有些人认为，他们知道《血泪交织》到底是"关于"什么的。

特谢拉并没有一个能提供"经典戏剧"的导演，他也没提到是否会有一个编剧能把像《白痴的风》、《莉莉、罗斯玛丽和红心杰克》（Lily, Rosemary and the Jack of Hearts）和《如果你见到她记得说你好》（If You See Her, Say Hello）连起来改编成一个连贯的故事。《综艺》（*Variety*）杂志也没说这家公司是不是比好莱坞更有机会创造出一部电影。另外一部正在尝试制作的电影《布朗斯维尔姑娘》（*Brownsville Girl*）已经"制作"了足足两年，原曲由迪伦和剧作家同时也是演员的山姆·夏普德（Sam Shepard）所写。

那么，拥有版权的人可以再次卖版权吗？在RT特写的新闻传遍全球之际，一个叫作灰水公园的制作公司也被提及了。没人需要多余的解释，毕竟从1996年起他们就是鲍勃·迪伦的制作公司，手握一堆资源，包括电影《我不在那儿》，到他的《主题广播时间》，以及斯科塞斯的纪录片《迷途之家》。

也许在那些所谓的"享受痛苦"背后，还有更多需要阐述的内容。

* * *

按照名人的标准来说，迪伦的婚姻已经比大部分人要好了。这场婚姻的终结对双方来说都不是一件容易的事情。他们在一起度过了最美好的时光，更不用说还有惹人爱的孩子。他们有共同的梦想——过上普通、正常的生活——珍贵也难以实现。他的忠诚度不稳定，尤其是在1974年的巡演中，根据多嘴的"朋友"说，萨拉·迪伦的心被伤得太多太重。在她的肥皂剧版本里，他还酗酒。新闻界四处寻找八卦。那年夏天，迪伦夫妇分开了。

春天时两人间的矛盾就已经很明显了。迪伦不再愿意待在家里。之后他声称，这是受到一位老人的影响，诺曼·鲁宾（Norman Raeben），纽约的一位艺术家，同时也是老师，他不知怎地成为迪伦与萨拉决裂的导火索。迪伦甚至说出了这样的话：在他开始上课之后，他的妻子就不“了解”他了。但也有可能是她太了解他了，也理解男人们对巡演的定义，对于1974年的巡演她能得出自己的结论。毕竟有媒体“看见”并声称迪伦出轨了。有些确实是真的。

夏天，迪伦隐退到他在明尼苏达买的一个农场里，就在明尼阿波利斯市的北边，他开始写新的东西。他的孩子、新女友与他住在一起；他的弟弟戴维和他的家人就住在隔壁。当然这些事情都不重要。同样，关于《血泪交织》，迪伦所说的一切——他说了不少自相矛盾的东西——似乎对于专辑而言也是无关紧要的。

那是个奇怪的地方，没有什么琐事，也不会发生什么不该发生的事情：有些事情是命中注定的。每个决定都是重要的，无论对于个人还是道德而言，即便有些情况显得微不足道。这阴雨连绵的设定确实像极了一出俄罗斯戏剧。这里，正如契诃夫的小说一样，汇集了戏剧化的时机、运气和意想不到的后果。有一首歌最终没被加进专辑里——这是迪伦最严重的错误之一——也展现了赤裸裸的真相。《正是我》（Up to Me）是一个小故事。它的开头是：“一切都变得更糟了/金钱也不能改变任何/死亡追随着我们……”时间、人物仿佛又一次都对上了。“时间是敌人”“生活是一出哑剧”。命中注定两人要分开——没有其他的解释了——他们“一同欣赏过一个声音，但现在那都成了历史……”

《血泪交织》还包含了其他的证据，直到一场突如其来的针对宗教信仰的运动。在这个时候，之前的一些疑问依旧存在。在《正是我》里描述的，恰好和迪伦的情况相符：

我们听到了山上的布道，我知道它有多么复杂
其实它不过是碎玻璃的反射
你若想做自己能力范围之外的事，只会被惩罚
总有人要说这个故事，我觉得那只能是我

这似乎是在说基督的布道（“太复杂”）只是讲了一个故事：一个男人在破碎的镜子里看见了自己。生活的现实更为残酷：尝试更多，渴望

更多，超出自己的能力范围，你就得付出代价。这是这位歌手，故事里唯一剩下的人，要说的话。救赎还未来到，上帝还没想着寻找鲍勃·迪伦。然而，他去参加鲁宾的班，然后发现，1978 年的他或许会说，发现自己到底是什么。

> 它让我专注在当下，不去想别的，不去想我之前经历了什么，之前有过什么顿悟。因为我总是不断地和无数个自己纠缠不清，直到这个“我”消失，那个“我”消失，直到最后确定了一个熟悉的“我”。[1]

另一方面，《暴雨中的避风港》(Shelter From the Storm) 作为专辑中最奇异的作品，似乎展现了相反的证据。如果你真的认为《血泪交织》说的是他自己的故事，这里展现了鲍勃·迪伦早期的想法——他会在适当的时候再出现——仿佛误把自己当做基督般的人物。这张专辑应该是“关于”一段或者几段感情的，这关系到现实中的时间点和一系列人物。大概要拍几十部电影才能说清楚这些歌里的故事。迪伦不得不试着让歌曲只和它的曲调而不是维度相匹配。

> 山顶的小村庄里，他们用我的衣服下赌注，
> 我渴求得到救赎，他们却给我灌下剧毒，
> 我献上了我的纯真，他们却报之以嘲讽。
> “进来吧，”她说道，“这里是你暴雨中的避风港”

* * *

这首歌的源头在哪里，这张专辑又源自何处？就《行星波动》而言，它毫无预兆，也不严肃。写这些歌的迪伦和 1974 年巡演里的仿佛不是同一个人。在此之前他很迷茫，失去了方向性，也毫无灵感。刹那间，在《血泪交织》之前的挣扎都被扫向一边，无论是因为那个奇怪的画家终于

---

1 接受 *Rock Express* 采访，April 1978。

让迪伦集中了注意力，还是因为婚姻的争吵让他从麻木中觉醒。前一种说法（从任何意义上都）显得更美好一些，而后一种说法可能性则更大一些。诗歌和视觉艺术很少有交集。鲁宾，就算是鲁宾，也只能通过绘画中的道理来指代感情中的关系，以此提示他。最终还是要由迪伦——从任何方面来讲都是个天才——来发现这种可能性，以及在歌曲中如何传达这种印象的方法，毕竟歌曲总有自己的开头和结尾。

另外，他总得写点儿什么吧。简单来说，他写了一张情歌专辑。具体来说，这些歌曲也不得不承受随之附加的观点。从某种意义上来说，这和绘画有关，但同时也和戏剧、文学甚至契诃夫有关。没有哪幅画会告诉你画布上的内容到底在说什么，它只会暗示、象征甚至阐述几种可能性。如果它无法表明，那么我们就用文字填补空缺。如果雅各布·迪伦是对的，那么《血泪交织》就是从婚姻生活中提炼出来的。

一幅画无法简单地展现回忆或事件，然而《心乱如麻》（Tangled Up in Blue）却可以。即便是叙事性的画作也无法说明《莉莉、罗斯玛丽和红心杰克》的情节。无论如何，迪伦不得不说鲁宾能让自己学生的专注力非同一般，而迹象显示，关于《血泪交织》的灵感，他说的契诃夫也不是玩笑话。此时诀窍即文学。好比水坝坍塌，他写歌的灵感迸发，是因为他意识到不能离他的写作材料太近。这张专辑的一个重要成就是迪伦所展现的强大的控制欲，这种控制欲即便在1956—1966年间也非常罕见。在创作《约翰·卫斯理·哈汀》时他也是全身心投入的，但是那些歌曲并不那么亲密，当然也不那么“私人”。

鲁宾会说，“把我的心、我的手和我的眼睛放在一起，使我能在有意识的时候，去感受那些我不知不觉感受到的东西。”按照这种说法，《血泪交织》是洞察的产物。但是在迪伦写《铃鼓先生》时可没有老师在一旁教他如何全神贯注。这是故事的另一部分：失忆的、才思枯竭的岁月。

> 在《金发佳人》时期，我往往意识不清。之后有一天，我的思维刚走了一半，灵感的灯就突然熄灭了。自那以后，我时不时地会失忆。无论你认为这只是普通的失忆还是有什么“形而上学”的原因，这就是我身上发生的事情。之后我花了很久，才能让自己在意

识清醒的时候，去做我以前无意识时做的事情。[1]

迪伦承认——富有诗意地，而不是“形而上学”地——其实没发生什么坏事。在 60 年代末 70 年代初，他没有什么作品，只是表明他“忘了”如何写歌。

大部分人会说这是“才思枯竭”，所以迪伦记不清日期和故事。毕竟，如果在《金发佳人》之后他就失去灵感了——换句话说，就在摩托车事故之后——那么那些地下室录音带又是从哪儿冒出来的呢？《约翰·卫斯理·哈汀》又是怎么创作出来的呢？如果这些都算是没有灵感的作品，那他可能也不需要灵感了吧。只有一段时间能对上，就在《约翰·卫斯理·哈汀》和《纳什维尔地平线》之间，那正是亚伯·齐默曼去世的时间。好在“失忆”终于在画家的可视化技巧之下结束了，又或者是迪伦的婚姻导致他猛然惊醒：相信哪个，你自己选吧。或者把这两个连起来：因为萨拉（即便结婚这么多年）突然间无法“理解”他了，而这正是因为他邂逅了鲁宾。

听众是残酷的。听众可以说，“谁在乎？”对听众来说重要的是，《血泪交织》是迪伦找回状态并且重建自身的作品。另外，他扩大了流行音乐的范围。还有，从诗歌的角度来讲，他的创作是合情合理的。无论老诺曼带来了什么，迪伦实现了胜利。对时间和视角的尝试，最初他是在《乔安娜的幻象》里尝试的，现在他把这种尝试带到了《血泪交织》里，并且增加了温情的色彩。即便你相信这张专辑不是（或者说不全是）关于婚姻的歌，这个现在唱着、讲述着的鲍勃·迪伦也不再是从前的他了。曾经的他——“仿佛内心有好多个自己”——已经被一个清醒的声音驱逐。70 年代，第一次，迪伦创作出了能与他 60 年代最好的作品相媲美的音乐，并且这些优秀的作品与曾经的辉煌无关。

为了达到迪伦的预期，他们最初在纽约和明尼苏达的一些录音棚尝试录制了几次，也请来了许多音乐人。听说迪伦喜欢的非正统的吉他调音也没能让他满意。现在仍然有人怀疑录制时他是否做出了完全正确的决定。

---

1 *Rolling Stone*, November 1978.

被称为《纽约录音记录》(*The New York Sessions*)的盗录带人气很旺，它反映了当时这张专辑差点就发行了，但是之后却被否决(这个故事是迪伦的弟弟戴维说的)。那时候的大部分歌曲现在都分散在“官方和录卡带”上。1975年1月，人们还没来得及展现这些担忧时，《血泪交织》就立即被称作杰作，当然了，它确实是。明尼苏达州的斯科特·菲茨杰拉德创造了一个时代的格言，他说，美国人的生活中没有第二幕。有一段时间迪伦可能也这么想。而这张专辑里，他重新找到了打开直觉之门的钥匙。

* * *

距离“启蒙”(可能有些人会这么说)迪伦的法国诗人阿蒂尔·兰波在马塞缓慢、痛苦而悲伤的去世，已经将近70年了。迪伦的很多灵感都来自于他。罗伯特·谢尔顿在传记里将灵感的来源归功于戴夫·范容克；迪伦曾经说苏西·罗托洛搭建了世代之间的桥梁。很早之前就有人说，诗人总是惺惺相惜。证据再充足不过了，然而到了60年代中期，“诗”这个字总是与迪伦的名字联系在一起，而且再也没有分开。

诗确实很有帮助，谈论兰波的人比真正去阅读他的人多得多，而且他被谈论的原因也几乎和他的作品无关。这也是为什么人们会把他们联系起来。他们之间有如此明显的相似之处，人们在当代流行歌曲里听到了自学成才的歌手写的诗，也相信这位千变万化的天才在遥远的地方文思泉涌。将兰波和迪伦联系起来的话，迪伦嗑药的行为似乎也能解释成一种“通过精神错乱来接触未知”的斗争。16岁的阿蒂尔也说过类似迪伦的借口：“其中蕴含了巨大的痛苦，但是有些人生而强大，命里注定要做个诗人，这不是我的错。”

1871年9月，兰波出现在巴黎，还有一个月他就满17岁了。迪伦在1961年来到纽约，那时候他19岁。他们都有着奇怪而难以捉摸的品质，野心勃勃又冷酷无情，夹杂着智慧与同情心，以及对真理的不尊。兰波年轻时的照片——头发乱七八糟，嘴唇紧闭，眼睛大睁——和迪伦的照片有着许多共同点。至于传说中的影响，格雷厄姆·罗布(Graham Robb)写的传记《兰波》[1] 中提到，一个人的灵感来自巴黎，另一个人

1 *Rimbaud* (2000), Ch. 9.

的灵感则来自格林威治村。

> 在巴黎的那天早上，一些成熟的诗人从巴尔扎克的主题里得到了灵感：一个面孔红扑扑的天才来到了邪恶的大都市，他带着他的十四行诗、他的幻想，以及他野心勃勃且可笑的事业计划…… 这位“幻想家”仍在练习他的咒语，而这小村庄甜蜜的幻象，也将变得支离破碎。

一切似乎都对上了。然而，这个极富创造性的理论有一个缺陷，那就是迪伦不懂法语。众所周知，兰波的作品非常晦涩，很难毫无遗漏地翻译成英文，这也算是当时美国文坛的时代背景吧。仅仅因为范·容克发现迪伦的书架上有大量法国象征主义诗集（英译版），又或者因为《血泪交织》里有一首（唱给女生的歌）对应兰波和他不稳定的恋人保尔·魏尔伦，又或因为这位已去世的诗人所说的话被迪伦引用了那么一两次，总之结论已定。有时候，如果一个人能被迪伦引用，那也证明了他的“影响力”。其实不一定。迪伦还曾经夸赞过赖内·马利亚·里尔克，因为《杜伊诺哀歌》，但是没有人把迪伦和这位同性恋日耳曼贵族牵扯到一起。

此外，兰波在世时，只出版了两本诗集外加一本散文诗集（虽然那些散文诗都不一般）。他在 21 岁之前就完全放弃了写诗。迪伦可能偶尔浪漫化地看待那些人——有梦想的毒虫、无政府主义者、枪手、烈士、幻想家——但是这位法国诗人之后却成了阿比西尼亚商人，这显然是非常肮脏卑鄙的。最终这一切都结束了，没有留下任何艺术的痕迹。

他“开始去对付那些奴隶/他的内心已经开始死亡”？这完全能和兰波对应得上，但是迪伦的《心乱如麻》却指向了其他的方向。“文明的第一位诗人还尚未出生”，那么，算得上是他的同胞的法国作家勒内·夏尔呢？有可能，虽然兰波完全没有理会过这种说法。他没得到过大众的关注，37 岁时就可悲地死去了。他从来不是媒体的宠儿，也算不上什么元老。另外，他也已经失去了写作的热情——要不就是压抑了写作的热情——那时正是迪伦觉醒的时期。所以这么看来，几乎看不见所谓的相似性。兰波可不是说着玩的，他毫不犹豫地退出诗坛的样子却让这位创作型歌手仰视。迪伦有时候也想过放弃，但兰波却真的做到了。年轻的阿蒂尔比年轻的鲍勃果断多了。

兰波在乡村里显得很前卫，这得感谢垮掉的一代的宣传以及艾妮德·斯塔基（Enid Starkie）1947 年写的传记，那时候迪伦刚刚起步。新方向出版集团在“二战”期间推出了《彩画集》；还有 1958 年出版的《法国诗坛之锚》（*The Anchor Anthology of French Poetry*），也许范·容克在迪伦书架上见过这本书；另外 1962 年还出版了一本这位永远年轻的小流氓完整版的诗集（翻译版）。兰波——流浪的波西米亚风亡命之徒，掀起了诗意革命的少年——这个名字在读书人中间传播开来。迪伦也在其中吗？他倒是说过很多话来证明自己读过很多诗。早期，当他用凯鲁亚克范儿用力并且流畅地敲打打字机时，他有填满一整页的渴望。结果大多不让他满意，尤其是《像一块滚石》的写作体验告诉他，他的目标不是当一个作家。迪伦的神志不清毫无疑问源于错乱，但是嗑药并不是——这可新鲜了——创造力的关键。

但是垮掉的一代也并没有他们表面上的关系紧密。迪伦也承认，他只是刚好抓住了时代的“尾巴”。但其实，他对其所知甚少。他在格林威治村里遇见艾伦·金斯伯格是在 1963 年的最后一周，那是为数不多仍在与媒体胡闹的“垮掉的一代”。他们遭受的命运降临到了歌手的身上：记者们蜂拥而至，谈论“垮掉的一代”，即便这个标签已经毫无意义。

拒绝了金斯伯格为他做广告的热情，回想起这如今松散的组织发源于迪伦小时候，回忆当年的主要作品已出版——在他们组织成立的几年后——但早在这位年轻的民谣歌手到达纽约之前，你可以得出一个结论：“垮掉的一代”是 50 年代的产物。1959 年，威廉·巴罗斯在巴黎出版了《裸体午餐》，垮掉的一代到此结束。这本小说直到 1962 年才被合法地引进美国。那个时候，“垮掉的一代”只存在于《生活》杂志里。

在那之后，金斯伯格时常作为垮掉的一代发表言论，他总是有这么多话要说。他是这场短暂狂欢的代言人。1981 年的文章里[1]，他宣称

1 “A Definition of the Beat Generation”，再刊于 *Deliberate Prose: Selected Essays*, 1952 - 95 (2001)。

1950—1975年间美国发生的重大事件基本都是被垮掉的一代启发的，他的圈子起到了“至关重要的影响”。你数数有哪几件事吧，反正他数了：性解放、毒品合法化、摇滚乐的解放（“以一种高雅的艺术姿态”）、所谓新的精神主义、大多数的政治活动、环保主义、对机器的愤怒——还有什么是这帮混沌人士组成的小团体做不到的？

答案大概是“尊重他们的才华”。迪伦确实被垮掉的一代影响了，这是毫无疑问的。但是我们也知道，只要他睁开眼睛看、竖起耳朵听，就很容易被影响。金斯伯格几年来每次都毫无保留地夸他。迪伦对于他的欣赏非常感激，尽管这份欣赏来自于掩饰不佳的性痴迷。然而他其实并不是垮掉的一代的作家。他在短时间内接触了垮掉的一代，并将一部分精神为自己所用。尽管如此，比起《号叫》，他更喜欢金斯伯格的《祈祷》（*Kaddish*）——作为一个被压制的犹太人的选择——这与通常的故事相反。

迪伦喜欢阅读。《圣经》、老民谣、报纸——在快要到“世界末日”的时候没人不看这些——还有就是，要感谢苏西·罗托洛、贝尔托·布莱希特，这些“城市丛林”里的其他艺术家们，迪伦早期的作品里颇有贝托尔特·布莱希特的风采。它似乎相当于一种社会现实主义，但其实根本就不现实。在那些作品中，有些在当时十分流行、现在仍十分有用的元素。迪伦有时候也会读现代主义——庞德等人的作品；金斯伯格通过威廉·卡洛斯·威廉姆斯和《黑山》（Black Mountain）——足够清楚地了解到，想象力可以四处发散，无须整合。于是他也举一反三。

现代主义来到美国之后，通过诗歌典型地表现为“碎片化、省略、暗示、并列、讽刺和转换人称，以及对应神话”。这个描述完全符合60年代中期的迪伦。这最终还是变成了垮掉的一代的模式。但是既然讨论到迪伦和诗、迪伦是诗人、迪伦像诗人一样对待他的歌词，还要记住这样的问题：他从来没有统一的风格。

迪伦的风格伸展到他想接触的每一个角落。《金发佳人》里的歌词——那些在各处都受到褒奖的——无论在风格还是意图上，都和《约翰·卫斯理·哈汀》没有任何共通之处。《血泪交织》和地下室的录音带更是天差地别。可以说迪伦是几个诗人的合体。那些“改编”的诗歌绝不是随便组个乐队、谱个曲子那么简单。

也许评论家们也有自己的借口。毕竟十几年过去了，迪伦还是坚定地做着自己，而他的歌也充满争议：有人认为十分优秀，有人则认为过于平庸。这不仅是因为他的嗓音，虽然这一点也不可避免地存在争议。不知情的人很可能会认为唱《生死与共》（*Together Through Life*）的人也唱过《无须多虑》。但是，在他的一系列修辞中，我们还是能找到共通性的。复活的基督周围围绕着怀疑论者，这些声音与日益激烈的对《小丑》（Jokerman）的讨论一起穿透了地下室的墙壁。这已经不仅仅是一种“独特的天赋”了（虽然说确实是）。在迪伦的歌里，美国的历史和美国的文学是相关联的——但也有漏掉的部分。

哪个国家沐浴在神的光芒下？惠特曼曾经说，如果钦定本《圣经》对于神来说已经够好了，那么他也没什么意见。狄金森，艾摩斯特燃烧的灵魂，重写了寻找诗意的赞美诗。这很滑稽，也很老套，但却很真实。迪伦以及美国大陆，在《哈汀》《新晨》和《被遗忘的时光》里，是什么样的呢？其实答案一开始就摆在那儿了。关键在于“田园”，当然还有其他的。1956 年，约翰·贝里曼出版了《向布雷兹特里特夫人致意》（*Homage to Mistress Bradstreet*），这是对“美洲新生的第十位缪斯女神”的沉思，她就是著名的“美国第一位出版诗人”。1657 年，她写道：

> 我的冬天过去了，我的风暴结束了，
> 之前的人群都散去了
> 但是如果他们再次消失
> 我会跑向我之前被拯救的地方
> 我有我风暴中的避风港……

普通的词句。你可以在迪伦的歌里找到美国文学的影子，同样，你也能找到很多对《圣经》的引用。当文人讨论起上帝，总是避不开《圣经》。活在沃尔特·惠特曼阴影里的美国诗人，他的诗句往往是钦定本的回音，这也同样是难以避免的。找典故有些时候只不过是派对上的游戏。所以狄金森写道：“那些从未成功过的人/认定成功是最甜蜜的”？不过她的意思是不是没有失败的成功？有些人则认为迪伦的写作是基于没什么选择。执着、趋势，他用不同渠道发出了美国的声音。如果我们在寻找天才，天才就在那里。这也是为什么这位创作型歌手不像作家那样，把自己写进书里，把想说的话说给其他的角色听。他的艺术是一种无限的影响力。正如我们所见，他喜欢兰波的理论：其实没有我。那么说话的到底是谁呢？

* * *

《血泪交织》准备发行时，正值水门事件审判以及美国准备放弃越南的时候。如果这些是预兆的话，他们似乎不怎么喜欢。美国正在为它的200周年纪念日做准备，但是也有人有疑虑：我们到底在庆祝什么呢？这不过是宿醉文化和公众事务的一瞥。大家都沉浸在迪伦的新专辑里，也没人关心他对政治的不敏感。如果有的话，就是他那些非常“私人”的歌曲似乎跟紧了时代的步伐。即便《白痴的风》似乎也把个人与集体联系起来了，需要慢慢消化。在这里，他似乎有先见之明。《血泪交织》渐渐地改变了艺术。这打开了新时代的篇章。

* * *

一位传记作家[1]曾经这样描述沃尔特·惠特曼19世纪50年代的笔记本：“未被动荡破坏的化石，美国文学史上的一块拼图：毫无预兆地，一位新兴的诗人出现了。”

一开始，人们也是这么想鲍勃·迪伦的。他是从哪里冒出来的？他是怎么“毫无预兆”地成为一个“史无前例”的艺术家的呢？因为他天赋过人，竭尽全力，还是只是幸运罢了？在格林威治村这样的地方，老人能一眼发现小偷和假装村民的陌生人，要锁定这个年轻人应该不难。无论多少，他原创的歌曲出现之后，应该有人会出来做事后诸葛亮吧。熟悉的人可能会发现歌曲里老苏格兰民谣和布鲁斯的影子。他们不知道为什么这些歌，包括那些公然的窃取，都完全变成了迪伦的财产。

当作者的名字不再与失败捆绑在一起，而是与成功捆绑在一起时，人们需要再改观一次了。年复一年，无论是赞扬还是贬低，他都任由自

---

1 Paul Zweig, *Walt Whitman: The Making of the Poet* (1984), Ch. 5.

己在一团创作的火焰中燃烧。这种自我消融的行为导致了很多困惑，而且也让很多人愤怒。民谣界的希望做了一件事情：让人头昏脑涨。

迪伦本可以就着民谣的浪潮获得几十年的财富和名声。他可以走那条“原声吉他唱作人”的路，让七八十年代的金唱片挂满墙。后来在这条路上大放光彩的很多人，都是从他早期的作品里得到的灵感。但他却没有走这条路。他为什么不呢？是不愿意，还是不能够？

因此，对迪伦和诗歌的关心从未停止。现在应该没有多少人在讨论了。他自己好像早就已经放下了这个问题。毕竟他在后垮掉的一代时期的野心，想出版点什么能赶上他在音乐上的成功，已经在《毒蜘蛛》时消失殆尽。几十年过去了，《编年史》证明了写作（至少写作本身）不是什么难事。比如像罗伯特·谢尔顿之类的人曾经告诉自己，迪伦什么都能写。但是那时他写的作品（暂时没找到反例）都是为了创作歌曲而写。那么是不是这种古老的艺术、诗的艺术，需要为鲍勃·迪伦做出改变呢？或者经过这半个世纪的缺失，真正诗歌的标准是否还是建立在一定要有韵律、朗朗上口、容易背诵的基础之上呢？如果是这样的话，我们是不是在以维多利亚时代的标准来要求这位歌手呢？那时的规矩可严苛了。

不过“诗人”这个词用起来还是挺自由的。诺贝尔文学奖总时不时地被提起。杰出大学颁发荣誉学位。有些人觉得很恼火，有些人则感到困惑，研讨会也没少开。这些不是用来读（至少没法好好读）的也能叫诗？如果不用迪伦的声音、措辞和声调来表达的话，这些诗的魅力还会存在吗？

“诗—歌”和音乐到底如何精准地区分？我们是不是应该用尽全力找到一个定义？

就算没有别的，似乎也需要一个特殊的概念：诗究竟可以是什么样的？这位民谣歌手为这个想法做出了很好的表率，很多时候音乐的艺术能在——或者说只能在——表演的时候最易懂。虽然这是迪伦说的，但是这句解释听着像是辩护。如果他说的有一半是真的，那么他的歌词即便只是以文字形式出现，也应该很有感染力。认真读过诗的人都会这么说。

这种苛评也不是不能理解，但是他们忘记了很重要的一点。这意味着：如果迪伦的作品不能被称为诗，那我们应该怎么定义那些作品呢？如果它们只是歌曲，只能通过音乐来表演，那么专家和顾问们最好解释一下，从什么时候开始，还有为什么，歌不再是诗了呢？

* * *

没有人是完美的。《血泪交织》也许算得上是迪伦最优秀的作品之一，但它也有一些不那么让人印象深刻的地方。这张专辑发行之后，发生了许多小题大做的事情，比如关于《白痴的风》。很多人认为这首歌相当重要。但事实上，这只是一首试图听起来华丽的小歌而已，它过于夸张和自私自利（更不用提自怨自艾），却假装富丽堂皇。它不是《血泪交织》优秀的理由。

开场曲《心乱如麻》很好地证明了两件事：一是迪伦说他在尝试新的东西，另外——也许是个巧合——他确实做到了。在表演的时候，他总是会即兴发挥，尤其是代词的变化，证明视角就是一切。在这首歌里，时间走走停停。有时候就好像在回顾之前的内容一样，当事人记得："过去确实就近在眼前"。当这首歌接近尾声时，他说：

> 我又要回去了
> 我必须找到她
> 不知怎么的
> 我们之前认识的人
> 现在都成了幻影

回忆和现实是分开的。带着光辉，迪伦像告诉我们一件既简单又复杂的事：这不过是一个男人的故事。这些事情对她来说是什么呢？只有爱并不能解决问题。所以："我们总是有一样的感觉/但是我们看待事物的角度却不同"。《血泪交织》将文字和时间把玩得很完美。

* * *

作为一位活跃的艺术家，迪伦并不总是时时刻刻在为艺术奋斗。或者说他从来没有。有时候，他只是给文字谱上合适的曲子。有时候他甚至连这个都做不到，但有时候做得比这个多多了。还有时候，他甚至说，他所做的不过是找到最合适的方式把文字连接起来，并且为它们找到最美妙的曲调。但这些话并不能让人们理解他的工作。当然了，他肯定会说，这是人们自己的问题。

另一方面，关于迪伦的歌算不算诗，也是诗坛的问题了。尽管几十年过去，从 60 年代到 70 年代，对于这种艺术形式的争论依然没有结束。迪伦无法回答诗坛的问题，但是有人可以。

文学与音乐和流行歌曲是有所相交的，但这也不足以解释迪伦玩弄文字的本事。也就是说，这其实还是得看你怎么定义诗。曾经那些严苛的规则已经过去了，但又迟迟达不成共识。有些人对维多利亚时代的自由体诗、沃尔特·惠特曼和法国象征主义诗集都已经充满困惑了，好像一旦人们想要见更大的世面，就会想起诗人。

那么是这样吗？鲍勃·迪伦的诗就是他唱自己的歌，没别的了？如果不听歌，单纯看他的歌词的话，这些作品是不是没法被大部分人承认是“诗”呢？但是，哪怕是他那些不怎么出名的歌，也有着很美妙的词。可是它们却算不上诗，为什么呢？

又或者，到底是什么让鲍勃·迪伦的歌充满诗意？用通常的解释来说，并不复杂：是因为他唱歌的方式。换句话说，歌唱这种艺术形式能做到文字做不到的很多事。迪伦的发音，他含糊的发音，他的重音，比起唱，他更喜欢说出歌词，他的停顿，他的高音和音色，甚至于他的咆哮——这些与音乐相辅相成，这种含蓄的支撑创造了诗意。也许吧。

《像一块滚石》就是一个很好的例子。它有固定的韵脚——这已经被验证了多次——但是现场演出录音里唱的和歌词本上印的不一样。纸张无法展现这首歌的魅力、它伸展的元音、奇妙的休止符和挤在一句里的一堆单词。它已经把流行音乐推上了边缘，迪伦能说会唱，同时还懂得如何写诗。纸面是一维的，它无法像一首歌那样广为流传。它只能在自己的环境里腐烂。同时迪伦也没有让“你脑海里的声音”影响到你读诗，因为它是完全独立的存在。其实，很少有人能真的去“读”迪伦伟大的诗，毕竟曲调印刻在我们的脑海里，挥之不去。

那又怎么样呢？你可以说，没错，迪伦的表演里所展现的都是歌曲的魅力。但关键在于他的表达方式与众不同。他在向诗意靠拢，或者说他在影响诗坛。不是他“不能唱”——他的音域本来也不怎么样，但又有什么关系？——而是他用他的声音创造了“诗歌”。有些人只是为曲填词，或者为词谱曲。迪伦则是找到一切可用资源——文字，旋律，他的嗓音，他的乐队，他含蓄又直白的深意——来填充诗的内容。

剧作家兼演员的山姆·夏普德和迪伦一起写了《布朗斯维尔姑娘》这首优秀的歌曲，也是1986年专辑《烂醉如泥》（*Knocked Out Loaded*）里唯一为人称道的歌，对于文艺界来说也不陌生。但就连他也对迪伦的方法很吃惊——他的力量，他对于写作和表演的平衡。据夏普德回忆：[1]

> 我觉得最让人吃惊的是他的用词，我不得不说，“这歌词你要怎么给它谱曲？”他说：“别担心，我有办法。”结果果然如此。他对于文字的把玩程度让人叹为观止。

迪伦会写诗。为什么不呢？韵律就在那里。你有你的想象力，引经据典，你的象征符号和语言，大部分时间，都在压力之下。情绪蕴含在宁静之下，又或者在一个情绪化的空间里酝酿，比如凌晨2点的第五大道录音棚。如果反对意见在于迪伦的作品不都是“写在”纸上的，那么那些歌曲里的词写在哪里呢？

* * *

> 就我自己而言，我更希望自己是写出了这个国家最棒的歌，而不是最伟大的史诗。
>
> ——埃德加·爱伦·坡，《旁注》（1849）

诗人威廉·卡洛斯·威廉姆斯是新泽西的一个儿科医生，他把他的艺术作品都放在办公室抽屉里，他是个很典型的美国作家。威廉姆斯，从某种意义上来说，是艾伦·金斯伯格的导师，他没在梦想和工作中做出选择。而你可以“推陈出新”，他的朋友庞德鼓励他，但是最重要的东

1 出自Howard Sounes，*Down the Highway*。

西一定是原创的。也就是说，迪伦导致了一个悖论。完全原创，如果这个词有意义的话，那么它一定是在美国的环境下产生的一个典型的产品。

在艺术方面，可以这么看。1890 年马克·吐温在欧洲的时候曾经在笔记本上写过："你是个美国人吗?" 吐温问自己。"不，我不是一个美国人，我是那个美国人。" 庞德可能也会有类似的话来描述惠特曼，这位诗人可能也会这么说自己。欧内斯特·海明威可能也会用类似的话描述吐温和他的作品《哈克贝利·费恩历险记》。很明显，在美国，人们很需要奠基人。对于那些在乎的人来说，艺术和大众的关系十分重要。他发出了自己的声音。

迪伦是布鲁斯和民谣塑造成的作家。它们提供词汇、形式、意向、隐喻和他早期的一些表达方式。它们很明显——应该是太明显了——不在规矩的框框内。"真正的" 诗可以成为民谣和歌曲，其实这样的诗也不少，但这仅仅是活着的艺术家对已经逝去的诗人的致敬。迪伦写的诗和原来的那些诗血统完全不同。但总的来说，他都是先写诗再谱曲：这是哪个标准要求的?

布鲁斯和民谣，这种开放的代码，是他教育的核心。表面上这是为了触摸更深层次的现实，老歌与诗有共鸣。这显然是这位明尼苏达的年轻人所提到 "真实"。音乐对国家文化的持久影响精确地平行于美国文学的长期斗争，美国文学想从英国传统中挣脱出来，想用美国的声音说出自己的话。通过迪伦，布鲁斯和它的衍生物所起到的效果不亚于肯尼斯·培切恩、威廉·卡洛斯·威廉姆斯和艾伦·金斯伯格的诗。严格来说，威廉姆斯也很少写 "真正的诗"。约翰·贝里曼梦中的歌也不是十四行诗。培切恩、王红公、金斯伯格甚至洛威尔，在这些作家的作品中，英国传统的伪古典主义和那些挽歌、颂歌、抑扬顿挫——总的来说，或多或少地——让你渴望有一个声音来朗诵。这些问题早在迪伦开始写作之前，在自由诗崛起之时，就已经出现过了。如果你没办法为一些词找到韵脚，也没办法用传统的方式来押韵——英语里这样的情况还是挺多的——认证迪伦就有些困难了。现代诗有自己的悖论，它也经常不按套路出牌。

真正重要的是，迪伦文学粉丝之一给我们留下了一个线索。你不需要太认真地对待艾伦·金斯伯格对于诗的理论，你会发现他在《号叫》里描述过迪伦。那种“呼吸”，那“有固定底座的弹性诗句”，用并列省略了连接词，这种“讲话节奏的韵律”，是从惠特曼而来，这就是迪伦的诗意。如果人们能接受金斯伯格的文学，如果这定义了美国诗，尤其是那些“形式开放”的类型，那么试图把这位艺术家排除在诗歌的大门外是疯狂的。

* * *

这张专辑在美国排行榜登顶之后，迪伦和他的妻子试图和解，但是没有成功。他们双方都觉得这段婚姻还有挽救的余地，但是失去的再也回不来。迪伦在法国萨瓦度过了他 34 岁的生日，试图和戴维·奥本海姆（David Oppenheim）一起做点坏事，以缓和荒凉和孤独。浪荡不是一件好事。其实，他刚刚失去了亲人，虽然他是世界顶级的艺术家，但他却如此孤单。

在法国南部，他去见了吉卜赛之王，一个拥有“12 个妻子和上百个孩子”的老头儿。迪伦为之着迷。也许他瞥见了未来。也许他意识到了《血泪交织》并不是一系列故事的回忆录。也许那也只是吉卜赛的一个预言罢了。

致　谢

为评介目的，引用了下列鲍勃·迪伦的歌曲：

p. 18 'Like a Rolling Stone' (Copyright © 1965 by Warner Bros. Inc.; renewed 1993 by Special Rider Music); p. 38 'Song to Woody' (Copyright © 1962, 1965 by Duchess Music Corporation; renewed 1990, 1993 by MCA); pp. 64, 65 'North Country Blues' (Copyright © 1963, 1964 by Warner Bros. Inc.; renewed 1991, 1992 by Special Rider Music); p. 70 'Absolutely Sweet Marie' (Copyright © 1966 by Dwarf Music; renewed 1994 by Dwarf Music); p. 85 'The Death of Emmett Till' (Copyright © 1963, 1968 by Warner Bros. Inc.; renewed 1991, 1996 by Special Rider Music); p. 88 'Desolation Row' (Copyright © 1965 by Warner Bros. Inc.; renewed 1993 by Special Rider Music); p. 133 'Ballad of a Thin Man' (Copyright © 1965 by Warner Bros. Inc.; renewed 1993 by Special Rider Music); p. 223 'Let Me Die in My Footsteps' (Copyright © 1963, 1965 by Warner Bros. Inc.; renewed 1991, 1993 by Special Rider Music); p. 245 'Oxford Town' (Copyright © 1963 by Warner Bros. Inc.; renewed 1992 by Special Rider Music); p. 249 'Restless Farewell' (Copyright © 1964, 1966 by Warner Bros. Inc.; renewed 1992, 1994 by Special Rider Music); p. 253 'You've Been Hiding Too Long' (Copyright © 1985 by Special Rider Music); p. 255 'I Shall Be Free No. 10' (Copyright © 1971 by Special Rider Music; renewed 1999 by Special Rider Music); p. 259 'Last Thoughts On Woody Guthrie' (Copyright © 1985 by Special Rider Music); pp. 264, 364, 365, 366, 367 'Gates of Eden' (Copyright © 1965 by Warner Bros. Inc.; renewed 1993 by Special Rider Music); p. 270 'Only a Pawn in Their Game' (Copyright © 1963, 1964 by Warner Bros. Inc.; renewed 1991, 1996 by Special Rider Music); pp. 271-2 'Maggie's Farm' (Copyright © 1965 by Warner Bros. Inc.; renewed 1993 by Special Rider Music); p. 290 'Lay Down Your Weary Tune' (Copyright © 1964, 1965 by Warner Bros. Inc.; renewed 1992, 1993 by Special

Rider Music); pp. 296–7 'When the Ship Comes In' (Copyright © 1963, 1964 by Warner Bros. Inc.; renewed 1991, 1992 by Special Rider Music); pp. 319, 323, 326 'Chimes of Freedom' (Copyright © 1964 by Warner Bros. Inc.; renewed 1992 by Special Rider Music); pp. 334, 335 'Ballad in Plain D' (Copyright © 1964 by Warner Bros. Inc.; renewed 1992 by Special Rider Music); pp. 353, 441, 444, 460 'Stuck Inside of Mobile With the Memphis Blues Again' (Copyright © 1966 by Dwarf Music; renewed 1994 by Dwarf Music); pp. 353, 419, 460 'Just Like Tom Thumb's Blues' (Copyright © 1965 by Warner Bros. Inc.; renewed 1993 by Special Rider Music); p. 372 'Bob Dylan's 115th Dream (Copyright © 1965 by Warner Bros. Inc.; renewed 1993 by Special Rider Music); p. 376 'It's All Over Now, Baby Blue' (Copyright © 1965 by Warner Bros. Inc.; renewed 1993 by Special Rider Music); pp. 377–8 'Subterranean Homesick Blues' (Copyright © 1965 by Warner Bros. Inc.; renewed 1993 by Special Rider Music); p. 385 'She Belongs to Me' (Copyright © 1965 by Warner Bros. Inc.; renewed 1993 by Special Rider Music); p. 385 'Love Minus Zero/No Limit' (Copyright © 1965 by Warner Bros. Inc.; renewed 1993 by Special Rider Music); pp. 389–90 'It's Alright, Ma (I'm Only Bleeding)' (Copyright © 1965 by Warner Bros. Inc.; renewed 1993 by Special Rider Music); p. 418 'Positively 4th Street' (Copyright © 1965 by Warner Bros. Inc.; renewed 1993 by Special Rider Music); p. 418 'It Takes a Lot to Laugh, It Takes a Train to Cry' (Copyright © 1965 by Warner Bros. Inc.; renewed 1993 by Special Rider Music); p. 432–4 'Visions of Johanna' (Copyright © 1966 by Dwarf Music; renewed 1994 by Dwarf Music); p. 443 'I Want You' (Copyright © 1966 by Dwarf Music; renewed 1994 by Dwarf Music); p. 459–60 'Sara' (Copyright © 1975, 1976 by Ram's Horn Music; renewed 2003, 2004 by Ram's Horn Music); p. 460 'Just Like a Woman' (Copyright © 1966 by Dwarf Music; renewed 1994 by Dwarf Music); p. 480–1 'I'm Not There' (Copyright © 1970, 1998 by Special Rider Music); pp. 482, 483 'Sign on the Cross' (Copyright © 1971 by Dwarf Music; renewed 1999 by Dwarf Music); p. 483 'Highway 61 Revisited' (Copyright © 1965 by Warner Bros. Inc.; renewed 1993 by Special Rider Music); p. 483 'Nothing Was Delivered' (Copyright © 1968, 1975 by Dwarf Music; renewed 1996 by Dwarf Music); p. 483 'You Ain't Goin' Nowhere' (Copyright © 1967 by Dwarf Music; renewed 1995 by Dwarf Music); pp. 483, 485 'Too Much of Nothing' (Copyright © 1967, 1970 by Dwarf Music; renewed 1995, 1998 by Dwarf Music); p. 484 'This Wheel's On Fire' (Copyright © 1967 by Dwarf Music; renewed 1995 by Dwarf Music); p. 484 'Tears of Rage' (Copyright © 1968 by Dwarf Music; renewed 1996 by Dwarf Music);

p. 484 'Odds and Ends' (Copyright © 1969 by Dwarf Music; renewed 1997 by Dwarf Music); p. 485 'Crash on the Levee (Down in the Flood)' (Copyright © 1967 by Dwarf Music; renewed 1995 by Dwarf Music); p. 485 'I Shall Be Released' (Copyright ©1967, 1970 by Dwarf Music; renewed 1995 by Dwarf Music); pp. 490, 491, 495, 501 'John Wesley Harding' (Copyright ©1968 by Dwarf Music; renewed 1996 by Dwarf Music); p. 492 'Hero Blues' (Copyright © 1963 by Warner Bros. Inc.; renewed 1991 by Special Rider Music); p. 494 'Outlaw Blues' (Copyright © 1965 by Warner Bros. Inc.; renewed 1993 by Special Rider Music); pp. 497, 501 'The Ballad of Frankie Lee and Judas Priest' (Copyright © 1968 by Dwarf Music; renewed 1996 by Dwarf Music); p. 500 'All Along the Watchtower' (Copyright © 1968 by Dwarf Music; renewed 1996 by Dwarf Music); p. 501 'Drifter's Escape' (Copyright © 1968 by Dwarf Music; renewed 1996 by Dwarf Music); p. 501 'The Wicked Messenger' (Copyright © 1968 by Dwarf Music; renewed 1996 by Dwarf Music); p. 502 'I Pity the Poor Immigrant' (Copyright © 1968 by Dwarf Music; renewed 1996 Dwarf Music); p. 504–5 'I Threw It All Away' (Copyright © 1969 by Big Sky Music; renewed 1997 by Big Sky Music); p. 526 'Dear Landlord' (Copyright © 1968 by Dwarf Music; renewed 1996 by Dwarf Music); p. 527 'Went to See the Gypsy' (Copyright © 1970 by Big Sky Music; renewed 1998 by Big Sky Music); p. 527–8 'If Dogs Run Free' (Copyright © 1970 by Big Sky Music; renewed 1998 by Big Sky Music); p. 531 'Watching the River Flow' (Copyright © 1971 by Big Sky Music; renewed 1999 by Big Sky Music); p. 531 'When I Paint My Masterpiece' (Copyright © 1971 by Big Sky Music; renewed 1999 by Big Sky Music); p. 533, 534 'George Jackson' (Copyright © 1971 by Ram's Horn Music; renewed 1999 by Ram's Horn Music); p. 544 'Simple Twist of Fate' (Copyright © 1974 by Ram's Horn Music; renewed 2002 by Ram's Horn Music); p. 545 'She's Your Lover Now' (Copyright © 1971 by Dwarf Music; renewed 1999 by Dwarf Music); p. 547 'Up to Me' (Copyright © 1974 by Ram's Horn Music; renewed 2002 by Ram's Horn Music); p. 548 'Shelter from the Storm' (Copyright © 1974 by Ram's Horn Music; renewed 2002 by Ram's Horn Music); pp. 552, 558, 559 'Tangled Up in Blue' (Copyright © 1974 by Ram's Horn Music; renewed 2002 by Ram's Horn Music).

参考文献

Dylan, Bob, *Tarantula* (1971).
Writings and Drawings (1973).
Lyrics 1962–2001 (2004).
Chronicles: Volume One (2004).

Aronowitz, Al, *Bob Dylan and the Beatles* (2004).
Bauldie, John (ed.), *Wanted Man: In Search of Bob Dylan* (1992).
Engel, Dave, *Just Like Bob Zimmerman's Blues: Dylan in Minnesota* (1997).
Flanagan, Bill, *Written in My Soul* (1990).
Gray, Michael, *Song and Dance Man III: The Art of Bob Dylan* (2000).
The Bob Dylan Encyclopedia (2006).
Hajdu, David, *Positively 4th Street: The Lives and Times of Joan Baez, Bob Dylan, Mimi Baez Fariña and Richard Fariña* (2001, 2nd ed. 2011).
Heylin, Clinton: *Dylan: Behind Closed Doors – The Recording Sessions 1960–1994* (1995).
Behind the Shades Revisited (2003).
Revolution in the Air – The Songs of Bob Dylan Volume 1: 1957–73 (2009).
Still on the Road – The Songs of Bob Dylan Volume 2: 1974–2008 (2010).
Lee, CP, *Like the Night* (1998), *Like the Night (Revisited)* (2004, rev. ed.).
Marcus, Greil, *Mystery Train: Images of America in Rock 'n' Roll Music* (1975, rev. ed. 2008).
Invisible Republic: Bob Dylan's Basement Tapes (1997), republished as *The Old, Weird America: Bob Dylan's Basement Tapes* (2001, 2011).
Like a Rolling Stone: Bob Dylan at the Crossroads (2005).
Bob Dylan by Greil Marcus: Writings 1968–2010 (2011).
Marqusee, Mike, *Chimes of Freedom: The Politics of Bob Dylan* (2003), revised and expanded as *Wicked Messenger: Bob Dylan and the 1960s* (2005).
Marshall, Lee, *Bob Dylan: The Never Ending Star* (2007).

Ricks, Christopher, *Dylan's Visions of Sin* (2003).
Rotolo, Suze, *A Freewheelin' Time: A Memoir of Greenwich Village in the Sixties* (2008).
Scaduto, Anthony, *Dylan* (1972).
Sheehy, Colleen J., and Swiss, Thomas (ed.), *Highway 61 Revisited: Bob Dylan's Road from Minnesota to the World* (2009).
Shelton, Robert, *No Direction Home: The Life and Music of Bob Dylan* (1986, rev. ed. 2011).
Sloman, Larry 'Ratso', *On the Road with Bob Dylan* (1978).
Sounes, Howard, *Down the Highway: The Life of Bob Dylan* (2001).
Thompson, Toby, *Positively Main Street: Bob Dylan's Minnesota* (1971, rev. ed. 2008).
Weberman, A.J., *Dylan to English Dictionary* (2005).
Wilentz, Sean, *Bob Dylan in America* (2010).

Ackroyd, Peter, *T.S. Eliot* (1984).
Baez, Joan, *And a Voice to Sing With* (1988).
Berryman, John, *Collected Poems 1937–1971* (1989).
The Dream Songs (1990).
Blake, William, *Poems and Prophecies* (ed. Max Plowman, 1927).
Breton, André, *Manifestoes of Surrealism* (1969).
Burke, Frank, *Federico Fellini:* Variety Lights *to* La Dolce Vita (1984).
Caudill, Harry, *Night Comes to the Cumberlands* (1962).
Chekhov, Anton, *About Love and Other Stories*, trans. Rosamund Bartlett (2004).
Converse, Philip E., *et al.*, *American Social Attitudes Data Sourcebook 1947–1978* (1980).
Cray, Ed, *Ramblin' Man: The Life and Times of Woody Guthrie* (2004).
Dallek, Robert, *John F. Kennedy: An Unfinished Life 1917–1963* (2003).
Davies, Hunter, *The Beatles* (rev. ed. 1985).
Didion, Joan, *Slouching Towards Bethlehem* (1968).
Dunaway, David, *How Can I Keep from Singing: Pete Seeger* (1981, rev. ed. 2008).
Eliot, T.S., *The Sacred Wood* (1920).
Ferlinghetti, Lawrence, *A Coney Island of the Mind* (1958, reissued 2005).
Starting from San Francisco (1961).
Ginsberg, Allen, *Selected Poems 1947–1995* (1996).
Deliberate Prose: Selected Essays, 1952–1995 (2001).

Gioia, Ted, *Delta Blues: The Life and Times of Mississippi Masters Who Revolutionised American Music* (2008).
Green, Martin, *New York 1913* (1988).
Guralnick, Peter, *Lost Highways: Journeys and Arrivals of American Musicians* (1979).
Guthrie, Woody, *Bound for Glory* (1943, 1971).
Hajdu, David, *The Ten-Cent Plague: The Great Comic-Book Scare and How It Changed America* (2008).
Hamilton, Ian, *Robert Lowell: A Biography* (1982).
Heat-Moon, William Least, *Blue Highways: A Journey into America* (1983).
Hobsbawn, Eric, *Bandits* (1969, rev. ed. 2000).
Hoffman, Andrew, *Inventing Mark Twain: The Lives of Samuel Langhorne Clemens* (1997).
Honan, Park (ed.), *The Beats: An Anthology of 'Beat' Writing* (1987).
Hughes, Langston, *The Big Sea: An Autobiography* (1940).
Kazin, Alfred, *A Writer's America: Landscape in Literature* (1988).
Kerouac, Jack, *On the Road* (1957).
The Subterraneans (1958
Mexico City Blues (1959).
Visions of Cody (1960).
Desolation Angels (1965).
Klein, Joe, *Woody Guthrie: A Life* (1980).
Kuhn, Thomas, *The Structure of Scientific Revolutions* (2nd ed. 1970).
Lowell, Robert, *Collected Poems* (2003).
Jackson, George, *Soledad Brother: The Prison Letters of George Jackson* (1970).
MacDonald, Ian, *Revolution in the Head: The Beatles' Records and the Sixties* (2nd rev. ed. 2005).
Mariani, Paul L., *Dream Song: The Life of John Berryman* (1990).
Mayer, William G., *The Changing American Mind: How and Why American Public Opinion Changed Between 1960 and 1988* (1992).
Meyers, Jeffrey (ed.), *Robert Lowell: Interviews and Memoirs* (1988).
Micklethwait, John, and Wooldridge, Adrian, *The Right Nation: Why America Is Different* (2004).
Nicholl, Charles, *Somebody Else: Arthur Rimbaud in Africa 1880–91* (1997).
Nicosia, Gerald, *Memory Babe: A Critical Biography of Jack Kerouac* (1983).
O'Neill, William L., *American High: The Years of Confidence 1945–1960* (1986).

Patchen, Kenneth, *The Collected Poems of Kenneth Patchen* (1968).
The Journal of Albion Moonlight (1941).
Pearson, Barry Lee, and McCulloch, Bill, *Robert Johnson: Lost and Found* (2003).
Poe, Edgar Allen, *Marginalia* (John Carl Miller intrd. 1981).
Prévert, Jacques, *Paroles* (1946).
Prial, Dunstan, *The Producer: John Hammond and the Soul of American Music* (2006).
Reineke, Hank, *Ramblin' Jack Elliott: The Never-Ending Highway* (2009).
Richards, Keith, *Life* (2010).
Robb, Graham, *Rimbaud* (2000).
Rimbaud, Arthur, *Rimbaud Complete* (trans. Wyatt Mason, 2002).
Rosenstone, Robert A., *Romantic Revolutionary: A Biography of John Reed* (1975).
Sandburg, Carl, *The American Songbag* (1927).
Complete Poems (1950).
Sante, Luc, *Low Life* (1991).
Seeger, Pete, *The Incompleat Folksinger* (1972).
Smith, Larry, *Kenneth Patchen: Rebel Poet in America* (2000).
Talese, Gay, *New York: A Serendipiter's Journey* (1961).
Terkel, Studs, *American Dreams: Lost and Found* (1980).
Thompson, Hunter S., *The Proud Highway: Saga of a Desperate Southern Gentleman 1955–1967 (The Fear and Loathing Letters, Volume 1)* (ed. Douglas Brinkley, 1997).
Unterberger, Richie, *Urban Spacemen and Wayfaring Strangers* (2000).
Turn! Turn! Turn!: The '60s Folk-Rock Revolution (2002).
Eight Miles High: Folk-Rock's Flight From Haight-Ashbury to Woodstock (2003).
Utley, Roger M., *Billy the Kid: A Short and Violent Life* (1990).
Völker, Klaus, *Brecht: A Biography* (1976).
Wald, Elijah, *Escaping the Delta: Robert Johnson and the Invention of the Blues* (2004).
Woliver, Robbie, *Hoot! A 25-Year History of the Greenwich Village Music Scene* (1986, reissued 1994).
Zweig, Paul, *Walt Whitman: The Making of the Poet* (1984).

编后记

2016年，鲍勃·迪伦获得诺贝尔文学奖，引起文学界、音乐界震动。很多人问："为什么是他？"

鲍勃·迪伦1941年出生在美国临近加拿大边境的一个犹太家庭，从幼年起就被教育听到空袭警报要往桌子底下躲、苏联人可能要向美国投放原子弹。在他的少年及至青年时代，黑人会因为向白人女性吹口哨而被打死。美国卷入越战漩涡，越陷越深。古巴发生"猪湾事件"。肯尼迪遇刺。马丁·路德·金被害……这个时期的美国，正在经历一段动荡时期：民权运动、反战运动如火如荼，垮掉的一代大行其道。这个从明尼苏达的小镇希宾走出的孩子，抱着对音乐的热爱，以及对自己犹太人身份的复杂态度，来到了纽约的格林威治村，登上舞台。

在这样的时代背景下，一个歌手很难不受影响。在高产而惊人的创作中，迪伦将严肃的主题，将政治，将诗歌，将时事，都写进歌里，很快产生了巨大的影响，成为一个标签式的人物，一个抵抗歌手、反战人士，从而彻底改变了流行音乐的面貌。他写出了《答案在风中飘荡》《像一块滚石》《暴雨将至》《时代在变》《自由的钟声》《约翰·卫斯理·哈汀》。他被人们当成旗帜。粉丝追随他，想听他对各种时事的意见。媒体追踪他，不论他在哪个角落都能发现他。批评家分析他，定义他，批判他。人们需要他，出于各种目的想要他成为自己希望的那个鲍勃·迪伦。

但是，他一直都只想做自己。他不为外界所动，清楚地知道自己要做什么音乐，要写什么内容，要做什么改变。在《曾几何时》中，作者细致入微地刻画出不同时期的"鲍勃·迪伦"，在作者看来，他们有很多个，每一个都与当时的政治、文化事件交织在一起，有时受其影响，有时与之对抗。但每每，他都在坚持自己内心的声音，而不愿被外界力量牵着走。作者在书中对迪伦的描绘可谓极深入。他剖析了很多有意思的问题：他巨大的创作力，他对自己犹太人身份的复杂态度，他对自己名字的纠结，他的私录卡带系列，他和毒品的关系，女朋友对他创作的影响，他那捞得一手好油水的经纪人，他对文学特别是诗歌的兴趣，他无休止的巡演，他意外的摩托车车祸，等等。难得的是，我们在书中读到的是一个活生生的鲍勃·迪伦，一个有血有肉的天才，一个活在真实的政治、文化、文学环境里的音乐家。

这部鲍勃·迪伦的传记体量庞大，内容深刻，将各个领域的事件与人物交织起来，织出一幅迪伦的全景图，又细细梳理，形成脉络，让我们看到各种标签、赞誉、声音、评论、抨击背后一个真实的变化的鲜活的鲍勃·迪伦。整部传记分为两册，本册《曾几何时》从迪伦年少离家开始写起，以感性而犀利的笔触刻画了创作出从《鲍勃·迪伦》到《血泪交织》十几张专辑的迪伦，即60年代初到70年代末这一段时间。下册《被遗忘的时光》讲述了之后几十年里各个“鲍勃·迪伦”的故事，这个“一代人的声音”的近况。书中涉及大量术语、人名、地名、作品名，以及政治、文化、音乐、文学知识，编者在编辑过程中尽力做了查证统一的工作，但由于时间紧张，不免挂一漏万。希望呈现在读者面前的，是一部适合了解迪伦、研究迪伦，走进他的人生、他的作品以及他的时代的读本，相信感兴趣的读者读罢会有所收获。

60年代初，当年轻的迪伦迅速走红，格林威治村的人们问：“为什么是他?”

为什么是他？对于这个问题，迪伦自己有答案吗？

也许，答案在风中飘荡。

另：本书几位译者在有限的时间内很好地完成了翻译工作，在此表示感谢。具体翻译分工如下：第1～3章、11章，唐奇；第4章，齐建晓；第5、8、9章，修佳明；第6、7章，陶娟；第10章，曾轶峰；第12～14章，吴少骊。其中，唐奇对第10章进行了校订，吴少骊对文献资料进行了初译。特此说明。

杜俊红

2017年1月

图书在版编目（CIP）数据

曾几何时：鲍勃·迪伦传/（英）伊恩·贝尔（Ian Bell）著；修佳明等译. —北京：中国人民大学出版社，2017.1
书名原文：Once Upon a Time：The Lives of Bob Dylan
ISBN 978-7-300-23808-1

Ⅰ.①曾… Ⅱ.①伊… ②修… Ⅲ.①鲍勃·迪伦—传记 Ⅳ.①K837.125.76

中国版本图书馆 CIP 数据核字（2017）第 004860 号

歌者传记
曾几何时：鲍勃·迪伦传
【英】伊恩·贝尔 著
修佳明 吴少骊 等 译
Cengjiheshi

出版发行	中国人民大学出版社		
社　　址	北京中关村大街 31 号	**邮政编码**	100080
电　　话	010－62511242（总编室）		010－62511770（质管部）
	010－82501766（邮购部）		010－62514148（门市部）
	010－62515195（发行公司）		010－62515275（盗版举报）
网　　址	http://www.crup.com.cn http://www.ttrnet.com(人大教研网)		
经　　销	新华书店		
印　　刷	涿州市星河印刷有限公司		
规　　格	160 mm×235 mm　16 开本	**版　　次**	2017 年 3 月第 1 版
印　　张	36.75 插页 2	**印　　次**	2017 年 3 月第 1 次印刷
字　　数	536 000	**定　　价**	88.00 元